CICÉRON

CORRESPONDANCE

TOME VIII

Il a été tiré de cet ouvrage

*200 exemplaires sur papier pur fil Lafuma
numérotés de 1 à 200.*

COLLECTION DES UNIVERSITÉS DE FRANCE

publiée sous le patronage de l'*ASSOCIATION GUILLAUME BUDÉ*

CICÉRON

CORRESPONDANCE

TOME VIII

TEXTE ÉTABLI, TRADUIT ET ANNOTÉ

PAR

Jean BEAUJEU

Professeur à l'Université de Paris-Sorbonne

Ouvrage publié avec le concours du Centre National des Lettres

PARIS

SOCIÉTÉ D'ÉDITION « *LES BELLES LETTRES* »

95, BOULEVARD RASPAIL

1983

Conformément aux statuts de l'Association Guillaume Budé, ce volume a été soumis à l'approbation de la commission technique, qui a chargé M. Paul Jal d'en faire la révision et d'en surveiller la correction en collaboration avec M. J. Beaujeu.

© Société d'édition « LES BELLES LETTRES », Paris, 1983.

ISBN 2-251-01322-9
ISSN 0184-7155

61241

SIGLA

EPISTVLAE AD ATTICVM

Codices italici.

M = cod. Mediceus 49, 18, a. 1393.

M^1 = manus prima. — M^2 = correctiones Colucci Salutati. — M^3 = correctiones Nicolai Nicoli. — M^4 = correctiones Leonardi Arretini. — M^{corr} = correctiones incertae manus.

Horum codicum lectiones minus saepe protulimus :

b = cod. Berolinensis 168, saec. XV.
d = cod. Laurentianus 217, saec. XV.
m = cod. Berolinensis 166, a. 1408.
s = cod. Urbinas 322, saec. XV.
G = cod. Parisinus lat. 16248, saec. XIV/XV (cf. *Introd.*, t. I, p. 33).

Δ = consensus codd. M b d m s.
(Δ) = consensus codd. M et trium ex aliis supra dictis.

E = cod. Ambrosianus E 14 inf., saec. XIV.
R = cod. Parisinus 8538, a. 1419.
P = cod. Parisinus 8536, saec. XV.

Horum codicum lectiones minus saepe protulimus :
O = cod. Taurinensis lat. 495, saec. XV.
Cod. Antoninianus, cod. Faërni (= codd. Malaspinae).

Σ = consensus codd. E, RPO.

Ω = consensus codicum italicorum.

Codices transalpini.

Z = cod. Tornesianus. Hunc codicem ex annotationibus Lambini (Z^{1a}) et Bosii (Z^b) cognouimus. Cum post aliquam lectionem Z inscribitur, eo significatur et Lambinum et Bosium eam lectionem ex Z attulisse.

$Cr.^m$ = lectiones in margine editionis Cratandrinae ascriptae.

Editiones.

ed. *Iens.* = ed. Iensoniana princeps. Venetiis, 1470.
ed. *Rom.* = ed. Romana princeps. Romae, 1470.
ed. *Asc.*² = ed. Ascensiana altera. Parisiis, 1522.
ed. *Crat.* = ed. Cratandrina. Basileae, 1528.

uett. = consensus earum iiii ueterum editionum. Consensum ed. *Asc.*² et ed. *Crat.*, cum hanc ex illa originem duxisse constaret, non notauimus.
(*uett.*) = consensus earumdem praeter unam.

*La.*ᶜ = lectiones ex uetere quodam codice (*Z?*) sumptae atque in margine editionis Lambinianae posterioris (a. 1572) positae.
*La.*ᵐ = lectiones ex aliis codd. sumptae uel correctiones in margine editionis Lambinianae posterioris positae.

CONSPECTVS EDITIONVM
ET ADNOTATIONVM

Baiter = ed. I. G. Baiter-C. L. Kayser (*Opera omnia*), Zurich, 1860-1869 (ed. stereot.).

Boot = J. C. G. Boot, *Observationes criticae ad M. T. C. epistolas*, Amsterdam, 1880.

Bosius = ed. S. Bosius (*Epp. ad Att.*), Limoges, 1580.

Casaubon = Is. Casaubon, in ed. *Epp. ad Att.*, Amsterdam, 1684.

Castiglioni = L. Castiglioni, in *Athenaeum*, 1933, p. 393 sqq.

Cobet = C. G. Cobet, *De locis quibusdam in epp. Cic. ad Fam. et ad Att.*, in *Mnemosyne*, VIII, 1880, p. 182 sqq.

Corradus = S. Corradus, in ed. *Epp. ad Fam.*, Bâle, 1540; ed. *Epp. ad Att.*, Venise, 1544.

Cratander = ed. A. Cratander (*Epp. omnes*), Bâle, 1528.

Egnatius = ed. J.-B. Egnatius (*Epp. ad Fam.*), Paris, 1545.

Ernesti = ed. I. A. Ernesti (*Epp. omnes*), Halle, 1774-1777.

Graevius = ed. I. G. Graevius (*Epp. ad Fam.*), Amsterdam, 1693.

Gronovius = ed. J. Gronovius (*Opera omnia*), Leyde, 1692.

Gruber = Ioa. de Gruber, *Quaestio de tempore atque serie epp. Cic.*, Sundiae, 1836.

Gulielmus = ed. J. Gulielmus et J. Gruterus (*Opera omnia*), Hambourg, 1618.

Hervagius = ed. *Operum omnium*, ex officina Hervagiana, Bâle, 1540.

Junius = A. Junius, *Animadversorum libri sex*, Bâle, 1556.

Kayser = ed. I. G. Baiter-C. L. Kayser (*Opera omnia*), Leipzig, 1860-1869 (ed. stereot.).

Klotz = ed. R. Klotz (*Opera omnia*), Leipzig, 1869-1874.

Lambin. = ed. D. Lambinus (*Opera omnia*), Paris, 1565-1566.

Lehmann = C. A. Lehmann, *Quaestiones Tullianae*, Leipzig, 1886.

Lipsius = J. Lipsius, *Opera omnia quae ad criticam proprie spectant*, Leyde, 1596.

Madvig = J. N. Madvig, *Adversaria critica*, Copenhague, t. II, 1873 ; t. III, 1884.

Malaspina = L. Malaspina, *In epistolas M. T. C. ad Att., Brutum et Q. fr. emendationes*, Venise, 1564.

Manutius = ed. P. Manutius *(Opera omnia)*, Venise, 1554.

Martyni-Laguna = ed. I. A. Martyni-Laguna *(Epp. ad Fam.*, L. I-VI), Leipzig, 1804.

Mendelssohn = ed. L. Mendelssohn *(Epp. ad Fam.)*, Leipzig, 1893.

Moricca = ed. H. Moricca : *Epp. ad Fam.*, Turin, 1949 ; *Epp. ad Att.*, Turin, 1953.

Müller = ed. C. F. W. Müller *(Opera omnia)*, Leipzig, 1896-1897.

Muretus = M. A. Muretus, *Variae lectiones*, Venise-Paris, 1559-1586.

Orelli = ed. I. C. Orelli *(Opera omnia)*, Zurich, 1826-1837.

Pius = J.-B. Pius, *Ciceronis Epp. ad T. Pomp. Atticum et ad Brutum*, Paris, 1531.

Popma = ed. Aus. von Popma *(Epp. ad Att.)*, Franekarae, 1618.

Reid = J. S. Reid, *Notes on some passages in C.'s Letters*, in *Hermathena*, X, 1898, p. 110 sqq. ; 130 sqq.

Schiche = Th. Schiche, *Zu Ciceros Briefe an Att.*, Berlin, 1883.

Schmidt = O. E. Schmidt, *Der Briefwechsel des M. T. C. von seinem Prokonsulat in Cilicien bis zu Caesars Ermordung*, Leipzig, 1893.

Schütz = ed. C. G. Schütz *(Opera omnia)*, Leipzig, 1814-1823.

Sedgwick = W. B. Sedgwick, in *Mnemosyne*, 1955, p. 235 sqq.

Sh. Bailey = ed. D. R. Shackleton Bailey : *Epp. ad Att.*, Cambridge, 1964-1967 ; *Epp. ad Fam.*, Cambridge, 1977.

Sjögren = ed. H. Sjögren : *Epp. ad Att.*, Upsal, 1916-1960 ; *Epp. ad Fam.*, Leipzig, 1923-1925.

Streicher = O. Streicher, *De Ciceronis Epp. ad Fam. emendandis* (= Comm. Philol. Ienenses, III), Leipzig, 1884.

Tyrr.-Purs. = ed. R. Y. Tyrrell-L. C. Purser (*Epp. omnes*), Dublin ; I³, 1904 ; II²-V², 1906-1918 ; VI-VII, 1899-1901.

Ursinus = F. Ursinus, in ed. *Operum omnium*, Lyon, 1608-1610.

Victorius = ed. P. Victorius : *Opera omnia*, Venise, 1534-1537 ; *Epp. ad Fam.*, Florence, 1558.

Wesenberg = ed. A. S. Wesenberg (*Epp. omnes*), Leipzig, 1872-1873.

Wesenberg, *Em.* = A. S. Wesenberg, *Emendationes M. T. C. epistolarum*, Copenhague, 1840.

Wesenberg, *Em. alt.* = A. S. Wesenberg, *Emendationes alterae ad Ciceronis epistularum editionem*, Leipzig, 1873.

AVERTISSEMENT

Les notes à la traduction figurent les unes en bas de page (appels en lettres italiques : *a*, *b*, *c*...), les autres en fin de volume (appels en chiffres : 1, 2, 3...).

Les questions relatives à l'apothéose de Tullia et à l'activité littéraire de Cicéron entre février et septembre 45 sont traitées respectivement dans les Appendices I et II (p. 275-299 et p. 301-328).

M. Paul Jal a bien voulu assurer la révision de ce tome VIII, comme il l'avait fait pour le tome VII ; une fois de plus, il s'est acquitté de sa tâche difficile avec un soin et un savoir-faire exemplaires. Je tiens à lui témoigner ici ma profonde et amicale reconnaissance. Nous devons à la grande obligeance de Mme de la Blanchardière, bibliothécaire en chef de l'École française de Rome, la photographie aérienne du site d'Astura.

Jean BEAUJEU.

DE LA MORT DE TULLIA
AU RETOUR D'ESPAGNE DE CÉSAR
(FÉVRIER — SEPTEMBRE 45 AV. J.-C.)

———

PREMIÈRE PARTIE

MARS 45

LE PÈRE ACCABLÉ

LETTRES DE MARS 45

NOTICE

Un mois environ après avoir mis au monde un garçon conçu de Dolabella peu avant leur divorce (cf. T. VII, *Att.*, XII, 8 = *DXXI* et p. 198), Tullia, âgée de 33 ans, mourut dans la propriété de son père, à Tusculum, au milieu de février 45. Cette date approximative se déduit d'une indication fournie par Cicéron dans sa lettre à Atticus du 7 mars (*Att.*, XII, 13, 1 = *DLXXXVII*) : *Bruti litterae scriptae et prudenter et amice mihi tamen lacrimas attulerunt* ; Brutus étant alors gouverneur de la Gaule Cisalpine et l'acheminement du courrier entre Rome et la vallée du Pô prenant 8 à 10 jours, une vingtaine de jours s'est écoulée entre le décès de Tullia et le moment où Cicéron reçut, à Astura, les condoléances de son ami. Que cet événement ait eu lieu à Tusculum et non pas à Rome ressort d'une autre lettre en date du 15 mai, dans laquelle Cicéron confirme à Atticus sa décision de retourner enfin s'installer à Tusculum (*Att.*, XII, 46, 1 = *DCXXXI*) : *uincam, opinor, animum et Lanuuino pergam in Tusculanum; aut enim mihi in perpetuum fundo illo carendum est, nam dolor idem manebit, tantummodo occultius, aut nescio quid intersit utrum illuc nunc ueniam an ad decem annos*[1].

Accablé de douleur, Cicéron trouva d'abord refuge chez Atticus, à Rome, où il passa une vingtaine de jours (cf. *Att.*, XII, 14, 3 = *DLXXXVIII* : *nihil...*

---

1. Cf. O. E. SCHMIDT, *Der Briefwechsel des M. Tullius Cicero von seinem Prokonsulat in Cilicien bis zu Caesars Ermordung*, Leipzig, 1893, p. 271.

de maerore minuendo scriptum ab ullo est quod ego non domi tuae legerim); mais vint un moment où il apparut à l'un comme à l'autre que cette situation ne pouvait se prolonger davantage, si pénible qu'il fût pour Cicéron de se séparer de son ami ; ce moment cruel est évoqué dans une lettre du 10 mars : *sed nec tuae domi probabatur nec meae poteram nec, si propius essem uspiam, tecum tamen essem ; idem enim te impediret quominus mecum esses quod nunc etiam impedit* (*Att.*, XII, 16 = *DXC*). Les commentateurs se sont interrogés avec embarras sur la raison de cette séparation[1] ; la rédaction volontairement énigmatique du passage nous invite à lire entre les lignes : Cicéron éprouvait un besoin intense de solitude, comme le montrent toutes les lettres de cette période ; or, à Rome, les exigences de la vie sociale lui imposaient de faire bon accueil à tous les visiteurs venus lui présenter leurs condoléances (cf. *Att.*, XII, 40, 2 = *DCXXIII*) et c'est sûrement pourquoi il « ne pouvait pas » réintégrer sa maison du Palatin ; de surcroît, les affaires auxquelles s'adonnait Atticus le mettant en relations étroites avec les milieux césariens, Cicéron était exposé chaque jour à des rencontres déplaisantes, dont la répétition lui devint insupportable.

Il prit donc la décision de se retirer dans la propriété qu'il avait acquise à Astura, sur le littoral du Latium, à une soixantaine de kilomètres au sud-est de Rome ; l'endroit était peu fréquenté, la villa admirablement située, « en plein dans la mer, et visible à la fois d'Antium et de Circei » (petits ports situés respectivement à une quinzaine de km vers l'ouest et à une trentaine de km au sud-est ; *Att.*, XII, 19, 1 = *DXCV* ; cf. XII, 9 = *DXCI*)[2] ; à proximité immédiate, une « forêt épaisse »

---

1. Cf. Tyrrell-Purser, in edit., *ad loc.*
2. Le site a été récemment exploré et décrit avec soin par F. Castagnoli (*Astura*, in *Studi Romani*, XI, 1963, p. 637-644) et F. Piccarreta (*Forma Italiae, Regio I* ; fasc. 13 : *Astura*, Florence, 1977) : on y a retrouvé, 1 km à l'ouest de l'embouchure du petit fleuve As-

offrait au promeneur avide d'isolement une retraite
aussi sûre que celle dont s'enchanterait, dix-huit siècles
plus tard, Jean-Jacques Rousseau dans les bois voisins
de l'Ermitage (*Att.*, XII, 15 = *DLXXXIX*).

tura, les vestiges d'une bourgade et surtout, dans un îlot de 250 m
environ de diamètre, relié aujourd'hui à la terre ferme par un cor-
don de sable, dans l'antiquité par un pont, les restes d'une villa
de 80 m × 40 m, datables de la fin de l'époque républicaine ou du
début de l'empire, une vaste pêcherie et un petit port ouvrant vers
l'est, reconstruit au temps de Claude (voir la photographie aérienne,
en fin de volume). Selon F. Castagnoli (*o. c.*, p. 641) et F. Piccarreta (*o. c.*, p. 23), qui prennent à leur compte une idée exprimée par Th. Ashby (*The Roman campagna*, Londres, 1927, p. 13),
le « lieu charmant, situé en plein dans la mer et visible à la fois d'An-
zio et de Circei », que décrit Cicéron en *Att.*, XII, 19, 1 (= *DXCV*)
et qui ne peut être que l'îlot lui-même, serait bien celui où Cicéron
a envisagé d'édifier le sanctuaire de Tullia, mais sa « villa » aurait
été située ailleurs, sur le continent ; ils en donnent pour raison la
suite du texte de la même lettre : *sed ineunda nobis ratio est quem
ad modum in omni mutatione dominorum, quae innumerabiles fieri
possunt in infinita posteritate, si modo haec stabunt, illud quasi consecratum remanere possit*; mais ce texte, qu'ils citent sans l'analyser,
se retourne contre eux : si, en effet, Cicéron écarte l'idée de construire le *fanum* à cet endroit-là, c'est précisément parce qu'il se
trouverait dans l'enceinte de la « villa » — maison et enclos atten-
nant — et non pas en terrain non-construit, comme ce pourrait être
le cas dans une propriété de plusieurs dizaines d'hectares, au Transtévère ou ailleurs. C'est la même raison qu'il allèguera un mois et
demi plus tard, en songeant à d'autres emplacements éventuels : *in
ipsa uilla... commutationes dominorum reformido ; in agro, ubicumque
fecero, mihi uideor adsequi posse ut posteritas habeat religionem* (*Att.*,
XII, 36, 1 = *DCXVII*, du 3 mai ; cf. App. I A, p. 283). Cela dit,
il est clair que, dans le cas d'Astura, Cicéron ne pouvait envisa-
ger, comme emplacement possible pour le *fanum*, une autre villa
quo la sienne ; du reste, la lettre XII, 19, 1, précédemment citée,
commence ainsi : *est hic quidem locus amoenus et in mari ipso, qui
et Antio et Circeis uideri possit*; rien ne donne à penser que Cicéron ne parle pas de l'endroit même où il est installé, c'est-a-dire
de sa « villa ». Que les vestiges actuellement visibles sur l'îlot devenu presqu'île soient ceux des murs mêmes dans lesquels a vécu
Cicéron ou qu'ils proviennent d'une reconstruction postérieure, on
peut se demander quand et pourquoi il a acquis cette propriété :
aussitôt après le décès de sa fille, avec l'intention de s'y retirer (*sic*,
O. E. Schmidt, *Ciceros Villen*, in *Neue Jahrbücher f. d. klass. Altertum*, III, 1899, p. 475 ; J. Carcopino, *Les secrets de la Corr.*, I, p. 86)?
C'est probable ; toutefois, si, comme le pense Schmidt (*l. c.*), Cicéron a acheté la *uilla* d'Astura avec le produit de la vente de sa *do-*

De ce premier séjour à Astura, nous possédons vingt-cinq lettres adressées par Cicéron à Atticus ; sachant qu'il lui écrivait quotidiennement, même lorsqu'il n'avait rien à lui dire (XII, 12, 2 = *DXCVIII* ; 27, 2 = *DCV* ; 30, 1 = *DCIX* ; 39, 2 = *DCXXII*), que les lettres *DCIV* (= XII, 26, 1 : *Sicca se scribit X Kal. esse uenturum*) et *DCV* (= XII, 27, 1 : *de Siliano negotio hodie me ex Sicca arbitror omnia cogniturum*) ont été rédigées le 22 et le 23 du mois, la lettre *DCVI* juste avant l'équinoxe, fixée au 25 mars par les calendriers de l'époque (XII, 28, 3 : *Publilius si aequinoctium exspectat... nauigaturus uidetur* ; cf. Plin., *N. H.*, XVIII, 66), on a pu reconstituer l'ordre de succession de toutes ces lettres et déterminer la date de chacune, du 7 au 30 mars[1]. De son côté, Atticus ne manque pas d'adresser tous les jours au solitaire un message dont on imagine aisément la teneur : tantôt exhortations au courage et témoignages d'attachement, tantôt conseils et suggestions, tantôt nouvelles du monde, le plus souvent réponses aux questions posées par son correspondant et comptes rendus des innombrables démarches ou services que celui-ci lui demande.

Nous avons inséré dans cet ensemble un billet (*Att.*, XII, 9 = *DXCI*), que nos devanciers rattachaient soit au troisième séjour, de brève durée, que Cicéron fit à Astura au cours de l'été 45[2], soit à son voyage en Italie du sud de la fin 46[3]. Il a été démontré dans le vo-

---

mus d'Antium — toute proche — à Lépide (cf. *Att.*, XIII, 47 *a* = *DCCVI*), cette double transaction a pu se faire à une date antérieure. Voir notre article « Cicéron et sa villa d'Astura », dans les *Mélanges E. Gareau*, Ottawa, 1982.

1. Cf. O. E. Schmidt, *Briefwechsel...*, p. 276, où sont reprises et confirmées les conclusions d'I. de Gruber, *Quaestio de tempore atque serie epistolarum Ciceronis*, Sundiae, 1836, et Th. Schiche, *Zu Ciceros Briefen an Atticus*, II, Progr. des Friedrichs-Werderschen Gymn., 1883.

2. *Sic* O. E. Schmidt, *o. c.*, p. 332 ; Tyrrell-Purser, in edit. t. V², p. 163.

3. *Sic* D. R. Shackleton Bailey, in ed. *Ep. ad Att.*, t. V, p. 306 sq.,

lume précédent (T. VII, p. 199 sq., n. 2) que la chronologie de ce voyage excluait une halte à Astura ; sans
doute n'est-il pas impossible que le billet ait été rédigé
le 28 ou le 29 août 45, aucun autre message ne nous
étant parvenu de ces deux jours-là ; mais, par son contenu, il prend bien mieux sa place entre la lettre *DXC*
du 10 mars au matin (= *Att.*, XII, 16) et celle du lendemain (*DXCII* = XII, 18) : le matin du 10, Cicéron
redoutait que sa tranquillité ne fût troublée par la visite d'un voisin importun arrivé la veille, L. Marcius
Philippus (XII, 16 extr. : *mihi enim nihil aptius fuit
hac solitudine ; quam uereor ne Philippus tollat ; heri enim
uesperi uenerat*) ; or la lettre XII, 9, écrite le soir — *somnus urgebat* — apprend à Atticus que le charme de sa
solitude a été rompu par ce Philippe, qu'il nomme plai-
samment « fils d'Amyntas », en se souvenant du père
d'Alexandre le Grand : *nihil hac solitudine iucundius,
nisi paulum interpellasset Amyntae filius*. Le 11, heureusement, le danger s'écarte : non seulement Philippe n'est
pas revenu, mais la veille au soir, après sa visite à Cicéron, il est reparti pour Rome : *ut heri me salutauit,
statim Romam profectus est* (*Att.*, XII, 18, 1 extr. =
DXCII). L'enchaînement des trois textes est rigoureux.

Arrivé à Astura le 6 mars — la première lettre, écrite
le 7 (*Att.*, XII, 13 = *DLXXXVII*), prouve qu'une
journée au moins s'est écoulée : *litteris non difficilius
utor quam si domi essem* (§ 1) — Cicéron a quitté Rome
la veille et fait halte pour la nuit entre les deux endroits,
distants d'une cinquantaine de milles (= 70 km env.),
très probablement à Lanuvium, comme il le fera le
31 mars en se rendant d'Astura à Nomentum (cf. *infra*,
p. 34).

La lecture des premières lettres est révélatrice de

sur une suggestion de L. R. Taylor in *Class. Philol.*, XXXII, 1937,
p. 238, n. 20.

l'état d'âme et des préoccupations majeures de Cicéron :
le malheureux père ne parvient pas à vaincre sa douleur
et ne se retient pas de le répéter presque chaque jour
à son ami ; plus d'une fois des larmes lui échappent (cf.
XII, 13, 1 = *DLXXXVII* ; 15 = *DLXXXIX*) ; pourtant il a déployé et continue de déployer les plus grands
efforts pour surmonter sa détresse — *non mehercule in-
dulgente me, sed tamen repugnante* (XII, 13, 1 =
DLXXXVII) —, comme Atticus l'y incitait (XII, 14,
3 = *DLXXXVIII*). A défaut de venir à bout de sa
souffrance, *dolor*, et de rétablir son moral, *animum*, du
moins entend-il maîtriser les manifestations apparentes
de son chagrin, *maeror*, et présenter son visage habituel,
uultum (XII, 14, 3 = *DLXXXVIII*) ; il atteindra ce
résultat quelques jours plus tard (cf. XII, 28, 2 =
DCVI, du 24 mars) et l'aurait sans doute obtenu plus
tôt, s'il n'avait été retenu par l'idée qu'il trahirait la
mémoire de Tullia en reprenant trop tôt son visage antérieur ; il se sentait écartelé entre deux devoirs contradictoires : la fidélité au souvenir de sa fille et l'obligation, imposée par la morale philosophique[1], de maîtriser sa douleur, au moins extérieurement — *idque faciens* (= effort pour me composer un visage) *interdum
mihi peccare uideor, interdum peccaturus esse nisi faciam*
(XII, 14, 3 = *DLXXXVIII*) —. Ce conflit intérieur
n'était pas seulement un problème circonstanciel, d'ordre
sentimental : il faisait l'objet d'un débat philosophique ;
un passage des *Tusculanes* nous apprend, en effet, que
Chrysippe avait traité cette question (III, 76) : pour
lui, « l'essentiel, en matière de consolation, était de ban-

---

1. Cf. par exemple, *Tusc.*, III, 71 : *quid hos* (= les grands hommes
mentionnés dans sa *Consolation*, qui ont supporté avec courage la
mort d'un fils) *aliud placauit, nisi quod luctum et maerorem esse non
putabant uiri?* etc. ; Sen., *Ep.*, 63, 13 : *uiris nullum legitimum tempus est* (= *lugendi*), *quia nullum honestum* ; Plut., *Consol. ad uxo-
rem*, 609 a-b : « le désir insatiable de chants funèbres, qui pousse
les gens à gémir et à se frapper la poitrine, n'est pas moins honteux
que l'intempérance dans les plaisirs ».

nir, chez ceux qui manifestent leur chagrin, l'opinion
répandue selon laquelle, ce faisant, on s'acquitte d'un
devoir légitime et obligatoire » — *Chrysippus autem ca-*
put esse censet in consolando detrahere illam opinionem
maerenti, si se officio fungi putet iusto atque debito — ;
les lignes suivantes montrent que Cicéron avait déve-
loppé cette idée stoïcienne dans la *Consolation* rédigée
au début de son séjour à Astura, en la confrontant avec
les théories des autres écoles philosophiques, surtout
celle du platonicien Crantor, qui opposait à l'idéal stoïcien de l'ἀπάθεια une attitude plus humaine, définie par
la modération, μετριοπάθεια [1]. Il a donc vécu ce débat
théorique avec une intensité poignante ; tout en utili-
sant l'analyse et la terminologie stoïciennes des degrés
de la souffrance (cf. *Tusc.*, IV, 18), il ne donne raison
à Chrysippe que pour le *maeror* — *aegritudo flebilis* —,
qu'il parvient à maîtriser, non pour le *dolor* — *aegritudo*
crucians —, le tourment intime, qu'il est inhumain de
prétendre supprimer ; dans sa lettre du 24 mars (XIII,
28, 2 extr. = *DCVI*), il déclare : *maerorem minui, dolo-*
rem nec potui nec, si possem, uellem. Cette douleur est
plus profonde et légitime chez un homme dont la culture a affiné la sensibilité (cf. *Att.*, XII, 46 = *DCXXXI*,
1) et surtout il la considère comme inséparable du souvenir vivant de sa fille, qu'il a le devoir impérieux d'entretenir en lui, de même qu'il s'efforcera de le perpétuer
dans les générations à venir.

A peine installé à Astura, Cicéron trouve un relatif
apaisement à sa détresse dans la solitude et l'activité
philosophique. Le lendemain de son arrivée, il écrit à
Atticus que la solitude lui est moins pénible que le
flot des visiteurs à Rome (*DLXXXVII* = XII, 13, 1) ;
le jour suivant, il va plus loin : *solitudo aliquid adiuuat*

---

1. Cf. *infra*, App. II A ; K. Kumaniecki, *A propos de la « Con-*
solatio » perdue de Cicéron, in *Ann. Fac. Lettres et Sci. hum. Aix*,
XLVI, 1969, p. 378 sq. ; 394 sq.

(*DLXXXVIII* = XII, 14, 3) ; et il y revient les jours
d'après : *secundum te, nihil est mihi amicius solitudine*
(*DLXXXIX* = XII, 15), *mihi nihil aptius fuit hac solitudine* (*DXC* = XII, 16), *nec quicquam habeo tolerabilius quam solitudinem* (*DXCII* = XII, 18, 1). Il appréhende la visite d'un voisin importun (cf. *supra*,
p. 19) ; seule lui manque, dans cet isolement béni, la
présence d'Atticus et l'expression de ce regret a un ac-
cent de sincérité qui ne trompe pas (XII, 13, 1 =
DLXXXVII ; 14, 3 = *DLXXXVIII* ; 16 = *DXC*) ;
cependant, Atticus lui ayant laissé espérer sa venue, il
s'efforce de le mettre à l'aise, deux jours de suite, en
lui marquant bien qu'il le sait surchargé de travail
(XII, 16 = *DXC* et 18, 4 = *DXCII*) ; dans la deuxième
lettre, il lui révèle que lui-même redoute de se sentir
désemparé, une fois son ami reparti ; au fond, il s'est
installé dans sa solitude et se rend compte qu'il vaut
mieux éviter toute perturbation susceptible de déranger
ce fragile et précaire équilibre ; Atticus en fut sans doute
conscient, car il renonça à son projet et, à l'exception
d'une velléité sans lendemain, le 22 mars (XII, 26, 1 =
DCIV), il n'en fut plus question jusqu'à la fin du séjour.

Cette solitude, si jalousement préservée, ne fut pas
pour Cicéron un cadre vide, une parenthèse stérile, où
il n'y aurait eu place que pour le désespoir ou la délec-
tation morose ; loin de s'abandonner à sa détresse, il
fit face au malheur avec une sombre détermination et
chercha courageusement dans la philosophie un remède
ou du moins un dérivatif à ses souffrances. En adoptant
cette attitude, il ne rompait pas avec son passé, ni
même avec la ligne de conduite qu'il suivait depuis
plusieurs mois ; il réagit à la mort de sa fille comme
il réagissait à la ruine de la république, par la lecture,
la méditation et la production philosophiques. Mais son
deuil privé lui apporta une terrible raison supplémentaire

de se consacrer à cette activité et fournit à sa réflexion
un thème inattendu, qui en dévia pendant quelque
temps le cours, sans le ralentir.

Laissant provisoirement de côté les problèmes d'ordre
général qu'il avait déjà abordés en rédigeant l'*Hortensius* — si cet ouvrage est effectivement antérieur à la
mort de Tullia[1] — et qu'il reprendrait bientôt en écrivant les *Académiques* et ses grands traités de morale,
Cicéron a dévoré, durant les premiers jours de son deuil,
chez Atticus, les nombreux livres de consolation pro-
duits par les Grecs (cf. XII, 14, 3 = *DLXXXVIII*) ;
dès son arrivée à Astura, il entreprend la rédaction de
la *Consolation* qu'il a eu l'idée originale de s'adresser à
lui-même et qu'il achève au bout de trois ou quatre jours
de travail intensif[2] ; il ne lui restera plus, dans les semaines suivantes, qu'à apporter çà et là quelques menues additions ou corrections au manuscrit en cours de
copie. Cette *Consolation*, dont nous pouvons nous faire
une idée par les rares fragments qui nous ont été transmis, ne lui procure pas le soulagement qu'il avait espéré
— *omnem consolationem uincit dolor* (*ibid.*) —, mais une
diversion à sa peine — *tantisper... relaxor tamen* (*ibid.* ;
cf. XII, 18, 1 = *DXCII*).

La mort de Tullia inspire à Cicéron une autre initiative, beaucoup plus surprenante, dont les péripéties oc-
cuperont une place de premier plan dans ses préoccupations et sa correspondance, plusieurs mois durant : il
veut honorer et perpétuer la mémoire de sa fille, en
lui édifiant un sanctuaire qui consacrera son apothéose.
Cette chapelle pourrait être implantée dans le parc
d'une de ses villas, notamment celle d'Astura, dont la
situation lui paraît, à certains égards, idéale ; mais il a

1. Cf. t. VII, p. 69 sq.
2. Voir l'App. II A, où sont examinés les problèmes de chronologie relatifs aux ouvrages philosophiques entrepris par Cicéron de
mars à septembre 45.

des raisons de préférer une autre solution, consistant à
acheter un domaine champêtre, dans les environs immé-
diats de Rome ; la principale de ces raisons est qu'il
désire s'assurer à lui-même une « retraite pour ses vieux
jours » ; aussi se met-il en quête, avec une ardeur passionnée, d'une propriété suburbaine, où il trouverait à
la fois une résidence pour lui-même et un terrain pour
le *fanum* en l'honneur de sa fille. Le lendemain de son
installation à Astura, brève allusion à son « intention
d'acheter un asile où cacher sa douleur » (XII, 13, 2
extr. = *DLXXXVII*) ; quelques jours plus tard, dans
sa lettre du 11 mars (XII, 18, 1 = *DXCII*), Cicéron
expose pour la première fois son idée de sanctuaire, dont
il avait récemment dit quelques mots à Atticus. Les
questions que posent la nature et la signification de ce
projet, les péripéties de la recherche d'un terrain et les
difficultés suscitées par le financement de l'opération
sont étudiées dans l'Appendice I du présent volume.

Parmi les amis de Cicéron, il n'en est aucun, Atticus
excepté, qui tienne autant de place dans sa pensée, en
ces jours de détresse, que M. Junius Brutus ; gouverneur
de la Gaule Cisalpine en 46, celui-ci attend, pour regagner Rome, l'arrivée de son successeur C. Vibius Pansa,
retardé par un empêchement dont nous ignorons la nature (cf. T. VII, p. 298). Cicéron parle souvent de lui
dans ses lettres à Atticus : dès le premier jour, il évoque
le message de condoléances émouvant qu'il a reçu de
Brutus (XII, 13, 1 = *DLXXXVII*) ; le lendemain, il
lui demande de le tenir informé de la date prévue pour
le départ de Pansa, qui signifiera le retour prochain de
Brutus (XII, 14, 4 = *DLXXXVIII* ; cf. aussi XII, 17 =
DXCIII) ; le jour d'après, il se prépare à lui répondre
(XII, 15 = *DLXXXIX*). Mais, chose curieuse, il le fait
« sur le conseil » d'Atticus — *ut suades* — et, une fois
la réponse rédigée, il envoie à Atticus non seulement
l'original cacheté, destiné à l'expédition, mais aussi un

double, avec la recommandation de prendre connaissance du texte et de ne l'envoyer que s'il l'approuve sans réserve — *ut, si minus placeret, ne mitteres* (XII, 18, 2 = *DXCII*) —; pourquoi ces hésitations et ces précautions, sinon parce que la réponse ne concernait pas seulement le deuil privé de Cicéron, mais touchait aussi à la politique? De fait, nous apprendrons plus tard que les deux amis, si étroite que soit leur amitié, ont alors des vues sensiblement divergentes sur le problème majeur de l'attitude à observer à l'égard de César (cf. *infra*, p. 192 ; 199).

Déchu de sa grandeur et de son rôle politique, Cicéron n'entend pas négliger les devoirs qui lui incombent encore, comme grand dignitaire de l'État ; sa qualité d'augure lui faisait obligation de participer aux séances de ce collège sacerdotal ; or, il se trouva qu'une réunion du collège, importante sans doute puisqu'elle devait durer plusieurs jours de suite, coïncidait avec le début de son séjour à Astura. Avant de quitter Rome, il avait reçu l'assurance qu'on ne lui tiendrait pas rigueur de son absence (*Att.*, XII, 13, 2 = *DLXXXVII*) ; mais Atticus se montrait extrêmement préoccupé par cette affaire et suggérait de faire appel aux deux fondés de pouvoir de César, Balbus et Oppius en personne (cf. *ibid.*). De fait, nous apprenons par cette lettre et les deux suivantes (XII, 14, 1 = *DLXXXVIII* ; 15 = *DLXXXIX*) qu'un augure n'avait pas le droit de manquer une séance, même pour un motif aussi sérieux qu'un deuil cruel et récent, et que, lorsqu'il était empêché par la maladie, il devait se faire excuser, à chaque séance, par trois personnes au moins, attestant sous la foi du serment son incapacité physique. C'est à ce moyen que Cicéron eut recours, dans l'esprit du strict légalisme romain, sans réussir, d'ailleurs, à rassurer pleinement Atticus (cf. XII, 18, 3 = *DXCII* ; 17 = *DXCIII*)[1] ; les

1. Les excuses de Cicéron sont adressées à un certain Appuléius,

témoins de bonne volonté lui eussent-ils fait défaut, il
n'aurait pas reculé devant un aller et retour harassant,
pour se présenter devant ses confrères et leur jurer qu'il
était atteint d'un mal chronique qui lui interdisait de
siéger avec eux (XII, 13, 2 = *DLXXXVII*). Il se sou-
venait sans doute de cet épisode l'année suivante, lorsqu'il rédigea le *De amicitia* : en effet, il y souligne avec
insistance (§§ 7-8) que, si Lélius n'a pas assisté à une
récente réunion du collège des augures, ce n'est pas à
cause du chagrin que venait de lui causer la mort de
Scipion Émilien, comme le supposait Fannius, mais
parce qu'il était malade, comme l'affirmait son confrère
Scévola ; Lélius loue ce dernier de l'avoir cru incapable
de ce qui eût été une faiblesse : *recte tu quidem, Scaeuola,
et uere : nec enim ab isto officio, quod semper usurpaui
cum ualerem, abduci incommodo meo debui.*

Enfin, dès les premiers jours, se posent des questions
d'argent — dettes et créances —, comme si souvent
dans la vie de Cicéron ; il n'en est pas encore à chercher
les ressources nécessaires pour financer l'achat de la
propriété suburbaine ; mais une affaire pénible apparaît
dans sa lettre du 13 mars (XII, 18 *a*, 2 = *DXCIV*) :
les séquelles financières de son premier divorce, survenu
à la fin de 47 ou au début de 46. Par l'intermédiaire
d'Atticus, Térentia réclame le remboursement de sa dot
(cf. *Att.*, XII, 12, 1 = *DXCVIII*) ; dans le même temps,

---

qu'on a identifié à M. Appuléius, futur questeur, puis, en 44, proques-
teur de la province d'Asie (cf. T. R. S. Broughton, *The magistrates
of the Roman Republic*, New York, 1951-1960, II, p. 327) ; il est très
probable que ce personnage, jeune et peu connu, venait d'être coopté
par le collège des augures et offrait à ses confrères la traditionnelle
cena aditialis (cf. *Att.*, XII, 13, 2 = *DLXXXVII* : *cum enim mihi
carendum sit conuiuiis* ; G. Wissowa, *Rel. u. Kultus d. Römer*[2], Munich, 1912, p. 491) ; cependant, les augures banquetaient aussi en
d'autres occasions (cf. t. VII, p. 290) et, de toute façon, l'ordre du
jour de la réunion de mars 45 ne se bornait pas à ce « festin d'entrée », puisqu'elle se prolongea durant plusieurs jours (cf. Th. Mommsen, ap. C. Bardt, *Die Priester der vier grossen Collegien*, Berlin,
1871, p. 26 sq. ; Tyrrell-Purser, in edit., t. V[2], p. 6).

elle fait courir des bruits malveillants sur le dernier testament de son ancien mari ; alerté par Atticus, celui-ci
lui fournit les éléments de sa défense : bien que le détail de la lettre présente des obscurités (voir notes *ad
loc.*), il en ressort que Térentia suspectait les témoins
de l'acte, qui, on le sait, devaient être au moins sept,
— ils n'auraient pas été convoqués dans les règles et
parmi eux figurait Publilius, frère ou proche parent de
la jeune femme épousée par Cicéron à la fin de 46 —
et qu'elle soupçonnait Cicéron d'avoir désavantagé leur
petit-fils Lentulus ; comme Tullia avait accouché au milieu de janvier 45, le testament était donc tout récent,
soit immédiatement antérieur, soit même postérieur au
décès de Tullia. Dans sa réponse, qui semble pertinente,
Cicéron contre-attaque, en mettant Térentia au défi de
donner à son propre testament la publicité qu'il est
prêt à donner au sien. Vengeance de femme rancunière
et jalouse? Plus vraisemblablement manœuvre d'intimi-
dation, pour faire pression sur Cicéron et mettre fin à
ses atermoiements.

Le lendemain, en réponse à une lettre d'Atticus, qui
est revenu à la charge prudemment, auprès de Tiron,
Cicéron aborde la question, en termes sibyllins (XII, 19,
4 = *DXCV*) : *uides et officium agi meum quoddam cui
tu es conscius et, ut nonnulli putant, Ciceronis rem; me
quidem id multo magis mouet, quod mihi et sanctius et
antiquius, praesertim cum hoc alterum neque sincerum
neque firmum putem fore.* Visiblement, Atticus avait fait
valoir — de la part de Térentia? — deux considérations
en faveur d'un règlement immédiat et, sans doute, largement calculé de son dû, considérations fondées l'une
sur « une certaine obligation » de Cicéron lui-même,
l'autre sur les intérêts de leur fils Marcus, *Ciceronis
rem*; on suppose, non sans raison, que Térentia avait
promis de se montrer généreuse envers son fils, sous
forme de pension ou d'avantages testamentaires, si le

remboursement de sa dot se faisait selon ses désirs ;
mais quel pouvait être cet *officium*, que Cicéron jugeait
« sacré » et « primordial » ? La simple obligation de s'acquitter de sa dette ? L'adjectif *quoddam* suggère quelque
chose de plus particulier, que nous ne connaissons pas ;
on peut songer, par exemple, à un épisode de la terrible année 58 : Térentia, restée seule à Rome avec
Tullia pendant l'exil de son mari, s'était décidée à vendre
une de ses propriétés immobilières, pour faire face à
leurs besoins (cf. *Fam.*, XIV, 1, 5 = *LXXXII*, in T. II :
... *mea Terentia, scribis te uicum uendituram*).

Les jours suivants, Atticus, chargé par son ami de
négocier cette affaire délicate pour le mieux, l'entretient
obstinément de ses démarches et de ses perplexités ;
Cicéron, excédé, finit par le prier sèchement de ne plus
revenir sur le sujet (XII, 26, 2 = *DCIV*), en évitant
avec soin de mentionner le nom de « Térentia » et le
mot « dot ». Il en sera encore question une dernière fois
dans la lettre du 24 mars (XII, 28, 1 = *DCVI*), avec
une allusion à l'*officium* mystérieux : le règlement définitif eut certainement lieu sans délai, au terme d'ultimes
tractations menées par Atticus, grâce au transfert d'un
titre de créance provenant de Balbus (cf. *Att.*, XII, 12,
1 = *DXCVIII*).

Les autres sujets qui remplissent les lettres postérieures
au 13 mars sont pour la plupart les mêmes que dans
celles des premiers jours : permanence de la douleur
morale, volonté de vivre dans la solitude loin de Rome,
travail intense, relations avec Brutus, questions financières et surtout la grande affaire, qui est l'achat d'une
propriété suburbaine (voir l'Appendice I, en fin de volume). Mais à mesure que les jours passent, les données se modifient, les sentiments prennent une coloration différente et de nouvelles questions surgissent. Cicéron a réussi à maîtriser son *maeror*, c'est-à-dire à contenir ses larmes et à se composer un visage serein, mais

il ne peut ni ne veut dissiper sa douleur intime (*Att.*, XII, 28, 2 = *DCVI* ; cf. *supra*, p. 2) ; avec une sombre lucidité, il évalue sa situation présente et constate qu'il a tout perdu : son rôle de premier plan dans une République qui a cessé d'exister et sa fille, qui était devenue sa seule raison de vivre ; cette prise de conscience se traduit par un cri déchirant : *occidimus, occidimus, Attice, iam pridem nos quidem, sed nunc fatemur, postea quam unum quo tenebamur amisimus* (XII, 23, 1 = *DCI*) ; il reviendra plus d'une fois sur cette idée qu'il ne lui est pas donné, comme à d'autres, de puiser dans le bonheur public une consolation à son deuil privé (cf. *Att.*, XII, 28, 2 = *DCVI* ; *Fam.*, IV, 6, 1-2 = *DCXIII*). Plus que jamais, il tient à sa solitude et fuit les visites, à de rares exceptions près (*Att.*, XII, 26, 2 = *DCIV*) ; mais il doit maintenant se battre contre l'opinion publique et contre Atticus lui-même, qui considèrent que sa cure d'isolement a assez duré et qu'il doit revenir à Rome : le 15 mars, il ne s'agit encore que d'une exhortation à « dissimuler » sa douleur (XII, 20, 1 = *DXCVI*) ; mais, le 17, Atticus a clairement incité son ami à fréquenter de nouveau le Forum, en alléguant l'opinion des milieux romains (XII, 21, 5 = *DXCIX*) ; Cicéron réplique que le Forum a perdu toute signification et tout attrait, qu'on y est exposé à des rencontres fâcheuses et que l'autorité des philosophes l'emporte à ses yeux sur l'opinion d'autrui. Deux jours plus tard, nouvelle tentative d'Atticus et nouveau refus, avec un argument supplémentaire : certaines gens l'importunent à distance ; ce serait pire, s'il revenait parmi eux (XII, 23, 1 = *DCI* ; cf. *infra*, p. 34, n. 1). Le 23, il exprime une fois de plus sa volonté de fuir Rome « pour bien des raisons », quitte à retarder son plaisir de revoir Brutus (XII, 27, 3 = *DCV* ; cf. 29, 1 = *DCVII*), et le lendemain, Atticus l'ayant encore pressé de renouer avec ses habitudes de vie, il lui oppose une fin de non-recevoir, en confirmant son mépris pour le qu'en-dira-t-on (XII, 28, 2 = *DCVI*).

A ceux qui lui reprochent de s'abandonner à son chagrin, au lieu de le surmonter ou, du moins, de le dissimuler, Cicéron oppose son activité philosophique, le meilleur « remède » possible à sa souffrance et la preuve de sa volonté de guérir (XII, 20, 1 = *DXCVI* ; 21, 5 = *DXCIX* ; 23, 2 = *DCI* ; 28, 2 = *DCVI*) ; de fait, une fois la *Consolation* rédigée, il a repris ses lectures et commencé à travailler à deux de ses ouvrages les plus importants, le *De finibus* et surtout les *Académiques*, qu'il terminera avant l'autre[1].

Il se montre toujours impatient de revoir Brutus : son remplaçant au gouvernement de la Cisalpine, C. Vibius Pansa, est parti rejoindre son poste le 14 mars (*Att.*, XII, 19, 3 = *DXCV*) ; le 23, Cicéron s'informe de la date où les deux hommes doivent se rencontrer, quelque part à la limite de la province — en fait le jour même ou à peu près, puisqu'il prévoit le retour de son ami à Rome vers le 1er avril (XII, 27, 3 = *DCV*) — ; cependant, contrairement aux usages (cf. *Fam.*, XVI, 11, 2 = *CCXCIX*), il n'ira pas l'accueillir à son arrivée, tant sont puissantes, à l'en croire, les raisons qui l'écartent de la ville (*Att.*, *l. c.*) ; Atticus se demande si ce n'est pas un prétexte et, malgré les dénégations de Cicéron (*Att.*, XII, 29, 1 = *DCVII* : *nec ego Brutum uito*), on incline à partager ce soupçon, quand on a présentes à l'esprit les précautions singulières qu'il a prises pour répondre aux condoléances de Brutus (*Att.*, XII, 18, 2 = *DXCII* ; *supra*, p. 24 sq.) et surtout la lettre *DXCIX* du 17 mars (= *Att.*, XII, 21, 1) : comme Cicéron — et plusieurs autres (cf. Appendice II C, p. 328, n. 0) —, Brutus avait publié un *Caton*, sur lequel Atticus avait formulé quelques réserves, dont il avait fait part à l'auteur.

---

1. Cf. App. II A. Sur la lettre de condoléances envoyée d'Athènes au milieu de mars par Ser. Sulpicius Rufus (*DXCVII* = *Fam.*, IV, 5), voir la Notice de la deuxième partie, p. 71.

Celui-ci lui a répondu dans une lettre qu'Atticus a
transmise à Cicéron (*ibid.*) ; en la lui retournant, ce
dernier se lance dans une violente diatribe contre Brutus, parce qu'il a relevé dans son texte une erreur im-
pardonnable : dans le compte rendu de la fameuse séance
du Sénat où fut débattu le châtiment à infliger à Catilina et à ses complices, Brutus a amplifié le rôle de
Caton et diminué celui de Cicéron (*illud turpiter ignorat, l. c.* ; sur le détail du texte et des faits, voir les notes
ad. loc.). Quoi d'étonnant si, quelques jours plus tard,
Cicéron se montre moins empressé à voler au-devant du
coupable? Le 8 mars, il se désolait que Brutus ne fût
pas auprès de lui : *certe aliquid, quoniam me tam ualde
amat, adiuuaret* (XII, 14, 4 = *DLXXXVIII*) ; le 25,
il n'attend plus de sa présence aucun allègement à sa
peine : *nec tamen ab eo leuationem ullam expecto* (XII,
29, 1 = *DCVII*). Ce nuage allait bientôt se dissiper ;
d'autres ne tarderaient pas à naître.

Dans les premières lettres écrites à Astura, Cicéron
ne fait aucune mention de son fils ; il est évident qu'il
n'a pas reporté sur lui la tendre affection qu'il éprouvait pour sa fille et qu'il n'a guère trouvé de consolation dans sa présence. Quelques mois plus tôt, c'est
Atticus qui avait transmis au père l'intention du fils
de se rendre au quartier général de César, en Espagne ;
le projet, qui ne souriait guère à Cicéron, avait été
abandonné (cf. T. VII, p. 86 et *Att.*, XII, 7 = *DXX*)
et remplacé par un autre : Marcus ferait un séjour
d'étude à Athènes, suivant l'exemple de son père et de
nombreux jeunes Romains de la bonne société ; le
20 mars, Cicéron informe Atticus que le moment propice au départ lui paraît venu (XII, 24, 1 = *DCII*)
et le consulte sur les moyens de financement ; brève
allusion trois jours après (XII, 27, 2 = *DCV*) ; le 28,
il charge Atticus de transmettre à son fils une proposition précise (XII, 32, 2 = *DCX*) : il lui allouerait
le montant des loyers provenant des immeubles de

l'Argilète et de l'Aventin, qui faisaient partie de la dot de Térentia et qu'il a retenus apparemment pour cet usage, soit 80.000 à 100.000 sesterces (cf. *Att.*, XV, 17, 1 ; 20, 4 ; XVI, 1, 5). Marcus est effectivement parti pour la Grèce au début d'avril, lorsque Cicéron séjournait dans la maison de campagne d'Atticus (cf. *Att.*, XV, 15, 4). Le moins qu'on puisse dire est que les relations entre le père et le fils manquaient singulièrement de chaleur et même de confiance, Cicéron s'attachant essentiellement à s'acquitter de ses devoirs, en particulier d'ordre financier, à l'égard de son fils[1].

Il ne néglige pas non plus ce qu'il doit au fils de sa fille, né en janvier 45 (cf. T. VII, p. 198 et 219) : non seulement il a pris les dispositions testamentaires appropriées (*Att.*, XII, 18 *a*, 2 = *DXCIV*), mais à la fin de mars il charge Atticus d'aller voir le petit Lentulus, qui vit quelque part à Rome, et de mettre à son service ceux des esclaves de Cicéron qui lui paraîtront convenir le mieux à cette fonction (XII, 28, 3 = *DCVI* ; 30, 1 = *DCIX*). Il ne sera plus jamais fait mention de lui par la suite ; sans doute n'a-t-il pas longtemps survécu à sa mère.

On ne s'étonne pas de ne percevoir, dans la correspondance de ce mois, presque aucun écho des événements politiques et militaires : Cicéron est obsédé par ses problèmes personnels ; et puis il ne se passe à peu près rien : à Rome, on vit dans l'attente d'une action décisive en Espagne — la nouvelle de la victoire de César à Munda (17 mars) ne parviendra qu'un mois plus tard —, les hommes de confiance du dictateur, principalement L. Cornélius Balbus et C. Oppius, avec lesquels Cicéron entretient de bonnes relations de courtoisie, mais surtout d'argent (cf. Appendice I C, *passim*), gèrent au nom du maître absent les affaires courantes et le consultent sur celles qui leur paraissent

1. Cf. J. Carcopino, *Les secrets...*, I, p. 248 sqq.

excéder leur compétence. Cicéron affiche une indifférence totale à cette actualité ; pourtant il s'étonne
qu'Atticus ne lui ait pas fait part des nouvelles pro-
mises sur les événements d'Espagne (XII, 23, 1 =
DCI) et l'annonce du retour à Rome de son ennemi
Antoine, brouillé depuis des mois avec César (cf. T. VII,
p. 59, n. 1, et 203), l'affecte plus qu'il ne le prétend
avec humeur, en dépit ou en raison même des précautions agaçantes que prennent Atticus, puis Balbus et
Oppius eux-mêmes, pour apaiser ses inquiétudes (XII,
18 *a*, 1 = *DXCIV* ; 19, 2 = *DXCV* ; 20, 1 = *DXCVI*).

A la fin de mars surgit, dans la vie calfeutrée de Cicéron, une menace soudaine, qui met un terme à un
silence troublant ; car, s'il parle de temps à autre à
Atticus de son fils, de son petit-fils, de son ami Brutus, du fidèle Tiron, qui partage sa solitude studieuse,
de Sicca, dont il apprécie la présence intermittente et
serviable (cf. Appendice I, p. 289 ; XII, 34, 1 = *DCXII*),
il nous laisse à peu près oublier qu'il a une femme, la
jeune et riche Publilia, épousée en décembre 46 ou peu
avant (cf. T. VII, p. 198 et *Fam.*, IV, 14, 1 et 3 =
DLXXIV) ; il a refusé qu'elle l'accompagne à Astura
(cf. XII, 32, 1 = *DCX*) et il est douteux qu'elle ait
même partagé avec lui l'hospitalité d'Atticus, dans sa
maison du Quirinal. En fait, nous lisons chez Plutarque
(*Cic.*, 41, 8) que Cicéron la répudia, « parce qu'elle avait
paru se réjouir de la mort de Tullia », ce qui semble
difficile à croire, mais atteste que la rupture précoce
du ménage suivit de près le décès. Cependant, à plusieurs reprises, depuis le 19 mars, Cicéron exprime à
mots plus ou moins couverts son désir d'éviter toute
rencontre avec la famille de Publilia, en particulier avec
son frère ou proche parent Publilius, dont il attend
impatiemment le départ pour l'Afrique du nord ; entre
Atticus et les Publilii, des relations indirectes sont

maintenues par l'intermédiaire d'un certain Alédius[1].
Mais, le 28, Cicéron reçoit de sa femme une lettre qu'il
suppose lui avoir été dictée : elle lui demande d'accepter qu'elle accompagne sa mère et Publilius, finalement resté à Rome, dans la visite que ceux-ci se proposent de lui faire : *res quam molesta sit uides*! écrit
aussitôt Cicéron à Atticus, de sa propre main (XII,
32, 1 = *DCX*) ; non seulement il répond à Publilia de
n'en rien faire, en alléguant la gravité accrue de son
état, mais il entend se dérober même à la visite de la
mère et de Publilius ; pour cela, un seul moyen : quitter
Astura ; Atticus est chargé de lui indiquer le moment
propice. Le 30, Atticus donne l'alerte ; sur-le-champ,
Cicéron décide de partir le lendemain et de passer la
nuit à Lanuvium, chez Sicca (XII, 34, 1 = *DCXII*),
ce qu'il fit.

---

1. En *Att.*, XII, 23, 1 (= *DCI* ; 19 mars), Cicéron allègue une
raison supplémentaire de fuir Rome : *meministi quid ex te Aledius
quaesierit. Qui etiam nunc molesti sunt* (même expression, *res quam
molesta sit uides*, à propos de la visite annoncée des Publilii, dans
la lettre XII, 32, 1 du 28, évoquée ci-après), *quid existimas si uenero?*
Cf. XII, 24, 1 (= *DCII* : *Publilius iturusne sit in Africam et quando
ex Aledio scire poteris*) ; 27, 2 (= *DCV*) ; 28, 3 (= *DCVI*) ; 29, 1
(= *DCVII* : *erant causae cur istic* [= *Romae*] *esse nollem ; quae si
manebunt, quaerenda erit excusatio ad Brutum : et, ut nunc est, mansurae uidentur* — Cicéron a certainement appris ce jour-là, 25 mars,
que Publilius n'était pas parti pour l'Afrique —). Sur Alédius, cf.
T. VII, p. 40, n. *c* ; *infra*, n. 1 *ad* p. 53.

DLXXXVII. — A ATTICUS.
(*Att.*, XII, 13).
Astura, 7 mars 45.

1. Je suis ému pour Attica, mais d'accord avec Cratérus[1]. Une lettre de Brutus, écrite avec autant de doigté que d'amitié, m'a pourtant coûté bien des larmes[a]. La solitude, dans ces lieux, me tourmente moins que l'affluence, dans les tiens. Toi seul me manques ; mais je me livre à mes travaux littéraires aussi facilement que si j'étais dans ma maison de Rome. Néanmoins, la brûlure est toujours lancinante et persistante, sans complaisance de ma part, grands dieux ! mais en dépit de mes efforts pour réagir.

2. Tu me parles, dans ta lettre, d'Appuléius[b] : il n'y a pas besoin, je crois, de tes efforts, ni de Balbus et d'Oppius ; car il leur a promis et m'a fait également annoncer qu'il ne me causerait aucun ennui. Mais prends soin de me faire excuser chaque jour pour raison de santé. Lénas m'a promis son concours à ce sujet ; entreprends C. Septimius, L. Statilius[2] ; en fin de compte, personne ne refusera de prêter serment, sur ta demande. En cas de résistance un peu forte, je me rendrai sur place et je jurerai en personne que je souffre d'une maladie chronique. Car, puisque je dois m'abstenir des banquets, j'aime mieux alléguer la loi que ma douleur. Je voudrais que tu assignes Coccéius, qui ne tient pas sa parole ; or, j'ai l'intention d'acheter un asile, où cacher ma douleur[3].

a. Voir la Notice, p. 24.
b. Voir la Notice, p. 25 sq., n. 1.

DLXXXVII. — AD ATTICVM.
(*Att.*, XII, 13).

Scr. Asturae Non. Mart. a. 709 /45.

1. Commouet me Attica ; etsi adsentior Cratero.
Bruti litterae scriptae et prudenter et amice multas
mihi tamen lacrimas attulerunt. Me haec solitudo
minus stimulat quam ista celebritas. Te unum desidero ; sed litteris non difficilius utor quam si domi
essem. Ardor tamen ille idem urget et manet, non
mehercule indulgente me, sed tamen repugnante.
2. Quod scribis de Appuleio, nihil puto opus
esse tua contentione nec Balbo et Oppio ; quibus
quidem ille receperat mihique etiam iusserat nuntiari se molestum omnino non futurum. Sed cura
ut excuser morbi causa in dies singulos. Laenas hoc
receperat ; prende C. Septimium, L. Statilium ; denique nemo negabit se iuraturum quem rogaris.
Quod si erit durius, ueniam et ipse perpetuum mor-
bum iurabo. Cum enim mihi carendum sit conuiuiis,
malo id lege uideri facere quam dolore. Cocceium
uelim appelles ; quod enim dixerat non facit ; ego
autem uolo aliquod emere latibulum et perfugium
doloris mei.

DLXXXVII. — *M* 167 rº ; *R* 103 rº ; *P* 145 vº. *Deest E.*

1. 5 sed Δ, *GO* : sed si *RP* sed etsi *Wesenberg* ‖ 6 idem *RPO*, *Z*ᵇ*La.*ᶜ,
ed. Crat. : om. Δ *G* (*uett.*).

2. 1 appuleio *m* : apu- *cett.* (*etiam infra uariant pass. codd.*) ‖ 3 mihique *bms*, *PO* : meique *Md*, *R* ‖ 6-7 denique *b*, *uett.* : ben- *MdG*,
RO uen- *m* diemque *s* ////que *P*.

DLXXXVIII. — A ATTICUS.
(*Att.*, XII, 14).
Astura, 8 mars 45.

1. Je t'ai parlé dans ma lettre d'hier de mes excuses
à présenter à Appuléius. Je ne crois pas que cela fasse
difficulté ; demande à n'importe qui : personne ne refusera. Mais vois Septimius, Lénas et Statilius — car
il faut trois personnes —. Mais Lénas m'a promis qu'il
s'occuperait de tout.

2. Tu m'écris que Junius t'a assigné ; de toute façon, Cornificius a du répondant. Cependant je voudrais
bien savoir quand je suis supposé avoir donné ma caution, et si c'est en faveur du père ou du fils. Quoiqu'il
en soit, tu verras, comme tu me l'écris, les agents d'affaires de Cornificius et Appuléius l'adjudicataire[1].

3. Tu voudrais que je me remette de mon chagrin :
cela te ressemble tout à fait ; mais tu es témoin que je
ne me suis pas abandonné : il n'y a pas un seul texte,
de qui que ce soit, sur l'allègement du chagrin, que je
n'aie lu chez toi[2]. Mais ma douleur est plus forte que
toute consolation. J'ai même fait ce que personne, assu-
rément, n'avait tenté avant moi : j'ai entrepris de me
consoler moi-même par un écrit[3] ; je te l'enverrai, une
fois que les copistes l'auront transcrit. Je t'assure qu'il
n'existe pas de meilleure consolation. J'écris toute la
journée, non que je fasse des progrès, mais pendant ce
temps-là je suis accaparé — pas assez, il est vrai, tant
la violence de la douleur me lancine, du moins son
étreinte se relâche ; et je fais tous mes efforts pour restaurer, si je le puis, mon visage, à défaut de mon âme.
Ce faisant, je me dis tantôt que je suis en faute, tantôt

DLXXXVIII. — AD ATTICVM.
(Att., XII, 14).

Scr. Asturae viii Id. Mart. a. 709/45.

1. De me excusando apud Appuleium dederam
ad te pridie litteras. Nihil esse negoti arbitror ;
quemcumque appellaris, nemo negabit. Sed Septimium uide et Laenatem et Statilium ; tribus enim
opus est. Sed mihi Laenas totum receperat.

2. Quod scribis a Iunio te appellatum, omnino
Cornificius locuples est. Sed tamen scire uelim quando
dicar spopondisse, et pro patre anne pro filio. Neque
eo minus, ut scribis, procuratores Cornifici et Appuleium praediatorem uidebis.

3. Quod me ab hoc maerore recreari uis, facis
ut omnia ; sed me mihi non defuisse tu testis es :
nihil enim de maerore minuendo scriptum ab ullo
est quod ego non domi tuae legerim. Sed omnem
consolationem uincit dolor. Quin etiam feci quod
profecto ante me nemo, ut ipse me per litteras con-
solarer ; quem librum ad te mittam, si descripserint
librarii. Adfirmo tibi nullam consolationem esse talem. Totos dies scribo, non quo proficiam quid,
sed tantisper impedior, non equidem satis — uis
enim urget —, sed relaxor tamen, omniaque nitor
non ad animum sed ad uultum ipsum, si queam,
reficiendum ; idque faciens interdum mihi peccare

DLXXXVIII. — *M* 167 r⁰ ; *R* 103 r⁰ ; *P* 145 v⁰. *Desunt in E*
1, 1 de me — **2.** 5 uidebis, **3.** 17 nam — 19 poteris, **4.** 3 quod ad te
— 8 omnibus.

1. 3-4 septimium *b* (*uett.*) : -timum *sG* -tium *Mdm, RP, ed. Iens.*
2. 2 locuples *bmG, O* : -ex *Mds, RP.*
3. 11 omniaque *M*ᶜᵒʳʳ*, bdms,* Σ : ad o- *M*¹ omnique ui *Wesenberg*
o- ope *Cobet.*

que je serais en faute si je ne le faisais pas[a]. La solitude
m'aide, mais me serait beaucoup plus profitable si,
néanmoins, tu la partageais avec moi ; je n'ai pas d'autre
raison de partir d'ici, où, compte tenu de mon malheur,
les conditions sont bonnes. Ce désir lui-même m'est d'ailleurs motif d'affliction ; car tu ne pourras plus être à
mon égard comme tu étais avant : ce que tu aimais
alors en moi est détruit.

4. Je t'ai parlé précédemment de la lettre que j'ai
reçue de Brutus ; écrite avec doigté, mais nullement
susceptible de m'aider. Si seulement il était venu en
personne, comme il te l'a écrit ! il m'aurait à coup sûr
apporté de l'aide, tant est forte son amitié pour moi.
Si tu apprends quelque chose, écris-le moi, s'il te plaît,
mais surtout la date du départ de Pansa[b]. Je suis dé-
solé pour Attica, mais je fais crédit à Cratérus. Dis à
Pilia de ne pas se tourmenter ; il suffit que je paie de
ma souffrance pour tous les autres.

DLXXXIX. — A ATTICUS.
(*Att.*, XII, 15).
Astura, 9 mars 45.

Tu veilleras à ce que mes excuses soient présentées
chaque jour à Appuléius, puisqu'il n'est pas admis
qu'elles le soient une fois pour toutes. Dans ma solitude,
je suis privé de toute conversation avec qui que ce
soit ; du moment où je me suis caché, le matin, dans
un bois épais et broussailleux, je n'en sors plus avant
le soir. Après toi, je n'ai pas de meilleur ami que la solitude. Le seul entretien qu'elle me procure est avec
les textes. Il est d'ailleurs interrompu par les pleurs ;
je leur résiste autant que je peux, mais je ne suis pas

a. Voir la Notice, p. 20.
b. C. Vibius Pansa, nommé gouverneur de la Gaule Cisalpine, où
il doit succéder à Brutus ; il aurait dû prendre ses fonctions au début de l'année, mais a été retardé pour une raison que nous ignorons (cf. t. VII, p. 298).

uideor, interdum peccaturus esse nisi faciam. Solitudo aliquid adiuuat, sed multo plus proficeret si
tu tamen interesses ; quae mihi una causa est hinc
discedendi ; nam pro malis recte habebat. Quamquam ⟨id⟩ ipsum doleo ; non enim iam in me idem
esse poteris : perierunt illa quae amabas.

4. De Bruti ad me litteris scripsi ad te antea ;
prudenter scriptae, sed nihil quod me adiuuarent.
Quod ad te scripsit id uelle*m*, ut ipse adesset ; certe
aliquid, quoniam me tam ualde amat, adiuuaret.
Quod si quid scies, scribas ad me uelim, maxime
autem P*a*nsa quando. De Attica doleo, credo tamen
Cratero. Piliam angi ueta ; *s*atis est ⟨me⟩ maerere
pro omnibus.

DLXXXIX. — AD ATTICVM.
(*Att.*, XII, 15).
Scr. Asturae vii Id. Mart. a. 709 /45.

Apud Appuleium, quoniam in perpetuum non
placet, in dies ut excuser uidebis. In hac solitudine
careo omnium colloquio, cumque mane me in siluam abstrusi densam et asperam, non exeo inde
ante uesperum. Secundum te nihil est mihi amicius solitudine. In ea mihi omnis sermo est cum
litteris. Eum tamen interpellat fletus ; cui repugno
quoad possum, sed adhuc pares non sumus. Bruto,

3. 18 *add.* id *Lambin.*
4. 2 quod (quo *s, E*) me adiuuarent (-ntur *E*) Ω : quod me -ret
ed. Asc.², Sh. Bailey ‖ 3 uellem *Cr.*ᵐ, *edd.* : -e Ω ‖ 4 adiuuaret *bs, uett.* :
adiure *Mm*, *O²* -ro *dG* adire *RPO¹* ‖ 6 Pansa *ed. Crat.* : pensa Ω
(*et pass. infra*) ‖ 7 ueta satis *Z*¹ᵃ : uetabat is Ω ‖ *add.* me *La.*ᵐ, *Corradus.*

DLXXXIX. — *M* 167 vᵒ ; *R* 103 vᵒ ; *P* 146 rᵒ. *Deest E.*
3 *om.* me *M*¹, *O.*

encore de force. Je répondrai à Brutus, suivant ton conseil; tu auras la lettre demain. Quand tu auras quelqu'un à qui la confier, tu la lui confieras.

DXC. — A ATTICUS.
(*Att.*, XII, 16).
Astura, 10 mars 45.

Je ne veux pas que tu délaisses tes affaires pour venir me voir; ce sera plutôt à moi d'aller vers toi, si tu es empêché trop longtemps. D'ailleurs, je ne me serais jamais éloigné de ta présence, n'était-ce que rien, absolument rien ne pouvait m'être d'aucun secours. Si un soulagement quelconque était possible, il ne pourrait se trouver qu'en toi et, dès qu'il pourra venir de quelqu'un, c'est de toi qu'il me viendra. Pourtant, en ce moment même, je ne réussis pas à me passer de toi. Mais vivre dans ta maison de Rome n'était pas satisfaisant, vivre dans la mienne était impossible et, même si je vivais quelque part plus près de toi, je ne serais pas avec toi; car ce qui t'empêche aujourd'hui d'être avec moi t'en empêcherait tout aussi bien. Jusqu'à présent, cette solitude est ce qui me convient le mieux; mais je crains qu'elle ne soit rompue par Philippe, qui est arrivé hier soir[1]. La rédaction et la lecture ne m'apportent pas d'adoucissement, mais une sorte d'étourdissement.

DXCI. — A ATTICUS.
(*Att.*, XII, 9).
Astura, 10 mars 45.

Comme j'aimerais vivre ici, et chaque jour davantage, n'était la raison dont je t'ai parlé dans ma précédente lettre[2]! Rien de plus agréable que cette soli-

ut suades, rescribam ; eas litteras cras habebis. Cum
erit cui des, dabis.

DXC. — AD ATTICVM.
(*Att.*, XII, 16).

Scr. Asturae vi Id. Mart. a. 709 /45.

Te tuis negotiis relictis nolo ad me uenire ; ego
potius accedam, si diutius impediere. Etsi ne decessissem quidem e conspectu tuo, nisi me plane
nihil ulla res adiuuaret. Quod si esset aliquod leua-
men, id esset in te uno et, cum primum ab aliquo
poterit esse, a te erit. Nunc tamen ipsum sine te
esse non possum. Sed nec tuae domi probabatur nec
meae poteram nec, si propius essem uspiam, tecum
tamen essem ; idem enim te impediret quo minus
mecum esses quod nunc etiam impedit. Mihi nihil
adhuc aptius fuit hac solitudine ; quam uereor ne
Philippus tollat ; heri enim uesperi uenerat. Me
scriptio et litterae non leniunt, sed obturbant.

DXCI. — AD ATTICVM.
(*Att.*, XII, 9).

Scr. Asturae vi Id. Mart. a. 709 /45.

Ne ego essem hic libenter atque id cottidie magis,
ni esset ea causa quam tibi superioribus litteris
scripsi ; nihil hac solitudine iucundius, nisi paulum

DXC. — *M* 167 v° ; *R* 103 v° ; 146 r°. *Deest E.*

2-3 decessissem *MdmG, RO* (*uett.*) : disc- *bs, P,* ed. *Rom., Sh. Bai-*
ley ‖ 3 nisi *RPO* : si Δ ‖ 7 probabatur Z^b, *La.*^c, ed. *Crat.* : proba-
tur Ω ‖ 10 nihil adhuc *RPO* : a- n- Δ ‖ 11 aptius *M²bd¹ms, RPO* : peius
M¹ d².

tude, sauf une brève interruption due au fils d'Amyntas ; *quel bavardage intarissable et insupportable* ! Le
reste est on ne peut plus charmant, crois-le bien : la
villa, le rivage, la vue de la mer, et tout ce qui m'en-
toure. Mais ceci ne mérite pas une longue lettre et je
n'ai pas de motif de t'écrire, et puis je suis écrasé de
sommeil.

DXCII. — A ATTICUS.
(Att., XII, 18).
Astura, 11 mars 45.

1. En essayant de fuir les souvenirs qui me tour-
mentent à l'égal d'une morsure, je cherche refuge dans
ce rappel que je t'adresse ; pardonne le procédé, s'il te
plaît, quoi qu'il en soit du fond. Je m'appuie en fait
sur l'autorité de plusieurs des écrivains que je ne cesse
de lire ces temps-ci : ils préconisent l'idée dont je t'ai
souvent entretenu et pour laquelle je voudrais ton approbation ; je veux parler de ce sanctuaire, auquel je
souhaiterais que tu accordes autant d'attention que tu
me portes d'amitié. Personnellement, je n'ai d'hésitation ni pour le genre d'édifice (le plan de Cluatius a
mon approbation), ni pour l'idée elle-même (ma décision
est prise), mais quelquefois pour le choix du site[a].
Penses-y donc, s'il te plaît. Je suis résolu, dans toute
la mesure où le permet notre époque de culture raffinée,
à consacrer ma fille par des témoignages de toute sorte
empruntés à tous les grands esprits, Grecs et Latins.
Peut-être cette entreprise risque-t-elle de raviver ma
blessure ; mais à présent je m'estime tenu comme par
un vœu et une promesse, et le long espace de temps
pendant lequel je n'existerai pas m'intéresse plus que

---

a. Sur le sanctuaire de Tullia, voir l'App. I A.

interpellasset Amyntae filius : "Ω ἀπεραντολογίας ἀηδοῦς ! Cetera noli putare amabiliora fieri posse u̇lla,
litore, prospectu maris, tum his rebus omnibus.
Sed neque haec digna longioribus litteris nec erat
quid scriberem, et somnus urgebat.

DXCII. — AD ATTICVM.
(Att., XII, 18).

Scr. Asturae ọ Id. Mart. a. 709/45.

1. Dum recordationes fugio quae quasi morsu
quodam dolorem efficiunt, refugio ad te admonen-
d*um*; quod uelim mihi ignoscas, cuicuimodi est.
Etenim habeo non nullos ex iis quos nunc lectito
auctores, qui dicant fieri id oportere quod saepe
tecum egi et quod a te approbari uolo ; de fano illo
dico, de quo tantum quantum me amas uelim cogites. Equidem neque de genere dubito (placet enim
mihi Cluati) neque de re (statutum est enim), de
loco non numquam. Velim igitur cogites. Ego,
quantum his temporibus tam eruditis fieri potuerit,
profecto illam consecrabo omni genere monimentorum ab omnium ingeniis sumptorum et Graecorum
et Latinorum. Quae res forsitan sit refricatura uul-
nus meum ; sed iam quasi uoto quodam et promisso
me teneri puto, longumque illud tempus cum non

DXCI. — *M* 166 v⁰ ; *R* 103 r⁰ ; *P* 145 r⁰. *Deest E.*

4-5 ἀπεραντολογίας ἀηδοῦς *Bosius* : -ΓΙΑΗΔ- *(uel sim.) M*¹, *RP*,
*Z*ᵇ*La.*ᶜ -γίαν δούς (Δ), *Cr.*ᵐ ‖ uilla *Corradus* : ulla Δ, *R, uett.*
ullo *P* ‖ 8 quid Ω, *uett.* : quod *Manutius.*

DXCII. — *M* 167 v⁰ ; *R* 103 v⁰ ; *P* 146 v⁰.

1. 2 ad te *bs, ed. Rom., Madvig* : a te *MdmG,* Σ *(uett.)* ‖ admo-
nendum *Madvig* : -do Ω, *uett.* ‖ 3 cuicuimodi *Z*ᵇ, *La.*ᶜ : cuim- *Cr.*ᵐ
cuiusm- Ω ‖ 13 sumptorum Σ : scrip- Δ ; *loc. fors. corr. ; cf. App.* I,
p. 276.

cette brève existence, qui me paraît pourtant trop longue.
J'ai eu beau tout essayer : je ne trouve nulle part la
sérénité. Car aussi longtemps que je travaillais à cet
ouvrage dont je t'ai parlé précédemment, je répandais
pour ainsi dire un baume sur mes plaies. Maintenant,
je fais fi de toute aide et ne trouve rien de plus supportable que la solitude — au fait, contrairement à mes
craintes, elle n'a pas été troublée par Philippe : à peine
m'eut-il salué, hier, qu'il est parti pour Rome.

2. Je t'envoie la lettre que j'ai, selon ton gré, écrite
à Brutus ; tu la feras parvenir avec la tienne ; d'ailleurs, je t'en adresse une copie, pour que tu ne l'envoies
pas, si elle n'est pas à ton gré[a].

3. Tu me dis que la gestion de mes affaires privées
se fait régulièrement : tu m'écriras de quelles affaires
il s'agit ; car, pour certaines, je suis dans l'attente. Veille
à ce que Coccéius ne nous gruge pas[b] ! Quant à Libo,
sa promesse, d'après ce que m'écrit Éros, me paraît
solide[1]. Pour mon capital, je fais confiance à Sulpicius
et, bien entendu, à Egnatius[2]. Pourquoi te mettre en
peine à propos d'Appuléius, puisqu'on peut se faire
excuser sans difficulté[c] ?

4. Prends garde : venir me voir, comme tu le pro-
poses, n'est sans doute pas si facile ! La route est longue
et, à ton départ, qu'il te faudra peut-être précipiter,
je ne te quitterai pas sans une grande détresse. Mais
n'obéis qu'à ta volonté ; tout ce que tu feras sera fait,
à mes yeux, comme il faut, et surtout dans mon intérêt.

---

a. Cicéron envoie à Atticus l'original cacheté, destiné à Brutus,
et une copie ; au sujet de ces précautions, voir la Notice, p. 24 sq.
b. Cf. *DLXXXVII = Att.*, XII, 13, 2.
c. Cf. *DLXXXVII* (= *Att.*, XII, 13, 2) ; Not., p. 25.

ero magis me mouet quam hoc exiguum, quod mihi
tamen nimium longum uidetur. Habeo enim nihil,
temptatis rebus omnibus, in quo acquiescam. Nam
dum illud tractabam de quo ad te ante scripsi, quasi
fouebam dolores meos; nunc omnia respuo nec
quicquam habeo tolerabilius quam solitudinem —
nam, quod eram ueritus, non obturbauit Philippus : nam, ut heri me salutauit, statim Romam
profectus est.

2. Epistulam quam ad Brutum, ut tibi placuerat,
scripsi, misi ad te; curabis cum tua perferendam;
eius tamen misi ad te exemplum, ut, si minus placeret, ne mitteres.

3. Domestica quod ais ordine administrari, scribes
quae sint ea; quaedam enim exspecto. Cocceius uide
ne frustretur. Nam Libo quod pollice[re]tur, ut
Eros scribit, non incertum puto. De sorte mea Sul-
picio confido, et Egnatio scilicet. De Appuleio quid
est quod labores, cum sit excusatio facilis?

4. Tibi ad me uenire, ut ostendis, uide ne non
sit facile; est enim longum iter discedentemque te,
quod celeriter tibi erit fortasse faciendum, non sine
magno dolore dimittam. Sed omnia ut uoles; ego
enim quicquid feceris, id cum recte tum etiam mea
causa factum putabo.

1. 20 ad te ante *M²bdms, E* : ante ad (an *P¹*) te *RP* ad te *M¹* ‖
24 nam *M¹, RP* : quam *M*ᶜᵒʳʳ*bdms, E.*
2. 1 ut *M²bdms, ERPO²* : et *M¹, O¹.*
3. 1-6 domestica — facilis *om. E* ‖ 2 *add.* que *ante* quaedam *Mdm¹* ‖
3 *om.* nam — pollicetur *RP* ‖ pollicetur *G², O², uett.* : -ceretur Δ*G¹,
O¹* ‖ 5 egnatio *bs (uett.)* : gn- *MdmG, RPO, ed. Iens.* ‖ 6 quod *bdm¹sG,
O* : quo *Mm², RP.*

DXCIII. — A ATTICUS.
(*Att.*, XII, 17).
Astura, 12 mars 45.

Marcianus m'a écrit que mes excuses ont été présentées
à Appuléius par Latérensis, Naso, Lénas, Torquatus et
Strabo[1]; pourrais-tu leur faire remettre en mon nom
une lettre de remerciement pour ce qu'ils ont fait? Flavius me dit que ma garantie en faveur de Cornificius
remonte à plus de 25 ans[2]; bien que le débiteur ait du
répondant et l'adjudicataire Appuléius de l'éducation,
pourrais-tu cependant prendre la peine de faire la véri-
fication dans les registres des garants associés — car
je n'ai pas été en relation avec Cornificius avant mon
édilité[a]; néanmoins, la chose est possible, mais je voudrais qu'on s'en assure — et assigner ses agents d'affaires, si tu le juges bon? Au reste, qu'est-ce que cela
me fait? Si, tout de même. Indique-moi la date du départ de Pansa, quand tu la connaîtras[b]. Salue de ma part
Attica et prends bien soin d'elle, je t'en supplie! Mon
salut à Pilia.

DXCIV. — A ATTICUS.
(*Att.*, XII, 18 *a*).
Astura, 13 mars 45.

1. Ayant appris hier, par des lettres d'autres cor-
respondants, l'arrivée d'Antoine, je me suis étonné de
n'en trouver aucune mention dans la tienne; peut-être
l'as-tu écrite la veille de l'expédition. Ces bagatelles

---

a. En 69, soit 24 ans plus tôt. — Les *consponsorum tabulae* étaient
probablement des documents d'archive privés, conservés par Atticus
(cf. *R. E.*, 2. R., III A, s. u. *sponsio*, c. 1856, E. Weiss).
b. Cf. note *b* ad *DLXXXVIII*.

DXCIII. — AD ATTICVM.
(*Att.*, XII, 17).
Scr. Asturae io Id. Mart. a. 709/45.

Marcianus ad me scripsit me excusatum esse
apud Appuleium a Laterensi, Nasone, Laenate,
Torquato, Strabone; *i*is uelim meo nomine redden-
das litteras cures gratum mihi eos fecisse. Quod
pro Cornificio me abhinc amplius annis XXV spopondisse dicit Flauius, etsi reus locuples est et Appuleius praediator liberalis, tamen uelim des operam ut inuestiges ex consponsorum tabulis sitne ita
— mihi enim ante aedilitatem meam nihil erat cum
Cornificio; potest tamen *fi*eri, sed scire certum
uelim — et appelles procuratores, si tibi uidetur.
Quamquam quid ad me? Verum tamen. Pansae
profectionem scribes cum scies. Atticam saluere
iube et eam cura, obsecro, diligenter. Piliae salutem.

DXCIV. — AD ATTICVM.
(*Att.*, XII, 18 *a*).
Scr. Asturae iii Id. Mart. a. 709/45.

1. Heri cum ex aliorum litteris cognossem de
Antoni aduentu, admiratus sum nihil esse in tuis;

DXCIII. — *M* 167 v°; *R* 103 v°; *P* 146 v°. Deest *E*.

1 marcianus *O* : -rti- Δ, *RP* ‖ 2 a Laterensi *ed. Crat.* : alt- *MdmG*,
RP lat- *bs* a Laterense *edd. multi* ‖ 3 torquato *bsG* (*uett.*) : -tus *Mdm*,
RPO -tos *ed. Rom.* ‖ Strabone iis *edd.* : -neus *M¹*, *RP* -ne his *bms*
-nes *M*ᶜᵒʳʳ*dG* ‖ 8 ut *bm*, *RPO* : et *M*, *dsG* ‖ 9 enim ante *s, uett.* : a-
e- *cett.* ‖ 10 fieri *La.*ᶜ : eteri Δ, *codd. Malasp.* et heri *RPO* ‖ 13 profectionem *bsG*, *O* : -ne *Mdm*, *RP* (*add. de ante* Pansae *Wesenberg*, Em.
alt., p. 127, *post* P- *Graevius*) ‖ 14 iube et *M²bdms*, *P* : iubet *M¹*,
RO(?).

DXCIV. — *M* 168 r°; *R* 104 r°; *P* 147 r°. Post **2.** 4 loci *desinit E*.
Ep. XII, 18 *continuatur in codd.; nouam ep. fecit Junius*.

1. 1 cognossem Σ : -nouissem Δ, *uett.*

4

sont d'ailleurs le cadet de mes soucis. Je pense néanmoins qu'il s'est précipité pour sauver ses biens donnés
en gages à l'État[1].

2. Tu m'écris que Térentia fait des cancans sur les
témoins qui ont contre-signé mon propre testament[2] :
d'abord, dis-toi bien que ces sottises me laissent indifférent et qu'il n'y a en moi aucune place disponible pour
des soucis mineurs ou nouveaux. Voyons pourtant : où
est la ressemblance? Elle-même a tenu à l'écart les
gens qu'elle a jugés susceptibles de poser des questions,
s'ils ignoraient le contenu du texte. Courais-je par hasard le même risque? Mais qu'elle fasse donc comme
moi : je donnerai mon testament à lire à qui elle voudra ;
celui-ci se rendra compte que je ne pouvais pas traiter
mon petit-fils avec plus d'honneur que je ne l'ai fait.
Et si je n'ai pas lancé de convocation [?] pour la signature, c'est d'abord que l'idée ne m'en est pas venue ;
et elle ne m'est pas venue pour la bonne raison que ce
n'était pas la peine : tu sais mieux que personne, pourvu
qu'il t'en souvienne, que je t'ai dit alors d'amener quelques
membres de ton entourage ; à quoi bon en effet un grand
nombre? De mon côté, j'avais fait venir des gens de
mon entourage. C'est alors que tu as jugé bon que je
m'adresse à Silius ; de là est née l'idée de m'adresser
aussi à Publilius. Mais la présence de l'un ni de l'autre
n'était nécessaire. A toi de traiter cette question comme
tu l'entendras.

DXCV. — A ATTICUS.
(*Att.*, XII, 19).
Astura, 14 mars 45.

1. Sans doute, cet endroit est charmant, en plein
dans la mer, et visible à la fois d'Antium et de Circei[a].

a. Cf. Not., p. 16 sq. ; le site pourrait convenir au *fanum Tulliae* ;
voir l'App. I A, notamment p. 283 ; 286.

sed erant pridie fortasse scriptae quam datae. Neque
ista quidem curo. Sed tamen opinor propter praedes
suos accucurrisse.

2. Quod scribis Terentiam de obsignatoribus mei
testamenti loqui, primum tibi persuade me istaec
non curare neque esse quicquam aut paruae curae
aut nouae loci. Sed tamen quid simile? Illa cos non
adhibuit quos existimauit quaesituros nisi scissent
quid esset. Num id etiam mihi periculi fuit? Sed
tamen faciat illa quod ego : dabo meum testamentum legendum cui uoluerit; intelleget non potuisse
honorificentius a me fieri de nepote quam fecerim.
Nam quod non aduocaui ad obsignandum, primum
mihi non uenit in mentem, deinde ea re non uenit
quia nihil attinuit : tute scis, si modo meministi,
me tibi tum dixisse ut de tuis aliquos adduceres;
quid enim opus erat multis? Equidem domesticos
iusseram. Tum tibi placuit ut mitterem ad Silium;
inde est natum ut ad Pub*li*lium. Sed necesse neutrum fuit. Hoc tu tractabis ut tibi uidebitur.

DXCV. — AD ATTICVM.
(Att., XII, 19).

Scr. Asturae prid. Id. Mart. a. 709/45.

1. Est hic quidem locus amoenus et in mari
ipso, qui et Antio et *C*irceis aspici possit. Sed ineunda

---

1. 4 pr(a)edes *bs*G² (*uett.*) : pedes *MdmG*¹, Σ, *ed. Iens.* ‖ 5 ac-
cucur(r)isse Δ, *ER, Cr.*ᵐ : accurr- *PO, uett.*

2. 10 *ante* aduocaui *add.* alios *Boot; cf. comm. ad loc.* ‖ 12 quia *bms,*
RP : qua *MdG* ‖ 16 Publilium *edd.* : publium Ω.

DXCV. — *M* 168 v°; *R* 104 r°; *P* 147 r°. *Post.* 1. 13 columnis
desinit E.

1. 2 Circ(a)ei(i)s (Cer- *Sjögren*) (*uett.*), *edd.* : certis *Mbdm, EPO,*
ed. Iens. ceteris *sG, R.*

Mais je dois examiner de quelle façon, à travers tous les changements de propriétaires qui peuvent se multiplier à l'infini dans la suite illimitée des siècles, pourvu que notre État reste debout, cet édifice pourra demeurer pour ainsi dire consacré. Pour ma part, je n'ai plus besoin de revenus et suis homme à me contenter de peu. Je songe parfois à acheter des « jardins » sur la Rive droite, avant tout pour la raison suivante : je ne vois aucun emplacement susceptible d'être aussi fréquenté. Lesquels choisir? Nous verrons cela ensemble, à la condition expresse que le sanctuaire soit terminé cet été. De toute façon, arrange-toi avec Apellas de Chio pour les colonnes.

2. J'approuve ce que tu m'écris au sujet de Coccéius et Libo, mais surtout pour mes obligations de juré[1]. Pour la garantie, tiens-moi au courant seulement si tu découvres quelque chose ; pourtant, je voudrais bien savoir ce que disent les agents d'affaires de Cornificius, mais je ne veux pas que tu consacres beaucoup de peine à cette question, alors que tu es si occupé[a]. Au sujet d'Antoine, Balbus aussi m'a écrit, conjointement avec Oppius[b] : c'est toi qui en as décidé ainsi, me disent-ils, de peur que je ne m'inquiète ; je les ai remerciés. Mais ce que tu dois bien savoir, comme je te l'ai déjà écrit précédemment, c'est qu'une nouvelle de cet acabit ne m'a donné aucune inquiétude et que plus jamais aucune nouvelle ne m'en donnera.

3. Si Pansa est parti aujourd'hui, comme tu t'y attendais, commence dès maintenant à me faire part de tes prévisions concernant le retour de Brutus, c'est-à-dire le jour approximatif. Tu le conjectureras sans peine, dès que tu sauras où il se trouve à présent[c].

4. A propos de ta lettre à Tiron concernant Térentia, je t'en supplie, mon cher Atticus, prends toute

---

a. Cf. *DLXXXVIII* (= *Att.*, XII, 14, 2) et *DXCIII* (= *Att.*, XII, 17).

b. Voir la lettre précédente.

c. Voir la Notice, p. 30.

nobis ratio est quem ad modum in omni mutatione
dominorum, quae innumerabiles fieri possunt in infinita posteritate, si modo haec stabunt, illud quasi
consecratum remanere possit. Equidem iam nihil
egeo uectigalibus et paruo contentus esse possum.
Cogito interdum trans Tiberim hortos aliquos parare et quidem ob hanc causam maxime : nihil
enim uideo quod tam celebre esse possit. Sed quos,
coram uidebimus, ita tamen ut hac aestate fanum
absolutum sit. Tu tamen cum Apella Chio confice
de columnis.

2. De Cocceio et Libone quae scribis approbo,
maxime quod de iudicatu meo. *D*e sponsu, si quid
perspexeris; et tamen quid procuratores Cornifici
dicant uelim scire, ita ut in ea re te, cum tam occupatus sis, non multum operae uelim ponere. De
Antonio Balbus quoque ad me cum Oppio conscrip-
sit, idque tibi placuisse ne perturbarer; illis egi
gratias. Te tamen, ut iam ante ad te scripsi, scire
uolo me neque isto nuntio esse perturbatum nec
iam ullo perturbatum iri.

3. Pansa si hodie, ut putabas, profectus est,
posthac iam incipito scribere ad me de Bruti aduentu
quid exspectes, id est quos ad dies. Id, si scies ubi
iam sit, facile coniectura adsequere.

4. Quod ad Tironem de Terentia scribis, obsecro te, mi Attice, suscipe totum negotium; uides

---

1. 4 qu(a)e *M¹, O, ed. Crat.* : qui *M²bdms, ERP* ‖ 6 iam *bs,
uett.* : tam *MdmG, O ; om. ERP* ‖ 10 quos *M¹, O, edd.* : h(a)ec
M²bdms, ERP, uett., Sjögren.

2. 2 quod Δ, *O²* : qu(a)e *RPO¹, fors. recte* ‖ de sponsu *Bosius,
edd.* : desponsus *La.*ᶜ responsu *R* -sum Δ, *PO* ‖ 6 balbus quoque
RPO, ed. Crat. : q- b- *Mbms (uett.)* q- at b- *G* q- ad balbum *d* ‖ cons-
cripsit Δ : scr- *RPO*(?).

3. 2 incipito *Manutius* : -pio Ω, *uett.*

4. 2 uides *bms, uett.* : ut des *MdG, RP.*

l'affaire en main ; tu vois bien qu'il s'agit pour moi
de certaine obligation, dont tu as personnellement
conscience, et aussi, à en croire plus d'un, des intérêts
de Marcus[a]. Le premier point me touche beaucoup
plus, bien sûr : c'est pour moi le plus sacré et le plus
important ; et puis le second révèlera, je pense, aussi
peu de sincérité que de solidité.

DXCVI. — A ATTICUS.
(Att., XII, 20).
Astura, 15 mars 45.

1. Tu ne sembles pas encore bien saisir à quel point
Antoine me laisse froid et que rien de ce genre ne peut
plus m'émouvoir[b]. Je t'ai écrit au sujet de Térentia,
dans la lettre que j'ai expédiée hier. Tu m'engages à
dissimuler l'intensité de ma douleur et tu m'écris que
c'est un souhait général ; mais que puis-je faire de plus
que de consacrer mes journées entières au travail littéraire? Il est vrai que je ne le fais pas par souci de dis-
simulation, mais plutôt en vue d'apaiser et de guérir
mon âme ; cependant, si je n'en tire guère avantage,
du moins mérité-je un bon point de simulation.

2. Cette lettre est relativement brève, parce que
j'attends ta réponse à celle que je t'ai expédiée hier.
Je suis surtout impatient pour le sanctuaire, quelque
peu aussi pour Térentia. Pourrais-tu, s'il te plaît, me
faire savoir dans ta prochaine lettre si Cn. Cépio, le
père de Servilia, épouse de Claudius, a péri en mer du
vivant de son père ou après sa mort[1], et de même si
Rutilia est morte du vivant de son fils C. Cotta ou après
sa mort[2]? Cela se rapporte au livre que j'ai écrit sur
l'allègement du chagrin provoqué par un deuil.

---

a. Voir la Notice, p. 27 sq.
b. Cf. *DXCV = Att.*, XII, 19, 2.

et officium agi meum quoddam, cui tu es conscius,
et, ut nonnulli putant, Ciceronis rem. Me quidem
id multo magis mouet, quod mihi est et sanctius
et antiquius, praesertim cum hoc alterum neque
sincerum neque firmum putem fore.

DXCVI. — AD ATTICVM.
(*Att.*, XII, 20).

Scr. Asturae Id. Mart. a. 709/45.

1. Nondum uideris perspicere quam me nec Antonius commouerit nec quicquam iam eius modi
possit commouere. De Terentia autem scripsi ad te
eis litteris quas dederam pridie. Quod me hortaris
idque a ceteris desiderari scribis ut dissimulem me
tam grauiter dolere, possumne magis quam quod
totos dies consumo in litteris? Quod etsi non dissimulationis, sed potius leniendi et sanandi animi
causa facio, tamen, si mihi minus proficio, simula-
tioni certe facio satis.

2. Minus multa ad te scripsi, quod exspectabam
tuas litteras ad eas quas ad te pridie dederam.
Exspectabam autem maxime de fano, non nihil
etiam de Terentia. Velim me facias certiorem proximis litteris Cn. Caepio, Seruiliae Claudi pater, uiuone
patre suo naufragio perierit an mortuo, item Rutilia uiuone C. Cotta filio suo mortua sit an mortuo.
Pertinent ad eum librum quem de luctu minuendo
scripsimus.

DXCVI. — *M* 168 v°; *R* 104 r°; *P* 147 v°. *Deest E.*

1. 7-8 dissimulationis *M*ᶜᵒʳʳ*bdms*, *PO*² : d- causa *M*¹, *RO*¹ ‖ 9-10 tamen — facio *om. G, O*¹.

2. 2 quas ad te *RPO* : ad quas *MdG* quas *bms* ‖ 6-7 rutilia *M*²*bmG*,
uett. : et r- *ds* aut (aūt *R*) illi a *M*¹, *RP*.

DXCVII. — DE SER. SULPICIUS RUFUS.
(*Fam.*, IV, 5).

Athènes, milieu de mars 45.

SERVIUS A CICÉRON, SALUT[a].

1. Quand me fut parvenue la nouvelle du décès de
ta fille Tullia, j'en ai été littéralement accablé, autant
qu'il se devait, et j'ai considéré que ce malheur nous
frappait en commun ; si j'avais été à Rome, je ne t'aurais pas fait défaut et t'aurais manifesté ma douleur
devant tes yeux. Une consolation comme celle-ci est
une entreprise pénible et déchirante, étant donné que
ceux-là mêmes qui doivent s'en acquitter, en qualité
de proches ou d'intimes, sont en proie à un chagrin
égal et ne peuvent s'y engager sans verser bien des
larmes, au point d'avoir apparemment plus besoin eux-
mêmes de la consolation d'autrui que moyen de s'acquitter envers autrui de leur devoir ; cependant, j'ai
décidé de t'écrire brièvement toutes les idées qui me sont
venues sur le moment à l'esprit, car, si je ne crois pas
qu'elles t'échappent, il se peut que la douleur t'empêche
de les voir clairement.

2. Pour quelle raison serais-tu si profondément remué par ta douleur personnelle ? Examine de quelle
façon la fortune nous a traités jusqu'à ce jour, comment
elle nous a arraché ce qui doit être aussi cher à l'homme
que ses enfants : patrie, considération, dignité, honneurs
de toute sorte ; ce seul surcroît de disgrâce a-t-il pu

---

a. Voir la Notice de la Seconde partie, p. 71. Entre autres archaïsmes,
on remarquera : **1**, 7 *confieri*, pour *confici* ; **4**, 12 *oppidum*, pour *op-
pidorum* ; **6**, 18 *apisci*, pour *adipisci* ; en **5**, 12, *neque imitare* semble
être plutôt un impératif introduit anormalement par *neque*, au lieu
de *neue*, qu'un infinitif de forme active dépendant de *noli* (cf. *Fam.*,
XII, 30, 1 extr.).

DXCVII. — SER. SVLPICI RVFI.
(Fam., IV, 5).

Scr. Athenis medio mense Martio a. 709/45.

SERVIVS CICERONI S.

1. Postea quam mihi renuntiatum est de obitu
Tulliae, filiae tuae, sane quam pro eo ac debui
grauiter molesteque tuli communemque eam cala-
mitatem existimaui; qui si istic adfuissem, neque
tibi defuissem coramque meum dolorem tibi decla-
rassem. Etsi genus hoc consolationis mi*s*erum atque
acerbum est, propterea quia, per quos ea confieri
debet, propinquos ac familiaris, ii ipsi pari molestia adficiuntur neque sine lacrimis multis id conari
possunt, uti magis ipsi uideantur aliorum consolatione indigere quam aliis posse suum officium praestare, tamen, quae in praesentia in mentem mihi
uenerunt, decreui breui ad te perscribere, non quo
ea te fugere existimem, sed quod forsitan dolore
impeditus minus ea perspicias.

2. Quid est quod tanto opere te commoueat
tuus dolor intestinus? Cogita quem ad modum adhuc fortuna nobiscum egerit : ea nobis erepta esse
quae hominibus non minus quam liberi cara esse
debent, patriam, honestatem, dignitatem, honores
omnis ; hoc uno incommodo addito quid ad dolorem
adiungi potuit? Aut qui non in illis rebus exerci-

DXCVII. — *M* 53 v°; *G* 44 r°; *R* 67 v°.
SERVIVS *M* : -ILIVS *G²R* -IOLVS *G¹*.

1. 2 *om.* quam *GR* ‖ 6 miserum ς : mirum ω ‖ 8 ii *R* : it *M ; om.*
G ‖ 13 perscribere *M* : scr- *GR* ‖ non quo ea *M* : non quod ea *R*
neque a *G*.
2. 7 aut *M* : an *GR*.

ajouter grand-chose à ta douleur? Un cœur rompu à
ces épreuves-là ne doit-il pas désormais être endurci
et faire moins de cas de tout le reste?

3. Ou alors — ce que je crois — souffres-tu pour elle?
Que de fois tu as dû arriver à cette idée, qui m'est venue
souvent, qu'à l'époque où nous vivons, les êtres qui ont
pu échanger sans souffrance la vie contre la mort n'ont
pas été les plus maltraités[1] ! Et d'ailleurs qu'est-ce qui
pouvait, par les temps qui courent, la pousser tellement
à vivre? Quelle réalité? Quelle espérance? Quel réconfort? Passer sa vie mariée à un jeune homme du premier rang? — Il t'était facile, je n'en doute pas, vu ta
haute position, de choisir dans la jeunesse d'aujourd'hui
un gendre assez loyal pour que tu estimes lui confier
ta descendance en toute sécurité[2] ! — Ou encore mettre
au monde à son tour des enfants qu'elle se réjouirait
plus tard de voir florissants? des enfants capables de
garder par leurs propres moyens la fortune transmise
par leur père ou leur mère? destinés à briguer les honneurs selon l'ordre régulier? à user de leur liberté dans
les affaires publiques ou dans celles de leurs amis? —
Y a-t-il une seule de ces possibilités qui n'ait été retirée
avant d'avoir été offerte? — « Il n'empêche que c'est
un malheur de perdre ses enfants » —. Oui, si seulement
ce n'était un malheur pire de subir et d'endurer ces
maux-là.

4. Certaine circonstance m'a fourni une consolation
non négligeable ; je veux te la faire connaître, au cas où
elle pourrait atténuer aussi ta douleur. Revenant d'Asie,
je naviguais d'Égine vers Mégare, quand je me mis à
regarder circulairement l'horizon : derrière moi se trouvait Égine, devant moi Mégare, à droite Le Pirée, à
gauche Corinthe ; or, ces villes, à un moment donné

tatus animus callere iam debet atque omnia minoris existimare?

3.   An illius uicem, credo, doles? Quotiens in eam
cogitationem necesse est et tu ueneris et nos saepe
incidimus, hisce temporibus non pessime cum iis
esse actum quibus sine dolore licitum est mortem
cum uita commutare! Quid autem fuit quod illam
hoc tempore ad uiuendum magnopere inuitare posset? Quae res, quae spes, quod animi solacium?
Vt cum aliquo adulescente primario coniuncta aeta-
tem gereret? — Licitum est tibi, credo, pro tua
dignitate ex hac iuuentute generum deligere, cuius
fidei liberos tuos te tuto committere putares! —
An ut ea liberos ex sese pareret, quos cum florentis
uideret laetaretur, qui rem a parente traditam per
se tenere possent, honores ordinatim petituri essent,
in re publica, in amicorum negotiis libertate sua
usuri? — Quid horum fuit quod non, prius quam
datum est, ademptum sit? — « At uero malum est
liberos amittere ». — Malum, nisi hoc peius sit, haec
sufferre et perpeti.

4.   Quae res mihi non mediocrem consolationem
attulit, uolo tibi commemorare, si forte eadem res
tibi dolorem minuere possit. Ex Asia rediens, cum
ab Aegina Megaram uersus nauigarem, coepi re-
giones circumcirca prospicere : post me erat Aegina,
ante me Megara, dextra Piraeus, sinistra Corin-

---

3. 1 an ω, *Mendelssohn, Tyrr.-Purs.* (*qui* cedo *pro* credo) : at *Manutius* ‖ 5 illam *GR* : illa *M* ‖ 6 uiuendum *GR* : uide- *M* ‖ 10 deligere ς :
dil- ω ‖ 12 pareret *GR* : -rar- *M* ‖ 16 usuri *Gulielmus* : uti ω usi *Martyni-Laguna* uterentur *Ernesti* ‖ 17 ademptum *M²* : adep- *M¹, GR* ‖
at *GR* : ad *M* ‖ 18 sit ω, *Moricca* : est *Wesenberg, Tyrr.-Purs., Sh.
Bailey.*

4. 4 megaram uersus nauigarem *M* : megarem *GR* ‖ 6 Megara
Orelli : -re *GR* negare *M*.

si florissantes, gisent aujourd'hui devant nos yeux
écroulées et ruinées[1]. Je me livrai alors à cette méditation : « Eh quoi ! nous nous indignons, chétifs humains,
si l'un d'entre nous, dont la vie doit être relativement
courte, a péri ou a été tué, quand les cadavres de tant
de villes gisent abattus en un seul et même lieu? Veux-tu
bien te contenir, Servius, et te rappeler que tu es né
créature humaine? » Crois-moi, cette méditation ne m'a
pas peu raffermi ; essaie à ton tour, s'il te plaît, de te
représenter ce spectacle. Récemment, en un seul épisode, une foule d'hommes illustres ont péri ; l'empire
du peuple romain a subi une hémorragie considérable ;
toutes les provinces ont été bouleversées : et pour la
perte de la vie chétive d'une seule chétive femme, tu
es remué à tel point? Même si elle n'avait pas rencontré
son dernier jour maintenant, elle aurait dû mourir
quelques années plus tard, puisqu'elle était née créature humaine.

5. Fais mieux, détourne ton attention et ta pensée
de ces considérations et rappelle-toi plutôt ce qui est
digne de ton personnage : elle a vécu aussi longtemps
qu'il le lui fallait, son existence a été inséparable de celle
de la République ; elle a vu son père préteur, consul,
augure ; elle a été mariée à des jeunes gens du premier
rang ; elle a épuisé à peu près tous les biens de la vie ;
quand la République succombait, elle a cessé de vivre.
Quelle raison avez-vous, toi comme elle, de vous plaindre,
à cet égard, de la fortune?

Enfin n'oublie pas que tu es Cicéron, l'homme qui a
toujours eu pour habitude de donner conseil et pres-
cription aux autres, et n'imite pas les mauvais médecins
qui, lorsqu'il s'agit des maladies d'autrui, se déclarent
détenteurs du savoir médical et sont incapables de se

thus, quae oppida quodam tempore florentissima
fuerunt, nunc prostrata et diruta ante oculos iacent.
Coepi egomet mecum sic cogitare : « Hem! nos
homunculi indignamur, si quis nostrum interiit aut
occisus est, quorum uita breuior esse debet, cum
uno loco tot oppidum cadauera proiecta iacent?
Visne tu te, Serui, cohibere et meminisse hominem
te esse natum? » Crede mihi, cogitatione ea non
mediocriter sum confirmatus ; hoc idem, si tibi uidetur, fac ante oculos tibi proponas. Modo uno tempore tot uiri clarissimi interierunt, de imperio p. R.
tanta deminutio facta est, omnes prouinciae con-
quassatae sunt : in unius mulierculae animula si
iactura facta est, tanto opere commoueris? Quae
si hoc tempore non diem suum obisset, paucis post
annis tamen ei moriendum fuit, quoniam homo nata
fuerat.

5. Etiam tu ab hisce rebus animum ac cogitationem tuam auoca atque ea potius reminiscere
quae digna tua persona sunt, illam quamdiu ei opus
fuerit uixisse, una cum re publica fuisse, te, patrem suum, praetorem, consulem, augurem uidisse,
adulescentibus primariis nuptam fuisse, omnibus bonis propre perfunctam esse ; cum res publica occi-
deret, uita excessisse. Quid est quod tu aut illa
cum fortuna hoc nomine queri possitis?

Denique noli te obliuisci Ciceronem esse et eum
qui aliis consueris praecipere et dare consilium,
neque imitare malos medicos, qui in alienis morbis
profitentur tenere se medicinae scientiam, ipsi se

---

4. 17 clarissimi *R* : car- *M, G* ‖ p. R. *R* : propter *M, G*.
5. 1 ac ς : a ω ad *R*corr ‖ 4 fuisse ω : floru- ς ‖ 12 imitare ω : -ri
Cratander, alii.

soigner eux-mêmes ; mais les prescriptions que Cicéron
donne d'habitude à autrui, à lui de se les appliquer
à lui-même et de les avoir présentes à l'esprit ! **6.** Il
n'est douleur que longueur de temps n'atténue ou n'adou-
cisse ; il serait humiliant pour toi d'attendre ce moment,
au lieu d'aller au-devant du résultat grâce à ta sagesse *a*.
S'il subsiste quelque conscience même aux enfers, avec
l'amour qu'elle avait pour toi et son dévouement pour
tous les siens, c'est certainement ce qu'elle ne veut pas
que tu fasses. Accorde cette faveur à la défunte, accorde-la
à tous tes amis et intimes, que ta douleur afflige, accorde-la à ta patrie, que celle-ci puisse recourir à tes
services et à tes conseils, en cas de besoin. Enfin, puisque
nous en sommes arrivés à une telle infortune que nous
devons nous soumettre même à la situation présente,
garde-toi de donner à quiconque lieu de penser que tu
pleures moins ta fille que les épreuves de la République
et la victoire des autres.

Je rougirais de t'en écrire plus long sur ce point, car
j'aurais l'air de douter de ta clairvoyance. Aussi, après
une dernière remarque, mettrai-je un terme à cette
lettre : nous t'avons vu plus d'une fois te comporter
magnifiquement devant le bonheur et en tirer une
grande considération ; donne-nous enfin l'occasion de
constater que, dans l'adversité aussi, ton comportement
peut rester le même et que ce fardeau ne te paraît pas
plus lourd qu'il ne doit, pour qu'on n'aille pas croire
que, de toutes les qualités morales, celle-là seule te fait
défaut. En ce qui me concerne, j'attendrai de te savoir
rasséréné pour t'informer de ce qui se passe ici et de
l'état de la province. Bonne santé.

a. Même conseil dans la lettre de Cicéron à Titius, *Fam.*, V, 16,
5 extr. = *DLXV*.

curare non possunt, sed potius, quae aliis tute praecipere soles, ea tute tibi subiace atque apud animum propone. **6.** Nullus dolor est quem non lon-
ginquitas temporis minuat ac molliat ; hoc te expec-
tare tempus tibi turpe est ac non ei rei sapientia
tua te occurrere. Quod si qui etiam inferis sensus
est, qui illius in te amor fuit pietasque in omnis
suos, hoc certe illa te facere non uult. Da hoc illi
mortuae, da ceteris amicis ac familiaribus, qui tuo
dolore maerent, da patriae ut, si qua in re opus
sit, opera et consilio tuo uti possit. Denique, quoniam in eam fortunam deuenimus ut etiam huic rei
nobis seruiendum sit, noli committere ut quisquam
te putet non tam filiam quam rei publicae tempora
et aliorum uictoriam lugere.

Plura me ad te de hac re scribere pudet, ne uidear
prudentiae tuae diffidere. Quare, si hoc unum pro-
posuero, finem faciam scribendi : uidimus aliquo-
tiens secundam pulcherrime te ferre fortunam ma-
gnamque ex ea re te laudem apisci ; fac aliquando
intellegamus aduersam quoque te aeque ferre posse
neque id maius quam debeat tibi onus uideri, ne
ex omnibus uirtutibus haec una tibi uideatur desse.
Quod ad me attinet, cum te tranquilliorem animo
esse cognoro de iis rebus quae hic geruntur, que-
madmodumque se prouincia habeat certiorem faciam. Vale.

---

5. 14 *post* aliis *del.* tute *Lambin.* ‖ 15 subiace atque *R* : -ceat
que *M* -cent quae *G* subi(i)ce atque ç.
6. 5 amor *M* : a- sensus *R* sensus *G* ‖ 18 apisci *M* : adip- *GR* ‖
23 cognoro *M* : -nosco *R* ignoro *G*.

DXCVIII. — A ATTICUS.
(*Att.*, XII, 12).
Astura, 16 mars 45.

1. Raison de plus pour que tu liquides définitivement la question de la dot ; les conditions de Balbus
pour le transfert de créance sont despotiques[1]. Finis-en
d'une manière ou d'une autre ; il est indécent que cette
affaire reste enlisée.

L'île d'Arpinum permet une authentique *divinisation* ; mais je crains que l'*honneur* ne soit déprécié par
l'isolement du site. J'ai donc en tête des « jardins » ;
mais je les visiterai après mon retour[a].

2. Pour Épicure, je ferai comme tu voudras ; mais
à l'avenir *je changerai de méthode* pour les personnages
de ce genre ; on ne saurait croire à quel point certaines
gens sont à l'affût de tels rôles. Donc retour aux Anciens ! Avec eux, *pas de ressentiment*[b].

Je n'ai rien à t'écrire ; mais j'ai pris comme règle de
t'envoyer une lettre quotidienne, pour susciter ta réponse ; ce n'est pas que j'en attende quelque chose, et
pourtant, de quelque manière, j'attends. Aussi, que tu
aies quelque chose à me dire ou que tu n'aies rien,
écris-moi quand même quelque chose, et prends soin de
ta santé.

DXCIX. — A ATTICUS.
(*Att.*, XII, 21).
Astura, 17 mars 45.

1. J'ai lu la lettre de Brutus et te la retourne :
une réponse bien mal avisée à tes critiques[2]. Mais c'est

a. Voir l'App. I B.
b. Voir l'App. II A.

DXCVIII. — AD ATTICVM.
(*Att.*, XII, 12).
Scr. Asturae xvii Kal. Apr. a. 709/45.

1. De dote tanto magis perpurga. Balbi regi*a* condicio est delegandi. Quoquo modo confice ; turpe est rem impeditam iacere.

Insula Arpinas habere potest germanam ἀποθέω- σιν, sed uereor ne minorem τιμὴν habere uideatur ἐκτοπισμός. Est igitur animus in hortis ; quos tamen inspiciam cum uenero.

2. De Epicuro, ut uoles ; etsi μεθαρμόσομαι in posterum genus hoc personarum ; incredibile est quam ea quidam requirant. Ad antiquos igitur ; ἀνεμέση- τον γάρ.

Nihil habeo ad te quod scribam ; sed tamen institui cottidie mittere, ut eliciam tuas litteras, non quo aliquid ex iis exspectem, sed nescio quo modo tamen exspecto. Quare siue habes ⟨quid siue nil habes⟩, scribe tamen aliquid teque cura.

DXCIX. — AD ATTICVM.
(*Att.*, XII, 21).
Scr. Asturae xvi Kal. Apr. a. 709/45.

1. Legi Bruti epistulam eamque tibi remisi, sane non prudenter rescriptam ad ea quae requi-

DXCVIII. — *M* 166 vᵒ ; *R* 103 rᵒ ; *P* 145 vᵒ. *Deest E.*

1. 1 regia *uett.* : -io Ω ‖ 5 sed — τιμὴν (*om.* τιμὴν, *spat. rel.*, *O*¹(?), *cod. Anton.*) *RPO, codd. Malasp.* : *om.* Δ ‖ 6 ἐκτοπισμός *Lambin.* : -ΠΙΜΟΣ Z ΕΚΤΟΝΙΜΟΣ *M*¹, *RP* ἐκγόνιμος *M*ᶜᵒʳʳ*bdms*, *Cr.*ᵐ ‖ animus *s*, *P* (*uett.*) : -mis (Δ), *R*, *ed. Iens.*

2. 1 μεθαρμόσομαι *Ernesti* : -μοζο- *M*ᶜᵒʳʳ*dm*, *R* -μοξο- *M*¹, *P* ; *om. bsG* ‖ 3 quidam Δ, *O* : -dem *G*, *RP* ‖ 5 scribam *RP* : perscr- Δ ‖ 8 quid siue nil habes *Cr.*ᵐ : *om.* Ω.

son affaire. Sur un point, cependant, son ignorance est indigne : il croit que Caton fut le premier à se prononcer en faveur du supplice, mais tous les orateurs avant lui en avaient fait autant, à l'exception de César[1] ; d'autre part, alors que César lui-même, qui avait alors son tour de parole avec les préteurs[2], fit une intervention si sévère, il croit qu'il y eut plus de douceur dans celles des consulaires, c'est-à-dire Catulus, Servilius, les Lucullus, Curion, Torquatus, Lépide, Gellius, Vulcatius, Figulus, Cotta, L. César, C. Pison, Manius Glabrio, même Silanus et Muréna, les consuls désignés[3] ! Pourquoi, alors, le vote s'est-il fait sur la proposition de Caton[4] ? Parce qu'elle exprimait le même contenu en termes plus frappants et plus étoffés. Quant à moi, notre ami me loue d'avoir porté la question devant le Sénat, mais non d'avoir déchiré le voile et lancé mon exhortation, d'avoir enfin fait connaître mon propre jugement avant de consulter l'assemblée[5]. C'est parce que Caton avait exalté tout cela jusqu'au ciel et demandé la transcription intégrale au procès-verbal que le vote se fit sur sa proposition. Il croit me faire aussi un grand honneur en m'appelant « un excellent consul ». En fait, lequel de mes ennemis s'est exprimé plus sèchement[6] ? Et ses réponses à tes autres remarques ! Il te demande seulement d'apporter une correction au texte du décret ; il l'aurait aussi bien fait s'il avait été alerté par un copiste. Mais, encore une fois, c'est son affaire.

2. Pour les « jardins », puisque tu es d'accord, réunis des fonds. Tu connais l'état de mes finances. S'il s'ajoute une rentrée en provenance de Fabérius, il n'y a pas de difficulté ; mais, même sans lui, je crois pouvoir faire

sieras. Sed ipse uiderit. Quamquam illud turpiter
ignorat : Catonem primum sententiam putat de
animaduersione dixisse, quam omnes ante dixerant
praeter Caesarem, et, cum ipsius Caesaris tam seuera
fuerit qui tum praetorio loco dixerit, consularium
putat lenioris fuisse, Catuli, Seruili, Lucullorum,
Curionis, Torquati, Lepidi, Gelli, Vulcati, Figuli,
Cottae, L. Caesaris, C. Pisonis, *M'. Glabrionis,
etiam Silani, Murenae, designatorum consulum.
Cur ergo in sententiam Catonis? Quia uerbis luculen-
tioribus et pluribus rem eandem comprehenderat.
Me autem hic laudat quod rettulerim, non quod
patefecerim, cohortatus sim, quod denique ante
quam consulerem ipse iudicauerim. Quae omnia
quia Cato laudibus extulerat in caelum perscriben-
daque censuerat, idcirco in eius sententiam est
facta discessio. Hic autem se etiam tribuere multum mi putat quod scripserit « optimum consulem ». Quis enim *i*eiunius dixit inimicus? Ad cetera
uero tibi quem ad modum rescripsit ! Tantum rogat
de senatus consulto ut corrigas ; hoc quidem fecis-
set etiam si ⟨a lib⟩rario admonitus esset. Sed haec
iterum ipse uiderit.

2. Ad hortos, quoniam probas, effice aliquid.
Rationes meas nosti. Si uero etiam a Faberio aliquid recedit, nihil negoti est ; sed etiam sine eo

---

DXCIX. — *M* 169 r⁰ ; *R* 104 r⁰ ; *P* 147 v⁰. *Deest E usque ad* 4. 6 ue-
lⁱm.

1. 3 uiderit *M*ᶜᵒʳʳ*bs, O, uett.* : -ret *M¹dm, RP* ‖ 11 etiam *post* M'.
Glabrionis *transp. Boot* : *ante* M'. Ω ‖ 15 *add.* quod *ante* cohortatus
Victorius ‖ 21 ieiunius *M*ᶜᵒʳʳ, *Cr.*ᵐ : te iunius *M¹m, RO* te un- *dG*
tenuius *bs* te *(spat. rel.) P* ‖ 24 a librario *Koch* (Mus. Rhen., 1857,
p. 279) : rario (syra- *R*) *Mdm, RPO* -ior *G* raro *bs.*

2. 1 ad hortos *s, RO¹, Sh. Bailey* : ad(h)ortis *Mbdm, P* de hortis
O², uett., edd. ‖ 2-3 aliquid *Z*ᵇ, *Cr.*ᵐ : *om.* Ω, *uett.* ‖ est Δ : ei est *RP*
ei esse *O.*

face. Les « jardins » de Drusus sont sûrement à vendre,
peut-être aussi ceux de Lamia et de Cassius. Mais nous
en parlerons[a].

3. Pour Térentia, je ne pourrais trouver termes
plus appropriés que les tiens. L'obligation morale doit
avoir pour moi la priorité[b]. Si une déception m'attend,
j'aime mieux avoir à regretter son attitude que la mienne.

4. Il y a 100.000 sesterces à payer à Ovia, épouse
de Lollius. Éros prétend que ma présence est indispensable, parce qu'il faut, je crois, accepter et offrir certain
bien, à évaluer[1]. Je regrette qu'il ne t'en ait pas parlé ;
car, si, comme il me l'écrit, tout est prêt et s'il ne me
trompe pas sur ce point, tu aurais pu en finir. S'il te
plaît, informe-toi et finis-en avec cette affaire.

5. Tu m'invites à fréquenter le Forum, c'est-à-dire
un endroit que je fuyais même au temps où le bonheur
régnait dans ma maison. Qu'ai-je à faire du Forum,
sans tribunaux, sans Curie, où mes regards rencontre-
raient des gens que je ne peux voir de sang-froid ? Tu
m'écris qu'on réclame ma présence à Rome et qu'on
ne me permet pas de rester éloigné, sinon pour quelque
temps : sache que depuis longtemps j'attache plus de
prix à ta seule personne qu'à tous ces gens. Je ne me
sous-estime pas non plus et j'aime bien mieux m'en tenir à
mon jugement qu'à celui de tous les autres. D'ailleurs
je ne m'avance pas plus loin que ne m'y autorisent les
penseurs les plus avertis : car je ne me suis pas contenté
de lire tous leurs écrits qui vont dans ce sens — n'était-ce
pas en soi le fait d'un malade énergique, qui prenait

---

a. Voir l'App. I B (les « jardins ») et C (la créance sur Fabérius).
b. Sur cet *officium* mystérieux, cf. *DXCV* (= *Att.*, XII, 19, 4)
et Not., p. 27 sq.

posse uideor contendere. Venales certe sunt Drus*i*,
*f*ortasse et *L*amiani et Cassian*i*. Sed coram.

3. De Terentia, non possum commodius scribere quam tu scribis. Officium sit nobis antiquissi-
mum. Si quid nos fefellerit, illius malo me quam
mei paenitere.

4. Ouiae Lol*l*i curanda sunt HS c̄. Negat *E*ros
posse sine me, credo, quod accipienda aliqua sit
et danda aestimatio. Vellem tibi dixisset; si enim
res est ut mihi scribit parata nec in eo ipso men-
titur, per te confici potuit. Id cognoscas et conficias uelim.

5. Quod me in forum uocas, eo uocas unde
etiam bonis meis rebus fugiebam. Quid enim mihi
foro sine iudiciis, sine curia, in oculos incurrentibus
iis quos animo aequo uidere non possum? Quod
autem a me homines postulare scribis ut Romae
sim neque mihi ut absim concedere aut *ali*quate-
nus eos mihi concedere, iam pridem scito esse cum
unum te pluris quam omnis illos putem. Ne me quidem contemno meoque iudicio multo stare malo
quam omnium reliquorum. Neque tamen progre-
dior longius quam mihi doctissimi homines conce-
dunt; quorum scripta omnia quaecumque sunt in
eam sententiam non legi solum — quod ipsum erat

2. 4-5 Drusi fortasse et Lamiani et Cassiani *Manutius, edd.* : dru-
s(a)e pertasse (fort- *in marg. bs*) et tamianit(a)e (tanna- *dsG*,
canna- *b*, tam iam te *RP* tam... *O*) cassian(a)e Ω.

4. 1 ouiae *edd.* : obu- *R* ouiace (*uel* -te) Δ o (*spat. rel.*) *P* ‖ Lolli
Sh. Bailey (*pro* C. L- *Lambin., edd.*) : lolii *Mdm*, *R* lelii *bs*, *P* ‖ Eros
ed. Crat., edd. : fors Ω (*uett.*) ‖ 3 aestimatio *b*, *RO* : exti- (Δ) existi- *P* ‖
5 potuit *M²bdsm*, *P* : -i *M¹*, *R*.

5, 2 meis rebus *Mds*, *PO* : r- m- *bm*, *ER* ‖ 3 foro (*scil.* opus est)
M¹, *RPO*(?), *La.*ᶜ : cum f- *Mᶜᵒʳʳbdms*, *E, uett.* ‖ 4 animo aequo Σ :
ae- an- Δ ‖ 5 a me homines Σ : h- a me Δ ‖ ut Romae — concedere *P*
(*uett.*), *edd.* : om. Δ, *ERO, ed. Rom.* ‖ 6-7 aliquatenus *Lambin.* : quat- Ω.

médecine ? — je les ai même fait passer dans mes propres
écrits, ce qui ne témoigne certainement pas d'une âme
accablée ou brisée. Garde-toi de m'éloigner des remèdes
que je trouve ici et de m'entraîner dans ton tumulte
romain, de peur que je ne rechute !

DC. — A ATTICUS.
(*Att.*, XII, 22).
Astura, 18 mars 45.

1. Pour Térentia, je ne reconnais pas ton habituelle
bonté pour moi, de me mettre toute la charge sur les
épaules[a] ; car ce sont justement là les plaies auxquelles
je ne peux toucher sans pousser de profonds gémisse-
ments. Mène donc l'affaire, je t'en prie, comme tu le
peux. Je ne t'en demande pas plus que tu ne peux faire ;
or, tu es seul à pouvoir discerner ce qu'il y a de vrai
là-dedans.

2. Pour Rutilia[b], puisque tu sembles avoir un doute,
tu m'écriras quand tu seras informé, mais le plus tôt
possible, et si Clodia a survécu à la mort de son fils,
l'ancien consul D. Brutus[1] ; ceci, on peut le savoir par
Marcellus ou en tout cas par Postumia[2], le premier point
par M. Cotta ou par Syrus ou Satyrus[3].

3. Pour les « jardins », je te renouvelle une fois de
plus ma requête. Je dois mobiliser toutes mes ressources
et celles de gens qui, je le sais, ne me feront pas défaut ;
mais je m'en tirerai avec les miennes. Il y a aussi des
biens que je peux vendre aisément. Mais sans rien vendre
et en versant à mon vendeur un intérêt pendant un an
au plus, je peux obtenir ce que je veux, si j'ai ton aide.

a. Sur les pénibles tractations concernant le remboursement de la
dot de Térentia, cf. Not., p. 30 ; *DXCV* (= *Att.*, **XII**, 19, 4) ; etc.
b. Cf. *DXCVI* = *Att.*, **XII**, 20, 2.

fortis aegroti, accipere medicinam — sed in mea
etiam scripta transtuli, quod certe adflicti et fracti
animi non fuit. Ab his me remediis noli in istam
turbam uocare, ne recidam.

DC. — AD ATTICVM.

(*Att.*, XII, 22).

Scr. Asturae xv Kal. Apr. a. 709/45.

1. De Terentia, quod mihi omne onus imponis,
non cognosco tuam in me indulgentiam; ista enim
sunt ipsa uulnera quae non possum tractare sine
maximo gemitu. Moderare igitur, quaeso, ut potes.
Neque enim a te plus quam potes postulo; potes
autem quid ueri sit perspicere tu unus.
2. De Rutilia quoniam uideris dubitare, scribes
ad me cum scies, sed quam primum, et num Clodia D. Bruto consulari, filio suo, mortuo uixerit;
id de Marcello aut certe de Postumia sciri potest,
illud autem de M. Cotta aut de Syro aut de Satyro.
3. De hortis etiam atque etiam ⟨te⟩ rogo. Omnibus meis eorumque quos scio mihi non defuturos
facultatibus (sed potero meis) enitendum mihi est.
Sunt etiam quae uendere facile possim. Sed ut non
uendam eique usuram pendam a quo emero non
plus annum, possum adsequi quod uolo, si tu me

DC. — *M* 169 vᵒ; *R* 104 vᵒ; *P* 148 rᵒ. *Post* **2.** 6 Satyro *deest E.*

1. 4 ut potes — tu unus *om. E* ‖ 6 *post* perspicere *add.* hoc pro
tua prudentia et summa in nos beniuolentia facies et (ut *R*) uale-
bis *RP.*

2. 2 et *M¹, cod. Anton., ed. Crat. : om. M*ᶜᵒʳʳ*bdsm,* Σ (*uett.*) ‖ 4 sciri
*M*ᶜᵒʳʳ*bdsm, ERP :* -re *M¹, O.*

3. 1 te *Z*ᵇ*, ed. Crat. : om.* Δ*, RP* (*uett.*).

C'est la propriété de Drusus qui est le plus à portée, puisqu'il désire vendre. En seconde position, je mets celle de Lamia ; mais il est absent. De ton côté, cherche si tu peux avoir vent de quelque chose. Silius non plus ne fait aucun usage de son domaine, et les intérêts lui fourniront largement de quoi vivre. Prends l'affaire à cœur et ne considère pas l'intérêt de mes finances, dont je me moque, mais ce que je veux et pourquoi je le veux.

DCI. — A ATTICUS.
(Att., XII, 23).
Astura, 19 mars 45.

1. Je pensais que tu allais me donner des nouvelles, puisque tu commençais ta lettre en m'annonçant que, malgré mon indifférence pour les événements d'Espagne, tu m'en parlerais néanmoins. Mais je constate qu'en fait tu as répondu à ma lettre, par exemple en évoquant le Forum et la Curie ; soit, ma maison de Rome est, comme tu le dis, un vrai Forum ; quel besoin ai-je, précisément, d'une maison en Ville, si je suis privé du Forum ? Je suis anéanti, Atticus, anéanti, depuis longtemps, c'est bien certain, mais je ne l'avoue que maintenant, depuis que j'ai perdu le seul lien qui me retenait. C'est pourquoi je recherche des lieux déserts ; néanmoins, si un motif quelconque m'amène à Rome, je m'efforcerai, autant que je le pourrai — mais je le pourrai — de ne laisser voir ma douleur qu'à toi, et, si possible, même pas à toi. Mais il y a encore une autre raison de ne pas y aller : tu te rappelles la question que t'a posée Alédius[1]. Des gens qui se montrent importuns même à présent, de quoi ne les crois-tu pas capables si je reviens ?

adiuuas. Paratissimi sunt Drusi[a]; cupit enim
uendere. Proximos puto Lamiae; sed abest. Tu
tamen, si quid potes, odorare. Ne Silius quidem
quicquam utitur, et is usuris facillime sustentabi-
tur. Habe tuum negotium, nec quid res mea familiaris postulet, quam ego non curo, sed quid uelim
⟨et cur uelim⟩ existima.

DCI. — AD ATTICVM.
(*Att.*, XII, 23).
Scr. Asturae *xiv Kal. Apr. a. 709/45.*

1. Putaram te aliquid noui, quod eius modi
fuerat initium litterarum, quamuis non curarem
quid in Hispania fieret, tamen te scripturum; sed
uidelicet meis litteris respondisti, ut de foro et de
curia; sed domus est, ut ais, forum; quid ipsa
domo mihi opus est carenti foro? Occidimus, occidimus, Attice, iam pridem nos quidem, sed nunc
fatemur, postea quam unum quo tenebamur amisimus. Itaque solitudines sequor, et tamen, si qua
me res isto adduxerit, enitar, si quo modo potero
— potero autem —, ut praeter *te* nemo dolorem
meum sentiat, si ullo modo poterit, ne tu quidem.
Atque etiam illa causa est non ueniendi : meministi quid ex te Aledius quaesierit. Qui[n] etiam
nunc molesti sunt, quid existimas, si uenero?

3. 7 Drusi *Manutius* : -ia Δ, *RP* -iani *Orelli* ‖ 8 sed *M*[corr]*bdms*,
uett. : est sed *M*[1], *RPO* ‖ 10 et is *Lipsius*, *Sh. Bailey* : et iis (his
dsG) Δ, *RPO* suis, et is *Wesenberg* (Em. alt., p. 127) ‖ 13 et cur
uelim *Z*[b], ed. *Crat.* : om. Ω (*uett.*).

DCI. — *M* 169 v°; *R* 104 v°; *P* 148 v°. *Desunt in E* 2. 11 quae —
3. 9 scripseram, **3.** 10 mihi — 16 cogites, 19 uideo — 23 uidebis.

1. 3 quid *bms*, Σ : quod *MdG*, *O*[2] ‖ 9 solitudines *Z*[b], *La.*[c], *ed.*
Crat. : -nem Δ, *EPO*[2] (*uett.*) -ne *O*[1] solicitudinem *R; cf.* Att., XIII,
16, 1 ‖ 11 te *Manutius*, *edd.* : me Ω ‖ 14 Aledius *edd.* : ate- Ω : *cf.* Att.,
XII, 4, 2 ‖ qui *Wesenberg* (Em., p. 123) : quin Ω, *uett.*

2. Pour Térentia, prends les dispositions que tu m'indiques, et délivre-moi de ce supplément non négligeable à mes peines majeures.

Et pour te montrer que ma douleur ne va pas jusqu'à l'abattement : la date consulaire à laquelle Carnéade est venu à Rome, avec cette délégation, est consignée dans tes *Annales*[1] ; ce que je voudrais savoir aujourd'hui, c'est le motif de sa venue : il s'agissait, je crois, d'Oropos, mais je n'en suis pas sûr ; et, s'il en est bien ainsi, quels étaient les points litigieux. En outre, dis-moi le nom d'un épicurien connu, en ce temps-là, et qui était à la tête du Jardin, à Athènes ; et aussi quels étaient les hommes politiques en vue, à Athènes. Je pense que tu peux trouver tout cela chez Apollodore, entre autres [2].

3. Je suis ennuyé pour Attica ; mais, puisqu'il s'agit d'une atteinte légère, j'espère fermement que tout va bien.

Pour Gamala, je n'avais aucun doute ; qu'est-ce qui pouvait, en effet, rendre son père Ligus si heureux [3] ? De moi que pourrais-je dire ? Quand bien même tous mes désirs se réaliseraient, je suis inconsolable.

Le prix que tu m'indiques pour les « jardins » de Drusus m'est également venu aux oreilles, et je t'en ai parlé, me semble-t-il, dans ma lettre d'hier[a] ; mais, à n'importe quel prix, un achat est bon, quand il est indispensable. Quoi que tu en penses de ton côté — je sais bien ce que, du mien, je pense de moi —, ce projet m'apporte un certain allègement, sinon de ma douleur, du moins de ma dette morale. J'ai écrit à Sicca, parce qu'il est en relation avec L. Cotta. Si l'on n'arrive à rien pour les « jardins » de la Rive droite, Cotta

---

a. Cicéron se trompe. Sur cette recherche d'une propriété suburbaine, voir l'App. I B.

2. De Terentia ita cura ut scribis, meque hac
ad maximas aegritudines accessione non min ima libera.

Et ut scias me ita dolere ut non i aceam : quibus
consulibus Carneades et ea legatio Romam uenerit
scriptum est in tuo Annali ; haec nunc quaero, quae
causa fuerit : de Oropo, opinor, sed certum nescio ;
et, si ita est, quae controuersiae. Praeterea, qui eo
tempore nobilis Epicureus fuerit Athenisque prae-
fuerit hortis, qui etiam Athenis πολιτικοί fuerint
illustres. Quae te etiam ex Apollodori puto posse
inuenire.

3. De Attica molestum, sed quoniam leuiter,
recte esse confido.

De Gamala dubium non mihi erat ; unde enim
tam felix Ligus pater? Nam quid de me dicam,
cui ut omnia contingant quae uolo, leuari non possum?

De Drusi hortis, quanti licuisse tu scribis, id ego
quoque audieram et, ut opinor, heri ad te scripseram ; sed quanti quanti bene emitur quod necesse
est. Mihi, quoquo modo tu existimas — scio enim
ego ipse quid de me existimem —, leuatio quaedam est, si minus doloris, at offici debiti. Ad Siccam scripsi, quod utitur L. Cotta. Si nihil confi-
cietur de Transtiberinis, habe t in Ostiensi Cotta

2. 2 non minima *ed. Asc.*[2] *(in marg.)*, *Klotz* (Prooem., p. xxxiv),
Sh. Bailey : non maxima Ω, *Moricca* max- *Corradus* ‖ 4 iaceam *Victorius* : ta- Δ, *EPO* -as *R* ‖ 6 haec *Mds G*, Σ : hoc *bm* ‖ 9 epicureus Σ,
Cr.[m] : -rus Δ, *O*[2], *uett.* ‖ 11 te *R*, *Z*[b], *La.*[c], *edd.* : *om.* Δ, *P*.
3. 3 Gamala *Cr.*[m], *Z*[b], *La.*[c] : magala (meg- *O*) Δ, *O* -lia *RP* Mag-
dala *ed. Crat.* ‖ 4 ante nam *lac. indic. Sh. Bailey* ‖ 7 scribis *ds*, *P*
(uett.) : -bes *Mbm*, *ERO*, *ed. Iens.* ‖ 9 quanti quanti *Mm*, *ERO*[1] :
quanti *bds*, *PO*[2] ‖ 12 at offici(i) *bms*, *Cr.*[m] : adfici *M* aff-*d G*, *RP* *(qui
dolore... debui habet)* ‖ 13 cotta *ds*, *RO* : cocta *Mbm G*, *P* ‖ 13-14 confi cietur *Pius* : -ceretur Ω, *uett.* ‖ habet *O*[2], *Victorius* : habes. T. Δ, *RPO*[1] ‖
cotta *bs*, *O* : cota *Md* cocta *m G*, *RP*.

possède une propriété près d'Ostie, dans un endroit
très fréquenté, mais une toute petite surface, plus que
suffisante néanmoins pour ce monument. Penses-y, s'il
te plaît. Mais ne te laisse pas effrayer par ces prix des
« jardins » ; je n'ai plus besoin d'argenterie, ni d'étoffes,
ni de tel ou tel lieu particulièrement agréable ; c'est de
cela que j'ai besoin. Je vois même quelles personnes
pourraient m'aider. Mais parle à Silius ; il n'y a pas
meilleure solution. J'ai donné la mission également à
Sicca : il m'a répondu qu'il avait rendez-vous avec lui.
Il m'écrira donc ce qu'il aura fait, et tu aviseras de ton
côté.

DCII. — A ATTICUS.
(*Att.*, XII, 24).
Astura, 20 mars 45.

1. A. Silius [?] a bien fait de transiger ; car, d'un
côté, je ne voulais pas lui manquer, de l'autre je craignais de ne pouvoir grand-chose[1]. Pour Ovia, conclus
l'affaire comme tu me l'indiques[a]. Pour Marcus, le
moment semble venu[b] ; mais je me demande si la somme
dont il aura besoin à Athènes peut être touchée par
lettres de change ou s'il doit l'emporter avec lui ; voudrais-tu, après examen d'ensemble, m'indiquer le moyen
et le moment qui conviennent ?

Publilius doit-il se rendre en Afrique et quand[2] ?
Tu pourras le savoir par Alédius ; renseigne-toi, s'il te
plaît, et écris-le moi.

2. Et, pour en revenir à mes enfantillages, je vou-

a. Cicéron lui devait de l'argent (cf. *DXCIX* = *Att.*, XII, 21,
4).

b. De partir pour la Grèce (voir la Notice, p. 31 sq.).

celeberrimo loco sed pusillum loci, ad hanc rem
tamen plus etiam quam satis. Id uelim cogites.
Nec tamen ista pretia hortorum pertimueris ; nec
mihi argento iam nec ueste opus est nec quibusdam amoenis locis ; hoc opus est. Video etiam a
quibus adiuuari possim. Sed loquere cum Silio ;
nihil enim est melius. Mandaui etiam Siccae : rescripsit constitutum se cum eo habere. Scribet igitur ad
me quid egerit, et tu uidebis.

DCII. — AD ATTICVM.
(*Att.*, XII, 24).

Scr. Asturae xiii Kal. Apr. a. 709 /45.

1. Bene facit A. Silius [?] qui transegerit ; neque
enim ei deesse uolebam et quid possem timebam.
De Ouia confice ut scribis. De Cicerone, tempus
esse iam uidetur ; sed quaero qu*o*d illi opus erit
Athenis permutarine possit an ipsi ferendum sit,
de totaque re quem ad modum et quando placeat
uelim consideres.

Publ*i*lius iturusne sit in Africam et quando ex
Aledio scire poteris ; quaeras et ad me scribas uelim.
2. Et, ut ad meas ineptias redeam, uelim me

---

3. 16 quam *RPO*[1], *Cr.*[m], Z[b] : *om.* ΔO² ‖ 18 argento iam Σ : iam a-
Δ ‖ 18-19 quibusdam Ω : quibus gaudebam *Castiglioni* quibus quondam *Sh. Bailey* ‖ 22 scribet *ed. Rom., edd.* : -bit (Δ), *RPO* -bat
(*uett.*) -be *s* ‖ 23 tu *RP* (*uett.*) : ut tu Z[b] cui Δ, *ed. Rom.*

DCII. — *M* 170 r⁰ ; *R* 105 r⁰ ; *P* 149 r⁰. *Desunt in E* **1.** 1 bene —
3 scribis, 6 de totaque — 9 uelim, **3.** 1 Cispiana — 2 Piliae.

1. 1 A. Silius (*uett.*), *edd.* : as- *RP, ed. Iens.* asyllius Δ, *O ; cf. comm.
ad loc.* ‖ 2 ei *bs* (*uett.*) : et *Mdm, RP, ed. Iens.* ‖ 3 confice *bs G, P* : cemf-
Mdm, R ‖ 4 quod *Manutius* : quid Ω, *uett., Moricca* ‖ illi opus erit
M[corr]*bdms, ERP* : o- e- i- *O* o- i- erat *M*[1] ‖ 8 Publilius *Bosius* : publius Ω ‖ 9 aledio *M*[corr], *PO*² : aie- *M*[1]*mG, RO*[1](?) ate- *bs* ae- *d.*

drais que tu me fasses savoir si P. Crassus, fils de Vénuléia, est mort du vivant de son père, le consulaire P. Crassus, comme je crois m'en souvenir, ou après sa mort[1].
Même question pour Régillus, fils de Lépide[2] : ma mémoire est-elle fidèle en le faisant mourir du vivant de
son père ?

3. Tu arrangeras l'affaire de Cispius, et de même
celle de Précius[3]. Parfait pour Attica ! Transmets-lui
mon salut, ainsi qu'à Pilia.

DCIII. — A ATTICUS.
(Att., XII, 25).
Astura, 21 mars 45.

1. Sicca m'a envoyé un rapport précis concernant
Silius et me signale qu'il t'a mis au courant, ce que ta
lettre me confirme. Le bien et les conditions m'agréent,
à cette réserve près que j'aimerais mieux m'acquitter
en argent comptant que par transfert de propriété. En
effet, Silius ne voudra pas de propriétés de pur agrément ; de mon côté, si je peux me contenter de mes revenus actuels, je serais gêné par leur amputation. Où
donc trouver l'argent ? Tu tireras 600.000 sesterces
d'Hermogène, d'autant plus qu'il y aura cas de force
majeure ; et je constate que j'ai 600.000 sesterces chez
moi. Pour le restant, je n'hésiterai pas à verser un intérêt à Silius, jusqu'à ce que je donne en paiement ma
créance recouvrée sur Fabérius ou un débiteur quelconque
de Fabérius. Il y aura bien encore quelque chose à
extraire d'ailleurs ! Mais c'est toi qui mèneras toute
l'affaire.

2. Je mets ces « jardins » bien au-dessus de ceux

certiorem facias P. Crassus, Venuleiae filius, uiuone
P. Crasso consulari, patre suo, mortuus sit, ut ego
meminisse uideor, an postea. Item quaero de Re-
gillo, Lepidi filio, rectene meminerim patre uiuo
mortuum.

3. Cispiana explicabis itemque Preciana. De Attica optime; *et* ei salutem dices et Piliae.

DCIII. — AD ATTICVM.
(*Att.*, XII, 25).

Scr. Asturae xii Kal. Apr. a. 709/45.

1. Scripsit ad me diligenter Sicca de Silio, seque
ad te rem detulisse; quod tu idem scribis. Mihi et
res et condicio placet, sed ita ut numerato malim
quam aestimatione. Voluptarias enim possessiones
nolet Silius; uectigalibus autem ut his possum
esse contentus quae habeo, sic uix minoribus. Vnde
ergo numerato? HS $\overline{DC}$ exprimes ab Hermogene,
cum praesertim necesse erit; et domi uideo esse
HS $\overline{DC}$. Reliquae pecuniae uel usuram Silio pende-
mus, dum a Faberio uel [cum] aliquo qui Faberio
debet repraesentabimus. Erit etiam aliquid alicunde.
Sed totam rem tu gubernabis.

2. Drusianis uero hortis multo antepono neque

---

2. 2 uenuleiae *Corradus* : uinuliae (uimil-) *Mdms*, *ERPO²* -leae
O¹(?) lumiliae *b* ‖ 4 postea (-eae *R*) Σ : post Δ.
3. 2 optime et *Manutius* : o- id (Δ), *O* id o- *RP* o- eidem (*om.* ei) *s*.
DCIII. — *M* 170 r°; *R* 105 r°; *P* 149 r°. *Deest E.*

1. 4 (a)estimatione *b*, *RO* : extim- *Mms* existim- *d*, *P* ‖ 5 his (Δ) :
iis *b*, *RO* is *P* ‖ 8 domi uideo *RP* : domui ideo *Mdm*, *O²* (*in ras.*) domi
i- *bs* ‖ 9 silio *bms*, *O²* (*in ras.*) : sci- *Md*, *R* stilo *G*, *P* ‖ 10 cum *secl. Sh.
Bailey*; ab *coni. Pius.*
2. 1 drusianis *M²bdms*, *O²* : drua- *M¹*, *RO¹* diua- *P* ‖ hos *post*
multo *add. Lambin.*, *post* uero *Bosius.*

de Drusus ; on ne les a d'ailleurs jamais mis à égalité.
Crois-moi, un seul motif m'anime, et sur ce point je
sais que *je suis aveuglé* ; prête cependant la main, comme
tu le fais, à ce caprice. Quant à la *retraite pour mes vieux
jours* dont tu me parles, cette question est d'ores et
déjà réglée[a]. D'autres me préoccupent davantage.

DCIV. — A ATTICUS.
(*Att.*, XII, 26).
Astura, 22 mars 45.

1. D'après la lettre de Sicca, même s'il ne conclut
aucun arrangement avec Silius, il m'écrit qu'il viendra
quand même le 23. Je pardonne à tes occupations, et
je les connais bien. Je ne doute pas de ta volonté — ou
plutôt de ton désir ardent — que nous soyons réunis.

2. Pour ce que tu me dis de Nicias, si j'étais en
état de pouvoir prendre plaisir à son aimable compagnie, il serait un des premiers que je voudrais avoir
près de moi[b]. Mais mon lot est la retraite solitaire.
C'est parce que Sicca l'acceptait aisément que sa présence me manque d'autant plus. Et puis tu connais
notre ami Nicias, sa fragilité, sa délicatesse, son régime.
Pourquoi voudrais-je lui être à charge, alors que lui ne
peut pas m'être agréable? Mais je lui sais gré de son
intention. Il y a dans ta lettre un point sur lequel j'ai
décidé de ne pas te répondre[c] ; car j'espère avoir obtenu

a. Cf. App. I A, p. 285.
b. Sur le grammairien Curtius Nicias de Cos, cf. t. VII, p. 299.
c. Il s'agit de la dot de Térentia (cf. Not., p. 26 sq.).

sunt umquam comparat*i*. Mihi crede, una me causa
mouet, in qua scio me τετυφῶσθαι ; sed, ut facis, ob-
sequere huic errori meo. Nam quod scribis ἐγγήραμα, actum iam de isto est. Alia magis quaero.

DCIV. — AD ATTICVM.
(*Att.*, XII, 26).
Scr. Asturae xi Kal. Apr. a. 709/45.

1. Sicca, ut scribit, etiam si nihil confecerit cum
*Si*lio, tamen se scribit X Kal. esse uenturum. Tuis
occupationibus ignosco, eaeque mihi sunt notae.
De uoluntate tua ut simul simus, uel studio potius
et cupiditate, non dubito.

2. De Nicia quod scribis, si ita me haberem ut
eius humanitate frui possem, in primis uellem mecum illum habere. Sed mihi solitudo et recessus
prouincia est. Quod quia facile ferebat Sicca, eo
magis illum desidero. Praeterea nosti Niciae nostri
imbecillitatem, mollitiam, consuetudinem uictus. Cur
ego illi molestus esse uelim, cum mihi ille iucundus
esse non possit? Voluntas tamen eius mihi grata
est. Vnam rem ad me scripsisti de qua decreui
nihil tibi rescribere ; spero enim me a te impetrasse

2. 2 comparati *Manutius* : -ta Δ, *RP* ‖ 3 scio *bms*, *O*² : socio
MdG, *RPO*¹.

DCIV. — *M* 170 v° ; *R* 105 r° ; *P* 149 v°.

1. 1 Sicca — uenturum (*u.* 2) *om. E* ‖ ut scribit *secl. Baiter* (*coll.*
u. 2 scribit ; *sed cf.* Att., IV, 15, 3 ut conicio... arbitror) ‖ 2 Silio *Sh.*
Bailey : agidio Δ, *RP, uett.* A. Silio *Victorius, edd.; cf.* Att., XII,
25, 1, *app. crit. u.* 9 *et comm. ad* XII, 24, 1 *u.* 1 ‖ tuis *M²bdms*,
Σ, *Z* : cuius *M*¹ ‖ 4 uoluntate *s* : -upt- (Δ), Σ.
2. 1 De Nicia — grata est (*u.* 8) *affert* SUET., De Gramm., *c.* 14
(*om.* : quod — desidero, *u.* 4-5 ; uelim — non, *u.* 7-8) ‖ 2-3 uellem mecum illum *EP, Suet.* : u- i- m- (meum *M*¹) Δ, *O*(?) m- u- i- *R* ‖ 8 esse
Suet. (*uett.*) : *om.* Ω, *ed. Rom.* ‖ 10 me a te impetrasse *M²bdms*, Σ :
mea temperasse *M*¹.

de toi que tu m'exemptes de ce tracas. Salut à Pilia
et Attica.

DCV. — A ATTICUS.
(Att., XII, 27).
Astura, 23 mars 45.

1. Pour l'affaire engagée avec Silius, les conditions
ne me sont pas inconnues ; cependant c'est aujourd'hui
que je pense apprendre de Sicca tous les éléments. Tu
me dis ne pas connaître la propriété de Cotta : elle se
trouve au-delà de la maison de campagne de Silius, que
tu dois connaître[a] ; une fermette misérable et minus-
cule, pas de terrain, juste assez de place pour ce que
je cherche, et rien d'autre. L'emplacement, très fréquenté, m'attire. Mais si l'on aboutit pour les « jardins » de Silius, c'est-à-dire si tu aboutis — car tout
repose sur toi —, il n'y a aucune raison évidemment
que nous songions à Cotta.

2. Pour Marcus, je ferai comme tu me l'écris[b] ; je
lui laisserai le choix du moment. Tu veilleras au vire-
ment de la somme requise. Si tu obtiens d'Alédius une
information qui vaille de m'être transmise, tu me la
transmettras[c]. Je constate d'après tes lettres, comme
tu le fais certainement d'après les miennes, que nous
n'avons rien à écrire ; ce sont tous les jours les mêmes
questions, déjà cent fois rebattues. Cependant je ne
puis m'empêcher de t'envoyer chaque jour une lettre
pour en recevoir une de toi.

a. *Villa* près d'Ostie, à ne pas confondre avec ses « jardins » du
Transtévère (cf. App. I B, p. 287).
b. Pour son prochain séjour à Athènes (cf. *DCII = Att.*, XII,
24, 1 ; *Not.*, p. 31).
c. Cette information concerne Publilius (cf. Not., p. 34, n. 1 ; *DCII =
Att.*, XII, 24, 1).

ut priuares me ista molestia. Piliae et Atticae salutem.

DCV. — AD ATTICVM.
(*Att.*, XII, 27).

Scr. Asturae x Kal. Apr. a. 709/45.

1. De Siliano negotio, etsi mihi non est ignota
condicio, tamen hodie me ex Sicca arbitror omnia
cogniturum. Cottae quod negas te nosse, ultra Silianam uillam est, quam puto tibi notam esse, uillula
sordida et ualde pusilla, nil agri, ad nullam rem
loci satis nisi ad eam quam quaero. Sequor celebritatem. Sed si perficitur de hortis Sili, hoc est si
perficis — est enim totum positum in te —, nihil
est scilicet quod de Cotta cogitemus.

2. De Cicerone, ut scribis ita faciam; ipsi permittam de tempore. Nummorum quantum opus
erit ut permutetur tu uidebis. Ex Aledio quod scri-
b*a*s si quid inueneris, scribes. Et ego ex tuis anim-
aduerto litteris et profecto tu ex meis nihil habere nos quod scribamus; eadem cottidie, quae iam
iamque ipsa contrita sunt. Tamen facere non possum quin cottidie ad te mittam ut tuas accipiam.

2. 11 Piliae — salutem *om. E.*

DCV. — *M* 170 v°; *R* 105 r°; *P* 149 v°. *In E sunt tantum* : **2.** 1 de
Cicerone — permittam ; 4 et ego — 8 accipiam, **3.** 4 ualde — 5 causas. *Desunt RP post* **3.** 4 tardius.

1. 3 cottae *Cr.*ᵐ, *Z*ᵇ, *ed. Iens.* : coct(a)e *RPO*¹(?) certe Δ, *O*² ‖
nosse *bm*²*s*, *Z*ᵇ, *La.*ᶜ : non se *Mdm*¹*G*, *RPO*¹ nosci *O*² ‖ 3-4 silianam
*bsZ*ᵇ : fil- (-na *P*) *RPO*¹ sfil- *Mdm*, *O*² ‖ 5 ad nullam *ed. Rom.* :
a nu- *R* an u- *M*¹*dm*¹*G* ad u- *M*²*bm*²*s*, *Z*ᵇ, *La.*ᶜ a nulla (re *pro* rem)
P ‖ 6 nisi *Wesenberg* (Em., p. 49) : nihil Δ, *RPO* ‖ 9 cotta *ds*, *O* :
cocta *MbmG*, *RP.*

2. 3 permutetur *b*, Σ : -mittetur (Δ) ‖ 4 scribas *Wesenberg* (Em.
alt., p. 127), *edd.* : -bis Ω, *Sjögren*, *Moricca*.

3. Pourtant, parle-moi de Brutus, si tu as des nouvelles ; on doit savoir maintenant où il attend Pansa ;
si c'est à l'entrée de la province, suivant la coutume,
il sera ici vers les Calendes, semble-t-il. Je regrette que
ce ne soit pas plus tard ; car je veux éviter la Ville à
tout prix, pour bien des raisons. Aussi j'en viens même
à me demander si je ne vais pas me ménager une excuse envers lui, ce qui me paraît vraiment facile[1]. Mais
nous avons le temps d'y penser. Salut à Pilia, à Attica.

DCVI. — A ATTICUS.
(*Att.*, XII, 28).
Astura, 24 mars 45.

1. Concernant Silius, je n'en ai pas plus appris de
Sicca en personne que de sa lettre, car elle était précise[a].
Si donc tu le rencontres, tu m'écriras, le cas échéant,
ce qu'il t'en semblera. Pour la question sur laquelle tu
crois qu'un message m'a été adressé, j'ignore s'il m'a
été adressé ou non ; ce qu'il y a de sûr, c'est que rien
ne m'a été dit. Continue donc comme tu as commencé ;
et si tu aboutis à une solution que cette femme approuve[b] — ce qui me paraît impossible — tu feras
signe à Marcus, si tu veux bien. Il a un certain intérêt
à paraître lui vouloir du bien, moi je n'en ai aucun,
en dehors du point que tu connais[c], auquel j'attache
un grand prix.

2. Tu cherches à me ramener à mes pratiques anté-

---

a. Cicéron a eu un entretien avec Sicca le jour même (cf. la lettre
de la veille : *DCV* = *Att.*, XII, 27, 1).
b. Illi désigne Térentia (cf. *Not.*, p. 27 sq.).
c. L'*officium* signalé en *DXCV* = *Att.*, XII, 19, 4.

3. De Bruto tamen, si quid habebis ; scir*i* enim
iam puto ubi Pansam exspectet ; si, ut consuetudo
est, in prima prouincia, circiter Kalendas adfuturus
uidetur. Vellem tardius ; ualde enim urbem fugio
multas ob causas. Itaque id ipsum dubito an excu-
sationem aliquam ad il*l*um parem, quod quidem
uideo facile esse. Sed habemus satis temporis ad
cogitandum. Piliae, Atticae salutem.

DCVI. — AD ATTICVM.
(Att., XII, 28).
Scr. Asturae ix Kal. Apr. a. 709/45.

1. De Silio nilo plura cognoui ex praesente
Sicca quam ex litteris eius ; scripserat enim diligenter. Si igitur tu illum conueneris, scribes ad me si
quid uidebitur. De quo putas ad me missum esse,
sit missum necne nescio ; dictum quidem mihi
certe nihil est. *Tu* igitur, ut coepisti ; et si quid ita
conficies, quod quidem non arbitror fieri posse, ut
illi probetur, Ciceronem, si tibi placebit, adhibebis.
Eius aliquid interest uideri illius causa uoluisse, mea
quidem nihil nisi quod tu scis, quod ego magni
aestimo.

2. Quod me ad meam consuetudinem reuocas,

---

3. 1 sciri *Baiter* : -re Ω -re te *coni. Wesenberg* ‖ 6 illum *Victorius* :
silium Δ, *O* ‖ 7 uideo *M²bdsm, O²* : ideo *M¹O¹* ‖ 8 piliae Δ *(uett.)*,
Moricca : p- et *O, ed. Iens., edd. ; cf. DCVI* (Att., XII, 28, 3).

DCVI. — *M* 170 vº. *Desunt ERP.*

1. 1 nilo *M¹m, La.*ᶜ : nil *M*ᶜᵒʳʳ*d* multo *bs* ‖ 2 eius *Z*ᵇ, *Lambin.* :
tuis Δ, *uett.* ‖ 5 nescio *O¹, Cr.*ᵐ : scio Δ, *O²* ‖ 6 est tu igitur *Cr.*ᵐ :
estinguitur *O²* (*in ras.*) ext- Δ ‖ 7 quidem non Δ, *O* (?), *ed. Rom.* : eq-
non *Manutius* non eq- *(uett.)* ‖ 10 magni *O¹, La.*ᶜ*, cod. Faërni, ed. Crat.* :
om. Δ, *O²* (*uett.*).

2. 1 me ad meam *Lambin., edd.* : in eam *M¹* (*in fine uersus ; add.*
meam *in marg. M², deinde* in eam meam *del. et, post* meam, *add.*
me ad *idem*) me ad *bdm¹s* meam *m²* mea *O.*

rieures : or depuis longtemps mon rôle a consisté à pleu-
rer le sort de la république ; je le faisais, mais sans trop
d'âpreté, parce que j'avais un havre de tranquillité.
Aujourd'hui, je suis littéralement incapable d'adopter
ces conditions et ce genre de vie là, et sur ce point je
n'ai pas, me semble-t-il, à me soucier de ce que pensent
les autres ; ma propre conscience compte plus, à mes
yeux, que les propos de tous les gens. Quant au texte
que j'ai rédigé pour me consoler, je ne suis pas mécontent de mes progrès ; j'ai atténué ma tristesse exté-
rieure, pour la douleur je n'ai pas pu et, si je le pouvais, je ne le voudrais pas[a].

3. Pour Triarius, tu interprètes mes intentions comme
il faut[1] : tu ne dois rien faire qui ne soit conforme à
celles de ces personnes. J'ai de l'attachement pour le
défunt, je suis tuteur de ses enfants, toute sa maison
m'est chère.

Dans l'affaire avec Castricius, si celui-ci consent à recevoir de l'argent pour prix des esclaves et accepte
que cet argent lui soit versé de la même façon qu'à présent, il n'y a certainement pas de solution plus appropriée. Si au contraire l'opération a eu pour but qu'il
emmène les esclaves eux-mêmes, ceci ne me semble
pas juste — tu me demandes de t'écrire ce que j'en
pense ; de fait, je ne voudrais pas que mon frère Quintus ait une difficulté quelconque —; il m'a semblé comprendre que tu étais du même avis[2].

Si Publilius attend l'équinoxe, comme le dit Alédius
d'après ta lettre, il semble qu'il veuille prendre la mer ;
à moi, il avait dit qu'il passerait par la Sicile ; j'aimerais connaître le choix et le moment[3]. Je voudrais aussi
qu'un jour, quand cela t'arrangera, tu ailles voir le petit
Lentulus et que tu mettes à son service ceux de mes
esclaves que tu jugeras à propos[4]. Salut à Pilia, à Attica.

a. Voir la Notice, p. 20 sq.

fuit meum quidem iam pridem rem publicam lugere ; quod faciebam, sed *mitius* ; erat enim ubi ac-
quiescerem. Nunc plane nec ego uictum nec uitam
illam colere possum, nec in ea re quid aliis uideatur
mihi puto curandum ; mea mihi conscientia pluris
est quam omnium sermo. Quod me ipse per litteras
consolatus sum, non paenitet me quantum profece-
rim ; maerorem minui, dolorem nec potui nec, si
possem, uellem.

3. De Triario, bene interpretaris uoluntatem
meam ; tu uero nihil nisi ut illi uolent. Amo illum
mortuum, tutor sum liberis, totam domum diligo.

De Castriciano negotio, si Castricius pro mancupiis pecuniam accipere uolet eamque ei solui ut
nunc soluitur, certe nihil est commodius. Sin autem
ita actum est ut ipsa mancipia abduceret, non mihi
uidetur esse aequum — rogas enim me ut tibi scribam quid mihi uideatur ; nolo enim negoti Quintum fratrem quicquam habere —; quod uideor
mihi intellexisse tibi uideri idem.

Pub*li*lius, si aequinoctium exspectat, ut scribis
A*l*edium dicere, nauigaturus uidetur ; mihi autem
dixerat per Siciliam ; utrum et quando uelim scire.
Et uelim aliquando, cum erit tuum commodum,
Lentulum puerum uisas eique de mancipiis quae
tibi uidebitur attribuas. Piliae, Atticae salutem.

2. 2-3 lugere *Cr.*ᵐ, *Z, edd.* : legere *M*¹ reg- *M*²*bms* eg- *dG* ‖ mitius *Bosius* : intus *M*¹, *O, Z*ᵇ, *La.*ᶜ inter *M*²*bdsm* ‖ 4 nec ego Δ,
O, edd. : non ego *La.*ᶜ, *Sh. Bailey* ‖ 5 aliis *M*ᶜᵒʳʳ *bdms, edd.* : *om.*
*M*¹, *O ; coni.* cui *Sh. Bailey.*
3. 1 triario *bs* (*uett.*) : ri- *Mdm, O, ed. Iens.* ‖ uoluntatem *M*ᶜᵒʳʳₛ :
-upt- *M*¹*bdm* ‖ 4-5 pro mancupiis *Cr.*ᵐ, *La.*ᶜ, *edd.* : romam cupit is
(si *G*) Δ*G, O, uett.* ‖ ei Δ, *O* : eis *La.*ᶜ sibi *ed. Asc.*² *; al. al. ; cf. Le-*
breton, Études, p. 131 ‖ 12 Publilius *Bosius* : publius Δ, *O* ‖ 13 Ale-
dium dicere *Lambin.* : ate- d- *bs* ate-m d- *O*¹ a te diu inducere *Mdm*
-m ind- *O*² ‖ 17 *add.* et *posl* Piliae *uett. praeter ed. Iens., edd. ; cf.*
DCV (Att., XII, 27, 3).

DCVII. — A ATTICUS.
(*Att.*, XII, 29).
Astura, 25 mars 45.

1. Silius, me dis-tu, sera là aujourd'hui ; tu le ren-
contreras donc demain, disons plutôt quand tu le pourras ; s'il sort quelque chose de ton entrevue, tiens-moi
au courant. Je ne cherche pas à fuir Brutus, sans pourtant attendre de lui aucun soulagement ; mais j'avais
des raisons pour refuser d'être à Rome en ce moment[a] ;
si elles subsistent, il faudra chercher une excuse pour
Brutus ; et, d'après ce qu'il en est actuellement, elles
semblent bien devoir subsister.
2. Pour les « jardins », je t'en prie, tire-moi d'affaire.
L'essentiel est ce que tu sais ; vient ensuite que pour
moi aussi j'ai besoin de quelque chose : car je ne peux
vivre ni dans le tumulte ni loin de vous. A mon projet,
je ne trouve rien de plus approprié que l'endroit en
question. Encore un point sur lequel je voudrais ton
avis : je suis convaincu — et d'autant plus que tu partages visiblement mon opinion — que Balbus et Oppius
ont pour moi une profonde estime ; si tu leur révélais
à quel point et pour quelle raison je veux des « jardins »,
mais que l'opération n'est possible qu'à condition de
liquider cette dette de Fabérius? seraient-ils prêts à
donner leur garantie? en outre, au cas où le remboursement immédiat exigerait une réduction du montant,
jusqu'où se laisseraient-ils amener à m'aider? Car le
recouvrement de la totalité est sans espoir. Enfin tu
verras bien s'ils sont enclins à favoriser mon projet ;
s'il en sort quelque chose, c'est un appoint précieux ;
sinon, luttons par tous les moyens. Considère cela à ton
gré comme une *retraite pour mes vieux jours*, suivant

---

a. Éviter une rencontre pénible avec Publilius (cf. Not., p. 34 ;
DCI = Att., XII, 23, 1 ; etc.).

DCVII. — AD ATTICVM.
(*Att.*, XII, 29).

Scr. Asturae viii Kal. Apr. a. 709 /45.

1. Silius, ut scribis, hodie ; cras igitur eum uel potius cum poteris ; scribes, si quid erit, cum uideris. Nec ego Brutum uito nec tamen ab eo leuationem ullam exspecto ; sed erant causae cur hoc tempore istic esse nollem ; quae si manebunt, quaerenda erit excusatio ad Brutum ; et, ut nunc est, mansurae uidentur.

2. De hortis, quaeso, explica. Caput illud est quod scis ; sequitur ut etiam mihi ipsi qu*i*ddam opus sit ; nec enim esse in turba possum nec a uobis abesse. Huic meo consilio nihil reperio isto loco aptius. Et de hac re quid tui consili sit : mihi persuasum est, et eo magis quod idem tibi intellexi uideri, me ab Oppio et Balbo ualde diligi ; ⟨quid⟩ si cum iis communices quanto opere et qua re uelim hortos, sed id ita posse, si expediatur illud Faberianum ? sintne igitur auctores futuri ? si qua etiam iactura facienda sit in repraesentando, quo*a*d poss*in*t adduci ? Totum enim illud desperatum. Denique intelleges ecquid inclinent ad hoc meum consilium adiuuandum ; si quid erit, magnum est adiumentum ; si minus, quacumque ratione contendamus. V*el* tu

DCVII. — *M* 171 rº. *Desunt ERP.*

1. 1 eum *O*, *Z*b*La.*c : cum *Md ; om. bms, uett.*

2. 2 quiddam *Cr.*m, *edd.* : quod- Δ, *O*, *uett.* ‖ 6 tibi intellexi *O*, *La.*c, *Sh. Bailey* : i- t- Δ ‖ 7 quid si *Sh. Bailey (dubit. in appar.*.) : si *O*, *Z*b, *La.*c *; om.* Δ, *edd.* fac *seu* uelim *Müller* ‖ 9 id *M*, *O* : *om. bdms* ‖ 10 sintne *Cr.*m, *Z*b, *La.*c : sint *O*¹(?) sin Δ ‖ au(c)tores *Cr.*m. *La.*c : -or es *M* -or est *bdms* ‖ 11-12 quoad possint *scripsi* : quod possum Δ, *O*, *uett.* quoad possunt *Z*b, *edd.* ‖ adduci totum *O*¹, *Z*b : -cito. tum Δ, *O*² -cito totum *Schütz* ‖ 13 ecquid *Z*b, *ed. Rom.* : et q- Δ, *O* ‖ 15 uel tu *Schütz* : uetus Δ, *O*(?).

ton expression, ou comme un *linceul*[a]. Il ne faut pas
penser à l'autre propriété près d'Ostie. Si nous n'obte-
nons pas celle-ci — de Lamia, il n'y a, je crois, rien à
attendre —, il faut essayer du côté de Damasippe.

DCVIII. — A ATTICUS.
(*Att.*, XII, 33).
Astura, 26 mars 45.

1. Si, comme je te l'ai écrit hier, Silius se révèle
tel que tu l'imagines et que Drusus ne se montre pas
accommodant, je voudrais que tu entreprennes Damasippe. Je crois qu'il a divisé son terrain, le long du
fleuve, en plusieurs parcelles de je ne sais combien de
jugères, en leur assignant des prix déterminés — prix
que je ne connais pas. Écris-moi donc tout ce que tu
auras fait.

2. Je suis très inquiet pour la santé de notre chère
Attica ; je crains même qu'une faute n'ait été commise.
Mais la conscience du précepteur, l'assiduité du médecin et le dévouement sans réserve de toute la maison
m'interdisent en revanche aucun soupçon. Prends donc
soin d'elle : je ne puis en dire davantage.

DCIX. — A ATTICUS.
(*Att.*, XII, 30).
Astura, 27 mars 45.

1. Je cherche quoi t'écrire ; mais il n'y a rien ;
mêmes sujets tous les jours. Je te suis très reconnais-
sant d'aller voir Lentulus ; mets à son service autant

---

a. Voir l'App. I B pour la recherche de la propriété idéale (sur
l'ἐγγήραμα et l'ἐντάφιον : p. 285), I C pour les problèmes de financement.

illud ἐγγήραμα, quem ad modum scripsisti, uel ἐντά-
φιον putato. De illo Ostiensi nihil est cogitandum.
Si hoc non adsequimur — a Lamia non puto posse —,
Damasippi experiendum est.

DCVIII. — AD ATTICVM.
(*Att.*, XII, 33).

Scr. Asturae vii Kal. Apr. a. 709/45.

1. Ego, ut *h*eri ad te scripsi, si et Silius is fuerit
quem tu putas nec Drusus facilem se praebuerit,
Damasippum uelim aggrediare. Is, opinor, ita partis fecit in ripa nescio quotenorum iugerum ut certa
pretia constitueret ; quae mihi nota non sunt.
Scribes ad me igitur quicquid egeris.

2. Vehementer me sollicitat Atticae nostrae uali-
tudo, ut uerear etiam ne quae culpa sit. Sed et
paedagogi probitas et medici adsiduitas et tota
domus in omni genere diligens me rursus id suspicari uetat. Cura igitur ; plura enim non possum.

DCIX. — AD ATTICVM.
(*Att.*, XII, 30).

Scr. Asturae vi Kal. Apr. a. 709/45.

1. Quaero quid ad te scribam, sed nihil est ;
eadem cottidie. Quod Lentulum inuisis ualde gra-

2. 16 ἐγγήραμα (ΕΝΓΠΡ- *M*¹) *M*¹, *Victorius* : ἐπίγραμμα
*M*ᶜᵒʳʳ*bdms* ‖ 16-17 ἐντάφιον *M*¹ : ἐπιτ- *M*ᶜᵒʳʳ*bdms*.

DCVIII. — *M* 172 rº; *R* 105 vº; *P* 150 rº. *Deest E.*

1. 1 ut heri (*uett.*) : ueteri (Δ), *RPO* uereri *s*, *ed. Iens.* (*ante* ego) ‖
3 aggrediare (adg-). is *M*ᶜᵒʳʳ*bdms*, *O*² : -r eis *M*¹, *RO*¹ -ris *P*.

2. 2 qu(a)e (Δ), *R* : qua *s*, *P*, *ed. Crat.* ‖ 3 p(a)edagogi *bdms*, *PO*²,
*M*⁴ : preda cogi *M*¹, *RO*¹ ‖ 5 cura *G*, *Victorius* : curitur *M*¹ curi *M*², *d*
cur *bms*, *RPO*.

DCIX. — *M* 171 vº. *Desunt ERP.*

1. 2 quod *M*ᶜᵒʳʳ*bdms* : quo *M*¹*G*, *O*.

d'esclaves de ton choix que tu le jugeras bon[a]. Silius
est-il décidé à vendre, et à quel prix? Tu sembles craindre
en premier lieu qu'il ne veuille pas, en second lieu pas
à ce prix-là. Sicca est d'un autre avis ; mais je suis
d'accord avec toi. Aussi, à son instigation, j'ai écrit à
Egnatius[b]. Silius voudrait que tu parles à Clodius[1] :
tu peux le faire avec mon assentiment ; c'est plus opportun que d'écrire moi-même à Clodius, comme il me
le demande.

2. Pour les esclaves de Castricius, la solution la
plus appropriée est, j'en suis persuadé, qu'Egnatius
règle l'affaire : c'est ce que tu présumes dans ta lettre[c].
Avec Ovia, veille, s'il te plaît, à ce qu'on en termine[d].
Puisque tu m'as écrit de nuit, me dis-tu, j'espère en
avoir plus long dans la lettre d'aujourd'hui.

DCX. — A ATTICUS.
(Att., XII, 32).
Astura, 28 mars 45.

1. Je t'écris ceci de ma propre main[e]. Examine,
s'il te plaît, ce qu'il faut faire : Publilia m'a écrit que
sa mère avait parlé à Publilius [?] et viendrait me voir
avec lui pour me parler ; elle-même se joindrait à eux,
si je voulais bien. Elle me demande longuement, en
termes suppliants, de le lui permettre et de lui répondre.
Tu vois combien l'affaire est importune. J'ai répondu
que mon état était encore plus grave que quand je lui

---

a. Cf. *DCVI* = *Att.*, XII, 28, 3.

b. Sur L. Egnatius Rufus, cf. *DXCII* = *Att.*, XII, 18, 3 ; pré-
voyant un échec du côté de Silius, Cicéron lui demande de prendre
contact avec Drusus (cf. *DCXI* = *Att.*, XII, 31, 2).

c. Cf. *DCVI* = *Att.*, XII, 28, 3.

d. Cf. *DXCIX* = *Att.*, XII, 21, 4.

e. Sur cette lettre, voir la Notice, p. 33 sq. Il n'est fait aucune
autre mention directe de Publilia dans la *Correspondance*.

tum ; pueros attribue ei quot et quos uidebitur. De
Sili uoluntate uendendi et de eo quanti, tu uereri
uideris, primum ne nolit, deinde ne tanti. Sicca
aliter ; sed tibi adsentior. Quare, ut ei placuit,
scripsi ad Egnatium. Quod Silius te cum Clodio
loqui uult, potes[t] id mea uoluntate facere commo-
diusque est quam quod ille a me petit me ipsum
scribere ad Clodium.

2. De mancipiis Castricianis commodissimum
esse credo transigere Egnatium, quod scribis te ita
futurum putare. Cum Ouia, quaeso, uide ut con-
ficiatur. Quoniam, ut scribis, nox erat, in hodierna
epistula plura exspecto.

DCX. — AD ATTICVM.
(*Att.*, XII, 32).
Scr. Asturae ọ Kal. Apr. a. 709/45.

1. Haec ad te mea manu. Vide, quaeso, quid
agendum sit : Publilia ad me scripsit matrem suam
cum Publilio ⟨locutam et ut mecum⟩ loqueretur ad
me cum illo uenturam et se una, si ego paterer.
Orat multis et supplicibus uerbis ut liceat et ut sibi
rescribam. Res quam molesta sit uides. Rescripsi me
etiam grauius esse adfectum quam tum cum illi

1. 4 uoluntate *bds* : -upt- *MmG*, *O* ‖ 5 ne tanti *bs*, *O* : nec anti *Mdm* ‖
7 silius *M²bms*, *edd.* : salas *M¹d*, *O*, *Sh. Bailey* ‖ 8 potes (*uett.*) : -est
Δ, *O*, *ed. Iens.* ‖ uoluntate *bs* : -upt- *Mdm*, *O*.

2. 3 uide *Z*ᵇ, *La.*ᶜ : qui de *Z*¹ᵃ(?) quidem Δ, *O*.

DCX. — *M* 171 vᵒ ; *R* 105 vᵒ ; *P* 149 vᵒ. *Deest E. Initium huius
ep. sic dist. Junius, a uerbo* Egnatius (XII, 31, 3 = DCXI) *Schiche*
(Progr. Berol., 1883, p. 22) ; *uide sis comm. ad hunc locum.*

1. 2 publilia *M* : publia *bdms*, *RPO* ‖ 3 publilio *Md*, *O*, *Z*¹ᵃ : publio *bms*, *RP* ‖ locutam et ut mecum *add. Sh. Bailey* ‖ loqueretur Ω, *Z*¹ᵃ*Cr.*ᵐ : ut (*post* suam *Schmidt*) loquerer *ed. Rom.*, *Schmidt*
locutam *Junius* uideretur *Klotz; locus nondum certe sanatus* ‖ 7 adfectum *RPO*¹ : *om.* Δ, *O*².

avais exprimé ma volonté d'être seul ; qu'en conséquence je ne voulais pas qu'elle vînt me voir maintenant. J'ai pensé que, si je ne lui répondais pas du tout, elle accompagnerait sa mère ; à présent, je ne pense pas qu'elle vienne : il était clair en effet que cette lettre n'était pas de son cru. Cependant je tiens à éviter même ce que je vois se dessiner : la venue des deux autres, et la seule façon de l'éviter est de m'envoler. Je le regrette, mais il y a nécessité. Ce que je te demande maintenant, c'est de découvrir jusqu'à quelle date je peux rester ici sans risque de me faire prendre. Tu agiras « en douceur », selon ton expression.

2. Je voudrais que tu fasses à Marcus la proposition suivante, si toutefois elle ne te paraît pas injuste*a* : il limiterait les frais de son séjour en Grèce au montant des revenus de l'Argilète et de l'Aventin, qui lui auraient largement suffi s'il avait vécu à Rome et loué une maison comme il pensait le faire ; quand tu lui auras fait cette proposition, je voudrais que tu règles toi-même le reste, c'est-à-dire le moyen pour nous de lui procurer son nécessaire sur ces revenus. Je me porterai garant que ni Bibulus, ni Acidinus, ni Messalla[1], qui, me dit-on, seront à Athènes, ne feront de dépenses supérieures au produit de ces revenus. En conséquence, pourrais-tu, s'il te plaît : voir d'abord qui sont les locataires et quel est le taux des loyers, vérifier ensuite qu'ils soient gens à payer ponctuellement, juger enfin ce qui suffit comme argent de voyage et comme équipement. Un cheval d'attelage, en tout cas, serait inutile à Athènes ; pour les besoins de son voyage, il y a plus de bêtes chez moi qu'il ne m'en faudra, comme tu le remarques de ton côté.

a. Voir la notice, p. 31 sq.

dixissem me solum esse uelle ; quare nolle me hoc
tempore eam ad me uenire. Putabam si nihil rescrip-
sissem illam cum matre uenturam ; nunc non puto :
apparcbat enim illas litteras non esse ipsius. Illud
autem quod fore uideo ipsum uolo uitare ne Illi ad
me ueniant, et una est uitatio ut ego ⟨auolem⟩.
Nollem, sed necesse est. Te hoc nunc rogo, ut ex-
plores ad quam diem hic ita possim esse ut ne opprimar. Ages, ut scribis, temperate.

2. Ciceroni uelim hoc proponas, ita tamen si
tibi non iniquum uidebitur, ut sumptus huius peregrinationis *accommodet ad mercedes Argileti et
Auentini, *quibus, si Romae esset domumque con-
duceret, quod facere cogitabat, facile contentus futurus erat*, et, cum ei proposueris, ipse uelim reliqua
moderere, quem ad modum ex iis mercedibus sup-
peditemus ei quod opus sit. Praestabo nec Bibulum
nec Acidinum nec Messallam, quos Athenis futuros
audio, maioris sumptus facturos quam quod ex eis
mercedibus recipietur. Itaque uelim uideas primum
conductores qui sint et quanti, deinde ut sint qui
ad diem soluant, et quid uiatici, quid instrumenti
satis sit. Iumento certe Athenis nihil opus sit ; quibus autem in ui[ll]a utatur domi sunt plura quam
opus erit, quod etiam tu animaduertis.

1. 8 nolle me *Victorius* : nole me *RPO*[1], nollem me *M* nolem
me *O*[2] nollem *bdms G* (*qui* me *post* hoc *habet* ‖ 11 esse ipsius *Z*[b], *La.* [c] :
ip- e- *RP* illius e- Δ, *uett.* ‖ 12 illi *RP* : ill(a)e Δ ‖ 13 auolem *add.*
Madvig (Adu. crit., II, p. 239), eu- *Sh. Bailey* ‖ 15 ad quam *RP*,
Cr.[m] : aliq- Δ.
2. 4 quibus — 6 futurus erat *post* Auentini *transp. Madvig* (Adu.
crit., III, p. 189) : *post* peregrinationis *hab.* Ω, *edd.* ‖ 7 moderere *Mm*,
P : -rer *O* -rare *bds*, *R* ‖ 12 sint... soluant *Lambin.* : sit... soluat Ω ‖
14 opus sit Ω *uett.* : o- est *edd.* o- erit *Wesenberg* ‖ 15 uia *Pius* : illa
M[1] uilla *M*[corr] *bdms*, *RPO* ‖ 16 erit *Wesenberg* : erat Ω.

DCXI. — A ATTICUS.
(*Att.*, XII, 31).
Astura, 29 mars 45.

1. Le revirement de Silius a surpris Sicca ; moi, ce
qui me surprend davantage, c'est ce que tu me dis :
tandis que Silius alléguait son fils[a] — raison qui ne
me paraît pas mauvaise, car il a un fils conforme à ses
désirs —, d'après toi, il vendra si nous ajoutons un
apport supplémentaire ; or il y a renoncé, alors que lui-
même avait déjà décidé de l'accepter !

2. Tu me demandes quelle limite de prix je fixe
pour l'achat de ces « jardins » et de combien leur valeur
dépasse, selon moi, celle des « jardins » de Drusus. Je
ne m'en suis jamais approché ; je sais que la maison
de Coponius est vieille et de dimension modeste, le
bois réputé, mais j'ignore le revenu de l'une et de l'autre ;
nous devrions d'ailleurs essayer de le savoir, il me
semble. Mais ces deux propriétés doivent être appré-
ciées en fonction des circonstances où je me trouve plutôt que des règles de la raison. Suis-je ou non en mesure
de les acquérir? Je voudrais que tu y penses. De fait,
si je réalisais ma créance sur Fabérius, je n'hésiterais
pas à traiter, même au comptant, pour le domaine de
Silius, à condition qu'on le décidât à vendre. S'il ne le
mettait pas en vente, je me retournerais vers Drusus,
même au prix qu'il veut et que t'a transmis Egnatius[b].
Hermogène peut aussi nous être d'un grand secours,
dans un paiement au comptant. Toi, de ton côté, per-
mets-moi, je t'en prie, d'avoir l'attitude qui doit être
celle d'un acheteur passionné ; cependant, tout esclave

a. Sans doute P. Silius Nerva, consul en 20 av. J.-C. Sur les tractations relatives aux jardins de Silius et de Drusus, voir l'App. I B.
b. Cf. *DXCXII = Att.*, XII, 18, 3 ; *DCIX = Att.*, XII, 30, 1.

DCXI. — AD ATTICVM.
(*Att.*, XII, 31).

Scr. Asturae iⓥ Kal. Apr. a. 709/45.

1. Silium mutasse sententiam Sicca mirabatur ;
equidem magis miror quod, cum in filium causam
conferret, quae mihi non iniusta uidetur — habet
enim quale*m* uult —, ais te putare, si addiderimus
aliud, a quo refugi[a]t cum ab ipso id f*u*erit desti-
natum, uenditurum.

2. Quaeris a me quod summum pretium constituam et quantum anteire istos hortos Drusi. Accessi
numquam ; Coponianam uillam et ueterem ⟨et⟩ non
magnam noui, siluam nobilem, fructum autem neu-
trius, quod tamen puto nos scire oportere. Sed mihi
utriuis istorum tempore magis meo quam ratione
aestimandi sunt. Possim autem adsequi necne tu
uelim cogites. Si enim Faberianum uenderem, ex-
plicare uel repraesentatione[m] non dubitarem de
Silianis, si modo adduceretur ut uenderet. Si uenalis non haberet, transirem ad Drusum uel tanti
quanti Egnatius illum uelle tibi dixit. Magno etiam
adiumento nobis Hermogenes potest esse in repraes-
sentando. A*t* tu concede mihi, quaeso, ut eo animo
sim quo is debeat esse qui emere cupiat ; et ta-

DCXI. — *M* 171 vᵒ. *Desunt RP usque ad* **3.** 3 scribes, *E usque
ad finem.*

1. 4 qualem *ed. Asc.*² : -le Δ, *O* ‖ 5 refugit *lectio quaedam apud
Graevium* (?), *Sh. Bailey* : -giat Δ, *O* ‖ fuerit *Cr.*ᵐ, *edd.* : fieret Δ,
*O*² (*e* -rit *O*¹?).

2. 2 accessi *s*, *O*¹, *Cr.*ᵐ : arc- (Δ), *O*² ‖ 3 et *add. uett. praet. ed. Rom.*
(*sed* et *ante* ueterem *secl.*), *Manutius* ‖ 6 utriuis *Z*ᵇ, *La.*ᶜ : utrius Δ
O ‖ 7 possim *m*, *O*¹ : -sum (Δ), *O*² ‖ 8 faberianum *b* (*uett.*) : fabri (Δ)
O, *ed. Iens.* ‖ 9 repraesentatione *ed. Asc.*² : -nem Δ, *O* ‖ 14 at tu *Z*ᵇ,
ed. Rom. : aut Δ, *O*, *La.*ᶜ ‖ 15 emere *M*¹, *O* : m(a)erere *M*²*bdms*.

que je suis de ma convoitise et de ma souffrance, je
souhaite que tu diriges mes pas.

3. Egnatius m'a écrit[1]; s'il te dit quelque chose
— car c'est par son intermédiaire qu'on peut agir le
plus commodément —, tu me l'écriras, et c'est de ce
côté, je crois, qu'il faut agir; car je ne vois pas qu'on
puisse conclure affaire avec Silius. Salut à Pilia et Attica.

DCXII. — A ATTICUS.
(*Att.*, XII, 34 — 35 début).
Astura, 30 mars 45.

1. Je pourrais rester ici fort à mon aise — autant
que mon malheur le permet — même sans Sicca, puisque
Tiron va mieux; mais tu m'écris que je dois veiller
à ne pas me laisser surprendre, me donnant ainsi à
entendre que tu ne connais pas la date certaine de l'expédition en question[a]; aussi me paraît-il plus opportun d'aller te rejoindre; je vois que c'est aussi ton avis.
Je serai donc demain chez Sicca, près de Rome. Puis,
comme tu m'y incites, je pense loger au domaine de
Ficuléa[b].

2. Nous examinerons ensemble les questions soule-
vées dans ta lettre, puisque j'arrive en personne. Qu'il
s'agisse de t'occuper de mes affaires, de concevoir et
de me donner tes conseils, ou même des lettres que tu
m'envoies, ta bonté, ton empressement, ta sagesse ont
à mes yeux un prix extraordinaire.

a. La visite annoncée de sa belle-mère et de Publilius (voir la
lettre *DCX = Att.*, XII, 32, 1).

b. Maison de campagne d'Atticus, appelée aussi le *Nomentanum*
parce qu'elle était située entre Ficuléa et Nomentum (cf. Not.,
infra, p. 71).

men ⟨ita⟩ seruio cupiditati et dolori meo ut a te
regi uelim.

3. Egnatius mihi scripsit; is si quid tecum locutus erit — commodissime enim per eum agi potest — ad me scribes, et id agendum puto; nam
cum Silio non uideo confici posse. Piliae et Atticae
salutem.

DCXII. — AD ATTICVM.
(Att., XII, 34 — 35 init.).

Scr. Asturae iii Kal. Apr. a. 709/45.

1. Ego hic uel sine Sicca — Tironi enim melius
est — facillime possem esse, ut in malis; sed, cum
scribas uidendum mihi esse ne opprimar, ex quo in-
tellegam te certum diem illius profectionis non
habere, putaui esse commodius me istuc uenire;
quod idem uideo tibi placere. Cras igitur in Siccae
suburbano. Inde, quem ad modum suades, puto me
in Ficulensi fore.

2. Quibus de rebus ad me scripsisti, quoniam
ipse uenio, coram uidebimus. Tuam quidem et in
agendis nostris rebus et in consiliis ineundis mihique
dandis ⟨et⟩ in ipsis litteris quas mittis beneuolen-
tiam, diligentiam, prudentiam mirifice diligo.

2. 16 ita *Cr.*^m : *om.* Δ ‖ seruio *M*^corr*ds*, *Cr.*^m : -iat *M*¹*bm*.

3. 1 *hinc nouam ep. incipere cens. Schiche* (Hermes, 1883, p. 615);
cf. comm. ad loc. ‖ 2-3 agi potest ad me scribes *M*^corr*bs* : *post* agi *add.*
dum *O, add.* et id agi dum potest ad me scribes *M*¹ *(qui etiam ante*
et id *iter.* ad me scribes), *dm.*

DCXII. — *M* 172 r°; *R* 105 v°; *P* 150 r°. *Deest E. Versus* 3. 1 tu
tamen — 7 scriptam *ab in. sequentis epist. in finem huius Schütz*
transposuit.

1. 2 facillime *RP, uett.* : -ile me Δ ‖ 4 certum diem (certitudinem
*M*¹) illius profectionis *M*¹, *RP, La.*^c : c- i- p- d- *M*²*bdms, uett.* ‖
5 istuc *M*¹, *RP* : -toc *M*²*bdm, O* -tic *s.*

2. 2-3 in agendis *P (uett.)* : a- Δ, *RO, ed. Iens.* ‖ ineundis *s, uett.* : non
e- (Δ), *RO* e- *P* ‖ 4 et *add. Reid.*

3 (= 35,1). Néanmoins, si tu as un contact avec Silius, j'aimerais que tu me tiennes informé, même le jour de mon arrivée chez Sicca, en particulier sur la portion du terrain qu'il entend détacher ; car, lorsque tu me parles de « son extrémité », attention que ce ne soit précisément la partie que j'avais en vue[a], comme tu le sais, quand j'ai pensé à l'ensemble ! Je t'envoie la lettre fort aimable que vient de m'écrire Hirtius.

a. Pour y édifier le sanctuaire de Tullia.

3 (= 35,1). Tu tamen si quid cum Silio, uel
*i*llo ipso die quo ad Siccam uenturus ero, certiorem
me uelim facias, et maxime cuius loci detractionem
fieri uelit; quod enim scribis 'extremi', uide ne is
ipse locus sit cuius causa de *t*ota re, ut scis, est a
nobis cogitatum. Hirti epistulam tibi misi et recen-
tem et beneuole scriptam.

3. 1 uel illo *Victorius* : uello M^1, R uollo O^1 uel eo P uolo M^{corr}
bdms, O^2 ‖ 5 de tota re $O^1(?)$ *(uett.)* : deiotare (-tha- *RP*) Δ, RPO^2,
ed. Rom.

DEUXIÈME PARTIE

Du 1er Avril au 17 Mai 45

LA GUÉRISON

LETTRES DU 1er AVRIL AU 17 MAI 45

NOTICE

Le 1er avril, Cicéron a rejoint Atticus dans la maison
de campagne que celui-ci possédait aux confins des
territoires de Ficuléa et de Nomentum, dans le nord
du Latium[1] ; il y passe le mois entier : *triginta dies in
horto fui*, écrira-t-il en mai (XII, 40, 2 = *DCXXIII*).
Il y reçoit des visiteurs, avec lesquels il s'entretient
aimablement (*ibid.*) ; il reçoit aussi des lettres, en particulier un long message de condoléances de son ami
Ser. Sulpicius Rufus, gouverneur d'Achaïe (*Fam.*, IV,
5 = *DXCVII* ; cf. T. VII, *passim*) : écrite un mois
environ après la mort de Tullia — délai moyen d'acheminement du courrier entre Rome et Athènes — cette
épître, célèbre notamment par l'évocation des cités dé-
chues du golfe Saronique[2], atteste plus d'élévation de
pensée que de sensibilité ; le style, compassé et solen-
nel, recèle bon nombre d'archaïsmes : Sulpicius n'était-il
pas juriste de profession[3] ? Cicéron ne tarda certainement pas à lui répondre — vers le milieu d'avril par
conséquent — ; la majeure partie de sa lettre (*Fam.*,
IV, 6 = *DCXIII*) est fort sombre : il avoue qu'il a beaucoup de peine à résister à sa douleur et développe un

1. Le *Nomentanum* et le *Ficulense* désignent une seule et même
propriété (cf. Th. Schiche, *Zu C. Briefen ad Att.*, II, Progr. d. Fried.
Gymn., 1883, p. 24 ; Corn. Nep., *Att.*, 14, 3).
2. Elle a inspiré saint Ambroise (*Ep.*, I, 39, 3) et Byron (*Childe
Harold*, IV, str. 44, v. 388-396).
3. Cf. J. H. Schmalz, *Ueber den Sprachgebrauch der nicht-cicero-
nischen Briefe in den ciceronischen Briefsammlungen*, in *Zeitschrift
für das Gymnasialwesen*, XXXV, 1881, p. 90-126.

thème déjà effleuré dans sa correspondance du mois de
mars avec Atticus (XII, 23, 1 = *DCI* ; 28, 2 = *DCVI* ;
cf. *supra*, p. 29) : à la différence de précédents illustres,
son malheur est sans issue, car la situation politique
n'apporte aucune consolation à son deuil privé, et ré-
ciproquement. Les dernières lignes, cependant, en-
trouvrent la porte de l'avenir, quand Cicéron exprime le
souhait que son ami revienne bientôt de Grèce et qu'ils
puissent se concerter sur l'attitude à observer à l'égard
de César, maître tout-puissant, mais *prudentis et liberalis.*

C'est à peu près au même moment, semble-t-il, que
remonte une lettre adressée à A. Manlius Torquatus
(*Fam.*, VI, 2 = *DCXIV*), bien qu'elle ne contienne aucune référence à la mort de Tullia ; en effet, Cicéron
prie le destinataire de l'excuser pour son silence inac-
coutumé : or il lui a écrit trois fois entre le milieu de
décembre et la fin de janvier (*Fam.*, VI, 1 = *DLXXI* ;
VI, 3 = *DLXXIX* ; VI, 4 = *DLXXXII*) ; d'autre part,
ce pompéien convaincu (cf. T. VII, p. 208 sq.), qui vivait alors en exil à Athènes, a été autorisé à rentrer en
Italie et s'apprête à le faire (cf. § 3 extr. : *tu uelim scribas... ubi futurus sis, ut aut quo scribam aut quo ueniam
scire possim*) ; Cicéron est absent de Rome (§ 1), alors
qu'il n'a pas quitté la Ville (ou Tusculum) entre le début de décembre et le 6 mars. En revanche, il est surprenant qu'il ne fasse aucune allusion à son deuil récent ;
il excuse bien son silence *grauitate ualetudinis, qua tamen
iam paulum uideor leuari* (§ 1), mais, sans mention
d'*animus*, le mot *ualetudo* ne peut désigner qu'une maladie physique ; or, dans une lettre à Dolabella, de
peu postérieure au 20 avril (*Fam.*, IX, 11, 2 = *DCXV* ;
cf. *infra*), il se déclare *nondum satis... confirmatus ad
scribendum* ; il faut donc, selon toute vraisemblance,
rapprocher les deux textes et supposer que le second
a été écrit peu de jours après le premier, d'autant que
la correspondance régulière avec Atticus, avant et après

le séjour au Nomentanum, exclut totalement que Cicéron ait été malade lorsqu'il vivait séparé de lui[1].

Mais, dans l'intervalle entre les deux lettres, une nouvelle retentissante est parvenue à Rome, le 20 avril, veille du jour où l'on fêtait les *Parilia* et l'anniversaire de la fondation de la Ville : celle de la victoire décisive remportée par César, le 17 mars, à Munda, sur Cnéus Pompée[2]. En effet, le message d'encouragement et d'espoir adressé à Torquatus présente l'issue des opérations en cours comme tout à fait incertaine (*DCXIV*, § 2) ; quand Cicéron remercie Dolabella de la lettre touchante qu'il lui a envoyée d'Espagne, en apprenant la mort de celle qui avait été son épouse jusqu'à l'automne précédent, il s'attend à le voir bientôt de retour (*DCXV*, § 1). Cette réponse, dont le ton aussi simple qu'affectueux montre l'estime et l'amitié que Cicéron gardait pour son ancien gendre, même après la disparition de Tullia, contient deux indications intéressantes ; la première concerne Cicéron lui-même ; il porte un jugement sur son propre état moral, qu'il caractérise ainsi : fermeté et constance, conscience de sa dignité d'homme et refus de céder à la fortune, c'est-à-dire fidélité à l'idéal romain et philosophique, mais perte de la gaieté et de l'aménité qui faisaient le charme de sa personne. La lucidité même de ce constat, que vérifie la lecture de la correspondance, montre qu'il est sorti de la crise qui l'a profondément ébranlé ; quelques jours plus tard, il s'exprime en termes analogues à l'adresse d'Atticus (XII, 40, 3 = *DCXXIII*). La suite de la lettre *DCXV* (§ 2) révèle, à mots couverts, un nouveau sujet d'inquié-

1. Comme l'a bien vu Shackleton Bailey, in ed. *Fam.*, t. II, p. 413.
2. Le délai de 34 jours semblant excessif pour l'acheminement d'un tel message — César n'en avait mis que 27 pour galoper de Rome à Obulco —, on admet avec raison qu'elle fut retardée à dessein, en vue de ménager cette coïncidence providentielle (cf. J. Carcopino, *Jules César*⁵, Paris, 1968, p. 469).

tude et d'indignation qui va tracasser Cicéron pendant
les mois suivants : l'attitude de son neveu Quintus ;
Dolabella l'a informé qu'il devait prendre sa défense,
au quartier général de César, contre les attaques du
jeune homme ; la suite de la correspondance nous en
apprendra davantage sur la perfidie du garçon et sur
les réactions de l'entourage.

Cicéron quitte la propriété d'Atticus trente jours après
y être arrivé (cf. *Att.*, XII, 40, 2 = *DCXXIII*), le
1ᵉʳ mai — ou le 30 avril? — pour regagner la solitude
d'Astura ; c'est probablement le lendemain matin, à
l'endroit où il a fait étape — sans doute à Lanuvium,
comme à l'aller (cf. *Att.*, XII, 34, 1 = *DCXII* ; *supra*,
p. 34) — qu'il reçoit un message d'Atticus lui signalant
l'existence d'une taxe spéciale sur les monuments funéraires dispendieux et qu'il lui répond hâtivement (XII,
35 = *DCXVI*) ; toutefois, ce billet peut aussi avoir été
expédié d'Astura, le soir du même jour. Aussitôt Cicéron reprend l'habitude des lettres quotidiennes à son
ami (cf. XII, 42, 1 = *DCXXV*), jusqu'à son départ
pour Tusculum, le 16 ; leur datation et leur découpage,
parfois délicat, ont été mis au point de façon satisfaisante par O. E. Schmidt[1]. De son côté, Atticus, rentré
à Rome pour le 1ᵉʳ mai — les Calendes étaient jour
d'échéance —, renonce, après quelques jours d'hésitation (cf. *Epistt.* du 3 au 11 mai, *passim*), à regagner sa
maison de campagne : suivant une habitude chère à
la haute société de l'époque, sa femme et sa fille passent
une partie des mois d'avril et de mai en Campanie,
où Cicéron a mis à leur disposition sa propriété de Cumes
(cf. *Att.*, XII, 37, 1 = *DCXVIII* ; XIII, 27, 2 =
DCXLII)[2], et lui-même est accablé de travail, au point

---

1. Voir O. E. Schmidt, *Der Briefwechsel des M. T. C. von seinem
Prokonsulat in Cilicien bis zu Caesars Ermordung*, Leipzig, 1893,
p. 278-284.
2. En mai 44, on trouvera Pilia installée dans celle de Pouzzoles,
parmi une foule de Romains en villégiature (*Att.*, XIV, 15, 3 ; 16,

de laisser parfois passer un jour entier sans écrire à
Cicéron ; les courriers que celui-ci lui envoie tous les
jours sont revenus les mains vides le 6 et le 8 (cf. XII,
38, 1 = *DCXX* ; 39, 1 = *DCXXII*) ; cachant mal sa
déception derrière les formules de courtoisie, Cicéron
déclare renoncer, contre l'avis d'Atticus, à l'envoi quotidien d'un messager et admettre que dorénavant « leur
correspondance sommeillera, à moins qu'il ne surgisse
du nouveau » (XII, 39, 2 = *DCXXII*) ; Atticus s'explique par retour du courrier et obtient l'absolution
(cf. XII, 42, 1 = *DCXXV*) ; l'avertissement a porté :
Cicéron reçoit de nouveau sa missive quotidienne.

Entre les lettres de cette quinzaine et celles du premier séjour à Astura, le ton a sensiblement changé ; le
temps a fait son œuvre — deux mois et demi depuis
la mort de Tullia — et les trente jours passés dans l'intimité de l'ami très cher ont aidé à la convalescence.
Cicéron est conscient du progrès accompli et le reconnaît dès le lendemain de son départ : *minus urgeor meque
ipse propemodum collegi* (XII, 35 = *DCXVI*) ; reprenant presque mot pour mot ce qu'il écrivait quelques
jours avant à Dolabella (*Fam.*, IX, 11, 1 = *DCXV* ;
cf. *supra*, p. 73), il confie à Atticus ce qu'il pense de
lui-même, sans illusion, mais sans faiblesse : *hilaritatem
illam, qua hanc tristitiam laborum condiebamus, in perpetuum amisi, constantia et firmitas nec animi nec orationis
requiretur* (XII, 40, 3 = *DCXXIII*) ; sa vigueur morale
et sa puissance intellectuelle sont intactes, et il le sait.
La blessure est encore douloureuse (XII, 38 *a*, 1 =
DCXXI ; 40, 2 = *DCXXIII*), mais il en parle moins ;
il n'y a plus aucune trace de la sombre exaltation avec
laquelle il s'était retranché, lors du premier séjour,

1 ; 17 A). La *Correspondance* permet de vérifier la régularité de cette
pratique : cf. *Att.*, I, 20 = *XXVI* (a. 60), II, 10 sq. = *XXXVIII* sq.
(a. 59), IV, 6 et 9 = *CXIII* et *CXXXVI* (a. 55), IV, 14 = *CXXXVI*
(a. 54), *Fam.*, XVI, 10 = *CLXXI* (a. 53), *Att.*, V, 2, 2 = *CLXXXIV*
(a. 51).

dans un isolement farouche et le mot même de *solitudo*
n'apparaît pas une seule fois. Aux critiques de ceux qui
lui reprochent de manquer d'énergie et de fuir la capi-
tale, il prend la peine de répondre avec pertinence et
vivacité (*Att.*, XII, 38 *a*, 1-2 = *DCXXI* ; 40, 2-3 =
DCXXIII), au lieu d'alléguer son dédain pour l'opinion
d'autrui ou son incapacité à reprendre sa vie d'avant
(cf. XII, 28, 2 = *DCVI*) ; il envisage même avec sang-
froid le jour où il retournera vivre à Rome (*cum Romam uenero...* ; XII, 40, 3 = *DCXXIII*). Mais la meilleure preuve de sa guérison est sa décision de se réins-
taller dans sa maison de Tusculum, où il a vu mourir
Tullia et où il n'est pas revenu depuis ; résolu dès le
9 mai à ne pas prolonger son séjour à Astura (XII, 40,
5 = *DCXXIII*), il fixe bientôt son départ au 16, mais
hésite encore entre Rome et Tusculum, et, de là, peut-
être Arpinum (42, 3 = *DCXXV* ; 41, 1 = *DCXXVI*) ;
le 13, il opte pour Tusculum, avec ce commentaire si-
gnificatif : *contudi enim animum et fortasse uici, si modo
permansero* (44, 3 = *DCXXIX*), et confirme sa décision le 15, en la justifiant par une analyse remarquablement précise de son état d'âme (46 = *DCXXXI*) :
sa douleur le tenaille encore et le tenaillera toujours
sourdement ; la philosophie n'en est pas venue à bout,
parce qu'un esprit cultivé est plus vulnérable qu'un
autre ; mais il se sent stabilisé, moins soumis à l'influence
du cadre dans lequel il vit, et il se rend compte qu'à
moins de renoncer pour toujours à cette maison, à laquelle il est attaché par tant de bons et de mauvais souvenirs, il ne gagnera plus rien à retarder le moment
d'y retourner ; il surmontera donc son appréhension :
uincam, opinor, animum et... pergam in Tusculanum.
A la fin de mars, il avait fui d'Astura, où il serait volontiers resté plus longtemps, pour éviter des visiteurs
gênants ; cette fois, il s'en va de propos délibéré, pour
renouer avec ses habitudes antérieures et fermer la
parenthèse ouverte trois mois plus tôt dans sa vie.

Les deux thèmes dominants de la correspondance restent les mêmes : la chapelle de Tullia et l'activité littéraire (voir, en fin de volume, App. I et II). Le premier revient dans presque toutes les lettres de cette période, parce que Cicéron veut à tout prix réaliser son projet et parce qu'il doit vaincre la résistance d'Atticus, dont le concours lui est indispensable ; il renonce à emporter l'adhésion de son ami et va jusqu'à appliquer à son idée fixe les termes d'*ineptiae* (XII, 36, 1 = *DCXVII*) et d'*error* (XII, 43, 1 = *DCXXVII*, 2) ; mais il s'efforce de persuader Atticus que son devoir est de « supporter cette bizarrerie » et « même d'y prêter la main » (*ferendus, ... etiam adiuuandus* ; 43, 1). Il continue à travailler avec acharnement, même la nuit — pourtant courte en cette saison — (XIII, 26, 2 = *DCXXX*) ; il achève la première rédaction des *Académiques*, en deux livres (XII, 45, 1 = *DCXXIX*, 4) et, sans désemparer, en une journée, compose une *Lettre à César*, suivant le conseil d'Atticus (XIII, 26, 2 = *DCXXX*).

En effet — autre signe que la période de repliement sur soi est révolue — il s'intéresse de nouveau à l'actualité politique et militaire : le 5 mai (XII, 37 *a* = *DCXIX*), il communique à Atticus des informations que vient de lui envoyer Hirtius, le fidèle adjoint de César, sur le sort des deux fils du Grand Pompée[1] et

---

1. Cnéus, l'aîné, après sa défaite devant Munda (17 mars), réussit à gagner Cartéia (6 km au nord-est d'Algésiras), puis à s'embarquer ; mais il fut capturé et tué peu de temps après dans la région de Valence, en Espagne citérieure (cf. *B. Hisp.*, 32, 6-8 ; 37-40 ; Flor., II, 13 [IV, 2], 86 ; App., *B. C.*, II, 105 ; Cass. D., XLIII, 40, 2 ; etc.) ; Cicéron redoutait sa cruauté et ne souhaitait pas du tout sa victoire (cf. *Fam.*, VI, 4 1 = *DLXXXII*), ce qui explique à la fois son indifférence affichée ici — *Gnaeum fugisse nescio quo ; neque enim curo* (*Att.*, XII, 37 *a* = *DCXIX*) — et son regain d'intérêt, nuancé d'inquiétude, quelques jours plus tard (XII, 44, 3 = *DCXXIX* ; cf. *infra*). Sextus, lui, s'échappa de Cordoue et trouva refuge chez les Lacetani, peuple de la région de Barcelone, d'où il regagna en-

lui demande confirmation de la nouvelle, dont Atticus
lui a fait part, du prétendu naufrage de C. Caninius
Rébilus, autre lieutenant de César[1] ; quelques jours
plus tard (XII, 44, 3 = *DCXXIX*), il réitère sa question et s'enquiert du sort de Cnéus Pompée, l'aîné, sur
lequel circulent deux rapports contradictoires : le premier, émanant d' « une lettre adressée [d'Espagne] à
Clodius Patavinus »[2] et admis par Oppius et Balbus,
donne Cnéus comme « retenu » à Cartéia, le second,
propagé par l'affranchi de Térentia, Philotime, dont Cicéron tourne en dérision le républicanisme puéril, prétend qu'il n'en est rien et que la guerre va recommencer
de plus belle[3]. Le 17, dans un billet expédié de Lanuvium (XII, 47, 3 = *DCXXXIII*, 1 ; cf. *infra*, p. 81),

suite la Bétique pour y relancer l'agitation (cf. Cass. D., XLV, 10 ;
etc.).

1. En réalité, Caninius se trouvait à Hispalis (Séville), dont César
lui avait confié la responsabilité au lendemain de Munda (*B. Hisp.*,
35, 1) ; à la fin de l'année, il fut consul durant quelques heures (cf.
Cic., *Fam.*, VII, 30, 1 ; Suet., *Iul.*, 76, 4 ; etc.).

2. Personnage inconnu.

3. En fait, Cnéus a pu quitter Cartéia (cf. *supra*, p. 77, n. 1),
mais les espérances de Philotime (*quam saepe pro Pompeio mentientis*,
Att., X, 9, 1 ; t. VI) sont ridicules ; d'où le qualificatif méprisant que
lui applique ensuite Cicéron : *solet omnino esse Fauoniaster* (44, 3 =
DCXXIX) ; les manuscrits ont *fuluiniaster* (*uel sim.*), diversement
métamorphosé par les éditeurs ; l'ingénieuse correction de SHACKLE-
TON BAILEY (in ed. *Att.*, t. V, p. 335) s'impose : Cicéron a forgé ce
diminutif sur le nom de M. Favonius (cf. *Antoniaster*, dans le *Pro
Vareno* perdu, frg. 10 Schoell), un « enragé » de la cause sénatoriale,
qui s'était toujours signalé par l'outrance présomptueuse de ses po-
sitions et de ses propos imités de Caton (cf., en 59 : Plut., *Cat. min.*,
32, 11 ; Cass. D., XXXVIII, 7, 1 ; — en 56 : Cic., *Q. fr.*, II, 3, 2 =
CII ; Plut., *Caes.*, 21, 8 ; — en 55, contre la *lex Trebonia* : Cass. D.,
XXXIX, 34, 1-2 ; 35, 4-5 ; — en 49, année de sa préture, où il raille
cruellement Pompée : Plut., *Pomp.*, 60, 7 [et 57, 9]; *Caes.*, 33, 5 ;
App., *B. C.*, II, 37, 146); en sept. 57 déjà, Cicéron évoquait avec
malice Favonius, qui n'était qu'ancien questeur, bataillant à la tête
des consulaires (*Att.*, IV, 1, 7 = *XC*) et il le mentionnera de nouveau, dans un contexte ironique, en juillet 44 (*Att.*, XV, 29, 2).
Mais Favonius mourut en martyr de ses convictions, capturé et mis
à mort par les triumvirs, après la deuxième bataille de Philippes
(fin 42 ; cf. Cass. D., XLVII, 49, 4).

il confirme sa défiance, que partage Atticus, à l'égard
de Philotime. Ce même billet contient une première
allusion, de ton plaisant, — d'autres suivront, plus
mordantes (cf. *Att.*, XII, 45, 3 = *DCXXXIV*, 2 ; XIII,
28, 3 = *DCXLIII* ; *infra*, p. 112) — à la décision prise
par le Sénat de dédier à César, pour sa victoire récente,
une statue portant l'inscription *Deo Inuicto* dans le
temple de Quirinus, qui était situé à proximité de la
maison d'Atticus, sur le Quirinal[1].

Un autre événement, de moindre portée, qui a trait
à l'actualité politique plus qu'à la vie littéraire, suscite
chez Cicéron une vive émotion : Hirtius lui envoie d'Espagne l'ouvrage qu'il vient à son tour d'écrire sur Caton, après Cicéron lui-même et Brutus (*Att.*, XII, 40,
1 = *DCXXIII* ; 41, 4 = *DCXXVI* ; cf. T. VII, p. 24
et 27, et *supra*, p. 30) ; ce pamphlet virulent apparaît
comme une ébauche de l'*Anticato* que César s'apprête
à publier en réponse à la *Laus* de Cicéron ; la riposte
de ce dernier ne manque pas de piquant : il demande
avec insistance à Atticus de faire recopier le libelle
d'Hirtius en plusieurs exemplaires et de le diffuser largement, pour provoquer dans le public une réaction
d'indignation (cf. XII, 40, 1 = *DCXXIII* ; 44, 1 =
DCXXIX ; 47, 3 = *DCXXXIII*, 1 ; 45, 3 = *DCXXXIV*,
2). Aurait-il choisi une tactique aussi risquée, si le texte
d'Hirtius n'avait pas été fort élogieux pour sa propre
personne? Un *itaque* malencontreux ne laisse guère place
au doute (XII, 40, 1).

Durant son premier séjour à Astura, Cicéron avait
plus d'une fois entretenu Atticus de ses relations avec
son fils, son neveu et son ami Brutus ; de Marcus, il
n'est plus question : il a quitté Rome au début d'avril
pour Athènes, où son père lui adressera un message

---

1. Cf. *De leg.*, I, 3 ; Corn. Nep., *Att.*, 13, 2. Sur la statue et les
autres honneurs votés à César après la bataille de Munda, cf. Cass.
D., XLIII, 45, 3 ; St. WEINSTOCK, *Divus Iulius*, Oxford, 1971, p. 111 ;
185 ; 285.

de Tusculum (cf. *Att.*, XII, 49, 2 = *DCXXXVI*, 3;
supra, p. 31). Quant à Brutus (cf. *supra*, p. 30), qui
semble bien avoir quitté la Cisalpine, mais ne se trouve
pas à Rome, Cicéron lui a offert l'hospitalité dans sa
propriété de Cumes ; mais Brutus a décliné l'invitation
— en prétextant peut-être que la femme et la fille d'Atticus y étaient en villégiature (cf. *supra*, p. 74) —, ce
que Cicéron juge le comble de la *rusticitas* (*Att.*, XII,
36, 2 = *DCXVII*), et il prie Atticus de le lui faire savoir ; le lendemain, il reçoit simultanément deux lettres
de Brutus, l'une adressée à Atticus, qui la lui communique, l'autre par voie directe (*Att.*, XII, 37, 1 =
DCXVIII) : Brutus lui reproche de rester loin de Rome,
au lieu de reprendre sa vie habituelle[1] ; Cicéron le prend
assez mal et répond immédiatement (cf. *ibid.* ; XII,
38 *a*, 1 = *DCXXI* ; cf. XIII, 6, 3 = *DCLVI*). A défaut
du texte de ces lettres perdues, nous pouvons nous faire
une idée de leur contenu par celles que Cicéron a échangées,
vers le même moment, avec un autre de ses amis, L. Luccéius[2] ; la réponse de Cicéron (*Fam.*, V, 15 =
DCXXVIII), de peu postérieure à la lettre de Luccéius
(*Fam.*, V, 14 = *DCXXIV*), peut être approximative-
ment datée par les derniers mots, *propediem te igitur
uidebo* : c'est, en effet, le 11 mai que Cicéron a décidé
de quitter Astura le 16, pour s'installer soit à Rome,
où vit Luccéius, soit à Tusculum (cf. *Att.*, XII, 41, 1 =
DCXXVI ; *supra*, p. 76) ; aux objurgations assez vives
de son ami, Cicéron réplique en enveloppant de sa cour-

---

1. C'est probablement à ce deuxième message de Brutus (qualifié
d'*obiurgatorius* en *Att.*, XIII, 6, 3), et non au premier, écrit *et prudenter et amice* à la nouvelle du décès de Tullia (cf. *Att.*, XII, 13,
1 = *DLXXXVII*), que Cicéron se réfère dans une lettre envoyée
à Brutus en 43 (*Ad Brut.*, I, 9, 1), puisqu'il en parle en ces termes :
*accusasti me per litteras grauioribus uerbis quam tua consuetudo fere-
bat* (*contra*, SHACKLETON BAILEY, in ed. *Att.*, t. V, p. 309).

2. Sur *L. Lucceius, Q. fil.*, préteur en 67, cf. L. A. CONSTANS,
in ed. *Corr.*, t. II, p. 121 ; D. R. SHACKLETON BAILEY, in ed. *Fam.*,
t. I, p. 318 sq.

toisie habituelle les arguments qu'il a déjà fait valoir
plus crûment à Atticus et en brossant un tableau mé-
lancolique de sa situation.

C'est au sujet de son neveu Quintus, affecté depuis
plusieurs mois au quartier général de César en Espagne,
que Cicéron a reçu, dans les premiers jours de mai,
les nouvelles les plus fâcheuses : tour à tour, Balbus
le Jeune — neveu du puissant fondé de pouvoir de
César —, Dolabella, son ex-gendre, et C. Asinius Pollion l'informent que le jeune homme mène une véritable campagne de dénigrement contre lui, dans l'entourage du maître ; l'amertume avec laquelle il en fait
part à Atticus (*DCXX* = XII, 38, 2) se muera bientôt en indignation et en inquiétude (cf. *infra*, p. 122).

Le 16 mai, comme il l'avait fixé, Cicéron quitte Astura et fait halte à Lanuvium, certainement chez un ami
tel que Sicca (cf. *supra*, p. 34) ; il y trouve un message
d'Atticus, concernant l'achat de « jardins », et lui répond le jour même (XII, 47, 1-2 = *DCXXXII*) ; le
soir du 16 ou le lendemain matin, nouveaux messages
d'Atticus à Cicéron et à Tiron : Cicéron lui expédie
immédiatement un billet hâtif (47, 3-48 = *DCXXXIII*),
auquel Atticus répond aussitôt par une lettre que Cicéron reçoit à Tusculum le soir du 17 (cf. XII, 45, 2-3 =
DCXXXIV).

DCXIII. — A SER. SULPICIUS RUFUS.
(*Fam.*, IV, 6).

Domaine d'Atticus, à Nomentum, milieu d'avril 45.

M. CICÉRON SALUE SERVIUS SULPICIUS.

1. Ah ! que j'aurais souhaité, Servius, t'avoir près
de moi, comme tu l'écris, dans ce malheur accablant[1] !
L'aide qu'auraient pu m'apporter, si tu avais été présent, tes consolations et ta douleur presque égale à la
mienne, il m'est facile de la mesurer à l'apaisement
sensible que m'a procuré la lecture de ta lettre ; car
tu y as mis de quoi alléger mon chagrin et, en cherchant
à me consoler, tu as déployé l'étendue de ta propre douleur. Cependant, ton cher Servius, en s'acquittant ponctuellement de tous les devoirs que pouvait comporter
une telle circonstance, a montré combien lui-même faisait cas de ma personne et combien, dans sa pensée,
tu lui saurais gré de me manifester une telle sympathie ;
sa ponctualité a souvent éveillé en moi plus de plaisir,
bien sûr, jamais plus de gratitude.

D'ailleurs tes paroles et la part que tu prends à mon
chagrin, mais aussi ton ascendant me procurent un soulagement ; j'estime en effet humiliant de ne pas supporter mon malheur comme je devrais le faire, à en
croire ta haute sagesse ; mais je me sens par moments
écrasé et j'ai peine à résister à la douleur, parce qu'il
me manque les consolations qui, en pareille infortune,
n'ont pas fait défaut à tous ceux dont j'évoque les
exemples. Prends Q. Maximus, qui a perdu un fils ancien consul, ayant à son actif une grande renommée
et de hauts faits, prends L. Paullus, qui a perdu les

DCXIII. — AD SER. SVLPICIVM RVFVM.
(*Fam.*, IV, 6).

Scr. in Attici Nomentano medio m. Apr. a. 709/45.

M. CICERO S. D. SER[VILIO] SVLPICIO.

1. Ego uero, Serui, uellem, ut scribis, in meo
grauissimo casu adfuisses. Quantum enim praesens
me adiuuare potueris et consolando et prope aeque
dolendo, facile ex eo intellego, quod litteris lectis
aliquantum adquieui ; nam et ea scripsisti quae
leuare luctum possent et in me consolando non mediocrem ipse animi dolorem adhibuisti. Seruius tamen tuus, omnibus officiis quae illi tempori tribui
potuerunt, declarauit et quanti ipse me faceret et
quam suum talem erga me animum tibi gratum
putaret fore ; cuius officia iucundiora scilicet saepe
mihi fuerunt, numquam tamen gratiora.

Me autem non oratio tua solum et societas paene
aegritudinis, sed etiam auctoritas consolatur. Turpe
enim esse existimo me non ita ferre casum meum
ut tu tali sapientia praeditus ferendum putas ; sed
opprimor interdum et uix resisto dolori, quod ea
me solacia deficiunt quae ceteris, quorum mihi
exempla propono, simili in fortuna non defuerunt.
Nam et Q. Maximus, qui filium consularem, clarum
uirum et magnis rebus gestis, amisit, et L. Paullus,

DCXIII. — *M* 55 v° ; *G* 44 v° ; *R* 68 r°.

SER. *edd.* : SERVILIO *M, GR²; om. R¹*.

1. 4 litteris lectis *M* : li- letus *R* lectis li- *G* ‖ 7 ipse *GR* : ipsi *M* ‖
12 fuerunt ς : -rint ω ‖ 18 deficiunt *GR* : addef- *M* ‖ 21 paullus *M* :
paulus *GR*.

deux siens en sept jours, prends Galus dans votre propre
famille, prends M. Caton, qui a vu disparaître un fils
supérieurement doué, supérieurement valeureux[1] : ils ont
vécu en des temps où leur deuil était compensé par l'honneur qu'ils tiraient de leur vie publique. **2.** Mais dans
mon cas, une fois privé des distinctions dont tu fais
toi-même état et que j'avais acquises au prix des plus
grands efforts, il me restait cette unique consolation, qui
m'a été arrachée. Ni affaires concernant des amis, ni
charge publique pour entraver le cours de mes pen-
sées ; nulle envie de plaider au Forum, le spectacle de
la Curie au-dessus de mes forces ; à mes yeux comme
en fait, tout le fruit de mon activité et de la chance
perdu. Mais, sans manquer de me représenter que je
partageais ce sort avec toi et avec quelques autres, ni
d'être le premier à me dompter, ni de me contraindre
à supporter ces maux-là avec patience, j'avais un refuge où trouver la paix de l'âme, un être dont la conversation et la gentillesse me permettaient d'oublier
tous mes soucis et toutes mes peines. Mais aujourd'hui,
sous le coup d'une aussi grave blessure, ces maux que
je croyais bien guéris se remettent à saigner. Quelle
différence en effet ! Avant, quand je m'éloignais des
affaires publiques, dans ma tristesse je trouvais l'accueil d'un foyer réconfortant ; à présent, quand je fuis
en larmes mon foyer, je ne peux me réfugier dans les
affaires publiques pour chercher un apaisement dans
leur bonheur. Aussi je me tiens à l'écart et de mon
foyer et du Forum, parce que mon foyer ne peut plus
soulager la peine que j'éprouve pour la République, ni
les affaires publiques ma peine domestique.
   3. Ceci avive mon impatience à t'attendre et mon
désir de te voir le plus tôt possible. Il n'y a pas meilleur moyen d'alléger ma douleur que de renouer nos

qui duo septem diebus, et uester Galus et M. Cato,
qui summo ingenio, summa uirtute filium perdidit,
iis temporibus fuerunt ut eorum luctum ipsorum
dignitas consolaretur ea quam ex re publica conse-
quebantur. **2.** Mihi autem, amissis ornamentis
iis quae ipse commemoras quaeque eram maximis
laboribus adeptus, unum manebat illud solacium
quod ereptum est. Non amicorum negotiis, non rei
publicae procuratione impediebantur cogitationes
meae, nihil in foro agere libebat, aspicere curiam
non poteram, existimabam, id quod erat, omnis
me et industriae meae fructus et fortunae perdi-
disse. Sed cum cogitarem haec mihi tecum et cum
quibusdam esse communia et cum frangerem iam
ipse me cogeremque illa ferre toleranter, habebam
quo confugerem, ubi conquiescerem, cuius in sermone et suauitate omnis curas doloresque depone-
rem. Nunc autem hoc tam graui uulnere etiam illa
quae consanuisse uidebantur recrudescunt. Non
enim, ut tum me a re publica maestum domus
excipiebat, quae leuaret, sic nunc domo maerens
ad rem publicam confugere possum, ut in eius bonis
adquiescam. Itaque et domo absum et foro, quod
nec eum dolorem quem de re publica capio domus
iam consolari potest nec domesticum res publica.
3. Quo magis te expecto teque uidere quam
primum cupio ; maior mihi *le*uatio adferr*i* nulla potest quam coniunctio consuetudinis sermonumque

1. 22 galus *M* : gallus *GR* ‖ 24 luctum *GR* : lum *M*.
2. 11 cogeremque *GR* : -rem *M* et -rem *Baiter* ‖ 12 confugerem *R* :
-girem *M* fugerem *G* ‖ 15 consanuisse *M* : -sen- *GR* ‖ 20 de *GR* :
ad *M*¹ ex *M*³ e *Lambin.*, *Sh. Bailey* ; *cf.* Fam., I, 6, 1 : dolore quem
in tuis rebus capio.
3. 2 maior mihi leuatio adferri *Victorius*, *Sh. Bailey* : m- mihi
uatio mihi -rre *M* maius mihi solacium (-ati- *R*) -rre ratio *GR*, *edd*.

relations et nos entretiens ; j'espère, du reste, que ton arrivée approche — c'est ce que j'entends dire. Quant à moi, si je souhaite pour bien des raisons te voir le plus tôt possible, c'est aussi pour que nous commencions par réfléchir ensemble sur notre conduite à tenir durant cette période où tout doit se conformer à la volonté d'un seul homme, avisé, généreux et qui, je crois le voir clairement, est sans hostilité à mon égard, plein d'amitié pour toi. Cela étant, nous avons néanmoins une question importante à examiner : quelle conduite adopter, non pour agir, mais pour rester inactifs avec l'accord bienveillant de cet homme ? Bonne santé.

DCXIV. — A A. MANLIUS TORQUATUS.
(*Fam.*, VI, 2).

Domaine d'Atticus, à Nomentum, entre le 1ᵉʳ et le 20 avril 45 (?).

M. CICÉRON SALUE A. TORQUATUS[a].

1. Je te demande de croire que, si je t'écris plus rarement qu'à mon habitude, ce n'est pas que je t'oublie, mais soit à cause de la gravité de mon état — il semble cependant que je commence enfin à m'en relever —, soit parce que je suis loin de Rome et que je ne peux savoir qui part te rejoindre. Aussi voudrais-je que tu sois bien persuadé de ceci : je te garde dans ma mémoire avec un dévouement total et je n'ai pas moins souci de tous tes intérêts que des miens.
2. Si jusqu'à présent ta cause a traversé plus de vicissitudes qu'on ne le souhaitait ou ne le pensait, tu n'as pas lieu, crois-moi, vu le malheur des temps,

---

a. Sur la date et le destinataire de cette lettre, voir la Notice, p. 72.

nostrorum ; quamquam sperabam tuum aduentum
— sic enim audiebam — adpropinquare. Ego autem cum multis de causis te exopto quam primum
uidere, tum etiam ut ante commentemur inter nos
qua ratione nobis traducendum sit hoc tempus,
quod est totum ad unius uoluntatem accommodan-
dum et prudentis et liberalis et, ut perspexisse uideor, nec a me alieni et tibi amicissimi. Quod cum
ita sit, magnae tamen est deliberationis quae ratio
sit ineunda nobis non agendi aliquid, sed illius con-
cessu et beneficio quiescendi. Vale.

DCXIV. — AD A. MANLIVM TORQVATVM.
(*Fam.*, VI, 2).

Scr. in Attici Nomentano m. Apr., ut uid., ante xii Kal.
Mai. a. 709 /45.

M. CICERO S. D. A. TORQVATO.

1. Peto a te ne me putes obliuione tui rarius
ad te scribere quam solebam, sed aut grauitate ualetudinis, qua tamen iam paulum uideor leuari, aut
quod absim ab urbe, ut, qui ad te proficiscatur,
scire non possim. Quare uelim ita statutum habeas,
me tui memoriam cum summa beneuolentia tenere
tuasque omnis res non minori mihi curae quam
meas esse.

2. Quod maiore in uarietate uersata est adhuc
tua causa quam homines aut uolebant aut opina-
bantur, mihi crede, non est, pro malis temporum,

3. 11 a *GR*¹ : ad *R*² *; om. M.*
DCXIV. — *M* 86 r°; *G* 51 v°; *R* 78 r°.
1. 4 proficiscatur *M, R* : -cantur *Cratander, edd.* -car *G.*

d'en être affecté ; en effet, il est inéluctable que la république soit ou bien accablée par une guerre sans fin
ou bien, si l'on dépose les armes, rappelée un jour à
la vie ou bien anéantie de fond en comble. Si les armes
prévalent, tu ne dois redouter ni ceux qui te font grâce,
ni ceux que tu as aidés ; si les armes sont déposées
d'un commun accord ou jetées par lassitude ou arra-
chées par une victoire et que la cité retrouve son souffle,
tu pourras jouir de ton honneur et de tes biens ; si tout
est intégralement anéanti et l'issue telle que la redoutait M. Antonius, homme des plus clairvoyants, au temps
où il soupçonnait l'imminence de tant de maux[1], il y
a une consolation, lamentable sans doute, surtout pour
un citoyen et un homme tel que toi, mais impérieuse :
personne n'a de motif particulier de se plaindre dans
un malheur qui atteint tout le monde.

3. Si tu réfléchis attentivement, comme tu le fais,
au sens contenu dans ces quelques mots — car on ne
peut en confier plus à un message —, tu comprendras
sûrement, même sans cette lettre, que tu as quelque
chose à espérer et que tu n'as rien à craindre, si la république subsiste sous sa forme actuelle ou sous une
autre, mais que, si tout est anéanti, comme tu ne voudrais pas survivre à la république même si tu le pouvais, il faudra supporter l'infortune, d'autant plus
qu'aucune faute n'y aura eu de part. Mais en voilà
assez. Écris-moi, s'il te plaît, ce que tu fais et où tu
comptes séjourner, pour que je puisse savoir soit où
t'écrire, soit où me rendre.

quod moleste feras; necesse est enim aut armis
urgeri rem p. sempiternis aut iis positis recreari
aliquando aut funditus interire. Si arma ualebunt,
nec eos a quibus rec*i*peris uereri debes nec eos quos
adiuuisti; si armis aut condicione positis aut defetigatione abiectis aut uictoria detractis ciuitas res-
pirauerit, et dignitate tua frui tibi et fortunis licebit; sin omnino interierint omnia fueritque is exitus
quem uir prudentissimus, M. Antonius, iam tum
timebat cum tantum instare malorum suspicabatur,
misera est illa quidem consolatio, tali praesertim
ciui et uiro, sed tamen necessaria, nihil esse prae-
cipue cuiquam dolendum in eo quod accidat uniuer-
sis.

3. Quae uis insit in his paucis uerbis — plura
enim committenda epistolae non erant — si adtendes,
quod facis, profecto etiam sine meis litteris intelleges te aliquid habere quod speres, nihil quod aut
hoc aut aliquo rei p. statu timeas; omnia si interierint, cum superstitem te esse rei publicae ne si
liceat quidem uelis, ferendam esse fortunam, praesertim quae absit a culpa. Sed haec *h*actenus. Tu
uelim scribas ad me quid agas et ubi futurus sis,
ut aut quo scribam aut quo ueniam scire possim.

---

2. 4 feras M^2, *GR* : feres M^1 ‖ 7 reciperis *Egnatius* : recep- ω re-
cipieris *Kayser* ‖ 8-9 defetigatione *M* : -fat- *GR* ‖ 15 uiro *GR*, M^3 :
uiri M^1.
3. 8 hactenus *edd.* : ac- ω ‖ 9 et *M* aut *GR*.

DCXV. — A P. CORNÉLIUS DOLABELLA.
(*Fam.*, IX, 11).

Domaine d'Atticus, à Nomentum, fin avril 45.

CICÉRON A DOLABELLA, SALUT.

1. Si seulement c'était ma propre mort qui te pri-
vât de mes lettres plutôt que le malheur qui m'a accablé[a] ! Encore le supporterais-je sûrement avec plus
de maîtrise, si je t'avais près de moi ; car tes propos
pleins de discernement et ton affection exceptionnelle
à mon égard m'apporteraient un grand soulagement.
Mais puisque, d'après mes conjectures, je vais te revoir
à bref délai, tu me trouveras dans un état propre à
tirer grand secours de ta présence ; non que je sois
brisé au point d'oublier que je suis homme ou de croire
qu'on doive se laisser abattre par la fortune, mais cette
gaîté et cette aménité qui te charmaient plus qu'aucun
autre m'ont été totalement ravies ; en revanche, pour
la fermeté et la constance, si tant est que j'en aie jamais été pourvu, tu les reconnaîtras telles que tu les
a laissées.

2. Tu m'écris que tu croises le fer pour me défendre[b] ; sur ce point, je suis moins anxieux de savoir
mes détracteurs éventuels confondus par toi que désireux qu'on se rende bien compte, comme c'est assuré-
ment le cas, de ton affection pour moi. Je te demande
instamment d'obtenir ce résultat et de pardonner la
brièveté de ma lettre, car je pense que nous serons
bientôt réunis et je ne suis pas encore assez solidement
rétabli pour t'écrire.

---

a. Sur cette lettre, voir la Notice, p. 73.
b. Contre les attaques du neveu de Cicéron, Quintus (cf. Not.,
p. 74).

DCXV. — AD P. CORNELIVM DOLABELLAM.
(*Fam.*, IX, 11).

Scr. in Attici Nomentano ex. m. Apr. a. 709/45.

CICERO DOLABELLAE S.

1. Vel meo ipsius interitu mallem litteras meas
desiderares quam eo casu quo sum grauissime ad-
flictus! Quem ferrem certe moderatius, si te haberem; nam et oratio tua prudens et amor erga me
singularis multum leuaret. Sed quoniam breui tempore, ut opinio nostra est, te sum uisurus, ita me
adfectum offendes ut multum a te possim iuuari,
non quo ita sim fractus ut aut hominem me esse obli-
tus sim aut fortunae succumbendum putem, sed tamen hilaritas illa nostra et suauitas, quae te praeter
ceteros delectabat, erepta mihi omnis est; firmitatem tamen et constantiam, si modo fuit aliquando
in nobis, eandem cognosces quam reliquisti.

2. Quod scribis proelia te mea causa sustinere,
non tam id laboro ut, si qui mihi obtrectent, a te
refutentur, quam intellegi cupio, quod certe intel-
legitur, me a te amari. Quod ut facias te etiam
atque etiam rogo, ignoscasque breuitati litterarum
mearum; nam et celeriter una futuros nos arbitror
et nondum satis sum confirmatus ad scribendum.

DCXV. — *M* 139 v°; *V* 155 r°; *D* 62 r°; *H* 3 r°.

1. 2 eo *VDH* : ego *M* ‖ 4 nam et *M*, *VH* : nam *D* nam me et *Kayser* ‖ 7 possim (*ante* a te *D*)*VDH*, *M*³ : possum *M*.
2. 7 sum *VDH* : *om. M*.

DCXVI. — A ATTICUS.
(*Att.*, XII, 35).

Sur le trajet de Ficuléa vers Astura (?), 2 mai 45.

Avant de te quitter, tout à l'heure, je n'ai jamais
pensé à ceci : quand on dépense plus, pour un monument funéraire, que je ne sais quelle limite autorisée
par la loi, il faut payer une taxe égale à l'excédent[a].
Je n'en serais pas autrement ému si, je ne sais comment,
peut-être *sans motif rationnel*, je ne voulais pas que
cette construction fût appelée d'un autre nom que celui de « sanctuaire ». Mais si c'est là ce que nous vou-
lons, je crains de ne pouvoir le réaliser sans changer
d'endroit. Étudie ce point attentivement, je t'en prie.
Car j'ai beau me sentir moins accablé et m'être pour
ainsi dire ressaisi, j'ai pourtant besoin de tes conseils.
Aussi, une fois de plus, je te demande instamment,
avec plus d'insistance que tu ne le juges souhaitable
et tolérable, de réfléchir de toute ton âme à cette question.

DCXVII. — A ATTICUS.
(*Att.*, XII, 36).
Astura, 3 mai 45.

1. C'est un sanctuaire que j'entends édifier et on
ne m'en fera pas démordre. Si je m'applique à éviter
toute ressemblance avec un tombeau, c'est moins en
raison de l'amende légale que pour obtenir pleinement
la *divinisation*. Je le pourrais à condition de construire

a. Voir l'App. I A, p. 277 ; sur les circonstances de cette lettre,
cf. Not., p. 81.

DCXVI. — AD ATTICVM.
(*Att.*, XII, 35).

Scr. Asturam a Ficulea iter faciens, ut uid., vi Non. Mai.,
709 /45.

Ante quam a te proxime discessi, numquam mihi
uenit in mentem, quo plus insumptum in monimentum esset quam nescio quid quod lege conceditur,
tantundem populo dandum esse. Quod non magno
opere moueret, nisi nescio quo modo, ἀλόγως fortasse nollem illud ullo nomine nisi fani appellari.
Quod si uolumus, uereor ne adsequi non possimus
nisi mutato loco. Hoc quale sit, quaeso, considera.
Nam, etsi minus urgeor meque ipse prope modum
collegi, tamen indigeo tui consili. Itaque te uehementer etiam atque etiam rogo, magis quam a me
uis aut pateris te rogari, ut hanc cogitationem toto
pectore amplectare.

DCXVII. — AD ATTICVM.
(*Att.*, XII, 36).
Scr. Asturae v Non. Mai. a. 709 /45.

1. Fanum fieri uolo, neque hoc mihi ⟨dis⟩sua-
deri potest. Sepulcri similitudinem effugere non tam
propter poenam legis studeo quam ut maxime ad-

DCXVI. — *M* 172 v°; *R* 105 v°; *P* 150 v°. *Deest E. De initio huius*
ep. uide ad DCXII.

1 a te *Z*b, *La.*c, *ed. Crat.* : om. Ω (*uett.*) ‖ 7 possimus Δ : -sumus
RPO ‖ 10 collegi *bms, uett.* : -ligi *M*corr*dG*, *M*⁴ -legis *M*¹, *O*¹ -ligis
RP.

DCXVII. — *M* 172 v°; *R* 105 v°; *P* 150 v°; *sed post* **1.** 3 poenam
legis *desunt RP. Deest E.*

1. 1-2 dissuaderi *Lambin., Sh. Bailey* : suaderi *Z*b, *La.*c eri *M*¹, *O*¹
erui *M*²*bdms*, *RPO*² eripi *Ernesti.*

dans l'enceinte de la maison ; mais, comme nous l'avons
souvent dit, je redoute les changements de propriétaires. Sur les terres, où que je construise, je crois pouvoir obtenir que les générations futures obéissent au
scrupule religieux[a]. Il te faut supporter mon enfantil-
lage — c'en est un, je l'avoue —; car je n'ai personne,
même pas moi, à qui parler aussi librement qu'à toi.
Mais, si tu approuves l'idée, et le lieu, et les dispositions, lis, s'il te plaît, le texte de la loi et envoie-le moi.
Si un moyen de l'esquiver te vient à l'esprit, nous l'em-
ploierons.

2. Si tu écris à Brutus, et si cela ne te paraît pas
hors de propos, blâme-le d'avoir refusé de résider dans
ma propriété de Cumes pour la raison que je t'ai dite.
A la réflexion, j'estime qu'il s'est conduit comme un
parfait rustre[b]. D'autre part, si tu es d'avis de continuer dans la voie où nous nous sommes engagés pour
le sanctuaire, pourrais-tu, s'il te plaît, encourager et
stimuler Cluatius[c]? Car, même si nous optons pour un
autre endroit, nous aurons besoin, je pense, de ses services et de ses conseils. Peut-être iras-tu demain dans
ta maison de campagne?

DCXVIII. — A ATTICUS.
(Att., XII, 37).
Astura, 4 mai 45.

1. J'ai reçu hier deux messages de toi, l'un confié
la veille à Hilarus[d], l'autre hier à un courrier, et j'ai
appris ce même jour par mon affranchi Égypta que
Pilia et Attica se portaient comme des charmes : leur
lettre m'a été remise deux jours après être partie de

---

a. Voir la lettre précédente et, sur l'opposition *in uilla in agro*,
l'App. I A, p. 278, n. 0.

b. Cf. Not., p. 80.

c. Cf. *DXCII* = *Att.*, XII, 18, 1, et App. I A.

d. Un des secrétaires de Cicéron (cf. *DCLXXIV* = *Att.*, XIII,
19, 1).

sequar ἀποθέωσιν. Quod poteram, si in ipsa uilla
facerem ; sed, ut saepe locuti sumus, commutationes dominorum reformido. In agro ubicumque
fecero, mihi uideor adsequi posse ut posteritas habeat religionem. Hac meae tibi ineptiae — fateor
enim — ferendae sunt ; nam habeo ne me quidem
ipsum quicum tam audacter communicem quam te.
Sin tibi res, si locus, si institutum placet, lege, quaeso,
legem mihique eam mitte. Si quid in mentem ueniet
quo modo eam effugere possimus, utemur.

2. Ad Brutum si quid scribes, nisi alienum pu-
tabis, obiurgato eum quod in Cumano esse noluerit
propter eam causam quam tibi dixi. Cogitanti enim
mihi nihil tam uidetur potuisse facere rustice. Et
si tibi placebit sic agere de fano ut coepimus, uelim
cohortere et exacuas Cluatium. Nam etiam si alio
loco placebit, illius nobis opera consilioque uten-
dum puto. Tu ad uillam fortasse cras.

DCXVIII. — AD ATTICVM.

(Att., XII, 37).

Scr. Asturae iᵒ Non. Mai. a. 709/45.

1. A te heri duas epistulas accepi, alteram pridie datam Hilaro, alteram eodem die [a] tabellario,
accepique ab Aegypta l. eodem die Piliam et Atticam plane belle se habere ; quae litterae mihi red-

1. 10 quam te *Victorius* : quant(a)e Δ, *O* quam tecum *Corradus.*
2. 3 dixi Δ, *O* : -it *La.*ᵐ.

DCXVIII. — *M* 172 vᵒ ; *R* 105 vᵒ ; *P* 150 vᵒ ; *sed post* **1.** 7 ipsam ad te *incipiunt RP ; deest E.*

1. 1 accepi *bms, O, Z, Cr.*ᵐ : rec- *MdG* ‖ 2 eodem *s, O* (*uett.*) :
in e- (Δ), *ed. Iens.* ‖ a del. *edd.*: hab. Δ, *O*(?), *uett.* ‖ 3 l. Δ, *O, Z*ˡᵃ :
liberto *Z*ᵇ, *edd.* ‖ 4 habere *M*ᶜᵒʳʳ*bdms* : -ret *M*ˡ*O* ‖ quae *Z*ˡᵃ (*ed. Ima*) :
tu(a)e Δ, *O*², *uett.* hae *Z*ˡᵃ (*ed. alt.*), *Z*ᵇ ; *post* misit (*u.* 6) *transp.* tuae —
die *Schütz.*

ma propriété de Cumes[1]. Merci de m'avoir transmis la
lettre de Brutus ; il m'a écrit à moi aussi ; je t'envoie
ci-joint l'original de son message et une copie de ma
réponse[a].

2. Pour le sanctuaire, si tu ne me trouves vraiment pas de « jardins » — mais tu devrais en trouver,
si je te suis aussi cher que je le suis certainement —,
j'approuve fort tes raisons en faveur de ma propriété
de Tusculum. Si avisé sois-tu dans tes réflexions — et
combien tu l'es ! —, cette idée n'aurait jamais pu te
venir avec tant de bonheur à l'esprit, si tu n'avais pas
le souci majeur que j'obtienne ce que je désire ardemment. Mais, sans que je sache bien pourquoi, je tiens
à un endroit fréquenté ; aussi faut-il absolument que
tu me négocies des « jardins ». Ceux de Scapula sont
dans un endroit très fréquenté, en outre ils sont proches
de la Ville, ce qui permet d'éviter la journée entière
dans une maison de campagne. Aussi voudrais-je à
tout prix qu'avant ton départ tu rencontres Othon,
s'il est à Rome. Si cela ne donne rien, bien que tu aies
l'habitude de supporter mon extravagance, j'irai cette
fois jusqu'à te mettre en colère : en effet, Drusus veut
sûrement vendre ; par conséquent, à défaut de toute
autre solution, ce ne sera pas ma faute si j'achète.
Épargne-moi ce faux-pas, je t'en prie ; or le seul moyen
de me l'épargner, c'est que nous trouvions une possibilité pour le domaine de Scapula. Et ne manque pas
de me faire savoir, s'il te plaît, combien de temps tu
vas passer dans ta maison des environs.

3. Auprès de Térentia, j'ai besoin de ton influence
amicale non moins que de ton autorité personnelle[b] ;
mais tu feras ce qui te semblera bon ; je sais que tu
prends plus de soin de mon intérêt que je ne le fais
moi-même.

---

a. Voir la Notice, p. 80.
b. Voir la Notice de la Première partie, p. 26 sq..

ditae sunt tertio de Cum⟨an⟩o die. Quod mihi
Bruti litteras, gratum ; ad me quoque misit ; eam
ipsam ad te epistulam misi et ad eam exemplum
mearum litterarum.

2. De fano, si nihil mihi hortorum inuenis,
⟨qui⟩ quidem tibi inueniendi sunt si me tanti facis
quanti certe facis, ualde probo rationem tuam de
Tusculano. Quamuis prudens ad cogitandum sis,
sicut es, tamen, nisi magnae curae tibi esset ut ego
consequerer id quod magno opere uellem, numquam
ea res tibi tam belle in mentem uenire potuisset.
Sed nescio quo pacto celebritatem requiro ; itaque
hortos mihi conficias necesse est. Maxima est in
Scapulae celebritas, propinquitas praeterea urbis,
ne totum diem in uilla[m]. Quare ante quam dis-
cedis, Othonem, si Romae est, conuenias peruelim.
Si nihil erit, etsi tu meam stultitiam consuesti ferre,
eo tamen progrediar ut stomachere : Drusus enim
certe uendere uolt ; si ergo ⟨nihil⟩ aliud erit, non
mea erit culpa [ni]si emero. Qua in re ne labar,
quaeso, prouide ; prouidendi autem una ratio est
si quid de Scapulanis possumus. Et uelim me certiorem facias quam diu in suburbano sis futurus.

3. Apud Terentiam ⟨tam⟩ gratia opus est nobis
tua quam auctoritate ; sed facies ut uidebitur ;
scio enim si quid mea intersit tibi maiori curae so-
lere esse quam mihi.

1. 5 de Cumano *Schiche* (Jahresber. d. Phil. Ver., 1901, p. 257),
Sh. Bailey : decimo Δ, *O*(?) ; *cf. comm. ad loc.*
2. 2 *add.* qui *Victorius*, si *uett. praeter ed. Iens.* ‖ 10 urbis *Fr. Schmidt*
(Progr. Norimb., 1879, p. 36) : ubi sis Ω ‖ 11 uilla *Manutius* : -am Ω,
Sjögren ‖ 15 nihil aliud erit… si *scripsi* (*duce Sh. Bailey*, *qui* aliud
deerit… si) : aliud erit… nisi Ω, *edd.*, *Lehmann* (p. 43 sq.).
3. 1 tam gratia *Boot* : gr- Ω (*uett.*), *Lehmann* (p. 134), *Sjögren*
(*coll. Schmalz*, Antibarb., *s. u.* potius, *etc.*) gratia potius *ed. Iens.*
non tam gr- *coni. Sh. Bailey in app.*, *fors. recte* ‖ 2 tua quam *MdG*,
RPO, *ed. Iens.* : tuaque *bms* (*uett.*) tua tuaque Z^b.

DCXIX. — A ATTICUS.
(Att., XII, 37 *a).*
Astura, 5 mai 45.

Hirtius m'a écrit que Sex. Pompée était sorti de
Cordoue et avait fui en Espagne Citérieure, que Cnéus
s'était enfui... je ne sais où, car cela m'est indifférent ;
pas d'autre nouvelle. Il a expédié sa lettre de Narbonne
le 18 avril. De ton côté, tu m'as annoncé que Caninius aurait fait naufrage, mais sous toutes réserves ;
donc écris-moi si l'on sait quelque chose de plus sûr[a].
Tu voudrais me sortir de ma tristesse : mais tu m'auras apporté un grand soulagement, si tu me procures
un terrain pour le sanctuaire. Il me vient beaucoup
d'idées *pour la divination*, mais j'ai impérieusement
besoin d'un terrain. Aussi, une fois de plus, vois Othon.

DCXX. — A ATTICUS.
(Att., XII, 38).
Astura, 6 mai 45.

1. Je ne doute pas que tu aies été très occupé, pour
ne pas m'avoir envoyé une ligne[b]. Mais quel bon à
rien, cet homme ! Il n'a pas attendu le moment qui te
convenait, alors que je l'avais envoyé uniquement
pour cela. A présent, si rien ne t'a retenu, j'imagine
que tu es dans ta maison des environs. Quant à moi,
ici, j'écris toute la journée[c] ; cela ne m'apporte aucun
soulagement, mais une distraction.

---

a. Voir la Notice, p. 77 sq.
b. Sur cette lettre, voir la Notice, p. 75 et 81.
c. Cicéron est en train de rédiger les *Académiques* (cf. App. II A).

DCXIX. — AD ATTICVM.
(*Att.*, XII, 37 *a*).
Scr. Asturae iii Non. Mai. a. 709/45.

Hirtius ad me scripsit Sex. Pompeium Corduba
exisse et fugisse in Hispaniam citeriorem, Gnaeum
fugisse nescio quo ; neque enim curo ; nihil praeterea
noui. Litteras Narbone dedit XIIII Kal. Mai. Tu
mihi de Canini naufragio quasi dubia misisti ;
scrib*e*s igitur si quid erit certius. Quod me a maestitia *a*uocas, multum ⟨leuaris⟩ si locum fano dederis. Multa mihi εἰς ἀποθέωσιν in mentem ueniunt,
sed loco ualde opus est. Quare etiam Othonem uide.

DCXX. — AD ATTICVM.
(*Att.*, XII, 38).
Scr. Asturae prid. Non. Mai. a. 709/45.

1. Non dubito quin occupatissimus fueris qui
ad me nihil litterarum. Sed homo nequam, qui
tuum commodum non exspectarit, cum ob eam
unam causam missus esset. Nunc quidem, nisi quid
te tenuit, suspicor te esse in suburbano. At ego hic
scribendo dies totos nihil equidem leuor, sed tamen
aberro.

DCXIX. — *M* 173 r° ; *R* 106 r° ; *P* 150 v°. *Deest E. Nouam ep.
dist. Schmidt* (Briefwechsel, p. 280) *et iam codd. quidam Palatini,
teste Graevio.*

6 scrib*e*s *Orelli* : -bis *RPO¹* -bas Δ, *O²* ‖ 7 auocas *Victorius* : u- Ω ‖
leuaris *Cr.*ᵐ : om. Ω, *ed. Iens.* proficies (*uett.*) ‖ fano *P* (*ante* locum), *uett.* : lano Δ uallo *R*.

DCXX. — *M* 173 r° ; *R* 106 r° ; *P* 151 r°. *Deest E.*

1. 1 occupatissimus *bsG*, *O²*, *uett.* : oc (hoc *d*) cum datissimus
Mdm iocundati- *R* iocundiss- *P*.

2. Asinius Pollion m'a écrit au sujet de mon infect
neveu ; ce que Balbus le Jeune m'avait dit naguère
assez clairement, Dolabella à mots couverts, Asinius me
le révèle au grand jour. J'en serais profondément affecté,
s'il y avait place en moi pour un nouveau chagrin. Mais
vraiment peut-il exister un être plus infect ? Un individu
dont il faut se défier ! Quoique pour moi… ; mais rete-
nons notre douleur. De ton côté, puisqu'il n'y a aucune
urgence, ne m'écris que si tu as du loisir.

DCXXI. — A ATTICUS.
(Att., XII, 38 *a).*
Astura, 7 mai 45.

1. Tu crois le moment venu de montrer clairement
ma fermeté d'âme et tu m'écris que certains parlent de
moi en termes plus sévères que ceux dont tu te sers
dans tes lettres, ou Brutus dans la sienne[a] ; mais, si
ceux qui me croient brisé et épuisé savaient l'ampleur
et la nature des textes que j'écris, voici, je crois, ce
qu'ils penseraient — si toutefois, ce sont des hommes — :
ou bien je suis suffisamment soulagé pour appliquer un
esprit libre à un travail de rédaction difficile et je ne
mérite aucun reproche, ou bien j'ai choisi ce moyen
de distraire ma douleur, qui est le plus noble et sied
le mieux à un homme cultivé, et il convient même de
m'en louer.

2. Mais, puisque de mon côté je fais tout mon possible pour m'aider, à toi de mener à son terme l'entreprise qui te coûte, je le vois bien, autant d'efforts qu'à
moi. Je considère que c'est pour moi une dette et que

a. Cf. *DCXVIII = Att.,* XII, 37, 1.

2. Asinius Pollio ad me scripsit de impuro nostro cognato ; quod Balbus minor nuper satis plane, Dolabella obscure, hic apertissime. Ferrem grauiter, si nouae aegrimoniae locus esset. Sed tamen ecquid impurius? O hominem cauendum ! Quamquam mihi quidem...; sed tenendus dolor est. Tu, quoniam necesse nihil est, sic scribes aliquid si uacabis.

DCXXI. — AD ATTICVM.

(Att., XII, *38 a).*

Scr. Asturae Non. Mai. a. 709/45.

1. Quod putas oportere peruideri iam animi mei firmitatem grauiusque quosdam scribis de me loqui quam aut te scribere aut Brutum, si qui me fractum esse animo et debilitatum putant sciant quid litterarum et cuius generis conficiam, credo, si modo homines sint, existiment me, siue ita leuatus sim ut animum uacuum ad res difficilis scribendas adferam, reprehendendum non esse, siue hanc aberrationem a dolore delegerim quae maxime liberalis si*t* doctoque homine dignissima, laudari me etiam oportere.

2. Sed cum ego faciam omnia quae facere possim ad me adiuuandum, tu effice id quod uideo te non minus quam me laborare. Hoc mihi debere

---

2. 4 (a)egrimoniae *RPO*¹ *(uett.)* : agr- *M*¹ acr- *M*²*bdms, O*², *ed. Rom.* ‖ ecquid *La.*ᶜ : et quid Δ, *RP* et quidem *O* ‖ 6 est. tu *b*², *RPO*¹ *(uett.)* : ęṣṭụ es tu *M* es tu *dG* est. iis *s* est *O*² est. tibi *ed. Rom.*

DCXXI. — *M* 173 rº; *R* 106 rº; *P* 151 rº. *Deest E. Nouam ep. dist. Schiche* (Hermes, 1883, p. 589). *Versus* **2.** 6 heredes — 17 cetera *iter. R in ep.,* XII, 52, 1 *inter* sit *et* HS *(R' in app. crit. not.).*

1. 1 peruideri Δ, *Z*ᵇ, *La.*ᶜ : prou- *RPO* ‖ 9-10 liberalis sit *Vrsinus* : -issima Ω, *Sjögren (coll. Wölfflin,* Lat. u. rom. Compar., p. 47).

2. 1-2 possim *Ms, RPO* : -sum *bdm.*

je ne puis me sentir soulagé que si je l'acquitte ou m'assure de pouvoir l'acquitter, c'est-à-dire si je trouve un
emplacement conforme à ma volonté. Si les héritiers
de Scapula pensent diviser ces « jardins » en quatre
parcelles, comme Othon, m'écris-tu, te l'a dit, et procéder à une licitation entre eux, il n'y a évidemment
aucune place pour un acquéreur ; si, au contraire, ils
sont mis en vente, nous verrons ce qui pourra être
fait. Effectivement, cette propriété de Publicius, qui
appartient à Trébonius et Cusinius, m'avait été signalée ;
mais tu n'ignores pas que c'est un terrain nu ; je n'y
suis pas du tout favorable. Les « jardins » de Clodia
me plaisent fort, mais je ne crois pas qu'ils soient à
vendre. Quant à ceux de Drusus, quelque répugnance
qu'ils t'inspirent, comme tu me l'écris, je m'y résignerai
si tu ne trouves rien d'autre ; la perspective de bâtir
ne m'ébranle pas, car je ne bâtirai rien d'autre que je
ne le ferai même si je n'acquiers pas ces « jardins »[1].

J'ai goûté le *Cyrus* comme les autres ouvrages d'Antisthène, un esprit plus pénétrant que cultivé[2].

DCXXII. — A ATTICUS.
(*Att.*, XII, 39).
Astura, 8 mai 45.

1. Le courrier est arrivé sans lettre de toi ; je pense
que, si tu ne m'as pas écrit, c'est parce que tu m'avais
écrit la veille la lettre à laquelle je suis en train de répondre. J'espérais pourtant un mot concernant la lettre
d'Asinius Pollion[a]. Mais j'ai trop tendance à évaluer

a. Cf. *DCXX = Att.*, XII, 39, 2, du 6 mai ; Cicéron attendait
la réaction d'Atticus par retour du courrier.

uideor neque leuari posse nisi soluero aut uidero
me posse soluere, id est locum qualem uolo inue-
nero. Heredes Scapulae si istos hortos, ut scribis
tibi Othonem dixisse, partibus quattuor factis liceri
cogitant, nihil est scilicet emptori loci ; sin uenibunt,
quid fieri possit uidebimus. Nam ille locus Publicianus qui est Treboni et Cusini erat ad me adlatus ;
sed scis aream esse ; nullo pacto probo. Clodiae sane
placent, sed non puto esse uenalis. De Drusi hortis, quamuis ab iis abhorreas, ut scribis, tamen eo
confugiam nisi quid inueneris ; aedificatio me non
mouet ; nihil enim aliud aedificabo nisi id quod
etiam si illos non habuero.

Κῦρος mihi sic placuit ut cetera Antisthenis, hominis acuti magis quam eruditi.

DCXXII. — AD ATTICVM.
(Att., XII, 39).
Scr. Asturae viii Id. Mai. a. 709 /45.

1. Tabellarius ad me cum sine litteris tuis uenisset, existimaui tibi eam causam non scribendi fuisse
quod pridie scripsisses ea ipsa ad quae rescripsi
hac epistula. Exspectaram tamen aliquid de litteris
Asini Pollionis. Sed nimium ex meo oti⟨o tu⟩um

2. 5 uolo *RPO* : *om.* Δ ‖ 8 loci sin uenibunt *M*ᶜᵒʳʳ*b²m*, *O* (*uett.*) :
locis inue- *M¹*, *G*, *R* loci sin uenient *s* locis inuenient *d* loci inuenient
ed. Iens. locis inueni (*spat. rel.*) *P* locis *R'* ‖ 9-10 Publicianus *Cr.*ᵐ,
*Z*ᵇ, *La.*ᶜ : -canus Δ, *RPO* ‖ et cusini(i) Δ, *R'O* : *om. RP* ‖ 11 scis
aream *bsm*, *O* : scisariam *Md*, *R'* sis *RP* ‖ 17 Κῦρος *scripsi* : K- β'
Sh. Bailey (duce Bosio, qui K- δ', ε') κύρβας *Z*ᵇ KYPCAC *M*, *dm*,
RP ; om. bs ; cf. App. II, p. 321, n. 1 ‖ antisthenis *M*ᶜᵒʳʳ*bms*, *RPO²* :
-nus *M¹dG*, *O¹*.

DCXXII. — *M* 173 vᵒ ; *R* 106 rᵒ ; *P* 151 vᵒ. *Deest E.*

1. 4 hac *RPO* : *om.* Δ ‖ 5 otio tuum specto *Manutius* : otium exsp- Ω
otium tuum sp- *Boot.*

tes loisirs en fonction des miens. D'ailleurs, je te dis-
pense, à moins d'une nécessité impérative, de te faire
un devoir impératif de m'écrire, à moins que tu ne
sois pleinement de loisir.

2. Pour les courriers, je suivrais ton conseil[1], s'il y
avait des lettres indispensables, comme c'était le cas
naguère, quand, malgré les jours plus courts, les courriers se conformaient chaque jour à l'horaire. Mais il
y avait de la matière : Silius, Drusus, et plusieurs autres
questions. A présent, si Othon n'avait surgi, nous n'au-
rions rien à nous écrire ; encore cette affaire est-elle
remise à plus tard. Pourtant j'éprouve un soulagement
quand je te parle à distance, bien plus encore quand je
lis tes lettres. Mais puisque tu es absent (car c'est ce
que je suppose) et qu'il n'y a aucune nécessité d'écrire,
la correspondance sommeillera, à moins qu'il ne surgisse du nouveau.

DCXXIII. — A ATTICUS.
(Att., XII, 40).
Astura, 9 mai 45.

1. Ce que sera le pamphlet rédigé par César en réplique à mon *Éloge*, je l'ai vu clairement par le livre
que m'a envoyé Hirtius ; il y rassemble en effet les dé-
fauts de Caton, tout en me couvrant des plus grandes
louanges. Aussi ai-je envoyé le livre à Musca pour qu'il
le confie à tes copistes ; car je veux qu'il soit largement
répandu et tu voudras bien donner des ordres à ton
personnel pour faciliter cette diffusion[a].

2. Je multiplie les tentatives pour écrire une « Lettre
de Conseils » : je ne trouve rien ; et pourtant j'ai avec
moi la « *Lettre à Alexandre* » *d'Aristote* et celle *de Théo-*

---

a. Voir la Notice, p. 79. Musca était apparemment le chef de
l'atelier de copistes d'Atticus.

specto. Quamquam tibi remitto, nisi quid necesse erit, nec⟨esse⟩ ne habeas scribere, nisi eris ualde otiosus.

2. De tabellariis facerem quod suades, si essent ullae necessariae litterae, ut erant olim, cum tamen breuioribus diebus quotidie respondebant tempori tabellarii. At erat aliquid : Silius, Drusus, alia quaedam. Nunc, nisi Otho exstitisset, quid scriberemus non erat; ⟨id⟩ ipsum dilatum est. Tamen adleuor cum loquor tecum absens, multo etiam magis cum tuas litteras lego. Sed quoniam et abes (sic enim arbitror) et scribendi necessitas nulla est, conquiescent litterae nisi quid noui exstiterit.

DCXXIII. — AD ATTICVM.
(*Att.*, XII, 40).

Scr. Asturae vii Id. Mai. a. 709/45.

1. Qualis futura sit Caesaris uituperatio contra laudationem meam perspexi ex eo libro quem Hirtius ad me misit; in quo colligit uitia Catonis, sed cum maximis laudibus meis. Itaque misi librum ad Muscam ut tuis librariis daret; uolo enim eum diuulgari, quoque facilius fiat imperabis tuis.

2. Συμβουλευτικὸν saepe conor : nihil reperio; et quidem mecum habeo et 'Αριστοτέλους et Θεοπόμπου

1. 7 necesse *Victorius* : nec *Mdm, RPO, uett.* ne *dG; om. s* ‖ eris *RPO* : eis *Mdm* sis *b* esses *G; om. b.*

2. 4 at *Sh. Bailey* : et Δ, *RO ; om.* et erat *P* ‖ 5 quid (Δ), *RPO (uett.)* : quod *s, ed. Crat.; cf.* Att., XIII, 15 [*DCLXXI*], *u.* 4 *et* 6 ‖ 6 id *ed. Crat.* : *om.* Ω (*uett.*) et id *Sh. Bailey* ‖ tamen *bds, RP* : tam *Mm, O.*

DCXXIII. — *M* 173 v°; *R* 106 r°; *P* 151 v°. *Desunt in E* 4 *et* 5.

1. 6 quoque Σ, *Sh. Bailey* : quo quo *M¹dG* quod quo *M*ᶜᵒʳʳ*bms, O²*(?) *uett.* ‖ imperabis *M*ᶜᵒʳʳ*m²*, *RP* : -petra- *M¹bdm¹s.*

2. 2 et Θεοπόμπου *Victorius* : ΕΤΘΕΟΡΙΟΜΜΟΥ *M¹, RP* -ΟΜΑΛΟΙ *m ; om. M*ᶜᵒʳʳ*bds.*

pompe; mais aucun point de comparaison : ce qu'ils
écrivaient devait à la fois leur valoir de la considération
et plaire à Alexandre[a]. Dans le même genre, ne trouve-
rais-tu pas une idée? A moi, en tout cas, il n'en vient
aucune.

Tu crains, me dis-tu, que ma tristesse présente n'en-
tame ma popularité et mon prestige : mais je ne vois
pas ce qu'on peut me reprocher ou me réclamer. Que
je cesse de souffrir? comment le pourrais-je? Que je ne
me laisse pas abattre? qui a jamais fait mieux? aussi
longtemps que ta maison de Rome me réconfortait,
qui ai-je tenu à l'écart? quel visiteur a eu lieu d'être
mécontent? Je t'ai quitté pour Astura : ces joyeux
personnages qui me critiquent ne sont pas capables
de lire autant de pages que j'en ai écrit ! Leur qualité?
c'est une autre question ; mais des écrits de cette nature ne peuvent être l'œuvre d'un esprit abattu. J'ai
passé trente jours dans ta « campagne » : qui a regretté
de ne pouvoir soit me rencontrer, soit m'entretenir à
son aise? En ce moment même, je lis, j'écris, au point
que mes compagnons supportent plus difficilement leur
loisir que moi mon travail !

3. Quelqu'un veut savoir pourquoi je ne suis pas à
Rome? — parce que c'est l'époque de la villégiature[b] — ;
pourquoi je ne suis pas dans ceux de mes pavillons qui
conviennent à la saison? — parce que la foule me serait pénible —. Je suis donc là où le propriétaire d'une
installation parfaite à Baïes passait régulièrement cette
période de l'année[1]. Quand je viendrai à Rome, ni mon
visage ni mes propos ne prêteront à critique. Ma gaîté
d'antan, grâce à laquelle je pimentais la tristesse des
temps présents, a disparu à jamais ; pour la constance
et la fermeté, ni mon âme ni mes propos ne laisseront
rien à désirer.

4. Pour les « jardins » de Scapula, il semble possible,

---

a. Cf. App. II B.
b. Cf. Not., p. 74 sq., n. 2.

πρὸς 'Αλέξανδρον; sed quid simile? Illi et quae ipsis
honesta essent scribebant et grata Alexandro. Ecquid tu eius modi reperis? Mihi quidem nihil in
mentem uenit.

Quod scribis te uereri ne et gratia et auctoritas
nostra hoc meo maerore minuatur, ego quid homines aut reprehendant aut postulent nescio. Ne
doleam? qui potest? Ne iaceam? quis umquam minus? dum tua me domus leuabat, quis a me ex-
clusus? quis uenit qui offenderet? Asturam sum a
te profectus : legere isti laeti qui me reprehendunt
tam multa non possunt quam ego scripsi. Quam
bene, nihil ad rem; sed genus scribendi id fuit quod
nemo abiecto animo facere posset. Triginta dies in
horto fui : quis aut congressum meum aut facilita-
tem sermonis desiderauit? Nunc ipsum ea lego, ea
scribo ut hi qui mecum sunt difficilius otium ferant
quam ego laborem.

3. Si quis requirit cur Romae non sim : quia
discessus est; cur non sim in iis meis praediolis
quae sunt huius temporis : quia frequentiam illam
non facile ferrem. Ibi sum igitur ubi is qui optimas
Baias habebat quotannis hoc tempus consumere
solebat. Cum Romam uenero, nec uultu nec oratione reprehendar. Hilaritatem illam qua hanc tristitiam temporum condiebamus in perpetuum amisi,
constantia et firmitas nec animi nec orationis requiretur.

4. De hortis Scapulanis hoc uidetur effici posse,

---

2. 4-5 ecquid *La.*ᶜ : et quid Ω ‖ 12 offenderet *M*, Σ, *Z*ᵇ, *La.*ᶜ : me
off- *ds* offenderetur *bm* ‖ 17 horto *Cr.*ᵐ, *Z*ᵇ, *La.*ᶜ : -tis Ω, *uett.*

3. 2 sim *M*²*bdms, EO* : sumus *M*¹ si minus sim *RP* ‖ 8 condiebamus *M*¹, *RPO* : -bam *M*²*bdms, E.*

4. 1 Scapulanis *ed. Rom.* : -lis Ω.

grâce en partie à ton influence, en partie à la mienne, de les faire mettre aux enchères publiques. Si cela ne se fait pas, je serai hors jeu ; si j'accède à la vente, ma convoitise l'emportera sur les moyens d'Othon. Quant à ce que tu me dis de Lentulus, l'affaire ne dépend pas de lui[a]. Pourvu que les choses soient sûres du côté de Fabérius et que tu déploies tous tes efforts, comme tu le fais, nous atteindrons notre objectif.

5. Combien de temps encore à passer ici ? me demandes-tu : quelques jours seulement ; mais rien n'est arrêté. Dès que j'aurai pris ma décision, je te l'écrirai et tu me diras combien de temps tu comptes rester dans ta maison des environs. Le jour où je t'expédie ce message, les mêmes nouvelles que tu m'envoies de Pilia et d'Attica me parviennent aussi par écrit et oralement[b].

DCXXIV. — DE L. LUCCÉIUS.
(Fam., V, 14).
Rome, vers le 9 mai 45.

L. LUCCÉIUS, FILS DE QUINTUS,
SALUE M. CICÉRON, FILS DE MARCUS[c].

1. Si tu vas bien, tant mieux ; moi, je vais... comme d'habitude ; un peu plus mal encore que d'habitude, cependant. Je t'ai cherché plus d'une fois en vain, pour te voir ; que tu n'aies pas mis les pieds à Rome depuis ton éloignement m'a étonné, et ne m'étonne pas moins aujourd'hui. Je ne suis pas sûr du motif exact de ta retraite : si tu trouves du charme à la solitude, parce que tu écris et que tu te livres à l'une de tes activités habituelles, je m'en réjouis et me garde de critiquer ta décision ; car rien ne peut être plus agréable en ces

---

a. Phrase pour nous énigmatique, mais qu'il n'y a pas lieu de corriger (pour une interprétation hypothétique, voir l'App. I B, p. 292, n. 1).

b. La mère et la fille passent leurs vacances dans la propriété de Cicéron, à Cumes (cf. Not., p. 74).

c. Sur cette lettre, voir la Notice, p. 80.

aliud tua gratia, aliud nostra, [a]ut praeconi subi-
ciantur. Id nisi fit, excludemur ; sin ad tabulam
uenimus, uincemus facultatis Othonis nostra cupiditate. Nam quod ad me de Lentulo scribis, non
est in eo. Faberiana modo res certa sit tuque enitare, quod facis, quod uolumus consequemur.

5. Quod quaeris quam diu hic : paucos dies, sed
certum non habeo. Simul ac constituero, ad te scribam, et tu ad me quam diu in suburbano sis futurus. Quo die ego ad te haec misi, de Pilia et Attica
mihi quoque eadem quae scribis et scribuntur et
nuntiantur.

DCXXIV. — L. LVCCEI.
(*Fam.*, V, 14).
Scr. Romae c. vii Id. Mai. a. 709 /45.

L. LVCCEIVS Q. F. S. D. M. TVLLIO M. F.

1. S. u. b. e. u. sicut soleo, paululo tamen etiam
deterius quam soleo. Te requisiui saepius, ut uiderem ; Romae quia postea non fuisti quam discesse-
ra*s*, miratus sum ; quod item nunc miror. Non
habeo certum quae te res hinc maxime retrahat :
si solitudine delectare, cum scribas et aliquid agas
eorum quorum consuesti, gaudeo neque reprendo
tuum consilium ; nam nihil isto potest esse iucundius non modo miseris his temporibus et luctuosis,

4. 2 ut *Victorius* : aut Ω ‖ 6 est in eo Ω : extimesco *Madvig* (Adv.,
III, p. 189) ego timeo *Tyrr.-Purs.* (*in adnot.*) ; *al. al.*
5. 4 ego ad te haec (Δ), *RP* (*uett.*) : e- h- ad te *b* e- ad te *O* ad te
e- h- *ed. Crat.*

DCXXIV. — *M* 76 r°; *G* 49 v°; *R* 75 r°.

1. 2-3 uiderem *M* : uidi *GR* ‖ 3-4 discesseras *Ernesti* : -rat *M*[1] a me -rat
M[3] -ram *GR, Mendelssohn* ; *al. al.* ‖ item ω : idem *Wesenberg.*

temps de malheur et de deuil, et même en période tran-
quille et enviable, surtout si l'on tient compte de ta
lassitude, qui exige à présent le repos après de si grandes
tâches, de ton savoir, qui te fait sans cesse créer quelque
œuvre nouvelle, source de plaisir pour les autres, d'éloges
éclatants pour toi-même. **2.** Si, au contraire, comme
au moment de partir d'ici, tu t'es livré aux larmes et
à la tristesse, je suis peiné de ta peine et de tes affres,
je ne peux m'empêcher, si tu me permets d'exprimer
librement ma pensée, de te mettre en accusation[a]. Comment? tu seras seul à ne pas voir l'évidence, toi dont
la perspicacité décèle les secrets les plus cachés? à ne
pas voir que tes plaintes quotidiennes ne servent à
rien? qu'elles ne font que redoubler tes tourments, que
ta sagesse te commande d'alléger? **3.** Au cas où je
ne réussirais à rien par la persuasion, j'essaie de l'influence et de la prière : si tu veux faire quelque chose
pour moi, donne relâche à tes chagrins et reviens partager notre vie, reviens à un mode d'existence habituel, celui de nous tous ou celui que tu t'es choisi pour
toi seul. Je souhaite ne pas t'importuner, si notre zèle
ne trouve pas grâce à tes yeux, je souhaite te dissuader de persévérer dans la voie où tu t'es engagé, car
je suis agité par deux désirs contradictoires : je voudrais
d'un côté que tu m'écoutes, si tu le peux, de l'autre
que tu ne t'offenses pas. Bonne santé.

a. La correction que nous proposons est paléographiquement
simple et satisfaisante pour le sens ; on trouve des emplois analogues
du participe futur chez Tite-Live (par ex. XXI, 1, 4 : *cum..., exer-
citum eo* [= *in Hispaniam*] *traiecturus, sacrificaret...*) ; le tour *sicut... facis*, lui, est banal.

sed etiam tranquillis et optatis, praesertim uel
animo defetigato tuo, qui n*u*nc requiem quaerat
ex magnis occupationibus, uel erudito, qui semper
aliquid ex se promat quod alios delectet, ipsum
laudibus inlustret. **2.** Sin autem, sicut hinc dis-
cess⟨urus fec⟩eras, lacrimis ac tristitiae te tradidisti, doleo quia doles et angere, non possum te non,
si concedis quod sentimus ut liberius dicamus, ac-
cusare. Quid enim? Tu solus aperta non uidebis,
qui propter acumen occultissima perspicis? Tu non
intelleges te querelis cotidianis nihil proficere? Non
intelleges duplicari sollicitudines, quas eleuare tua
te prudentia postulat? **3.** Quod si non possimus
aliquid proficere suadendo, gratia contendimus et
rogando, si quid nostra causa uis, ut istis te molestiis laxes et ad conuictum nostrum redeas, ⟨atque⟩
ad consuetudinem uel nostram communem uel tuam
solius ac propriam. Cupio non optundere te, si non
delectare nostro studio, cupio deterrere ne perma-
neas in incepto; *n*am duae res istae contrariae me
conturbant, ex quibus aut in altera mihi uelim, si
potes, obtemperes aut in altera non offendas. Vale.

1. 11 defetigato *M* : -fatigato (*ex* -fagito) *G* -fast- *R* ‖ nunc ç :
non ω ‖ requiem *GR* : -irem *M* -ietem ç.
2. 1 2 hinc discessurus feceras *scripsi* : h- dicas seras *M* h- discesseras ç, *Tyrr.-Purs.* indicas *GR* -at res *Reid* (Hermathena, 1901,
p 295) ante quam hinc discesseras *Sh. Bailey* ‖ 2-3 tradidisti *GR* :
tradisti *M* ‖ doles *M* : -ere *G* -ore *R* ‖ 7 intelleges *M* : -gis *GR; id.
u.* 8.
3. 1 possimus *M, R, Moricca* (*coll. Lebreton,* Études, p. 349 sqq.) :
possumus *G, Sh. Bailey* ‖ 4 atque ad *Wesenberg* : ad *M* (*spatio fere
5 litt. ante relicto*), *G* ac *R* et ad *P²* id est ad *Reid* ‖ 8 nam *scripsi* :
cum ω nunc *Martyni-Laguna* sic *Sh. Bailey* (*dubit. in appar.*) ‖ 9 conturbant *M* : pert- *GR.*

DCXXV. — A ATTICUS.
(Att., XII, 42).
Astura, 10 mai 45.

1. Je n'ai jamais attendu de toi que tu m'écrives à
jour fixe ; car ce que tu me dis dans ta lettre ne m'échap-
pait pas ; et cependant je soupçonnais ou plutôt je me
rendais compte qu'il n'y avait pas matière à une lettre.
Quant au 8, je croyais que tu étais absent et de plus
je voyais bien que tu n'avais rien à dire[1]. De mon côté,
pourtant, je t'enverrai un courrier presque tous les
jours ; j'aime mieux le faire pour rien que de t'exposer
à n'avoir personne à qui donner une lettre, le jour où
quelque chose se présenterait, dont je devrais, à ton
sens, être informé. C'est ainsi que j'ai reçu de toi le
10 une lettre vide, puisque tu n'avais rien à m'écrire ;
et pourtant, ce message, tel qu'il était, ne m'a pas été
désagréable, puisqu'il m'apprenait, à défaut d'autre
chose, que tu n'avais rien de nouveau !

Si pourtant : tu m'as écrit je ne sais quoi au sujet
de Clodia ; où se trouve-t-elle donc? ou quand revien-
dra-t-elle? C'est la solution que je préfère, tout de suite
après celle d'Othon. **2.** Mais je ne crois pas que cette
femme soit prête à vendre, car l'endroit lui plaît et
elle a de gros moyens ; quant à l'autre solution, ses
difficultés ne t'échappent pas. Mais, je t'en conjure,
n'épargnons aucun effort pour imaginer un moyen de
satisfaire mon désir.

3. Je pense partir d'ici le 16, mais ce sera pour
aller soit dans ma propriété de Tusculum, soit à ma
maison de Rome, de là peut-être à Arpinum. Quand je
le saurai avec certitude, je t'écrirai.

DCXXV. — AD ATTICVM.
(Att., XII, 42).

Scr. Asturae vi Id. Mai. a. 45.

1. Nullum a te desideraui diem litterarum ;
uidebam enim quae scribis, et tamen suspicabar
uel potius intellegebam nihil fuisse quod scriberes.
A. d. VI⟨II⟩ Id. uero et abesse te putabam et plane
uidebam nihil te habere. Ego tamen ad te fere cottidie mittam ; malo enim frustra quam te non habere cui des, si quid forte sit quod putes me scire
oportere. Itaque accepi VI Id. litteras tuas inanis :
quid enim habebas quod scriberes? Mi tamen illud,
quicquid erat, non molestum fuit, ⟨ut⟩ nihil aliud,
scire me noui te nihil habere.

Scripsi*sti* tamen nescio quid de Clodia ; ubi ergo
ea est aut quando uentura? Placet mihi res sic ut
secundum Othonem nihil magis. **2.** Sed neque
hanc uendituram puto — delectatur enim et co-
piosa est — et illud alterum quam sit difficile
te non fugit. Sed, obsecro, enitamur ut aliquid ad
id quod cupio excogitemus.

3. Ego me hinc postridie ⟨Id.⟩ exiturum puto,
sed aut in Tusculanum aut domum, inde fortasse
Arpinum. Cum certum sciero, scribam ad te.

DCXXV. — *M* 174 v° ; *R* 106 v° ; *P* 152 v°. *Deest in E, praeter*
2. 1 sed — 3 est.

1. 3 quod *bms* : quid *Md, RP* ‖ VIII *Sh. Bailey* : VI Ω, *edd.; cf.
comm. ad loc.* ‖ 9 mi *Mbm, R, La.*ᶜ : mihi *ds, PO* ‖ 10 ut add. *Müller,* si *Madvig* (Adv. crit., II, p. 239) ‖ 12 scripsisti *Manutius* : -psi Ω,
uett.

3. 1 id. *La.*ᵐ : *om.* Ω, *uett.*

DCXXVI. — A ATTICUS.
(*Att.*, XII, 41).
Astura, 11 mai 45.

1. Je n'ai rien à t'écrire. Je voudrais pourtant savoir où tu te trouves et, si tu es absent ou sur ton départ, quand tu comptes revenir ; tiens-moi donc informé, s'il te plaît. De ton côté, tu voulais savoir quand je partirai d'ici : j'ai décidé de m'arrêter à Lanuvium le 16, et, de là, le lendemain dans ma propriété de Tusculum ou à Rome ; tu sauras le jour même du 16 ce que j'aurai choisi de faire.

2. Tu sais combien *le malheur prédispose aux reproches* ; nullement contre toi, bien sûr ; néanmoins je suis pris d'une vraie passion pour le sanctuaire : si, à défaut de son achèvement, je ne le vois pas du moins en cours de réalisation, — j'ose le dire et tu le prendras comme tu as l'habitude de le faire — ma souffrance retombera sur toi ; à tort, sans doute ; néanmoins tu supporteras cette déclaration même, comme tu supportes et as supporté tout ce qui vient de moi. Je t'en prie, concentre sur ce seul point tous tes efforts pour me consoler. **3.** Si tu me demandes mes vœux, en tête la propriété de Scapula, puis celle de Clodia, ensuite, si Silius refuse et que Drusus abuse, celle de Cusinius et Trébonius ; je crois qu'il y a un troisième propriétaire, et je suis sûr que Rébilus l'a été. Mais si tu as une préférence pour ma propriété de Tusculum, comme tu me l'as indiqué dans une de tes lettres[a], je me rangerai à ton avis. Tu mèneras cette affaire à son terme, d'une façon ou d'une autre, si tu veux m'apporter un soulagement ; tu m'adresses à présent des reproches plus graves même que ne l'autorisent tes habitudes, mais tu le fais par comble d'amitié et ex-

---

a. Cf. *DCXVIII* = *Att.*, XII, 37, 2 ; App. I B.

DCXXVI. — AD ATTICVM.
(*Att.*, XII, 41).
Scr. Asturae ọ Id. Mai. a. 709 /45.

1. Nihil erat quod scriberem. Scire tamen uolebam ubi esses ; si abes aut *a*futurus es, quando
rediturus esses ; facies igitur me certiorem. Et quod
tu scire uolebas [l]ego quando ex hoc loco, postridie Idus Lanuui constitui manere, inde postridie in
Tusculano aut Romae ; utrum sim facturus eo ipso
die scies.

2. Scis quam sit φιλαίτιον συμφορά, minime in te
quidem, sed tamen auide sum adfectus de fano,
quod nisi non dico effectum erit, sed fieri uidero,
— audebo hoc dicere et tu ut soles accipies —
incursabit in te dolor meus, non iure ille quidem,
sed tamen feres hoc ipsum quod scribo ut omnia
mea fers ac tulisti. Omnis tuas consolationes unam
hanc in rem uelim conferas. **3.** Si quaeris quid
optem, primum Scapulae, deinde Clodiae, postea,
si Silius nolet, Drusus aget iniuste, Cusini et Treboni ; puto ter[en]tium esse dominum, Rebilum
fuisse certe scio. Sin autem tibi Tusculanum placet,
ut significasti quibusdam litteris, tibi adsentiar.
Hoc quidem utique perficies si me leuari uis, quem
iam etiam grauius accusas quam patitur tua consuetudo, sed facis summo amore et uictus fortasse

DCXXVI. — *M* 174 r⁰ ; *R* 106 v⁰ ; *P* 152 v⁰. *Deest E.*

1. 2 a(b)futurus *Hervagius* : f- Δ, *PO* fuf- *R* ‖ 3 me *RP, edd.* : *om.* Δ,
O, Sjögren, Sh. Bailey ; sed cf. 4, 3 ‖ 4 ego *Victorius* : lego Ω ‖ 4-5 post-
tridie — inde *om. G, RP.*

2. 6 ut *bs* : et *Mdm, RPO* ‖ 7 ac tulisti *Victorius* : att- Ω.

3. 3 nolet *M*ᶜᵒʳʳ, *RPO* : nollet Δ ‖ cusini(i) *bds G* : cusmi *O²* cus-
mit *MO¹* cusinit *m* ui sinit *R* insunt *P* ‖ 4 tertium *Z*¹ᵃ : terent- Ω.

cédé peut-être par ma faute ; néanmoins, si tu veux
m'apporter un soulagement, c'est là le soulagement
majeur ou mieux, si tu veux la vérité, le seul.

4. Quand tu auras lu la « Lettre » d'Hirtius, où je
crois voir comme une *ébauche* du pamphlet que César
a écrit sur Caton, tu me diras ce que tu en penses, si
cela ne te gêne pas[a].

J'en reviens au sanctuaire : s'il n'est pas terminé cet
été — celui-ci, tu le constates, n'est pas encore en-
tamé —, j'estimerai garder un crime sur la conscience[b].

DCXXVII. — A ATTICUS.
(Att., XII, 42, 3 fin — 43).
Astura, 12 mai 45.

1 (= 42, 3). L'idée m'était venue de te suggérer de
faire précisément ce que tu fais ; il me semblait en
effet que tu pouvais effectuer le dit travail plus à ton
aise chez toi, sans risque d'interruption.

2 (= 43, 1). Pour ma part, comme je te l'ai écrit
précédemment, j'ai décidé de m'arrêter à Lanuvium le
16, et, de là, à Rome ou dans ma propriété de Tusculum ; tu seras informé à l'avance de mon choix.

En te déclarant conscient du soulagement que cette
fameuse réalisation m'apportera, tu fais une bonne
action ; mais, crois-moi, c'est au point que tu ne peux
t'en faire une idée. Un indice de l'ardeur de mon désir,

a. Cf. *DCXXIII* = *Att.*, XII, 40, 1.
b. Le lever matinal des Pléiades, qui marquait le début de l'été
(cf. Cic., *Arat.*, 39), avait lieu le 13 mai d'après Ovide (*Fast.*, V,
599 sq.), le 10 selon Columelle (XI, 2, 40) et Pline (*N. H.*, II, 123 ;
XVIII, 248). Sur la raison probable qui poussait Cicéron à terminer
le sanctuaire de Tullia à la fin de l'été, voir l'App. I A, p. 276 sq., n. 2.

uitio meo — sed tamen si me leuari uis, haec est
summa leuatio uel, si uerum scire uis, una.

4. Hirti epistulam si legeris, quae mihi quasi
πρόπλασμα uidetur eius uituperationis quam Caesar
scripsit de Catone, facies ⟨me⟩ quid tibi uisum
sit, si tibi erit commodum, certiorem.

Redeo ad fanum : nisi hac aestate absolutum
erit, quam uides integram restare, scelere me libe-
ratum non putabo.

DCXXVII. — AD ATTICVM.
(*Att.*, XII, 42, 3 extr. — 43).
Scr. Asturae iǫ Id. Mai. a. 709/45.

1 (= 42, 3).   Venerat mihi in mentem monere te
ut id ipsum quod facis faceres ; putabam enim commodius te idem istuc domi agere posse interpella-
tione sublata.

2 (= 43, 1).   Ego postridie Idus, ut scripsi ad te
ante, Lanuui manere constitui, inde aut Romae aut
in Tusculano ; scies ante utrum[que].

Quod s*crib*is *s*cire te mihi illam rem fore leua-
mento, bene facis ; qu*in* id esse mihi crede perinde
ut existimare tu non potes. Res indicat quanto

---

4. 3 me *Cr.*^m, *edd.* : *om.* Ω ‖ 5 redeo *RPO*[1] : redet *M*[1] redes *O*[2]
reddes *M*^corr*bdms.*

DCXXVII. — *M* 174 v° ; *R* 107 r° ; *P* 152 v°. *Accedit E post* **2**. 6 non
potes ; *om.* **3**. 1 de Othone — 5 quiduis, **3**. 7 uidebis — 10 committendum. *Versus* **1**. 1 — 4 *a fine epist.* DCXXV *ad huius init. transp.*
Schiche (Hermes, 1883, p. 589 sq.).

1. 3 istuc *RPO* : -ud Δ, *uett.*

2. 3 utrum *Schiche* (l. c.) : -mque Ω ‖ 4 scribis *Z*^ia, *Manutius* :
scies Ω sues *Z*^b ‖ scire te *Sh. Bailey* : recte Ω, Z certe *Lambin.* ‖ mihi
RPO, *Z*^ia : mi *Z*^b ; *om.* Δ ‖ 5 quin *Lattmann* (Philol., 1890, p. 187 sq.) :
quom *O* cum Δ, *RP* tum *cod. Faerni* ‖ esse *Md*, *RPO*[1] : -et *b*(?)*ms*, *O*[2].

c'est que j'ose te l'avouer, tout en pensant que tu n'en es
pas un chaud partisan. Mais tu dois supporter cette bizarrerie de ma part ; la supporter ? disons plutôt : aller
jusqu'à y prêter la main. **3** (2). Du côté d'Othon, je
suis sans espoir, peut-être parce que je brûle d'envie ;
mais de plus, c'est un morceau trop gros pour mes
moyens, surtout avec un adversaire plein de convoitise, opulent et de surcroît héritier du bien ! Tout de
suite après, dans l'ordre de mes préférences, vient la
propriété de Clodia. Mais si ces deux projets ne peuvent
être menés à bien, réalise celui que tu veux. Je m'estime lié par un engagement sacré, comme personne ne
l'a jamais été par aucun vœu. Vois aussi les « jardins »
de Trébonius, malgré l'absence des propriétaires. Mais,
comme je te l'ai écrit hier, tu ne perdras pas de vue
non plus ma maison de Tusculum, pour ne pas laisser
l'été s'écouler : car c'est cela qu'il faut éviter.

DCXXVIII. — A L. LUCCÉIUS.
(Fam., V, 15).
Astura, vers le 12 mai 45.

M. CICÉRON SALUE L. LUCCÉIUS, FILS DE QUINTUS.

1. Toute ton affection se montre, sous tous ses aspects, dans la lettre que je viens de recevoir de toi[a] ;
j'avais beau en être conscient, je l'accueille néanmoins
avec gratitude, car elle comble mes vœux ; je dirais
qu'elle me fait plaisir, si ce mot n'était à jamais perdu
pour moi ; et non pas seulement pour la raison que tu
soupçonnes et qui t'est occasion, si doux et affectueux
soient les termes dont tu te sers, de formuler en fait
une accusation grave, mais parce que, sur une blessure
aussi profonde, les remèdes qui devaient être efficaces
restent inopérants. **2.** Que faire, en réalité ? me réfu-

---

a. *DCXXIV = Fam.*, V, 14 ; voir la Notice, p. 80 sq.

opere id cupiam, qu*o*m tibi audeam confiteri quem
id non ita ualde probare arbitr[ar]er. Sed ferendus
tibi in hoc meus error ; ferendus? Immo uero etiam
adiuuandus. **3** (2). De Othone diffido, fortasse
quia cupio ; sed tamen maior etiam res est quam
facultates nostrae, praesertim aduersario et cupido
et locuplete et herede. Proximum est ut uelim Clodiae. Sed, si ista minus confici possunt, effice quiduis.
Ego me maiore religione quam quisquam fuit ullius
uoti obstrictum puto. Videbis etiam Trebonianos,
etsi absunt domini. Sed, ut ad te heri scripsi, consi-
derabis etiam de Tusculano, ne aestas effluat ;
quod certe non est committendum.

DCXXVIII. — AD L. LVCCEIVM.
(Fam., V, 15).
*Scr. Asturae c. i*v *Id. Mai. a. 709 /45.*

M. CICERO S. D. L. LVCCEIO Q. F.

1. Omnis amor tuus ex omnibus partibus se os-
tendit in iis litteris quas a te proxime accepi, non
ille quidem mihi ignotus, sed tamen gratus et op-
tatus — dicerem iucundus, nisi id uerbum in omne
tempus perdidissem —, neque ob eam unam causam quam tu suspicaris et in qua me lenissimis et
amantissimis uerbis utens re grauiter accusas, sed
quod, illius tanti uulneris quae remedia esse debe-
bant, ea nulla sunt. **2.** Quid enim? ad amicosne

---

2. 7 quom *O*² : quam *M*¹, *RPO*¹ cum *M*²*bdms, E* ‖ quem *M*¹,
*O*¹(?), *ed. Rom.* : quam *M*²*ms, ERPO*² (*uett.*) qui *bdG* ‖ 8 ita Δ, *O* :
om. *ERP* ‖ arbitrer (*uett.*) : -trarer Ω, *ed. Iens.*

3. 3 cupido *M*²*bmsG, P* : -io *M*¹*d, RO* ‖ 5 sed *RPO, La.*ᶜ*, ed. Crat.* :
om. Δ (*uett.*) ‖ 6 me *M*²*bdms, EP* : mea *M*¹*, RO* ‖ religione *M*²*bdms,
EP* : reg- *M*¹*, RO.*

gier auprès de mes amis? Combien sont-ils? Car enfin
nous avions à peu près les mêmes ; or, les uns ont péri,
les autres se sont durcis, je ne sais comment. Je pourrais, à coup sûr, vivre en ta compagnie, et ce serait
mon désir le plus cher ; ancienneté, affection, habitudes,
identité de goûts — quel lien manque, je te le demande,
à notre attachement mutuel? Ne pouvons-nous donc
vivre ensemble? Je ne vois pas, ma foi, ce qui nous en
empêcherait ; mais il est certain que, jusqu'à présent,
nous ne l'avons pas fait, alors que nous habitions des
propriétés voisines à Tusculum, à Pouzzoles*a* — car à
quoi bon mentionner Rome? Le Forum étant domaine
commun, le voisinage n'est pas requis. **3.** Mais, par
je ne sais quel hasard, notre vie a coïncidé avec une
époque qui aurait dû être pour nous celle de la plénitude, mais où nous rougissions d'être en vie ; quel refuge en effet pouvais-je trouver, une fois dépouillé de
ce qui pouvait embellir ou même adoucir ma vie privée
et publique? L'activité littéraire, je présume, et le fait
est que je m'y consacre assidûment ; que pourrais-je
faire d'autre? Mais je ne sais comment cette activité
même semble m'interdire l'accès au havre et au refuge
et me reprocher, pour ainsi dire, de persévérer dans
une vie qui a pour seul contenu la prolongation de la
condition la plus misérable. **4.** Alors, tu t'étonnes que
je me tienne à l'écart d'une Ville où mon foyer n'offre
aucun attrait, où les temps et les êtres, le Forum et
la Curie sont souverainement haïssables? Aussi, je me consacre à l'activité littéraire, qui absorbe tout mon temps,
pour y chercher non pas un remède définitif, mais un oubli éphémère de ma souffrance. **5.** Si nous avions fait

a. Cicéron ne possédait pas encore sa propriété de Pouzzoles,
qu'il recevra en héritage de Cluvius quelques mois plus tard (cf.
infra, Notice, p. 198) ; mais il en avait une à Cumes (cf. *supra*, Notice, p. 74), à une dizaine de kilomètres de Pouzzoles.

confugiam? Quam multi sunt? Habuimus enim fere
communis; quorum alii occiderunt, alii nescio quo
pacto obduruerunt. Tecum uiuere possem equidcm
et maxime uellem; uetustas, amor, consuetudo,
studia paria; quod uinclum, qua*eso*, dest nostrae
coniunctioni[s]? Possumusne igitur esse una? Nec
mehercule intellego quid impediat; sed certe adhuc
non fuimus, cum essemus uicini in Tusculano, in
Puteolano — nam quid dicam in urbe, in qua cum
forum commune sit, uicinitas non requiritur?
3. Sed casu nescio quo in ea tempora nostra aetas
incidit ut, cum maxime florere nos oporteret, tum
uiuere etiam puderet. Quod enim esse poterat mihi
perfugium, spoliato et domesticis et forensibus ornamentis atque solaciis? Litterae, credo, quibus
utor assidue; quid enim aliud facere possum? Sed
nescio quomodo ipsae illae excludere me a portu
et perfugio uidentur et quasi exprobrare quod in
ea uita maneam in qua nihil insit nisi propagatio
miserrimi temporis. **4.** Hic tu me abesse Vrbe
miraris, in qua domus nihil delectare possit, summum sit odium temporum, hominum, fori, curiae?
Itaque sic litteris utor, in quibus consumo omne
tempus, non ut ab iis medicinam perpetuam, sed
ut exiguam obliuionem doloris petam. **5.** Quod

DCXXVIII. — *M* 76 vᵒ; *G* 49 vᵒ; *R* 75 rᵒ.

2. 4 obduruerunt *R* : obduer- *M* obdurar- *G* ‖ possem equidem
et ω : posse eq- *Lambin.* si possem, eq- *Madvig* (Adv. crit., III,
p. 157) ‖ 5 maxime *M* : perma- *GR* ‖ 6 quaeso, de(e)st *Rost* (Obs. ad
C. Ep. ad Fam., III, Leipzig, 1803, p. 4) : quas (a *ex* o *m. prima*)
idest *M* quasi est *GR* ‖ 7 coniunctioni *Cratander* : -nis ω, *edd.* ‖ nec ω :
non *Wesenberg* (Em. alt., p. 12) possumus. nec *Lambin.* ‖ 10 quid
GR : quod *M*.

3. 8 exprobrare *R* : -bare *M, G*.

4. 1 tu me *GR* : tuae *M* tu me ab ea *Wesenberg* (Em., p. 61) ‖
2 delectare ς : -ri ω.

l'un et l'autre ce qui ne nous venait même pas à l'esprit,
en raison de nos craintes quotidiennes, si nous avions
vécu tout le temps ensemble, tu ne serais pas plus fâché
par mon chagrin que je ne le serais par ton état de
santé. Eh bien ! réalisons, autant que possible, ce souhait ! N'est-ce pas ce qui nous convient le mieux, à
l'un comme à l'autre? Je te verrai donc bientôt.

DCXXIX. — A ATTICUS.
(*Att.*, XII, 44 — 45, 1).
Astura, 13 mai 45.

1. Je ne suis pas mécontent qu'Hirtius t'ait adressé
un message *de sympathie* à mon sujet, car c'est un geste
aimable, mais je suis bien plus content que tu ne m'aies
pas envoyé sa lettre, car tu as agi encore plus aimablement ! Si je veux que le livre de lui*ᵃ* qu'il m'a envoyé
sur Caton soit diffusé par ton personnel, c'est pour
que les attaques de ces gens-là rehaussent l'éloge d'un
tel homme.

2. En recourant à l'intermédiaire de Mustéla, tu as
mis la main sur l'homme de la situation ; en outre, il
m'est tout dévoué depuis l'affaire de Pontianus[1]. Obtiens donc un résultat ! Et lequel, sinon le droit d'accès
à la vente, pour un acheteur? Il suffit pour cela de
l'intervention de l'un quelconque des héritiers. Mais
Mustéla obtiendra ce résultat, je pense, si tu le lui demandes. Tu m'auras ainsi procuré l'endroit que je
souhaite pour la réalisation de mon plan et, par-dessus
le marché, une *retraite pour mes vieux jours*. De fait,
les domaines lointains de Silius et de Drusus ne me
paraissent pas assez *résidentiels* ; voyons ! rester des journées entières sans bouger dans une maison de campagne?
Aussi je préfèrerais les autres, plus proches, au pre-

---

a. Cf. *DCXXIII* = *Att.*, XII, 40, 1.

si id egissemus ego atque tu, quod ne in mentem
quidem nobis ueniebat propter cotidianos metus,
⟨si⟩ omne tempus una fuissemus, neque me ualetudo
tua offenderet neque te maeror meus. Quod, quantum fieri poterit, consequamur ; quid enim est
utrique nostrum aptius? Propediem te igitur uidebo.

DCXXIX. — AD ATTICVM.

(*Att.*, XII, 44 — 45, 1).

Scr. Asturae iii Id. Mai. a. 709 /45.

1. Et Hirtium aliquid ad te συμπαθῶς de me scripsisse facile patior (fecit enim humane) et te eius
epistulam ad me non misisse multo facilius ; tu
enim etiam humanius. Illius librum quem ad me
misit de Catone propterea uolo diuulgari a tuis ut
ex istorum uituperatione sit illius maior laudatio.

2. Quod per Mustelam agis, habes hominem
ualde idoneum meique sane studiosum iam inde a
Pontiano. Perfice igitur aliquid ! Quid autem aliud
nisi ut aditus sit emp*t*ori? Quod per quemuis here-
dem potest effici. Sed Mustelam id perfecturum,
si rogaris, puto. Mihi uero et locum quem opto ad
id quod uolumus dederis et praeterea ἐγγράμμα. Nam
illa Sili et Drusi non satis οἰκοδεσποτικὰ mihi uidentur ; quid enim? sedere totos dies in uilla? Ista

---

5. 4 si *add. Baiter*, ut *Rost* (Obs. ad C. Ep. ad Fam., III, Leipzig,
1803, p. 5 ; *sed cf. Kühner-St.*, Ausf. Gramm., II², p. 195 sq.), et *Sh.
Bailey.*

DCXXIX. — *M* 175 rº ; *R* 107 rº ; *P* 152 vº. *Desunt in E* : **2.** 1 quod,
— **3.** 3 deinde, **3.** 5 modo — 10 arbitrari, **3.** 11 solet —**4.** 3 possum.
Ab in. epist. DCXXXIV *ad huius finem uersus* **4.** 1 ego — 6 uerbis
transp. Schiche (Hermes, 1883, p. 594).

1. 2 et te eius *M²bdms, O* : ecce e- *M¹, RP* et e- te *E.*
2. 4 sit emptori *uett.* : si tempori Δ, *RP* ‖ 8 Sili(i) *uett.* : si illi Δ,
RPO.

mier rang celui d'Othon, en second lieu celui de Clodia.
Si rien n'aboutit, il faudra engager la partie avec Drusus[1] ou recourir à ma propriété de Tusculum.

3. En t'enfermant chez toi, tu as agi avec raison ;
mais, je t'en prie, finis-en et rends-toi libre pour moi.
Partant d'ici, comme je te l'ai écrit précédemment, je
serai le 16 à Lanuvium, puis le lendemain dans ma propriété de Tusculum. J'ai broyé et peut-être vaincu mes
sentiments, pourvu que je persévère. Tu seras donc
informé peut-être demain, au plus tard après-demain.

Mais dis-moi, que se passe-t-il? Philotime raconte
que Pompée n'est pas enfermé dans Cartéia (à ce propos, Oppius et Balbus m'avaient envoyé copie d'une
lettre adressée à Clodius Patavinus[a] : ils croyaient qu'il
l'était) et que des opérations passablement importantes
restent encore à mener. Il se plaît en général à jouer les
Favonius. Néanmoins si tu as des nouvelles... Je voudrais savoir aussi ce qu'il en est du naufrage de Caninius.

4 (= 45, 1). J'ai achevé ici les deux grandes *parties
d'un ouvrage*[b] ; car je n'ai pas d'autre moyen de me
distraire en quelque sorte de mon malheur. De ton
côté, même si tu n'as rien à m'écrire — ce qui sera le
cas, je le vois bien —, écris-moi, s'il te plaît, juste cela,
que tu n'avais rien à m'écrire, pourvu que tu n'uses pas
de ces termes !

---

a. Personnage inconnu. Sur ces fausses nouvelles, les illusions de
Philotime et le sobriquet *Fauoniaster*, voir la Notice, p. 78.

b. Les deux livres composant les *Académiques*, dans leur première
version (cf. App. II A).

igitur malim, primum Othonis, deinde Clodiae. Si
nihil fiet, aut Druso ludus est suggerendus aut uten-
dum Tusculan*o*.

3. Quod domi te inclusisti ratione fecisti ; sed,
quaeso, confice et te uacuum redde nobis. Ego hinc,
ut scripsi antea, postridie Idus *L*anu*u*i, deinde postridie in Tusculano. Contudi enim animum et fortasse uici, si modo permansero. Scies igitur fortasse
cras, summum perendie.

Sed quid est, quaeso? Philotimus nec Cart*eiae*
Pompeium teneri (qua de re litterarum ad Clodium
P*a*tauinum missarum exemplum mihi Oppius et
Balbus miserant, se id factum arbitrari) bellumque
narrat reliquum satis magnum. Solet omnino esse
F*a*uoniaster. Sed tamen, si quid habes... Volo etiam
de naufragio C*a*niniano scire quid sit.

4 (= 45, 1). Ego hic duo magna συντάγματα absolui ; nullo enim alio modo a miseria quasi aber-
rare possum. Tu mihi, etiam si nihil erit quod scribas — quod fore ita uideo — tamen id ipsum scribas
uelim te nihil habuisse quod scriberes, dum modo
ne his uerbis.

---

2. 12 Tusculano (*uett.*) : -num Δ, *RP, ed. Rom.*
3. 3 postridie — deinde *om. b, O* ‖ Lanuui(i) *Corradus* : Iami *M*
ian. *dms* ianuarii *RP* ‖ 5 uici si *bm* (*uett.*) : uicissi *M* -ssim Σ, *ed.*
Iens. -ssim si *ds* ‖ 6 cras summum *ds, uett.* : -ssum num *M, m, RP*
cras ad summum *b* ‖ 7 Carteiae *Manutius* : -tini Ω, Z^la (*qui* -tani
errore typogr.), *uett.* -teia *Corradus, Sh. Bailey* ‖ 9 Patauinum *uett.* :
putaui num *b²* -ui num in *Mm, RP* numin *s* nunni *dG* numi *ed. Iens.* ‖
10 factum Ω : fic- *Corradus* ‖ 12 Fauoniaster *Sh. Bailey* : fuluio- (*uel*
sim.) Δ, *RO* fl. (*spat. rel.*) *P* ‖ 13 Caniniano *Manutius* : gabiniano
bs (*uett.*) ganiano *M, RPO* geni- *dG, ed. Iens.* gabi- *m.*

DCXXX. — A ATTICUS.
(*Att.*, XIII, 26).
Astura, *14 mai 45*.

1. Pour la part de Vergilius, je suis entièrement
d'accord[a] ; tu agiras donc en conséquence. Ce sera sûrement la solution numéro un ; au deuxième rang, celle
de Clodia. Si aucune des deux n'aboutit, je crains bien
de frapper un grand coup et de foncer sur Drusus. Je
ne suis pas maître de moi, dans ma passion pour ce
que tu sais. Aussi m'arrive-t-il également de me retourner vers ma propriété de Tusculum. N'importe quoi
plutôt que de ne pas en finir cet été.

2. Dans les circonstances où je me trouve, je n'ai
pas d'endroit où vivre plus à mon aise qu'à Astura.
Mais mes compagnons[b], parce qu'ils ne supportent pas
ma tristesse, je pense, ont hâte de rentrer au logis ;
alors, je pourrais rester, cependant je vais m'en aller,
comme je te l'ai écrit, ne voulant pas avoir l'air abandonné. Où cela? De Lanuvium, je veux essayer d'aller
dans ma maison de Tusculum. Mais je t'informerai
sans délai. Tu voudras bien t'acquitter de la correspondance[c]. De mon côté, j'écris à une cadence incroyable,
même la nuit, car j'ignore le sommeil. Hier, j'ai aussi
rédigé la *Lettre à César*, puisque tu en étais partisan[d] ;
il n'y avait pas de mal à l'écrire, pour le cas où tu es-
timerais cela utile. Dans la situation actuelle, il n'est
absolument pas nécessaire de l'envoyer ; mais, sur ce
point, à toi de juger. De toute façon, je t'en enverrai
un double, peut-être de Lanuvium, à moins que je
n'aille à Rome. Mais tu le sauras demain.

a. Si Vergilius, un des quatre héritiers de Scapula, était bien le
pompéien qui avait combattu en Afrique, sa part de l'héritage, confisquée par l'État, posait un problème particulier (cf. XIII, 3, 1
et 33, 2 = *DCLIV* sq. ; App. I B, p. 290, n. 2).

b. Des amis comme Sicca, et non pas son personnel, qui devait
se plier à ses volontés.

c. Pour l'achat de la propriété, sans aucun doute.

d. Voir l'App. II B.

DCXXX. — AD ATTICVM.
(*Att.*, XIII, 26).
Scr. Asturae prid. Id. Mai. a. 709/45.

1. De Vergili parte, ualde probo ; sic ages igitur. Et quidem id erit primum, *prox*imum Clodiae.
Quod si neutrum, metuo ne turbem et irruam in
Drusum. Intemperans sum in eius rei cupiditate
quam nosti. Itaque reuoluor identidem in Tusculanum. Quiduis enim potius quam ut non hac aestate
absoluatur.

2. Ego, ut tempus est nostrum, locum habeo
nullum ubi facilius esse possim quam Asturae. Sed
quia qui mecum sunt, credo quod maestitiam meam
non ferunt, domum properant, etsi poteram remanere, tamen, ut scripsi tibi, proficiscar hinc, ne re-
lictus uidear. Quo autem? Lanuuio conor equidem
in Tusculanum. Sed faciam te statim certiorem. Tu
litteras conficies. Equidem credibile non est quantum scribam, quin etiam noctibus ; nihil enim somni.
Heri etiam effeci epistulam ad Caesarem ; tibi enim
placebat ; quam non fuit malum scribi, si forte
opus esse putares. Vt quidem nunc est, nihil sane
est necesse mittere ; sed id quidem ut tibi uidebitur. Mittam tamen ad te exemplum fortasse Lanuuio, nisi forte Romam. Sed cras scies.

DCXXX. — *M* 183 rᵒ ; *R* 111 vᵒ ; *P* 160 vᵒ. *Deest in E, praeter*
2. 1 ego — 6 uidear *et* 8 equidem — 10 Caesarem. *Nouam ep. dist.*
Cratander.

1. 1 uergili *Mm, RP* : uir- *bds* ‖ 2 et quidem *M*ᶜᵒʳʳ*b, RP, Cr.*ᵐ :
eq- *M*¹*msG* q- *d* ‖ proximum *Cr.*ᵐ : max- Δ, *P* et max- *R* ‖ 3 ne turbem (-be *P*) *RP* (*uett.*) : nec u-Δ, *ed. Rom.* ‖ 5 reuoluor Δ, *P* : releuor *R*.
2. 6 lanuuio conor *bs*² (*in marg.*) : -uium c- *Z*ᵇ lanio (-niuo *O*¹)
c- (-e *eras. M*) *Mdms*¹, *O,* lanuui honore *R* lauinni h- *P* ‖ 9 quin ΔΣ :
qui *Wesenberg* ‖ 14-15 lanuuio *bms, R* : lanuio *Md* lanio *G* lauinno *P*.

DCXXXI. — A ATTICUS.
(Att., XII, 46 — 47, 1 début).
Astura, 15 mai 45.

1. Je saurai me dominer, je pense, et de Lanuvium
je me rendrai à Tusculum. En effet, ou bien je dois
renoncer à jamais à cette propriété (car ma douleur
persistera, seulement sous une forme plus sourde) ou
bien je ne vois aucune différence entre y aller maintenant ou dans dix ans. De fait, ce rappel du passé ne
sera pas plus aigu que ceux qui m'accablent sans relâche nuit et jour. « Mais alors », diras-tu, « la littérature ne sert à rien »? A cet égard, je crains même qu'elle
n'ait un effet contraire ; car, sans cela, je serais peut-
être plus dur ; chez un être cultivé, il n'y a rien de rude,
rien d'inhumain.

2 (= 47, 1). Tu feras donc comme tu me l'as écrit,
sauf si cela te dérange ; somme toute, il suffira de deux
lettres[a]. J'irai même vers toi, en cas de nécessité. Donc,
sur ce point, fais comme tu pourras[b].

DCXXXII. — A ATTICUS.
(Att., XII, 47, 1 fin-2).
Lanuvium, 16 mai 45.

1. Pour Mustéla, fais comme tu dis ; mais c'est une
grosse affaire. Je penche d'autant plus vers Clodia

---

a. Voir la lettre précédente, § 2, l. 7-8.
b. C'est-à-dire : « ne te crois pas obligé de venir me voir à Tusculum, si tu es trop occupé ».

DCXXXI. — AD ATTICVM.
(*Att.*, XII, 46—47, 1 init.).

Scr. Asturae Id. Mai. a. 709/45.

1. Vincam, opinor, animum et Lanuuio pergam
in Tusculanum. Aut enim mihi in perpetuum fundo
illo carendum est (nam dolor idem manebit, tantum modo oc⟨cul⟩tius) aut nescio quid intersit
utrum illuc nunc ueniam an ad decem annos. Neque
enim ista maior admonitio quam quibus adsidue
conficior et dies et noctes. « Quid ergo? » inquies,
« nihil litterae? » In hac quidem re uereor ne etiam
contra; nam essem fortasse durior; ex⟨cul⟩to enim
⟨in⟩ animo nihil agreste, nihil inhumanum est.

2 (= 47, 1). Tu igitur, ut scripsisti, nec id incommodo tuo; uel binae enim poterunt litterae.
Occurram etiam, si necesse erit. Ergo id quidem
ut poteris.

DCXXXII. — AD ATTICVM.
(*Att.*, XII, 47, 1 extr.-2).

Scr. Lanuui xvii Kal. Iun. a. 709/45.

1. De Mustela, ut scribis, etsi magnum opus
est. Eo magis delabor ad Clodiam. Quamquam in

DCXXXI. — *M* 175 v° ; *R* 107 r° ; *P* 153 r°. *Versus* **2.** 1 tu — 4 poteris *ab in. seq. epist. ad huius finem transp.* Schiche (Hermes, 1883,
p. 591).

1. 1 uincam *M*corr*bdms, uett.* : -ar *M*¹, *ERPO*² ‖ 3-4 tantum — aut
om. E ‖ modo occultius *Fr.* Schmidt (Ann. Phil., 1874, p. 742) : m-
octius (ott- *m*) *Mm, O, Z*¹ᵃ m- ocius (*uel* oti-) *bds, RP* modestius
*La.*ᶜ mediocrius *La.*ᵐ ‖ 9 exculto *Victorius* : ex(s)to *M*¹, *Z*ᵇ esto *RP*
isto *M*²*bdms, EO*² (*in ras.*) ‖ 10 in animo *Wesenberg* (Em., p. 46) :
an- *M*²*bdms, EPO*² an- ne *M*¹, *O*¹ ‖ *post* inhumanum *deest E.*

2. 2 poterunt *m, O, ed. Rom.* : potue- (Δ), *RP* (*uett.*).

Toutefois, dans les deux cas, il faut explorer le problème de ma créance sur Fabérius ; il n'y a aucun in-
convénient à ce que tu en parles à Balbus, en lui di-
sant, ce qui est la vérité, que je veux acheter, que je
ne peux le faire sans me servir de cette créance et que
je n'ose pas tant que je n'ai pas d'assurance. **2.** Mais
quand Clodia doit-elle être à Rome et à combien éva-
lues-tu son bien ? J'ai les yeux fixés dans cette direc-
tion, non que je n'aie une préférence pour l'autre solution, mais c'est un gros morceau, et une compétition
difficile avec un adversaire plein de convoitise, opulent,
héritier du domaine[1]. Pour la convoitise, encore, je ne le
cèderais à personne ! Pour le reste, j'ai le dessous. Mais
nous parlerons de cela en tête-à-tête.

DCXXXIII. — A ATTICUS.
(Att., XII, 47, 3 — 48 début).
Lanuvium, 17 mai 45.

1 (= 47, 3).   Continue à diffuser le livre d'Hirtius[a].
Pour Philotime, j'avais la même opinion que toi[b]. Ta
maison de Rome va prendre de la valeur, je vois, avec
César comme voisin[c] ! J'attends mon courrier aujourd'
hui : il me donnera des nouvelles de Pilia et d'Attica[d].
2 (= 48).   Je crois sans peine que tu aimes rester
chez toi. Mais je voudrais savoir ce qui te reste à faire
ou si tu en as terminé. Je t'attends chez moi à Tusculum, d'autant que tu as écrit à Tiron que tu viendrais
aussitôt, en ajoutant que cela te paraissait utile.

---

a. Cf. *DCXXIII* = *Att.*, XII, 40, 1 ; Not., p. 79.
b. Cf. *DCXXIX* = *Att.*, XII, 44, 3.
c. Voir la Notice, p. 79.
d. Elles se trouvent à Cumes, dans la propriété de Cicéron (cf.
Not., p. 74).

utroque Faberianum nomen explorandum est ; de
quo nihil nocuerit si aliquid cum Balbo eris locutus,
et quidem, ut res est, emere nos uelle nec posse
sine isto nomine nec audere re incerta. **2.** Sed
quando Clodia Romae futura est et quanti rem
aestimas? Eo prorsus specto, non quin illud malim,
sed et magna res est et difficile certamen cum cupido, cum locuplete, cum herede. Etsi de cupiditate nemini concedam ; ceteris rebus inferiores sumus. Sed haec coram.

DCXXXIII. — AD ATTICVM.

(*Att.*, XII, 47, 3 — 48 init.).

Scr. Lanuui xvi Kal. Iun. a. 709/45.

1 (= 47, 3). Hirti librum, ut facis, diuulga. De
Philotimo idem et ego arbitrabar. Domum tuam
pluris uideo futuram uicino Caesare. Tabellarium
meum hodie exspectamus : nos de Pilia et Attica
certiores faciet.

2 (= 48). Domi te libenter esse facile credo.
Sed uelim scire quid tibi restet aut iamne confece-
ris. Ego te in Tusculano exspecto eoque magis
quod Tironi statim te uenturum scripsisti et addidisti te putare opus esse.

DCXXXII. — *M* 175 v° ; *R* 107 r° ; *P* 153 v°. *Deest in E, praeter*
2. 4 magna — 5 herede ; *de in. huius epist. uide ad sup., de fine ad seq.*

1. 6 audere re *La.*ᶜ : audirer (Δ), *RPO* -res *s*.

2. 3 (a)estimas *b, RO* : ext- (Δ) exist- *P* ‖ specto Δ, *O, La.*ᶜ, *ed.
Rom.* : exp- *RP* (*uett.*) ‖ malim *Mbm, O* : -lum *dsG, RP*.

DCXXXIII. — *M* 175 v° ; *R* 107 v° ; *P* 153 v°. *Deest in E, praeter* **1.** 2 domum — 3 Caesare *et* **2.** 3 ego — exspecto. *Versus* **1.** 1 Hirti
— 5 faciet *a fine sup. epist. huc transp.* Schmidt (Briefwechsel, p. 283) ;
de fine huius ep. uide ad DCXXXVI.

1. 2 arbitrabar *bm* (*uett.*) : -trabor *Md, RPO, ed. Iens.* -tror *sG* ‖
4 exspectamus *M*², *RPO*¹ (*uett.*) : -ta mis *M*¹*d* -tamus is *G, O*² -taui
is *bms, ed. Rom.*

TROISIÈME PARTIE

Du 17 Mai au 21 Juin 45

LA REPRISE DE LA VIE NORMALE

LETTRES DU 17 MAI AU 21 JUIN 45

NOTICE

Parti d'Astura le 16 mai, Cicéron, après avoir passé la soirée et la nuit à Lanuvium, arrive le 17 dans sa propriété de Tusculum, où il n'était pas revenu depuis que sa fille y avait rendu le dernier soupir, trois mois plus tôt (cf. *supra*, p. 76). Le soir même, il répond (XII, 45, 2-3 = *DCXXXIV*) à une lettre que, de Rome, Atticus venait de lui faire parvenir, en réponse à celle que Cicéron lui avait envoyée le matin de Lanuvium (XII, 47, 3 — 48 init. = *DCXXXIII*); dans la journée du 18, il reçoit la visite de son ami, qu'il n'avait pas revu depuis le 30 avril (cf. *supra*, p. 74)[1]. Sa première impression, après ce retour qu'il appréhendait (cf. *Att.*, XII, 46, 1 = *DCXXXI*), fut certes pénible : ἀνεϰτότερα *erant Asturae nec haec quae refricant non hic me magis angunt* (XII, 45, 2 = *DCXXXIV*, 1); mais il remarque aussitôt que sa peine a sa source en lui-même et non pas dans le cadre où il se trouve : *etsi tamen, ubicumque sum, illa sunt mecum*; de fait, il n'y fera plus aucune

---

1. La chronologie proposée par O. E. Schmidt pour le début du séjour à Tusculum (*Der Briefwechsel des M. T. C. von seinem Prokons. in Cilicien bis zu Caesars Ermordung*, Leipzig, 1893, p. 284) nous paraît la plus vraisemblable ; D. R. Shackleton Bailey (in ed. *Att.*, t. V, p. 338) veut qu'Atticus ne soit reparti pour Rome que le 19 ; mais cela oblige à reporter du 18 au 19 le billet *DCXXXV* (= XII, 50), du 19 au matin du 20 la lettre *DCXXXVI* (= 48 extr.-49) et du matin au soir du 20 la lettre *DCXXXVII* (= 51), alors que celle-ci a manifestement été écrite le matin (cf. § 1 : *Valerium hodie audiebam esse uenturum*). Il fallait de 3 à 4 heures pour parcourir, à cheval ou en voiture, les 22-23 km séparant Tusculum du centre de la Ville.

allusion par la suite ; ce n'est pas qu'il ait oublié sa
fille ou son chagrin : maints passages des *Tusculanes*
suffisent à le montrer et il s'acharne avec la même opi-
niâtreté à réaliser son projet de sanctuaire en l'honneur de Tullia, qui occupe toujours la première place
dans sa correspondance (cf. App. I) ; mais il s'est habi-
tué à vivre avec sa douleur et n'éprouve plus le besoin
d'en parler.

Il continue à écrire quotidiennement, voire deux fois
par jour, à Atticus, qui en fait autant ; cette régularité
et le contenu des lettres ont permis de les dater avec
une quasi-certitude jusqu'au 28 mai, jour pour lequel
nous avons deux messages, dont le premier porte l'indication précise *V Kal. mane* (XIII, 31, 1 = *DCXLVI*)[1].
Il reçoit des visites, entre autres celles du grammairien
Curtius Nicias, de Cos, qu'il avait préféré tenir à l'écart
deux mois plus tôt (XIII, 1, 3 = *DCXL*, etc. ; cf. *supra*, *Att.*, XII, 26, 2 = *DCIV* ; T. VII, p. 211 ; 299),
et offre même l'hospitalité au prince héritier de Cappadoce, Ariarathe, dont il avait jadis soutenu le frère
(cf. XIII, 2 *a*, 2 = *DCXLV* et comm. *ad loc.*).

Son existence ayant ainsi retrouvé son cours normal,
il n'en consacre pas moins le plus clair de son temps

1. Cf. Schmidt, *o. c.*, p. 284 sqq. ; un léger doute demeure pour
la date exacte d'*Att.*, XIII, 2 *a* : le membre de phrase *si Faberius
uenerit* délimite une fourchette allant du 25 mai (première mention
de la venue de ce personnage dans l'*Epist. DCXLIII* = XIII, 28,
1, du 26) au 28 mai (XIII, 30, 2 = *DCXLVII*, 1, du 28 au soir :
Fabérius est attendu non pas le 28, comme prévu, mais seulement
le 29 au matin) ; nous avons déjà une lettre pour chacun des trois
premiers jours et deux pour le 28 ; dans celle du 26 (*DCXLIII*, 1),
Cicéron demande à Atticus, de façon vague, de le tenir informé
de Faberio autem, cum uenerit ; le 27, il a appris que son ami est
susceptible de rencontrer l'homme d'affaires le lendemain, ce qui
l'empêcherait de venir à Tusculum : *cras aut te aut causam ; quam
quidem puto futuram Faberianam ; sed si poteris...* (XIII, 29, 3 =
DCXLIV, 2) ; le plus probable est donc que, dans cette éventualité,
Cicéron a envoyé, l'après-midi du 27, une note complémentaire
— XIII, 2 *a* — à Atticus (*sic*, Schmidt, *o. c.*, p. 293, avec une argumentation un peu différente).

au travail intellectuel : lectures et surtout rédaction ;
après les *Académiques*, dont la première version a été
presque achevée à Astura, il a en chantier le *De finibus*
(cf. App. II A). Peu avant de quitter Astura, il avait
aussi écrit une *Lettre à César* de caractère politique,
sur le conseil d'Atticus (cf. *Att.*, XIII, 26, 2 = *DCXXX* ;
App. II B) ; de là naquit un incident qui contribua à
modifier quelque peu l'attitude de Cicéron à l'égard
des Césariens même modérés et de César : d'une résignation circonspecte, mais exempte de malveillance, on
le voit passer à une hostilité contenue, mais sarcastique.
En effet, alors qu'Atticus était partisan d'envoyer à
César la *Lettre* en question, Cicéron avait jugé plus
prudent de la donner préalablement à lire à des fidèles
de César, c'est-à-dire Balbus et Oppius, et chargé son
ami de leur communiquer le texte (*Att.*, XII, 51, 2 =
DCXXXVII ; 20 mai) ; le résultat de la consultation
ne se fit guère attendre (cf. XII, 52, 2 = *DCXXXVIII* ;
XIII, 1, 3 = *DCXL*) : poliment négatif sur la plupart
des points ; le 24, Atticus en donnait connaissance à
Cicéron : ulcéré, celui-ci réagit d'abord par un cri d'indignation (XIII, 2, 1 = *DCXLI* : *quid enim indignius*?) ;
le lendemain, il a repris son sang-froid et analyse avec
lucidité l'échec de son initiative (XIII, 27, 1 = *DCXLII*) :
on le sent à la fois humilié par les critiques, satisfait
d'avoir prévenu le risque de mécontenter César et, au
fond, soulagé de renoncer à une entreprise qui l'exposait au double reproche de servilité et d'impertinence.
Le jour suivant, il revient sur la question (XIII, 28,
2-3 = *DCXLIII* ; 26 mai) : Atticus, qui tient à son
idée, lui a suggéré de remanier le texte en tenant compte
des observations formulées ; il refuse : *non possum* ;
il écarte, avec plus de vivacité qu'au temps où le projet le laissait hésitant (cf. *Att.*, XII, 40, 2 = *DCXXIII*),
le précédent d'Alexandre conseillé par des philosophes
et constate qu'il lui est décidément impossible de pré-

server le minimum requis d'honneur et de sincérité
sans déplaire à César ; mieux vaut donc se taire. Mais
cet incident lui donne à réfléchir sur son attitude à
l'égard du pouvoir en place : pour la première fois, il
ose déclarer à Atticus — et s'avouer à lui-même —
qu'il n'est pas ce qu'il devrait être, puisque ce n'est pas
la honte qui le fait renoncer à son entreprise : *non me
hoc turpe deterret (ac uellem quidem : essem enim qui
esse debebam) (DCXLIII, 2).*

Un événement de la vie publique, qui a coïncidé avec
l'affaire de la *Lettre*, a favorisé cette prise de conscience :
le jour même où, de Lanuvium, il en expédiait le texte
à Atticus (cf. XIII, 26, 2 = *DCXXX*), il apprenait que
César allait devenir σύνναος de Quirinus, c'est-à-dire
qu'une statue allait lui être dédiée, en tant qu'être divin, dans le temple de Romulus-Quirinus (XII, 47, 3 =
DCXXXIII, 1 ; *supra*, p. 79) ; cette initiative, qui dé-
marquait moins le précédent unique de Romulus que
le modèle des monarchies théocratiques d'Orient, avait
inspiré à Cicéron, le soir du même jour, une épigramme
mordante, qui en dit long sur l'avenir qu'il souhaitait
au dictateur : *eum* σύνναον *Quirino malo quam Saluti*
(XII, 45, 3 = *DCXXXIV*, 2). Or, dans la lettre où
il révèle à Atticus son écœurement, il rappelle cette
innovation scandaleuse, à côté d'une autre de même
nature (XIII, 28, 3 = *DCXLIII*) : dans une procession, l'effigie de César a été transportée solennellement
avec celles des dieux[1].

Cicéron met un point final à cette affaire dans sa
première lettre du 28 mai (XIII, 31, 3 = *DCXLVI*) :
ses conseils n'étaient pas si mauvais, remarque-t-il,
puisque César a décidé de surseoir à l'expédition contre

---

1. Cf. Suet., *Iul.*, 76, 1 ; Cass. D., XLIII, 45, 2 ; St. WEINSTOCK,
Divus Iulius, Oxford, 1971, p. 185 ; probablement aux *Parilia* du
21 avril, qui furent célébrés cette année-là avec un éclat sans précédent, y compris des jeux du Cirque (cf. *supra*, p. 73 ; Cass. D.,
XLIII, 42, 3 ; XLV, 6, 4).

les Parthes jusqu'à ce que Rome soit pourvue d'insti-
tutions politiques, comme il le lui suggérait ; mais,
pour sauvegarder la demi-liberté qui lui reste, un seul
moyen : se taire et rester dans l'ombre. De fait, il semble
qu'à partir de ce moment, Cicéron prenne quelque distance à l'égard du camp césarien ; en tout cas, un re-
froidissement se marque nettement dans le ton qu'il
emploie en parlant de son chef[1].

La correspondance des tout derniers jours de mai et du
début de juin soulève des problèmes délicats de classement
et de chronologie.

Si les éditeurs récents sont d'accord pour situer le 29 mai
les lettres XIII, 2 *b* (= *DCXLVIII*) et XIII, 32 (= *DCXLIX*),
écrites l'une le matin, l'autre l'après-midi, on relève de sérieuses divergences pour les jours suivants :

Att. :	O. E. SCHMIDT (*Briefwechsel...*, p. 295 sq. ; 428)	SH. BAILEY (in ed., t. V)	E. BADIAN (*Mél. Renard*, I, 1969, p. 54 sq.)
XII, 3	11 juin 46	30 mai 45	
XII, 6	2e Interc. 46	31 mai (?)	
XII, 5 *a*	31 mai 45	31 mai	
XIII, 3	30 mai	1er juin	
XIII, 33	3 juin	2 juin	
XIII, 6, 1-4	1-3 : mil. mars 45 4 : 4 juin	3 juin (?)	1-4 : 4 juin
XIII, 4	1er juin	4 juin	5 juin
XIII, 5	2 juin	5 juin	3 juin

Deux questions distinctes se posent :
1°) l'appartenance à ces huit jours de XII, 3, XII, 6 et
XIII, 6, 1-3 ;
2°) l'ordre de succession des lettres dans ces huit jours et
leur date exacte.

1°) Le problème de XII, 3 est le plus épineux ; cette lettre
est traditionnellement rapportée au séjour que Cicéron fit à

---

1. Voir déjà *Att.*, XII, 49, 1 (= *DCXXXVI*, 2), écrite avant
l'affaire de la *Lettre*, mais après l'annonce de la divinisation de César comme *contubernalis* de Quirinus : les termes flatteurs qui lui
sont appliqués, *uiri optimi et hominis liberalissimi*, reçoivent du
contexte une coloration ironique.

Tusculum dans la première quinzaine de juin 46 (cf. t. VII,
p. 22 sq.); Schmidt la date très précisément du 11 de ce
mois (*o. c.*, p. 241), parce que, selon lui, elle précède d'un
jour *Att.*, XII, 5 *c* (= *CCCCLXXXIV*), écrite le 12 : le 12,
Cicéron a été informé par Atticus que celui-ci se proposait
de lui rendre visite le 14 ; lorsqu'il rédigeait XII, 3, il ne
savait pas encore, au juste, quand se terminerait le *triduum*
de séparation supplémentaire évoqué au § 1 : *quare obdure-*
tur hoc triduum... sed uelim scire hodiene [?] *statim de auc-*
tione, et quo die uenias. Ego me interea cum libellis; ac mo-
leste fero Vennoni historiam me non habere (XII, 3, 1 =
DCL) ; finalement, Atticus, retenu par une légère indisposi-
tion, retarda sa visite d'un jour (XII, 4, 1 = *CCCCLXXXV*),
en sorte que le *triduum* de Cicéron se prolongea d'autant :
addam igitur, ut censes, unum diem. Cette argumentation fragile ne résiste pas à plusieurs objections : les derniers mots
ne peuvent s'appliquer à la résignation de Cicéron, attendant un jour de plus la visite de son ami, mais à sa décision
de retarder ce qu'il avait en vue, en l'occurrence son retour
à Rome ; d'autre part, Cicéron fait allusion, en XII, 3, 1
à une vente aux enchères (texte *supra*) : or, il n'en est
pas question dans la correspondance de juin 46 ; enfin, la
lettre se termine par une recommandation de veiller sur la
santé d'Attica — *tu Atticam, quaeso, cura et ei salutem et*
Piliae, Tulliae quoque uerbis, plurimam (§ 2) —, alors que,
en 46, elle n'a pas donné d'inquiétude avant la fin de l'année (cf. XII, 6 *a* = *DXVIII* ; XII, 11 = *DLXI*). Cette objection a moins de force que les deux premières ; elle dispa-
raît, si l'on accepte la brillante démonstration de SHACKLETON
BAILEY (in ed. *Att.*, t. V, p. 300 sq.) : constatant que la dernière phrase, depuis *tu Atticam*, ne figure dans aucun des
manuscrits, à la place normale où se trouve la lettre, entre
XII, 2 et XII, 4, mais seulement dans la reproduction du
texte de XII, 3 étrangement insérée à l'intérieur de XVI,
5, 3 (cf. app. crit. *ad loc.*), il en conclut qu'il y a de fortes
chances que cette phrase n'ait pas appartenu au texte de
XII, 3 ; elle s'y sera greffée à l'occasion de la réinsertion abu-
sive de la lettre *alieno in loco*. Or, s'il en est ainsi, il n'y a
plus aucune raison de la croire antérieure à la mort de Tullia ; il y en a plusieurs de la rapporter à la fin de mai ou
au commencement de juin 45, comme d'autres lettres du début du livre XII (6 = *DCLI* ; 5 *a* = *DCLIII* ; 5 *b* = *DCLIX*),
et plus précisément au 30 mai : — depuis le 18, Cicéron
multiplie les allusions à la vente aux enchères de Péducéus

(cf. XII, 50 = *DCXXXV* ; 51, 1 = *DCXXXVII* ; XIII, 30, 2 = *DCXLVII*, 1 ; 2 *b* = *DCXLVIII*), finalement fixée au 30 (cf. XIII, 30, 2 ; 2 *b*) ; d'autre part, jour après jour, il attend la visite d'Atticus et cet espoir est lié à la vente, qu'elle doit suivre immédiatement (*ll. cc.*) ; — en XII, 3,1, il exprime le regret de n'avoir pas sous la main l'*Histoire* de Vennonius, annaliste mentionné dans le *De legibus* (I, 6) avec ses contemporains Fannius et Caelius Antipater[1] ; or, pendant l'été 46, Cicéron a rédigé la *Laus Catonis* et l'*Orator*, ouvrages pour lesquels il n'avait pas besoin de documents de ce genre, tandis que, du 28 mai au milieu de juin 45, il consulte de nombreux écrits annalistiques, en particulier des abrégés de Fannius (cf. XII, 5 *b* = *DCLIX*) et d'Antipater (cf. XIII, 8 = *DCLXI* ; *infra*, p. 118 sq. ; App. II B) ; — enfin, le problème du recouvrement de créance, dont il est question au § 2, a beaucoup plus de chances de s'être posé en 45 qu'en 46 (cf. App. I C)[2].

La lettre XII, 6 (= *DCLI*) était, elle aussi, traditionnellement assignée à l'année 46, mais à un autre séjour que Cicéron fit à Tusculum dans les derniers mois[3] ; deux raisons à cette préférence : les lettres suivantes, XII, 6 *a*, 7 et 8, datent de ce moment-là — cet argument, on l'a vu, est sans grande valeur — et en XII, 2, 2 (t. VI) il se proposait de fixer rendez-vous à un certain Tyrannio, auteur d'un livre qui fait l'objet de la plus grande partie de XII, 6 ; mais cette rencontre, qui remonte au printemps 46, est sans rapport avec la publication de l'ouvrage de Tyrannio sur la prosodie d'Homère, que celle-ci date de la fin de 46 ou de mai 45. En revanche, l'investigation d'ordre financier sur un certain Célius, que Cicéron confie à Atticus au début de XII, 6, 1 — *de Caelio uide, quaeso, ne quae lacuna sit in auro* —, est manifestement celle-là même que Cicéron rappelle à son ami en XII, 5 *a* (= *DCLIII*), le 1er juin — *de Caelio tu quaeres, ut scribis* — et dont il lui reparle le lendemain (XIII, 3, 1 = *DCLIV* : *etenim Caelium non probas*)[4].

Quant à la lettre XIII, 6 (= *DCLVI*), habituellement

---

1. Cf. H. BARDON, *La littérature latine inconnue*, I, Paris, 1952, p. 108.
2. Sur une difficulté d'interprétation en XII, 3, 1, cf. comm. *ad loc.*
3. Cf. t. VII, App. III, p. 311 sqq.
4. Cf. SHACKLETON BAILEY, in ed. *Att.*, t. VI, p. 352. Sur ce Célius et l'affaire financière en question, voir l'App. I C ; sur certains points du texte de XII, 6, cf. comm. *ad loc.*

datée du début de juin 45 — le problème d'érudition traité
dans le § 4 revient souvent dans la correspondance de ces
jours-là (cf. XIII, 30, 3 = *DCXLVII*, 2 ; 32, 3 = *DCXLIX*,
etc. ; cf. *infra*) —, O. E. Schmidt a voulu la diviser en deux
lettres distinctes, la première étant constituée par les §§ 1
à 3 et groupée avec les lettres écrites à Astura en mars 45
(*Briefwechsel...*, p. 311 sq.) : le *columnarium* sur lequel Cicéron interroge son ami (§ 1) s'identifie presque certainement
aux *columnis*, destinées au sanctuaire de Tullia, dont il le
prie de s'occuper le 14 mars (XII, 19, 1 = *DXCV*), et le risque
de faire partie d'un jury, qu'il cherche à éviter au § 3, semble
bien évoqué dans la même lettre du 14 mars (§ 2 : *quae scribis approbo, maxime quae de iudicatu meo*). Mais, au § 3
de XIII, 6, Cicéron, sur une demande d'Atticus, précise qu'il
lui a envoyé, il y a déjà assez longtemps, avec le texte de
certaine lettre *obiurgatoria* de Brutus, une copie de sa propre
réponse : cet envoi ne peut être que celui dont Cicéron fait
état dans une lettre du 4 mai (XII, 37, 1 = *DCXVIII* ;
cf. *supra*, p. 80)[1]. Les §§ 1 à 3 ne doivent donc pas être
dissociés du § 4.

2°) Reste à établir l'ordre de succession de ces lettres et
leur date exacte. L'*Epist.* XII, 3 (= *DCL*) a été écrite le
30 mai, jour de la vente de Péducéus ; Cicéron est résigné
à attendre trois jours de plus, environ, la visite d'Atticus
(cf. § 1 ; *supra*, p. 114). Vient ensuite un groupe de trois
lettres dont le dénominateur commun est l'enquête sur un
certain Célius, susceptible de devenir débiteur de Cicéron
par transfert au nom de ce dernier d'un titre de créance
(cf. App. II C) ; ce groupe est antérieur à celui que constituent les quatre autres lettres du début de juin, puisque dans
l'une des trois premières (XII, 5 *a*) Cicéron informe Atticus
qu'il a écrit à un certain Avius et que dans l'une des quatre
autres (XIII, 4, 2) il se réfère à la réponse qu'il a reçue de
lui ; en outre, il semble bien que le Crispus dont on attendait
le retour en XII, 5 *a* soit effectivement revenu quand Cicéron écrit la lettre XIII, 5, 1, qui fait partie de l'autre groupe.
L'ordre de succession des trois premiers messages ressort des
références faites à Célius : *de Caelio uide, quaeso* ouvre le
feu (XII, 6, 1 = *DCLI*), ensuite *de Caelio tu quaeres, ut
scribis* montre qu'Atticus a accepté de faire ce qui lui était
demandé (XII, 5 *a* = *DCLIII*), enfin Atticus a mené son

1. Cf. L. R. TAYLOR, *On the chronology of Cicero's Letters to Atticus, Book XIII*, in *Class. Philol.*, XXXII, 1937, p. 228, n. 2 ; D.
R. SHACKLETON BAILEY, *o. c.*, p. 358.

enquête et Cicéron en résume la conclusion (XIII, 3, 1 =
DCLIV) ; un jour au moins sépare donc chacune de ces
lettres, qu'on peut dater respectivement des 31 mai, 1ᵉʳ et
2 juin[1]. Mis à part le badinage sur la lecture à laquelle Atticus a osé se livrer seul du livre savant de Tyrannio (XII,
6, 2), elles ne traitent que de questions financières.

Les quatre dernières lettres forment un ensemble dont le
fil directeur est une enquête sur un point d'histoire que
Cicéron cherche à élucider, avec l'aide d'Atticus, pour son
projet de *Colloque historique* (cf. App. II B, p. 324, n. 1) : le
28 mai, il s'étonne qu'un C. Tuditanus, qu'il croyait, sur la foi
de son petit-fils, l'orateur Hortensius, membre de la Com-
mision sénatoriale envoyée auprès de L. Mummius, à Corinthe, en 146, n'ait obtenu la préture qu'en 132 (XIII, 30,
3 = *DCXLVII*, 2) et il précise sa question le lendemain
(XIII, 32, 3 = *DCXLIX*) ; le 2 juin, sur une suggestion
d'Atticus, selon laquelle C. Tuditanus pouvait se trouver à
Corinthe, dans ces années-là, en qualité de questeur ou de
tribun militaire, il lui demande de vérifier quelle était sa
fonction et en quelle année exactement il l'a exercée (XIII,
33, 3 = *DCLV*) ; lorsqu'il écrit XIII, 6, 4 (= *DCLVI*), il
a appris par une lettre d'Atticus qu'il y avait bien un Tuditanus dans la Commission de 146, mais que c'était le père
de Caius, et, en outre, que le frère du consul L. Mummius,
Spurius, qu'il croyait membre de la Commission (XIII, 30,
3 = *DCXLVII*, 2), était en réalité adjoint de Lucius ; après
quoi, Atticus lui envoie une note détaillée sur les dix Commissaires, avec la précision demandée le 2 sur Tuditanus le
Jeune : celui-ci a bien été questeur, mais en 145 ; Cicéron
l'en remercie en XIII, 4, 1 (= *DCLVII*) ; enfin, XIII, 5
est nécessairement postérieure à XIII, 4, puisque dans l'intervalle Atticus a promis de faire ce que Cicéron lui demandait en XIII, 4, 2 : assister à sa rencontre prochaine avec

1. *Sic*, Sʜᴀᴄᴋʟᴇᴛᴏɴ Bᴀɪʟᴇʏ, *o. c.*, p. 352 (cf. *supra*, p. 113), si
ce n'est que l'éditeur anglais suppose les deux premières lettres
écrites le même jour, 31 mai : hypothèse invraisemblable, étant donné
que, dans l'intervalle, Cicéron a reçu la réponse à la première et
qu'il n'y avait pas urgence. C'est dans la journée du 2 juin, selon
nous, que Cicéron a écrit deux fois à Atticus (XIII, 3 = *DCLIV*
et 33 = *DCLV*) : après avoir envoyé, le matin, son message quotidien, il reçoit de son ami une nouvelle imprévue qui l'inquiète et
suscite de sa part une réaction indignée (*Negligentiam miram!*... ;
33, 1) ; rien, d'ailleurs, dans ce deuxième message, ne donne à penser que Cicéron ait reçu réponse au précédent.

Brutus. La séquence peut dès lors être datée : XIII, 6 le
3 juin, XIII, 4 le 4, XIII, 5 le 5[1].

En dehors de ce sujet et des éternelles tractations
financières menées en vue de l'achat des « jardins »,
se présente un événement qui, sans être inattendu,
agite quelque peu Cicéron : Brutus, enfin revenu de
Cisalpine, annonce sa visite (cf. XIII, 3, 2 = *DCLIV* ;
supra, p. 80) et Cicéron souhaite vivement qu'Atticus
soit présent à leur rencontre — *magni interest mea una
nos* (= Atticus et Cicéron) *esse*, XIII, 4, 2 = *DCLVII* ;
cf. 5, 2 = *DCLVIII* —, insistance qui semble plutôt
révéler le besoin d'un appui que préparer une fête de
l'amitié. En fin de compte, Atticus, depuis si longtemps
espéré, se rend à Tusculum le 6 ou le 7 et passe trois
jours chez Cicéron ; mais, Brutus se faisant attendre,
il est obligé de regagner Rome sans l'avoir vu, le 9
(cf. XIII, 7 *a* = *DCLXIII*).

Le soir même, Cicéron adresse à Atticus un billet
rapide, où il lui demande de lui procurer deux livres,
dont celui du philosophe stoïcien Panétius « Sur la Providence » (XIII, 8 = *DCLXI*) ; indication importante,
puisqu'elle donne à penser qu'il a déjà en vue ce qui

---

1. *Sic*, Shackleton Bailey, *o. c.*, p. 355, qui rectifie les erreurs
de Schmidt, *Briefwechsel...*, p. 309 sq. Selon E. Badian (*Cicero and
the Commission of 146 B. C.*, in *Mélanges M. Renard*, I, Bruxelles,
1969, p. 54-65), XIII, 5 prend place immédiatement après XIII,
33 (= *DCLV*, du 2 juin) et avant XIII, 6 (= *DCLVI*) : le commentaire détaillé auquel se livre Cicéron en XIII, 6, 4 de l'information
concernant Spurius Mummius, signalée en XIII, 5, avec surenchère
verbale (εὔλογον → εὐλογώτατον), doit lui être postérieur et l'accusé
de réception de la liste complète des Commissaires, avec le résultat de la recherche demandée le 2 sur C. Tuditanus, marquerait la
clôture de l'enquête (XIII, 4 = *DCLVII*) ; mais la promesse d'Atticus, enregistrée par Cicéron en XIII, 5, 2, répond nécessairement
à sa demande formulée en XIII, 4, 2. En revanche, E. Badian a
fait justice (*o. c.*, p. 57 sq.) de l'addition *Spurius*, proposée par Shackleton Bailey (*o. c.*, p. 357) en XIII, 33, 3 (= *DCLV*), entre *uide
etiam* et *quo anno*, et montré que les trois dernières lignes du § 3
concernent C. Tuditanus comme les précédentes ; même la correction *uidelicet* pour *uide etiam* est superflue.

deviendra quelques mois plus tard le *De natura deorum*
(cf. App. II A) ; le billet se termine par cette annonce :
te Idibus uidebo cum tuis ; on a conclu un peu légèrement des deux derniers mots que Cicéron se proposait
de se rendre à Rome, qu'il y était effectivement allé
le 13 et, comme Atticus est revenu un peu plus tard
à Tusculum (cf. XIII, 9, 1 = *DCLXV*), que celui-ci
avait dû raccompagner son ami à sa villa, après deux
jours passés ensemble à Rome[1] ; il est beaucoup plus
simple de supposer que la rencontre prévue eut lieu à
Tusculum, comme les précédentes ; quand il parle de
tuis, dans ce contexte, à qui d'autre Cicéron peut-il penser, sinon aux deux êtres les plus chers à Atticus — et à
lui-même —, sa femme Pilia et sa fille Attica? Nous
savons qu'installées dans la propriété de Cicéron à
Cumes en avril (cf. *supra*, p. 74), elles y ont passé tout
le mois de mai (cf. XII, 48 = *DCXXXIII*, 2 ; XIII,
27, 2 = *DCXLII*) ; ou bien elles sont rentrées à Rome
et affronteront la fatigue d'un nouveau déplacement pour
revoir Cicéron, ou bien elles viennent seulement de
prendre la route : Atticus ira à leur rencontre et ils
se retrouveront avec Cicéron, chez lui, à Tusculum.
Dans l'une ou l'autre hypothèse, le trio dut probablement se reposer deux jours environ à Tusculum et regagner Rome le 15 ou le 16.

Au triduum compris entre le 9 et le 13 juin sont
couramment assignées les *Epistt.* XIII, 7 (= *DCLXII*),
7 *a* (= *DCLXIII*) et XII, 5 *b* (= *DCLIX*) ; il n'y a
aucun doute pour les deux premières : la dernière phrase
de XIII, 7 prouve qu'Atticus a quitté Cicéron tout récemment, puisque celui-ci serait surpris que son ami
eût déjà quelque chose à lui communiquer ; cette lettre

---

1. Montage présenté comme une hypothèse par SCHMIDT, *o. c.*,
p. 317, passé sous silence par TYRRELL et PURSER, in ed. *Corr.*, t. V²,
p. 114 et 118 sq., repris avec plus d'assurance par SHACKLETON
BAILEY, in ed. *Att.*, t. V, p. 362.

a donc été écrite le lendemain du départ d'Atticus, soit
le 10 ; Cicéron lui fait part des nouvelles apprises la
veille de deux visiteurs, notamment de la décision prise
par César de rester à Rome tout le temps nécessaire
pour veiller lui-même à la mise en œuvre de sa législation ; c'était justement ce que lui conseillait Cicéron
dans sa fameuse *Lettre*, tant critiquée par Balbus et
Oppius ; il le constate une fois de plus avec amertume
(cf. XIII, 31, 3 = *DCXLVI* ; *supra*, p. 112 sq.). Le court
billet XIII, 7 *a* fut expédié de bonne heure, certainement le matin du 11, pour informer Atticus que Brutus
était enfin arrivé la veille au soir (il possédait une maison à Tusculum) : Cicéron compte recevoir sa visite dans
la journée et lui a fait savoir qu'Atticus, reparti pour
Rome après avoir vainement attendu sa venue, accour-
rait aussitôt (cf. *supra*, p. 118) ; on vérifie ainsi combien
Cicéron était désireux d'avoir son ami près de lui pour
rencontrer Brutus ; il est certain que la rencontre eut
lieu, probable qu'Atticus y assista.

La lettre XII, 5 *b* soulève des problèmes difficiles d'interprétation (cf. comm. *ad loc.*) et n'offre pas de critère de datation précis ; Cicéron pose *ex abrupto* à son ami deux « colles »
historiques, dont la première, sur la date du tribunat de
P. Scévola le Grand Pontife et la nature de l'accusation
portée contre le préteur L. Hostilius Tubulus, avait incon-
testablement pour fin un passage du livre II du *De finibus*
(§ 54) ; la deuxième, reliée à la précédente par *et uide, quaeso…*,
concerne la date du tribunat de L. Libo, qui s'efforça de faire
condamner le préteur Ser. Sulpicius Galba, coupable d'avoir
trahi la parole donnée à des prisonniers lusitaniens ; il est
vraisemblable que cet *exemplum* de conduite criminelle, comparable à celui de Tubulus, était également destiné au livre II
du *De finibus*, mais que Cicéron renonça ensuite à l'utiliser.
De fait, c'est à la fin de mai — ou au début de juin? — que
fut rédigé le livre II de cet ouvrage (cf. App. II A, p. 309).
Le premier, O. E. Schmidt a séparé XII, 5 *b* de XII, 5 *a*
(*Briefwechsel…*, p. 304 ; 317), pour de bonnes raisons : les
dernières lignes de 5 *a* constituent manifestement une fin de
lettre et Cicéron, bien que faisant preuve d'une exigence

sans vergogne à l'égard de son ami, n'était pas assez mala-
droit pour le charger cavalièrement de deux recherches historiques juste après s'être apitoyé sur le travail harassant
qu'il était en train d'accomplir pour lui, d'autant que l'enquête sur la Commission de 146 était alors en cours (28 mai-
4 juin). Il faut donc admettre que deux lettres distinctes,
écrites dans la première quinzaine de juin, ont été d'abord
écartées du recueil, pour une raison qui nous échappe, puis
insérées à la suite l'une de l'autre entre XII, 5 (=
CCCCLXXXVIII ; juillet 46) et XII, 5 *c* (= *CCCCLXXXIV*,
juin 46), elles-mêmes déplacées. Mais, ce que n'a pas vu
Schmidt, c'est que XII, 5 *b* ne peut constituer une lettre
complète : le début est beaucoup trop abrupt et, dans toutes
les autres lettres de cette période, Cicéron ne manque jamais
d'évoquer au moins un des sujets d'actualité qui le préoccupent
— achat d'une propriété, visite d'Atticus ou de Brutus,
etc. — ; XII, 5 *b* est une sorte de post-scriptum d'une lettre
perdue (à moins qu'on ne le rattache à XIII, 5 = *DCLVIII*,
du 5 juin, ou même à une lettre de la dernière décade de mai,
par exemple XII, 51 = *DCXXXVII*, du 20 ; mais pourquoi
en aurait-il été détaché?), comme la fin de XIII, 30 (=
DCXLVII), où est posé le problème de la Commission de
146. Une fois cette amputation reconnue, le fragment XII,
5 *b* peut être daté soit du 12 juin, lendemain de la visite de
Brutus, comme l'a proposé Schmidt, soit plutôt du 6, car
la première visite d'Atticus, qui n'était pas imminente le 5
(cf. XIII, 5 = *DCLVIII*), n'a pas dû avoir lieu avant le
7 et, si Atticus, comme il est probable, a pris part le 11 à
la rencontre avec Brutus, il est peu vraisemblable que Cicéron lui ait écrit longuement le 12, puisqu'ils devaient se trouver de nouveau réunis le 13.

Après la réunion de famille du 13 juin, le prochain
point de repère chronologique est le départ de Cicéron
pour Arpinum, annoncé en XIII, 9, 2 (= *DCLXV*),
puis fixé au 21 (XIII, 10, 3 = *DCLXVII*)[1] ; la première

---

1. La seule raison alléguée ici pour ce déplacement est la nécessité d'aller inspecter la propriété familiale avant le retour de César
(XIII, 9, 2) ; une fois arrivé à Arpinum, Cicéron en avancera une
autre (XIII, 11, 1 = *DCLXVIII*) : il voulait aussi épargner à Brutus, installé dans sa villa de Tusculum, la peine de lui faire, par
excès de courtoisie, une visite quotidienne ; comme Brutus ne s'était
pas encore établi à Tusculum quand Cicéron décida d'en partir

de ces deux lettres a été écrite le lendemain du retour
d'Atticus à Rome — *commodum discesseras heri* (§ 1)—,
donc vers le 15 ; Cicéron reçoit de nombreux visiteurs,
en particulier son ex-gendre Dolabella, récemment rentré d'Espagne, qui lui fait de nouvelles révélations sur
la turpitude de son neveu Quintus (§ 1 ; cf. *supra*, p. 81 ;
XIII, 30, 1 = *DCXLIV*, 3) : turpitude si scandaleuse
que le passage où elle était décrite a été supprimé soit
par le premier éditeur, soit par Atticus lui-même, dont
Quintus était le neveu par sa mère[1] ; il est question
aussi, pour la première fois, du retour de César et du
divorce de Brutus (§ 2) : en se séparant de Claudia,
fille d'Appius Claudius Pulcher et belle-sœur de Cnéus
Pompée, Brutus est soupçonné de vouloir s'éloigner un
peu plus du camp républicain ; c'est pourquoi Cicéron
souhaite qu'il hâte son projet de remariage avec Porcia,
fille de Caton (cf. XIII, 10, 3 init. = *DCLXVI*), projet qui se réalisa peu après.

Lorsque Cicéron — le lendemain sans doute — écrit
la lettre suivante (XIII, 10, 1-3 init. = *DCLXVI*), a
éclaté la nouvelle de l'assassinat de M. Claudius Marcellus, survenu le 25 ou 26 mai au Pirée : après avoir
reçu sa grâce, en octobre 46, l'exilé ne s'était pas pressé
de revenir à Rome (cf. T. VII, p. 216 ; *Fam.*, IV, 10 =
DLXVII) ; le poignard du meurtrier interrompit tragi-
quement son voyage de retour. Après quelques réflexions,
froides et surtout égoïstes, inspirées par l'événement et
par la réaction d'Atticus — visiblement, Cicéron n'a

(cf. XIII, 10, 3 = *DCLXVII* : *misit... Brutus ad me : per litteras
purgat...*), on est conduit à penser que Cicéron, informé du prochain
séjour de Brutus, préféra éviter les tête-à-tête quotidiens (cf. *infra*,
Notice de la cinquième partie, p. 191).

1. La première hypothèse a été avancée par K. Lehmann, *Cic.
Ad Att.*, XIII, 9, 1, in *Woch. f. klass. Phil.*, XIII, 1896, p. 56 ; la
deuxième par D. R. Shackleton Bailey, in ed. *Att.*, t. I, p. 72.
Un seul autre exemple de suppression de ce genre, pour des raisons
différentes : *Fam.*, III, 10, 11 = *CCLIV* (cf. not. *ad loc.* ; J. Carcopino, *Les secrets de la Corresp. de Cic.*, II, p. 441-443).

pas pardonné à Marcellus la prolongation dédaigneuse de
son séjour à Mytilène —, la lettre aborde d'autres sujets :
l'idée, suggérée le jour même par Atticus, de dédier à
Dolabella un écrit touchant la politique (§ 2) et le remariage de Brutus (§ 3), puis la date du départ pour
Arpinum et la visite annoncée de P. Lentulus Spinther ;
il est surprenant de voir ensuite Cicéron revenir sur le
meurtre de Marcellus et s'étonner d'avoir reçu de Brutus une mise au point disculpant César de toute compli-
cité dans ce crime ; on a bien l'impression que l'étrange
plaidoyer de Brutus est arrivé entre les mains de Cicéron
après que celui-ci avait rédigé les trois premiers para-
graphes et a été écrit parce que des rumeurs mettant
César en cause avaient déjà eu le temps de circuler.
Le plus probable, selon nous, est que la deuxième partie de XIII, 10 constitue en réalité une lettre distincte,
écrite et expédiée un jour après la première ; elle commençait sans doute par l'annonce de la date fixée pour
le voyage à Arpinum : le 21 juin. Il est remarquable
que Cicéron rejette avec vigueur tout soupçon concernant César et avance, pour expliquer le geste du meurtrier, un motif strictement personnel, d'ailleurs vraisemblable[1].

Le 31 mai, le proconsul d'Achaïe, Ser. Sulpicius Rufus, avait adressé à Cicéron un rapport méticuleux,
bien dans sa manière, sur la mort et la sépulture de Marcellus (*Fam.*, IV, 12 = *DCLII*) ; il lui parvint au début
de juillet (cf. *Att.*, XIII, 22, 2 = *DCLXXVII*).

C'est probablement en mai ou juin que Cicéron envoya à César une lettre de recommandation en faveur
d'un jeune homme du nom de Précilius, dont le père
était bien connu des deux hommes (*Fam.*, XIII, 15 =

---

1. Valère Maxime (IX, 11, 4) attribue l'acte de fureur de Magius
non au refus de Marcellus de lui prêter de l'argent, mais à la jalousie
amoureuse... Marcellus aurait ainsi eu des raisons très particulières
de prolonger son séjour en Grèce.

DCLX) ; sous les dehors d'un badinage élégant, émaillé
de citations grecques, au bénéfice des Précilii, ce message insolite (§ 3 : *genere nouo*), dont tous les termes
ont été pesés avec soin, a manifestement pour objet
réel d'excuser la froideur marquée par Cicéron envers
César dans le passé et surtout de le rassurer sur son attitude présente (§ 2) : *hominem perustum etiamnunc gloria uolunt incendere...*; *sed me minus iam mouent, ut
uides.* De fait, en 45 comme en 46, il a reçu plus d'un
appel à jouer de nouveau un rôle politique (par exemple
Papirius Pétus à l'automne 46 — *Fam.*, IX, 15, 3 =
DXVI —, Atticus lui-même, après la mort de Tullia
— *Att.*, XII, 21, 5 = *DXCIX* — et avec le Συμβουλευτικός — *supra*, p. 117) ; comme cette lettre est suivie,
dans les manuscrits, d'un autre message à César unani-
mement assigné à décembre 46 ou janvier 45 (*Fam.*,
XIII, 16 = *DLXXIII*), on est enclin à la dater de
la même période (*sic*, Schmidt, *Briefwechsel...*, p. 275).
Mais, alors que l'*Epist.*, XIII, 16 a pour adresse CICERO
CAESARI S., tous les manuscrits de XIII, 15 portent
comme en-tête CICERO CAESARI IMP. S. ; or, c'est le
19 février, après la prise d'Ategua, que César fut salué,
une fois de plus, du titre d'*imperator* (*B. Hisp.*, 19, 6) :
la nouvelle parvint à Rome vers le 20 mars. Il est vrai
qu'une lettre de mars 49 a pour en-tête CICERO IMP.
S.D. CAESARI IMP. (*Att.*, IX, 11 A = *CCCLXXXI*) :
mais on voit tout de suite que, dans ce message grave,
le titre donné à César répond à celui de Cicéron ; au
contraire, la différence relevée entre *Fam.*, XIII, 15 et
16 s'explique mieux par l'intervention d'un fait nouveau.
D'autre part, comme l'a remarqué Shackleton Bailey
(in ed. *Fam.*, T. II, p. 458), pour que Cicéron juge à
propos de se défendre personnellement auprès de César,
il faut qu'il se sache attaqué ; or c'est en mai-juin qu'il
apprend, avec des détails de plus en plus alarmants,
la campagne menée contre lui par son neveu dans l'entourage de César (cf. *Fam.*, IX, 11, 2 = *DCXV* ; *Att.*,

XII, 38, 2 = *DCXX*; XIII, 30, 1 = *DCXLIV*, 3; *supra*, p. 81; 122). Probabilité donc, à défaut de certitude.

En août-septembre de l'année précédente, Cicéron avait écrit deux fois au chevalier pompéien Trébianus — personnage inconnu par ailleurs[1] —, pour le consoler dans son exil et lui laisser espérer sa réhabilitation, à laquelle il s'employait activement (cf. T. VII, p. 80 sq.; *Fam.*, VI, 10, 4-6 = *DI*; 10, 1-3 = *DVI*). En *Fam.*, VI, 11 (= *DCLXIV*), il le félicite du succès obtenu, dont il attribue le mérite à Dolabella; Schmidt a ingénieusement supposé (*Briefwechsel...*, p. 362) que celui-ci avait ramené sa grâce d'Espagne au début de juin (cf. *supra*, p. 122); mais il n'y a pas plus de certitude pour cette date que pour celle de la lettre à César.

1. Il avait probablement pour gentilice *Saufeius* (cf. Cl. NICOLET, *L'ordre équestre à l'époque républicaine*, II, Paris, 1974, n° 352).

DCXXXIV. — A ATTICUS.
(*Att.*, XII, 45, 2-3).
Domaine de Tusculum, 17 mai 45.

1 (2).   Bravo pour Attica ! Ton *atonie* m'inquiète[1],
bien que ce ne soit rien, d'après ta lettre. Dans ma propriété de Tusculum, j'aurai l'avantage de recevoir plus
fréquemment des lettres de toi et de te voir en personne de temps en temps ; pour le reste, la vie était
plus supportable à Astura et ces aiguillons qui ravivent
ma blessure ne sont pas sans me tourmenter davantage
ici, c'est certain ; mais, à vrai dire, où que je sois, ils
m'accompagnent.

2 (3).   Si je t'ai parlé dans ma lettre du voisinage
de César, c'est que je le savais par la tienne. J'aime
mieux le voir *partager le temple* de Quirinus que celui
de Salus[a] ! Pense à diffuser largement Hirtius ; de fait,
mon idée était exactement ce que tu écris : on applaudi-
rait le talent de notre ami, mais son *propos* de dénigrer
Caton ferait rire[b].

DCXXXV. — A ATTICUS.
(*Att.*, XII, 50).
Domaine de Tusculum, 18 mai 45.

Autant ton arrivée m'avait réconforté, autant ton
départ m'a déprimé. Aussi, quand tu le pourras, c'est-à-

---

a. Voir *DCXXXIII*, 1 = *Att.*, XII, 47, 3 ; Not., p. 112. Le temple
de Salus se trouvait également sur le Quirinal, non loin de celui
de Quirinus et de la maison d'Atticus (cf. *Att.*, IV, 1, 4 = *XC*).
b. Cf. *DCXXIII* = *Att.*, XII, 40, 1 et *Not.*, p. 79.

DCXXXIV. — AD ATTICVM.
(*Att.*, XII, 45, 2-3).

Scr. in Tusculano xvi Kal. Iun. a. 709/45.

1 (2). De Attica optime. 'Ακηδία tua me mouet,
etsi scribis nihil esse. In Tusculano eo commodius
ero quod et crebrius tuas litteras accipiam et te
ipsum non numquam uidebo; nam ceteroqui ἀνεκ-
τότερα erant Asturae nec haec quae refricant ⟨non⟩
hic me magis angunt; etsi tamen, ubicumque sum,
illa sunt mecum.

2 (3). De Caesare uicino scripseram ad te quia
cognoram ex tuis litteris. Eum σύνναον Quirini malo
quam Salutis. Tu uero peruulga Hirtium; id enim
ipsum putaram quod scribis, ut cum ingenium amici
nostri probaretur, ὑπόθεσις uituperandi Catonis irri-
deretur.

DCXXXV. — AD ATTICVM.
(*Att.*, XII, 50).

Scr. in Tusculano xv Kal. Iun. a. 709/45.

Vt me leuarat tuus aduentus, sic discessus adflixit. Quare cum poteris, id est cum Sexti auc-

---

DCXXXIV. — *M* 175 v°; *R* 107 r°; *P* 153 r°. *De in. huius ep.,
uide ad* DCXXIX.

1. 1 de Attica — 2 esse *et* 4 nam — 5 Asturae *om. E* ‖ 5 non *add. Sh.
Bailey; sed uerisimilius mihi uidetur pro* nec haec *aliquod uerbum,
in* -ia *desinens, ante* et (*pro* -ec) *coniciendum esse, ut* nocentia *uel*
necessaria *uel* maestitia (erat) *uel* ἀναγκαῖα *uel* κήδεα (*cf.* II., XVIII,
430 τοσσάδ' ἐνὶ φρεσὶν ᾗσιν ἀνέσχετο κήδεα λυγρά | ὅσσ' ἐμοί...).

2. 2 quirini... salutis Ω : -no -ti Z^b, La.^c, *Sh. Bailey.*

DCXXXV. — *M* 176 r°; *R* 107 v°; *P* 154 r°. *Deest in E, praeter*
1 ut — adflixit.
2 cum poteris *s* (*uett.*) : dum p- (Δ), *RPO, ed. Rom.*

dire quand tu auras fait le nécessaire pour la vente aux
enchères de Sextus, tu reviendras me voir ; même un
seul jour me sera profitable, ai-je besoin de dire
« agréable »? Je viendrais moi-même à Rome pour que
nous soyons ensemble, si j'avais un plan satisfaisant sur
certaine question[a].

DCXXXVI. — A ATTICUS.
(*Att.*, XII, 48 fin — 49).
Domaine de Tusculum, 19 mai 45.

1 (= 48 fin). Je sentais parfaitement combien ta
présence m'était profitable, mais je le sens bien davantage depuis ton départ. Aussi, comme je te l'ai écrit
précédemment, ou bien je serai chez toi en totalité ou
bien tu seras chez moi le plus que tu pourras.

2 (= 49, 1). Hier, peu après ton départ, des esclaves, appartenant à la Ville, m'a-t-il semblé, m'ont
apporté un message verbal et une lettre, fort longue,
de la part de « C. Marius, fils de Caius, petit-fils de Caius » :
il se réclamait de nos liens de parenté, du *Marius* dont
j'étais l'auteur, de l'éloquence de son grand-père L. Crassus, pour me demander de le défendre en justice, et il
m'exposait sa cause en détail[1]. Je lui ai répondu qu'il
n'avait aucun besoin d'un avocat, puisque César, son
parent plein de vertu et de générosité[b], avait les pleins
pouvoirs ; que néanmoins je le soutiendrais. Quelle

---

a. Nous ignorons quelle était cette question.
b. Bien que cette formule rappelle les épithètes sincèrement élo-
gieuses appliquées à César dans la lettre à Ser. Sulpicius Rufus du
mois précédent (*et prudentis et liberalis* ; *Fam.*, IV, 6, 3 = *DCXIII*),
l'emploi répété du superlatif, le contexte et le trait décoché l'avant-
veille à l'adresse du dictateur (*Att.*, XII, 45, 3 = *DCXXXIV*, 2)
ne laissent aucun doute sur le caractère ironique de la louange (cf.
Not., p. 113, n. 1).

tioni operam dederis, reuises nos; uel unus dies
mihi erit utilis, quid dicam gratus? Ipse Romam
uenirem ut una essemus, si satis consilium quadam
de re haberem.

DCXXXVI. — AD ATTICVM.
(Att., XII, 48 extr. — 49).

Scr. in Tusculano xiv Kal. Iun. a. 709/45.

1 (= 48 extr.). Sentiebam omnino quantum
mihi praesens prodesses, sed multo magis post
discessum tuum sentio. Quam ob rem, ut ante ad
te scripsi, aut ego ad te totus aut tu ad me quod
licebit.

2 (= 49, 1). Heri, non multo post quam tu a
me discessisti, pu*eri* quidam urbani, ut uidebantur,
ad me mandata et litteras attulerunt a C. Mario
C. f. C. n. multis uerbis : agere mecum per cogna-
tionem quae mihi secum esset, per eum Marium
quem scripsissem, per eloquentiam L. Crassi, aui
sui, ut se defenderem, causamque suam mihi perscripsit. Rescripsi patrono illi nihil opus esse, quoniam
Caesaris, propinqui eius, omnis potestas esset, uiri
optimi et hominis liberalissimi; me tamen ei fautu-

2. 4 gratus *bs, ed. Rom.* : -tius M^1m, *RPO* (*uett.*) -tuus *G* grauius
d, M^4 ‖ 5 consilium Ω : -lii *Corradus* consultum *Müller* constitutum
consilium *Lehmann.*

DCXXXVI. — *M* 175 v°; *R* 107 v°; *P* 153 v°. *Desunt in E* **1.** 1 sentiebam — 5 licebit *et* **3.** 1 de Tirone — 5 scribas. *Versus* **1.** 1 sentiebam — 5 licebit *a fine ep.* XII, 48 (DCXXXIII) *huc transp. Corradus et Schiche* (Hermes, 1883, p. 592).

1. 2 prodesses $M^{corr}bmsG$: -sse M^1d, *RPO* ‖ 4 aut ego *bms, uett.* :
ut ego *Md, RPO.*

2. 2 pueri *Corradus* (*cf. app. ad* XIII, 4, 2, *u.* 7) : puto Ω subito
Klotz ; del. Schütz ‖ urbani M^2dms, O^2 : -ne M^1, $ERPO^1$ atedani *b* ‖
7-8 perscripsit. rescripsi *bms, E, uett.* : perscripsit *RPO* -si. t. *dG* -si M^1.

époque ! On verra un jour Curtius hésiter à briguer le
consulat[1] ! Mais assez sur ce sujet.

3 (2).   Je me fais du souci pour Tiron ; mais je vais
savoir quel est son état : j'ai envoyé hier quelqu'un le
voir, en lui confiant aussi une lettre pour toi. Je t'envoie une lettre pour Marcus[a]. Dis-moi, s'il te plaît,
quel jour est affiché pour la vente des « jardins »[b].

DCXXXVII. — A ATTICUS.
(Att., XII, 51).
Domaine de Tusculum, 20 mai 45.

1.   J'ai Tiron avec moi plus tôt que je ne le craignais[c].
Nicias est venu également[d] et j'apprends que Valérius
doit venir aujourd'hui[2]. Si nombreux soient-ils, je serai
néanmoins plus seul que s'il n'y avait que toi. Mais
je t'attends, après la vente de Péducéus en tout cas[e] ;
tu m'indiques même une date antérieure. Mais fais
comme tu pourras.

2.   Pour Vergilius, comme tu l'écris ; je voudrais
seulement savoir quand aura lieu la vente[3]. Tu es d'avis,
je vois, d'envoyer ma *Lettre* à César[f] ; pour tout dire,
j'étais, moi aussi, entièrement de cet avis, et cela d'autant plus qu'elle ne contient rien qui ne soit d'un parfait citoyen — aussi parfait du moins que les circonstances le permettent ; or tous les *politiques* ne recom-
mandent-ils pas de se plier aux circonstances ? — Mais,
comme tu le sais, j'ai jugé préférable que tes amis lisent
préalablement le texte ; donc à toi de faire le nécessaire. Il ne faudra envoyer la *Lettre* que si tu sens qu'ils
approuvent sans réserve. Ce sera à toi de sentir si leur

---

a. Qui est à Athènes depuis peu (cf. Not., p. 79 sq.).
b. De Scapula (cf. App. I B).
c. Voir la lettre précédente, § 3.
d. Le grammairien Curtius Nicias, de Cos (cf. *DCIV* = *Att.*, XII,
26, 2).
e. Cf. *DCXXXV* = *Att.*, XII, 50 ; Not., p. 114 sq.
f. Voir l'App. II B.

rum. O tempora! Fore cum dubitet Curtius consulatum petere! Sed haec hactenus.

3 (2). De Tirone, mihi curae est; sed iam sciam quid agat : heri enim misi qui uideret; cui etiam ad te litteras dedi. Epistulam ad Ciceronem tibi misi. Horti quam in diem proscripti sint uelim ad me scribas.

DCXXXVII. — AD ATTICVM.
(*Att.*, XII, 51).

Scr. in Tusculano xiii Kal. Iun. a. 709/45.

1. Tironem habeo citius quam uerebar. Venit etiam Nicias et Valerium hodie audiebam esse uenturum. Quamuis multi sint, magis tamen ero solus quam si unus esses. Sed exspecto te, a Peducaeo utique; tu autem significas aliquid etiam ante. Verum id quidem ut poteris.

2. De Vergilio, ut scribis. Hoc tamen uelim scire, quando auctio. Epistulam ad Caesarem mitti uideo tibi placere. Quid quaeris? Mihi quoque hoc idem maxime placuit, et eo magis quod nihil est in ea nisi optimi ciuis — sed ita optimi ut tempora; quibus parere omnes πολιτικοί praecipiunt —. Sed scis ita nobis esse uisum ut isti ante legerent; tu igitur id curabis. [Sed] Nisi plane iis intelleges placere, mittenda non est. Id autem utrum illi sentiant anne

2. 11 o *M*corr*bm, RPO* : ob *M*¹, *dsG ; om. E.*

DCXXXVII. — *M* 176 r° ; *R* 107 v° ; *P* 154 r°. *Deest in E, praeter*
1. 1 Tironem — 4 exspecto te.

1. 4 unus Ω : tu u- *Ernesti* ‖ 6 uerum *bs* (*uett.*) : utrum *Mdm, RPO, ed. Iens.*

2. 1 Vergilio *edd.* : uir- Ω, *uett.* ‖ 3 hoc idem *Bosius* : hodie (*ante* quoque *bm*) Ω ‖ 6 scis ita : *Lambin., Tyrr.-Purs., Sh. Bailey* : scito ita *M*²*bdms, PO, Z*ᵇ, *uett.* scito *R* si *M*¹ ‖ sed *deleui* (*cf. u.* 10 *et app. cr.*) ‖ 8 placere — 10 intelleges *om. R* ‖ 9 anne *Victorius* : ante (an te) (Δ), *RPO* an re *b.*

approbation est sincère ou simulée ; pour moi, simulation vaudra refus. *Tu sonderas donc les reins et les cœurs.*

3. Tiron m'a rapporté ton avis au sujet de Cérellia[1] : rester endetté ne serait pas digne de moi, tu es
d'avis d'ordonner le paiement, donc de

« craindre un danger, pour l'autre écarter toute
crainte !... »

Mais nous verrons cette question et bien d'autres en
tête-à-tête. Cependant il faut suspendre, si tu en es
d'accord, le paiement de la créance de Cérellia jusqu'à
ce que nous sachions à quoi nous en tenir pour Métion[a]
et pour Fabérius.

DCXXXVIII. — A ATTICUS.
(*Att.*, XII, 52).
Domaine de Tusculum, 21 mai 45.

1. Tu connais L. Tullius Montanus, qui est parti
avec Marcus ; j'ai reçu du mari de sa sœur une lettre
m'annonçant que Montanus doit à Plancus 20.000 sesterces, parce qu'il s'est porté caution pour Flaminius,
et que Montanus t'a demandé je ne sais quoi à ce propos[2]. Je tiens beaucoup à ce que tu l'aides, soit en
sollicitant, s'il le faut, Plancus, soit par tout autre
moyen en tout pouvoir. Il y va de mon devoir. Si par
hasard tu connais mieux l'affaire que moi ou si tu estimes qu'il faut solliciter Plancus, écris-moi, s'il te
plaît, pour que je sache ce qu'il en est de cette affaire
et ce que je dois solliciter.

2. Pour la *Lettre à César*, j'attends de savoir ce que
tu as fait. Pour Silius, je ne suis pas tellement en peine ;
il est nécessaire que tu me procures les « jardins » de
Scapula ou ceux de Clodia. Mais tu sembles avoir je ne

---

a. Personnage inconnu, dont l'orthographe est incertaine (cf.
App. I C, p. 294 sq.).

simulent tu intelleges; [si] mihi simulatio pro repu-
diatione fuerit. Τοῦτο δὲ μηλώσῃ.

3. De Caerellia quid tibi placeret Tiro mihi
narrauit : debere non esse dignitatis meae, perscrip-
tionem tibi placere :

« hoc metuere, alterum in metu non ponere ! »

Sed et haec et multa alia coram. Sustinenda tamen, si tibi uidebitur, solutio est nominis Caerel-
liani dum et de Metione et de Faberio sciamus.

DCXXXVIII. — AD ATTICVM.
(*Att.*, XII, 52).

Scr. in Tusculano xii Kal. Iun. a. 709/45.

1. L. Tullium Montanum nosti qui cum Cicerone profectus est; ab eius sororis uiro litteras accepi Montanum Planco debere, quod praes pro
Flaminio sit, HS $\overline{\text{xx}}$; de ea re nescio quid te a Mon-
tano rogatum. Sane uelim, siue Plancus est rogan-
dus siue qua re potes illum iuuare, iuues. Pertinet
ad nostrum officium. Si res tibi forte notior est
quam mihi aut si Plancum rogandum putas, scribas
ad me uelim ut quid rei sit et quid rogandum sciam.

2. De epistula ad Caesarem quid egeris exspecto.
De Silio non ita sane laboro; tu mi aut Scapulanos
aut Clodianos efficias necesse est. Sed nescio quid

2. 10 mihi *La.*ᶜ, *Sh. Bailey* : si m- *M*¹, *O*¹ sed m- *M*²*bdms, RPO*²,
uett.

3. 6 uidebitur Δ, *O*² : -etur *RPO*¹ ‖ *post* solutio *usque ad finem
L. XII deest P* ‖ 7 metione (mit- *ds*) Δ, *RO* : Metone *Manutius* ‖ *post*
metione *add.* et de Faberi *Md, RO*¹, *om. bmsG, O*².

DCXXXVIII. — *M* 176 rᵒ; *R* 107 vᵒ. *Desunt EP.*

1. 4 *inter* sit *et* HS *inseruit ep.* XII, 38 a, 2, 6 heredes — 17 cetera *R*‖
$\overline{\text{XX}}$ (XX) Δ, *R, uett.* : $\overline{\text{XXV}}$ *Bosius, alii (coll.* Att., XVI, 15, 5).

2. 2 tu mi (tumi) *Mm, R* : tu mihi *O* tum *bds.*

13

sais quel doute au sujet de Clodia : s'agit-il de la date
de son retour ou de savoir si ses « jardins » sont à vendre?
Mais qu'est-ce que j'apprends? Spinther aurait divorcé[1]?

3. Sois rassuré pour la langue latine ! Tu me diras :
« comment peux-tu en écrire tellement, et de cette nature »? [?][a] Ce sont des *copies*, qui ne demandent pas
beaucoup de peine ; mon seul apport, ce sont les mots,
dont je suis riche.

DCXXXIX. — A ATTICUS.
(*Att.*, XII, 53).
Domaine de Tusculum, 22 mai 45.

Je n'ai rien à t'écrire, mais je t'écris quand même,
parce que j'ai l'impression de te parler. Nicias et Valérius sont ici avec moi[b]. J'attends aujourd'hui ta lettre
du matin ; il y en aura peut-être une autre, de l'après-
midi, si tu n'es pas retenu par les écritures épirotiques[c],
que je ne veux pas interrompre. Je t'envoie des lettres
pour Marcianus et pour Montanus[d] ; ajoute-les, s'il te
plaît, à la même liasse, à moins que tu ne l'aies déjà
expédiée.

DCXL. — A ATTICUS.
(*Att.*, XIII, 1).
Domaine de Tusculum, 23 mai 45.

1. Ta lettre à Marcus ne pouvait être à la fois plus
grave et plus mesurée, ni plus conforme à mes souhaits

---

a. Sur ce passage, dont le texte est corrompu et le sens très con-
oversé, voir l'App. II A, p. 316 sqq., n. 2..

b. Cf. *DCXXXVII* = *Att.*, XII, 51, 1.

c. Lettres proprement dites, mais aussi documents comptables,
pour les affaires que maniait Atticus en Épire.

d. Voir la lettre précédente ; Cicéron espère que ces messages
pourront encore être joints à celui qu'il avait confié le 19 à Atticus, à l'adresse de son fils (cf. *DCXXXVI*, 3 = *Att.*, XII, 49, 2).

uideris dubitare de Clodia; utrum quando ueniat
an sintne uenales? Sed quid est quod audio Spintherem fecisse diuortium?

3. De lingua Latina securi es animi. Dices †qui
alia quae scribis†. 'Απόγραφα sunt, minore labore fiunt;
uerba tantum adfero, quibus abundo.

DCXXXIX. — AD ATTICVM.
(Att., XII, 53).

Scr. in Tusculano xi Kal. Iun. a. 709/45.

Ego, etsi nihil habeo quod ad te scribam, scribo
tamen quia tecum loqui uideor. Hic nobiscum sunt
Nicias et Valerius. Hodie tuas litteras exspectaba-
mus matutinas; erunt fortasse alterae postmeridia-
nae, nisi te Epiroticae litterae impedient, quas ego
non interpello. Misi ad te epistulas ad Marcianum
et ad Montanum; eas in eundem fasciculum uelim
addas, nisi forte iam dedisti.

DCXL. — AD ATTICVM.
(Att., XIII, 1).

Scr. in Tusculano x Kal. Iun. a. 709/45.

1. Ad Ciceronem ita scripsisti ut neque seuerius
neque temperatius scribi potuerit nec magis [quam]

2. 5 sintne *MdmG* : sint *bs, R.*

3. 1 es *bdms, O²*, *M⁴* : est *M¹, RO¹* ‖ qui alia (ta- *R*) quae scribis
M¹, RO¹ : talia conscribis *M²bdms, O²*, *uett., edd.; locus corruptus,
nondum sanatus (cf. App. II A, p.* 316)*; fors.* tot taliaque scribis ‖
3 tantum *R, Cr.*ᵐ : tamen Δ, *O.*

DCXXXIX. — *M* 176 v°; *R* 108 r°. *Desunt EP.*

1. 4 *post* fortasse *add.* alteras notasse *Mdm, RO*; *om. bs.*

DCXL. — *M* 176 v°; *R* 108 r°; *P* 154 r°. *Deest E.*

Inscriptionem CICERO ATTICO *add. M, uidelicet ut initio noui
libri ad quem scriptae essent epistulae appareret*; *om. RP.*

1. 2 *secl.* quam *Corradus.*

les plus vifs ; aux Tullii aussi[1], tu as écrit avec beaucoup de discernement. Dans ces conditions, ou bien tes messages auront de l'effet, ou bien n'insistons pas.

2. Pour l'argent, je vois que tu fais ou plutôt que tu as déjà fait toute diligence. Si tu réussis, je te devrai mes « jardins ». Et, à vrai dire, il n'y a bien d'aucune sorte que je désire davantage, avant tout, évidemment, en vue de la mission que je me suis assignée ; à cet égard, tu me délivres de mon impatience par ta promesse ou plutôt ton engagement pour l'été. D'autre part, pour *la fin de ma vie* et l'allègement de ma tristesse, on ne peut rien trouver non plus qui me convienne mieux. L'ardeur de ce désir me pousse quelquefois à vouloir te harceler ; mais je me retiens, car je ne doute pas que, pour une entreprise que tu estimes me tenir tellement à cœur, ton ardeur ne dépasse encore la mienne. Aussi je tiens déjà pour acquis le succès de ton action.

3. J'attends le jugement de tes amis sur ma *Lettre à César*. Nicias t'aime, comme il le doit, et il est enchanté du souvenir que tu as gardé de lui. De mon côté, j'ai beaucoup d'attachement pour notre ami Péducéus ; toute l'estime que j'avais pour le père, je l'ai reportée sur lui et j'ai pour sa personne même autant d'affection que j'en avais pour son père[2], mais une affection sans borne pour toi, en voyant que tu tiens à partager ces sentiments avec moi. Si tu vas visiter les « jardins » et si tu me donnes des nouvelles de la *Lettre*[a], tu me fourniras matière à t'écrire ; sinon, je t'écrirai quand même quelques lignes : la matière ne fera jamais défaut.

---

a. Sa *Lettre à César*, qu'il a donnée à lire à Balbus et Oppius (voir l'App. II B). — Les « jardins » sont ceux de Scapula (voir l'App. I B).

quem ad modum ego maxime uellem; prudentis-
sime etiam ad Tullios. Quare aut ista proficient aut
aliud agamus.

2. De pecunia uero uideo a te omnem diligentiam adhiberi uel potius iam adhibitam esse. Quod
si efficis, a te hortos habebo. Nec uero ullum genus
possessionis est quod malim, maxime scilicet ob
eam causam quae suscepta est; cuius festinationem
mihi tollis, quoniam de aestate polliceris uel potius
recipis. Deinde etiam ad καταβίωσιν maestitiamque
minuendam nihil mihi reperiri potest aptius. Cuius
rei cupiditas impellit me interdum ut te hortari
uelim; sed me ipse reuoco; non enim dubito quin,
quod me ualde uelle putes, in eo tu me ipsum cupiditate uincas. Itaque istuc iam pro facto habeo.

3. Exspecto quid istis placeat de epistula ad
Caesarem. Nicias te, ut debet, amat uehementerque
tua sui memoria delectatur. Ego uero Peducaeum
nostrum uehementer diligo; nam et quanti patrem
feci, totum in hunc ⟨contuli et hunc⟩ ipsum per se
aeque amo atque illum amaui, te uero plurimum,
qui hoc ab utroque nostrum fieri uelis. Si hortos
inspexeris et si de epistula certiorem me feceris,
dederis mihi quod ad te scribam; si minus, scribam
tamen aliquid; numquam enim derit.

2. 2-3 quod si *Cr.*ᵐ, *Z*ᵇ, *La.*ᶜ : *om.* Δ, *RPO* ‖ a te Δ : a te enim *O*
e- a te *RP* ‖ 4 quod *bds*, *P* : quo *Mm*, *RO* ‖ maxime Δ : et m- *RPO* ‖
5 festinationem *bs*, *uett.* : -ne *Mdm*, *RPO* ‖ 12 pro facto (*uett.*) : profecto Ω, *ed. Rom.*
3. 5 *add.* contuli (*uel* transt-) et hunc *Tyrr.-Purs.* (*adnot. ad loc.*),
Sh. Bailey, te *Lambin.; al. al. coni.* ‖ 6 amo atque *bm*, *RPO*¹, *uett.* :
amatque *MdG* ‖ amaui te (*uett.*) : -uit te *RPO* -ui tu *bms*, *ed. Rom.*
-uit tu *MdG* ‖ 9 *om.* scribam si minus *RP* ‖ 10 derit (dee-) Δ, *O*² :
id erit *RPO*¹.

DCXLI. — A ATTICUS.
(*Att.*, XIII, 2).
Domaine de Tusculum, 24 mai 45.

Ta promptitude m'est plus agréable que son objet
même ; quoi de plus révoltant, en effet[a]? Mais maintenant, je me suis endurci à de tels procédés et j'ai dépouillé toute sensibilité. J'attends une lettre de toi aujourd'hui ; sans en attendre du nouveau, il est vrai
— que pourrait-il y avoir? —, mais tout de même...

DCXLII. — A ATTICUS.
(*Att.*, XIII, 27).
Domaine de Tusculum, 25 mai 45.

1. A propos de ma *Lettre à César*, j'ai réellement
toujours été d'avis, à très juste titre, de la faire lire
préalablement à tes amis. Agir autrement eût été dis-
courtois à leur égard et, si mon texte était de nature
à offenser son destinataire, presque dangereux pour
moi-même. Tes amis ont joué franc jeu et je leur sais
gré de n'avoir pas caché leur pensée ; mais leur coup
de maître, c'est de vouloir tellement de modifications
que je n'ai pas de raison de recommencer intégralement
la rédaction. D'ailleurs, au sujet de la guerre contre les
Parthes, que devais-je prendre en considération, sinon
les intentions de César, telles que je les présumais? De
fait, ma lettre avait-elle un autre objet que la *flatterie*?

---

a. Atticus a transmis à Cicéron les critiques formulées par Balbus
et Oppius sur sa *Lettre à César* (voir la lettre suivante, la Notice,
p. 111, et l'App. II B).

DCXLI. — AD ATTICVM.
(*Att.*, XIII, 2).

Scr. in Tusculano ix Kal. Iun. a. 709/45.

Gratior mihi celeritas tua quam ipsa res; quid
enim indignius? Sed iam ad ista obduruimus et
humanitatem omnem exuimus. Tuas litteras hodie
exspectabam, nihil equidem ut ex iis noui — quid
enim? — uerum tamen...

DCXLII. — AD ATTICVM.
(*Att.*, XIII, 27).

Scr. in Tusculano viii Kal. Iun. a. 709/45.

1. De epistula ad Caesarem, nobis uero semper
rectissime placuit ut isti ante legerent. Aliter enim
fuissemus et in hos *in*officiosi et in nosmet ipsos,
si illum offensuri fuimus, paene periculosi. Isti autem ingenue, mihique gratum quod qui*d* sentirent
non reticuerunt; illud uero uel optime, quod ita
multa mutari uolunt ut mihi de integro scribendi
causa non sit. Quamquam de Parthico bello, quid
spectare debui nisi quod illum uelle arbitrabar?
Quod enim aliud argumentum epistulae nostrae
nisi κολακεία fuit? An, si ea quae optima putarem

DCXLI. — *M* 177 r°; *R* 108 r°; *P* 154 v°. *Deest E. De fine huius
ep. uide ad* XIII, 2 a (DCXLV).

1 ipsa *M*ᶜᵒʳʳ, *RPO*¹(?) : -am *M*¹*dG*, *O*² -arum *bms*.

DCXLII. — *M* 183 v°; *R* 111 v°; *P* 160 v°. *Deest E. Nouam ep.
dist. Cratander.*

1. 1 de epistola (-ā *O*²?) *O*, *Z*ᵇ, *La.*ᶜ, *ed. Crat.* : epistolam Δ, *RP*
(*uett.*) ‖ 3 inofficiosi (*uett.*) : off- Δ, *R* (*om.* hos), *P*, *ed. Iens.* ‖ 5 quid
(*uett.*) : qui Δ, *RP*, *ed. Iens.* ‖ 6 reticuerunt (-rint *P*) *b*, *RP* : -tinu-
(Δ) ‖ 11 κολακεία *edd.* : col(l)acia (-tia) Δ, *RP*.

Au cas où j'aurais voulu lui faire les suggestions qui me
paraissent vraiment les meilleures, les mots m'eussent-ils
manqué? Ainsi donc, la lettre tout entière est inutile.
En effet, du moment que je ne peux remporter un grand
succès et qu'un *insuccès*, même mineur, serait source
de désagréments, à quoi bon *courir un risque?* Et surtout,
une autre réflexion me vient : comme je n'ai rien écrit
jusqu'ici, il pensera que je n'ai rien voulu écrire avant
l'achèvement total de la guerre. Je crains même qu'il
n'imagine que j'aie voulu lui *administrer un lénitif* après
le *Caton.* Bref, j'avais de vifs regrets et, dans cette affaire, il ne pouvait rien m'arriver de plus conforme à
mes vœux que la désapprobation de mon *zèle.* De plus,
je serais tombé entre les mains des autres, là-bas, et
parmi eux ton neveu[a].

2. Mais je reviens aux « jardins »; je ne veux absolument pas que tu ailles sur place, si cela te dérange
le moindrement : il n'y a aucune urgence[b]. En toute
éventualité, portons nos efforts sur Fabérius. Si pourtant tu apprends quelque chose sur la date de la vente,
dis-le moi. Un courrier venu de ma maison de Cumes
me donne d'excellentes nouvelles de la santé d'Attica
et me dit qu'il est porteur d'une lettre[c] : je t'envoie
l'homme aussitôt.

DCXLIII. — A ATTICUS.
(*Att.*, XIII, 28 — 29, 1).
Domaine de Tusculum, 26 mai 45.

1. Puisque tu vas visiter les « jardins » aujourd'hui,
demain sans doute ton impression[d]. Tu me parleras de
Fabérius quand il sera venu.

---

a. Quintus Cicéron, neveu d'Atticus par sa mère Pomponia, se
trouvait en Espagne, au quartier général de César (cf. Not., p. 122 ;
sur la *Lettre à César*, voir l'App. II B).
b. Cf. *DCXL = Att.*, XIII, 1, 3.
c. Voir la Notice, p. 74.
d. Cf. *Att.*, XIII, 1, 3 (*DCXL*) et 27, 2 (*DCXLII*). Pour Fabérius,
voir l'App. I C.

suadere uoluissem, oratio mihi defuisset? Totis
igitur litteris nihil opus est. Vbi enim ἐπίτευγμα magnum nullum fieri possit, ἀπότευγμα uel non magnum
molestum futurum sit, quid opus est παρακινδυνεύειν?
Praesertim cum illud occurrat, illum, cum antea
nihil scripserim, existimaturum me nisi toto bello
confecto nihil scripturum fuisse. Atque etiam uereor
ne putet me hoc quasi Catonis μείλιγμα esse uoluisse.
Quid quaeris? Valde me paenitebat, nec mihi in
hac quidem re quicquam magis ut uellem accidere
potuit quam quod σπουδὴ nostra non est probata.
Incidissemus etiam in illos, in eis in cognatum tuum.

2. Sed redeo ad hortos; plane illuc te ire nisi
tuo magno commodo nolo; nihil enim urget. Quicquid erit, operam ⟨in⟩ Faberio ponamus. De die
tamen auctionis, si quid scies. Eum qui e Cumano
uenerat, quod et plane ualere Atticam nuntiabat et
litteras se habere aiebat, statim ad te misi.

DCXLIII. — AD ATTICVM.
(Att., XIII, 28 — 29, 1).

Scr. in Tusculano vii Kal. Iun. a. 709/45.

1. Hortos quoniam hodie eras inspecturus, quid
uisum tibi sit cras scilicet. De Faberio autem, cum
uenerit.

1. 12 totis Δ : -is his *RP* ‖ 13 *om.* igitur *R* ‖ 14 *om.* ἀπότευγμα
— sit *P*, uel — παρακινδυνεύειν *R* ‖ 16 *post* illum *om.* cum *RP* ‖
20 nec mihi *P*, *codd. Malasp.*, *La.*ᵐ : ne mi *R* ne cum Δ.
2. 2 commodo Δ : cognoscis com- *RP* ‖ 3 in *Z*ᵇ, *Lambin.* : *om.* Ω,
uett. ‖ 5 atticam (*uel sim.*) *M*ᶜᵒʳʳ*bdms*, *P* : -ca *M*¹, *R*.
DCXLIII. — *M* 184 rᵒ ; *R* 111 vᵒ ; *P* 161 rᵒ. *Desunt in E* **1.** 1 hortos — 3 uenerit, *et* **3.** 9 quom tibi — *usque ad finem. Nouam ep. dist.
Cratander ; ab in. seq. epist. ad huius finem uersus* 4. 1 hoc manu —
8 oportere *transp. Cratander et Schiche* (Hermes, 1883, p. 597).
1. 2 uisum (uis *RP*) tibi *MbmG*, *RP* : t- u- *ds.*

2. A propos de ma *Lettre à César*, crois-moi, je te
jure que je ne peux pas ; ce n'est pas la honte qui m'en
dissuade, comme elle le devrait impérieusement — quelle
honte, en effet, que la flagornerie, alors qu'il est déjà
honteux pour moi d'être en vie ! — mais, disais-je, ce
n'est pas cette honte qui me dissuade (j'aurais bien
préféré ; car, dans ce cas, je serais l'homme que je devrais être) : en réalité, il ne me vient aucune idée. Si
tu prends ces conseils donnés à Alexandre par de grands
écrivains — et des savants —, tu peux voir sur quels
sujets ils portent[a] : un tout jeune homme, brûlant de
passion pour la gloire la plus authentique, désireux de
recevoir des conseils qui serviraient sa renommée éter-
nelle, est engagé par eux dans la voie de l'honneur. Ce
ne sont pas les mots qui vous manquent, alors ! Moi,
que puis-je dire ? Pourtant j'avais réussi à tirer du chêne
brut je ne sais quoi qui ressemblait à une sculpture.
Parce qu'il s'y trouvait quelques traits un peu supérieurs à ceux que présente la réalité d'aujourd'hui et
d'hier, on les critique ; je n'en ai aucun regret ; car, si
cette lettre était parvenue à son destinataire, crois-moi,
je le regretterais. **3.** Dis-moi : aurais-tu oublié que
même cet élève d'Aristote, avec son génie et sa maîtrise hors pair, une fois qu'il eut reçu le titre de roi,
fut un orgueilleux, cruel et sans frein ? Dis-moi : crois-tu
que ce personnage de procession, cet inséparable de
Quirinus aurait été content de ma lettre mesurée[b] ? Au
vrai, mieux vaut le laisser désirer ce que je n'ai pas
écrit que désapprouver ce que j'ai écrit ! Après tout, qu'il
fasse ce qu'il voudra... Elle est loin, cette inquiétude
qui me tenaillait quand je te soumettais un *problème
digne d'Archimède*[1]. Par Hercule, je souhaite cent fois
plus, aujourd'hui, ce « malheur » que je ne le redoutais
alors — celui-là ou tel autre qu'il lui plaira.

Sauf nouvel empêchement, ta venue va combler mon

a. Sur les *Lettres* d'Aristote et de Théopompe à Alexandre, voir
l'App. II B, p. 322.
b. Voir la Notice, p. 112.

2. De epistula ad Caesarem, iurato mihi crede,
non possum; nec me turpitudo deterret, etsi maxime
debebat — quam enim turpis est adsentatio, cum
uiuere ipsum turpe sit nobis! — sed, ut coepi,
non me hoc turpe deterret (ac uellem quidem; essem
enim qui esse debebam) : sed in mentem nihil uenit.
Nam quae sunt ad Alexandrum hominum eloquen-
tium et doctorum suasiones uides quibus in rebus
uersentur : adulescentem incensum cupiditate ueris-
simae gloriae, cupientem sibi aliquid consili dari
quod ad laudem sempiternam ualeret, cohortantur
ad decus. Non deest oratio! Ego quid possum?
Tamen nescio quid e quercu exsculpseram quod
uideretur simile simulacri. In eo quia non nulla
erant paulo meliora quam ea quae fiunt et facta
sunt, reprehenduntur; quod me minime paenitet;
si enim peruenissent istae litterae, mihi crede, nos
paeniteret. **3.** Quid? tu non uides ipsum illum
Aristoteli discipulum, summo ingenio, summa mo-
destia, postea quam rex appellatus sit, superbum,
crudelem, immoderatum fuisse? Quid? tu hunc de
pompa, Quirini contubernalem, his nostris modera-
tis epistulis laetaturum putas? Ille uero potius non
scripta desideret quam scripta non probet. Pos-
tremo ut uolet... Abiit illud quod tum me stimula-
bat quom tibi dabam πρόβλημα Ἀρχιμήδειον. Multo
mehercule magis nunc opto casum illum quam tum
timebam, uel quem libebit.

Nisi quid te aliud impediet, mi optato ueneris.

---

3. 1 ipsum illum Δ, *E* : il- ip- *RP* ‖ 2 aristoteli *M*[1], *La.*[c] : -telis *M*[corr]
bdms -tilis Σ, *G* ‖ 9 quom *Wesenberg* : quod Δ, *RP, uett.* ‖ 10 quam
tum (-ant- *dP*) *Mdm, RP* : quem t- *bs, uett.* ‖ 11 timebam *M*[2]*bdms* :
-at *M*[1], *RP*.

attente. Nicias a reçu de Dolabella une convocation
très pressante (j'ai lu la lettre) ; suivant le conseil que
je lui ai donné à contrecœur, il est parti.

4 (= 29, 1). Ceci de ma main. Je questionnais par
hasard Nicias sur les érudits, quand la conversation
tomba sur Talna[1] ; d'après lui, peu de chose à dire sur
ses qualités d'esprit ; un homme mesuré et efficace.
Mais il y a un point qui ne m'a pas plu : Nicias m'a
déclaré savoir qu'il a récemment fait des propositions
à Cornificia, fille de Quintus, qui n'est plus une jeunesse et a été mariée bien des fois ; il n'a pas été agréé
des femmes, parce qu'elles ont découvert que son capital ne dépassait pas 800.000 sesterces. J'ai pensé qu'il
valait mieux t'en informer.

DCXLIV. — A ATTICUS.
(*Att.*, XIII, 29, 2-3 — 30, 1).
Domaine de Tusculum, 27 mai 45.

1 (2). J'ai eu des informations sur les « jardins »
par ta lettre et par Chrysippe[a]. Dans la maison, dont
le manque d'attrait m'était bien connu, il n'y a pas eu
de changement, je vois, ou presque pas ; cependant, il
fait l'éloge des grands bains et dit que les petits pourraient être transformés en appartement d'hiver ; pour
cela, il faudrait ajouter un petit passage couvert : à
supposer que je le fasse de la même taille que celui que
j'ai aménagé dans ma propriété de Tusculum, il me
coûtera presque moitié moins cher, à cet endroit. Pour
le *mémorial* que je veux édifier[2], le bois, que je con-
naissais, me paraît le site idéal. Mais, à l'époque, on

---

a. Vettius Chrysippus, affranchi de Vettius Cyrus et architecte
comme son patron (cf. *CLXXVII = Fam.*, VII, 14, 1 et la note
de L.-A. Constans, in t. III, p. 262), est allé, lui aussi, visiter les
« jardins » de Scapula, pour informer Cicéron.

Nicias a Dolabella magno opere arcessitus (legi enim
litteras), etsi inuito me tamen eodem me auctore,
profectus est.

4 (= 29, 1). Hoc manu mea. Cum quasi alias
res quaererem de philologis e Nicia, incidimus in
Talnam; ille de ingenio nihil nimis, modestum et
frugi. Sed hoc mihi non placuit : se scire aiebat
ab eo nuper petitam Cornificiam, Quinti filiam, uetu-
lam sane et multarum nuptiarum; non esse proba-
t*u*m mulieribus, quod ita reperirent, rem non maio-
rem D̄C̄C̄C̄. Hoc putaui te scire oportere.

DCXLIV. — AD ATTICVM.
(*Att.*, XIII, 29, 2-3 — 30, 1).

Scr. in Tusculano vi *Kal. Iun. a. 709/45.*

1 (2). De hortis ex tuis litteris cognoui et Chry-
sippo. In uilla, cuius insulsitatem bene noram,
uideo nihil aut pauca mutata; balnearia tamen
laudat maiora, de minoribus ait hiberna effici posse;
tecta igitur ambulatiuncula addenda est; quam ut
tantam faciamus quantam in Tusculano fecimus,
prope dimidio minoris constabit isto loco. Ad id
autem quod uolumus ἀφίδρυμα nihil aptius uidetur
quam luc[t]us, quem ego noram; sed cele*b*ritatem

---

3. 13 a Dolabella *ed. Crat.* : ab D- *La.*ᶜ adolabellam *M*¹ a d — a
in *M*ᶜᵒʳʳ*bdms* ad d — am *RP* ‖ arcessitus *Mm*, *PR*² : accers- *bds*, *R*¹.

4. 3 Talnam *Cr.*ᵐ : tal. nam Δ talem nam *RP* Thalnam *edd.* ‖
6-7 probatum *Lambin.* (*e uet. cod.*) : -tam Δ, *RP*, *uett.*

DCXLIV. — *M* 184 vᵒ; *R* 112 rᵒ; *P* 161 rᵒ. *Deest ex toto E, post*
2. 7 satis *R. Hanc ep. sic const. Cratander; cf. Schiche,* Hermes, 1883,
p. 597.

1. 1 et : et ex *Orelli, alii* ‖ 3 pauca mutata balnearia *Cr.*ᵐ : -cam
aut atab- *R* -cam aut (*spat. rel.*) *P* -cam (-ca *G*) ut ad b- Δ *G* ‖ 5 ambulatiuncula *bm*, *La.*ᶜ : -lat uinc- *Mds* -lat iung- *RP* ‖ est *RP* : sunt
Δ ‖ 6 fecimus Δ : fac- *RP* ‖ 9 lucus (*uett.*) : luctus Δ, *RP, ed. Iens.* ‖
celebritatem (*uett.*) : celer- *b*, *P* sceler- *Mdms*, *R, ed. Iens.*

n'y rencontrait personne ; aujourd'hui, me dit-on, il y a foule. C'est l'endroit que je préfère. *Au nom des dieux, consens à ma folie cette satisfaction.* Pour le reste, si Fabérius me règle cette fameuse créance, ne t'enquiers pas du prix : je veux que tu l'emportes sur Othon. D'ailleurs, je ne crois pas que celui-ci fasse d'extravagance ; car j'ai l'impression de bien connaître le personnage. D'autre part, me dit-on, lui-même a été si sévèrement malmené que je ne le vois pas en acheteur ; pourquoi, en effet, laisserait-il la vente se faire ? **2** (3). Mais à quoi bon ratiociner ? Si tu viens à bout de Fabérius, achetons même à prix élevé ; sinon, nous ne pouvons pas, fût-ce à bas prix. Dans ce cas, Clodia ; or, de ce côté, justement, je crois avoir des raisons d'espérer : la propriété vaut beaucoup moins cher et la dette de Dolabella m'a l'air en voie de règlement[a], si bien que je suis même sûr de pouvoir payer comptant. Assez sur les « jardins ». Demain, j'attends ou ta personne ou tes excuses — tenant à Fabérius, je présume — ; mais, si tu peux...

3 (= 30, 1). Je te retourne la lettre du jeune Quintus ; tu restes insensible, cœur de pierre, aux dangers qu'il court ! A moi aussi, il adresse des reproches ; ⟨si⟩ cette lettre ⟨n'était semblable à la tienne⟩ [?], je te l'aurais envoyée ; quant à l'autre, sur ses exploits militaires, c'est une simple copie, j'imagine[1].

J'envoie aujourd'hui un courrier chez moi, à Cumes ; je lui remets ta lettre pour Vestorius, que tu avais confiée à Pharnace[b].

---

a. Le remboursement de la dot de Tullia.

b. Un des *librarii* d'Atticus (cf. *DCLXXXVI* = *Att.*, XIII, 44, 3). Sur Vestorius, homme d'affaires campanien, cf. Not., p. 198, n. 1.

nullam tum habebat, nunc audio maximam. Nihil
est quod ego malim. In hoc τὸν τῦφόν μου πρὸς θεῶν
τροποφόρησον. Reliquum est, si Faberius nobis nomen
illud explicat, noli quaerere quanti ; Othonem uincas
uolo. Nec tamen insaniturum illum puto ; nosse
enim mihi hominem uideor. Ita male autem audio
ipsum esse tractatum ut mihi ille emptor non esse
uideatur ; quid enim pateretur? **2** (3). Sed quid
argumentor? Si Faberium explicas, emamus uel
magno ; si minus, ne paruo quidem possumus.
Clodiam igitur ; a qua ipsa ob eam causam s*p*erare
uideor, quod et multo minoris sunt et Dolabellae
nomen iam expeditum uidetur, ut etiam repraesentatione con*f*idam. De hortis satis. Cras aut te aut
causam ; quam quidem ⟨puto⟩ futuram Faberianam ; sed si poteris...

3 (= 30, 1). ⟨Q.⟩ Ciceronis epistulam tibi remisi ; o te ferreum qui illius periculis non moueris !
Me quoque accusat. Eam tibi epistulam ⟨...⟩ misissem. Nam illam alteram de rebus gestis eodem
exemplo puto.

In Cumanum hodie misi tabellarium ; ei dedi tuas
ad Vestorium quas Pharnaci dederas.

---

2. 2 Faberium Δ, *RP*, *Sh. Bailey* (*coll.* Att., III, 8, 3 Tigrane ;
XII, 39, 2 Otho ; 44, 2 Pontiano ; *etc.*) : -rianum *Manutius, edd.* ‖
3 si minus *bms* : simus *MdG*, *RP* ‖ possumus Δ : nos p- *RP* ‖ 4 sperare *Victorius* : spir- *Cr.*ᵐ si rare Δ, *RP* ‖ 6 nomen iam *P, ed. Crat.* :
-em iam *R* -en nam Δ -en tam *Boot* ‖ 7 confidam *La.*ᶜ : comidam *M*
conudam (-ni- *d*) *bdm* quondam *s* commodam *RP* ‖ 8 puto *add. Baiter,* confido *Müller.*

3. 1 Q. *add. Lehmann* (p. 102 sq.) ‖ 3 lac. indic. *Müller* (Rhein.
Mus., LIII, 1898, p. 135), *qui* nisi tuae simillima esset *uerisim. suppl.* ‖
3-4 misissem Δ, *P, ed. Rom.* : misi (*uett.*).

DCXLV. — A ATTICUS.
(*Att.*, XIII, 2 *a*).
Domaine de Tusculum, 27 mai (?) 45.

1. Tu voudras bien faire remettre ces lettres à Oppius et Balbus[1]. En tout cas, si tu vois Pison quelque
part, parle-lui de l'or[a]. Si Fabérius vient, veille à ce
que le montant des délégations de créances — si délégation il y a — soit égal à celui de sa dette ; Éros te four-
nira les chiffres[b].

2. Ariarathe, fils d'Ariobarzane, est arrivé à Rome. Il
veut, je pense, acheter à César un royaume ; car, dans
la situation actuelle, il n'a pas un lopin à lui où poser
le pied[2]. Il a été entièrement pris en charge par notre
cher Sestius — commissaire officiel à l'hébergement des
personnalités en voyage ! — ce dont je prends aisément
mon parti[3]. Mais cependant, des liens étroits m'unis-
sant à son frère, à qui j'ai rendu un très grand service,
je lui écris pour l'inviter à descendre chez moi. Comme
j'envoie Alexandre à cette fin, je lui confie la présente
lettre.

DCXLVI. — A ATTICUS.
(*Att.*, XIII, 31).
Domaine de Tusculum, 28 mai 45.

1. Ce matin 28, j'ai reçu des mains de Déméa une
lettre expédiée hier, m'informant que je devais t'attendre aujourd'hui ou demain. Mais, si je ne me trompe,
tout impatient que je suis de te voir arriver, je vais
néanmoins te retarder ; car je ne pense pas que la trac-

---

a. Voir App. I C, p. 295.
b. Éros, esclave ou affranchi d'Atticus, s'occupait spécialement
des comptes de Cicéron (*DCXII = Att.*, XII, 18, 3). Cicéron prévoit que Fabérius, pour acquitter sa dette, offrira des titres de
créance, qui seraient transférés au nom de Cicéron ; c'est ce qui se
passera effectivement (cf. App. I C).

DCXLV. — AD ATTICVM.
(*Att.*, XIII, 2 a).

Scr. in Tusculano vi Kal. Iun., ut uid., a. 709/45.

1. Oppio et Balbo epistulas deferri iubebis. Et
tamien Pisonem sicubi, de auro. Faberius si uenerit,
uidebis ut tantum attribuatur, si modo attribuetur,
quantum debetur; accipies ab Erote.

2. Ariarathes, Ariobarzani filius, Romam uenit.
Vult, opinor, regnum aliquod emere a Caesare;
nam, quo modo nunc est, pedem ubi ponat in suo
non habet. Omnino eum Sestius noster, parochus
publicus, occupauit; quod quidem facile patior.
Verum tamen, quod mihi summo beneficio meo
magna cum fratre illius necessitudo est, inuito eum
per litteras ut apud me deuersetur. Ad eam rem
cum mitterem Alexandrum, has ei dedi litteras.

DCXLVI. — AD ATTICVM.
(*Att.*, XIII, 31).

Scr. in Tusculano v Kal. Iun. a. 709/45.

1. V Kal. mane accepi a Demea litteras pridie
datas, ex quibus aut hodie aut cras ⟨te⟩ exspectare
deberem. Sed, ut opinor, idem [quod] ego qui exspecto
tuum aduentum morabor te; non enim puto tam

DCXLV. — *M* 177 r° ; *R* 108 r° ; *P* 154 v°. *Deest E. Hanc ep. dist.*
Schmidt (Briefwechsel, p. 287 sq., 294 sq.) ; *de quo uide sis comm.*
ad loc.

2. 3 ubi *M²bms*, *RPO²* : uel *M¹*, *O¹* ‖ 7 fratre *Manutius*, *Sh. Bai-*
ley : -tribus V, *RPO* ; *cf. comm. ad loc.*

DCXLVI. — *M* 185 r° ; *P* 161 v°. *Desunt ER. Nouam ep. dist.*
Cratander.

1. 1 a demea *P*, *uett.* : de mea Δ ‖ 2 te *hic add. uett. praeter ed. Iens.*,
post exspectare *Orelli* ‖ 3 *del.* quod *Victorius.*

14

tation avec Fabérius, même si elle doit avoir lieu, abou-
tisse si aisément qu'elle ne se prolonge pas plus ou moins ;
donc, viens quand tu pourras. **2.** Puisque tu es encore là-bas, je voudrais bien que tu m'envoies les livres
de Dicéarque dont tu me parles dans ta lettre, en y
ajoutant aussi ceux de la *Catabase*[a].

3. Pour ma *Lettre à César, j'ai décidé* ; une chose
encore : d'après tes amis, César leur écrit qu'il ne mar-
chera contre les Parthes qu'une fois l'État solidement
organisé ; or, c'est précisément ce que je lui suggérais
dans cette fameuse lettre ; ainsi, quand il le voudrait,
il pourrait m'en attribuer la paternité[b]. C'est en effet
ce qu'il attend, de toute évidence, et il s'apprête à ne
plus agir que selon mes conseils ! Je t'en supplie, ban-
nissons ces inepties et soyons du moins à demi-libres ;
nous y parviendrons par le silence et l'obscurité.

4. Mais entreprends Othon, comme tu me le dis ;
mène cette affaire à bien, mon cher Atticus ; car je ne
vois aucun autre endroit où je sois à la fois à l'écart
du Forum et en mesure d'être avec toi. Pour le prix,
voici à quoi j'ai pensé : C. Albanius est un voisin tout
proche ; il a acheté mille jugères à M. Pilius pour 11,5 millions de sesterces, si ma mémoire est bonne[c]. Tout est
moins cher aujourd'hui, bien entendu ; mais il s'ajoute
la convoitise, où je crois être sans rival, à l'exception
d'Othon. Mais tu seras homme à l'ébranler, même lui,
... un peu moins facilement que si tu disposais de Ca-

---

a. Voir l'App. II B, p. 319.

b. Le texte des mss., avec ses flottements, exige une correction ;
celle que nous proposons nous paraît la plus simple paléographiquement (elle suppose une omission initiale ou une déformation de *me*,
entraînant la corruption, mineure, de *cum* en *-rum*) et satisfaisante
pour le sens : on voit mal comment Cicéron aurait pu conseiller
à César à la fois de lancer l'expédition parthique sans délai et de
commencer par restaurer la République.

c. Voir l'App. I C, p. 293.

expeditum Faberianum negotium futurum, etiam si
est futurum, ut ⟨non⟩ habeat aliquid morae ; cum
poteris igitur. **2.** Quoniam etiam*n*um abes, Dicaearchi quos scribis libros sane uelim mi mittas,
addas etiam Καταβάσεως.

3. De epistula ad Caesarem κέκρικα ; atque id
ipsum quod isti aiunt illum scribere, se nisi consti-
tutis rebus non iturum in Parthos, idem ego suadebam in illa epistula, ut me *c*um liberet facere posset auctorem. Hoc enim ille exspectat uidelicet,
neque est facturus quicquam nisi de meo consilio.
Obsecro, abiciamus ista et semiliberi saltem simus ;
quod adsequemur et tacendo et latendo.

4. Sed adgredere Othonem, ut scribis ; confice,
mi Attice, istam rem ; nihil enim aliud reperio ubi
et in foro non sim et tecum esse possim. Quanti
autem, hoc mihi uenit in mentem : C. Albanius
proximus est uicinus ; is CIↃ iugerum de M. Pilio
emit, ut mea memoria est, HS |C̅X̅V̅|. Omnia scilicet
nunc minoris ; sed accedit cupiditas, in qua praeter Othonem non puto nos ullum aduersarium habi-
turos. Sed eum ipsum tu poteris mouere, ... faci-

1. 5 expeditum *M*^corr *bdms* : -ecum *M*¹ -ertum *P* ‖ 6 non *add. uett.
praeter ed. Iens.* ‖ mor(a)e *M*^corr*bs* : mori *M*¹*dm, P* ‖ 7 poteris Δ :
-ro *P*.
2. 1 etiamnum *Madvig (ap. Wesenberg, Em. alt.,* p. 133 ; *duce
Orelli, qui* -am nunc) : -am dum (Δ), *P* dum *dG* ‖ 2 mi (mihi *ds, M*⁴)
mittas Δ : mihi inm- *P*.
3. 1 κέκρικα *Z*ᵇ, *La.*ᶜ : ΚΕΚΒΙΚΑ *M*¹, *P, Z*ⁱᵃ κελτικὰ *bms,
O* κελτικὰ κελτιθηρικὰ *M*^corr*d* ‖ 3-4 suadebam *M*^corr*bdms* : semper s- *P* sua debebam *M*¹ ‖ ut me cum *scripsi* : me utrum (itur- *d*)
*M*²*bdms, uett.* ut uerum *P* in (*uel* sin) *Z*ᵇ ut utrum *cod. Faerni* utrum
M, edd. ‖ 4-5 posset Δ, *P, edd.* : -e *Manutius, edd.* ‖ auctorem *M*¹, *P* :
-re me *Manutius* -re *M*^corr*bdms.*
4. 4 albanius *Mbm* : -nus *ds* albinus *P* -nius *Corradus* ‖ 5 CIↃ *edd.* :
∞ *Mm* CC *b* O *P* V *ds* ‖ 6 |C̅X̅V̅| *Ernesti* : C̅X̅V̅ *Mbm* CXV *G* CXI *P*
DCCCXV *ds.*

nus[1]. Oh ! le goinfre[a] ! j'ai honte pour son père. Réponds-moi, si tu désires quelque chose.

DCXLVII. — A ATTICUS.
(Att., XIII, 30, 2-3).
Domaine de Tusculum, 28 mai 45.

1 (2). Je venais de t'envoyer Déméa, quand Éros s'est présenté devant moi[b]. Mais, dans la lettre qu'il m'a remise, une seule nouvelle : la vente aux enchères dans deux jours[c]. Tu viendras donc aussitôt après, comme tu me l'écris, et, j'espère, après en avoir fini avec Fabérius ; de fait, Éros affirme qu'il n'arrivera pas aujourd'hui, mais pense que ce sera pour demain matin. Il te faut le courtiser, bien que les *flatteries* de ce genre ne soient guère différentes d'un crime. Je t'espère après-demain.

2 (3). Si tu en as le moyen, déniche-moi donc les noms des dix Commissaires envoyés à Mummius ; Polybe ne les indique pas. Je me souviens du consulaire Albinus et de Sp. Mummius ; il me semble avoir entendu Hortensius citer Tuditanus ; mais, dans les *Annales* de

---

a. Cette exclamation semble viser le jeune Quintus ; comme le suggère Shackleton Bailey (in ed. *Att.*, t. V, p. 348 sq.), Atticus a dû, dans la même lettre, raconter une frasque de leur neveu et faire état d'un projet consistant à le marier à une certaine Cana (cf. *Att.*, XIII, 41, 1 = *DCXCV* ; août 45), qui était très probablement la fille de Gellius Canus.

b. Déméa : courrier de Cicéron ; Éros : un des comptables d'Atticus. Sur cette lettre et les suivantes, voir la Notice, p. 117 sq. (classement et chronologie des lettres ; problème de la Commission sénatoriale de 146), l'App. I C (négociation avec Fabérius) et l'App. II B (projet de *Colloque politique*).

c. La vente aux enchères de Péducéus (cf. Not., p. 114 sq., et les lettres *DCXLVIII* et *DCL*).

lius etiam si Kanum haberes. O gulam insulsam !
pudet me patris. Rescribes si quid uoles.

DCXLVII. — AD ATTICVM.
(*Att.*, XIII, 30, 2-3).

Scr. in Tusculano ọ Kal. Iun. a. 709 /45.

1 (2).   Commodum ad te miseram Demean, quom
[odo] Eros ad me uenit. Sed in eius epistula nihil
erat noui nisi auctionem biduo. Ab ea igitur, ut
scribis, et uelim confecto negotio Faberiano ; quem
quidem negat Eros hodie, cras mane putat. ⟨A⟩
te colendus est ; istae autem κολακεῖαι non longe
absunt a scelere. Te, ut spero, perendie.

2 (3).   Mi, sicunde potes, erues qui decem le-
gati Mummio fuerint. Polybius non nominat. Ego
memini Albinum consularem et Sp. Mummium ;
uideor audisse ex Hortensio Tuditanum ; sed in
Libonis Annali XIIII annis post praetor est factus

4. 10 kanum *Mm, codd. Malasp., Cr.*ᵐ : kauum *P* hanum *b* ca- *ds* ‖
insulsam *ds, uett.* : -sum *Mbm, P* ‖ 11 rescribes *s, uett.* : -b *d* -bis
MbmG, P.

DCXLVII. — *M* 185 rᵒ ; *P* 161 vᵒ. *Desunt ER. Nouam ep. dist.
Cratander.*

1. 1 Demean (-am *uett.*) quom (cum) (*uett.*), *edd.* : de (et de *P*)
me an quomodo Δ, *P, ed. Iens.* ‖ 3 biduo *Wesenberg* (Em. alt., p. 133) :
-uum Δ, *P* ‖ 5 a add. ed. *Asc.*² ‖ 6 ist(a)e *P, Cr.*ᵐ : ista Δ ‖ κολακεῖαι
Herọagius : ΚΟΛΑΚΕΙΝ (-ΛΚ- *P*) *M*¹, *P* -κίδες *Cr.*ᵐ κολάξειν
*M*²*bdms* ‖ 7 te *P, ed. Crat.* : om. Δ (*uett.*) ‖ 7-2. 1 perendie mi sicunde
*Z*ᵇ : -diem sic u- (sicu- *ms*) (Δ), *P* -die sicu- *b*.

2. 1 erues *Z*ᵇ (*uett.*) : eruere (erru- *M*¹*P*) Δ, *P, ed. Iens.* erue *Baiter* ‖ 2 fuerint *P, codd. Malasp.* : -runt Δ ‖ 4 Tuditanum *b*², *edd.* : -teno Δ,
uett. -trio *P* ‖ 5 annis *M*²*bs, uett.* : ximis *M*¹*dmG ; om. P* (spat. rel.)
post pr(a)etor *M*ᶜᵒʳʳ*bs, P* : posprecor *M*¹*dm*.

Libon, Tuditanus est devenu préteur quatorze ans après
que Mummius devint consul. Cela ne cadre pas du tout.
J'ai dans mes intentions une sorte de *Colloque poli-*
tique — soit à Olympie, soit où je le jugerai bon —,
à la manière de ton inséparable Dicéarque.

DCXLVIII. — A ATTICUS.
(*Att.*, XIII, 2 b — 3, 1 début).
Domaine de Tusculum, 29 mai 45.

Demain, donc, la vente aux enchères de Péducéus ;
ainsi, viens quand tu pourras ; mais peut-être seras-tu
retenu par Fabérius. Quoi qu'il en soit, viens quand cela
te sera possible. Mon cher Dionysius se plaint amère-
ment — d'ailleurs à juste titre — d'être pendant si
longtemps éloigné de ses élèves[1] ; il m'a écrit copieuse-
ment ; à toi aussi, je crois. J'ai bien l'impression qu'il
n'est pas près de revenir[a] ; et je le regrette, car il me
manque fort.

(3, 1). J'attends une lettre de toi ; pas tout de suite
bien sûr, car je t'écris cette réponse de bon matin.

DCXLIX. — A ATTICUS.
(*Att.*, XIII, 32).
Domaine de Tusculum, 29 mai 45.

1. J'ai reçu une deuxième lettre de toi aujourd'hui ;
aussi n'ai-je pas voulu que tu n'en aies qu'une de moi
pour tout potage. Fais donc comme tu me l'écris pour
Fabérius ; c'est sur lui, en effet, que repose tout mon

---

a. Ce pronostic sera bientôt démenti (cf. *Att.*, XIII, 33 *a*, 1 extr. =
DCLXXVIII).

Tuditanus quam consul Mummius. Non sane quadrat. Volo aliquem Olympiae aut ubi uisum πολιτικὸν σύλλογον morc Dicaearchi, familiaris tui.

DCXLVIII. — AD ATTICVM.
(*Att.*, XIII, 2 *b* — 3, 1 init.).

Scr. in Tusculano iv Kal. Iun. a. 709/45.

Cras igitur auctio Peducaei; cum poteris ergo;
etsi impediet fortasse Faberius. Sed tamen, cum
licebit. Dionysius noster grauiter queritur, et tamen
iure, a discipulis abesse tam diu; multis uerbis
scripsit ad me, credo item ad te. Mihi quidem uidetur etiam diutius afuturus; ac nollem; ualde enim
hominem desidero.

(3, 1). A te litteras exspectabam; nondum scilicet,
nam has mane rescribebam.

DCXLIX. — AD ATTICVM.
(*Att.*, XIII, 32).

Scr. in Tusculano iv Kal. Iun. a. 709/45.

1. Alteram a te epistulam cum hodie accepissem, nolui te una mea contentum. Tu uero age,
quod scribis, de Faberio; in eo enim totum est

---

2. 6-7 quadrat uolo *Manutius* : -tulo (-llo) Δ, *P. uett.* ‖ olympiae *b, Manutius* : -a (Δ), *P. uett.* ‖ ubi uisum (Δ), *La.*° : nisi u- *P*
ubiuis *s, Sh. Bailey* -uis habitum *Schmidt* ubi erit (mihi) uisum *Wesenberg* (Em. alt., p. 133).

DCXLVIII. — *M* 177 r°; *R* 108 r°; *P* 154 v°. *Deest E; post* 5 ad
te *frequentissime deficit O. Nouam ep. constit. Schmidt* (Briefwechsel,
p. 295 sq.), *uersus* 1 — 7 *a fine* XIII, 2 a (DCXLV) *detrahens, u.* 8 —
9 *ab in.* XIII, 3 (DCLIV).

1 ergo *RPO, ed. Crat.* : *om.* Δ (*uett.*) ‖ 4 *add.* se *post* iure *Lambin.,*
post abesse *Ernesti* ‖ 6 afuturus *RP* : affu- *Mm* abfu- *bds.*

projet ; si ce projet ne s'était pas présenté, crois-moi,
je ne me mettrais pas plus en peine de cette créance
que du reste. Aussi, comme tu le fais — car on ne peut
rien y ajouter —, pousse ferme, insiste, finis-en.

2. Je voudrais que tu m'envoies les deux livres de
Dicéarque *Sur l'âme* et ceux de la *Catabase* ; je ne trouve
pas son *Tripolitique* ni sa *Lettre* à Aristoxène. Ce sont
surtout ces trois livres que je regrette de ne pas avoir
en ce moment : ils conviendraient au projet que j'ai en
tête[a].

3. Le *Torquatus* est à Rome ; j'ai fait dire qu'on te
le remette. Tu recevras d'abord, je pense, le *Catulus* et
le *Lucullus* ; à ces livres ont été ajoutés de nouveaux
prologues, qui font l'éloge des deux hommes : je veux
que tu aies ces textes, et il y a encore d'autres choses[1].
Tu n'as pas bien compris ce que je t'ai écrit au sujet
des dix Commissaires, sans doute *à cause de mes abréviations*[b]. En réalité, je m'enquérais de C. Tuditanus,
que j'avais entendu Hortensius mettre au nombre des
Dix ; je vois dans les *Annales* de Libon qu'il fut préteur sous le consulat de P. Popilius et P. Rupilius (622 /
132) ; comment aurait-il pu être commissaire quatorze
ans avant de devenir préteur? A moins qu'il ne soit
devenu préteur sur le tard, ce que je ne pense pas,
puisque je lis qu'il a accédé sans aucune difficulté aux
magistratures curules à l'âge légal. Quant à Postumius,
dont tu te rappelles, me dis-tu, la statue dans l'Isthme,

---

a. Voir l'App. II A, p. 319 sq., et B.
b. Les σημεῖα désignent manifestement ici des abréviations,
telles que *cos.*, *pr.*, *leg.*, et non pas la sténographie, qui n'était pas
utilisée pour la correspondance privée.

positum id quod cogitamus ; quae cogitatio si non
incidisset, mihi crede, istuc ut cetera non laborarem.
Quam ob rem, ut facis (istuc enim addi nihil potest), urge, insta, perfice.

2. Dicaearchi Περὶ Ψυχῆς utrosque uelim mittas
et Καταβάσεως ; Τριπολιτικὸν non inuenio et epistola*m*
eius quam ad Aristoxenum misit. Tris eos libros
maxime nunc uellem ; apti essent ad id quod cogito.

3. Torquatus Romae est ; misi ut tibi daretur.
Catulum et Lucullum, ut opinor, antea ; his libris
noua prohoemia sunt addita, quibus eorum uterque
laudatur ; eas litteras uolo habeas, et sunt quaedam
alia. Et quod ad te de decem legatis scripsi parum
intellexi*sti*, credo quia διὰ σημείων scripseram. De
C. Tuditano enim quaerebam, quem ex Hortensio
audieram fuisse in decem ; eum uideo in Libonis
praetorem P. Popilio P. Rupilio ⟨coss.⟩ ; annis XIIII
ante quam praetor factus est legatus esse ⟨qui⟩
potuisset? Nisi admodum sero *pr*aetor est factus,
quod non arbitror ; uideo enim curulis magistratu*s*
eum legitimis annis perfacile cepisse. Postumium
autem, cuius statuam in Isthmo meminisse te dicis,

DCXLIX. — *M* 185 vᵒ ; *P* 162 rᵒ. *Desunt ER. Nouam ep. dist.*
Cratander.

2. 1 utrosque *P* : -oque *Mbm ; om. ds* ‖ 2 et epistolam *Victorius* :
te -la Δ, *P, ed. Iens.* in -la *(uett.)* ‖ 3 ad *bms, uett.* : et *Md, P.*
3. 1 misi *Z*ᵇ, *La.*ᶜ : iussi Δ, *PO* ‖ 5 alia et Δ, *P* : aliae *Tyrr.-Purs.*
alia *Anon. ap. Lambin., Orelli, fors. recte ; cf. Lehmann,* p. 63
et comm. ad loc. ‖ ad *bdmsG* : a *MP* ‖ de *bms* : *om. MdG, P* ‖ 6 in-
tellexisti *Lambin.* : -xi Δ, *P* -xti *Pius* ‖ 9 P. *M*ᶜᵒʳʳ, *P, Z*ᵇ, *La.*ᶜ :
L. *M*¹*bdms* ‖ popilio Δ, *P* : -llio *Z*ᵇ ‖ P. Rupilio coss. annis *(uett.)* :
p. r- (li *b*) a- *bs* p. rupilian (-li an *m*, -lan *d*) *Mdm* P. Rupilium *ed.*
Iens. an *P* ‖ 10 qui *add. Castiglioni, Sh. Bailey,* non *Vrsinus, alii* ‖
11 sero *M*²*bs, P* : ferro *M*¹*dm* ‖ praetor (= pr.) *Pighius, Tyrr.-Purs.*
(in adnot.), Sh. Bailey : quaestor (q.) Δ, *P* ‖ est Δ, *P* : esset *Vrsi-*
nus, alii ‖ 12 magistratus *(uett.)* : -tum *s magis P, ed. Iens.* mage
Mbdm.

j'ignorais qu'il s'agît d'Aulus[1] ; c'est celui qui a été
consul avec L. Lucullus (603/151). Tu m'as fourni ainsi
un personnage de plus, qui aura tout à fait sa place dans
ce *Colloque*. Passe donc en revue les autres, si tu peux,
pour que je puisse *en imposer aussi par mes personnages*.

DCL. — A ATTICUS.
(*Att.*, XII, 3).

Domaine de Tusculum, 30 mai 45[a].

1. Tu es le seul homme, je pense, à être moins enclin que moi à la flatterie, ou, s'il nous arrive à l'un
comme à l'autre d'en user à l'égard d'autrui, du moins
ne la pratiquons-nous jamais entre nous. Écoute donc
ce que je vais te dire *sans charlatanisme* : que je meure,
mon cher Atticus, si à mes yeux ma villa de Tusculum,
où je me plais quant au reste, et même les *Iles des Bien-
heureux* valent la peine d'être séparé de toi des journées entières ! Faisons donc effort pour supporter ces
trois jours, à supposer que tu partages mon *sentiment*,
comme c'est certainement le cas. Mais je voudrais être
informé aujourd'hui sans retard du déroulement de la
vente et du jour où tu viendras[2]. Pendant ce temps,
je vis avec mes bouquins ; mais je n'ai pas l'*Histoire*
de Vennonius et cela me gêne[b].

a. Sur la date de cette lettre et le problème posé par la dernière
phrase, voir la Notice, p. 113 sq.

b. Voir la Notice, p. 115.

A. *ne*sciebam fuisse ; is autem est qui ⟨cos.⟩ cum
⟨L.⟩ Lucullo fuit. Quem tu mihi addidisti sane ad
illum σύλλογον personam idoneam. Videbis igitur, si
poteris, ceteros, ut possimus πομπεῦσαι καὶ τοῖς προσ-
ώποις.

DCL. — AD ATTICVM.

(*Att.,* XII, 3).

Scr. in Tusculano iii Kal. Iun. a. 709 /45.

1. Vnum te puto minus blandum esse quam me
aut, si uterque nostrum est aliquando aduersus aliquem, inter nos certe numquam sumus. Audi igitur
me hoc ἀγοητεύτως dicentem : ne uiuam, mi Attice,
si mihi non modo Tusculanum, ubi ceteroqui sum
libenter, sed μακάρων νῆσοι tanti sunt ut sine te sim
totos dies. Quare obduretur hoc triduum, ut te
quoque ponam in eodem πάθει ; quod ita est profecto. Sed uelim scire hodie[ne] statim de auctione,
et quo die uenias. Ego me interea cum libellis ; ac
moleste fero Vennoni historiam me non habere.

---

3. 15 A. nesciebam *Sh. Bailey* : annis sciebam Z^b sciebam Δ,
P nesc- *Muretus* ‖ is *bm,* P, *uett.* : his *M*¹ hic *ds* hic uel is *M*corr ‖
cos. *et* L. *add. Wesenberg* (Em., p. 15) ‖ 18 possimus *uett.* : -semus Δ,
P, *ed. Iens.*

DCL. — *M* 165 r° ; *R* 102 r° ; *P* 143 v°. *Deficit E post* **1.** 7 ut te *;*
ceteri codd. post **2.** 10 sed μελήσει *desinunt. Sed alterum huius epist.*
exemplar, ultima sententia tu Atticam — *plurimum addita, habent* Δ,
RP, in XVI, 5, 3 *post* reuertar *inepte insertum ; cuius lectiones si-*
glis M', R', P' etc. sunt notatae (*M'* 219 v° ; *R'* 125 v° ; *P'* 188 v°).

1. 2 aut *codd.'* : et *codd.* ‖ 4 me hoc *codd.* : hoc me *codd.'* ‖ ne uiuam
codd. : ne uiam *R'P'* ueniam Δ' ‖ 5 ceteroqui *M*¹*bm, RO*¹, *codd.'* :
om. *M*corr*ds, EPO*² ‖ 7 totos (tantos t- *E*¹) *codd.* : tot *codd.'* ‖ 9 hodie
scripsi : -ene *codd.,* *codd.'* ; *cf. comm. ad loc.* ‖ auctione *codd.* : au(c)-
tore *codd.'* ‖ 10 et *codd.,* *codd.'* : aut *Manutius* ‖ 11 historiam me
RPO, codd.', ed. Crat. : me h- Δ (*uett.*).

2. Cependant, pour parler un peu affaires, ce titre de créance venant de César est négociable de trois façons[a] : soit vente aux enchères publiques — j'aimerais mieux perdre mon argent ; à mon avis, d'ailleurs, outre le déshonneur encouru, cela reviendrait exactement à le perdre —, soit transfert à mon nom de la créance, remboursable par l'acquéreur dans un an — qui sera digne de ma confiance, et quand finira cette année de Méton? —, soit règlement de la moitié, aux conditions de Vettiénus[1]. *Songes-y* donc.

Je crains aussi que ce monsieur[2] ne veuille plus procéder à la vente et ne joue un de ses tours afin de voler au secours du Bredouilleur[3] et d'éviter qu'un si grand personnage *ne reste sans voix dans ses comptes.* Mais *on veillera.* [Prends soin d'Attica, je t'en prie, et salue-la bien des fois, ainsi que Pilia, de la part de Tullia également].

DCLI. — A ATTICUS.
(*Att.*, XII, 6).
Domaine de Tusculum, 31 mai 45.

1. Renseigne-toi sur Célius, s'il te plaît, en veillant à ce qu'il ne manque rien à l'or[b]. Je n'entends rien à ces questions ; mais il y a déjà pas mal de perte avec l'agio ; s'il s'y ajoute de l'or... Mais à quoi bon des phrases? A toi d'ouvrir l'œil. Tiens ! voilà le style d'Hégésias, recommandé par Varron[c].

a. Pour l'interprétation de la deuxième partie de cette lettre jusqu'à *semissem,* voir l'App. I C, p. 298.

b. Sur cette tractation financière, liée au recouvrement du prêt à Fabérius, voir l'App. I C ; sur la date de cette lettre, voir la Notice, p. 116 sq.

c. Le style haché, à phrases courtes, caractérisait le rhéteur Hégésias (de Magnésie du Sipyle ; IIIe siècle), prétendu fondateur de l'asianisme : *Hegesias... saltat incidens particulas* (Cic., *Or.*, 226 ; cf. 230).

2. Sed tamen, ne nihil de re, nomen illud, quod
a Caesare, tris habet condiciones, aut emptionem
ab hasta — perderc malo, etsi praeter [ipsam] tur-
pitudinem hoc ipsum puto esse perdere —, aut delegationem a mancipe annua die — quis erit cui cre-
dam, aut quando iste Metonis annus ueniet? —,
aut Vettieni condicione semissem. Σκέψαι igitur.

Ac uereor ne iste iam auctionem nullam faciat,
sed ludis factis *A*typo subsidio currat, ne talis uir
ἀλογηθῇ. Sed μελήσει.

DCLI. — AD ATTICVM.
(*Att.*, XII, 6).
Scr. in Tusculano prid. Kal. Iun. a. 709/45.

1. De Caelio uide, quaeso, ne qu*a*e lacuna si*t*
in auro. Ego ista non noui; sed certe in co*l*lubo
est detrimenti satis; huc aurum si accedit... Sed
quid loquor? Tu uidebis. Habes Hegesiae genus,
quod Varro laudat.

---

2. 1 illud quod a *codd.'*, *Cr.*ᵐ : aliud quid Ω, *uett.* ‖ 3 ab hasta *codd.'* :
ab -am *M* (*uett.*) ob -am *bdms*, *RPO*¹ ad -am *O*², *ed. Iens.* ‖ ipsam
secl. Sh. Bailey ‖ 4-5 delegationem a *codd.'*, *ed. Crat.* : -ne in *codd.* (*uett.*) ‖
6 iste *codd.'* : ipse *codd.* ‖ 7 condicione semissem *ed. Rom.* : -nes em-
codd. (*uett.*) -nis emisse *codd.'* ‖ 8 nullam — ἀλογηθῇ *om. R'* ‖ 9 sed
ludis *Manutius* : sedulis (sed illis *s'*) Δ' -lo his *P'* et sedulo his (iis)
codd.; an sed dolis? ‖ Atypo *Tyrr.-Purs.* (*auct. Popma, qui* 'Ατύπῳ) :
clypo *Md* el- *Z*¹ᵃ clipo *PO* (*in ras.*) elipo *R* clypso *bms* olympo (oli-)
codd.' ‖ 10 *post* μελήσει *finem epist. hab. codd.*, *Sh. Bailey* : *add.*
tu atticam, quaeso, cura et ei salutem et Piliae, tulliae quoque uerbis, plurimum *codd.'* (-mis *s'*), *edd.* (-mam) ; *cf. Not.*, p. 116 sq.

DCLI. — *M* 166 rº; *R* 102 vº; *P* 144 vº. *Deest in E, praeter* **2.**
12 sed — 13 negotio.

1. 1 ne quae *edd.* : neque *codd.*, *ed. Rom.* ne qua *ed. Asc.*² ne *ed.*
Iens. ‖ sit *ed. Asc.*² : si Δ, *RO* sci *P* ‖ 2 collubo *La.*ᶜ : colubo Δ, *O* co-
lumbo *RP* collybo *ed. Asc.*² ‖ 3 detrimenti *Cr.*ᵐ : -to Δ, *RP* -tum *ed.*
*Asc.*² ‖ 4 tu *s*, *RP* : cum *M*¹ cui *M*², *bdm.*

2. J'en viens à Tyrannion[1] : dis-moi, le procédé
était-il vraiment correct? faire cela sans moi? Moi, au
contraire, combien de fois, étant de loisir, je me suis
néanmoins abstenu, parce que tu n'étais pas là ! Comment donc expier? Un seul moyen, évidemment : m'envoyer le livre ; je te le demande avec insistance. D'ailleurs le livre lui-même ne me fera pas plus de plaisir
que ne m'en a procuré ton admiration pour lui. J'aime
en effet *l'amateur universel* et je me réjouis que tu aies
si fort admiré une *étude* si menue. Mais, chez toi, tout
est de cette veine : tu veux savoir ; de fait, le savoir
est la seule nourriture de l'âme. Mais, s'il te plaît, quel
rapport peuvent avoir ces « aigus » et ces « graves »
avec le *souverain bien*?

Mais voilà un long discours, et tu es accaparé, peut-
être précisément par une affaire me concernant ; et, en
échange de ce soleil tout sec auquel tu t'es livré sur ma
propre pelouse, je te réclamerai un bain de soleil bien
luisant et pommadé[2] ! Mais, pour en revenir à mon
point de départ, si tu m'aimes, envoie-moi le livre. Car
il t'appartient sûrement, puisqu'il t'a été envoyé.

DCLII. — DE SER. SULPICIUS RUFUS.
(Fam., IV, 12).
Athènes, 31 mai 45.

SERVIUS A CICÉRON, SALUT RÉPÉTÉ.

1. Je sais que la nouvelle dont je vais vous faire
part ne vous sera guère agréable[a] ; cependant, puisque
nous sommes à la merci du hasard et de la nature, j'ai

---

a. Sur cette lettre et la mort de Marcellus, voir la Notice, p. 122 sq.

2. Venio ad Tyrannionem : ain tu, uerum hoc
fui*t*? sine me? At ego quotiens, cum essem otiosus,
sine te tamen nolui. Quo modo ergo hoc lues? Vno
scilicet, si mihi librum miseris ; quod ut facias
etiam atque etiam rogo. Etsi me non magis ipse
liber delectabit quam tua admiratio delectauit.
Amo enim πάντα φιλειδήμονα teque istam tam te-
nuem θεωρίαν tam ualde admiratum esse gaudeo.
Etsi tua quidem sunt eius modi omnia ; scire enim
uis ; quo uno animus alitur. Sed, quaeso, quid ex
ista acuta et graui refertur ad τέλος?

Sed longa oratio est, et tu occupatus in meo
quidem fortasse aliquo negotio ; et pro isto asso
sole quo tu abusus es in nostro pratulo, a te nitidum solem unctumque repetemus. Sed ad prima
redeo : librum, si me amas, mitte. Tuus est enim
profecto, quoniam quidem est missus ad te.

DCLII. — SER. SVLPICI RVFI.
(*Fam.*, IV, 12).

Scr. Athenis prid. Kal. Iun. a. 709/45.

SERVIVS CICERONI SAL[VTEM] PLVR[IBUS VERBIS].

1. Etsi scio non iucundissimum me nuntium
uobis allaturum, tamen, quoniam casus et natura

---

2. 2 fuit *Cr.*ᵐ : fui *codd.* ‖ 3 ergo hoc *RP* : hoc ergo Δ, *O* ‖ 5 ipse
liber *RPO, ed. Crat.* : l- i- Δ (*uett.*) ‖ 7 φιλειδήμονα *Popma* (e « *non-
nullis libris* ») : ΦΙΔΕΛΗΜΟΥ (-ON *R*) *uel sim. Mdm, RP* φιλόδη-
μον *O, ed. Crat.* ‖ 12 *add.* es *post* occupatus *La.*ᶜ, *Sh. Bailey* ‖ 13 quidem Σ, Zᵇ, *La.*ᶜ : om. Δ, *uett.* ‖ 14 quo *s* (*uett.*) : quod (Δ), *RPO, ed.
Iens.* ‖ 15 unctumque repetemus Δ, *O*² : -m quererе p- *PO*¹ -m que-
rem p- *R.*

DCLII. — *M* 60 rº ; *G* 46 rº ; *R* 69 vº.

SAL. PLVR. *Baiter* : salutem pluribus uerbis *M* ; *inscr. om. GR,
indices MR.*

cru de mon devoir de vous informer, en tout état de
cause.

Le 23 mai, un bateau m'ayant amené d'Épidaure au
Pirée, j'ai rencontré dans ce port mon collègue M. Marcellus[a] et j'y ai passé toute la journée, pour être avec
lui. Le lendemain, je l'ai quitté dans l'intention de me
rendre d'Athènes en Béotie et de m'acquitter de mes
dernières obligations judiciaires ; lui, à ce qu'il disait,
comptait gagner l'Italie par mer, en contournant le
cap Malée[b]. **2.** Le surlendemain[c], comme je me pro-
posais de partir d'Athènes, vers la 10e heure de la nuit[d],
un de ses intimes, P. Postumius, vint me trouver et
m'annonça que mon collègue M. Marcellus avait été
poignardé après le dîner par un autre de ses intimes,
P. Magius Cilo, et qu'il avait reçu deux blessures, l'une
à l'estomac, la seconde à la tête, derrière l'oreille ; Postumius espérait cependant qu'il pourrait garder la vie.
Magius s'était ensuite donné la mort ; Marcellus m'avait
envoyé Postumius pour m'annoncer l'événement et me
demander de lui envoyer des médecins. En conséquence,
je réunis des médecins et me rendis aussitôt là-bas aux
premières lueurs de l'aube. Je n'étais pas loin du Pirée,

a. Ser. Sulpicius Rufus et M. Claudius Marcellus avaient été consuls ensemble, en 51.

b. Unique exemple de la forme plurielle (*Maleae, -arum*), bien attestée en grec, notamment chez Hérodote et Strabon.

c. Comme il serait surprenant que Sulpicius, si heureux de retrouver son ami, eût laissé passer un jour entier sans le voir, *eius
diei* renvoie très probablement à *A. d. X. Kal.*, et la mort de Marcellus doit dater du 25 mai.

d. Vers 3 h. 20, à la fin de mai.

in nobis dominatur, uisum est faciendum, quoquo
modo res se haberet, uos certiores facere.

A. d. X. Kal. Iun. cum ab Epidauro Piraeum
naui aduectus essem, ibi ⟨M.⟩ Marcellum, conlegam
nostrum, conueni eumque diem ibi consumpsi, ut
cum eo essem. Postero die *cum* ab eo digressus
essem, eo consilio ut ab Athenis in Boeotiam irem
reliquamque iurisdictionem absoluerem, ille, ut aiebat, supra Ma*l*eas in Italiam uersus navigaturus
erat. **2.** Post diem tertium eius diei cum ab
Athenis proficisci in animo haberem, circiter hora
decima noctis P. Postumius, familiaris eius, ad me
uenit et mihi nuntiauit M. Marcellum, collegam
nostrum, post cenae tempus a P.[ud] Magio Cilone,
familiare eius, pugione percussum esse et duo uulnera accepisse, unum in stomacho, alterum in ca-
pite secundum aurem; sperare tamen eum uiuere
posse. Magium se ipsum interfecisse postea; se a
Marcello ad me missum esse, qui haec nuntiaret
et rogaret uti medicos ei mitterem. Itaque medicos
coegi et e uestigio eo sum profectus prima luce.
Cum non longe a Piraeo abessem, puer Acidini obuiam

1. 3 nobis *R* : bonis *MG* ‖ dominatur ω : -antur *Lambin.* ‖ *del.*
faciendum *Lambin.; sed cf. Bruns*, Fontes Iuris R. ant., p. 239 ;
Cic., Q. fr., I, 3, 6 ; *Gell.*, XV, 11, 2 ‖ 6 M. *ante* Marcellum *add. Orelli,
edd.* ‖ 7 eumque (cum- *R*) diem ibi *M, R* : ibique eum diem *G* ‖ 8 die
cum ς, *Sh. Bailey* : diem *M*¹ die *M*², *GR* ‖ 9 essem *M*, ς : cum essem
GR sum *Streicher* ‖ 10-11 ut aiebat *GR* : uti- *M* ‖ supra ω : super *Wesenberg* ‖ Maleas *Manutius* : maias *M* kal maias *GR* Maleam *Lambin.*, *Wesenberg.*
2. 1 post diem tertium *Victorius* : postrid- t- *M, R* post tercium
diem *G* ‖ 3 P. *M* : *om. GR* ‖ 4 M. *M, G* : *om. R* ‖ 5 a P. ς : apud ω ‖
magio *M*² : maigio *M*¹ macium *G*ᶜᵒʳʳ m- urbem *G* magnum *R* ‖
cilone *M* : -em *GR* ‖ 6 familiare *M* : -rem *GR* -ri *Cratander* ‖ 8 sperare ω : -ari *Baiter* ‖ 11 ei — medicos *GR* : *om. M.*

quand un esclave d'Acidinus[a] vint à ma rencontre avec
des tablettes, où il était écrit que Marcellus avait vécu
sa dernière heure avant l'aube. Ainsi, cet homme des
plus illustres a reçu du pire des scélérats la mort la
plus cruelle ; lui, que ses ennemis avaient épargné à
cause de sa dignité, il s'est trouvé un ami pour lui infliger la mort.

3. Cependant, je poursuivis mon chemin jusqu'à sa
tente ; j'y trouvai deux affranchis et un nombre infime
d'esclaves ; à ce qu'ils disaient, les autres s'étaient en-
fuis terrorisés, à l'idée que leur maître avait été tué
devant sa tente[1]. Je fus obligé de recourir à la litière
qui avait servi à m'amener moi-même et à mes propres
porteurs pour le ramener à Athènes ; là, compte tenu
des ressources de la ville, je lui fis rendre les honneurs
funèbres dignes de son rang. Je ne pus obtenir des
Athéniens qu'on lui accordât un lieu de sépulture à
l'intérieur de la ville : ils alléguaient une interdiction
religieuse ; d'ailleurs il est de fait qu'ils ne l'avaient
encore autorisé pour personne. Ce qui valait presque
autant, ils me permirent de l'ensevelir dans un gymnase
de mon choix. J'ai choisi un emplacement dans le gymnase le plus célèbre au monde, l'Académie, et c'est là
que j'ai procédé à son incinération ; ensuite j'ai fait le
nécessaire pour que les Athéniens mettent aussi en ad-
judication la construction, au même endroit, d'un monument funéraire de marbre. Ainsi j'ai accompli pour lui,
de son vivant et après sa mort, tous les devoirs que m'imposaient nos liens de collégialité et de parenté[b]. Bonne
santé. Athènes, le 31 mai.

a. Le jeune noble mentionné par Cicéron en *Att.*, XII, 32, 2 (=
DCX).
b. La nature de ce lien de parenté ne nous est pas connue.

mihi uenit cum codicillis, in quibus erat scriptum
paulo ante lucem Marcellum diem suum obisse. Ita
uir clarissimus ab homine deterrimo acerbissuma
morte est adfectus et, cui inimici propter dignitatem pepercerant, inuentus est amicus qui ei mortem offerret.

3. Ego tamen ad tabernaculum eius perrexi;
inueni duos libertos et pauculos seruos; reliquos
aiebant profugisse metu perterritos, quod dominus
eorum ante tabernaculum interfectus esset. Coactus
sum in eadem illa lectica, qua ipse delatus eram,
meisque lecticariis in urbem eum referre ibique
pro ea copia, qu*ae* Athenis erat, funus ei satis am-
plum faciendum curaui. Ab Atheniensibus locum
sepulturae intra urbem ut darent impetrare non
potui, quod religione se impediri dicerent, neque
tamen id antea cuiquam concesserant. Quod proximum fuit, uti in quo uellemus gymnasio eum sepe-
liremus nobis permiserunt. Nos in nobilissimo orbi
terrarum gymnasio Academiae locum delegimus
ibique eum conbussimus posteaque curauimus ut
eidem Athenienses in eodem loco monumentum ei
marmoreum faciendum locarent. Ita, qu*ae* nostra
officia fuerunt pro collegio et pro propinquitate,
et uiuo et mortuo omnia ei praestitimus. Vale.
D. pr. K. Iun. Athenis.

2. 16 deterrimo acerbissuma *M*³ : det- -sima *R* tet- -sima *G* de-
terromodo cerbis suma *M*¹.

3. 3 aiebant *R* : age- *M*, *G* ‖ 5 delatus *GR* : dil- *M* ‖ 7 quae ς :
quo *M*, *G* quod *R* ‖ 13 orbi *M* : -is *GR* ‖ 15 posteaque *M* : -ea quoque
GR ‖ curauimus *GR* : -aumus *M*² (*in ras.*) ‖ 17 ita quae ς : itaque ω ‖
18 *post* et *om.* pro *GR* ‖ 20 d. pr. *M* : II *R* obiit pridie *G*.

DCLIII. — A ATTICUS.
(Att., XII, 5 *a).*
Domaine de Tusculum, 1ᵉʳ juin 45ᵃ.

Tu feras donc l'enquête sur Célius, comme tu me
l'écris ; moi je ne sais rien. Il faudrait s'informer de
sa personnalité et non pas seulement de ses moyens.
Tiens-moi au courant pour Hortensius et Verginius, s'il
te vient quelque doute ; mais, autant qu'il m'apparaît,
tu ne trouveras pas aisément solution plus satisfaisante.
Tu auras une entrevue avec Mustéla, comme tu me
l'écris, après l'arrivée de Crispus. J'ai écrit à Avius,
pour qu'il expose à Pison ce qu'il connaît bien concernant l'or. Entièrement d'accord avec toi : cette affaire
traîne trop longtemps et le moment est venu de rassembler tous les fonds, d'où qu'ils viennent. Tu ne t'em-
ploies, tu ne penses qu'à ce qui me concerne, je m'en
rends parfaitement compte, et ce sont mes affaires qui
s'opposent à ton désir de venir me voir. Mais je m'imagine que tu es avec moi, non seulement parce que tu
t'occupes de mes intérêts, mais parce que j'ai l'impression de voir comment tu t'y prends ; car il n'est pour
ainsi dire aucune heure de ton travail qui m'échappe.

DCLIV. — A ATTICUS.
(Att., XIII, 3).
Domaine de Tusculum, 2 juin 45ᵇ.

1. Pour ma part, j'approuve ces titres de créance ;
le seul point qui me trouble, c'est que, de ton côté,
tu sembles hésitant ; car je ne me sens pas flatté que

---

a. Pour la date de cette lettre, voir la Notice, p. 116 ; pour son
contenu, l'App. I C.

b. Cette lettre est habituellement datée du 1ᵉʳ juin, mais voir la
Notice, p. 117, n. 1 ; sur le contenu, cf. App. I C.

DCLIII. — AD ATTICVM.
(*Att.*, XII, 5 *a*).

Scr. in Tusculano Kal. Iun. a. 709 /45.

De Caelio tu quaeres, ut scribis ; ego nihil noui.
Noscenda autem est natura, non facultas modo.
De Hortensio et Verginio tu, si quid dubitabis ;
etsi quod magis placeat, ego quantum aspicio, non
facile inueneris. Cum Mustela, quem ad modum
scribis, cum uenerit Crispus. Ad Auium scripsi ut
ea quae bene nosset de auro Pisoni demonstraret.
Tibi enim sane adsentior et istuc nimium diu duci
et omnia nunc undique contrahenda. Te quidem
nihil agere, nihil cogitare aliud nisi quod ad me
pertineat facile perspicio meisque negotiis impediri
cupiditatem tuam ad me ueniendi. Sed mecum
esse te puto, non solum quod meam rem agis, uerum
etiam quod uidere uideor quo modo agas ; neque
enim ulla hora tui mihi est operis ignota.

DCLIV. — AD ATTICVM.
(*Att.*, XIII, 3).

Scr. in Tusculano iv Non. Iun. a. 709 /45.

1. Ego uero ista nomina sic probo ut nihil
aliud me moueat nisi quod tu uideris dubitare ;

DCLIII. — *M* 165 v° ; *R* 102 r° ; *P* 144 r°. *Nouam ep. dist. Schiche*
(Progr. Berol., 1883, p. 13) ; *deest E.*

2 autem *RPO*[1], *ed. Crat.* : *om.* Δ, *O*[2] (*uett.*) ‖ 4 quod *Manutius* :
quid *codd., uett.* ‖ 6 *add.* tu *ante* scribis *RP* ‖ Auium *Bosius* : aulum
codd., uett. (cf. Att., XIII, 4, 2 = *DCLVII*) ‖ 7 nosset *Lambin.* :
-em *b, RPO* noscem *M, m* noscerem *ds* ‖ demonstraret *cod.* Faërni :
-rem Δ, *PO* -retur *R* ‖ 8 istuc *RPO*[1](?), *ed. Crat.* : -ud Δ, *O*[2] (*uett.*).

tu t'en rapportes à moi : si je gérais moi-même mes
affaires, je n'agirais que sur ton conseil. Mais, je m'en
rends compte, tu es mû en l'occurrence par la conscience
scrupuleuse dont tu fais toujours preuve, plutôt que par
des doutes sur la valeur de ces titres. En effet, tu n'es
pas favorable à Célius et tu ne veux pas multiplier les
créances : je t'approuve sur les deux points. Il faut donc
accepter ces titres. Tu aurais fini par te retrouver caution devant l'État, et précisément dans cette opération[1] ! Donc tout viendra de moi. Un délai est à prévoir
pour l'échéance — l'essentiel est que j'obtienne ce que
je veux —, mais je pense qu'il sera consenti même par
le crieur public, en tout cas par les héritiers. Fais le
nécessaire pour Crispus et Mustéla ; et je voudrais savoir à combien s'élève la part des deux.

2. J'étais informé de l'arrivée de Brutus : mon
affranchi Égypta m'a apporté une lettre de lui. Je te
l'envoie, parce qu'elle est écrite comme il faut.

DCLV. — A ATTICUS.
(*Att.*, XIII, 33).
Domaine de Tusculum, 2 juin 45.

1. Surprenante négligence ! Si encore Balbus et Fabérius ne m'avaient dit qu'une seule fois que ma déclaration avait été déposée[a] ! J'ai même, sur leurs instructions, envoyé quelqu'un la faire ; car c'était obliga-

---

a. Il ressort de ce passage et surtout de *Fam.*, XVI, 23, 1 (à Tiron : *tu uero confice professionem, si potes ; etsi haec pecunia ex eo
genere est ut professione non egeat ; uerum tamen.*) que certains transferts de propriété devaient faire l'objet d'une déclaration, pour être
consignés dans les registres publics ; cette déclaration concerne manifestement le prêt à Fabérius, son omission risquant de compromettre la négociation du titre de créance (cf. App. I C).

illud enim non accipio in bonam partem : ad me
refers ; qui si ipse negotium meum gererem, nihil
gererem nisi consilio tuo. Sed tamen intellego magis
te id facere diligentia qua semper uteris quam quo
dubites de nominibus istis. Etenim Caelium non probas, plura non uis : utrumque laudo. His igitur uten-
dum est. Praes aliquando factus ess⟨es⟩, et in his
quidem tabulis ! A me igitur omnia. Quod dies longior es*t* — teneamus modo quod volumus —, puto
fore istam etiam a praecone diem, certe ab heredi-
bus. De Crispo et Mustela uidebis, et uelim scire
quae sit pars duorum.

2. De Bruti aduentu eram factus certior ; attu-
lerat enim ab eo Aegypta libertus litteras. Misi ad
te epistulam, quia commode scripta erat.

DCLV. — AD ATTICVM.
(*Att.*, XIII, 33).

Scr. in Tusculano io Non. Iun. a. 709/45.

1. Neglegentiam miram ! Semelne putas mihi
dixisse Balbum et Faberium professionem relatam?
Qui[n] etiam eorum iussu miserim qui profiteretur ;

DCLIV. — *M* 177 r° ; *R* 108 r° ; *P* 154 v°. *Deest E. De in. huius
ep. uide ad* XIII, 2 *b* (DCXLVIII).

1. 3 *add.* quod *post* partem *La.*c, *ed. Asc.*², *Sh. Bailey ; sed cf.* Att.,
VI, 4, 1 ; VII, 13 *a*, 1, *Sjögren* (Comm. Tull., p. 162) ‖ 4 qui si *RPO,
Z* : *om.* Δ ‖ 4-5 nihil gererem *RPO, Z* : *om.* Δ ‖ 6 quo *M*¹, *R, La.*c : que *P*
quod (d *suprascr. M*¹) Δ, *uett.* ‖ 9 est praes *Cr.*m, *Z*¹ª, *edd.* : espers *M*
(*Ima m.*) expers *bdms* expresse *RP* ‖ aliquando Δ, *Z*¹ª : quidem al-
*RP, Cr.*m ‖ esses et *Bosius, Tyrr.-Purs.* : esset Δ, *RP* es et *Cr.*m,
*Z*¹ª ‖ 10-11 longior est *Z*¹ª, *ed. Crat.* : -res Ω (*uett.*) ‖ 12 pr(a)econe *bds G* :
-nem *Mm* -ne in *RP* ‖ 14 duorum *Mbm, RP* : isto- *ds G* duo- horum
Orelli.

DCLV. — *M* 186 r° ; *P* 162 v°. *Desunt ER. Nouam ep. dist. Cratander.*

1. 3 qui *Wesenberg* (Em., p. 123) : quin Δ, *P* ‖ eorum *P* (*uett.*) :
in e- *Md* me- *bms, ed. Rom.* ‖ miserim Δ, *P* : -ram *b*², *Manutius.*

toire, me disaient-ils. La déclaration a été faite par mon affranchi Philotime ; tu le connais, je pense, mon secrétaire[1]? Mais tu vas m'écrire, et sûrement pour me dire que tout est réglé.

2. J'envoie une lettre à Fabérius, suivant ton désir. Quant à Balbus, je pense que tu as arrangé quelque chose avec lui, à ⟨...⟩ heures, au Capitole[2]. Pour Vergilius, je n'ai aucun *scrupule* ; en effet, je n'ai pas d'obligation envers lui et, si j'achète, de quoi aura-t-il à se plaindre[3]? Mais veille à ce que l'homme, se trouvant en Afrique, ne fasse pas comme Célius.

Pour la créance, à toi d'étudier la question avec Crispus[4] ; mais, si Plancus se met sur les rangs[5], alors l'opération devient difficile. Je désire autant que toi que tu viennes me voir ; mais cette affaire ne doit à aucun prix rester en souffrance. Tu espères, me dis-tu, que je pourrai l'emporter sur Othon : voilà une excellente nouvelle ! Nous nous occuperons de l'évaluation, comme tu l'écris, quand nous aurons commencé à traiter[6] ; dans sa lettre, d'ailleurs, il n'est question que de la superficie. Finis-en avec Pison, s'il se révèle une possibilité[a]. J'ai reçu le livre de Dicéarque et j'attends la *Catabase*[b].

3. ⟨Si⟩ tu confies la question ⟨des dix Commissaires à ton affranchi Antiochus,⟩ [?] il trouvera la réponse dans le livre qui contient les décrets du Sénat, pour le consulat de Cn. Cornélius et L. Mummius (608/ 146)[7]. Quant à Tuditanus, ton idée est *logique* : puisqu'il se trouvait à Corinthe (car Hortensius n'a pas dit cela à la légère), il devait être alors soit questeur soit,

---

a. Cf. *DCXLV (Att.,* XIII, 2 *a,* 1) et *DCLVII* (XIII, 4, 2 : *si quid poteris, cum Pisone conficies)* ; App. I C, p. 295.
b. Voir l'App. II B, p. 323.

ita enim oportere dicebant. Professus est Philotimus libertus; nosti, credo, librarium. Sed scribes,
et quidem confectum.

2. Ad Faberium, ut tibi placet, litteras misi.
Cum Balbo autem puto te aliquid fecisse H. ⟨...⟩
in Capitolio. In Vergilio mihi nulla est δυσωπία; nec
enim eius causa sane debeo et, si emero, quid erit
quod postulet? Sed uidebis ne is, cum sit in Africa,
ut Caelius.

De nomine tu uidebis cum Crispo; sed si Plancus
destina*t*, tum habet res difficultatem. Te ad me
uenire uterque nostrum cupit; sed ista res nullo
modo relinquenda est. Othonem quod speras posse
uinci, sane bene narras. De aestimatione, ut scribis,
cum agere coeperimus; etsi nihil scripsit nisi de
modo agri. Cum Pisone, si quid poterit. Dicaearchi
librum accepi et Καταβάσεως exspecto.

3. ⟨...⟩ negotium dederis, reperiet ex eo libro
in quo sunt senatus consulta Cn. Cornelio L. ⟨Mum-
mio⟩ coss. De Tuditano autem, quod putas εὔλογον
est, tum illum, quoniam fuit ad Corinthum (non
enim temere dixit Hortensius), a*ut* quaestorem ⟨aut⟩

---

1. 5 scribes *PO*, *La.*c : -bis Δ, *uett.*
2. 2 H. Δ, *P*, *ed. Rom.* (*i. e.* hora..., *fors.* III *uel* IV; *cf.* Att., XV,
24, *u.* 2) : .HS. (*uett.*) hodie *Bosius; cf. comm. ad loc.* ‖ 5 cum Δ, *P*
(*uett.*) : quum *ed. Crat.* tum *Tyrr.-Purs.* ‖ 6 c(a)elius *P* (*uett.*) : cal- Δ,
ed. Rom. ‖ 7 crispo *P* : cuspio Δ, *uett.* Cis- *Manutius, edd.; cf. comm.
ad loc.* ‖ 8 destinat tum (tu *ed. Crat.*) *Z*1a (*uett.*) : -atum (-tam *s*) Δ,
P, *ed. Iens.* ‖ habet res *P*, *Z*1a, *cod. Anton.* : haberes (-re *s*) Δ ‖
11 (a)estimatione *b*, *uett.* : ext- (Δ), *P* (*et pass.*) ‖ 14 accepi et *Cr.*m,
ed. Rom. : accipiet Δ, *P* -es (*uett.*).

3. 1 *lac. indic.* Faërnus; *suppl.* De X legatis si Antiocho *Wesen-
berg* (Em. alt., p. 133); *al. al.; cf. comm. ad loc.* ‖ 2-3 Mummio *add.
Manutius* ‖ Tuditano (*uett.*) : -ica- *P* -itant *Md* -itani *bms*, *ed.
Rom.* ‖ 5 aut quaestorem aut tr. mil. *Manutius* : ad q- tr. mil. *bs*,
P ad q- tr. nil (nilque *M*1) *Mdm*.

ce que je crois plutôt, tribun militaire ; mais tu pourras
le savoir par Antiochus. Cherche aussi en quelle année
il a exercé la questure ou le tribunat militaire, et, au
cas où cela ne cadrerait ni pour l'une ni pour l'autre,
s'il a fait partie des préfets ou des aides de camp, ... à
condition qu'il ait participé à cette guerre[1].

DCLVI. — A ATTICUS.
(*Att.*, XIII, 6).
Domaine de Tusculum, 3 juin 45.

1. Pour l'aqueduc, tu as fait ce qu'il fallait[a]. Assure-
toi bien que je n'ai aucune taxe à payer sur les colonnes[2] ; il me semble d'ailleurs avoir entendu Camille
dire que la loi a été modifiée[b].

2. Pouvons-nous fournir à Pison excuse plus respec-
table que l'isolement où s'est trouvé Caton[3] ? Cette réponse s'adresse aux co-héritiers d'Hérennius, mais vaut
aussi — tu le sais bien, puisque c'est toi qui m'en as
parlé — pour le jeune Lucullus : car cet argent avait
été emprunté par son tuteur en Achaïe (ce point aussi
importe à l'affaire). Mais Pison se conduit en gentil-
homme, puisqu'il refuse de rien faire contre nos vœux.
Nous déciderons donc en tête-à-tête, ainsi que tu me
l'écris, comment arranger l'affaire. Tu as très bien fait
de rencontrer les autres héritiers.

---

a. Aqueduc desservant soit sa maison du Palatin, soit une de ses
propriétés autres que le *Tusculanum* (Cicéron y utilisait l'*Aqua
Crabra*, dont il fait mention dans plusieurs textes), puisqu'Atticus
se trouve à Rome et lui-même à Tusculum. — Sur la date de cette
lettre, divisée à tort par Schmidt en deux lettres distinctes, voir
la Notice, p. 116 sq..

b. Spécialiste de législation financière, « grand ami » de Cicéron
(cf. *CCXCVIII* = *Fam.*, V, 20, 3), C. Furius Camillus se tenait
remarquablement au courant des mesures nouvelles (cf. *DCLXXVIII*
= *Att.*, XIII, 33 *a*, 1).

tr. mil. *fuisse* idque potius* credo ; sed tu de
Antiocho scire poteris. Vide etiam quo anno quaestor
aut tr. mil. fuerit ; si neutrum quadret, in praefectis
an in contubernalibus fuerit, modo fuerit in eo
bello.

DCLVI. — AD ATTICVM.

(*Att.*, XIII, 6).

Scr. in Tusculano iii Non. Iun. a. 709 /45.

1. De aquae ductu probe fecisti. Columnarium
uide ne nullum debeamus ; quamquam mihi uideor
audisse ⟨e⟩ Camill[i]o commutatam esse legem.

2. Pisoni quid est quod honestius respondere
possimus quam solitudinem Catonis ? Nec co[m]he-
redibus solum Herennianis, sed etiam, ut scis (tu
enim mecum egisti), de puero Lucullo, quam pecuniam tutor (nam hoc quoque ad rem pertinet) in
Achaia sumpserat. Sed agit liberaliter, quoniam
negat se quicquam facturum contra nostram uoluntatem. Coram igitur, ut scribis, constituemus quem
ad modum rem explicemus. Quod reliquos coheredes
conuenisti, fecisti plane bene.

3. 6 fuisse idque potius *Ernesti* : i- p- f- (Δ), *P* ; idque — tr. mil. (*u.* 8)
om. s ‖ credo sed tu (*uett.*), *edd.* : sed c- te (Δ), *P* sed c- quod *ed.*
Iens. ‖ 7 uide etiam Δ, *P, uett., Sjögren* : uidelicet *Schmidt, Tyrr.-
Purs.* uide etiam Spurius *Sh. Bailey* (*duce Corrado, qui post* quaestor *add.* Annius) ; *sed cf. E. Badian*, Mél. M. Renard, I, p. 57 sq. ;
infra, comm. ad loc. ‖ 8 si neutrum *Z* : siue u- Δ, *P, uett.* ‖ quadret
in *Bosius* (*cf.* Att., XIII, 30, 2) : cadet in *PO¹, Z, Sjögren* ea de in
Md eadem *bms, O², uett. ; al. al. coni.* (erue in, uide ne in, quaere in,
saltem, cadet in tempus) ‖ 9 an *Z¹ᵃ* : aut Δ, *P*.

DCLVI. — *M* 177 vᵒ ; *R* 108 vᵒ ; *P* 155 rᵒ. *Deest E. Nouam ep.
a 4.* **1** Tuditanum *disting. uoluit Schmidt* (*cf. Not.*, p. 116).

1. 2 nullum Δ, *RP, Z¹ᵃ, ed. Iens., ed. Crat.* : ul- *ed. Rom. ; del. ed.
Asc.²* ‖ 3 *add.* e *edd.*, a *Manutius* ‖ Camillo *Cr.ᵐ* : -il(l)io *RPO* eam
illic Δ.

2. 2-3 coheredibus *Manutius* : comh- *M* cum h- *bdms, RP, Z¹ᵃ* ‖
10 fecisti (*post* bene *Zᵇ*) *RP, Zᵇ, La.ᶜ* : *om.* Δ.

3. Tu réclames ma lettre à Brutus, mais je n'en ai pas le double sous la main ; pourtant il a bien été conservé et Tiron affirme qu'il faut que tu l'aies. D'après mes souvenirs, en t'envoyant sa lettre de reproches, j'ai joint la réponse que je lui ai faite[a]. Tu veilleras à ce qu'on m'épargne la corvée d'un jury[b].

4. Ce Tuditanus dont tu me parles, l'arrière-grand-père d'Hortensius, m'était parfaitement inconnu et je pensais que le commissaire était son fils, qui ne pouvait pas l'avoir été à cette date[c]. Je tiens pour assuré que Mummius[d] est allé à Corinthe ; souvent, en effet, notre contemporain Spurius, mort récemment, m'a donné lecture de lettres en vers envoyées de Corinthe à des amis. Mais je suis sûr qu'il était légat de son frère et qu'il ne faisait pas partie des Dix. Et puis j'ai appris autre chose : on n'avait pas l'habitude, au temps de nos ancêtres, de prendre les proches des généraux en chef pour faire partie des Dix, alors que de nos jours, par ignorance ou plutôt par mépris des plus belles traditions, nous avons envoyé à L. Lucullus une commission dont tous les membres, M. Lucullus, L. Muréna et les autres, avaient avec lui les liens les plus étroits[1]. Et puis n'est-il pas *tout à fait logique* que Spurius ait été l'un des principaux légats de son frère ? Quelle profusion d'activité ! Te pencher ainsi sur ces questions et régler mes affaires et apporter aux tiennes presque autant de soin qu'aux miennes !

---

a. Cf. *DCXVIII = Att.*, XII, 37, 1 ; Not., p. 80, n. 1. Atticus a égaré le double de la réponse de Cicéron, que ce dernier lui avait envoyé, et Cicéron ne retrouve pas celui qu'il a conservé.

b. Cf. *DXCV = Att.*, XII, 19, 2.

c. Sur cette enquête historique, voir la Notice, p. 117 sq.

d. Spurius Mummius, frère du consul Lucius ; le Spurius mentionné ensuite était probablement son petit-fils (et non pas le même — âgé d'un peu plus de vingt ans en 146 — comme le croit R. G. Boehm, in *L'Antiq. class.*, XLVIII, 1979, p. 143 sq.).

3. Quod epistulam meam ad Brutum poscis,
non habeo eius exemplum ; sed tamen saluum est,
et ait Tiro te habere oportere et, ut recordor, una
cum illius obiurgatoria tibi meam quoque quam ad
eum rescripseram misi. Iudiciali molestia ut caream
uidebis.

4. Tuditanum istum, proauum Hortensi, plane
non noram et filium, qui tum non potuerat esse legatus, fuisse putaram. Mummium fuisse ad Corinthum pro certo habeo ; saepe enim hic Spurius, qui
nuper est ⟨mortuus⟩, epistulas mihi pronuntiabat
uersiculis fac*t*as ad familiaris missas a Corintho.
Sed non dubito quin fratri fuerit legatus, non in
decem. Atque hoc etiam accepi, non solitos maioris
nostros eos legare in decem qui essent imperatorum
necessarii, ut nos ignari pulcherrimorum instituto-
rum aut neglegentes potius M. Lucullum et L. Murenam et ceteros coniunctissimos ad L. Lucullum
misimus. Illudque εὐλογώτατον, illum fratri in primis
eius legatis fuisse. ⟨O⟩ operam tuam multam, qui
et haec cures et mea expedias et sis in tuis non multo
minus diligens quam in meis !

3. 1 poscis *M²bdms, P* : possis *M¹, R* ‖ 3 oportere Δ, *Z*ˡᵃ : *om.*
RP.
4. 3 *add.* Sp. *ante* Mummium *Boot* ‖ 5 nuper est *codd.* : non su-
perest *R. G. Boehm* (L'Ant. class., 1979, p. 143 sq.) ‖ mortuus *add.*
Manutius (ex « antiquo libro ») ‖ 6 factas *Z*ᵇ, *ed. Iens., Sh. Bailey* :
facias *RP, La.*ᶜ facies Δ facetis (*uett.*) *edd.* ‖ 7 fuerit *bms, uett.* : -rat
Md, RP ‖ 9 eos *RPO, codd. Malasp.* : *om.* Δ ‖ qui *R* : quin Δ, *P* ‖
12 coniunctissimos *Z*ᵇ, *La.*ᶜ, *ed. Crat.* : *om.* Ω (*uett.*) ‖ 14 o *add.*
Lehmann (De C. ad Att. epp., p. 205) ‖ 15 non *RPO, ed. Crat.* : *om.* Δ
(*uett.*) ‖ 16 in (im *m*) meis *bms, uett.* : in miis *M* minus *dG* in iis *R*
in his *P.*

DCLVII. — A ATTICUS.
(*Att.*, XIII, 4).
Domaine de Tusculum, 4 juin 45.

1. J'ai bien reçu en cadeau le fruit de ton travail sur les dix Commissaires, et je partage sans hésiter ton opinion sur les Tuditani[a] : le fils a été questeur l'année qui suivit le consulat de Mummius.

2. Puisque tu me demandes une fois de plus ce que je décide pour les créances, je te réponds une fois de plus, à mon tour, que je suis décidé. Si tu vois une possibilité, finis-en avec Pison ; en effet, il semble bien qu'Avius fera ce qu'il doit[b]. Je voudrais que tu en finisses d'abord, mais, si tu ne peux pas, qu'en tout cas nous soyons ensemble le jour où Brutus viendra chez moi, à Tusculum[c]. Il m'importe beaucoup que nous soyons là tous les deux. Tu sauras le jour, si tu charges un esclave de se renseigner.

DCLVIII. — A ATTICUS.
(*Att.*, XIII, 5).
Domaine de Tusculum, 5 juin 45.

1. J'avais cru que Sp. Mummius faisait partie des Dix Commissaires, mais il apparaît clairement — et c'est *logique*, en effet — qu'il était légat de son frère ; de fait, il s'est trouvé à Corinthe[d]. Je t'envoie le *Torquatus*[e].

Confère avec Silius, bien sûr, comme tu me l'écris,

---

a. Sur la date de cette lettre et la Commission sénatoriale de 146, voir la Notice, p. 117 sq. et l'App. II B, p. 324, n. 1..

b. Voir l'App. I C, p. 295 sq.

c. Voir la Notice, p. 118.

d. Voir la lettre précédente.

e. Voir l'App. II A, p. 308 sq.

DCLVII. — AD ATTICVM.
(Att., XIII, 4).

Scr. in Tusculano prid. Non. Iun. a. 709/45.

1. Habeo munus a te elaboratum decem legato-
rum, et quidem ⟨de Tuditanis idem⟩ puto ; nam
filius anno post quaestor fuit quam consul Mummius.

2. Sed quoniam saepius de nominibus quaeris
quid placeat, ego quoque tibi saepius respondeo
placere. Si quid poteris, cum Pisone conficies ;
Auius enim uidetur in officio futurus. Velim ante
possis, si minus, utique simul simus cum Brutus
ueniet in Tusculanum. Magni interest mea una nos
esse. Scies autem qui dies is futurus sit, si puero
negotium dederis ut quaerat.

DCLVIII. — AD ATTICVM.
(Att., XIII, 5).

Scr. in Tusculano Non. Iun. a. 709/45.

1. Sp. Mummium putaram in decem legatis
fuisse, sed uidelicet — etenim εὔλογον — fratri
fuisse ; fuit enim ad Corinthum. Misi tibi Torquatum.
Colloquere tu quidem cum Silio, ut scribis, *sed*

DCLVII. — *M* 177 vᵒ ; *R* 108 vᵒ ; *P* 155 rᵒ. *Deest E.*
1. 1 elaboratum *bds G* : l- *Mm, RP* ‖ 2 de Tuditanis (-no) idem *add.
Lehmann* (p. 50 sqq.) ‖ 3 qu(a)estor *bs* : que *Mdm G, RP.*
2. 4 auius *MdG, R, La.*ᶜ : annis *m* annus *bs, P* ‖ 7 si puero Δ, *P* :
set puto *R.*

DCLVIII. — *M* 177 vᵒ ; *R* 108 vᵒ ; *P* 155 rᵒ. *Deest E.*
1. 1 putaram *RP* : -rem Δ ‖ 2 etenim *MbdG, RP* : om. *ms* erraui ;
et- *Wesenberg* ‖ 4 sed urge *La.*ᶜ, *Sh. Bailey* : etu uerge *Mbm* et tu
u- *ds, RP* et urge *Victorius.*

mais presse le mouvement. Il contestait que cet autre
jour fût dans le mois de mai, il ne le niait pas pour celui dont tu parles. Mais tu sauras bien faire avancer cette
question, comme les autres, en toute conscience[a]. Tu me
tiens évidemment au courant pour Crispus et Mustéla,
quand tu auras fait un pas en avant. **2.** Puisque tu
me promets d'être avec moi à l'arrivée de Brutus, je
n'en demande pas davantage, surtout quand je pense
que tu consacres tous ces jours-ci à mes grosses affaires.

DCLIX. — A ATTICUS.
(*Att.*, XII, 5 *b*).
Domaine de Tusculum, 6 ou 12 juin 45 (?)[b].

⟨...⟩ Je vois que Tubulus fut préteur sous le consulat de L. Métellus et Q. Maximus (612/142). Je voudrais
maintenant savoir sous quel consulat P. Scévola, grand
pontife, fut tribun de la plèbe ; je crois que ce fut sous
le suivant, celui de Cépio et Pompéius (613/141), puisqu'il a été préteur sous celui de L. Furius et Sex. Atilius (618/136). Indique-moi donc la date de son tribunat et, si tu peux, le motif d'inculpation contre Tubulus[1]. Cherche aussi à savoir, je t'en prie, si L. Libo,
l'auteur de la proposition concernant Ser. Galba, fut
tribun de la plèbe sous le consulat de Censorinus et Manilius (605/149) ou sous celui de T. Quintius et M'. Acilius (604/150)[2] ; en effet, l'*Abrégé de Fannius* par Brutus m'embrouille. ⟨D'ailleurs je suis perplexe au sujet
de Fannius lui-même : naguère j'avais relevé⟩ [?] l'indi-

---

a. Il est impossible de deviner la nature de ce différend avec Silius ; peut-être Cicéron n'a-t-il pas définitivement renoncé à ses
« jardins » (cf. *DCLXII = Att.*, XIII, 7, 2). Crispus et Mustéla sont
deux des héritiers du domaine de Scapula, qu'il désire acheter (cf.
App. I B, p. 290).

b. Sur la date de cette lettre, dont il manque le début, voir la
Notice, p. 120 sq.

urge. Illam diem negabat esse mense Maio, istam
non negabat. Sed tu, ut omnia, istuc quoque ages
diligenter. De Crispo et Mu*stela* scilicet, cum quid
egeris. **2.** Quoniam ad Bruti aduentum fore te
nobiscum polliceris, satis est, praesertim cum hi
tibi dies in magno nostro negotio consumantur.

DCLIX. — AD ATTICVM.

(Att., XII, 5 *b*).

Scr. in Tusculano viii aut prid. Id. Iun., ut uid., a. 709/45.

⟨...⟩ Tubulum praetorem uideo L. Metello Q.
Maximo consulibus. Nunc uelim P. Scaeuola, ponti-
fex maximus, quibus consulibus tribunus pl. ; equidem puto proximis, Caepione et Pompeio ; praetor
enim ⟨L.⟩ Furio Sex. Atilio. Dabis igitur tribuna-
tum et, si poteris, Tubulus quo crimine. Et uide,
quaeso, L. Libo, ille qui de Ser. Galba, Censorinone
et Manilio an T. Quintio M'. Acilio consulibus tribunus pl. f*u*erit. Conturbat enim me epitome Bruti
Fanniana [in Bruti epitoma Fannianorum scripsi] ⟨...⟩

1. 7 Mustela *Victorius* : multis Δ, *RP*.
2. 1 ad *bs* : a *Mm; om. d, RP* ‖ fore te *bms* : forte *Md* fore *RP* ‖
2 hi *P* : hii *M¹*, *R* hic *M*ᶜᵒʳʳ*bdms* ‖ 3 consumantur *P* : -atur Δ, *R*.

DCLIX. — *M* 165 vᵒ; *R* 102 vᵒ; *P* 144 vᵒ. *Nouam ep. dist. Schmidt*
(Briefwechsel, p. 240 sqq.) ; *cf. Not., p. 120 sq.; deest E.*

4 proximis *RPO*, *Z*ᵇ (*uett.*) : *om.* Δ, *ed. Rom.* ‖ c(a)epione *bms, uett.* :
-ine (*uel sim.*) *Md, RO* -ino *ed. Iens.* ne *P* ‖ 5 L. *add. Beier* ‖ 6 tubulus *P, cod. Anton.* : trib- *R* tubulis *Mds*, *O*¹ tab- *bm, O²* ‖ 7 censorinone *RPO, cod. Anton.*, *Z*ᵇ : -ino Δ, *uett.* ‖ 8 manilio *cod. Anton.*,
*Z*ᵇ : manlio Ω, *uett.* ‖ m'. acilio *cod. Anton.*, *Z*ᵇ : m. ac- (*uel* mac-)
RO, ed. Crat. Hac- *P* manlio (Δ) ; *om. b* (*uett.*) ‖ 9 fuerit *Cr.*ᵐ : fierit *O*
fieret *RP* si erit Δ, *ed. Rom.* fuit. si erit (*uett.*) ‖ conturbat *Cr.*ᵐ,
*Z*ᵇ : -bo Ω -babat *Wesenberg* ‖ enim Ω, *La.*ᶜ : etiam *Orelli* ‖ epitome *Cr.*ᵐ, *Z*ᵇ : et pito me *Mm, RO* et puto me *bds, P* ‖ bruti
fanniana Ω, *Cr.*ᵐ, *Z*ᵇ : *om. La.*ᶜ, *edd.* ‖ 10 *secl.* in Bruti epitoma Fannianorum scripsi *Schiche* (Progr. Berol., 1883, p. 16), *Schmidt; secl.*
scripsi *edd.; lacunam iisdem fere uerbis iteratis praue expletam esse*
suspicor; cf. comm. ad loc. ‖ scripsi Δ, *uett.* : scribis *RP*.

cation finale et, m'y conformant, j'avais écrit que ce
Fannius, auteur de l'ouvrage historique, était le gendre
de Lélius ; mais tu m'as réfuté *mathématiquement* ; or,
aujourd'hui tu es réfuté par Brutus et Fannius. J'avais,
du reste, puisé à bonne source, chez Hortensius, le même
renseignement que chez Brutus. Voudrais-tu donc tirer
cette question au clair[1] ?

DCLX. — A C. JULIUS CÉSAR.
(*Fam.*, XIII, 15).

Domaine de Tusculum (?), mai-juin 45 (?).

CICÉRON A CÉSAR, IMPÉRATOR, SALUT.

1. Je te recommande de façon exceptionnelle Précilius, fils d'un homme de grand mérite, qui fait partie
de tes relations et de mes intimes[a]. Ce garçon m'est
singulièrement cher, en raison de sa retenue, de sa gentillesse, de l'intérêt et de l'affection sans pareils qu'il
me porte ; mais son père a toujours été pour moi — la
leçon des faits m'a appris à le savoir — le meilleur des
amis : ce dernier, note-le bien, plus que tout autre, n'a
cessé de me railler et de me blâmer[2] parce que je ne
nouais pas alliance avec toi, alors surtout que tu me
faisais le grand honneur de m'y inviter[3] ;

Mais, au fond de mon cœur, je refusais toujours[4].

Car je prêtais l'oreille aux clameurs de nos seigneurs :

Sois vaillant pour qu'un jour quelque arrière-neveu
Parle aussi bien de toi...[5]
Il disait ; la douleur enveloppait ce cœur
De son nuage sombre[6].

---

a. Sur la date et les raisons de cette lettre insolite, voir la Notice, p. 123 sq. On ne sait rien des deux Précilii, père et fils, dont Cicéron fait l'éloge ; le nom est bien attesté, sous les deux formes *Prec-*
ou *Praec-* (cf. W. Schulze, *Zur Gesch. lat. Eigennamen*, Göttingen,
1904, p. 443).

quod erat in extremo idque ego secutus hunc
Fannium, qui scripsit historiam, generum esse scripseram Laeli ; sed tu me γεωμετρικῶς refelleras, te
autem nunc Brutus et Fannius. Ego tamen de bono
auctore Hortensio sic acceperam ut apud Brutum
est. Hunc igitur locum expedies.

DCLX. — AD C. IVLIVM CAESAREM.
(Fam., XIII, 15).

Scr. in Tusculano, ut uid., m. Mai. uel Iun. a. 709/45.

CICERO CAESARI IMP. S.

1. Precilium tibi commendo unice, tui necessarii,
mei familiarissimi, uiri optimi, filium. Quem cum
adulescentem ipsum propter eius modestiam, humanitatem, animum et amorem erga me singularem
mirifice diligo, tum patrem eius re doctus intellexi
et didici mihi fuisse semper amicissimum : em, hic
ille est de illis maxime qui inridere atque obiurgare
me solitus est, quod me non tecum, praesertim cum
aps te honorificentissime inuitarer, coniungerem ;

ἀλλ' ἐμὸν οὔ ποτε θυμὸν ἐνὶ στήθεσσιν ἔπειθεν.

Audiebam enim nostros proceres clamitantis :

ἄλκιμος ἔσσ', ἵνα τίς σε καὶ ὀψιγόνων εὖ εἴπῃ...
ὡς φάτο, τὸν δ' ἄχεος νεφέλη ἐκάλυψε μέλαινα.

11 in Δ, *uett.* : me *RP.*
DCLX. — *M* 217 r°; *V* 201 v°; *D* 88 v°; *H* 29 r°.
1. 6 em *M* : en ς; *om. VDH* ‖ 7 de illis *M* : *om. VDH, Baiter* ‖
13 *om.* φάτο — νε *M.*

2. Et c'est lui, malgré tout, qui vient aussi me consoler ; mon âme déjà consumée, on veut encore l'en-
flammer de la passion de la gloire avec ces paroles :

Non ! je ne mourrai pas sans lutte ni sans gloire,
Ni sans quelque haut fait dont le récit parvienne
Aux hommes à venir[1].

Mais on ne réussit plus à m'ébranler, comme tu le vois.
Aussi, m'écartant du sublime homérique, je me tourne
vers les justes leçons d'*Euripide* :

Je hais le maître de sagesse
Qui n'est un sage pour lui-même[a] ;

le vieux Précilius cite ce vers avec prédilection et affirme
qu'on peut très bien regarder

tout à la fois devant et derrière soi[b]

et néanmoins

en tout temps exceller et surpasser les autres[c].

3. Mais, pour revenir à mon point de départ, tu
m'obligeras grandement si tu entoures ce garçon de ta
bonté, qui est sans pareille, et si, à la bienveillance que
t'inspire, je pense, l'intérêt des Précilii eux-mêmes, tu
ajoutes de surcroît l'effet de ma recommandation. J'ai
eu recours à un genre de lettre inédit pour te faire sentir qu'il ne s'agissait pas d'une recommandation banale.

DCLXI. — A ATTICUS.
(Att., XIII, 8).
Domaine de Tusculum, 9 juin 45.

Je n'ai vraiment rien à t'écrire, car tu viens de me

---

a. Fragment d'une pièce inconnue (n° 905 Nauck). Dans une lettre
à Trébatius de 54, Cicéron a cité un vers d'Ennius, adapté très librement de la *Médée* d'Euripide, où est exprimée la même idée :
qui ipse sibi sapiens prodesse non quit, nequiquam sapit
(*Fam.*, VII, 6, 2 = *CXXXV* ; cf. la note de Constans, in t. IV, p. 60).
b. *Il.*, I, 343 ; *Od.*, XXIV, 452.
c. *Il.*, VI, 208 ; XI, 774. On peut concilier prudence et désir d'exceller.

2. Sed tamen idem me consolatur etiam ; hominem perustum etiamnum gloria uolunt incendere
atque ita loquuntur :

μὴ μὰν ἀσπουδεί γε καὶ ἀκλειῶς ἀπολοίμην,
ἀλλὰ μέγα ῥέξας τι καὶ ἐσσομένοισι πυθέσθαι.

Sed me minus iam mouent, ut uides. Itaque ab Ho-
meri magniloquentia confero me ad uera praecepta
Εὐριπίδου :

μισῶ σοφιστήν, ὅστις οὐχ αὑτῷ σοφός,

quem uersum senex Precilius laudat egregie et ait
posse eundem et « ἅμα πρόσσω καὶ ὀπίσσω » uidere et
tamen nihilo minus

αἰὲν ἀριστεύειν καὶ ὑπείροχον ἔμμεναι ἄλλων.

3. Sed, ut redeam ad id unde coepi, uehementer
mihi gratum feceris, si hunc adulescentem humanitate tua, quae est singularis, comprenderis et ad
id quod ipsorum Preciliorum causa te uelle arbitror addideris cumulum commendationis meae. Genere nouo sum litterarum ad te usus, ut intellegeres
non uulgarem esse commendationem.

DCLXI. — AD ATTICVM.
(*Att.*, XIII, 8).

Scr. *in Tusculano* ọ *Id. Iun. a. 709/45.*

Plane [facturum] nihil erat quod ad te scriberem ;

2. 1 consolatur ψ, *Sh. Bailey* : -antur ς, *edd.* ‖ 1-2 *post* hominem *add.*
enim *Sh. Bailey* ‖ etiamnum (-ann- *V*) *M, V* : -am unum *H* et ina
(*del. D²*) inanum *D* ‖ 6 me minus *DH* : mimi- *M* minimus *V* minus
Ernesti ‖ 8 Εὐριπίδου *VDH* : -ρειπιαου *M* ‖ 10 precilius *D* : praec-
M, H ṗcibus *V*.
3. 1 coepi *M* : cepi *VDH* ‖ 4 preciliorum *M, D* : praec- *H* ṗc- *V* ‖
5 commendationis *M, V* : -ni *DH*.

DCLXI. — *M* 178 r°; *R* 108 v°; *P* 155 v°. *Deest E.*
1 *secl.* facturum *Victorius* (*cf.* XIII, 7 *a, u.* 6 = DCLXIII).

quitter et peu après tu m'as renvoyé mes tablettes[a].
Pourrais-tu, s'il te plaît, faire remettre la liasse à Vestorius[b] et charger quelqu'un de s'enquérir si Q. Stabérius a une propriété rurale à vendre sur le territoire
de Pompéi ou celui de Nole[1]? Pourrais-tu m'envoyer
l'abrégé qu'a donné Brutus de l'*Histoire* de Célius et,
en le demandant à Philoxénus, l'ouvrage de *Panétius*
« *Sur la Providence* »[2]? Je te verrai le 13, avec les tiens.

DCLXII. — A ATTICUS.
(Att., XIII, 7).
Domaine de Tusculum, 10 juin 45.

Sestius était chez moi hier, ainsi que Théopompe[3] ;
à l'en croire, il est arrivé de César une lettre annonçant
sa décision de rester à Rome ; la raison qu'il allègue est
celle qui figurait dans ma *Lettre*[c] : il craint qu'en son
absence ses lois ne soient inappliquées, comme ç'a été
le cas pour la loi somptuaire (c'est *logique* et je l'avais
soupçonné ; mais il faut se plier aux désirs de tes amis[4],
à moins qu'ils ne me laissent suivre jusqu'au bout cette
option-là). Il m'a appris aussi que Lentulus avait décidément divorcé d'avec Métella[d]. Tu sais tout cela mieux
que moi. Réponds-moi donc ce que tu voudras, pourvu
que tu me répondes quelque chose. Je n'imagine pas,
pour l'instant, ce que tu pourrais bien répondre ; au
sujet de Mustéla, peut-être, ou si tu rencontres Silius[e]?...

---

a. Cette visite avait été constamment différée depuis la fin de
mai (cf. Not., p. 118).
b. Homme d'affaires campanien, ami de Cicéron (cf. Not., p. 198,
n. 1).
c. Cf. *DCXLVI* = *Att.*, XIII, 31, 3 ; App. II B. Sur la *lex sump-
tuaria* de 46, voir le t. VII, p. 60.
d. Cf. *DCXXXVIII* = *Att.*, XII, 52, 2.
e. Cf. App. I B, p. 289, et *DCLVIII* = *Att.*, XIII, 5, 1.

modo enim discesseras et paulo post triplicis remi-
seras. Velim cures *f*asciculum *a*d Vestorium deferen-
dum et aliquoi des negotium qui quaerat Q. Staberi
fundus num quis in Pompeiano Nolano*ue* uenalis
sit. Epitomen Bruti Caelianorum uelim mihi mittas
et a Philoxeno Παναιτίου Περὶ Προνοίας. Te Idibus
uidebo cum tuis.

DCLXII. — AD ATTICVM.
(*Att.*, XIII, 7).

*Scr. in Tusculano i*ᵥ *Id. Iun. a. 709/45.*

Sestius apud me fuit et Theopompus pridie;
uenisse a Caesare narrabat litteras; hoc scribere,
sibi certum esse Romae manere, causamque eam
ascribere quae erat in epistula nostra : ne se absente
leges suae neglegerentur sicut esset neglecta sump-
tuaria (est εὔλογον, idque eram suspicatus; sed istis mos gerendus est, nisi placet hanc ipsam sententiam nos persequi); et Lentulum cum Metella certe
fecisse diuortium. Haec omnia tu melius. Rescribes
igitur quicquid uoles, dum modo *ali*quid. Iam enim
non reperio quid te rescripturum putem, nisi forte
de Mustela aut si Silium uideris.

2 triplicis *s*, *RP* : (h)eri- (Δ) ‖ 3 fasciculum ad Vestorium *Cr.*ᵐ : eas
ciculum (*uel* titu-) duestorium (dusteo- *s*, -rum *bm*) Δ, *RP* ‖ 4 aliquoi des
ms : -o ides *MG* -o idest *d*, *R* -o idem *P* alicui des *b*, *Sh. Bailey* ‖
staberi *M*¹ (*corr. prima m.*), *dm*, *R* : stale- *M*¹ scabe- *s* fabe- *b*, *P* ‖
5 Nolanoue *Z*ᵇ, *Vrsinus* : -no Δ, *RP* ‖ 6 epit(h)omen *M*²*ms*, *RP* :
-meum *b* opitomen *M*¹*d* ‖ 7 philoxeno *s*, *uett.* : pil- *Mdm*, *RP*, *Z*ᵇ
polyx- *b*.

DCLXII. — *M* 178 r°; *R* 108 v°; *P* 155 r°. *Deest E. De fine huius
ep. uide ad seq.*

5 leges su(a)e negligerentur *ed. Iens., ed. Crat.* : l- n- s- *P* l- n-
(*om.* suae) *bs, ed. Asc.*², *ed. Rom.* leges ue (*del. m*²) nec lege- (gene- *d*¹)
MdmG lege sue nec lege- *R* ‖ 10 aliquid *Lambin.* : ne quid Δ, *RP*,
uett. q- *Manutius* ‖ 11 nisi *RP* : si Δ ‖ 12 si *RP* : *om.* Δ.

DCLXIII. — A ATTICUS.
(*Att.*, XIII, 7 a).
Domaine de Tusculum, 11 juin 45.

Brutus est arrivé hier dans sa propriété de Tusculum,
après la dixième heure (= env. 17 h.). Il me verra donc
aujourd'hui ; dommage que ce ne soit pas tombé quand
tu étais ici[a] ! Je lui ai fait dire que tu avais attendu
sa venue aussi longtemps que tu avais pu, que tu viendrais quand tu en aurais connaissance et que je t'infor-
merais aussitôt, ce que je fais.

DCLXIV. — A SAUFÉIUS (?) TRÉBIANUS.
(*Fam.*, VI, 11).
Domaine de Tusculum (?), vers le milieu de juin 45 (?)[b].

CICÉRON SALUE TRÉBIANUS.

1. Jusqu'à présent, je n'avais que de l'estime à
l'égard de Dolabella, aucune obligation ; en effet, il ne
m'était jamais arrivé d'avoir besoin de son concours et
c'est lui qui m'était redevable de ne pas lui avoir fait
défaut dans des procès périlleux[c]. Maintenant qu'il m'a
donné totale satisfaction, d'abord pour tes biens et
cette fois pour le rétablissement de tes droits, le bien-
fait qui m'attache à lui est tel que je ne dois davantage
à personne. Pour ce succès, je te félicite chaleureuse-

---

a. Voir la lettre *DCLVII* (= *Att.*, XIII, 4, 2) et la Notice, p. 120.
b. Sur la date de cette lettre et la réhabilitation de ce chevalier
pompéien, voir la Notice, p. 125.
c. Cicéron avait plaidé la cause de Dolabella, tout jeune alors,
dans « deux procès capitaux » dont nous ne savons rien de plus (cf.
CCLIV = *Fam.*, III, 10, 5 ; avril 50).

DCLXIII. — AD ATTICVM.
(Att., XIII, 7 *a*).

Scr. in Tusculano iii Id. Iun. a. 709/45.

Brutus heri uenit in Tusculanum post horam de-
cumam. Hodie igitur me uidebit, ac uellem cum tu
adesses. Iussi equidem ei nuntiari te, quoad po-
tuisses, exspectasse eius aduentum uenturumque si
audisses meque, ut facio, continuo te certiorem esse
facturum.

DCLXIV. — AD SAVFEIVM (?) TREBIANVM.
(Fam., VI, 11).

Scr. fortasse in Tusculano c. med. m. Iun. a. 709/45.

M. CICERO S. D. TREBIANO.

1. Dolabellam antea tantummodo diligebam,
obligatus ei nihil eram ; nec enim acciderat mihi
⟨opera ut eius⟩ opus esset, et ille mihi debebat
quod non defueram eius periculis ; nunc tanto sum
deuinctus eius beneficio, quod et antea in re et hoc
tempore in salute tua cumulatissime mihi satis
fecit, ut nemini plus debeam. Qua in re tibi gra-

DCLXIII. — *M* 178 r⁰ ; *R* 108 v⁰ ; *P* 155 v⁰. *Deest E. Nouam epist.
dist. Schiche* (Hermes, 1883, p. 601).

2 uidebit *bm*, *P* : -bis *s* -bat *Md*, *R* ‖ ac — adesses *om. bm, ed.
Rom.* ‖ cum *M¹*, *R* (*uett.*) : tum *M²ds*, *P* ‖ 3 iussi *RPO*, *Cr.*ᵐ, *Z* : nisi
MdG misi *bms* ‖ ei nuntiari *bms* (*uett.*) : et n- *Md, ed. Iens.* en- *RP* ‖
6 *om.* facturum *hoc loco P, sed habet post* plane (XIII, 8, *u.* 1 =
DCLXI) ; *ceteri codd.* f- *iterant.*

DCLXIV. — *M* 94 v⁰ ; *G* 53 v⁰ ; *R* 81 r⁰.

1. 3 opera ut eius *add. Sh. Bailey, auct. Lehmann* (Quaest. Tull.,
p. 127 sq.), *qui* o- eius ut ‖ esset *G* (*et fortasse M¹*), *Lehmann, Sh.
Bailey* : esse /// *M²* eius *R*.

ment, au point que je souhaite recevoir à mon tour de
toi des félicitations, de préférence à des remerciements ;
des uns je n'ai nul désir, les autres, c'est à juste titre
que tu pourras me les adresser.

2. Quant au reste, puisque ton mérite et ta dignité
t'ont ouvert le chemin du retour auprès des tiens, ta
sagesse et ta hauteur d'âme te commandent d'oublier
ce que tu as perdu, pour penser à ce que tu as recouvré ;
tu vas vivre avec les tiens, vivre avec moi : tu as plus
gagné en dignité que perdu en patrimoine ; il est vrai
que la dignité même aurait plus de charme s'il y avait
encore quelque forme de république.

Mon ami Vestorius m'a écrit que tu me témoignais
la plus vive reconnaissance*[a]* ; je te sais beaucoup de
gré de me rendre ce témoignage et te laisse volontiers
le renouveler devant d'autres, notamment, ma foi, auprès de mon ami Siron*[b]*. Je tiens en effet à ce que mes
actes soient approuvés avant tout par les gens les plus
avisés. Je souhaite te voir le plus tôt possible.

DCLXV. — A ATTICUS.
(*Att.*, XIII, 9).
Domaine de Tusculum, vers le 15 juin 45.

1. Tu venais de partir hier, quand Trébatius est
arrivé[1], suivi de près par Curtius[2] ; celui-ci voulait seulement me saluer, mais il est resté sur mon invitation.
Je garde Trébatius avec moi. Ce matin, visite de Dolabella : bavardage prolongé jusqu'à une heure prolon-
gée ; je ne peux rien évoquer *de plus empressé*, rien *de
plus affectueux.* Cependant on est venu à parler de Quin-

---

a. Cf. *DCLXI* = *Att.*, XIII, 8 et Not., p. 198, n. 1.
b. Philosophe épicurien établi à Naples, qui eut Virgile pour
élève.

tulor ita uehementer ut te quoque mihi gratulari
quam gratias agere malim ; alterum omnino non
desidero, alterum uere facere poteris.

2. Quod reliquum est, quoniam tibi uirtus et dignitas tua reditum ad tuos aperuit, est tuae sapien-
tiae magnitudinisque animi quid amiseris obliuisci,
quid reciperaris cogitare : uiues cum tuis, uiues
nobiscum ; plus adquisisti dignitatis quam amisisti
rei familiaris ; quae ipsa tum esset iucundior, si
ulla res esset publica.

Vestorius, noster familiaris, ad me scripsit te
mihi maximas gratias agere ; haec praedicatio tua
mihi ualde grata est eaque te uti facile patior cum
apud alios tum mercule apud Sironem, nostrum
amicum. Quae enim facimus, ea prudentissimo cuique
maxime probata esse uolumus. Te cupio uidere quam
primum.

DCLXV. — AD ATTICVM.
(Att., XIII, 9).

Scr. in Tusculano c. xvii Kaḷ. Quint. a. 709/45.

1. Commodum discesseras heri cum Trebatius
uenit, paulo post Curtius, hic salutandi causa, sed
mansit inuitatus. Trebatium nobiscum habemus.
Hodie mane Dolabella : multus sermo ad multum
diem ; nihil possum dicere ἐκτενέστερον, nihil φιλο-
στοργότερον. Ventum est tamen ad Qu*intum.* Multa

2. 4 reciperaris *M*[1] : recup- *GR* recuperaras *M*[2] ‖ 5 amisisti *M*[2],
R : adm- *G* m- *M*[1] ‖ 6 tum *M, G* : tam *R* tamen *Lambin.* ‖ 12 ea *R* :
eta *M* a *G.*

DCLXV. — *M* 178 r⁰ ; *R* 108 v⁰ ; *P* 155 v⁰. *Deest E.*

1. 2 curtius *b* : cultius (*uel* -ci-) (Δ), *RP* ‖ 6 tamen Δ, *RP* : tandem
Manutius ‖ Quintum *Victorius* : que Δ, *RP.*

tus ; bien des traits sont *impossibles à décrire, à raconter* ; mais il y en a un d'une telle nature que je n'ose-
rais le dicter à Tiron, ni l'écrire moi-même, si toute
l'armée n'était au courant ⟨...⟩[a] Mais assez sur ce sujet.

Fort à propos, pendant que j'étais avec Dolabella,
Torquatus est venu me voir[1] et, très aimablement, Dolabella lui répéta les paroles que j'avais prononcées au
cours de notre entretien ; car je venais de plaider avec
un soin extrême ; cette sollicitude parut toucher Torquatus.

2. J'attends de toi des nouvelles de Brutus, s'il y
en a. Cependant Nicias croyait la chose faite ; mais,
d'après lui, le divorce est mal vu[b]. Je n'en suis que
plus impatient, dans le même sens que toi : s'il y a du
mécontentement, cet événement est de nature à l'apaiser.

Je dois aller à Arpinum : j'ai besoin de mettre de
l'ordre dans mes lopins de terre, là-bas, et je crains de
ne pouvoir m'absenter une fois César de retour ; sur
la date de son arrivée le pronostic de Dolabella rejoint
la conjecture que t'inspirait la lettre de Messalla[c].
Quand je serai rendu là-bas et que j'aurai bien vu ce
qu'il y a à faire, je t'écrirai pour te dire vers quelle date
je compte revenir.

DCLXVI. — A ATTICUS.
(*Att.*, XIII, 10, 1-3 début).
Domaine de Tusculum, vers le 16 juin 45.

1. Je ne m'étonne pas que tu sois profondément

---

a. Sur les calomnies répandues par le neveu de Cicéron et sur cette
lacune, voir la Notice, p. 122.
b. Voir la Notice, p. 122.
c. M. *Valerius Messalla Rufus*, consul en 53.

ἄφατα, ἀδιήγητα, sed unum eius modi quod, nisi
exercitus sciret, non modo Tironi dictare, sed ne
ipse quidem auderem scribere ⟨...⟩. Sed haec hactenus.

Εὐκαίρως ad me uenit, cum haberem Dolabellam,
Torquatus humanissimeque Dolabella quibus uerbis
secum egissem exposuit; commodum enim egeram
diligentissime; quae diligentia grata est uisa Torquato.

2. A te exspecto si quid de Bruto. Quamquam
Nicias confectum putabat; sed diuortium non probari. Quo etiam magis laboro idem quod tu; si
quid est enim offensionis, haec res mederi potest.

Mihi Arpinum eundum est; nam et opus est
constitui a nobis illa praediola et uereor ne exeundi
potestas non sit cum Caesar uenerit; de cuius
aduentu eam opinionem Dolabella habet quam tu
coniecturam faciebas ex litteris Messallae. Cum illuc
uenero intellexeroque quid negoti sit, tum ad quos
dies rediturus sim scribam ad te.

DCLXVI. — AD ATTICVM.
(*Att.*, XIII, 10, 1-3 init.).

Scr. in Tusculano c. xvi Kal. Quint. a. 709/45.

1. Minime miror te et grauiter ferre de Marcello

---

1. 8 dictare *uett. praet. ed. Rom.* : (in)dica- (*uel* -ta-) Δ, *RP* ‖
9 *lac. indic. Lehmann* (Woch. f. klass. Phil., 1896, p. 56); *cf. Not.,*
p. 122. ‖ haec *RP, ed. Crat.* : *om.* Δ (*uett.*) ‖ 12 Dolabella — 14 diligentissime *RPO* (*uett.*) : *om.* Δ, *ed. Rom.*

2. 6 constitui a *Manutius* : -uta Δ, *RP* ‖ 10 tum *bms, RP* : cum
MdG.

DCLXVI. — *M* 178 v°; *R* 109 r°; *P* 156 r°. *Desunt in E uersus*
2. 1 ad Dolabellam — **3.** 5 loquetur. *De fine huius ep., uide Not.,*
p. 123.

1. 1 ferre *M²bdms* : fere *M¹* fero *RP*.

affecté par le sort de Marcellus et que tu appréhendes
une diversité accrue de périls[1]. Qui, en effet, pouvait
craindre cet événement sans précédent et apparemment
hors nature? Ainsi, tout est à redouter. Mais c'est une
erreur historique — de ta part surtout — de me prendre
pour le seul survivant des anciens consuls[2]; que fais-tu
donc de Servius? Ce titre n'a, d'ailleurs, manifestement
aucune espèce de valeur, surtout pour moi qui ne juge
pas plus défavorable le sort des disparus. Que sommes-
nous, en effet, et que pouvons-nous être? à Rome ou
au loin? Si l'idée ne m'était pas venue de noircir toutes
ces pages, je ne saurais de quel côté me tourner.

2. A l'intention de Dolabella, je dois, me semble-t-il,
faire ce que tu dis : traiter un sujet *plutôt général* et
plutôt politique. En tout cas, je dois faire quelque chose :
il en brûle d'envie[a].

3. Si Brutus fait un geste, tiens-moi au courant[b] ;
à mon avis, il n'a pas de temps à perdre, surtout si sa
décision est prise : il étouffera ou apaisera toute espèce
de cancans. Car il y a des gens pour m'en parler, même
à moi ! Mais il avisera lui-même mieux que personne,
surtout s'il n'omet pas de t'en parler.

DCLXVII. — A ATTICUS.
(*Att.*, XIII, 10, 3 fin).
Domaine de Tusculum, vers le 17 juin 45[c].

(3). J'ai l'intention de partir le 21, car je n'ai rien
à faire ici, ni là-bas non plus, ma foi, ni nulle part ;

---

a. Voir l'App. II B, p. 325.

b. Il s'agit de son remariage (voir la lettre précédente et la Notice, p. 122).

c. Sur les raisons qui nous ont déterminé à considérer ces lignes
comme une lettre distincte, écrite le lendemain de la précédente,
voir la Notice, p. 123.

et plura uereri periculi genera. Quis enim hoc ti-
meret quod neque acciderat antea nec uidebatur
natura ferre ut accidere posset? Omnia igitur me-
tuenda. Sed illud παρὰ τὴν ἱστορίαν, tu praesertim,
me reliquum consularem; quid? tibi Seruius quid
uidetur? Quamquam hoc nullam ad partem ualet
scilicet, mihi praesertim qui non minus bene actum
cum illis putem. Quid enim sumus aut quid esse
possumus? domin an foris? Quod nisi mihi hoc
uenisset in mentem, scribere ista nescio quae, quo
uerterem me non haberem.

2. Ad Dolabellam, ut scribis, ita puto faciendum,
κοινότερα quaedam et πολιτικώτερα. Faciendum certe
aliquid est; ualde enim desiderat.

3. Brutus si quid egerit, curabis ut sciam; cui
quidem quam primum agendum puto, praesertim
si statuit : sermunculum enim omnem aut restinxerit
aut sedarit. Sunt enim qui loquantur etiam mecum.
Sed haec ipse optime, praesertim si etiam tecum loquetur.

DCLXVII. — AD ATTICVM.
(*Att.*, XIII, 10, 3 extr.).

Scr. in Tusculano c. xv Kal. Quint. a. 709/45.

(3). Mihi est in animo proficisci XI Kal.; hic
enim nihil habeo quod agam, ne hercule illic qui-

---

1. 10 domin *M¹m* : -i ne *M²ds*, Σ -i *b*.
3. 1 egerit *RPO, Z, codd. Malasp.* : *om.* Δ ‖ 3 restinxerit *M*ᶜᵒʳʳ
bmG, ed. Rom. : -trin- *M¹ds, RP* (*uett.*) ‖ 4 sunt *bdms, P* : sum *M*,
R.
  DCLXVII. — *M* 178 v°; *R* 109 r°; *P* 156 v°. *Hanc epist. a priore
distinxi; de quo uide sis Not., p. 123.*
2 quod *ed. Asc.*² : quid Ω, *Moricca*.

si, pourtant : j'ai quelque chose à faire là-bas[a]. Aujourd'hui, j'attends Spinther[b] : il m'a envoyé un mot. Dans une lettre, Brutus disculpe César pour la mort de Marcellus ; mais, même s'il avait été assassiné traîtreusement, aucun soupçon ne pèserait sur César. En réalité, puisque l'acte de Magius est un fait établi, le drame ne repose-t-il pas entièrement sur son accès de folie? Je ne comprends pas du tout l'attitude de Brutus ; pourrais-tu donc me l'expliquer? En tout cas, je n'ai de doute que sur la cause de la démence de Magius, je suis moi-même allé jusqu'à me porter garant pour lui ; et tel était sûrement le cas : il n'avait pas de quoi payer ; je pense qu'il a demandé quelque chose à Marcellus et que celui-ci, avec son caractère, lui a répondu plus que fermement[c].

a. A Arpinum (cf. *DCLXV = Att.*, XIII, 9, 2).

b. P. Cornélius Spinther le Jeune, fils du consul de 57 et récemment divorcé d'avec Métella (cf. *Att.*, XII, 52, 2 = *DCXXXVIII*; XIII, 7 = *DCLXII*).

c. Cette explication n'est pas incompatible avec celle qu'on lit chez Valère-Maxime (cf. Not., p. 123, n. 1).

dem nec usquam, sed tamen aliquid illic. Hodie
Spintherem exspecto ; misit enim *ad me*. Brutus*
per litteras purgat Caesarem de interitu Marcelli ;
in quem, ne si insidiis quidem ille interfectus esset,
caderet ulla suspicio. Nunc uero, cum de Magio
constet, nonne furor eius causam omnem sustinet?
Plane quid sit non intellego ; explanabis igitur.
Quamquam nihil habeo quod dubitem nisi ipsi Magio
quae fuerit causa amentiae ; pro quo quidem etiam
sponsor sum factus ; et nimirum id fuit : soluendo
enim non erat ; credo eum petisse a Marcello aliquid et illum, ut erat, constantius respondisse.

3 aliquid Z^b, *La.*^{c}, *ed. Crat.* : *om.* Ω (*uett.*) ‖ 4 enim Ω : etiam *Orelli* ‖
ad me. Brutus *Boot* : b- ad me Ω ‖ 12 sponsor sum Z^b, *La.*^{c}, *ed.
Crat.* : -orum *Md, ERO*^{1} -or *bms, P, O*^{2} (*uett.*) ‖ 14 et Ω, *uett.* : est
Z^b.

QUATRIÈME PARTIE

Du 22 Juin au 6 Juillet 45

SÉJOUR STUDIEUX À ARPINUM

NOTICE

Parti de Tusculum le 21 juin (cf. *Att.*, XIII, 10, 3 = *DCLXVII*), Cicéron est arrivé le lendemain dans sa maison natale d'Arpinum : le trajet — près d'une centaine de kilomètres — était trop long pour être effectué commodément en un jour ; sans doute a-t-il passé la nuit à Anagnia, où il avait un pied-à-terre, comme à la fin de l'année précédente (cf. *Att.*, XII, 1, 1 = *DLX*). Il resta à Arpinum jusqu'au 6 juillet, pour être de retour à Tusculum « le 7 » (*circiter Nonas* : *Att.*, XIII, 12, 4 = *DCLXIX* ; *ad Nonas* : 16, 2 = *DCLXXII* ; cf. 14, 1 = *DCLXX*, 4 ; 22, 5 = *DCLXXVII*). Séjour remarquablement fécond : Cicéron régla sans peine les problèmes de revenu agricole qui avaient motivé son voyage (XIII, 11, 1 = *DCLXVIII* ; cf. XIII, 9, 2 = *DCLXV*) et, la pluie aidant, au lieu de se promener dans la campagne, consacra ses journées au travail (XIII, 16, 1 = *DCLXXII*).

Nous sommes bien renseignés sur la nature de ses activités par les lettres détaillées qu'il envoya durant tout son séjour à Atticus, resté à Rome avec sa femme et sa fille malade. Elles captivent notre attention, parce qu'elle nous peignent sur le vif le soin que prenait Cicéron de choisir, pour ses dialogues philosophiques, des personnages réels appropriés à leur rôle fictif, l'étonnante virtuosité avec laquelle il a remodelé ses *Académiques* et sa timidité non moins étonnante devant un homme au caractère difficile comme Varron. A une exception près (XIII, 21 *a* = *DCLXXV*), l'ordre de suc-

cession de ces lettres a été respecté dans les manuscrits,
mais leur découpage et leur datation exacte posent des
problèmes ardus ; les érudits proposent des solutions
contradictoires, dont aucune n'est pleinement satisfaisante.

L'accord est unanime sur le bref billet XIII, 11 (=
DCLXVIII), expédié manifestement par le voyageur le jour
même de son arrivée, pour livrer à son ami ses premières im-
pressions et lui demander certaines informations, et sur la
lettre suivante, XIII, 12, qui répond, le lendemain, au premier message d'Atticus ; accord à peu près général, aussi,
sur la délimitation des trois dernières lettres (XIII, 21 *a* =
DCLXXV ; 20 = *DCLXXVI*[1] ; 22 = *DCLXXVII*), avec
une légère hésitation sur les dates : à un jour près, les 30 juin,
2 et 4 juillet. Pour les autres, en revanche, du 24 ou 25 au
29 juin, *grammatici certant* : la tradition manuscrite ne séparant pas ces lettres, les uns en dénombrent quatre[2], d'autres
cinq[3], le plus récent éditeur six[4] ; la vulgate allait jusqu'à
sept (XIII, 13 à 19) ! Sans entrer dans le dédale des discussions, il convient de dégager quelques données sur lesquelles
appuyer le raisonnement : tout d'abord, l'acheminement du
courrier entre Arpinum et Rome était beaucoup plus long —
les messages ne parvenaient au destinataire que le lendemain de leur expédition — et plus intermittent — l'expéditeur n'avait pas toujours sous la main un messager sûr —
que de Rome à Tusculum ou vice-versa (cf. XIII, 15 =
DCLXXI, 2 ; 19, 1 = *DCLXXIV*) ; aussi la correspondance
entre Cicéron et Atticus perd-elle sa cadence régulièrement
quotidienne : pendant trois jours au moins et probablement
quatre, Cicéron est resté sans nouvelles de son ami (cf. XIII,

1. Th. SCHICHE (*Zu Ciceros Briefen*, Progr. Berol., 1905, p. 22 ;
cf. *Jahresber. d. philol. Ver.*, XXXIV, 1908, p. 49) a voulu réunir
en une seule lettre XIII, 19 et 20 ; erreur dénoncée par W. STERN-
KOPF, in *Woch. f. klass. Philol.*, XXIII, 1906, p. 179.
2. Th. SCHICHE, *Zu Ciceros Briefen an Atticus*, in *Hermes*, XVIII,
1883, p. 604 ; cf. *Jahresber. d. philol. Ver.*, XXVII, 1901, p. 262 sq. ;
H. SJÖGREN, G. THÖRNELL, A. ÖNNEFORS, in ed. *Att.*, t. IV, Upsal, 1960.
3. O. E. SCHMIDT, *Der Briefwechsel des M. T. C. von seinem Prokonsulat in Cilicien bis zu Caesars Ermordung*, Leipzig, 1893, p. 318-
325 ; TYRRELL et PURSER, in ed. *Corr.*, t. V[2], Dublin, 1915.
4. D. R. SHACKLETON BAILEY, in ed. *Att.*, t. V, Cambridge, 1966 ;
discussion, p. 364.

15 = *DCLXXI*, 2 ; 17 = *DCLXXIII*, 1) ; lui-même a pu
ne pas lui écrire chaque jour ; pour la même raison, l'un
comme l'autre devaient hésiter à mobiliser du personnel
pour quelques lignes vides de substance et le réserver pour
des messages qui en valaient la peine. En second lieu, Cicéron a l'esprit envahi, depuis le lendemain de son arrivée,
par deux préoccupations majeures : une lettre reçue d'Atticus lui a appris que sa fille Attica était tombée malade et
suggéré de donner un rôle à Varron dans un de ses dialogues
philosophiques (XIII, 12, 1 et 3 = *DCLXIX*) ; on doit
donc s'attendre à les voir apparaître dans toutes les lettres
suivantes, mais sans doute pas plus d'une fois dans chacune.
Enfin, deux d'entre elles nous offrent des jalons chronolo-
giques précis : en XIII, 15 (= *DCLXXI*, 2), Cicéron constate qu'il est sans nouvelles depuis trois jours — *triduo
abs te nullas acceperam* (plus-que-parfait épistolaire) —,
c'est-à-dire depuis le 23 ; les termes *biduum*, *triduum*... ex-
primant une durée de deux, trois... jours pleins, cette lettre
a donc été écrite le 26[1]. D'autre part, la lettre XIII, 19
(= *DCLXXIV*), dont le début et la fin sont nettement dé-
limités, commence par ces mots : *commodum discesserat Hilarus librarius IV Kal.* — variantes numériques dépourvues
de vraisemblance dans plusieurs manuscrits de second rang —,
*cui dederam litteras ad te, cum uenit tabellarius cum tuis litte-
ris pridie datis* ; comme il est exclu, pour les raisons précédemment indiquées, que Cicéron ait expédié à Atticus deux
messages le même jour, il s'ensuit que, le 28, il a d'abord
fait partir la lettre XIII, 18 (= *DCLXXIII*, 2), puis reçu
le message envoyé le 27 par son ami, et qu'il a répondu le
lendemain 29 par XIII, 19 (= *DCLXXIV*).

Voyons maintenant le cas de XIII, 13 et XIII, 14 ; la
solution est facile, en apparence : deux jours séparent la
date de XIII, 12 (= *DCLXIX* ; 23 juin) et celle de XIII,
15 (= *DCLXXI*, 2 ; 26 juin) ; il suffit d'assigner la première
lettre en question au 24, la seconde au 25, ou encore de les
réunir ensemble et de choisir entre le 24 et le 25. Mais, dans
la première hypothèse, Cicéron aurait réalisé en 24 heures
le profond remaniement de ses *Académiques* — redistribu-
tion des deux livres primitifs en quatre, remplacement des
personnages, rédaction d'une nouvelle introduction (cf.
App. II A) — et la lettre du 25 ne contiendrait aucune référence à la santé d'Attica ; dans l'hypothèse où XIII, 13

---

1. Et non le 25, comme le veut Shackleton Bailey, *l. c.*

et 14 constitueraient une seule lettre, Cicéron reviendrait à
la fin, assez longuement, sur la question, déjà traitée au
début (13, 1), du rôle donné à Varron dans son ouvrage
remanié ; dans les deux cas, la lettre suivante (XIII, 15)
n'est qu'un billet de cinq lignes, une plainte d'être depuis
trop longtemps sans nouvelles — de la santé d'Attica en
particulier. Pour pallier ces inconvénients, O. E. Schmidt a
proposé une solution à laquelle se sont ralliés les éditeurs :
il réunit XIII, 13 et la première partie de 14 en une lettre
qu'il date du 25 — ce qui laisse à Cicéron deux jours au lieu
d'un pour la refonte des *Académiques* — et il rattache la
fin de XIII, 14, où il est question de Varron, au billet XIII,
15, qui s'étoffe ainsi de quatre lignes. De fait, le premier
ensemble se termine de façon vraisemblable : *de Bruto, si
quid erit, de Caesare, si quid scies, si quid erit praeterea, scribes*
(XIII, 14, 2 init. = *DCLXX,* 5) ; — XIII, 13 aussi, il est
vrai : *sed crebro regusto tuas litteras ; in iis acquiesco ; tamen
exspecto nouas* (XIII, 13, 3 = *DCLXX,* 3), mais la fin de
la lettre XIII, 14, commençant par les mots *illud etiam atque
etiam considere uelim...* (§ 2), se raccorderait gauchement,
faute de transition, au *de Bruto... scribes,* s'ils lui faisaient
suite.

Restent à examiner XIII, 16 et XIII, 17 ; XIII, 17 (=
DCLXXIII, 1) commence par une indication chronologique
précise — *V Kal.* (la variante *VI* des manuscrits italiens
conduit à une impasse) *exspectabam Roma aliquid*[1] —, mais
d'interprétation délicate : suivant les habitudes de la correspondance latine — et chez Cicéron en particulier —, *exspectabam* devrait être un imparfait épistolaire (cf. par ex.,
XIII, 15 = *DCLXXI,* 2 : *quo... die has Valerio dabam, exspectabam aliquem meorum,* à savoir aujourd'hui), et le 27 la
date de la lettre ; dans ce cas, comme il est sûr que XIII,
18 date du 28 (cf. *supra,* p. 167), nous avons affaire à un billet très bref d'impatience et d'inquiétude ; c'est possible,
peu probable ; mais surtout XIII, 18 commence de façon
singulièrement abrupte — *Vides propinquitas quid habet ;
nos uero conficiamus hortos* — et ne fait pas mention d'Attica ; aussi paraît-il bien préférable de réunir XIII, 17 et
18[2] : la remarque sur l'avantage d'être voisins suit logique-
ment la plainte sur l'absence de nouvelles. Mais comment
rendre compte des premiers mots ? Notons d'abord que l'im-

---

1. La suite du texte est très difficile à établir ; cf. app. crit. et
comm. *ad loc.*

2. *Sic,* Schmidt, *l. c.* ; *contra,* Shackleton Bailey, *l. c.*

parfait « vrai » est aussi d'un emploi très fréquent dans les
lettres, non sans risque de confusion (cf. par ex. XII, 18,
1, l. 20 = *DXCII* ; 42, 1 = *DCXXV* ; 48 = *DCXXXVI*) ;
de même, en tête de XIII, 19, 1 (= *DCLXXIV*), il faut y
regarder de près pour découvrir que la phrase *commodum
discesserat Hilarus... IV Kal. cum uenit...* rapporte un événement survenu la veille et non pas le jour même. Atticus
ne pouvait pas s'y tromper ; nous, c'est le contexte qui nous
aide à y voir clair. En XIII, 17, quelques lignes plus loin,
Cicéron emploie le présent : *scire cupio... ; tamen exspecto recens aliquid.* L'imparfait initial décrit une situation antérieure au moment où le destinataire lira la lettre ; elle peut
être celle qui existait au moment où l'expéditeur l'écrivait,
mais elle peut aussi avoir existé avant. Il nous paraît hautement probable que tel est le cas ici et que XIII, 17 et 18
constituent une seule et même lettre, écrite et expédiée le
28 juin, celle dont parle Cicéron dans le message du 29.

Argument supplémentaire : la lettre restante, XIII, 16
(= *DCLXXII*) a nécessairement été écrite le 27 ; en effet,
elle ne peut être réunie à celle du 26 (XIII, 14, 2 — 15 =
DCLXXI), puisque Cicéron y traite longuement de Varron
et des *Académiques*, dont il est déjà question au début de
la courte lettre du 26. C'est le seul message de la série où
la santé d'Attica est passée sous silence[1].

Si Atticus s'est abstenu quatre jours de suite — du
23 au 26 — d'écrire à son ami, c'est très probablement
parce que la santé d'Attica lui inspirait bien plus d'anxiété
qu'il ne l'avait laissé paraître dans sa lettre du 22 ; cependant, à peine était-elle guérie que son père et Cicé-

---

1. Pour éviter cette anomalie et surtout parce qu'il estime invraisemblable que Cicéron ait attendu quatre jours avant de révéler à
Atticus le premier transfert des rôles à Brutus et Caton... et de voir
la pluie s'arrêter (!), J. GLUCKER (*Antiochus and the late Academy*,
Göttingen, 1978, p. 421 sq.) veut que la lettre XIII, 16 (= *DCLXXII*)
ait été écrite le 23 juin, un jour avant XIII, 12 (= *DCLXIX*) ;
c'est impossible : quand Cicéron rédige XIII, 12, il vient de recevoir la lettre d'Atticus lui suggérant de donner un rôle à Varron
(*quod... de Varrone scribis*, § 3) et n'a pas encore arrêté la date exacte
de son retour à Tusculum (*circiter Nonas*, § 4) ; quand il écrit XIII,
16, sa décision de faire de Varron le porte-parole d'Antiochus d'Ascalon appartient déjà au passé (*nemini uisa est aptior Antiochia ratio*, § 1) et le jour de son retour se précise (*ad Nonas*, § 2), depuis
l'avant-veille (cf. XIII, 14, 1 = *DCLXX*, 4).

ron se reprenaient à penser à un parti possible pour
la fillette, alors âgée de six ans (XIII, 21 *a*, 4 =
DCLXXV ; cf. XIII, 29, 1 = *DCXLIII*, 4). En dehors
de cette maladie et du remaniement des *Académiques*
— avec sa virtuosité exceptionnelle, Cicéron l'a opéré
en un tournemain, mais il redoute la susceptibilité om-
brageuse de Varron et ses réactions imprévisibles (voir
l'App. II A) —, plusieurs autres leitmotive apparaissent
dans ces lettres d'Arpinum. Questions d'ordre littéraire :
le *De finibus*, dédié à Brutus, est terminé (cf. App. II A)
et en cours de reproduction dans l'atelier d'Atticus
(cf. XIII, 21 *a*, 1-2 = *DCLXXV*) ; c'est l'occasion d'un
incident piquant, qui suscite chez l'auteur un vif mécontentement : Balbus a réussi à faire recopier clandesti-
nement, pour être le premier servi, le livre V du *De
finibus* et une dame amie de Cicéron, Cérellia, l'ouvrage
entier (*ibid.* et XIII, 22, 3 = *DCLXXVII*) ! D'ordinaire, Atticus se conduit en éditeur sérieux et il a droit
aux félicitations répétées de Cicéron pour la diffusion
du *Pro Ligario*, discours prononcé en novembre 46 (cf.
XIII, 12, 2 = *DCLXIX* ; 19, 2 = *DCLXXIV* ; 20,
2 = *DCLXXVI*). Cette lettre *DCLXXV* présente un
intérêt particulier : Atticus ayant signalé à son ami
qu'on lui reprochait de soigner excessivement sa renommée d'avocat, Cicéron s'en défend avec vigueur : en
donnant de la publicité à son discours, il n'a en vue
que l'intérêt de Ligarius et sa seule ambition est de
faire triompher, par son exemple et par ses écrits, la
perfection morale. Il n'oublie pas son projet de dédier
un ouvrage de caractère politique à Dolabella (XIII,
13, 2 = *DCLXX* ; cf. XIII, 21 *a*, 3 = *DCLXXV* ;
supra, p. 117 ; App. II B) ; mais, échaudé par le précédent de sa *Lettre à César* (cf. *supra*, p. 111), il hésite.

Questions financières : dans les dernières lettres envoyées de Tusculum, Cicéron ne parlait plus de l'achat
d'une propriété suburbaine et de son financement, parce

qu'il avait pu, à deux reprises, s'entretenir longuement
de vive voix avec Atticus ; mais, une fois séparé de lui,
il ne manque pas de lui rappeler cette affaire et l'approche des dates décisives (XIII, 12, 4 extr. = *DCLXIX* ;
22, 4 = *DCLXXVII* ; cf. App. I B et C). Il ne perd
pas de vue non plus l'or de Pison (XIII, 11, 2 =
DCLXVIII ; 12, 4 = *DCLXIX* ; cf. App. I C, p. 295),
ni sa part du modeste héritage d'un certain Brinnius
(XIII, 12, 4 = *DCLXIX* ; 14, 1 = *DCLXX*, 4 ; 22,
4 = *DCLXXVII*) : un domaine rural destiné à être
vendu aux enchères (*ll. cc.* et XIII, 50, 2 = *DCC*).

Actualité politique enfin : dans la plupart des lettres
reviennent les deux mêmes interrogations : quand César reviendra-t-il d'Espagne ? — en dernier lieu (XIII,
21 *a*, 3 = *DCLXXV*), Cicéron a appris par Balbus que
ce ne serait pas avant le 1er août — ; Brutus se décide-t-il
à réaliser son mariage avec la fille de Caton, impatiemment attendu des républicains (cf. *supra*, p. 122), mais
vu d'un mauvais œil par sa mère Servilia, qui était en
mauvais termes avec Porcia (cf. XIII, 22, 4 =
DCLXXVII)[1] ?

---

1. Pouvait-il en aller autrement entre la fille de Caton et la femme
que César avait « aimée plus que toute autre » — *ante alias dilexit...*
Seruiliam (Suet., *Iul.*, 50, 3) —?

DCLXVIII. — A ATTICUS.
(*Att.*, XIII, 11).
Domaine d'Arpinum, 22 juin 45.

1. « Autre est l'aspect... »[a] : je croyais la chose facile ; tout est différent depuis que je suis séparé de toi. Mais il fallait passer par là : je devais fixer mes modestes fermages et épargner à notre ami Brutus la charge d'une déférence trop accaparante. A l'avenir, en effet, il nous sera plus facile de cultiver mutuellement notre amitié à Tusculum ; mais, ces temps-ci, comme il voulait me voir tous les jours et que je ne pouvais aller chez lui, il perdait tout le charme de sa propriété[1].

2. De ton côté, si Servilia arrive, si Brutus fait un geste, ou encore s'il décide quand il ira au-devant de César, bref tout ce que je peux avoir besoin de savoir, écris-le moi. Rencontre Pison, si tu peux : tu vois combien le moment approche[b]. A condition, toutefois, que cela ne te dérange pas.

DCLXIX. — A ATTICUS.
(*Att.*, XIII, 12).
Domaine d'Arpinum, 23 juin 45.

1. Ta lettre parlant de ma chère Attica m'a percé

---

a. ‹ ... des choses, Selon qu'elles sont loin ou qu'on les voit de près › : οὐ ταὐτὸν εἶδος φαίνεται τῶν πραγμάτων | πρόσωθεν ὄντων ἐγγύθεν θ' ὁρωμένων (Eurip., *Ion.*, 585 sq.).

b. Voir l'App. I C.

DCLXVIII. — AD ATTICVM.
(*Att.*, XIII, 11).
Scr. in Arpinati x Kal. Quint. a. 709 /45.

1. « Οὐ ταὐτὸν εἶδος... » : credebam esse facile ;
totum est aliud postea quam sum a te diiunctior.
Sed fuit faciendum, ut et constituerem mercedulas
praediorum et ne magnum onus obseruantiae Bruto
nostro imponerem. Posthac enim poterimus commodius colere inter nos in Tusculano ; hoc autem tempore, cum ille me cottidie uidere uellet, ego ad
illum ire non possem, priuabatur omni delectatione
Tusculani.

2. Tu igitur, si Seruilia uenerit, si Brutus quid
egerit, etiam si constituerit quando obuiam, quicquid denique erit quod scire me oporteat, scribes.
Pisonem, si poteris, conuenies : uides quam matu-
rum sit. Sed tamen quod commodo tuo fiat.

DCLXIX. — AD ATTICVM.
(*Att.*, XIII, 12).
Scr. in Arpinati ix Kal. Quint. a. 709 /45.

1. Valde me momorderunt [epistulae] tuae de

DCLXVIII. — *M* 178 v° ; *R* 109 r° ; *P* 156 v°. *Deest E.*

1. 1 οὐ ταὐτὸν εἶδος (*a fine sup. ep. huc transp. Casaubon*) *Bosius* : οὐ τἄτ' (*uel γὰρ*) ὄνειδος *codd.* ‖ 2 diiunctior *Mm, RP, La.*ᶜ :
disi- *bds* ‖ 6 colere *M*ᶜᵒʳʳ*bsG* : colore *M*¹*dm, R* colloqui *P* ‖ 7 ille
me *M*²*bdms* : ille m *M*¹ illam *RP.*

DCLXIX. — *M* 179 r° ; *R* 109 r° ; *P* 156 v°. *Deest E. Nouam epist.
dist. Cratander.*

1. 1 epistulae *secl. Sh. Bailey (coll. Att.,* XIII, 19, 5, *u.* 5
[= *DCLXXIV*]).

le cœur ; mais elle l'a également guéri : du moment que
tu te faisais ton propre consolateur dans la même lettre,
cela m'était une garantie assez solide pour adoucir ma
peine. **2.** Tu as fait vendre magnifiquement le *Pro Ligario*[a]. A l'avenir, je te confierai la publicité de tout ce
que j'écrirai. **3.** Passons à ce que tu m'écris de Varron : tu sais qu'antérieurement j'avais l'habitude d'écrire
des discours ou parfois d'autres ouvrages dont la nature
ne me permettait pas d'y faire la moindre place à Varron. Puis, une fois que je me fus lancé dans ces *travaux
plus érudits*, Varron m'avait dès lors annoncé qu'il me
dédierait une œuvre vraiment importante et de poids[1].
Deux ans ont passé, sans que ce *Pur-sang* au trot continu ait avancé d'un pas[2] ! Moi, je me préparais à le
payer de son envoi « *à mesure égale et même plus large* »
— à condition d'en être capable, car Hésiode ajoute
encore : « *si tu peux* » —[3]. A présent, ce *traité* « *Des
termes extrêmes* », dont je suis vraiment satisfait, je
l'ai promis à Brutus, avec ton accord, et tu m'as écrit
qu'il ne s'y opposait pas. Il me reste donc à modifier
mes « *Académiques* », où des personnages appartenant
à la noblesse, mais dépourvus de toute érudition, dialoguent avec trop de subtilité, en passant la parole à
Varron ; de fait, on y trouve les opinions d'Antiochus,
que ton ami approuve hautement ; je dédommagerai
ailleurs Catulus et Lucullus... Tout ceci à condition
que tu en sois d'accord : réponds-moi, s'il te plaît, sur
ce point[4].

4. J'ai reçu de Vestorius une lettre au sujet de la
vente aux enchères des biens de Brinnius ; d'après lui,
la responsabilité m'en a été confiée sans discussion[5].
On croyait évidemment que je serais à Rome ou dans
ma propriété de Tusculum le 24 juin. Tu diras donc à

---

a. Cf. *DCLXXIV = Att.,* XIII, 19, 2. Le *Pro Ligario* a été prononcé en 46, à la fin du Deuxième mois intercalaire (cf. t. VII de
cette édition, p. 65, n. 1, et p. 74 sq.).

Attica nostra; eaedem tamen sanauerunt : quod
enim te ipse consolabare eisdem litteris, id mihi
erat satis firmum ad leniendam aegritudinem.
2. Ligarianam praeclare uendidisti. Posthac quicquid scripsero, tibi praeconium deferam. **3.** Quod
ad me de Varrone scribis, scis me antea orationes
aut aliquid id genus solitum scribere ut Varronem
nusquam possem intexere. Postea autem quam
haec coepi φιλολογώτερα, iam Varro mihi denun-
tiauerat magnam sane et grauem προσφώνησιν. Bien-
nium praeteriit cum ille Καλλιππίδης adsiduo cursu
cubitum nullum processerit. Ego autem me para-
bam ad id quod ille mihi misisset ut « αὐτῷ τῷ μέτρῳ
καὶ λώϊον », si modo potuissem — nam hoc etiam
Hesiodus ascribit, « αἴ κε δύνηαι » —. Nunc illam Περὶ
τελῶν σύνταξιν sane mihi probatam Bruto, ut tibi
placuit, despondimus, idque tu eum non nolle mihi
scripsisti. Ergo illam Ἀκαδημικήν, in qua homines
nobiles illi quidem, sed nullo modo philologi nimis
acute loquuntur, ad Varronem transferamus; etenim sunt Antiochia, quae iste ualde probat; Catulo
et Lucullo alibi reponemus; ita tamen si tu hoc
probas; deque eo mihi rescribas uelim.
4. De Brinniana auctione accepi a Vestorio litteras; ait sine ulla controuersia rem ad me esse
collatam. Romae uidelicet aut in Tusculano me
fore putauerunt a. d. VIII Kal. Quint. Dices igitur

1. 2 e(a)edem (he- *dG*) *M²bdmsG* (*uett.*) : eadem *M¹, RP, ed. Iens.* ‖
tamen *bs, P, edd.* : sane t- *Mdm, R.*
3. 13 tu *RP, Z*ᵇ, *La.*ᵐ, *ed. Crat.* : om. Δ (*uett.*) ‖ eum Δ, *Z*ᵇ,
*La.*ᵐ : enim *RP* ‖ 15 philologi *uett.* : philogi Δ, *RP* ‖ 18 alibi reponemus *uett.* : -be rep- *M* -bere (a li- *bm*, alli- *P*) p- *bm, RP* a libero
p- *dsG.*
4. 1 brinniana *MdG, Cr.*ᵐ : brimana *R* brimm- *P* briumana *bm*
brum- *s.*

ton ami Suettius, mon cohéritier, ou à mon cher Labéon qu'ils retardent un peu la vente*a* ; je serai chez moi, à Tusculum, vers le 7. Parle à Pison ; tu as Éros avec toi. Pensons de toute notre âme aux « jardins » de Scapula ; le jour approche*b*.

DCLXX. — A ATTICUS.
(*Att.*, XIII, 13 — 14, 1-2 début).
Domaine d'Arpinum, 25 juin 45.

1. Décidé par ce que tu m'as dit de Varron dans ta lettre, j'ai retiré toute « l'Académie » aux membres de la haute noblesse pour l'attribuer à notre confrère et de deux livres j'en ai fait quatre*c*. L'ensemble est plus imposant, malgré de nombreuses suppressions. Je voudrais bien que tu me dises comment tu t'expliques le désir de notre ami ; ce que j'aimerais de toute façon savoir, c'est qui, selon toi, *excite sa jalousie* ; serait-ce Brutus, par hasard*d* ? Il ne manquait plus que cela ! Quoi qu'il en soit, je voudrais bien savoir. A moins qu'une banale *présomption* ne me leurre, ces livres, tels qu'ils sont nés de mon travail, n'ont pas leurs pareils dans le genre, même chez les Grecs. Tu te résigneras, je pense, au gaspillage causé par la reproduction inutile

---

a. Le gentilice *Suettius* est couramment attesté en Campanie (cf. W. Schulze, *Zur Gesch. lat. Eigennamen*, p. 425) ; inversement, le prénom *Sextus* est toujours noté *Sex.* et non pas *S.* dans les mss. de la *Correspondance* (cf. Shackleton Bailey, in ed. *Att.*, t. V, p. 367). — Labéon doit probablement être identifié à *Pacuuius Antistius Labeo*, qui participa au complot des Ides de mars et devint légat de Brutus (cf. *ibid.*).

b. dies = dies auctionis, fixé au 15 juillet (cf. App. I B ; sur Pison, App. I C ; sur Éros, *infra*, p. 240, n. 1 *ad* p. 40).

c. Voir, sur la date et l'étendue de cette lettre, la Notice, p. 167 sq. ; sur le remaniement des *Académiques*, l'App. II A.

d. Brutus est le dédicataire du *Brutus* et du *De finibus*.

uel amico tuo Sue*t*tio, coheredi meo, uel Labeoni
nostro paulum proferant auctionem; me circiter
Nonas in Tusculano fore. ⟨Tu⟩ cum Pisone; *E*ro-
tem habes. De Scapulanis hortis toto pectore cogitemus; dies adest.

DCLXX. — AD ATTIC̣VM.
(Att., XIII, 13 — 14, 1-2 init.).
Scr. in Arpinati vii Kal. Quint. a. 709 /45.

1. Commotus tuis litteris, quod ad me de Varrone scripseras, totam Academiam ab hominibus
nobilissimis abstuli, transtuli ad nostrum sodalem
et e duobus libris contuli in quattuor. Grandiores
sunt omnino quam erant illi, sed tamen multa de-
tracta. Tu autem mihi peruelim scribas qui intellexeris illum uelle; illud uero utique scire cupio
quem intellexeris ab eo ζηλοτυπεῖσθαι, nisi forte
Brutum. Id *h*ercle restabat ! Sed tamen scire peruelim.
Libri quidem ita exierunt, nisi forte me communis
φιλαυτία decipit, ut in tali genere ne apud Graecos
quidem simile quicquam. Tu illam iacturam feres

---

4. 5 tuo suettio coheredi *Z*b, *Sh. Bailey* : tuos (tuo *P*) uectio coh-
RP tuos nectiotoni (-icom *d*) h- *Md* tuos nec non comh- *bm* tuo
S. Vettio coh- *Bosius, edd.; cf. comm. ad loc.* ‖ 7 tu add. *Wesenberg* ‖ 7-8 Erotem *(uett.)* : or- *Mds*, *RPO*¹ oro te ni *bm*, *ed. Rom.* oro
te *O*².

DCLXX. — *M* 179 r°; *R* 109 v°; *P* 156 v°. *Desunt in E* : **1.** 6 tu
— 9 peruelim, **2.** 1 nunc — 5 excogitandum, **4.** 1 Brinni — 10 homines. *Nouam epist. dist. Cratander; epistulae* 13 *adnex. ep.* 14 *totam* (Brinni — mutari possunt) *Cratander et Schiche* (Hermes, 1883,
p. 604; Jahresber. d. phil. Ver., 1901, p. 262 sq.), *ep.* 14 *usque ad*
2. 3 scribes *Schmidt* (Briefwechsel, p. 318); *cf. Not.*, p. 167 sq.

1. 4 e Σ : ex Δ ‖ 7 utique Δ : u- ego *RP* ‖ 9 id hercle (e- *La.*c) restabat *La.*c, *Victorius* : ider (id ei *bms*) de re stabat (derest- *ed. Rom.)* Δ,
ed. Rom. id credere st- (scribat *P*) *RP* idem edere rest- *(uett.).*

des *Académiques*, dans la version ancienne que tu possèdes ; la nouvelle, en tout cas, sera bien plus brillante, plus concise[a], meilleure.

2. Mais me voici *dans l'embarras*, ne sachant de quel côté me tourner : je tiens à écrire quelque chose pour Dolabella, qui en brûle d'envie ; je ne trouve pas d'idée et, avec cela, « *je crains les Troyens* » ; d'un autre côté, si je ne trouve pas un sujet, je ne pourrai pas non plus éviter *la critique*. Il me faut donc ou renoncer ou imaginer quelque chose[b].

3. Mais à quoi bon nous soucier de ces bagatelles ? Que devient, je t'en supplie, ma chère Attica ? Elle me donne beaucoup d'inquiétude. Mais à chaque instant je savoure de nouveau ta lettre, qui me rend la sérénité. Pourtant j'en attends une nouvelle.

4 (= **14, 1**). Un affranchi de Brinnius, qui hérite avec moi, m'a écrit pour me dire que deux cohéritiers, lui-même et Sabinus Albius, voulaient venir me voir, si cela m'agréait[c]. Je ne veux à aucun prix ; l'héritage n'en vaut pas la peine. D'ailleurs ils auront bien le temps de ne pas manquer le jour de la vente — fixé au 13 —, s'ils me rencontrent à Tusculum chez moi, le 8 au matin. Et s'ils veulent, pour plus de latitude, reporter la date, ils pourront obtenir un délai : deux jours ou trois ou autant qu'il leur plaira : cela n'a aucune importance. Aussi retiens ces gens, s'ils ne sont pas encore partis.

5 (2). S'il y a du nouveau pour Brutus, si tu sais quelque chose pour César, s'il survient quoi que ce soit d'autre, écris-le moi.

---

a. *breuiora* par le volume total *grandiores* (l. 4) par la formulation.
b. Voir l'App. II B, p. 325, n. 2.
c. Voir la lettre précédente, § 4.

aequo animo quod illa quae habes de Academicis
frustra descripta sunt; multo tamen haec erunt
splendidiora, breuiora, meliora.

2. Nunc autem ἀπορῶ quo me uertam : uolo Dolabellae ualde desideranti; non reperio quid, et
simul αἰδέομαι Τρῶας, neque, *ni*si ali[ud]quid, potero
μέμψιν effugere. Aut cessandum igitur aut aliquid
excogitandum.

3. Sed quid haec leuia curamus? Attica mea,
obsecro te, quid agit? Quae me ualde angit. Sed
crebro regusto tuas litteras; in iis acquiesco. Tamen
exspecto nouas.

4 (= 14, 1). Brinni libertus, coheres noster,
scripsit ad me uelle, si mihi placeret, coheredes
se et Sabinum Albium ad me uenire. Id ego plane
nolo; hereditas tanti non est. Et tamen obire auctionis diem facile poterunt (est enim III Id.), si me
in Tusculano postridie Nonas mane conuenerint.
Quod si laxius uolent proferre diem, poterunt uel
biduum uel triduum uel ut uidebitur; nihil enim
interest. Quare nisi iam profecti sunt, retinebis
homines. **5** (2). De Bruto, si quid erit, de Caesare, si quid scies, si quid erit praeterea, scribes.

---

2. 3 nisi *scripsi* : si Ω, *edd.* ‖ aliquid *Manutius, edd.* : aliud quid
bdm a- qui *M, RP, Cr.*^m, *La.*^c aliquid quid *s* ‖ 4 effugere *b (uett.)* :
-ret (Δ), *RP, ed. Rom.*

3. 4 nouas *M*²*bdm* : nonas *M*¹, *R* non *P; om. s.*

4. 1 coheres *bd, uett.* : comh- *MmG* cum h- *RP; om. s* ‖ noster
— 2 placeret *(sic etiam Z*^b, *La.*^c; -cet *RP)* coheredes (cum h- *RP*)
RP (uett.) : *om.* Δ, *ed. Rom.* ‖ 3 se et *Vrsinus* : sed *P* et *M*¹*dm, R*
ait *M*^corr*bs* ‖ 7 laxius (Δ), *Cr.*^m : latius *b, RP, uett.*

5. 1 erit Ω, *Z*^b : egerit *Orelli* ‖ 2 si quid erit Σ, *Cr.*^m, *Z*^b, *La.*^m :
si quid scies *(iterum) bm; om. MdsG.*

DCLXXI. — A ATTICUS.
(Att., XIII, 14, 2 — 15).
Domaine d'Arpinum, 26 juin 45.

1 (= 14, 2). Je voudrais que tu réfléchisses mûre-
ment à ceci : es-tu d'avis d'envoyer mon texte à Varron? D'ailleurs, cela te concerne aussi quelque peu :
apprends, en effet, que je t'ai associé en tiers au dialogue[a]. Il me semble que cela mérite réflexion ; note
bien que les noms sont déjà marqués ; mais on peut
les effacer ou les changer.

2 (= 15). Comment va, je t'en supplie, notre chère
Attica? Voilà trois jours que je n'ai pas reçu de lettre
de toi ; cela n'a rien d'étonnant : il n'est venu personne,
et peut-être n'y avait-il pas de raison. Aussi n'ai-je rien
à t'écrire, moi non plus. Aujourd'hui même, où je donne
cette lettre à Valérius[b], j'attends l'un de mes gens.
S'il arrive et m'apporte un message de toi, je parie que
la matière ne me manquera pas pour te répondre !

DCLXXII. — A ATTICUS.
(Att., XIII, 16).
Domaine d'Arpinum, 27 juin 45.

1. Je cherchais des cours d'eau et des lieux soli-
taires pour rendre mon existence plus facile à supporter ;
mais je n'ai pas encore fait un pas en dehors de la maison, tant les pluies sont fortes et incessantes. Dans ce

---

a. Cf. App. II A, p. 312. — Sur la composition de cette lettre,
voir la Notice, p. 168.

b. Cf. *DCXXXVII* = *Att.*, XII, 51, 1 (n. 2, p. 248).

DCLXXI. — AD ATTICVM.
(*Att.*, XIII, 14, 2—15).

Scr. in Arpinati vi Kal. Quint. a. 709/45.

1 (= 14, 2). Illud etiam atque etiam consideres
uelim, placeatne tibi mitti ad Varronem quod scripsimus. Etsi etiam ad te aliquid pertinet ; nam scito
te ei dialogo adiunctum esse tertium. Opinor igitur
consideremus ; etsi nomina iam facta sunt ; sed uel
induci uel mutari possunt.

2 (= 15). Quid agit, obsecro te, Attica nostra?
Nam triduo abs te nullas acceperam, nec mirum ;
nemo enim uenerat, nec fortasse causa fuerat. Itaque
ipse quid scriberem non habebam. Quo autem die
has Valerio dabam, exspectabam aliquem meorum.
Qui si uenisset et a te quid attulisset, uidebam non
defuturum quid scriberem.

DCLXXII. — AD ATTICVM.
(*Att.*, XIII, 16).

Scr. in Arpinati v Kal. Quint. a. 709/45.

1. Nos cum flumina et solitudines sequeremur,
quo facilius sustentare nos possemus, pedem e uilla
adhuc egressi non sumus, ita magnos et adsiduos

DCLXXI. — *M* 179 v° ; *R* 109 v° ; *P* 157 r°. *Deest in E, praeter*
1. 1 illud — 4 tertium. *Vnam epist. constit.* Schmidt (Briefwechsel,
p. 318) ; *ep.* 15 (quid agit — *u.* 7 scriberem) *sequenti adiunxit Schiche ;*
cf. ep. priorem et Not., p. 168.
1. 1 consideres — 3 etiam *om. P.*
2. 1 obsecro te Δ : o- *RP* ǁ 4 quid Δ, *PR*, *uett.* : quod *Ernesti, alii ;*
id. u. 6 ; cf. Att., XII, 39 [*DCXXII*], 2, *u.* 5.
DCLXXII. — *M* 179 v° ; *R* 109 v° ; *P* 157 r°. *Deest E. De in. huius*
ep. uide ad superiorem.
1. 1 solitudines *Z*b, *La.*m, *ed. Crat.* : -em Δ, *RP* (*uett.*).

Traité académique, j'ai transféré le rôle principal en totalité à Varron. Primitivement, il était partagé entre
Catulus, Lucullus et Hortensius ; ensuite, cette distribution m'a paru *peu pertinente*, car leur *manque*, non
pas *de culture*, mais *de compétence* sur ces questions était
notoire et, dès mon arrivée dans cette maison, j'ai attribué ces mêmes entretiens à Caton et Brutus. Là-
dessus, arrive ta lettre parlant de Varron : il m'a semblé
que la pensée d'Antiochus convenait à son personnage
mieux qu'à tout autre[a]. **2.** Mais je voudrais que tu
me dises, d'abord si tu es d'avis que je lui dédie un écrit,
ensuite, à supposer cet avis positif, si je dois donner
la préférence à celui-ci.

Et Servilia ? Est-elle déjà arrivée ? Brutus fait-il un
geste, et pour quand ? Quelles sont les rumeurs sur le
retour de César[b] ? Le mien aura lieu vers le 7, comme
je te l'ai dit. Parle à Pison, si tu peux faire quelque
chose[c].

DCLXXIII. — A ATTICUS.
(Att., XIII, 17 — 18).
Domaine d'Arpinum, 28 juin 45[d].

1 (= 17). Ce 27, j'attends un message de Rome ;
sans que j'aie pour autant donné des ordres à tes gens.
Pour l'heure, donc, toujours les mêmes questions :
quelle idée Brutus a-t-il en tête ? ou, s'il fait un geste,
lequel ? a-t-on reçu des nouvelles de César ? Mais à quoi

---

a. Voir l'App. II A, p. 311.
b. Voir la Notice, p. 171.
c. Cf. App. I C, p. 295.
d. Sur la composition de cette lettre et les questions posées par
Cicéron, voir la Notice, p. 168 sq.

imbris habebamus. Illam 'Ακαδημικὴν σύνταξιν totam
ad Varronem traduximus. Primo fuit Catuli, Luculli, Hortensi; deinde, quia παρὰ τὸ πρέπον uidieba-
tur, quod erat hominibus nota non illa quidem
ἀπαιδευσία, sed in his rebus ἀτριψία, simul ac ueni
ad uillam eosdem illos sermones ad Catonem Brutumque transtuli. Ecce tuae litterae de Varrone :
nemini uisa est aptior Antiochia ratio. **2.** Sed
tamen uelim scribas ad me, primum placeatne tibi
aliquid ad illum, deinde, si placebit, hocne potissimum.

Quid Seruilia? Iamne uenit? Brutus ecquid agit
et quando? De Caesare quid auditur? Ego ad Nonas,
quem ad modum dixi. Tu cum Pisone, si quid poteris.

DCLXXIII. — AD ATTICVM.
(*Att.*, XIII, 17 — 18).

Scr. in Arpinati io Kal. Quint. a. 709/45.

1 (= 17). V Kal. exspectabam Roma aliquid,
non quo imperassem *aliquid tuis. Nunc *igitur*
eadem illa, quid Brutus cogitet, aut, si aliquid
egit, ⟨quid egerit⟩, ecquid a Caesare. Sed quid

1. 4 'Ακαδημικὴν *edd.* : ac(h)ademicen (-ce *s*, -tem *P*, -cem *ed.
Crat.*) Δ, *RP, uett.* ‖ 5 primo *Cr.*ᵐ, *Z*ᵇ, *La.*ᵐ : modo Δ, *RP* ‖ 6-7 uidebatur *RP, ed. Crat.* : non u- Δ (*uett.*) ‖ quod *bms, uett.*: quid *Md,
RP* ‖ 8 in hi(i)s *RP* : imus *Mb*(?)*d* uiuis *ms* in iis *edd.*
2. 5 ecquid *edd.* : et q- Δ, *RP*.

DCLXXIII. — *M* 180 rᵒ; *R* 109 vᵒ; *P* 157 vᵒ. Deest *E. Epp.* 17
et 18 *coniunx. Schiche* (Hermes, 1883, p. 604 sq.) *et Schmidt* (Briefwechsel, p. 319); *cf. Not.*, p. 000.

1. 1 V Kal. (*uel* Cal.) *Cr.*ᵐ, *Z*, *La.*ᵐ : VIΩ ‖ 2 quo *Z*ᵇ, *La.*ᵐ, *ed.
Crat.* : om. Δ, *RP* (*uett.*) ‖ imperassem (Δ), *O*¹(?) : -petr- *s*¹, *RPO*² ‖
igitur *huc transp. Sedgwick* (*ante* nunc *Lambin.*) : *post* impe(t)ras-
sem Δ, *RP, Sjögren, Kasten* (Helikon, 1975 sq., p. 449 sq.) ; *locus
incertus* ‖ 4 quid egerit *add. Boot* ‖ ecquid *Lambin.* : et q- Δ, *RP*.

bon ces questions, dont je me moque? Ce que je désire
savoir, c'est comment va notre chère Attica ; ta lettre
— mais elle est périmée à présent — me recommande
bien d'espérer en toute sécurité : néanmoins j'attends
des nouvelles fraîches.

2 (= 18). Tu vois les avantages de la proximité !
A nous d'en finir avec les « jardins »*a*. On aurait dit
une conversation, entre nous, quand j'étais dans ma
maison de Tusculum, tant nos lettres étaient fréquentes.
Mais cela va revenir bientôt. En attendant, sur ta suggestion, j'ai terminé mes livres, en vérité assez subtils, à l'adresse de Varron ; seulement, j'attends ta réponse aux questions que je t'ai posées : d'abord, comment as-tu découvert ce qu'il attendait de moi, alors
que lui-même, *l'auteur de multiples ouvrages*, ne m'y
avait jamais incité? En second lieu, de qui *est-il jaloux*,
d'après toi? ⟨Si ce n'est pas Brutus⟩ [?], c'est encore
moins Hortensius ou les personnages qui dialoguent
*Sur la République*b. En tout cas, le premier point sur
lequel je voudrais que tu m'éclaires, c'est si tu restes
d'avis que je lui envoie mon texte ou si tu n'y voies
pas de nécessité. Mais nous parlerons de ceci en tête-à-
tête.

DCLXXIV. — A ATTICUS.

(Att., XIII, 19).
Domaine d'Arpinum, 29 juin 45.

1. Mon secrétaire Hilarus venait de partir, le 28,

a. L'achat d'une propriété au Transtévère permettrait à Cicéron
de vivre à proximité d'Atticus (cf. App. I B).
b. Cf. *DCLXX = Att.*, XIII, 13, 1.

ista, quae minus curo? Attica nostra quid agat
scire cupio; etsi tuae litterae — sed iam nimis
ueteres sunt — recte sperare iubent, tamen exspecto
recens aliquid.

2 (= 18). Vides propinquitas quid habet! Nos
uero conficiamus hortos. Colloqui uidebamur, in
Tusculano cum essem, tanta erat crebritas litterarum. Sed id quidem iam erit. Ego interea admonitu
tuo perfeci sane argutulos libros ad Varronem ;
sed tamen exspecto quid ad ea quae scripsi ad te :
primum qui intellexeris eum desiderare a me, cum
ipse homo πολυγραφώτατος numquam me lacessisset ;
deinde quem ζηλοτυπεῖν ⟨...⟩ multo Hortensium minus aut eos qui de re publica loquuntur. Plane hoc
mihi explices uelim in primis, maneasne in sententia ut mittam ad eum quae scripsi an nihil necesse
putes. Sed haec coram.

DCLXXIV. — AD ATTICVM.
(*Att.,* XIII, 19).

Scr. in Arpinati iii Kal. Quint. a. 709/45.

1. Commodum discesserat Hilarus librarius IV

---

2. 1 habet Δ, *RP, Sjögren (cf. Kühner-St.,* Ausf. lat. Gramm.,
II², p. 490 sq.) : -eat *Lambin., edd.* ‖ 2 conficiamus *bdsm,* P : confia-
(com- *M*) *M, R* ‖ 4 erit *M²bdms* : erat *M¹, RP* ‖ 8 nunquam Δ : ac
n- *RP, cod. Anton.* ‖ 9 *lac.,* a *Faërno iam agnitam, sic expleuit Bosius* : ⟨nisi forte Brutum ; quem si non ζηλοτυπεῖ⟩ ; *a quo paulum
diff. Sh. Bailey* : ⟨intellexeris. Quod si non Brutum⟩ ‖ 10 plane *bsG,
RPO* : plene *Mdm.*

DCLXXIV. — *M* 180 r° ; *R* 110 r° ; *P* 157 v°. *Desunt in E* : **1.** 1 commodum — 3 in quibus, **1.** 5 quodque — **2.** 2 commendauit, **2.** 4 hoc
igitur — **3.** 2 φιλένδοξος, **3.** 10 si Cottam — 12 esset, **5.** 3 erant —
4 uiderentur, 7 easque — 9 Antiochia, 12 sed — 14 coram ; *etiam
alibi E passim deficit.*

1. 1 IV *Mm* : III *b* IX *dsG* VI *RP* VIII *La.*ᵐ.

emportant une lettre que je lui avais donnée pour toi[a],
quand un courrier est arrivé, avec ta lettre remise la
veille ; ce que j'y ai lu avec le plus de plaisir, c'est que
notre chère Attica te demande de ne pas être triste et
que, d'après ce que tu m'écris, son état est *sans danger*.

2. Je constate que ton influence a assuré une publicité éclatante au *Pro Ligario* : Balbus et Oppius m'ont
écrit qu'ils le prisaient énormément et qu'en conséquence
ils avaient envoyé à César ce discours en miniature.
Aussi bien, m'avais-tu déjà raconté cela dans une lettre
antérieure[b].

3. Dans le cas de Varron, l'argument dont tu fais
état, suivant lequel je pourrais passer pour un *courtisan*, me laisserait froid[1] : de fait, je m'étais fixé comme
principe de n'introduire aucun personnage vivant dans
mes dialogues[c] ; mais tu m'as écrit que Varron le désirait et y attachait un grand prix ; du coup, j'ai achevé
cet ouvrage et fait un exposé complet, en quatre livres,
de l'ensemble du problème de l'Académie, je ne sais
avec quel succès, mais avec un soin insurpassable. Dans
ces livres, j'ai prêté à Varron les arguments admirablement rassemblés par Antiochus contre la *négation de la
« compréhension »*[d]. Je leur réponds moi-même ; tu es
en tiers dans notre entretien. Si j'avais fait dialoguer
Cotta[2] et Varron, comme tu me le suggères dans ta
dernière lettre, je ne jouerais qu'un *rôle muet*. **4.** Ceci
se révèle plein de charme avec des personnages du passé ;
Héraclide l'a fait dans de nombreux ouvrages[3] et moi-
même dans les six livres *Sur la République* ; il y a aussi
mes trois livres *De l'orateur*, dont je pense beaucoup
de bien ; là encore, le choix des personnages m'a obligé

a. La lettre précédente.
b. Cf. *DCLXIX = Att.*, XIII, 12, 2.
c. Cf. *DXCVIII = Att.*, XII, 12, 8 ; App. II A, p. 307.
d. Cf. *Acad. pr.*, II, 17 ; 18 ; 31 ; 147.

Kal., cui dederam litteras ad te, cum uenit tabellarius cum tuis litteris pridie datis; in quibus illud
mihi gratissimum fuit, quod Attica nostra rogat
te ne tristis sis quodque tu ἀκίνδυνα esse scribis.

2. Ligarianam, ut uideo, praeclare auctoritas
tua commendauit. Scripsit enim ad me Balbus
⟨et⟩ Oppius mirifice se probare ob eamque causam
ad Caesarem eam se oratiunculam misisse. Hoc igitur idem tu mihi antea scripseras.

3. In Varrone ista causa me non moueret, ne
uiderer φιλένδοξος; sic enim 'constitueram, neminem
includere in dialogos eorum qui uiuerent; sed quia
⟨scripseras⟩ et desiderari a Varrone et magni illum
aestimare, eos confeci, et absolui nescio quam
bene, sed ita accurate ut nihil posset supra, Acade-
micam omnem quaestionem libris quattuor. In eis
quae erant contra ἀκαταληψίαν praeclare collecta ab
Antiocho Varroni dedi. Ad ea ipse respondeo; tu
es tertius in sermone nostro. Si Cottam et Varronem fecissem inter se disputantis, ut a te proximis litteris admoneor, meum κωφὸν πρόσωπον esse*t*.
4. Hoc in antiquis personis suauiter fit, ut et Heraclides in multis et nos in sex de re publica libris
fecimus; sunt etiam de oratore nostri tres mihi
uehementer probati; in eis quoque eae personae

2. 3 et *La.*ᵐ, *Victorius* : om. Ω *(fors. recte* : *cf.* De off., II, 59, *u.* 4) ‖
4 eam *M*¹⁻⁴, *codd. Malasp., edd.* : meam *M*²*bdms*, Σ.
  3. 2 constitueram *M*¹ *(sic), Pius, edd.* : -ebam *M*ᶜᵒʳʳ*bdms,* Σ ‖
4 *add.* scripseras *Plasberg (in ed.* Acad., *p.* 29), scribis *uett. praeter
ed. Iens.* ‖ 5 (a)estimare *ER* : ext- *M*²*bdms, P* estumar *M*¹ ‖ eos Ω :
hos *coni. dubit. Sh. Bailey; del. Reid* ‖ 10 tertius *M*²*bdms, P* : ce- *M*¹,
R ‖ 11 ut *RP* : om. Δ ‖ 12 esset *ed.* Asc.², *ed.* Crat. : -e Δ, *RP.*
  4. 1 ut et *Mbm, uett.* : ut *ds,* Σ ‖ 2 in sex *Schütz* : in *M*² *(ante alt.
corr.),* Σ sex *M*(*ultima corr.*), *b* (*uett.*) VI *M* (*alt. corr.*), *m, ed.* Rom.
ui (uidere) *M*¹; *om. ds* ‖ 3 sunt *M*²*bdms,* Σ : sir *M*¹ *(sic)* ‖ 4 e(a)e
person(a)e *M*²*ms, R* : eē (= esse) p- *E* he p- *G* p- *b, P* perorate *d*
ea persona *M*¹.

à me taire, puisque les interlocuteurs sont Crassus, Antonius, Catulus l'Ancien, son frère C. Julius, Cotta et Sulpicius*a* ; la mise en scène de cet entretien le place durant mon enfance, en sorte que je n'y pouvais jouer aucun rôle. En revanche, mes écrits tout récents imitent la manière *aristotélicienne*, dans laquelle la mise en scène des autres interlocuteurs ménage à l'auteur le rôle principal. C'est de cette façon que j'ai composé mes cinq livres *Sur les termes extrêmes*, en confiant la thèse épicurienne à L. Torquatus, la thèse stoïcienne à M. Caton, la thèse *péripatéticienne* à M. Pison ; j'avais cru que la disparition de tous ces personnages *exclurait la jalousie.* **5.** Quant à ces entretiens *Académiques*, comme tu le sais, j'y avais pris part avec Catulus, Lucullus et Hortensius[1] ; à dire vrai, ils ne convenaient pas aux personnages : comment supposer, en effet, qu'ils aient jamais rêvé de *raisonnements si subtils*? Aussi dès la lecture de la lettre où tu me parlais de Varron, me suis-je emparé de cette idée comme d'un *présent du ciel* : on ne pouvait trouver personnage mieux approprié à un genre de philosophie dont il se délecte, me semble-t-il, tout spécialement et à un rôle si positif que je n'ai pas réussi à donner l'avantage à la cause que je défends. De fait, les arguments d'Antiochus sont des plus *convaincants* : dans la forme que j'ai pris grand soin de leur donner, ils ont la pénétration d'Antiochus et mon élégance de style, si tant est que j'en sois pourvu. Mais crois-tu qu'il faille donner ces livres à Varron? Continue, s'il te plaît, d'y réfléchir. Certaines objections me viennent ; mais nous en parlerons de vive voix.

a. Cicéron omet Q. Mucius Scévola, l'Augure ; à moins que son nom ait disparu accidentellement des manuscrits.

sunt ut mihi tacendum fuerit : Crassus enim loquitur, Antonius, Catulus senex, C. Iulius, frater Catuli, Cotta, Sulpicius ; puero me hic sermo inducitur, ut nullae esse possent partes meae. Quae autem his temporibus scripsi 'Αριστοτέλειον morem
habent, in quo ita sermo inducitur ceterorum ut
penes ipsum sit principatus. Ita confeci quinque
libros Περὶ τελῶν ut epicurea L. Torquato, stoica
M. Catoni, περιπατητικὰ M. Pisoni darem ; ἀζηλοτύπητον id fore putaram quod omnes illi decesserant.
5.   Haec Academica, ut scis, cum Catulo, Lucullo,
Hortensio contuleram ; sane in personas non cade-
bant ; erant enim λογικώτερα quam ut illi de *iis* som-
nia*sse* umquam uiderentur. Itaque ut legi tuas de
Varrone, tamquam ἕρμαιον adripui : aptius esse
nihil potuit ad id philosophiae genus, quo ille maxime
mihi delectari uidetur, easque partes ut non sim
consecutus ut superior mea causa uideatur. Sunt
enim uehementer πιθανὰ Antiochia ; quae diligenter
a me expressa acumen habent Antiochi, nitorem
orationis nostrum, si modo is est aliquis in nobis.
Sed tu dandosne putes hos libros Varroni etiam
atque etiam uidebis. Mihi quaedam occurrunt ; sed
ea coram.

4. 6 *post* loquitur *add.* Scaeuola *Wesenberg* (Em. alt., p. 131) ‖
iulius (-lli- *P*) *b*, *P* (*uett.*) : unius (Δ). *ER, ed. Rom.* ‖ 9 'Αριστοτέλειον
edd. : aristotilion *M²* -liori *M¹* -telicum (-til- *RP*) *bdms*, Σ ‖ 10 ita
sermo Σ : s- i- Δ ‖ 12 libros *M²bms, uett.* : libris *d, EP* liberis *M¹*,
R ‖ 13 catoni *bs²*, *M⁴* : antonio (Δ) Σ ‖ 13-14 ἀζηλοτύπητον *Z*ᵇ :
-ΛΟΡΠ- *M* -ΛΟΤΠ- *RP* -λότυπον *bdms*.
5. 1 cum *delendum censet Sh. Bailey* (*dubit. in appar.*) ; *cf. comm.
ad loc.* ‖ 3 ut illi *RP, Cr.*ᵐ : inutili (in ut- *M*) Δ ‖ de iis (his *Cr.*ᵐ) som-
niasse unquam *Cr.*ᵐ, *edd.* : deus omnia et unquam Δ deus (*om. P,
spat. rel.*) omni actum quam *RP* ‖ 7 easque Δ, *RP* : measque *Z*ᵇ
eaeque *Sh. Bailey* (*auct. Reid, qui* sunt *post* e- *add.*) ; *al. al. frustra
corr.* ‖ 12 uarroni etiam *bs, RP* : -ne *M* -ni *dm*.

DCLXXV. — A ATTICUS.
(*Att.*, XIII, 21 *a*).
Domaine d'Arpinum, 30 juin ou 1ᵉʳ juillet 45.

1. Dis-moi un peu : d'abord, trouves-tu bon de publier sans instructions de ma part*ᵃ*? Même Hermodore
ne faisait pas cela, lui qui avait coutume de diffuser
les livres de Platon — d'où l'expression « *Hermodore
(trafique) des dialogues* »[1]. Qui plus est, estimes-tu correct qu'une seule personne ait le texte avant Brutus,
à qui *je le dédie* à ton instigation? De fait, Balbus m'a
écrit qu'il avait fait recopier le cinquième livre *Des
termes extrêmes* sur ton manuscrit ; or j'y ai introduit
des changements, peu nombreux sans doute, mais réels.
Tu agiras à propos, si tu gardes les autres enfermés,
pour éviter que Balbus ait un exemplaire *non corrigé*
et Brutus un texte *défloré*. Mais assez sur ce sujet : je
ne veux pas avoir l'air de *m'emballer pour des riens* ;
cependant, par le temps qui court, cela compte beaucoup pour moi : que me reste-t-il d'autre?

J'ai une telle hâte d'envoyer mon texte à Varron,
suivant ta suggestion, que je l'ai déjà envoyé à Rome
pour être copié. Si tu le veux, tu l'auras aussitôt ; car
j'ai écrit à mes secrétaires de laisser tes gens en prendre
copie, si tu le voulais. Mais garde-le enfermé jusqu'à
ce que je te voie ; c'est d'ailleurs ce que tu fais toujours
très scrupuleusement, quand je te l'ai demandé.

2. Comment ai-je pu oublier de te le dire? Cérellia*ᵇ*, brûlant apparemment d'une ardeur surprenante
pour la philosophie, fait faire des copies sur les manuscrits de ton personnel! Elle possède le texte même des
Termes extrêmes que tu as chez toi. Or je te garantis

---

a. Sur le contenu de cette lettre, voir l'App. II A, p. 309 sq.
b. Femme riche et cultivée, avec laquelle Cicéron entretenait des
relations épistolaires (cf. t. VII de cette édition, p. 183, n. *a*).

DCLXXV. — AD ATTICVM.
(Att., XIII, 21 *a).*

Scr. in Arpinati prid. Kal. aut Kal. Quint. a. 709/45.

1. Dic mihi, placetne tibi primum edere iniussu
meo? Hoc ne Hermodorus quidem faciebat, is qui
Platonis libros solitus est diuulgare, ex quo « λόγοι-
σιν Ἑρμόδωρος »... Quid illud? rectumne existima*s*
*c*uiquam ⟨ante quam⟩ Bruto, cui te auctore προσ-
φωνῶ? Scripsit enim Balbus ad me se a te quintum
de finibus librum descripsisse; in quo non sane
multa mutaui, sed tamen quaedam. Tu autem commode feceris si reliquos continueris, ne et ἀδιόρθωτα
habeat Balbus et ἕωλα Brutus. Sed haec hactenus,
ne uidear περὶ μικρὰ σπουδάζειν; etsi nunc quidem
maxima mihi sunt haec : quid est enim aliud?

Varroni quidem quae scripsi te auctore ita pro-
pero mittere ut iam Romam miserim describenda.
Ea si uoles, statim habebis; scripsi enim ad librarios ut fieret tuis, si tu uelles, describendi potestas.
Ea uero continebis quoad ipse te uideam; quod diligentissime facere soles cum a me tibi dictum est.
2. Quomodo autem fugit me tibi dicere? Mirifice Caerellia studio uidelicet philosophiae flagrans
describit a tuis : istos ipsos de finibus habet. Ego
autem tibi confirmo (possum falli ut homo) a m*e*is

DCLXXV. — *M* 181 rᵒ; *R* 110 vᵒ; *P* 158 vᵒ. *Deest E. Nouam
ep. dist. Schiche* (Hermes, 1883, p. 603).

1. 4 existimas *(uett.)* : -a Δ, *RP, ed. Iens.* ‖ 5 cuiquam ante quam
Victorius : qui quam *M* quicq- *bdms, RP* ‖ 18 a *M*ᶜᵒʳʳ*bms* : ad *M*¹*d*,
R ‖ est *RP, cod. Anton.* : sit Δ.
2. 1 quomodo Δ, *uett.* : quom (quum, cum) *R, Z, cod. Anton.* tum *P*
quod *Schütz* ‖ dicere *bs, P* : -rem *Mdm, R* ‖ 4 homo a meis *La.*ᶜ,
edd. : h- a mis *Z* h- a͞n͞s (= annis *uel* a nostris) *cod. Anton.* h- annis *RP*
humanus Δ, *uett.*

(n'étant qu'un homme, je peux me tromper) qu'elle ne
le tient pas de mes gens ; car je ne l'ai pas quitté des
yeux un instant. Au surplus, loin de pouvoir en écrire
deux exemplaires, ils en ont à peine terminé un. Cependant, j'estime que ton personnel n'est pas en faute
et je tiens à te faire partager ce sentiment, car c'est
moi qui ai omis de préciser que je ne voulais pas encore laisser sortir le texte. Peuh ! que de temps pour
des riens ! C'est que, sur les choses qui comptent, je
n'ai rien à dire.

3. Pour Dolabella, je suis d'accord avec toi[a]. Je
verrai mes cohéritiers à Tusculum, chez moi, comme
tu me l'écris[b]. A propos de l'arrivée de César, Balbus
m'écrit que ce ne sera pas avant le 1er août. Bravo pour
Attica, puisqu'elle ressent un allègement et un adoucissement et qu'elle prend *son mal en patience* ! **4.** Tu
me parles, dans ta lettre, de ce projet que nous avons
conçu et qui ne n'importe pas moins qu'à toi[1] ; j'approuve des deux mains ce que j'en sais : la personne,
la famille, les ressources. Sur le point essentiel, je ne
connais pas l'intéressé personnellement, mais j'en entends dire du bien, et même tout récemment par Scrofa[2].
Un élément de plus, s'il entre en ligne de compte : il
a *plus de noblesse* encore que son père[3]. Je t'en parle-
rai donc en tête-à-tête, et tout disposé à donner mon
approbation. Dernier élément, en effet : comme tu le
sais sans doute, mais plus encore que tu ne le sais et
qu'il ne le sait d'ailleurs lui-même, j'ai de l'affection
pour le père, et cela à juste titre et depuis longtemps.

---

a. Voir la lettre *DCLXX* (= *Att.*, XIII, 13, 2) et l'App. II B, p. 325.
b. Il s'agit de l'héritage de Brinnius (cf. *DCLXIX* = *Att.*, XIII,
12, 4).

eam non habere; numquam enim ab oculis meis
afuerunt. Tantum porro aberat ut binos scriberent,
uix singulos confecerunt. Tuorum tamen ego nullum delictum arbitror itemque te uolo existimare;
a me enim praetermissum est ut dicerem me eos
exire nondum uelle. Hui, quam diu de nugis! De
re enim nihil habeo quod loquar. **3.** De Dolabella tibi adsentior. Coheredes, ut
scribis, in Tusculano. De Caesaris aduentu scripsit
ad me Balbus non ante Kal. Sextilis. De Attica optime, quod leuius ac lenius et quod fert εὐκόλως.
4. Quod autem de illa nostra cogitatione scribis,
in qua nihil tibi cedo, ea quae noui ualde probo :
hominem, domum, facultates. Quod caput est, ipsum non noui, sed audio laudabilia, de Scrofa etiam
proxime. Accedit, si quid hoc ad rem : εὐγενέστερος
est etiam quam pater. Coram igitur, et quidem pro-
penso animo ad probandum. Accedit enim quod
patrem, ut scire te puto, plus etiam quam non
modo tu, sed quam ipse scit, amo, idque et merito
et iam diu.

2. 5 numquam Δ : q- *RP* ‖ 6 a(b)fuerunt *M²bdms*, *Z*¹ᵃ : affue-
rint *M*¹, *RP* ‖ 7 ego *Z*ᵇ, *La.*ᶜ, *ed. Crat.* : eo Δ, *RP*.
3. 1 coheredes *Victorius* : cum h- Δ, *RP* ‖ 4 leuius ac lenius (Δ),
uett. : len- ac len- *m* leu- ac leu- *RP*, *Z*¹ᵃ.
4. 3 domum Δ, *P* : bonum *R* ‖ 4 laudabilia (*uel* -liora) de Scrofa
uett. : -buta de crofa Δ -bit ita de croffa (-pha *P*) *RP* ‖ 5 εὐγενέστερος *M*ᶜᵒʳʳ*bdms*, *RP*, *edd.* : EYTEN- *M*¹ (*sic*), *Sh. Bailey* (*dubit.*
in app.) ; *sed hoc monstrum nusquam occurrit.*

DCLXXVI. — A ATTICUS.
(*Att.*, XIII, 20).
Domaine d'Arpinum, vers le 2 juillet 45.

1. J'ai reçu de César une lettre de consolation, expédiée le 30 avril d'Hispalis. Je ne comprends pas en
quoi consiste le projet d'extension de la Ville qui a été
affiché, et je voudrais bien être informé[a]. Je suis heureux que Torquatus me sache gré des services que je
lui rends et ne cesserai de les accroître[b].

2. Je ne peux plus rien ajouter au *Pro Ligario*
— il est largement diffusé — concernant la femme et
la belle-fille de Tubéron et je ne veux non plus offenser
Tubéron, qui est étonnamment *chicaneur*[1]. En tout cas,
tu as eu un beau parterre !

3. Pour ma part, bien que la vie soit très facile à
supporter ici, j'ai envie de te voir. Je serai donc là comme
prévu[c]. Tu as eu une rencontre avec mon frère, je crois ;
aussi, je brûle de savoir le résultat que tu en as tiré.

4. Quant à la renommée, je m'en moque éperdu-
ment, bien que je t'aie écrit sottement à l'époque :
« je n'ai rien écrit de meilleur »[2] ; en vérité, il ne faut
pas s'en soucier. Et cette autre affirmation : « dans
toute la vie, on ne doit pas s'écarter d'un cheveu de
la voie de sa conscience », ne te paraît-elle pas haute-

---

a. Le souhait de Cicéron sera réalisé quelques jours plus tard,
de façon inattendue (cf. *DCLXXVIII = Att.*, XIII, 33 *a*, 1).

b. A. Manlius Torquatus, dont Cicéron s'efforçait d'obtenir la
grâce, par l'intermédiaire de Dolabella (cf. *DCLXV = Att.*, XIII,
9, 1).

c. Le 7 juillet (cf. *DCLXXII = Att.*, XIII, 16, 2).

DCLXXVI. — AD ATTICVM.
(*Att.*, XIII, 20).

Scr. in Arpinati c. vi Non. Quint. a. 709/45.

1. A Caesare litteras accepi consolatorias datas
prid. Kal. Mai. Hispali. De urbe augenda quid sit
promulgatum non intellexi; id scire sane uelim.
Torquato nostra officia grata esse facile patior eaque
augere non desinam.

2. Ad Ligarianam de uxore Tuberonis et priuigna
neque possum iam addere — est enim peruulgata —
neque Tuberonem uolo *off*endere; mirifice est enim
φιλαίτιος. Theatrum quidem sane bellum habuisti.

3. Ego *et*si hoc loco facillime sustentor, tamen
te uidere cupio. Itaque ut constitui adero. Fratrem
credo a te esse conuentum; scire igitur studeo quid
egeris.

4. De fama nihil sane laboro, etsi scripseram ad
te tunc stulte « nihil melius »; curandum enim non
est. Atque hoc « in omni uita sua quemque a recta
conscientia trauersum unguem non oportet disce-

DCLXXVI. — *M* 180 v°; *R* 110 r°; *P* 158 r°. *Deest in E, praeter*
1. 1 a Caesare — 2 Hispali. *Hanc ep. cum* XIII, 19 *coniunx. Schiche*
(Progr. Berolin., 1905, p. 22; Jahresb. d. phil. Vereins, 1908, p. 49);
sed cf. Sternkopf (Woch. f. klass. Phil., 1906, p. 179). *Post* **3**, 2 adero,
nouam ep. dist. Cratander.

1. 2 urbe *bs, RP* : uerbe *MdmG* ‖ augenda (*uett.*) : ag- Δ, *RP, ed.
Iens.* ‖ 3 id scire sane *RP, La.*ᶜ*, ed. Crat.* : sane id sc- *O* id sane sc- Δ
(*uett.*).

2. 1 ad ligarianam *RPO, Cr.*ᵐ*, Z*ᵇ*, La.*ᶜ : *om.* Δ, *uett.* ‖ 3 offendere
Ernesti : def- Δ, *RP*.

3. 1 etsi (*uett.*) : si Δ, *R, ed. Iens.* sed *P*.

4. 2 tunc *M*²*bm, P* : tu ne *M*¹*ds; om. R* ‖ melius curandum enim
Δ, *Cr.*ᵐ : e- c- m- *RP* ‖ 3 est atque Δ, *Cr.*ᵐ : extat quo *RP* ‖ a recta
*M*²*bms* : r- *M*¹, *RP* arrepta *d* ‖ 4 trauersum *M*¹, *RP* : transu- *M*²*bdms*.

ment *digne d'un philosophe*[1]? Estimerais-tu par hasard
que j'écris en vain les travaux qui sortent actuellement de mes mains? Je regrette que tu aies été *écor-
ché* par une réaction qui ne signifiait rien. Car je reviens
encore sur le même point : crois-tu que j'aie un autre
souci concernant Quintus, que de m'acquitter de mon
devoir envers lui[2]? Comme chacun le sait, n'est-ce pas,
je cherche à passer pour le grand maître du barreau !
Non, n'accordons pas à ces gens...[3]. Si seulement je pouvais aussi facilement supporter les épreuves de ma vie
privée que dédaigner ces choses-là ! Crois-tu donc que
mes volontés n'aient pas toujours tendu à la perfection? Évidemment, on n'a pas le droit de dire ce qu'on
pense ; cependant, si je ne puis désapprouver ce qui
s'est fait dans cette occasion[4], je peux parfaitement,
en revanche, m'en désintéresser, ce que je fais. Mais
voilà plus qu'il n'en faut pour des riens.

DCLXXVII. — A ATTICUS.
(*Att.*, XIII, 22).
Domaine d'Arpinum, 4 (?) *juillet 45.*

1. Pour Varron, ce n'est pas sans raison que je te
demande si attentivement ton avis ; certaines objections me viennent à l'esprit ; mais nous en parlerons
en tête-à-tête. Toi, c'est *avec grande joie* que je te mets
en scène[a] et je recommencerai souvent ; car ta dernière lettre m'a appris pour la première fois que tu
n'y étais pas hostile.

2. Cassius m'avait déjà écrit au sujet de Marcellus,
et Servius m'a donné *les détails*[b]. Quelle atrocité !

---

a. Dans la nouvelle version des *Académiques* (cf. *DCLXXI*, 1 =
Att., XIII, 14, 2).
b. Cicéron vient de recevoir la lettre de Ser. Sulpicius Rufus,
expédiée le 31 mai d'Athènes (*DCLII* = *Fam.*, IV, 12) ; C. Cassius Longinus, le futur tyrannicide, se trouve encore, très probablement, à Brindes (cf. *DLXXV* = *Fam.*, XV, 17, 4 ; janv. 45 ; t. VII).

dere » uiden quam φιλοσόφως? An tu nos frustra
existimas haec in manibus habere? Δεδῆχθαι te nollem quod nihil erat. Redeo enim rursus eodem :
quicquamne me putas curare in *Quin*to, nisi ut ei
ne desim? Id ago scilicet ut iudicia uidear tenere !
Μὴ γὰρ αὐτοῖς... Vellem tam domestica ferre possem quam ista contemnere. Putas autem me uoluisse
aliquid quod perfectum non sit? Non licet scilicet
sententiam suam ; sed tamen quae tum acta sunt
non possum non probare, et tamen non curare pulchre
possum, sicuti facio. Sed nimium multa de nugis.

DCLXXVII. — AD ATTICVM.
(*Att.*, XIII, 22).

Scr. in Arpinati io Non. Quint., ut uid., a. 709/45.

1. De Varrone non sine causa quid tibi placeat
tam diligenter exquiro ; occurrunt mihi quaedam ;
sed ea coram. Te autem ἀσμεναίτατα intexo, fa-
ciamque id crebrius ; proximis enim tuis litteris primum te id non nolle cognoui.

2. De Marcello scripserat ad me Cassius antea,
τὰ κατὰ μέρος Seruius. O rem acerbam !

4. 5 uiden (Δ) : -eri *d* -e *RP* ‖ φιλοσόφως *edd.* : philosophos Δ, *RP*,
uett. ‖ an tu nos *Victorius* : ancunos *MdG* autu- *ms* aut tu nos *RP*,
ed. Iens. haud tu nos (*uett.*) ‖ 6 te Δ, *RP*, *Sjögren* : te eo *Wesenberg*
(Em. alt., p. 132), *Tyrr.-Purs.* ‖ 8 Quinto *Klotz* : toto Δ, *RP* toto
negotio E. *Schelle* hoc toto *coni. Sh. Bailey ; al. al. ; cf. comm. ad locum* ‖ 9 ago scilicet *RPO*[1], *Cr.*[m] : agnosci l- Δ, *O*[2] ‖ 13 sed tamen (tam
ed. Iens.) quae tum (*uett.*) : q- tum sed (si *R*) t- *Md*, *RP* sed tamen
q- *bms*, *ed. Rom.*

DCLXXVII. — *M* 181 vº ; *R* 110 vº ; *P* 159 rº. Deest E.

1. 3 ἀσμεναίτατα (-ΕΗΛΙ- *P*) *M*[1], *RP* : -νέστ- *M*[2]*bdms* ‖ intexo *M*[1] ante ras. (?), *RP*, *Z*[b], *La.*[c], *ed. Iens.* : -x *M*[2]*dmG* (*spat. unius
litt. rel.*) -xui *bs* (*uett.*).

2. 2 o *Z*[b], *La.*[c], *ed. Crat.* : om. Δ, *RP* (*uett.*).

3. Je reviens à mon début : je préfère avoir mes
écrits chez toi plutôt que n'importe où ailleurs, mais
je ne voudrais pas qu'ils soient donnés à l'extérieur
avant que nous ne le jugions à propos l'un et l'autre.
Cela dit, j'absous tes copistes et je ne te mets pas en
cause ; toutefois je t'avais signalé un autre point[1] :
Cérellia possède certains textes qu'elle n'a pu obtenir
de mes gens. Pour Balbus, je me rendais bien compte
qu'il avait fallu lui donner satisfaction ; seulement je ne
voulais pas que l'on donnât à Brutus une version périmée, à Balbus un texte en cours de finition. Je ferai
l'envoi à Varron, dès que je t'aurai vu, si tu le juges
bon ; tu sauras, quand je t'aurai vu, pourquoi j'hésite.

4. Tu as tout à fait raison d'assigner les gens qui
sont devenus mes débiteurs par délégation. Je suis
ennuyé que la propriété d'Ovia te donne du tracas[a].
Infiniment fâcheux pour notre ami Brutus, mais c'est
la vie ; à coup sûr, ces femmes manquent de savoir-
vivre, en se dressant l'une contre l'autre, alors qu'il
remplit ses devoirs envers les deux[b].

Il n'y avait aucune raison que tu assignes le secrétaire d'administration Tullius : s'il y en avait eu une,
je t'aurais donné des instructions ; en effet, je ne lui ai
confié aucun dépôt expressément destiné à m'acquitter
d'un vœu, mais il a entre les mains une certaine somme
qui m'appartient[c] ; j'ai décidé de l'affecter à cet usage.
Ainsi j'ai eu raison de te dire où était la somme et lui
a eu raison de te dire « non ». Au fait, encore un point
particulier que j'aborderai tout de suite[2] : je n'apprécie
pas du tout un bois sacré pour des êtres humains, parce
qu'il est moins fréquenté[3] ; néanmoins c'est une solution *logique*. Mais, sur ce point aussi, fais ce que tu jugeras bon ; n'en est-il pas ainsi pour tout le reste ?

---

a. Cf. *DXCIX = Att.*, XII, 21, 4.
b. Voir la Notice, p. 171.
c. Voir l'App. I C, p. 296 sq.

3. Ad prima redeo : scripta nostra nusquam
malo esse quam apud te, sed ea tum foras dari cum
utrique nostrum uidebitur. Ego et librarios tuos
culpa libero neque te accuso ; et tamen aliud quiddam ad te scripseram : Caerelliam quaedam ⟨ha-
bere quae⟩ a ⟨meis⟩ habere non potuerit. Balbo
quidem intellegebam sat faciendum fuisse ; tantum
nolebam aut obsoletum Bruto aut Balbo incohatum
dari. Varroni, simul ac te uidero, si tibi uidebitur,
mittam ; quid autem dubitarim, cum uidero te,
scies.

4. Attributos quod appellas, ualde probo. Te
de praedio *O*uiae exerceri moleste fero. De Bruto
nostro perodiosum, sed uita fert ; mulieres autem
uix satis humane quae inimico animo *se* gerant,
cum ⟨in⟩ utraque officio pareat.

Tullium scribam nihil fuit quod appellares ; nam
tibi mandassem si fuisset ; nihil enim est apud eum
positum nomine uoti, sed est quiddam apud illum
meum ; id ego in hanc rem statui conferre. Itaque
et ego recte tibi dixi ubi esset et tibi ille recte ne-
gauit. Sed hoc quoque ipsum continuo adoriamur :
lu*c*um ⟨in⟩ hominibus non sane probo quod est
desertior, sed habet εὐλογίαν. Verum hoc quoque ut
censueris, quippe qui omnia.

3. 2 tum *Md, R, ed. Iens.* : tamen *P* timui *bms (uett.)* ‖ 3 uidebitur
RPO[1] : iubetur Δ, *O*[2] ‖ 5-6 habere quae a meis *O. E. Schmidt* (Rhein.
Mus., 1898, p. 216, *coll.* XIII, 21 *a,* 2, *u.* 4), *Sh. Bailey* : h- quae nisi
a te *edd.* a te *G* ad te *ds ;* om. *Mbm, RP* ‖ 7 sat (Δ), *Z*[b], *La.*[c] : satis *b,
RP, uett.*
4. 1 attributos *P* : ad tr- *Mdm, R* -unos *bs, uett.* ‖ probo *bs, uett.* :
-be *Mdm, RP, Sh. Bailey (auct. Reid)* ‖ 2 Ouiae *Schütz* : au- Δ, *R* a
me *P* ‖ 3 uita Δ, *RP, Tyrr.-Purs. (coll.* Fam., X, 21, 6 ; De imp.
Cn. P., 70) : u- ita *Baiter* ita u- *Orelli* ‖ 4 se gerant *Sh. Bailey* : fer- Δ,
RP se f- *Tyrr.-Purs.* ‖ 5 in *add. Orelli* ‖ 12 lucum *Bosius* : locum Δ, *RP* ‖
in *add. Sh. Bailey.*

Je serai là comme prévu[a]; puisses-tu y être aussi
le même jour ! Si tu as un empêchement (ils ne te manquent
pas !), le lendemain en tout cas ; car il y a mes cohéritiers[b]; [ce serait une rude épreuve (?)] de me laisser
surprendre par eux hors de ta présence.

5. Voici la deuxième lettre où tu ne me parles pas
d'Attica ; cependant, j'y vois un signe d'excellent espoir ;
mon grief, non pas contre toi mais contre elle, c'est
d'être privé même de son salut ! Mais salue-la, ainsi que
Pilia, bien des fois de ma part, sans lui révéler ma colère ! Je t'envoie la lettre de César, au cas où tu ne
l'aurais pas lue[c].

a. A Tusculum, le 7 juillet (cf. *DCLXXII = Att.*, XIII, 16, 2).
b. Pour la succession de Brinnius (cf. *DCLXIX = Att.*, XIII, 12,
4).
c. Lettre mentionnée la veille (*DCLXXVI*, 1) ; elle avait certainement été transmise à Cicéron par l'intermédiaire d'Atticus.

Ego ut constitui adero, atque utinam tu quoque
eodem die ! Sin quid (multa enim), utique postridie ;
etenim coheredes, a quis sine te opprimi †militia†
est.

5. Alteris iam litteris nihil ad me ⟨de⟩ Attica :
sed id quidem in optima spe pono ; illud accuso, non
te sed illam, ne salutem quidem. At tu et illi et
Piliae plurimam, nec me tamen irasci indicaris.
Epistulam Caesaris misi, si minus legisses.

---

4. 17 militia Δ, *RP*, *Z*b, *ed. Rom.*, *Orelli* (*i. e.* « *res laboriosa* »),
Sjögren : mal- (*uett.*), *Wesenberg* (Em. alt., p. 132) iniurium (*uel* -ria)
coni. Sh. Bailey ; al. al. (molestum, stultitia, male tuti, mortis ins-
tar, mi Tite aestuo [!], tua [*pro* te]... malitia ! Est) ; *locus nondum
san.*

5. 1 de (*uett.*) : *om.* Δ, *RP*, *ed. Rom.*

CINQUIÈME PARTIE

Du 8 Juillet au 31 Août 45

DANS L'ATTENTE DU RETOUR DE CÉSAR

LETTRES DU 8 JUILLET AU 31 AOÛT 45

NOTICE

Revenu d'Arpinum le 7 juillet, Cicéron resta dans sa villa de Tusculum jusqu'au 25 août, exception faite pour deux brefs séjours à Rome. Il reçut aussitôt la visite d'Atticus, qui, arrivé probablement dès le 7, passa avec lui une partie de la journée du 8 (cf. *Att.*, XIII, 22, 4 = *DCLXXVII* ; 33 *a*, 1 = *DCLXXVIII*).

La correspondance entre les deux amis reprend aussitôt son rythme quotidien ; le lendemain de son retour à Rome, Atticus écrit deux fois à Cicéron, qui répond le jour même à son message du matin (le texte de cette réponse ne nous est pas parvenu), le 10 à celui de la veille au soir (XIII, 23 = *DCLXXIX* ; cf. § 1). Cicéron, de son côté, envoie le 9 à Atticus, avant de recevoir son premier message, une lettre (qui n'est manifestement pas une réponse), où il lui fait part d'une nouvelle importante (XIII, 33 *a* = *DCLXXVIII*) : la veille, après le départ d'Atticus, il a eu la visite d'abord de son voisin Varron, dont il venait de parler avec Atticus, puis de C. Atéius Capito, un ami fidèle (cf. *Fam.*, XIII, 29, 2 ; T. VI), et de T. Carrinas, parent inconnu d'un préteur de 82 et d'un futur proconsul de Gaule ; au cours de la conversation, Cicéron découvre que le projet d'extension de la Ville, dont il avait eu vent quelques jours plus tôt (*Att.*, XIII, 20, 1 = *DCLXXVI*), englobe le *Campus Vaticanus* et que, pour cela, César veut détourner le cours du Tibre ; or ces grands travaux porteraient atteinte à la propriété de Scapula, que Cicéron se proposait d'acquérir pour y

élever un sanctuaire à sa fille et comme « retraite pour
ses vieux jours » : la vente aux enchères était fixée au
15 juillet, à Rome (cf. App. I B) ; du coup, Cicéron est
obligé de renoncer à cet achat ; il semble même que cette
déception l'ait amené à abandonner définitivement le
projet auquel il vouait une ardeur passionnée depuis
la mort de Tullia. Il avait prévu également de profiter
de ce déplacement à Rome pour faire un nouveau testament (cf. XIII, 25, 2 = *DCLXXXIII*) : le précédent, qui remontait à janvier ou février 45 (cf. *supra*,
p. 27), était antérieur à son deuxième divorce et même,
probablement, au décès de sa fille ; sans doute aussi
son petit-fils Lentulus, dont il n'est plus fait mention
depuis la fin de mars (cf. *Att.*, XII, 30, 1 = *DCIX*),
a-t-il cessé de vivre ; Cicéron avait demandé à Brutus
d'être un des sept témoins imposés par la loi ; la date
du 15 n'étant plus impérative, il lui a écrit, aussitôt
après le départ de ses visiteurs, pour lui laisser le choix
d'un autre jour à sa convenance. La signature du testament eut certainement lieu pendant le bref séjour que
Cicéron fit à Rome, à partir du 16 juillet.

Les lettres des quatre jours suivants ont pour sujet
principal les rapports personnels de Cicéron avec Varron et avec Brutus, rapports qui, on l'a vu précédemment, passent par une phase délicate, pour des raisons
très différentes ; depuis que, déférant à la demande de
Varron transmise par Atticus, Cicéron a remanié ses
Académiques pour lui attribuer un des premiers rôles
dans le dialogue, il appréhende les réactions de ce caractère difficile et multiplie les mises en garde à l'adresse
d'Atticus (cf. *supra*, p. 165) ; à présent, il corrige les
exemplaires de la nouvelle version, tandis que les copistes se penchent déjà sur le *De finibus*, destiné à Brutus (XIII, 23, 2 = *DCLXXIX*) ; il craint de froisser
non pas les sentiments républicains de Varron et de
ses amis[1] — les *Académiques* ne touchaient guère à la

---

1. Le *nec tamen* αἰδέομαι Τρῶας de XIII, 24, 1 (= *DCLXXXI*)

politique —, mais son amour-propre, au cas où son
rôle dans le dialogue ne lui semblerait pas assez préémi-
nent (XIII, 25, 3 = *DCLXXXIII*). Cependant, le 10
ou le 11, il s'est décidé à rédiger, non sans peine, la
lettre d'envoi à Varron *Fam.*, IX, 8 (= *DCLXXX*),
qu'il adresse à Atticus (cf. XIII, 25, 3) pour que ce dernier la joigne à l'exemplaire qui lui est destiné ; le 13,
Varron a regagné Rome et Cicéron croit que les quatre
livres des *Académiques* lui sont remis (cf. *Att.*, XIII,
35, 2 = *DCLXXXIV*). En fait, ils ne le seront que le
27 ou le 28 (cf. XIII, 44, 2 = *DCLXXXVI*) ; nous ne
saurons jamais au juste quel accueil il leur réserva, la
Correspondance s'interrompant après le 28 ; toutefois,
si les craintes de Cicéron s'étaient vérifiées, un écho
nous en serait sans doute parvenu ; au contraire, Varron lui dédia effectivement les vingt-cinq livres de son
De lingua latina, comme il le lui avait promis en 47
(cf. *Att.*, XIII, 12, 3 = *DCLXIX*) ; *infra*, n. 1 *ad* p. 173).

Entre Cicéron et Brutus, les relations ne sont pas
simples : bien que les deux hommes soient unis par
une estime et une amitié mutuelles profondes, on perçoit chez Cicéron une sorte de gêne, qui l'incite à éviter
les tête-à-tête prolongés ; on l'a déjà constaté lors de
leur première rencontre, après le retour de Brutus de
Gaule Cisalpine (cf. *supra*, p. 118) ; cette fois, Cicéron
ne s'en cache pas : Brutus, informé par lui que la signature du testament, prévue pour le 15 juillet, était
reportée de deux ou trois jours (cf. XIII, 33 *a*, 2 =
DCLXXVIII ; *supra*, p. 190) et appelé inopinément
à s'absenter de Rome pour un certain temps (César
l'a convoqué en Cisalpine ; mais, en fait, le départ n'eut

— citation de l'*Iliade*, VI, 442 chère à Cicéron — vise les Pompéiens,
comme en XIII, 13, 2 (= *DCLXX* ; cf. App. II B, p. 325, n. 2).
L'explication proposée par J. GLUCKER (*Antiochus and the late Acad.*,
Göttingen, 1978, p. 410, n. 39) — Cicéron ne se sentirait pas un dé-
serteur, s'il retirait à Varron son rôle (cf. *Il.*, VI, 443) — ne résiste
pas à l'examen : *ipsi* s'oppose nécessairement à Τρῶας. Cf. App. II A,
p. 311 sq.

lieu que le 28), a aussitôt fait part à Atticus de son
intention de faire un bref séjour à Tusculum pour prendre
congé de Cicéron[1] ; immédiatement, Atticus en avertit
ce dernier : sa réaction est franchement négative (XIII,
23, 1 = *DCLXXIX*). Il met d'abord en avant la courtoisie : c'est à lui de se déplacer, puisque Brutus a son
voyage à préparer ; mais il révèle ensuite la véritable
raison : (*nunc*) *cum ita simus adfecti ut non possimus
plane simul uiuere* ; pourtant, ce séjour d'adieu s'annon-
çait de courte durée et, le mois précédent, lorsqu'il
avait esquivé les tête-à-tête avec Brutus en allant passer quelques jours à Arpinum (cf. XIII, 11, 1 =
DCLXVIII ; *supra*, p. 121), il avait exprimé l'espoir
que sa compagnie lui deviendrait bientôt agréable. A
l'heure présente — Cicéron le déclare sans ambages —
les conditions d'une véritable intimité ne sont pas réalisées : *intellegis enim profecto in quo maxime posita sit
συμβίωσις* ; ce terme, d'un emploi assez rare dans la
littérature grecque et sans autre exemple connu chez
les écrivains latins, implique une communauté d'idées
et de sentiments plus étroite que la *familiaritas* ; une
telle communauté est vécue par Atticus et Cicéron
— *intellegis... profecto...* —, mais impossible entre Cicéron et Brutus dans les circonstances actuelles — *nunc
cum ita simus adfecti* — ; discordance affective entre un
père inconsolable et un homme qui est tout à la joie
de son nouveau mariage, comme le suggèrent Tyrrell
et Purser (in ed. *Corr.*, t. V[2], p. 146)? Bien plutôt di-
vergence d'ordre politique, Brutus conservant à César
une confiance et une fidélité que Cicéron tolère de plus
en plus difficilement (cf. surtout *Att.*, XIII, 40, 1 [=
DCXCIV], où il oppose à la complaisance de Brutus
l'exemple de deux glorieux champions de la liberté,

1. XIII, 23, 1 (= *DCLXXIX*) ; si Brutus s'était proposé de lui
faire une seule visite rapide, Cicéron n'aurait pas évoqué la perspective de *simul uiuere*.

ses ancêtres **L**. Junius Brutus, fondateur de la République, et le tyrannicide **C**. Servilius Ahala) ; dans le *Laelius*, le désaccord en politique sera considéré comme un des plus graves dangers qui menacent l'amitié (33 ; 77). Sans compter certains manques d'égard, qui, dans un passé récent, avaient donné quelque humeur à Cicéron (cf. *supra*, p. 30 sq. ; 80). Deux jours après, comme Atticus avait marqué de la surprise, Cicéron entreprend de mettre les choses au point (XIII, 25, 2 = *DCLXXXIII*) : plus un mot, dans cette *retractatio* laborieuse, de l'aveu qui lui avait échappé ; il s'agit seulement de tout faire pour épargner à Brutus la gêne la plus légère. Ces nuages n'empêchent pas Cicéron d'exprimer, le lendemain, une joie qui paraît sincère, en apprenant que ses deux amis ont eu plaisir à se promener ensemble (XIII, 36 = *DCLXXXIV*, 3) ; Atticus, en diplomate avisé, sut dire à Brutus ce qu'il fallait.

Un autre point retient l'attention dans la lettre *DCLXXIX* (= XIII, 23, 3) du 10 juillet : Cicéron tient de son ami, le juriste **C**. Trébatius Testa, que les dispositions adoptées en 47 par César en faveur des débiteurs sont appliquées strictement ; autrement dit, les titres de propriété qu'il recevra en règlement de la fameuse dette de Fabérius seront évalués non pas d'après les prix actuels des terrains, mais au taux d'avant la guerre civile, beaucoup plus élevé, et, s'il a perçu des intérêts pour les années 49 et 48, leur montant sera déduit du total (cf. T. VII, p. 277). Or cette mauvaise nouvelle le laisse indifférent : le « peu qu'il possède » lui procure moins de plaisir que de désagrément et son seul regret est de « n'avoir personne à qui le transmettre » ; ceci en dit long sur les sentiments qu'il nourrit alors à l'égard de son fils, même s'il n'a pas l'intention de le déshériter (cf. *supra*, p. 31 sq., et *Att.*, XIII, 47 med. = *DCXC*). Il s'y ajoute — ce que Cicéron n'a pas besoin de rappeler à Atticus — que depuis deux jours il a dû

20

renoncer à l'achat des « jardins » dont il rêvait (cf. *supra*, p. 190).

La lettre *DCLXXXII* (= *Fam.*, V, 9), datée du 11 juillet, a pour auteur P. Vatinius, consul en 47, nommé gouverneur de l'Illyricum au début de 45, en remplacement de P. Sulpicius Rufus (cf. T. VII, p. 84 sq.) ; jadis ennemi notoire de Cicéron, il s'était réconcilié avec lui après le renforcement du premier triumvirat (avril 56) ; Cicéron l'avait même défendu victorieusement dans un procès pour brigue illicite (juillet 54 ; cf. § 1 : *cliens; ... quem in periculo recepisti*), au grand dépit des *optimates* (cf. § 1 : *potentissimorum hominum*). Au printemps ou au début de l'été 45, Vatinius a remporté un succès militaire qui lui a valu le titre d'*imperator* (d'où l'en-tête de la lettre) ; mais il désire recevoir du sénat les honneurs d'une action de grâces solennelle, *supplicatio*, et s'adresse à Cicéron pour solliciter son appui ; en fait, César et le sénat se firent prier jusqu'à la fin d'octobre, semble-t-il, avant de lui donner satisfaction[1].

C'est finalement le 16 juillet, et non pas le 14 comme il l'avait prévu (cf. *Att.*, XIII, 33 *a*, 1 = *DCLXXVIII* ; 43 = *DCLXXXV*), que Cicéron se rendit à Rome, pour la première fois, sans doute, depuis la mort de Tullia (cf. cependant *supra*, p. 119) ; il n'y resta probablement que deux ou trois jours, le temps de régler « certaines affaires » (*quaedam agenda*, XIII, 43), principalement de procéder à la signature de son nouveau testament (cf. *Att.*, XIII, 25, 2 = *DCLXXXIII* ; *supra*, p. 190).

Puis il regagna sa villa de Tusculum, où il demeura, semble-t-il, un mois durant. Mais la plupart des lettres qu'il adressa à Atticus pendant cette période ont disparu ; la première qui nous soit parvenue a longtemps passé pour avoir été écrite le 20 ou le 21 juillet (XIII, 44 =

1. Cf. *Fam.*, V, 10 ; 10 *a* ; 10 *b* ; 11 ; SHACKLETON BAILEY, in ed. *Fam.*, t. II, p. 425 sq.

DCLXXXVI)[1] ; elle commence ainsi : *o suauis tuas litteras — etsi acerba pompa! Verum tamen scire omnia non acerbum est, uel de Cotta; populum uero praeclarum, quod propter malum uicinum ne Victoriae quidem ploditur!* Il ressort de ces lignes qu'Atticus a envoyé à son ami, le soir même ou le lendemain de l'événement, un compte rendu des *Ludi Victoriae Caesaris*, célébrés en 45, pour la première fois, du 20 au 30 juillet[2] ; nous savons en effet qu'entre autres honneurs divins, le sénat avait accordé à César le privilège exorbitant d'avoir sa statue portée parmi celles des dieux, dans les processions sacrées qui ouvraient les jeux du cirque[3]. Mais, si les jeux scéniques avaient lieu du 20 au 26, les jeux du cirque ne commençaient que le 27 ; la réaction de Cicéron au récit d'Atticus date donc du 28[4]. Elle contient deux éléments intéressants : d'abord l'information sur le mécontentement suscité dans l'opinion publique par la divinisation progressive du dictateur ; même si Atticus l'a quelque peu exagéré, pour faire plaisir à Cicéron, il indique néanmoins que César et ses partisans ont atteint les limites qu'il serait imprudent de franchir ; d'autre part, nous apprenons qu'Atticus a emmené sa

1. Cf. O. E. Schmidt, *Der Briefwechsel des M. T. C. von seinem Prokonsulat in Cilicien bis zu Caesars Ermordung*, Leipzig, 1893, p. 329 sq.

2. Cf. *Inscr. It.*, XIII, 2, p. 485 sq. ; St. Weinstock, *Divus Iulius*, Oxford, 1971, p. 156 sq. ; l'année précédente, les premiers *ludi Caesaris nostri* (Cic., *Fam.*, XII, 18, 2 = *DVIII*) avaient été célébrés à l'occasion de la dédicace du temple de Vénus Génitrix (26 septembre) ; le changement de date semble répondre non pas au décalage entraîné par la mise en place du calendrier julien (*sic*, Th. Mommsen, in *C. I. L.*, I², p. 322 sq. ; aucun autre exemple connu), mais au désir de concurrencer les Jeux d'Apollon dans le mois où César était né et qui deviendrait officiellement *mensis Iulius* en 44 (*sic*, J. Gagé, *Res Gestae D. Aug.*[3], Paris, 1977, p. 174).

3. Cf. Cass. D., XLIII, 45, 2 ; *supra*, p. 112. Sur la statue décernée à César dans le temple de Quirinus, cf. *supra*, p. 79.

4. Cette rectification, due à Lily R. Taylor (*On the Chronology of Ciceros Letters to Atticus, Book XIII*, in *Class. Philol.*, XXXII, 1937, p. 228-240), entraîne d'autres modifications de dates, qui seront signalées ultérieurement.

fille, âgée de six ans, aux jeux du cirque ; loin de s'en
étonner, Cicéron approuve cette initiative : le spectacle
est exaltant et l'enfant prend conscience du sentiment
religieux collectif. Indication précieuse sur la permanence de la signification religieuse des jeux, d'autant
que Cicéron n'est pas amateur de ce genre de spectacle.
Toutefois les mots ne doivent pas être séparés de leur
contexte : s'il se réjouit que l'enfant ait pu ainsi être
émue par la *religionis opinione et fama*, c'est certainement moins parce qu'il lui a été donné de participer à
une grande manifestation de ferveur religieuse que parce
qu'elle a eu l'occasion de constater l'attachement respectueux du peuple romain à la liturgie ancestrale et son
hostilité aux innovations introduites par César pour la
mettre au service de son ambition personnelle.

Dans la journée même du 28, ou le 27, Cicéron a enfin
reçu la visite de Brutus, dont le départ pour la Cisalpine, donné comme imminent le 12, avait donc été retardé[1]; Brutus lui a suggéré d'écrire quelque chose
pour César et, malgré l'expérience cuisante du Συμβουλευτικός, Cicéron n'a pas dit non ; mais le petit scandale de la procession l'écœure ; cependant, il n'abandonne
pas l'idée, à laquelle Atticus n'est pas hostile, et un peu
plus tard, il rédigera, dans une perspective différente,
et enverra à César une *Epistula* sur son *Anticato*, qui
recevra un bon accueil (cf. *infra*, p. 202 ; App. II C).

C'est vers la fin de juillet ou dans la première quinzaine d'août que Cicéron adresse la lettre *DCLXXXVII*
(= *Fam.*, VI, 20) à C. Toranius, pompéien en exil à
Corcyre (cf. VI, 21 = *DLXXXIII* ; T. VII, p. 218) ; en
effet, il en ressort que Toranius lui avait fait part de son
intention d'entreprendre une navigation longue et dan-

---

1. XIII, 44, 1 = *DCLXXXVI* (cf. *supra*, p. 191 sq.). Cette visite
implique à l'évidence que Cicéron se trouvait à proximité de Rome ;
son séjour à Astura eut lieu à la fin du mois d'août, et non de juillet, comme le voulait SCHMIDT (*o. c.*, p. 332) ; cf. *infra*, p. 203.

gereuse, dans une mer où les ports étaient rares, pour
aller à la rencontre de César ; Cicéron lui conseille d'attendre son retour, dont la date reste encore très aléatoire, avant de quitter Corcyre. Il est clair que Toranius avait projeté de remonter toute l'Adriatique jusqu'à Ravenne, dans l'espoir d'obtenir le pardon de César,
qui se trouvait alors en Gaule Cisalpine.

Après une douzaine de jours d'interruption, la correspondance avec Atticus reprend le 10 ou le 11 août ;
plusieurs lettres ont certainement disparu ; en outre,
Atticus a fait à Cicéron une visite dont nous ignorons
la durée, juste avant le premier des huit messages qui
se succèdent jusqu'au 18 août. Le second de ces messages datant du 12 (XIII, 46, 1 = *DCLXXXIX*), le
premier, de très peu antérieur, a été écrit la veille, plutôt que l'avant-veille (XIII, 45 = *DCLXXXVIII*). La
question initiale abordée par Cicéron est celle du retour
de César : en revenant d'Espagne, ce dernier s'est arrêté en Gaule Cisalpine pour s'occuper de l'administration de son ancienne province ; il a informé des amis,
par lettres, qu'il serait sûrement revenu à Rome avant
les *Ludi Romani*, c'est-à-dire avant le 5 septembre,
sans autre précision (XIII, 45, 1) ; le 12, Cicéron rencontre Balbus à Lanuvium et reçoit confirmation de la
nouvelle (XIII, 46, 2 = *DCLXXXIX*) ; les jours suivants, on s'attend même à une arrivée imminente (XIII,
47, 1 = *DCXC* ; 37 a = *DCXCI*)[1] ; en fait, elle ne sur-
vint qu'à la veille des Jeux Romains (cf. *infra*, p. 204).
En revanche, Dolabella est de retour et s'apprête à
passer quelques jours à Tusculum, chez Cicéron, à partir du 14 (XIII, 45, 2 = *DCLXXXVIII* ; 47, 1 =
DCXC) ; celui-ci a une raison précise d'accueillir son
ancien gendre avec une amabilité particulière : il espère

---

1. Ce billet a été détaché de la lettre XIII, 37 et assigné à cette
date par L. R. TAYLOR (*o. c.*, p. 233 sq.), en raison de son contenu
(cf. *infra*, p. 200, n. 1).

arracher, par son intermédiaire, la grâce d'A. Manlius
Torquatus, comme il a obtenu en juin celle de Trébianus (XIII, 45, 2 = *DCLXXXVIII* ; cf. *Fam.*, VI, 2 =
DCXIV ; VI, 11 = *DCLXIV* ; *infra*, *Att.*, XIII, 21,
2 = *DCCV*).

C'est cette raison qui l'empêche de se rendre à Pouzzoles, où l'attire une aubaine inattendue : un riche
banquier de cette ville, M. Cluvius (cf. *Fam.*, XIII,
56 = *CCXXXIV* ; *Att.*, VI, 2, 3 = *CCLVIII*, et VI,
8, 5 = *CCLXXVIII*), est décédé, léguant ses biens à
Cicéron, César, dont Balbus est le représentant, T. Hordéonius, négociant campanien, et probablement A. Offilius, jurisconsulte connu (XIII, 45, 2 = *DCLXXXVIII* ;
cf. 46, 3 sq. = *DCLXXXIX* ; 37 *a* = *DCXCI*) ; Cicéron a pour correspondant sur place un autre homme
d'affaires de Pouzzoles, son ami C. Vestorius, *hominem
remotum a dialecticis, in arithmeticis satis exercitatum*
(*Att.*, XIV, 10, 3 ; cf. *Att.*, IV, 19, 1 = *CLVI*) ;[1] le
décès remonte à la fin de juillet, puisque Cicéron, dès
qu'il l'a appris, a demandé par lettre des renseignements
détaillés à Vestorius et que le messager apporte la réponse dans la nuit du 12 au 13 août (*Att.*, XIII, 45,
3 = *DCLXXXVIII* ; 46, 5 = *DCLXXXIX*). L'héritage est considérable : de vastes propriétés en Campanie, une *domus* à Arpinum, de l'argenterie, de l'argent
liquide... (*ll. cc.*) ; les héritiers tombent d'accord pour
vendre aux enchères, dès le retour de César, les propriétés campaniennes et pour permettre à Cicéron d'acquérir celle qu'il appelle *horti Cluuiani* et qui deviendra
son *Puteolanum*[2].

---

1. Ce personnage doit sans doute être identifié avec le Vestorius,
producteur de colorants, dont on a retrouvé la trace dans le charge-
ment d'un bateau en provenance de la région de Brindes, englouti
au large de Marseille (cf. A. Tchernia, *Les fouilles sous-marines de
Planier (Bouches-du-Rhône)*, in *C. R. Ac. Inscr.*, 1969, p. 307).
    2. XIII, 45, 3 (= *DCLXXXVIII*) : *Lamia... a Balbo... audiuerat
multos nummos domi esse..., magnum pondus argenti praeter praedia* ;

On aura une idée de la fortune de Cluvius, en sachant que la seule part échue à Cicéron des seules propriétés foncières lui procurera un revenu annuel approchant 100.000 sesterces (*Att.*, XIV, 10, 3).

Allant au-devant des conseils d'Atticus (cf. XIII, 45, 2 = *DCLXXXVIII*), Cicéron consacre ses journées et même une partie de ses nuits (cf. XIII, 38, 1 = *DCXCII*) *in philosophia explicanda* : il « écrit contre les Épicuriens » (*l. c.*), formule qui semble s'appliquer exactement à la réfutation par Cotta de l'exposé de Velléius, dans le livre I du *De natura deorum*, mais qu'il faut plutôt rapporter aux *Tusculanes*, et il se livre à des lectures préliminaires en vue du *De natura deorum* (cf. App. II A).

Brutus, qui est finalement parti rejoindre César en Cisalpine, pour l'accompagner à travers la province qu'il avait administrée de façon exemplaire en 46 et jusqu'en mars 45 (cf. Plut., *Brut.*, 6, 12 ; *supra*, p. 30), n'est pas oublié durant son absence ; il a même droit à quelques coups de griffe : Cicéron ne manque pas de rapporter à Atticus un mot méchant de César sur son style (XIII, 46, 2 = *DCLXXXIX*)[1] ; il n'est pas pressé de le revoir, car Brutus a fréquenté là-bas l'entourage exécrable de César et n'a pas daigné lui adresser une ligne (XIII, 39, 2 = *DCXCIII*) ; en apprenant que, à en croire une lettre de Brutus, César se rallierait aux honnêtes gens, il ricane et accuse même Brutus d'opportunisme (XIII, 40, 1 = *DCXCIV*). Mais il lui sait gré d'avoir pris énergiquement sa défense devant son neveu Quintus, qui ne cesse de le calomnier (cf. *supra*, p. 81 ; 122).

---

auctionem primo quoque tempore fieri oportere (cf. XIII, 37 *a* = *DCXCI*) ; cf. O. E. SCHMIDT, *Ciceros Villen*, in *Neue Jahrb. f. d. Altertum*, XII, 1899, p. 486 sqq. ; J. CARCOPINO, *Les secrets de la Corr. de Cic.*, Paris, 1948, I, p. 176 sq.

1. Voir le jugement nuancé de Cicéron sur le style « attique » de Brutus en *Att.*, XV, 1 *b*, 2.

Que ce soit pour cette raison ou pour une autre, Quintus s'est enfin décidé à envoyer à Cicéron une lettre maladroite, mais qui se veut aimable ; le commentaire de ce message, les démêlés tortueux de Quintus avec son père, sa mère — sœur d'Atticus — et Atticus lui-même, les hésitations de Cicéron entre la raideur brutale et une souplesse calculée, enfin et surtout son refus d'être surpris à Tusculum par une visite du neveu, dont le retour est imminent, remplissent un groupe de quatre lettres qui semblent bien s'échelonner du 15 au 18 août (XIII, 38 à 41 = *DCXCII* à *DCXCV*). En fin de compte, après avoir pensé à chercher refuge dans son asile d'Astura (XIII, 38, 2 = *DCXCII*), Cicéron préfère que la rencontre inévitable ait lieu *in turba* (*ibid.*) ; de plus, il veut s'entretenir avec Atticus de certain projet de mariage concernant leur neveu commun ; il décide donc d'aller à Rome (XIII, 41, 2 = *DCXCV* ; 18 août).

Il passa un jour ou deux dans la Ville (19 et 20 août), sans y voir Quintus : son père était bien parti à sa rencontre le 17 (cf. *Att.*, XIII, 40, 2 = *DCXCIV*), mais finalement ils n'arrivèrent pas à Rome avant le 25 (cf. XIII, 51, 2 = *DCCI*) ; le lendemain de son retour à Tusculum, Cicéron écrivit deux fois à Atticus (XIII, 48 = *DCXCVI* et 37 = *DCXCVII*)[1] ; nous

---

1. O. E. Schmidt (*Briefwechsel...*, p. 333) datait ces deux lettres du 2 août, parce qu'il assignait à la fin de juillet le bref séjour de Cicéron à Astura et aux Calendes d'août la séance du sénat à laquelle Lépide lui avait demandé d'assister ; mais L. R. Taylor a rectifié cette double erreur (*Class. Philol.*, XXXII, 1937, p. 231 et 238 ; cf. *supra*, p. 195 ; *infra*, p. 204) et montré que XIII, 48 et 37 avaient leur place immédiatement après le séjour à Rome des 19-20 août (*o. c.*, p. 235) : le neveu de Balbus est revenu d'Espagne, Cicéron l'a rencontré tout récemment à Rome (cf. XIII, 49, 2 = *DCXCVIII*) et revu le jour même à Tusculum (XIII, 37, 2 = *DCXCVII*). Comme les dernières lignes de XIII, 37, sans rapport avec le reste de la lettre, concernent l'héritage de M. Cluvius et fournissent à Atticus des précisions complémentaires, L. R. Taylor en a fait une lettre distincte (37 *a*), qu'elle a logée à la suite de XIII, 45-47 (= *DCLXXXVIII* à *DCXC*) ; avec raison, Shackleton Bailey, tout en approuvant cette solution, a préféré ratta-

apprenons notamment que Cicéron vient de rédiger,
comme l'avaient déjà fait Varron et un certain Ollius,
un *Éloge de Porcia*, sœur de Caton récemment décédée ;
ainsi l'hagiographie du héros républicain s'étendait à
ses proches. D'autre part, le neveu de Balbus, qui se
trouvait au quartier général de César avec Quintus et
qui est venu rendre visite à Cicéron, lui a donné des
détails sur les attaques lancées sans relâche par le jeune
homme contre son oncle et son père ; il est à noter que,
dans le résumé qu'il fait de cet entretien, Cicéron applique pour la première fois à César le terme péjoratif
de *rex* (XIII, 37, 2 = *DCXCVII*).

Les cinq lettres suivantes (*DCXCVIII* à *DCCII*)
forment une série continue, datée avec précision par la
dernière, qui a été écrite la veille du 25 août (*Att.*, XIII,
51, 2). Elles ont pour thème dominant les démêlés de
Cicéron avec M. Tigellius, chanteur sarde en vogue,
courtisan de César et plus tard d'Octave[1] : durant son
dernier séjour à Rome, Cicéron a appris du jeune Balbus que ce personnage se plaignait d'être en butte à sa
malveillance et l'attribuait à la mauvaise conscience
que Cicéron aurait gardée d'avoir naguère offensé son
oncle ou grand-père Phaméa. Cicéron a aussitôt parlé
de l'affaire à son vieil ami M. Fabius Gallus[2]. Une fois
rentré à Tusculum, il reçoit une lettre de ce dernier
et lui écrit, ainsi qu'à Atticus, pour justifier son attitude à l'égard de Phaméa (*Fam.*, VII, 24 = *DCXCIX* ;

cher la première ligne du § 4 — *de gladiatoribus, de ceteris quae scribis* ἀνεμοφόρητα, *facies me cottidie certiorem* — à la lettre 37, 1-3
plutôt qu'à 37 *a* (in ed. *Att.*, t. V, p. 339).

1. Horace évoque la mort récente de ce Tigellius dans la *Sa-
tire* I, 2, 1-4, écrite peu après 40 av. J.-C., et le caractère fantasque
du défunt en *Sat.*, I, 3, 1-18 ; il faut probablement le distinguer du
Tigellius Hermogénès auquel les *Satires* font plusieurs fois allusion
comme à un vivant (I, 3, 129 sq. ; 4, 72 ; 9, 25 ; 10, 17 sq., 79 sq.,
90 sq.) et qui pourrait avoir été l'affranchi du premier ; *contra*,
F. Muenzer, in *R. E.*, 2. R., VI A, 943 sqq.
2. *Fabius* et non *Fadius* (cf. Shackleton Bailey, in *Class. Re-
view*, XII, 1962, p. 195 sq.).

Att., XIII, 49 = *DCXCVIII*) ; sous son mépris hai-
neux pour la personne de Tigellius perce le désir inquiet de désarmer, grâce aux bons offices de ses amis,
un protégé de César (cf. *Att.*, XIII, 50, 3 = *DCC* et
51, 2 = *DCCI* ; *Fam.*, VII, 25, 1 = *DCCII*).

Atticus découvrit, avec surprise, en lisant la lettre du
23 août (XIII, 50, 1 = *DCC*), que Cicéron avait terminé une *Lettre à César* sur son *Anticato*, donné le texte
à lire aux censeurs suprêmes, Oppius et Balbus, sans le
lui montrer, et déjà reçu leur approbation ; bien qu'il
en eût lui-même donné l'idée à son ami et que celui-ci
lui eût signalé, dix jours plus tôt, avoir « fait une ébauche »
(*DCXC* = XIII, 47 : *quod iusseras edolaui* ; voir l'App.
II C), le procédé lui parut choquant et il émit le soupçon — feint ou sincère? — que Cicéron lui avait caché
son texte pour éviter le reproche de s'être abaissé devant César (XIII, 51, 1 = *DCCI*). La défense de Cicéron ne manque pas de vraisemblance : ne pouvant s'exprimer librement sur les problèmes politiques — il en
avait fait la pénible expérience dans un passé récent —,
il avait choisi le terrain de la critique littéraire et, sur
ce plan-là, s'était adressé à César d'égal à égal ; esquive
habile, qui sauvegardait sa dignité : se borner, sur un
sujet aussi brûlant que la biographie de Caton, à des
questions de forme signifiait son désaccord politique si-
lencieux, mais résolu.

L'arrivée de César semblant imminente, Cicéron, suivant l'usage romain et comme Varron en avait eu l'intention l'été précédent lors du retour d'Afrique (cf.
T. VII, p. 28), prend ses dispositions afin d'aller à sa
rencontre (XIII, 50, 4-5 = *DCC*) ; pour être à pied
d'œuvre, il décide, le 24, de rentrer à Rome dès le lendemain, bien qu'il doive y retrouver chez lui son neveu
indésirable, qui lui a annoncé son arrivée pour le 25
et à qui il a offert l'hospitalité (XIII, 51, 2 = *DCCI*)[1].

1. Le texte est elliptique et peu clair : *narro tibi : Quintus cras ;*

Pourtant, le 25 août au soir, Cicéron s'installait dans
sa propriété d'Astura, où il n'était pas retourné depuis
le 16 mai (*Att.*, XIII, 34 = *DCCIII*) ; il espérait pouvoir y rester jusqu'aux Nones (5 septembre). Donc,
après avoir envoyé à Atticus la lettre précédente, il
s'est ravisé et lui a écrit le 24 au soir ou le 25 au matin
(cf. *ibid.* : *scripsi enim ad te de hortis*, et *DCCV* = XIII,
21, 2 extr. : *proficiscens... VIII Kal., ut scis, misi ad
eum* ; cette lettre est perdue), pour lui faire part de son
brusque revirement : il a certainement appris, dans
l'intervalle, que César n'arriverait guère avant le 5 septembre, premier jour des Jeux Romains, et trouvé ce
moyen d'éviter la compagnie de Quintus (il y pensait
déjà une dizaine de jours plus tôt : cf. *Att.*, XIII, 38,
2 = *DCXCII*). Le séjour commence dans une agréable
détente : Cicéron se distrait — et s'instruit — en ob-
servant la manœuvre des bateaux et oublie presque les
fâcheux, comme le montre sa lettre du 27 ou du 28
à Atticus (XIII, 21 = *DCCV*) ; il écrit à son ami Lepta
(*Fam.*, VI, 19 = *DCCIV*), surtout pour le dissuader
de briguer une fonction dans la préparation des festi-
vités « royales » des mois à venir, et il confirme son
intention de prolonger son séjour à Astura jusqu'à ce

---

*sed ad me an ad te nescio. Mi scripsit Romam VIII ; sed misi qui
inuitaret. Etsi hercle iam Romam ueniendum est, ne ille ante aduolet* ;
1º : *Quintus* désigne ici le neveu (cf. *Att.*, XIII, 9, 1 = *DCLXV* ;
37, 2 = *DCXCVII*), non le frère de Cicéron (*sic* Schmidt, *Briefwechsel...*, p. 351 sq., où la lettre est datée des environs du 8 août) :
celui-ci n'avait aucune raison de ne pas rentrer chez lui, tandis que
son fils ne voulait plus remettre les pieds au domicile paternel (cf.
Att., XIII, 38, 1 extr. = *DCXCII*) et pouvait espérer trouver accueil chez un de ses oncles ; — 2º : Cicéron a-t-il invité son neveu
dans sa maison de Rome (L. R. Taylor, *Class. Philol.*, XXXII,
1937, p. 236, n. 17) ou dans sa villa de Tusculum (Shackleton
Bailey, in ed. *Att.*, t. V, p. 350)? Presque certainement à Rome,
seul lieu dont il soit fait mention ; autrement, Cicéron aurait pré-
cisé *huc* ou *in Tusculanum* (il a déclaré, d'ailleurs, qu'il ne voulait
pas de lui à Tusculum : XIII, 40, 2 = *DCXCIV*) ; le *sed*, devant
misi, marque sa volonté de mettre un terme à ses hésitations ; *etsi*
s'explique par la répugnance de Cicéron à l'idée de cohabiter avec
son neveu ; — 3º : *ille* désigne évidemment César.

qu'on sache au juste quand reviendra César[1]. Mais le
29 arrive un message de Lépide lui demandant d'assister
à la séance du sénat du 1er septembre : sa présence
ferait plaisir à César (*Att.*, XIII, 47 *a* = *DCCVI*); le
futur triumvir avait le titre de maître de la cavalerie
depuis la fin de 46 (cf. Cass. D., XLIII, 33, 1), mais
le pouvoir réel, en l'absence du dictateur, était entre
les mains de ses deux fondés de pouvoir, L. Cornélius
Balbus et C. Oppius ; d'où le scepticisme de Cicéron :
si, en haut lieu, on attachait tant de prix à sa présence,
ce n'est pas Lépide qui le lui aurait fait savoir, mais
Balbus ou Oppius. Néanmoins, il obtempérera, par
précaution, bien décidé à regagner sa villa de Tusculum, sitôt la séance levée.

Il ne fait aucun doute que Cicéron est rentré à Rome
pour le dîner du 31 août, auquel il avait invité Atticus
et sa femme (cf. *Att.*, XIII, 47 *a*, 1 = *DCCVI*) ; en est-il
reparti ensuite pour Tusculum? On ne sait. En tout cas,
la correspondance avec Atticus s'interrompt jusqu'au
19 décembre et nous ne possédons plus aucune « lettre
familière » antérieure à la fin d'octobre. Dans l'intervalle, César, enfin revenu, aura célébré son cinquième
et dernier triomphe.

---

1. Cette lettre fournit, à elle seule, une preuve décisive que ce
troisième séjour à Astura ne peut remonter à la fin de juillet, comme
le voulait SCHMIDT (*Briefwechsel...*, p. 331 sq. ; cf. *supra*, p. 200, n. 1) :
Cicéron se réfère à un entretien qu'il a eu avec Balbus et Lepta ;
un certain temps s'est écoulé depuis, car il précise qu'il n'a plus
revu Balbus, aux prises avec une violente crise de goutte. Or, la
date de cette entrevue est établie de façon certaine : elle a eu lieu
le 12 août, à Lanuvium (cf. *Att.*, XIII, 46, 1-2 = *DCLXXXIX* ;
L. R. TAYLOR, *o. c.*, p. 237 sq.).

DCLXXVIII. — A ATTICUS.
(*Att.*, XIII, 33 *a*).
Domaine de Tusculum, 9 juillet 45.

1. Nous parlions de Varron : quand on parle du
loup[1] ! En effet, il est venu me voir, et à une heure
telle que j'ai dû le retenir ; mais je l'ai fait sans aller
jusqu'à déchirer son manteau[2] ; car je me rappelle ton
mot : « ils étaient en grand nombre et nous n'étions pas
prêts »[3]. Qu'importe ! Peu après, arrive C. Capito,
avec T. Carrinas[a] ; ceux-ci, j'ai à peine touché leur
manteau, mais ils sont restés quand même et cela a
tourné de manière plaisante. Voilà-t-il pas que Capito
se met à parler de l'extension de la Ville ? d'après lui,
on doit détourner le Tibre depuis le Pont Milvius, le
long des hauteurs du Vatican, bâtir le Champ de Mars,
faire de la plaine du Vatican une sorte de Champ-de-
Mars. « Qu'est-ce que tu dis là ? » lui fais-je, « je devais
aller à la salle de vente pour acheter la propriété de
Scapula, si je pouvais l'avoir à des conditions raison-
nables ». « Garde-t'en bien ! » me dit-il, « cette loi passera, car César le veut ». J'ai été heureux de l'information, mais je suis bien ennuyé de la chose. Et toi,
qu'en dis-tu ? Mais à quoi bon te le demander ? Tu connais l'ardeur infatigable de Capito dans la chasse aux
nouvelles ; il vaut Camille[b]. Renseigne-moi donc, s'il
te plaît, sur les Ides ; car c'est l'affaire que tu sais qui
m'attirait à Rome ; j'y avais joint les autres, mais je
pourrai facilement les rattraper deux ou trois jours

---

a. Voir la Notice, p. 189, et, sur l'emplacement de la propriété
de Scapula, l'App. I B, p. 290.

b. Cf. *DCLVI* = *Att.*, XIII, 6, 1.

DCLXXVIII. — AD ATTICVM.
(*Att.*, XIII, 33 *a*).

Scr. in Tusculano vii Id. Quint. a. 709 /45.

1. De Varrone loquebamur : lupus in fabula !
Venit enim ad me et quidem id temporis ut reti-
nendus esset ; sed ego ita egi ut non scinderem
paenulam ; memini enim tuum « et multi erant nosque
imparati ». Quid refert ? Paulo post C. Capito cum
T. Carrinate ; horum ego uix attigi paenulam ; tamen remanserunt ceciditque belle. Sed casu sermo
a Capitone de urbe augenda, a ponte Muluio Tiberim perduci secundum montis Vaticanos, campum
Martium coaedificari, illum autem campum Vatica-
num fieri quasi Martium campum. « Quid ais ? »
inquam, « at ego ad tabulam ut, si recte possem,
Scapulanos hortos ». « Caue facias ! » inquit, « nam
ista lex perferetur ; uult enim Caesar ». Audire me
facile passus sum, fieri autem moleste fero. Sed tu
quid ais ? Quamquam quid quaero ? Nosti diligentiam
Capitonis in rebus nouis perquirendis ; non concedit
Camillo. Facies me igitur certiorem de Idibus ;
ista enim me res adducebat ; eo adiunxeram cete-
ras, quas consequi tamen biduo aut triduo post

DCLXXVIII. — *M* 186 v°; *P* 162 v°. *Desunt ER. Nouam ep.
dist. Cratander.*

1. 4 tuum *M*¹*bm*¹, *P*, *La.*ᶜ : tui *M*²*dm*²*s* ‖ et Δ : *om. P* etenim *Reid ;
cf. comm.* ‖ 5 imparati *M*²*bdms* : -per- *M*¹*G*, *P* ‖ 7 ceciditque *O*,
*Z*ᵇ, *La.*ᶜ : -dique *P* -di Δ ‖ 8 a ponte *M*²*bm*² : e p- *s* op- *M*¹*dm*¹*G*
op (*spat. rel.; om.* Muluio Tiberim) *P* ‖ 9 perduci *Bosius, Sh. Bailey* :
pauci Δ, *PO* duci *Cr.*ᵐ ‖ 10 coaedificari *Lambin.* : cum (a)ed- (Δ),
*Z*ᵇ tum (a)ed- *s*, *P* ‖ 12 si recte *P, uett.* : scire te Δ ‖ 18 Camillo *ed.*
*Asc.*² : -ilio Δ, *P*.

plus tard. Cependant, je ne veux pas que tu t'épuises
dans un déplacement ; j'excuse même Dionysius[a].

2. A propos de ton passage sur Brutus, je lui ai
donné pleine liberté en ce qui me concernait ; en effet,
je lui ai écrit hier que je n'avais plus besoin de son
concours le jour des Ides[b].

DCLXXIX. — A ATTICUS.

(Att., XIII, 23).

Domaine de Tusculum, 10 juillet 45.

1. J'ai répondu hier à ta lettre du matin, dès son
arrivée ; je réponds maintenant à celle du soir. J'aurais préféré que Brutus m'appelât à lui : ç'aurait été
plus normal, puisqu'il avait devant lui un voyage inattendu et long ; et puis, ma foi, dans les circonstances
présentes, nos dispositions d'esprit excluant totalement
que nous puissions vivre ensemble (tu saisis parfaitement sur quoi repose avant tout la *vie commune*), j'aurais fort bien admis que notre rencontre eût lieu à Rome
plutôt que chez moi, à Tusculum[c].

2. Les livres destinés à Varron ne tarderont pas[d]. Ils
sont en cours d'achèvement, comme tu l'as constaté ;
il ne reste plus qu'à finir de corriger les fautes de copistes. Tu sais les hésitations que j'ai eues pour ces
livres ; mais à toi d'aviser. Ceux que je destine à Brutus
sont aussi entre les mains des copistes[e].

3. Mets en œuvre mes instructions, comme tu me
l'annonces. Cependant, Trébatius affirme que tout le
monde applique cette maudite réduction ; que vont

a. M. Pomponius Dionysius est revenu à Rome plus tôt que ne
l'avait pensé Cicéron (cf. *Att.*, XIII, 2 *b* = *DCXLVIII*).

b. Cf. *DCLXXXIII* = *Att.*, XIII, 25, 2.

c. Voir la Notice, p. 192.

d. Les *Académiques* en quatre livres.

e. Les cinq livres du *De finibus*.

facile potero. Te tamen in uia confici minime uolo;
quin etiam Dionysio ignosco.

2. De Bruto quod scribis, feci ut ei liberum
esset, quod ad me attineret; scripsi enim ad eum
heri, Idibus *i*am eius opera mihi nihil opus esse.

DCLXXIX. — AD ATTICVM.
(*Att.*, XIII, 23).
Scr. in Tusculano ui Id. Quint. a. 709/45.

1. Antemeridianis tuis litteris heri statim rescripsi; nunc respondeo uespertinis. Brutus mallem
me arcesseret; nam et aequius erat, cum illi iter
instaret et subitum et longum, et mehercule nunc,
cum ita simus adfecti ut non possimus plane simul
uiuere (intellegis enim profecto in quo maxime posita sit συμβίωσις), facile patiebar nos potius Romae
una esse quam in Tusculano.

2. Libri ad Varronem non morabuntur. Sunt
enim *ad*fecti, ut uidisti; tantum librariorum menda
tolluntur. De quibus libris scis me dubitasse, sed
tu uideris. Item quos Bruto mittimus in manibus
habent libr*arii*.

3. Mea mandata, ut scribis, explica. Quamquam
ista retentione omnis ait ut[e]i Trebatius; quid tu

1. 21 confici minime uolo quin Δ : -cinum me loqui *P*.

2. 1 bruto *PO*¹(?), *Cr.*ᵐ : hyuto *MdG* hyrcio *s* hircio (-tio) *bm*,
*O*², *uett.* ‖ 3 iam *Sh. Bailey* (*coll.* XIII, 25, 2, *u.* 12 [DCLXXXIII]) :
maii *Mds* -is *bm* -as *P* Romae *Schmidt; del. Manutius, fors. recte.*

DCLXXIX. — *M* 182 r°; *R* 111 r°; *P* 159 v°. *Deest E.*

1. 3 arcesseret *MmG, P* : acce- (-rit *b*) *bds* ace- *R* ‖ 5 ita *bs, P* :
ista *Mdm, R* ‖ 6 in *RPO, Z*ᵇ, *La.*ᶜ, *ed. Crat.* : om. Δ (*uett.*).

2. 2 adfecti *Gronovius* (*coll. Gell.*, III, 16, 19) : defe- *bdms, P*,
*La.*ᶜ deffe- *M, R* ‖ 5 habent librarii mea (ea *ed. Rom.*) *uett.* : habent
(hunc *R*) librum mea *RP* h- l- ea Δ.

3. 2 uti *Victorius* : ut (*ante* ait *P*) ei (Δ), *RP; om. b.*

faire ces gens-là, selon toi? Tu connais la clique*ᵃ* ! En
conséquence, règle les choses *avec précaution*. On ne saurait croire à quel point je me désintéresse de tout cela.
Je t'affirme très sérieusement — et je te prie de me
croire ! — que mes modestes biens me causent plus d'ennui que de plaisir ; car je suis plus sensible à la peine
de n'avoir personne à qui les transmettre qu'à l'agrément d'en jouir. Un mot encore sur cette question :
Trébatius m'a dit qu'il t'en avait fait part ; peut-être
as-tu craint qu'il ne me déplût d'être tenu au courant :
c'est fort gentil ; mais, crois-moi, je ne me soucie plus
de tout cela. Aussi, prête-toi aux pourparlers, sois per-
sévérant et finis-en ; quand tu parleras à Polla, imagine
que tu parles au fameux Scéva[1] et ne va pas croire
que des gens toujours à l'affût de ce qui ne leur est pas
dû renonceront à ce qui leur est dû. Sois seulement
attentif à la date d'échéance ; et, même pour cela, de
la modération.

DCLXXX. — A P. TÉRENTIUS VARRON.
(*Fam.*, IX, 8).
Domaine de Tusculum, 10 ou 11 juillet 45.

CICÉRON A VARRON.

1. Réclamer à quelqu'un une libéralité, l'eût-il annoncée, même le peuple ne le fait guère que s'il est soulevé ; moi, pourtant, l'attente impatiente de ce que tu
m'as promis me pousse à t'adresser un message de rappel, non de réclamation[2]. Eh bien ! Je t'ai envoyé quatre

---

a. Les débiteurs délégués par Fabérius, qui n'était probablement
que le prête-nom de César (cf. App. I C), devaient appartenir au
camp césarien et Cicéron s'attend à ce qu'ils appliquent strictement
les dispositions édictées en 46 — et qui les avantageaient — pour
le règlement des dettes : évaluation haute des biens servant de gages
et déduction des intérêts versés (cf. Not., p. 193, et t. VII, p. 277).

istos putas? Nosti domum. Quare confice εὐλαβῶς.
Incredibile est quam ego ista non curem. Omni tibi
adseueratione adfirmo, quod mihi credas uelim,
mihi maiori offensioni esse quam delectationi pos-
sessiunculas meas; magis enim doleo me non habere
cui tradam quam habere qui utar. Atque illud Trebatius se tibi dixisse narrabat; tu autem ueritus
es fortasse ne ego inui*t*us audirem : fuit id quidem
humanitatis; sed, mihi crede, iam ista non curo.
Quare da te in sermonem et perse*uera* et confice et
ita cum Polla loquere ut te cum illo Scaeua loqui
putes nec existimes eos qui non debita consectari
soleant quod debeatur remissuros. De die tantum
uideto, et id ipsum bono modo.

DCLXXX. — AD P. TERENTIVM VARRONEM.
(*Fam.*, IX, 8).

Scr. in Tusculano vi aut v Id. Quint. a. 709/45.

CICERO VARRONI.

1. Etsi munus flagitare, quamuis quis ostende-
*r*it, ne populus quidem solet nisi concitatus, tamen
ego expectatione promissi tui moueor ut admoneam
te, non ut flagitem. Misi autem ad te quattuor ad-

3. 3 quare *Z*b, *La.*c : quam *s*, *RP* qua (Δ) ‖ εὐλαβῶς *Z*1a, *La.*c, *Sh.
Bailey* : ΕΥΛΓΩC *M* ΕΥΑΓ- *bdms, RP, Z*b εὐλόγως *ed. Rom.* (*fors.
recte*) εὐαγώγως *Bosius, edd.* ‖ 5 quod *M*1, *RP* : quo *M*2*bdms* ‖ 8 *post*
quam *add.* delector *ed. Rom., al. al.; sed cf. de zeugmate,* Att., X, 4, 4
conflictati ‖ 10 inuitus *M*corr (*uett.*) : inultus Δ mu- *ed. Iens.* -tis *RP* ‖
12 perseuera *scripsi* : perseca Δ, *RP; al. al.* coni. (persta, -sece,
-sectare, -fice, praesta) ‖ 13 Scaeua loqui *La.*c, *edd.* : -alo *O* -allo qui Δ
sceuola qui *R* scenalo *P* ‖ 14 nec *Corradus* : ne Δ, *RP*.

DCLXXX. — *M* 137 v°; *V* 155 r°; *D* 61 v°; *H* 2 v°.

1. 1-2 ostenderit ς : -ret ψ ‖ 3 tui *DH* : sui *M, V* ‖ 4 misi *VDH, M*3 :
nisi *M*.

messagers assez peu respectueux : tu connais à coup
sûr l'effronterie de cette toute jeune Académie[1]. C'est
donc de son sein que je les ai tirés pour te les envoyer ;
je crains qu'ils n'aillent t'exprimer une réclamation,
alors que je les ai chargés d'une demande. Pour tout
dire, voilà longtemps que j'attendais et que je me re-
tenais de t'écrire le premier, avant d'avoir reçu quelque
chose qui me permît de répondre à ta libéralité par une
libéralité toute semblable. Mais, comme tu procédais
fort lentement, c'est-à-dire, selon mon interprétation,
fort scrupuleusement, je n'ai pu m'empêcher de révéler
au grand jour nos étroites relations d'étude et d'amitié,
par un genre d'écrit à ma portée. J'ai donc composé
un entretien engagé entre nous, dans ma propriété de
Cumes, en compagnie de Pomponius[a]. Je t'ai confié
le parti d'Antiochus, puisque j'avais cru m'apercevoir
que tu l'approuvais ; j'ai pris pour moi celui de Philon.
J'imagine qu'après lecture tu t'étonneras d'un tel échange
de propos que nous n'avons jamais tenus ; mais tu connais la tradition des dialogues.

2. Dans les jours futurs, mon cher Varron, à nous
le plus d'entretiens possible, si tu le veux bien ! Entre
nous, et sur les sujets qui nous sont chers ; trop tard,
peut-être : mais à la Fortune de l'État d'assumer le
passé ; nous nous devons d'assurer le présent. Ah ! si
seulement nous pouvions pratiquer ensemble ces études
dans une période de tranquillité et dans un certain
ordre politique, sinon satisfaisant, du moins défini ! En
ce cas, il est vrai, des motifs tout différents nous offriraient de nobles occupations et de nobles actions ; mais,
à présent, quelle raison aurions-nous, n'étaient nos
études, de vouloir vivre? Pour ma part, même avec

---

a. T. Pomponius Atticus.

monitores non nimis uerecundos; nosti enim profecto os *hu*ius adulescentioris Academi[c]ae. Ex ea
igitur media excitatos misi ; qui metuo ne te forte
flagitent ; ego autem mandaui ut rogarent. Expec-
tabam omnino iamdiu meque sustinebam, ne ad te
prius ipse quid scriberem quam aliquid accepissem,
ut possem te remunerari quam simillimo munere.
Sed cum tu tardius faceres, id est, ut ego interpretor,
diligentius, teneri non potui quin coniunctionem
studiorum amorisque nostri, quo possem litterarum
genere, declararem. Feci igitur sermonem inter nos
habitum in Cumano, cum esset una Pomponius ;
tibi dedi partis Antiochinas, quas a te probari intellexisse mihi uidebar ; mihi sumpsi Philonis. Puto
fore ut, cum legeris, mirere nos id locutos esse inter
nos quod numquam locuti sumus ; sed nosti morem
dialogorum.

2. Posth*a*c autem, mi Varro, quam plurima, si
uidetur, et de no*str*is inter nos ; sero fortasse : sed
superiorum temporum Fortuna rei p. causam sus-
tineat, haec ipsi praestare debemus. Atque utinam
quietis temporibus atque aliquo, si non bono, at
saltem certo statu ciuitatis haec inter nos studia
exercere possemus ! Quamquam tum quidem uel
aliae quaepiam rationes honestas nobis et curas et
actiones darent ; nunc autem quid est sine his cur
uiuere uelimus? Mihi uero cum his ipsis uix, his

---

1. 6 huius *Lambin.* : eius *M*, *V* illius *DH* ‖ Academiae *H²*,
edd. : -ic(a)e ψ ‖ 12 tu tardius *M*, *V* : tardius tu *DH* ‖ 16 esset *VDH* :
-em *M* ‖ 18 philonis *H* : -lio- *M*, *VD*.
    2. 1 posthac *Manutius* : -h(a)ec *M*, *VDH* ‖ 2 de nostris *scripsi*
(*coll.* De fin., V, 38) : de nobis ψ nobis *uel* nobiscum et *Sh. Bailey* ‖
5-6 at saltem *VDH* : ad sa- *M³* ad a- *M* ‖ 7 uel *V* : tum uel *M ; om.*
DH ‖ 8 et curas *M* : c- *VDH* ‖ 9 sine his cur *M*, *V* : cur s- his *DH*.

elles je n'en vois qu'à grand-peine, sans elles, même
avec peine, je n'en vois aucune. Mais nous reparlerons
de ceci en tête-à-tête, et plus d'une fois.

Je souhaite que ton déménagement et ton acquisition aient d'heureux résultats, et j'apprécie la sagesse
dont tu as fait preuve en cette affaire[1]. Prends soin
de ta santé.

DCLXXXI. — A ATTICUS.
(*Att.*, XIII, 24 — 25, 1 début).
Domaine de Tusculum, 11 juillet 45.

1. Qu'est-ce que me raconte Clodius Hermogène[2]?
Andromène[3] lui aurait dit avoir vu Marcus à Corcyre?
Je pense que tu es au courant. Et même à Andromène
il n'a pas confié une ligne? Ou est-ce qu'Andromène
ne l'a pas vu? Tâche donc de me renseigner.

Quoi te répondre au sujet de Varron? Tu as les quatre
bouquins en ta possession[4]; ce que tu feras, je l'approu-
verai. Et d'ailleurs ce n'est pas que *je craigne les Troyens*;
pourquoi aurais-je cette crainte[a]? Ce que je me demande avec inquiétude, c'est jusqu'à quel point lui-
même approuvera le geste. Mais puisque tu en assumes
la responsabilité, je peux dormir sur ma deuxième
oreille[5].

2 (= 25, 1). Au sujet de la réduction, j'ai répondu
à ta lettre minutieuse[b]. Finis-en donc, s'il te plaît,
sans aucune hésitation ni regret; c'est à la fois un devoir et une nécessité.

a. Voir la Notice, p. 190 sq., n. 1, et l'App. II B, p. 325, n. 2.
b. Dans la lettre du 10 (*DCLXXIX* = XIII, 23, 3).

autem detractis ne uix quidem. Sed haec coram et saepius.

Migrationem et emptionem feliciter euenire uolo tuumque in ea re consilium probo. Cura ut ualeas.

DCLXXXI. — AD ATTICVM.

(*Att.*, XIII, 24 — 25, 1 init.).

Scr. in Tusculano ọ Id. Quint. a. 709/45.

1. Quid est quod Hermogenes mihi Clodius, Andromenem sibi dixisse se Ciceronem uidisse Corcyrae? Ego enim audita tibi puta*b*am. Nil igitur ne ei quidem litterarum? An non uidit? Facies ergo ut sciam.

Quid tibi ego de Varrone rescribam? Quattuor διφθέραι sunt in tua potestate; quod egeris id probabo. Nec tamen αἰδέομαι Τρῶας; quid enim? Sed ipsi quam res illa probaretur magis uerebar. Sed quoniam tu suscipis, in alteram aurem.

2 (= 25, 1). De retentione rescripsi ad tuas accurate scriptas litteras. Conficies igitur, et quidem sine ulla dubitatione aut retrectatione; hoc fieri et oportet et opus est.

DCLXXXI. — *M* 182 vᵒ; *R* 111 rᵒ; *P* 160 rᵒ. *Deest E. Versus*
2. 1 de retentione — 4 opus est *ab initio seq. ep. ad huius finem transp.*
Schiche (Hermes, 1883, p. 607 sq. — *Post* **1.** 5 sciam *nouam ep. dist.*
uoluit Cratander).

1. 2-3 corcyr(a)e (-cir-) *RPO* : currere (Δ) citerae *b* ‖ putabam
coni. Sh. Bailey (*in comm.; sed* -arem *scripsit*) : -aram Δ, *RP* ‖ 7 διφθέραι (*uett.*) : -ΡΙΑΙ Δ, *RP*, *Z*.
2. 3 sine *bs*, *P* : si *Mdm*, *R* ‖ retrectatione *Cr.*ᵐ, *edd.* : -tract- (Δ),
P -trott- *R* retractione *b* ‖ hoc Δ, *P* : hec *R*.

DCLXXXII. — DE P. VATINIUS.

(Fam., V, 9).

Camp de Narona, 11 juillet 45.

VATINIUS, IMPÉRATOR, A SON CHER CICÉRON, SALUT.

1. Si tu vas bien, tant mieux ; mon armée et moi
allons bien[a]. Si tu restes fidèle à ton habitude de défendre tes protégés, P. Vatinius se présente en client
désireux que tu plaides sa cause en ses lieu et place.
Tu ne rejetteras pas, je présume, en passe d'être honoré,
un homme que tu as accueilli en danger d'être condamné.
Quant à moi, de qui faire choix et invoquer l'aide, de
préférence à celui dont l'assistance m'a appris à vaincre ?
Celui qui a négligé, pour assurer mon salut, une coali-
tion de personnages tout-puissants, devrais-je craindre
qu'il refuse de démolir et d'écraser, pour me procurer
un honneur, les dénigrements et les jalousies de gens
mesquins et malveillants ?

Par conséquent, si tu me portes ton amitié coutumière,
prends-moi totalement en charge et considère que tu
dois, pour assurer ma dignité, assumer et soutenir intégralement ce fardeau et cette tâche. Tu sais que ma fortune — j'ignore pourquoi — trouve aisément des détracteurs ; je n'ai rien fait pour cela, par Hercule ; mais
quelle importance, si néanmoins, par je ne sais quelle
fatalité, cela se produit ? S'il se trouve quelqu'un pour
vouloir faire pièce à ma dignité, je te demande de me
marquer ta générosité habituelle et de prendre ma défense en mon absence. Je transcris ci-dessous à ton
intention le texte intégral de la lettre envoyée par moi
au Sénat sur les opérations que j'ai menées.

2. On me dit que ton esclave fugitif, qui te servait

---

a. Sur l'objet de cette lettre au style pompeux et sur son auteur,
voir la Notice, p. 194. — Pour la formule initiale, cf. t. I, p. 117,
n. 1 ; le texte original portait peut-être ... *e. e. q. u.* (*ego exercitusque
ualemus*).

DCLXXXII. — P. VATINI.
(*Fam.*, V, 9).

Scr. in castris Naronae a. d. V Id. Quint. a. 709/45.

VATINIVS IMP. CICERONI SVO S.

1. S. u. b. e. e. u. Si tuam consuetudinem in
patrociniis tuendis seruas, P. Vatinius cliens aduenit,
qui pro se causam dicier uult. Non, puto, repudiabis
in honore quem in periculo recepisti. Ego autem
quem potius adoptem aut inuocem quam illum quo
defendente uincere didici? An uerear ne, qui potentissimorum hominum conspirationem neglexerit pro
mea salute, is pro honore meo pusillorum ac maleuo-
lorum optrectationes et inuidias non prosternat
atque opterat?

Quare, si me, sicut soles, amas, suscipe meme
totum atque hoc, quicquid est, oneris ac muneris,
pro mea dignitate tibi tuendum ac sustinendum
puta. Scis meam fortunam nescio quo modo facile
obtrectatores inuenire, non meo quidem mehercules
merito ; sed quanti id refert, si tamen fato nescio
quo accidit? Si qui forte fuerit qui nostrae digni-
tati obesse uelit, peto a te ut tuam consuetudinem
et liberalitatem in me absente defendendo mihi
praestes. Litteras ad senatum de rebus nostris gestis, quo exemplo miseram, infra tibi perscripsi.

2. Dicitur mihi tuus seruus anagnostes fugitiuus

DCLXXXII. — *M* 71 r° ; *G* 48 v° ; *R* 73 r°. *Inscr. et* s. u. b. e. e. u.
om. G.

1. 9 prosternat *GR* : -ast *M* ‖ 11 meme *M* : me *GR* ‖ 12 oneris *M* :
honoris *GR* ‖ 13 sustinendum *GR* : subt- *M* ‖ 15 mehercules ς : mer- *M*
mehercule *GR* ‖ 21 quo *R* : quod *M, G.*
2. 1 anagnostes *M* : ante annos III *GR*.

de lecteur, serait avec les Vardéens[1] ; bien que tu ne
m'aies donné aucune instruction à son sujet, j'ai pris
les devants et donné ordre de le rechercher sur terre
et sur mer ; je te le retrouverai à coup sûr, à moins
qu'il ne se soit enfui en Dalmatie[2] ; et encore, même de
là, je saurai bien le tirer un jour ! Je compte sur ton
amitié. Bonne santé. Camp de Narona, le 11 juillet.

DCLXXXIII. — A ATTICUS.
(*Att.*, XIII, 25).
Domaine de Tusculum, 12 juillet 45.

1. Pour Andromène, ta lettre confirme ce que je
pensais[a] ; si seulement tu avais pu le savoir et me le
dire !

2. Mais tu me parles de Brutus sans me dire un mot
de toi. Au fait, quand crois-tu qu'il partira ? Moi je vais
à Rome le 14 ; ce que j'ai voulu écrire à Brutus[b] — mais,
puisque tu me dis toi-même l'avoir lu, peut-être n'ai-je
pas été assez clair —, c'est que, d'après ta lettre, j'avais
compris qu'il ne voulait pas que je vienne à Rome
maintenant, comme exprès pour lui faire mes adieux.
Mais, puisqu'à présent mon arrivée est imminente, fais
en sorte, s'il te plaît, que les Ides ne l'empêchent en
rien de passer la journée dans sa propriété de Tusculum,
si cela lui convient ; en fait, ce n'est pas pour la vente
aux enchères que j'aurais désiré sa présence — la tienne
ne suffit-elle pas dans une affaire de ce genre ? —, j'y
tenais pour mon testament ; mais maintenant je préfère
le sceller un autre jour, car je ne veux pas avoir l'air
d'être venu à Rome exprès pour cela. Aussi ai-je écrit

---

a. Atticus avait donc démenti la nouvelle rapportée la veille
par Cicéron (*DCLXXXI* = *Att.*, XIII, 24).
b. Cf. *DCLXXVIII* = *Att.*, XIII, 33 *a*, 2 ; Not., p. 193.

cum Vardaeis esse; de quo tu mihi nihil mandasti;
ego tamen terra marique ut conquireretur prae-
mendaui et profecto tibi illum reperiam, nisi si in
Delmatiam aufugerit, et inde tamen aliquando
eruam. Tu nos fac ames. Vale. *A.* d. V *I*d. Quinct.
ex castris Narona.

DCLXXXIII. — AD ATTICVM.
(*Att.*, XIII, 25).
Scr. in Tusculano iv Id. Quint. a. 709/45.

1. De Andromene ut scribis ita putaram; scisses
enim mihique dixisses!

2. Tu tamen ita mihi de Bruto scribis ut de te
nihil. Quando autem illum putas? Nam ego Romam
prid. Id. Bruto ita uolui scribere — sed, quoniam
tu te legisse scribis, fui fortasse ἀσαφέστερος —, me
ex tuis litteris intellexisse nolle eum me quasi pro-
sequendi sui causa Romam nunc uenire. Sed, quoniam iam adest meus aduentus, fac, quaeso, ne
quid eum Idus impediant quo minus suo commodo
in Tusculano sit; nec enim ad tabulam eum deside-
raturus eram — in tali enim negotio cur tu unus
non satis es? — sed ad testamentum uolebam; quod
iam malo alio die, ne ob eam causam Romam uenisse

---

2. 5 delmatiam *M* : dalm-*GR; utrumque in inscr. legitur; illius
autem gentis oppido, a Romanis a. 598/156 deleto,* Delminium *nomen
erat (cf. Flor.,* II, 25 [IV, 12, 11]) ‖ 6 a. d. V Id. ϛ : l. d. u. l. d. ω.

DCLXXXIII. — *M* 182 vᵒ; *R* 111 rᵒ; *P* 160 rᵒ. *Deest in E, praeter* **3.** 8 fortasse — 10 intelleges *et* 15 ad Brutum — 18 placuit. *De
in. huius ep. uide ad* DCLXXXI*; post* **2.** 3 Id. nouam ep. dist. Cratander.

2. 3 bruto ita uolui *RPO,* Zᵇ, *La.*ᶜ, *ed. Crat.* : ita u- b- Δ *(uett.)* ‖
3-4 sed quoniam tu te legisse Δ, *RP* : q- secus te intellexisse *La.*ᶜ,
Lambin. ‖ 5 eum *Mds* : cum *RP* enim *bm* ‖ 10 in tali Δ : nihil *RP* ‖
cur tu *G*¹(?), *Hervagius* : cultu Δ, *RP* ‖ 11 es *Md, RP* : est *bms.*

à Brutus que le rendez-vous que j'avais prévu pour le
jour des Ides n'avait plus lieu d'être. Je voudrais donc
que tu mènes toute cette affaire de façon à épargner à
Brutus fût-ce l'ombre d'une gêne.

3. Mais enfin, dis-moi pourquoi tu trembles à ce
point, quand je te charge de remettre les livres à Varron à tes risques et périls? Si tu as encore des hésitations, confie-les moi. De fait, c'est un ouvrage des plus
raffinés. Je tiens à Varron, d'autant plus que lui-même le
désire ; mais, tu ne l'ignores pas, c'est

> *un homme redoutable; il ferait des reproches*
> *à des gens sans reproche[a].*

Ainsi je vois souvent surgir devant mes yeux son
visage mécontent : peut-être se plaint-il que ma cause
soit défendue dans ces livres avec plus d'abondance
que la sienne — tu t'apercevras, par Hercule, que ce
n'est pas le cas, si tu vas un jour en Épire[1] ; car pour
l'instant, je cède la place aux lettres d'Alexio. Malgré
tout, je ne désespère pas de l'accueil favorable de Varron et, puisque j'ai fait des frais pour du papier grand
format[2], j'aime autant qu'on ne fasse pas marche arrière. Mais, je te le répète encore, ce sera à tes risques
et périls. En conséquence, si tu as des hésitations, passons le rôle à Brutus : lui aussi est un adepte d'Antiochus. O volage Académie, fidèle à sa nature ! un jour
dans un sens, un autre dans l'autre[3]. Mais, dis-moi,
es-tu pleinement satisfait de ma lettre à Varron[b]? Je
veux bien être pendu, si jamais je me donne encore
autant de mal ! Aussi ne l'ai-je même pas dictée à Tiron,
qui prend toujours des *phrases* entières, mais à Spintharus, syllabe par syllabe[4].

---

a. *Il.*, XI, 654.
b. *Fam.*, IX, 8 = *DCLXXX*.

uidear. Scripsi igitur ad Brutum iam illud quod
putassem Idibus nihil opus esse. Velim ergo totum
hoc ita gubernes ut ne minima quidem re ulla Bruti
commodum impediamus.

3. Sed quid est tandem quod perhorrescas quia
tuo periculo iubeam libros dari Varroni? Etiam
nunc si dubitas, fac ut sciamus. Nihil est enim illis
elegantius. Volo Varronem, praesertim cum ille desideret ; sed est, ut scis,

δεινὸς ἀνήρ · τάχα κεν καὶ ἀναίτιον αἰτιόῳτο.

Ita mihi saepe occurrit uultus eius, querentis
fortasse uel hoc, meas partis in iis libris copiosius
defensas esse quam suas —┘ quod mehercule non esse
intelliges, si quando in Epirum ueneris : nam nunc
Alexionis epistulis cedimus. Sed tamen ego non
despero probatum iri Varroni et id, quoniam im-
pensam fecimus in macrocolla, facile patior teneri.
Sed etiam atque etiam dico, tuo periculo fiet. Quare,
si addubitas, ad Brutum transeamus ; est enim is
quoque Antiochius. O Academiam uolaticam et sui
similem ! modo huc, modo illuc. Sed, quaeso, epistula mea ad Varronem valdene tibi placuit? Male
mi sit, si umquam quicquam tam enitar ! Ergo [at
ego] ne Tironi quidem dictaui, qui totas περιοχὰς
persequi solet, sed Spintharo syllabatim.

---

3. 3 fac ut Δ, *P (uett.)* : ut *R* fac *ed. Crat.* ‖ 7 eius *bds, P* : ei es *Mm,*
R ‖ 8 partis (-tes *ds, E*) in (h)i(i)s *M²bdms,* Σ : parcissimis *M¹* ‖ 9 non
esse intelliges Σ, *Z*ᵇ, *La.*ᶜ, *ed. Crat.* : i- non e-Δ *(uett.)* ‖ 11 cedimus Δ :
se- *RP* ‖ tamen ego Δ : ego t- *R* ego cum *P* ‖ 12 quoniam (Δ), *P* :
ipsum *d, R* ‖ 15 addubitas Δ : du- *RP* ‖ 16 o academiam Δ, *P* : aca- *E*
ocha- *R* ‖ 19 tam (tum *s*) enitar (n- *dG*) Δ, *Z*ᵇ : tamen en- *R* t- utar *P* ‖
19-20 at ego *del. Boot.*

DCLXXXIV. — A ATTICUS.
(*Att.*, XIII, 35 — 36).
Domaine de Tusculum, 13 juillet 45.

1. Quel scandale ! Ton homonyme agrandit la Ville, qu'il a vue pour la première fois il y a deux ans[1], et l'autre la juge trop petite, alors qu'elle a été assez grande pour le contenir, lui ! J'attends donc ta prochaine lettre sur ce sujet.

2. Tu m'écris que tu remettras les livres à Varron dès son arrivée ; c'est donc chose faite à l'heure qu'il est et tu ne peux plus revenir en arrière ; ah ! si tu savais quel risque tu cours ! A moins, peut-être, que ma lettre ne t'ait retenu[a], si tu ne l'avais pas encore lue quand tu as rédigé la dernière que j'ai sous les yeux? Je brûle de savoir comment cela tourne.

3 (= 36). Quand tu me parles de l'affection que me porte Brutus et de votre promenade, tu ne m'apprends rien de nouveau, tu répètes ce que tu m'as dit souvent ; cependant plus je l'entends répéter, plus j'en suis heureux ; cela m'est d'autant plus agréable que toi-même en tires joie, et prête d'autant moins au doute que c'est toi qui le dis.

DCLXXXV. — A ATTICUS.
(*Att.*, XIII, 43).
Domaine de Tusculum, 13 au soir ou 14 juillet 45.

Je profiterai donc du report de date, et tu as été extrêmement gentil de m'en informer, — qui plus est, en me faisant parvenir une lettre à un moment où je

a. Celle de la veille (*DCLXXXIII*, 3).

DCLXXXIV. — AD ATTICVM.
(*Att.*, XIII, 35 — 36).
Scr. in Tusculano iii Id. Quint. a. 709/45.

1. O rem indignam! Gentilis tuus urbem auget
quam hoc biennio primum uidit, et ei parum magna
uisa est quae etiam ipsum capere potuerit! Hac de
re igitur exspecto tuas litteras.

2. Varroni scribis te, simul ac uenerit; dati igitur iam sunt nec tibi integrum est; hui, si scias quanto
periculo tuo! Aut fortasse litterae meae te retardarunt, si eas nondum legeras cum has proximas
scripsisti. Scire igitur aueo quo modo res se habeat.

3 (= 36). De Bruti amore uestraque ambula-
tione, etsi mihi nihil noui adfers, sed idem quod
saepe, tamen hoc audio libentius quo saepius, eoque
mihi iucundius est quod tu eo laetaris, certiusque
eo est quod a te dicitur.

DCLXXXV. — AD ATTICVM.
(*Att.*, XIII, 43).
Scr. in Tusculano iii uesperi aut prid. Id. Quint. a. 709/45.

Ego uero utar prorogatione diei, tuque humanis-
sime fecisti qui me certiorem feceris, atque ita ut
eo tempore acciperem litteras quo non exspecta-

DCLXXXIV. — *M* 186 vº; *R* 112 rº; *P* 163 rº. *Deest E. Vnam
ep. constit. Cratander, sed prima uerba ep.* 37 (= *DCXCVII*) has —
litteras *huic adnex.*
  1. 4 tuas litteras *RP, ed. Crat.* : l- t- Δ (*uett.*).
  2. 2 hui Δ : huic *R* hinc *P* ‖ 3-4 retardarunt Δ : -rent *RP* ‖ 5 se habeat *Mbm, P* : se -ant *dsG* -at *R*.
  3. 2 *post* adfers *hab. haec M²bdms* : de fratris filio et contume-
liosis litteris ab illo sibi missis, *quae ad* XIII, 38, **1** (= *DCXCII*)
spectare uidentur ‖ 3 hoc audio Δ : a- hoc *RP* hoc eo a- *Wesenberg.*

n'en attendais pas et en m'écrivant du lieu même des
Jeux[1]. De toute façon, j'ai des choses à faire à Rome,
mais je m'en occuperai deux jours plus tard.

DCLXXXVI. — A ATTICUS.
(Att., XIII, 44).
Domaine de Tusculum, 28 juillet 45.

1. O douceur de ta lettre... malgré l'amertume de
la procession[a] ! Pourtant il n'est pas amer d'être informé de tout, même à propos de Cotta[2]. Mais de la
part du peuple, quelle admirable conduite ! refuser, à
cause du mauvais voisin, d'applaudir même la Victoire !
Brutus est venu me voir ; il était fortement d'avis que
j'écrive quelque chose à César ; j'avais consenti ; mais
la procession m'en dissuade.

2. Tu as quand même osé faire l'envoi à Varron !
J'attends son jugement. Au fait, quand lira-t-il le tout ?
Pour Attica, je suis d'accord : il n'est pas négligeable
que l'âme aussi trouve un réconfort dans la vue du
spectacle et surtout dans le sentiment collectif de sa
signification religieuse.

3. Je voudrais que tu m'envoies Cotta ; j'ai Libon
avec moi, et avant j'avais Casca[b]. Brutus m'a signalé,
de la part de T. Ligarius[c], que j'ai commis une erreur
en faisant appel à L. Corfidius dans mon discours *Pour
Ligarius* ; mais, comme on dit, c'est une *défaillance de*

a. Sur la date et les circonstances de cette lettre, voir la Notice,
p. 194 sq.

b. Voir l'App. II C, p. 328, n. 2.

c. Un des deux frères de Quintus (cf. *Pro Lig.*, 35 sq.) ; l'erreur
signalée par Cicéron (*o. c.*, 33) ne put être corrigée, les exemplaires
du texte ayant déjà été diffusés (cf. *DCLXIX* = *Att.*, XIII, 12,
2).

rem, tuque ut ab ludis scriberes. Sunt omnino mihi
quaedam agenda Romae, sed consequemur biduo
post.

DCLXXXVI. — AD ATTICVM.
(*Att.*, XIII, 44).

Scr. in Tusculano v Kal. Sext. a. 709/45.

1. O suauis tuas litteras... etsi acerba pompa!
Verum tamen scire omnia non acerbum est, uel de
Cotta. Populum uero praeclarum, quod propter
malum uicinum ne Victoriae quidem ploditur!
Brutus apud me fuit; cui quidem ualde placebat
me aliquid ad Caesarem; adnueram; sed pompa
me deterret.

2. Tu tamen ausus es Varroni dare. Exspecto
quid iudicet. Quando autem pelliget? De Attica
probo : est quiddam etiam animum leuari cum
spectatione, tum etiam religion*is* opinion*e* et fama.

3. Cottam mi uelim mittas; Libonem mecum
habeo et habueram ante Cascam. Brutus mihi
T. Ligari uerbis nuntiauit quod appelletur L. Corfidius in oratione Ligariana erratum esse meum;

DCLXXXV. — *M* 189 rº; *R* 113 rº; *P* 164 vº. *Deest E.*
6 post Δ : posco *RPO* (*sed* o *ad init. seq. ep. adtinet*).
DCLXXXVI. — *M* 189 rº; *R* 113 rº; *P* 164 vº. *Deest E.*
1. 1 o *Müller* (Coni. Tull., p. 14), *ex ultimo uerbo prioris ep.* posco
(*RPO; pro* post. O) ‖ 3 Cotta *Cr.*ᵐ : cocta *RP* tota Δ, *uett.* ‖ 6 adnueram *bs* : adueneram *Mm*, *R* uen- *P* -ant *dG* ‖ 7 me deterret *Orelli*,
Sh. Bailey : uideret Δ, *RP* deterret *Cr.*ᵐ.
2. 2 autem *hic hab.* Δ, *post* quid *RP* ‖ pelliget *Mdm*, *R* : -leg- *bs*
perleg- *P* ‖ 3 cum *b*, *RP* : tum (Δ) ‖ 4 religionis opinione *Manutius* :
-gione -nionis *codd.*, *uett.* ‖ fama *M*ᶜᵒʳʳ*bdms* : flama *M*¹ flammi *R*
flaminis *P* famae *Schmidt.*
3. 1 cottam, *bs* (*uett.*) : coctam *dm*, *RP* cotam *MG* to- *ed. Iens.* ‖
2 cascam *Mms* : castam *RPd* causam *b* ‖ 3-4 corfidius *P* : curfi- (Δ),
R (*uett.*) cursi- *b*, *ed. Rom.*

mémoire. Je savais que Corfidius était un ami très intime des Ligarii ; mais je m'aperçois qu'il est mort
avant mon intervention. Aussi, donne mission, s'il te
plaît, à Pharnace, Antéus et Salvius[1] d'effacer ce nom
de tous les exemplaires.

DCLXXXVII. — A C. TORANIUS.
(*Fam.*, VI, 20).

Domaine de Tusculum (?), *fin juillet ou mois d'août 45* (?).

CICÉRON A TORANIUS, SALUT.

1. J'ai donné, il y a trois jours, aux esclaves de
Cn. Plancius une lettre pour toi[a] ; aussi serai-je plus
bref aujourd'hui et à mon message de consolation suc-
cèdera cette fois un avertissement. A mon avis, tu as
tout intérêt à attendre sur place d'être en mesure de
savoir ce que tu dois faire. En effet, outre les dangers
d'une traversée de longue haleine, exposée aux tempêtes
et dépourvue de ports, dangers que tu ferais mieux
d'éviter, il n'est pas non plus sans importance que tu
sois en mesure de quitter ton lieu de résidence dès que
tu auras recueilli une information sûre. De plus, il n'y
a aucune raison de te précipiter à la rencontre des arri-
vants. De plus, j'ai bien d'autres sujets de crainte,
dont j'ai fait part à notre cher Cilon[b]. **2.** Bref, dans
les maux actuels, tu n'aurais pu trouver endroit plus
approprié : de là, où que tu aies besoin d'aller, tu pourras t'y rendre très facilement et très promptement. Si
le personnage[c] fait son retour au moment prévu, tu

---

a. Sur cette lettre, voir la Notice, p. 196. Cn. Plancius, questeur
en 58, vivait en exil à Corcyre ; Cicéron lui a écrit deux fois dans
l'hiver 46-45 (*Fam.*, IV, 14 = *DLXXIV* et 15 = *DLXXXIV*).
b. Personnage inconnu.
c. César.

sed, ut aiunt, μνημονικὸν ἁμάρτημα. Sciebam Corfidium
pernecessarium Ligariorum ; sed eum uideo ante
esse mortuum. Da igitur, quaeso, negotium Pharnaci, Antaeo, Saluio ut id nomen ex omnibus libris
tollatur.

DCLXXXVII. — AD C. TORANIVM.
(*Fam.*, VI, 20).

Scr., ut uid., in Tusculano ex. m. Quint. aut m. Sext. a. 709 /45.

CICERO TORANIO S.

1. Dederam triduo ante pueris Cn. Planci litteras ad te ; eo nunc ero breuior teque, ut antea
consolabar, hoc tempore monebo. Nihil puto tibi
esse utilius quam ibidem opperir*i*, quoad scire possis quid tibi agendum sit. Nam praeter nauigationis
longae et hiemalis et minime portuosae periculum,
quod uitaueris, ne illud quidem non qua*nti*uis, subito, cum certi aliquid audieris, te istim posse proficisci. Nihil est praeterea cur adu⟨eni⟩entibus te
offerre gestias. Multa praeterea metuo, quae [quae]
cum Cilone nostro communicaui. **2.** Quid multa?
loco opportuniore in his malis nullo esse potuisti,
ex quo te, quocumque opus erit, facillime et expe-
ditissime conferas. Quod si recipiet ille se ad tem-

3. 5 Corfidium *edd.* : curfi- Δ, *R* (*uett.*) cursi- *P, ed. Rom.*
DCLXXXVII. — *M* 98 vᵒ ; *G* 54 rᵒ ; *R* 82 vᵒ.
1. 2 breuior *M* : -iter *GR* ‖ 4 quam — tibi *om. G, add. in marg.*
m. post. ‖ opperiri ς : -rire *R* -ri *M* operir *G²* ‖ quoad scire ς : quo
ads- *M* quod ad s- *R* quod asciri *G* ‖ 7 quantiuis *Victorius* : quamuis ω ‖ 8 istim *M, R* : -inc *G* ‖ 9-10 cur — multa *om. G, add. in marg.*
m. post. ‖ aduenientibus *Manutius* : aduent- *M* adeunt- *G²R* ‖ quae
ς : quaequ(a)e ω.
2. 4 conferas *R* : -eceras *M, G*.

y seras ; si au contraire — tant de choses peuvent arriver ! — il est empêché ou retardé par une cause quelconque, tu seras dans un bon endroit pour tout savoir.
C'est mon avis formel.

3. Pour le reste, ainsi que mes lettres t'y ont souvent exhorté, dis-toi bien que, dans la situation présente, tu n'as rien à redouter, en dehors du malheur
commun à l'ensemble des citoyens. Or, malgré son
extrême gravité, notre vie passée et l'âge que nous
avons nous font un devoir de supporter vaillamment
tous les accidents dont nous ne sommes pas respon-
sables. Ici, tous tes proches sont en bonne santé et te
marquent leurs regrets, leur affection, leur révérence
avec le plus fervent attachement. Toi, prends soin de
ta santé et garde-toi de bouger aveuglément d'où tu es.

DCLXXXVIII. — A ATTICUS.
(Att., XIII, 45).
Domaine de Tusculum, 10 ou 11 août 45[a].

1. Lamia est venu me voir après ton départ et m'a
apporté une lettre que lui avait envoyée César[1]. Elle a
été expédiée avant celle qu'a apportée Diocharès[b] ; cependant, elle annonce formellement qu'il reviendra
avant les Jeux Romains. A la fin, il est prescrit à Lamia de faire tous les préparatifs pour les Jeux et de
ne pas mettre César dans le cas de se dépêcher pour
rien. D'après cette lettre, il n'y a pas l'ombre d'un doute,
semble-t-il : César arrivera avant cette date, et Lamia
me disait que Balbus, après avoir lu la lettre, pensait
de même.

---

a. Sur la date de cette lettre et le retour de César, voir la Notice,
p. 197.
b. Diocharès était un affranchi de César (cf. *Att.,* XI, 6, 7 ; t. VI).

pus, aderis; sin — quoniam multa accidere possunt — aliqua res eum uel inpediet uel morabitur,
tu ibi eris ubi omnia scire possis. Hoc mihi prorsus
ualde placet.

3. De reliquo, ut te saepe per litteras hortatus
sum, ita uelim tibi persuadeas, te in hac causa nihil
habere quod tibi timendum sit praeter communem
casum ciuitatis. Qui etsi est grauissimus, tamen
ita uiximus et id aetatis iam sumus ut omnia quae
non nostra culpa nobis accidant fortiter ferre debeamus. Hic tui omnes ualent summaque pietate
te desiderant et diligunt et colunt. Tu cura ut ualeas
et te istim ne temere commoueas.

DCLXXXVIII. — AD ATTICVM.
(*Att.*, XIII, 45).

Scr. in Tusculano iv aut iii Id. Sext. a. 709/45.

1. Fuit apud me Lamia post discessum tuum
epistulamque ad me attulit missam sibi a Caesare.
Quae quamquam ante data erat quam illae Dio-
charinae, tamen plane declarabat illum ante ludos
Romanos esse uenturum. In qua extrema scriptum
erat ut ad ludos omnia pararet neue committeret
ut frustra ipse properasset. Prorsus ex his litteris
non uidebatur esse dubium quin ante eam diem
uenturus esset, itemque Balbo, cum eam epistulam
legisset, uideri Lamia dicebat.

2. 6 aliqua *R* : -ae *M, G.*
3. 3 sit *M* : *om. GR* ‖ 8 *om.* et diligunt *G* ‖ cura ut *GR* : ut cur
aut *M* ‖ 9 istim *M*¹ : -inc *M*², *GR.*

DCLXXXVIII. — *M* 189 r°; *R* 113 r°; *P* 164 v°. *Deest E. Nouam
ep. dist. Cratander.*

1. 9 itemque *codd.* : ide- *Victorius.*

Je vois qu'il m'est accordé un supplément de vacances[a] ; mais de grâce, fais-moi savoir combien de
jours ; tu pourras l'apprendre de Bébius ou de ton autre
voisin, Egnatius.

2. Tu m'invites à consacrer ce délai à des déveLoppements philosophiques : tu prêches un converti ; mais
tu vois bien que je vais devoir passer les jours de vacances en question en compagnie de Dolabella. Si les
intérêts de Torquatus ne me retenaient, j'aurais assez
de jours pour faire un saut à Pouzzoles et revenir à
temps[1]. **3.** Lamia avait appris, de Balbus m'a-t-il
semblé, qu'il y avait dans la maison une grosse somme
en espèces, qui devrait être partagée le plus tôt possible, et une grande quantité d'argenterie, en plus des
terres ; la vente devrait se faire au plus vite. Écris-moi,
s'il te plaît, ce que tu préconises. Pour ma part, eussé-je
à choisir entre tous les hommes, il m'aurait été difficile
d'en distinguer un plus consciencieux, plus obligeant,
plus attaché à ma personne que Vestorius ; je lui ai
adressé une lettre très détaillée ; je pense que tu en as
fait autant. Cela me paraît suffisant ; qu'en dis-tu? Car
j'ai une seule inquiétude : c'est d'avoir l'air trop négligent. J'attendrai donc ta réponse.

DCLXXXIX. — A ATTICUS.
(Att., XIII, 46).
Domaine de Tusculum, 12 août 45.

1. Pollex, qui s'était annoncé « vers le 13 août »,

---

a. SHACKLETON BAILEY conjecture que ce délai concernait les
tractations en cours pour le remboursement de la dot de Publilia
(in ed. *Att.*, t. V, p. 383) : c'est d'autant plus vraisemblable que,
quinze jours plus tard, Cicéron, à propos de cette affaire, suggé-
rera à Atticus de recourir au même Egnatius Maximus (*DCCIII* =
XIII, 34). *Baebius* est inconnu.

Dies feriarum mihi additos uideo sed quam multos fac, si me amas, sciam; de Baebio poteris et
de altero uicino Egnatio.

2. Quod me hortaris ut eos dies consumam in
philosophia explicanda, currentem tu quidem; sed
cum Dolabella uiuendum esse istis diebus uides.
Quod nisi me Torquati causa teneret, satis erat
dierum ut Puteolos excurrere possem et ad tempus
redire. **3.** Lamia quidem a Balbo, ut uidebatur,
audiuerat multos nummos domi esse numeratos,
quos oporteret quam primum diuidi, magnum pondus argenti *praeter praedia;* auctionem* primo
quoque tempore fieri oportere. Scribas ad me uelim
quid tibi placeat. Equidem, si ex omnibus esset eli-
gendum, nec diligentiorem nec officiosiorem nec
nostri studiosiorem facile delegissem Vestorio, ad
quem accuratissimas litteras dedi; quod idem te
fecisse arbitror. Mihi quidem hoc satis videtur; tu
quid dicis? Vnum enim pungit, ne negligentiores
esse uideamur. Exspectabo igitur tuas litteras.

DCLXXXIX. — AD ATTICVM.
(*Att.*, XIII, 46).

Scr. in Tusculano prid. Id. Sext. a. 709/45.

1. Pollex quidem, ut dixerat ad Id. Sext., ita

---

1. 12 b(a)ebio *RPO, codd. Malasp., ed. Crat.* : babio Δ (*uett.*).
3. 3 diuidi *uett.* : die (dic *m*, dein *s*) uidi Δ die *R* di (*spat. rel.*) *P* ‖
4 praeter praedia auctionem *Malaspina, Sh. Bailey* : a- praeter pr(a)e-
dia (prandia Δ) Δ, *RPO, Cr.*ᵐ ‖ 6 esset *bs, P* (*uett.*) : esse *Mdm, R,
ed. Iens.* ‖ 7-8 nec nostri studiosiorem *Z*ᵇ, *La.*ᶜ : nec mehercule nostri st- *ed. Crat., edd.; om.* Δ, *RPO* (*uett.*) ‖ 11 negligentiores *bs, R,
uett.* : -legt- *M*¹ -lect- *M*ᶜᵒʳʳd, *P* -lent- *m*.

s'est bien présenté à moi le 12, à Lanuvium ; mais un
simple pollex (= « pouce »), non un index (= « infor-
mateur »)[a] ! Tu le questionneras donc lui-même. **2.** J'ai
rencontré Balbus (Lepta, que sa charge des spectacles
met dans l'embarras, m'a conduit chez lui), dans la
propriété de Lanuvium qu'il a passée à Lépide. Voici
ses premiers mots : « Je viens de recevoir de César une
lettre où il affirme de façon formelle qu'il sera de retour avant les Jeux Romains ». J'ai lu la lettre : il parle
longuement de mon *Caton*, dont la lecture maintes fois
répétée enrichit, dit-il, ses moyens d'expression, tandis
qu'après lecture du *Caton* de Brutus, il s'est considéré
comme un homme éloquent !

3. Puis j'ai appris de Balbus les conditions de l'acceptation, pour l'héritage de Cluvius (quel négligent, ce
Vestorius !)[1] : acceptation libre, en présence de témoins,
dans les soixante jours. Je craignais de devoir faire venir
Vestorius ; mais, en réalité, il faut que j'envoie un man-
dataire pour accepter suivant mes instructions ; encore
Pollex, donc. J'ai aussi parlé à Balbus des « jardins »
de Cluvius ; l'obligeance même : il va écrire immédiatement à César et m'a informé que Cluvius léguait, sur
la part de T. Hordéonius[b], des sommes destinées à Térentia (50.000 sesterces), à son tombeau, à bien d'autres
fins, aucune sur la mienne. Adresse, s'il te plaît, un
discret reproche à Vestorius ; est-il admissible que Plotius le parfumeur ait informé Balbus longtemps à l'avance
de tous les détails, par l'intermédiaire de ses propres
esclaves, et que lui ne m'ait informé de rien, même par
mes gens ?

---

a. Pollex, esclave *a pedibus* de Cicéron (cf. *CCCXLIV* = *Att.*,
VIII, 5, 1), ne lui a apporté aucune information sur l'héritage de
Cluvius (cf. § 3 ; lettre précédente et Not., p. 198).

b. Les *Hordeonii* étaient une riche famille de marchands, établie
en Campanie (cf. Muenzer, in *R. E.*, VIII, c. 2405).

mihi Lanuui prid. Id. praesto fuit; sed plane pollex, non index! Cognosces igitur ex ipso. **2.** Balbum conueni (Lepta enim de sua *munerum* curatione laborans me ad eum perduxerat), in eo autem Lanuuino quod Lepido tradidit. Ex eo hoc
primum : « paulo ante acceperam *a Caesare* litteras
in quibus magno opere se confirmat ante ludos
Romanos. » Legi epistulam : multa de meo Catone,
quo saepissime legendo se dicit copiosiorem factum, Bruti Catone lecto se sibi uisum disertum.

3. ⟨Tum⟩ ex eo cognoui cretionem ⟨Cluui (o
Vestorium negligentem!) : liberam cretionem⟩ tes-
tibus praesentibus sexaginta diebus. Metuebam ne
ille arcessendus esset; nunc mittendum est ut meo
iussu cernat; idem igitur Pollex. Etiam de hortis
Cluuianis egi cum Balbo; *n*il liberalius : se enim
statim ad Caesarem scripturum, Cluuium autem a
T. Hordeonio legare et Terentiae HS ɔ et sepul-
cro multisque rebus, nihil a nobis. Subaccusa, quaeso,
Vestorium; quid minus probandum quam Plotium
unguentarium per suos pueros omnia tanto ante
Balbo, illum mi ne per meos quidem?

DCLXXXIX. — *M* 189 v°; *R* 113 r°; *P* 165 r°. *Deest E. Nouam*
ep. dist. Cratander.

1. 2 lanuui(i) *bdms* : lanui *M*¹, *R* lanuuini *M*ᶜᵒʳʳ iunii *P* ‖ 3 index *M*ᶜᵒʳʳ*bdms* : iudex *M*¹, *P* uideo *R.*

2. 2 munerum *Schmidt* (*ex* mun., *coll.* Fam., VI, 19, 2) : ui in *Mdm*
in (incur-) *bs* ui (suaui; *spat. rel.*) *P* uini *R*, *La.*ᶜ, *edd.* uini *aut* ui
in *Z*ˡᵃ ‖ 3 in eo *RP* : meo *Mdm* mea *bs* ‖ 4 lanuuino *m* : lanuino *M*¹*d*,
R laminio (?) *M*ᶜᵒʳʳ lanuuio *sG* lauinno *P* ‖ hoc *ds*, *P* : h(a)ec *Mbm*
h' *R* ‖ 5 a Caesare *scripsi* (*duce Schütz, qui* Caesaris) : eas Δ, *RP* has
coni. Sh. Bailey ‖ 6 se *RPO*, *ed. Crat.* : om. Δ (*uett.*) ‖ 8 quo *Z*ᵇ, *La.*ᶜ :
qu(a)e Δ, *RP* ‖ 9 uisum *bm*, *P* : iussum *Md*, *R* uide *s.*

3. 1 tum *add. Graevius* ‖ 1-2 Cluui(i) o (Cluuio *ed. Crat.*) Vestorium
negligentem liberam cretionem *Z*ᵇ, *ed. Crat.* : om. Ω (*uett.*) ‖ 6 nil
liberalius *Lambin.* : illib- *RPO*, *Cr.*ᵐ lib-Δ, *uett.* ‖ 7-8 a t(ito) *O*, *Cr.*ᵐ :
actito *R* actico *P* att- (Δ) ath- *d* ‖ 8 ɔ *M*, *R* : IIII *bms* LIIII *P*
L (*spat. rel.*) *d.*

4. Je suis peiné pour Cossinius ; j'avais de l'estime
pour cet homme[1]. Je transférerai sur la tête de Quintus
le reliquat éventuel, après paiement de mes dettes et
de mes acquisitions, ... qui, je présume, m'obligeront
à faire de nouvelles dettes[2] ! Je ne sais rien de la maison d'Arpinum.

5. Tu n'as aucun reproche à faire à Vestorius :
j'avais déjà cacheté cette lettre quand, de nuit, un de
mes courriers est arrivé, m'apportant une lettre de lui,
attentivement rédigée, et un exemplaire du testament.

DCXC. — A ATTICUS.
(*Att.*, XIII, 47).
Domaine de Tusculum, 13 août 45.

« Ton ordre, Agamemnon, me priant » non pas « de
venir » (cela aussi, je l'aurais fait, s'il n'y avait Torquatus), mais de t'écrire
    « Avait à peine atteint mon oreille, aussitôt »
je laissai là ce qui était en train, je rejetai ce que j'avais
en mains, « j'ébauchai » ce que tu m'avais prescrit[3].
Je voudrais que tu t'informes auprès de Pollex du
compte de mes dépenses ; car il est peu reluisant pour
moi que ce garçon, quoiqu'il vaille, se trouve à court
cette première année[a] ; ensuite, je règlerai leur débit
avec plus de soin. Il faut renvoyer Pollex — encore
lui — pour qu'il accepte l'héritage[b]. J'ai dû m'interdire d'aller à Pouzzoles, d'abord pour la raison que je
t'ai écrite[c], mais surtout parce que César arrive. Dolabella m'écrit qu'il viendra me voir le 14 ; un maître
bien importun[4] !

---

a. Cicéron pense à son fils, installé à Athènes depuis la fin d'avril
b. Voir la lettre précédente, § 3.
c. Cf. *supra*, § 1 *nisi Torquatus esset.*

4. De Cossinio doleo ; dilexi hominem. Quinto delegabo si quid aeri meo alieno superabit et emptionibus, ex quibus mi etiam aes alienum faciendum puto. De domo Arpini nil scio.

5. Vestorium nil est quod accuses ; iam enim obsignata hac epistula noctu tabellarius noster uenit et ab eo litteras diligenter scriptas attulit et exemplum testamenti.

DCXC. — AD ATTICVM.
(Att., XIII, 47).

Scr. in Tusculano Id. Sext. a. 709 /45.

« Postea quam abs te, Agamemno », non « ut uenirem » (nam id quoque fecissem nisi Torquatus esset), sed ut scriberem « tetigit auris nuntius, extemplo » instituta omisi ; ea quae in manibus habebam abieci, quod iusseras edolaui.

Tu uelim e Pollice cognoscas rationes nostras sumptuarias. Turpe est enim nobis illum, qualiscumque est, hoc primo anno egere. Post moderabimur diligentius. Idem Pollex remittendus est, ut ille cernat. Plane Puteolos non fuit eundum, cum ob ea quae ad te scripsi, tum quod Caesar adest. Dolabella scribit se ad me postridie Idus ; o magistrum molestum !

4. 1 de Cossinio (Cosi- *Cr.*^m) *s*² *(in marg.)*, *Cr.*^m : de cofi- (corfi- *P*) *RP* deos in io *Mm*, *G* deos mi (in i *d*) *bds* ‖ 2 meo alieno Δ : a- meo *P* meo *R*.

5. 3 diligenter Δ, *P* : sapie- *R*.

DCXC. — *M* 190 r°; *R* 113 v°; *P* 165 r°. *Deest E. Post* Idus (*u.* 12) *nouam ep. inc.* Cratander (*uide ad* XIII, 47 *a* = DCCVI).

3-4 auris — instituta *Z*, *Cr.*^m : *om.* Ω.

DCXCI. — A ATTICUS.
(Att., XIII, 37 *a*).
Domaine de Tusculum, 14 août 45.

Pourrais-tu, si tu le juges opportun, alerter Balbus
et Offilius pour l'affichage de la vente[a]? Moi-même,
j'ai parlé à Balbus : il était partisan — je pense qu'Offilius a tous les renseignements par écrit ; Balbus aussi
les a — il était partisan, disais-je, d'une date rappro-
chée et d'une vente à Rome ; si le retour de César tar-
dait, la date pourrait être reportée. Mais, en fait, il
semble que César arrive. Examine donc bien tout ; Vestorius est d'accord.

DCXCII. — A ATTICUS.
(Att., XIII, 38).
Domaine de Tusculum, 15 août 45.

1. Avant l'aube, comme j'écrivais contre les Épicuriens[b], sans renouveler l'huile de ma lampe ni reprendre
mon élan j'ai griffonné je ne sais quoi à ton adresse et
avant l'aube je l'ai expédié. Puis, après m'être rendormi,
je m'étais réveillé avec le soleil, quand on me remet
une lettre de ton neveu, dont je t'envoie l'original ;
le début est des plus offensant ; mais peut-être *n'a-t-il
pas fait attention[c]*. Voici le texte : « pour ma part, tout
ce qu'on peut dire de méchant contre toi... » ; son idée

---

a. La vente des biens composant l'héritage de Cluvius ; voir la
Notice, p. 198.

b. Les *Tusculanes* sans doute, plutôt que le *De nat. deor.* (voir
l'App. II A, p. 313). Sur le reste de la lettre, voir la Notice, p. 200.

c. ἐπέστησε : scil. τὸν νοῦν.

DCXCI. — AD ATTICVM.
(*Att.*, XIII, 37 a).

Scr. in Tusculano xix Kal. Sept. a. 709/45.

Velim, si tibi uidetur, appelles Balbum et Offilium de auctione proscribenda. Equidem locutus sum cum Balbo : placebat — puto conscripta habere Offilium omnia ; habet et Balbus — sed Balbo placebat propinquum diem et Romae ; si Caesar moraretur, posse diem differri. Sed is quidem adesse uidetur. Totum igitur considera ; placet enim Vestorio.

DCXCII. — AD ATTICVM.
(*Att.*, XIII, 38).

Scr. in Tusculano xviii Kal. Sept. a. 709/45.

1. Ante lucem cum scriberem contra Epicureos, de eodem oleo et opera exaraui nescio quid ad te et id ante lucem dedi. Deinde cum, somno repetito, simul cum sole experrectus essem, datur mi epistula a sororis tuae filio, quam ipsam tibi misi ; cuius est principium non sine maxima contumelia, sed fortasse οὐκ ἐπέστησεν. Est autem sic : « ego enim quicquid non belle in te dici potest... » ; posse

DCXCI. — *M* 187 r° ; *R* 112 r° ; *P* 163 r°. *Deest E. Nouam ep. incepit a* uelim *Sh. Bailey, a* de gladiatoribus (37, 4 = *DCXCVII*) *L. R. Taylor* (Class. Philol., 1937, p. 233 sq.).

6 posse diem *Z* : -em d- *RPO¹* -e (-em *O²*) in diem diem Δ, *O²* -e in dis *G* ‖ 7-8 uestorio Δ : nes- *RP*.

DCXCII. — *M* 187 r° ; *R* 112 r° ; *P* 163 v°. *Deest in E, praeter* **2.** 3 nunc — 7-8 temporibus. *Nouam ep. dist. Cratander.*

1. 1 epicureos *bs*, *P* : -ros *Md*, *R* -rus *m* ‖ 2 de *P* : deosΔ de eos *R* ‖ 3 id ante *RP*, ed. *Crat.*, *Sjögren* : ḍante *M* ante *bdms* (*uett.*) ‖ 4 mi *Mms*, *La.*ᵐ : mihi *b*, *P* in *dG*, *R* ‖ 5 sororis tu(a)e *M²bms, uett.* : soris tum *M¹d*, *RP*.

est donc qu' « on peut » dire bien des méchantes choses
contre moi, mais il affirme qu'il ne les prend pas à son
compte. Peut-on rien imaginer de plus infect? Mais tu
liras le reste, puisque je te l'envoie, et tu apprécieras[1].
Impressionné sans doute par les éloges quotidiens, in-
cessants de mon cher Brutus sur mon compte — une
foule de gens me les ont rapportés —, cet individu aura
fini par m'écrire quelque chose ; à toi aussi, je suppose? Tu me le diras. Ce qu'il a écrit à son père sur mon
compte, je l'ignore ; mais, en parlant de sa mère, quel
bon fils ! « Je voulais », dit-il, « pour être le plus possible avec toi, qu'on me louât une maison, et je te l'avais
écrit. Tu n'en as pas tenu compte. Ainsi nous serons
moins souvent ensemble ; car moi, je ne peux pas voir
ta maison, tu sais pourquoi ». **2.** Le pourquoi, au
dire du père, est sa haine pour sa mère.

Maintenant, mon cher Atticus, aide-moi de ton conseil : « *est-ce loyalement vers une tour plus haute...* »?
autrement dit, vais-je ouvertement repousser et rejeter
le personnage ou recourir « *aux détours de la ruse* »?
Comme Pindare, en effet, « *j'hésite à nettement le dire* »[2].
A tout prendre, la première méthode sied mieux à mon
caractère ; mais la seconde aux circonstances, peut-être.
En tout cas, la solution que tu te proposeras d'adopter
de ton côté, considère que, du mien, elle l'est d'avance.
Pour ma part, ce que je redoute le plus, c'est qu'on
vienne me surprendre dans ma propriété de Tusculum.
Dans la grande foule, tout cela serait moins gênant.
Alors, un séjour à Astura? Mais si César arrive à l'im-
proviste? Aide-moi, s'il te plaît, de ton conseil. Je me
rangerai à ta décision.

uult in me multa dici non belle, sed ea se negat
approbare. Hoc quicquam pote impurius? Iam cetera leges — misi enim ad te — iudicabisque.
Bruti nostri cottidianis adsiduisque laudibus, [ne] quas
ab eo de nobis haberi permulti mihi renuntiauerunt,
commotum istum aliquando scripsis*se* aliquid ad
me credo, et ad te, idque ut sciam facies. Nam ad
patrem de me quid scripserit nescio, de matre quam
pie! « Volueram », inquit « ut quam plurimum tecum essem, conduci mihi domum et id ad te scripseram. Neglexisti. Ita minus multum una erimus ;
nam ego istam domum uidere non possum ; qua
de causa scis. » **2.** Hanc autem causam pater
odium matris esse dicebat.

Nunc me iuua, mi Attice, consilio : « πότερον δίκᾳ
τεῖχος ὕψιον », id est utrum aperte hominem asperner et respuam, « ἢ σκολιαῖς ἀπάταις »? Vt enim Pin-
daro sic « δίχα μοι νόος ἀτρέκειαν εἰπεῖν ». Omnino
moribus meis illud aptius, sed hoc fortasse temporibus. Tu autem quod ipse tibi suaseris, idem mihi
persuasum putato. Equidem uereor maxime ne in
Tusculano opprimar. In turba haec essent faciliora.
Vtrum igitur Asturae? Quid ⟨si⟩ Caesar subito?
Iuua me, quaeso, consilio. Vtar eo quod tu de-
creueris.

1. 10 pote *M, RP* : -est *bdms, ed. Rom.* -est esse *(uett.)* ‖ 12 nostri *bms*
(uett.) : -is *Md, RP (uett.)* ‖ ne *del. Hervagius* ‖ 14 scripsisse *anon. ap.*
Corradum : -psisti Δ, *R* -psi *P* ‖ 15 credo Δ, *RP* : c- ; credo *Sh. Bai-*
ley.

2. 3 me iuua *M²bm, RP* : me uiuna *E* me uia *M* iuua me *(om.*
mi) *ds* ‖ 4-5 asperner et *P, ed. Crat.* : -ret *M¹, R* -r ac *M²bdms, E (uett.)* ‖
5-6 ut — sic *om. E* ‖ 9 putato *RPO, Cr.*ᵐ : puto Δ, *uett.* ‖ 11 asturae
(uel sim.) codd. : -ram *Wesenberg* (Em. alt., p. 133) ‖ si *Z*ᵇ, *edd.* :
om. Δ, *RP* ‖ 12 iuua (uia *M¹*) Δ : etiam i- *RP.*

DCXCIII. — A ATTICUS.
(*Att.*, XIII, 39).
Domaine de Tusculum, 16 août 45.

1. Quelle incroyable duplicité ! S'adressant à son
père, il doit fuir la maison à cause de sa mère ; s'adressant à sa mère, il déborde de piété filiale*ᵃ* ! Cependant,
voilà déjà le père qui fléchit et qui affirme que l'autre
a des raisons de lui en vouloir¹.
2. Mais je suivrai ton conseil — car je vois bien
que tu optes pour les « *détours* » — : je viendrai à Rome,
comme tu le préconises, mais à contrecœur, car je suis
en pleine rédaction. « Tu verras Brutus par la même
occasion », dis-tu : oui, bien sûr ; mais, sans l'autre
raison, ton argument ne me fléchirait pas : le secteur
d'où il vient n'est pas celui que j'aurais souhaité*ᵇ*, il
n'est pas resté longtemps absent et il ne m'a pas envoyé
une ligne ; pourtant je brûle de connaître le bilan glo-
bal de son voyage. Pourrais-tu, s'il te plaît, m'envoyer
les livres dont je t'ai déjà parlé et surtout le traité de
Phèdre Sur les dieux et *Pallasᶜ*?

DCXCIV. — A ATTICUS.
(*Att.*, XIII, 40).
Domaine de Tusculum, 17 août 45.

1. Ah oui vraiment? Brutus annonce que César
passe du côté des honnêtes gens? *Bonne nouvelle!* Mais

a. Voir la lettre précédente, avec la note 1, et la Notice, p. 200.
b. Brutus va revenir de Gaule cisalpine, où il a été convoqué
par César (cf. Not., p. 199).
c. Voir l'App. II A, p. 314.

DCXCIII. — AD ATTICVM.
(*Att.*, XIII, 39).

Scr. in Tusculano xvii Kal. Sept. a. 709/45.

1. O incredibilem uanitatem! Ad patrem domo
*s*ibi carendum propter matrem, ⟨ad matrem⟩ plena
pietatis! Hic autem iam languescit et ait *s*ibi illum
iure iratum. **2.** Sed utar tuo consilio — σκολιὰ enim
tibi uideo placere — : Romam, ut censes, ueniam,
sed inuitus; ualde enim in scribendo haereo. « Brutum » inquis « eadem » : scilicet; sed nisi hoc esset,
res me ista non cogeret; nec enim inde uenit unde
mallem neque diu afuit neque ullam litteram ad
me; sed tamen scire au*e*o qualis ei totius itineris
summa fuerit. Libros mihi de quibus ad te antea
scripsi uelim mittas et maxime Φαίδρου Περὶ θεῶν et
Παλλάδος.

DCXCIV. — AD ATTICVM.
(*Att.*, XIII, 40).

Scr. in Tusculano xvi Kal. Sept. a. 709/45.

1. Itane? Nuntiat Brutus illum ad bonos uiros?
Εὐαγγέλια! Sed ubi eos? Nisi forte se suspendit!

DCXCIII. — *M* 187 v°; *R* 112 v°; *P* 163 v°. *Deest in E, praeter* **2.** 2 Romam — 3 haereo.

1. 2 ad matrem *add. Orelli; cf.* Att., XIII, 41, 1 (DCXCV) ‖ plena
RP, Z^b, *La.*c : -am Δ, *uett.* ‖ 3 sibi *La.*c, *Victorius* : tibi Δ, *RP* ‖
4 iratum *M*corr*bms*, *P* : iur-*M*¹*dG*, *R*.

2. 1 tuo Δ : *om. RP* ‖ 2 tibi uideo Δ, Z^b : sibi u- *La.*c u- tibi *R* t- *P* ‖
6 diu afuit *edd.* : diua f- Δ, *R* d (*spat. rel.*) f- *P* ‖ 7 aueo *uett.* : habeo Δ, *RP* ‖ ei (Δ) : eius *dG; om. RP* ‖ 9 περὶ — Παλλάδος *om. bds* ‖
θεῶν *Victorius* : ΟϹΩΝ *M*¹*m*, *RP* ‖ 10 Παλλάδος *Orelli, Sjögren* :
ΠΛΛΙΔΟϹ *M* ΠΑΑΙΔΟϹ *m* ΡΑΛΙΑΟϹ *P* ϹΙΑΛ- (?) *R; cf. App.*
II A, p. 314, *n. 1.*

où va-t-il les trouver? A moins de se pendre[1] ! Quant
à l'autre, selon le côté d'où le vent souffle[2]... Où est
donc passé ce *chef-d'œuvre* de toi que j'ai vu dans son
Parthénon, montrant Ahala et Brutus[3]? Mais que
pourrait-il faire?

Excellente, cette remarque : « même le responsable
de toutes ces infamies ne dit pas de bien de notre neveu »[4]. Pourtant je craignais que même Brutus n'eût
pour lui de l'estime ; car le garçon me l'a laissé entendre dans la lettre qu'il m'a adressée[a] : « Mais quel
dommage que tu n'aies pu déguster quelque bribe de
nos bavardages ! » Au fait, nous en parlerons en tête-à-
tête comme tu l'écris.

2. Cela dit, que me conseilles-tu? J'accours ou je
reste ici? Pour ma part, je suis plongé dans mes livres
et je ne veux pas recevoir ce garçon ici ; j'apprends
que son père est parti aujourd'hui pour les Roches ⟨...⟩[5],
à sa rencontre ; il s'en allait extraordinairement monté,
au point que j'ai dû le sermonner. Mais moi-même *je
suis comme une girouette.* Aussi, à l'avenir[6]... A toi de
voir ce que tu penses de ma venue éventuelle et donne-
moi ton avis *sur tous les points* demain, si tu réussis à
y voir clair ; dès le matin, pour que je sois informé sans
délai.

DCXCV. — A ATTICUS.
(Att., XIII, 41).
Domaine de Tusculum, 18 août 45.

1. Eh bien ! J'envoie à Quintus ta lettre adressée à
ta sœur[7]. Il se plaignait de la guerre entre le fils et la
mère et se disait décidé, pour cette raison, à abandon-

---

a. Cf. *DCXCII = Att.,* XIII, 38, 1.

Hic autem ut fultum est… Vbi igitur φιλοτέχνημα illud tuum quod uidi in Parthenone, Ahalam et Brutum? (3) Sed quid faciat?

Illud optime : « sed ne is quidem qui omnium flagitiorum auctor bene de nostro ». At ego uerebar ne etiam Brutus eum diligeret ; ita enim significarat iis litteris quas ad me : « ast uellem aliquid degustasses de fabulis ». Sed coram, ut scribis. **2.** Etsi quid mi auctor es? Aduolone an maneo? Equidem et in libris haereo et illum hic excipere nolo ; ad quem, ut audio, pater hodie ad Saxa †acronoma†; mirum quam inimicus ibat, ut ego obiurgarem. Sed ego ipse κεκέπφωμαι. Itaque posthac… Tu tamen uide quid de aduentu meo censeas et τὰ ὅλα cras, si perspici potuerint, mane, statim ut sciam.

DCXCV. — AD ATTICVM.
(*Att.*, XIII, 41).

Scr. in Tusculano xv Kal. Sept. a. 709/45.

1. Ego uero Quinto epistulam ad sororem misi. Cum ille quereretur filio cum matre bellum et se

DCXCIV. — *M* 188 r⁰ ; *R* 112 v⁰ ; *P* 164 r⁰. *Deest E.*

1. 3 fultum Δ, *RP* : *locum incertum al. al. correx.* (stultum, iussum, fuit tum, fuit etiamnunc, tu « futilium est ») ‖ ubi Δ : ibi *RP* ‖ 4 Ahalam *Manutius* : Alani *Cr.*ᵐ ala Δ, *R*²*P* alia *R*¹ ‖ 6 is *bdms*, *RP* : his *M* ‖ 9 me ast *M*ᶜᵒʳʳ, *edd. Iens. et Crat.*, *Sjögren* : mea est *M*¹, *RP* meas at *bm*, *edd. Asc.*² *et Rom.* me a se *ds* me a te *Orelli* me ac *Wesenberg*, *Sh. Bailey* ‖ 10 degustasses *Gronovius* : -sse Δ, *RP*.

2. 1 mi *M*²*bdm*²*s* : mei *M*¹*m*¹ etiam mei *RP* ‖ 4 acronoma *Z* : acrun- *Cr.*ᵐ acrimonia Δ, *RP* summa acr- *Schmidt; loc. nondum san.* ‖ 5 κεκέπφωμαι *Bosius* : ΚΕΦΦΩΜΑ *Mm*, *RP; om. bds* ‖ posthac tu *ed. Crat.*, *edd.* : post fac tu Δ (*uett.*) post factum *RP* ‖ 6 uide Δ : *om. RP.*

DCXCV. — *M* 188 r⁰ ; *R* 112 v⁰ ; *P* 164 r⁰. *Deest in E, praeter* 2. 2 sed ut — 4 debet.

1. 2 ante et se *add.* esse *Wesenberg.*

ner la maison à son fils ; je lui ai donc signalé que le
fils avait envoyé une lettre accommodante à sa mère[1]
et pas une seule à toi. Le premier point l'a surpris ; mais
en ce qui te concerne, c'était sa faute, d'après lui, parce
qu'il avait plus d'une fois écrit à son fils en termes sévères sur ton attitude injuste à son égard. Quant à dire,
comme il le fait, qu'il s'est calmé, c'est moi qui lui ai
donné à entendre, après avoir lu ta lettre et en recourant « *aux détours de la ruse* »[2], que je ne serais pas
⟨intraitable⟩ [?] — car mention était alors faite de Cana ;
2. de toute façon, si ce projet était agréé[3], nécessité
ferait loi —. Mais, comme tu l'écris, nous devons faire
preuve de constance et aligner notre conduite l'un sur
l'autre, bien que les offenses à ma personne aient été
plus graves et en tout cas plus notoires. Toutefois, si
Brutus aussi doit apporter un élément de plus, alors il
n'y a pas d'hésitation. Mais nous en parlerons : c'est
une question importante, qui demande beaucoup de
circonspection. A demain, donc, à moins que tu ne
me donnes un peu de congé !

DCXCVI. — A ATTICUS.
(*Att.*, XIII, 48).
Domaine de Tusculum, 21 août 45.

1. Hier, en plein vacarme[a], il me semble bien t'avoir
entendu dire quelque chose, comme quoi tu viendrais
chez moi, à Tusculum. Si seulement c'était vrai ! oui,
si c'était vrai ! Mais à condition que cela ne te dérange
pas.

Lepta[b] me demande d'accourir à Rome, si jamais il
a besoin de moi ; car Babullius est mort. César, je pense,

---

a. Au moment où Cicéron quittait Rome ; voir la Notice, p. 200.
b. Q. Paconius (?) Lepta, ancien commandant du génie auprès de
Cicéron, en Cilicie (cf. t. VII, p. 211). Babullius est un inconnu.

ob eam causam domo cessurum filio diceret, dixi
illum commodas ad matrem litteras, ad te nullas.
Ille alterum mirabatur ; de te autem suam culpam,
quod saepe grauiter ad filium scripsisset de tua in
illum iniuria. Quod autem relanguisse se dicit, ego
ei tuis litteris lectis σκολιαῖς ἀπάταις significaui me
non fore ⟨...⟩ — tum enim mentio Canai ; **2.** omnino si id consilium placeret, esset necesse —. Sed,
ut scribis, ratio est habenda grauitatis et utriusque
nostrum idem consilium esse debet, etsi in me
grauiores iniuriae et certe notiores. Si uero etiam
Brutus aliquid adferet, nulla dubitatio est. Sed
coram ; magna enim res et multae cautionis. Cras
igitur, nisi quid a te commeatus !

DCXCVI. — AD ATTICVM.
(Att., XIII, 48).

Scr. in Tusculano xii Kal. Sept. a. 709/45.

1. Heri nescio quid in strepitu uideor exaudisse
cum diceres te in Tusculanum uenturum. Quod
utinam ! iterum utinam ! Tuo tamen commodo.

Lepta me rogat ut, si quid sibi opus sit, accurram ; mortuos enim Babullius. Caesar, opinor, ex

1. 6 f. *uel* filium scripsisset Δ : Q. f. scripsit *RP* ‖ 7 se Δ, *RP* :
me *Sh. Bailey* ‖ 9 *post* fore *suppl.* ei iratum *Lambin.*, ἄτεγκτον
Tyrr.-Purs. ; etiam alia, ut ei infestum *uel* ἄτρεπτον *uel sim., con-
icere licet* ‖ tum Δ : cum *RP* ‖ canai Δ, *RP, uett.* : Canae *Bosius.*
2. 3 ut Δ : ut tu *RP* ‖ 4 etsi in me *P, ed. Crat.* : etsi in mea Δ *(uett.)*
et sim in ea *R* ‖ 6 adferet (aff-) *Mdm, R* : adfert *bs, P* ‖ 7 mult(a)e
bms, P : -ta *Md, R.*

DCXCVI. — *M* 190 v° ; *R* 113 v° ; *P* 165 v°. *Deest E. Nouam
ep. dist. Cratander (qui init. ep.* 49 [= DCXCVIII] *huic parum recte
adnex.).*

1. 1 *ante* exaudisse *add.* ex te *Sh. Bailey* ‖ 5 mortuos *M¹dG, Sjögren* : -tuus *M²bms* -tuo *RP* ‖ babullius *Mbms* : -l(l)io *RP* bal(l)ius *dG.*

doit hériter d'un douzième, bien qu'il n'y ait encore
rien de certain, mais Lepta, lui, d'un tiers. Or, il craint
qu'on ne lui permette pas d'entrer en possession de son
héritage (absolument *sans raison*, mais il le craint quand
même). Donc, s'il m'appelle, j'accourrai ; sinon, seulement quand ce sera nécessaire. Envoie-moi Pollex[a]
quand tu pourras.

2. Je t'expédie l'*Éloge de Porcia*, corrigé[b] ; je me
suis dépêché pour que, si jamais on l'envoie à son fils
Domitius ou à Brutus, on envoie ce texte-ci. Pourrais-tu,
si cela ne te dérange pas, t'en occuper activement et
pourrais-tu m'envoyer les *Éloges* de M. Varron et d'Ollius, celui d'Ollius en tout cas ? J'ai lu celui de Varron, mais je voudrais le savourer de nouveau, car il y
a certains passages que je crois n'avoir guère lus.

DCXCVII. — A ATTICUS.
(*Att.*, XIII, 37).
Domaine de Tusculum, 21 août 45.

1. Deuxième lettre de moi aujourd'hui ! Pour la
dette de Xénon et les 40.000 sesterces d'Épire, la solution proposée dans ta lettre est la plus pratique et
la plus appropriée[1]. Tu m'en avais parlé dans le même
sens.

2. Balbus le Jeune est avec moi : rien de nouveau,
en réalité, sinon qu'Hirtius a plaidé ma cause avec
acharnement contre Quintus ; celui-ci se déchaîne en
toute occasion et surtout dans les dîners ; quand il a

---

a. Cf. *DCLXXXIX* = *Att.*, XIII, 46, 1.
b. Voir l'App. II C.

uncia, etsi nihil adhuc; sed Lepta ex triente. Vere-
tur autem ne non liceat tenere hereditatem, ἀλόγως
omnino, sed ueretur tamen. Is igitur si accierit,
accurram; si minus, ⟨non⟩ ante quam necesse erit.
Tu Pollicem, cum poteris.

2. Laudationem Porciae tibi misi correctam;
[au]eo properaui ut, si forte aut Domitio filio aut
Bruto mitteretur, haec mitteretur. Id, si tibi erit
commodum, magnopere cures uelim, et uelim M. Var-
ronis et Olli mittas laudationem, Olli utique. Nam
illam legi, uolo tamen regustare; quaedam enim uix
[mihi] credo legisse me.

DCXCVII. — AD ATTICVM.
(*Att.*, XIII, 37).

Scr. in Tusculano xii Kal. Sept. a. 709/45.

1. Has alteras hodie litteras. De Xenonis nomine et de Epiroticis x̄x̄x̄x̄ nihil potest fieri nec
commodius nec aptius quam ut scribis. Id eras locutus mecum eodem modo.

2. Balbus minor mecum : nihil noui sane, nisi
Hirtium cum Quinto acerrime pro me litigasse;
omnibus eum locis *fu*rere maximeque in conuiuiis;

---

1. 8 is *s, RP, ed. Rom.* : his (Δ) (*uett.*) ‖ 9 non *add. Graevius.*
2. 1 correctam eo *La.*ᶜ, *edd.* : -ta aueo *R* -tam aueo *M*¹, *P* -tam
ac eo *M*ᶜᵒʳʳ*bdms, uett.* -tam adeo *Boot* ‖ 5 et olli mittas Δ : se coli-
mitas (-li m- *P*) *RP* ‖ olli utique Δ : olim u- *RP* ‖ 7 mihi *secl. Sh.
Bailey.*

DCXCVII. — *M* 187 rᵒ; *R* 112 rᵒ; *P* 163 rᵒ. *Deest E. De fine huius
ep. uide ad* 37 *a* (= *DCXCI*).

1. 1 xenonis *Mm, P* : xenno- *R* zeno *bds* ‖ 3 id eras *M*¹, *R, ed. Crat.* :
id erat *M*²*bdms, P* (*uett.*) is erat *Gronovius.*
2. 1 *del.* mecum *uett. praeter ed.* Asc.², *alii multi* ‖ 3 furere *Faërnus, edd.* : facere Δ, *RP, Corradus* conuicia (*uel sim.*) fac- *coni. Tyrr.-
Purs.*

longuement parlé de moi, il revient à son père ; son
thème *le plus crédible* est que nous sommes absolument
hostiles à César et que nous ne méritons aucune confiance, mais qu'à mon égard il faut même prendre des
précautions (*ce serait inquiétant*, si je ne voyais le roi[a]
conscient de mon découragement) ; il ajoute que mon
fils Marcus est brimé : mais là-dessus, à sa guise !

3. Je suis bien aise d'avoir confié l'*Éloge de Porcia*
au courrier de Lepta avant d'avoir reçu ta lettre[b] ;
de grâce, donc, si tant est que le texte soit envoyé à
Domitius et à Brutus, veille à ce qu'il le soit dans la
forme que tu as entre les mains.

4. Au sujet des gladiateurs[c] et des autres « *billeve-
sées* », comme tu les appelles dans ta lettre, tiens-moi
au courant jour par jour.

DCXCVIII. — A ATTICUS.
(*Att.*, XIII, 49).
Domaine de Tusculum, 22 août 45.

1. D'abord, salut à Attica : je pense qu'elle est à la
campagne ; salut donc, bien des fois, ainsi qu'à Pilia.

As-tu du nouveau concernant Tigellius[d] ? Ce personnage, à ce que m'a écrit Fabius Gallus, *lance* contre moi
un reproche entièrement injuste : j'aurais fait faux bond
à Phaméa, après m'être engagé à défendre sa cause[e].
De fait, je m'étais engagé, non sans répugnance, à le

---

a. C'est-à-dire César ; voir la Notice, p. 201.

b. Voir la lettre précédente et l'App. II C.

c. Il s'agit probablement des spectacles qui se préparent pour
fêter la victoire remportée en Espagne par César (cf. *DCCIV* =
Fam., VI, 19, 2 : *munerum regiorum*).

d. Voir la Notice, p. 201.

e. Phaméa, mort en 49 (cf. *CCCLXXIX* = *Att.*, IX, 9, 4), était
l'oncle ou, moins probablement, le grand-père de M. Tigellius, son
nepos (cf. lettre suivante, § 2), qui devait mourir en 40 ou peu après.

cum multa de me *t*um redire ad patrem; nihil autem [h]ab eo tam ἀξιοπίστως dici quam alienissimos
nos esse a Caesare, fidem nobis habendam non esse,
me uero etiam cauendum (φοβερ⟨ὸν⟩ ἂν ἦν, nisi uiderem scire regem me animi nihil habere); Ciceronem
uero meum uexari; sed id quidem arbitratu suo.

3. Laudationem Porciae gaudeo me ante dedisse
Leptae tabellario quam tuas acceperim litteras;
eam tu igitur, si me amas, curabis, si modo mitte-
tur, isto modo mittendam Domitio et Bruto.

4. De gladiatoribus, de ceteris quae scribis
ἀνεμοφόρητα, facies me cottidie certiorem.

DCXCVIII. — AD ATTICVM.
(*Att.*, XIII, 49).

Scr. in Tusculano xi Kal. Sept. a. 709 / 45.

1. Atticae primum salutem, quam equidem rure
esse arbitror; multam igitur salutem, et Piliae.

De Tigellio, si quid noui. Qui quidem, ut mihi
Gallus Fabius scripsit, μέμψιν ἀναφέρει mihi quan-
dam iniquissimam, *m*e Phameae defuisse cum eius
causam recepissem. Quam quidem receperam contra
pueros Octauio*s*, Cn. filios, non libenter; sed et

---

2. 4 tum *ed. Rom.*, *edd.* : cum (Δ), *RP* eum *s* ‖ 5 ab eo *Corra-*
dus : habeo Δ, *RP* ‖ tam *RP* : *om.* Δ ‖ 7 φοβερὸν ἂν ἦν *Baiter* :
-ΡΑΝΗΝ *Mm*, *RP* -ρὰν *bds*.

3. 1 Porci(a)e (-rti- *b*, *ed. Rom.*) *b*, *uett.* : portitie (-cie *G*, *RP*) *MmG*,
RP pot- *ds* ‖ *om.* gaudeo — Leptae *RP*.

DCXCVIII. — *M* 190 v°; *R* 113 v°; *P* 165 v°. Deest *E*. *Prima*
uerba usque ad Piliae *ep. 48* (= DCXCVI) *adnex. Cratander.*

1. 1 rure Δ, *RP*, *codd. Malasp.* (*uett.*) : ruri *ed. Rom.*, *edd.* ‖ 2 multam *M²bms*, *P* : -ta *M¹d*, *R* ‖ 5 me Phameae *edd. Crat. et Rom.* :
eph- Δ, *RP*, *ed. Iens.* me Eph- *ed. Asc.²* ‖ 7 Octauios Cn. filios *edd.* :
-ius cn. f. *codd.* ‖ sed et (*uel* sedet) Δ, *RP*, *ed. Crat.* : sed (*uett.*), *edd.*

défendre contre les jeunes Octavii, fils de Cnéus[1] ;
mais j'étais bien disposé aussi pour Phaméa ; car, si
tu t'en souviens, il m'avait fait des offres de service,
par ton intermédiaire, lors de ma campagne pour le
consulat ; et je les gardais aussi présentes à l'esprit
que si j'y avais eu recours. Il vint me trouver et me dit
que le juge avait fixé son audition le jour même où le
cas de mon ami Sestius venait obligatoirement en déli-
bération, en vertu de la loi Pompéia[2]. Tu sais en effet
que les dates de ces procès-là étaient fixées à l'avance.
Je répondis à Phaméa qu'il n'ignorait pas ce que je
devais à Sestius ; qu'il choisît lui-même un autre jour
à sa guise et je ne lui ferais pas faux bond ; c'est ainsi
qu'il se retira en colère. Je crois te l'avoir raconté. Bien
entendu, je ne me suis pas mis en peine et je n'ai pas
cru devoir me soucier de la colère parfaitement injusti-
fiée d'un homme qui m'était étranger.

2. Cependant, j'ai raconté à Gallus, lors de mon
dernier séjour à Rome, ce que j'avais entendu dire,
sans mentionner le nom de Balbus le Jeune ; Gallus en a
fait son affaire, m'écrit-il ; d'après lui, Tigellius soupçonne que c'est par remords d'avoir abandonné Phaméa que je lui tourne le dos[3]. Aussi, tout ce que je te
demande, c'est de recueillir tous les renseignements que
tu pourras sur notre ami[4], de ne pas te mettre en peine
pour moi. C'est une bonne chose de haïr quelqu'un déli-
bérément et de ne pas plus être l'esclave de tout le
monde que dormir pour tout le monde[a]. Et pourtant,
ma parole, tu t'en rends bien compte, ces gens-là[b] sont
plus mes esclaves que je ne suis le leur, si déférence veut
dire esclavage.

a. L'addition a été suggérée par la lettre suivante à Gallus, l. 4.
b. Les Césariens.

Phameae causa uolebam; erat enim, si meministi,
in consulatus petitione per te mihi pollicitus si
quid opus esset; quod ego perinde tuebar ac si usus
essem. Is ad me uenit dixitque iudicem operam
dare sibi constituisse eo die ipso quo de Sestio nostro lege Pompeia in consilium iri necesse erat. Scis
enim dies illorum iudiciorum praestitutos fuisse.
Respondi non ignorare eum quid ego deberem Sestio; quem ipse uellet alium diem si sumpsisset, me
ei non defuturum; ita tum ille discessit iratus.
Puto me tibi narrasse. Non laboraui scilicet nec
hominis alieni iniustissimam iracundiam mihi cu-
randam putaui. **2.** Gallo autem narraui, cum proxime
Romae fui, quid audissem, neque nominaui Balbum
minorem; habuit suum negotium Gallus, ut scribit;
ait illum me animi conscientia, quod Phamean des-
tituissem, de⟨spicere⟩ suspicari. Quare tibi hactenus mando, de illo nostro, si quid poteris, exquiras,
de me ne quid labores. Est bellum aliquem libenter
odisse et quem ad modum ⟨non omnibus dormire,
ita⟩ non omnibus seruire. Etsi mercule, ut tu intellegis, magis mihi isti seruiunt, si obseruare seruire
est.

15 quid *M²ds* : quod *M¹bm*, *RP* ‖ 16 ipse *RP* : *om.* Δ, *Sh. Bailey* ‖ 19 hominis *M*corr*bdms* : -nes *M¹*, *RP*.
   2. 1 narraui *M²bdms* : -it *M¹*, *RP* ‖ 4 illum *codd.* : i- dicere *Lambin.* ille *Schmidt; de hoc loco, cf. comm.* ‖ 5 despicere *scripsi* : de Δ,
RP de se *ed. Crat., multi; coni.* se odisse *Tyrr.-Purs.*, de se dicere
Müller ‖ 7 aliquem Δ : -quod *RP* ‖ 8 quem ad modum *codd., edd.* :
quodammodo *Schmidt* ‖ *add.* non omnibus dormire ita *Lambin.*
(*coll. Fam., VII, 24, 1 = DCXCIX*).

DCXCIX. — A M. FABIUS GALLUS.
(*Fam.*, VII, 24).

Domaine de Tusculum, 22 ou 23 août 45.

M. CICÉRON SALUE M. FABIUS GALLUS.

1. Où que se tournât mon regard, de tout côté j'ai
trouvé des marques de ton amitié ; ainsi aujourd'hui
pour Tigellius : ta lettre m'a fait sentir combien tu
t'étais mis en peine[a]. Je suis donc très touché de ton
empressement. Mais quelques mots sur les faits ; Cipius,
je crois, a dit un jour : « Je ne dors pas pour tout le
monde »[1] ; moi de même, mon cher Gallus, je ne suis
pas l'esclave de tout le monde. Mais de quel esclavage
s'agit-il ? Jadis, quand je passais pour exercer la royauté[2],
personne ne me marquait autant d'égards que ne le
font aujourd'hui tous les intimes de César, à l'exception de cet individu. A mes yeux, c'est tout boni de
n'avoir pas à supporter un homme plus pestilentiel que
sa patrie[3] et j'estime qu'il a été adjugé à son juste prix,
il y a beau temps, par l'annonce à la manière d'Hipponax que rédigea Licinius Calvus[4].

2. Vois plutôt pourquoi il prend feu : j'avais accepté de défendre Phaméa, par intérêt pour sa personne ; car il était vraiment de mes familiers. Il vint
me trouver et me dit que le juge avait fixé son audition le jour même où venait obligatoirement en délibé-
ration le cas de P. Sestius. Je lui répondis que j'étais
absolument indisponible ; qu'il choisît un autre jour à sa
guise et je ne lui ferais pas faux bond. Mais notre homme,
sachant qu'il avait pour neveu [*ou* : pour petit-fils] un
joli joueur de flûte, assez bon chanteur, me quitta fort
irrité, m'a-t-il semblé. Tu connais « les Sardes mis en

a. Voir la Notice, p. 201, et la lettre précédente.

DCXCIX. — AD M. FABIVM GALLVM.
(*Fam.*, VII, 24).

Scr. in Tusculano xi aut x Kal. Sept. a. 709/45.

M. CICERO S. D. M. FABIO GALLO.

1. Amoris quidem tui, quoquo me uerti, uesti-
gia, uel proxime de Tigellio ; sensi enim ex litteris
tuis ualde te laborasse. Amo igitur uoluntatem.
Sed pauca de re ; Cipius, opinor, olim : « non omnibus dormio » ; sic ego non omnibus, mi Galle, seruio.
Etsi quae est haec seruitus? Olim, cum regnare
existimabamur, non tam ab ullis quam hoc tempore
opseruor a familiarissimis Caesaris omnibus praeter
istum. Id ego in lucris pono, non ferre hominem
pestilentiorem patria sua ; eumque addictum iam
tum puto esse Calui Licinii Hipponacteo praeconio.
2. At uide quid suscenseat : Phameae causam
receperam, ipsius quidem causa ; erat enim mihi
sane familiaris. Is ad me uenit dixitque iudicem
sibi operam dare constituisse eo ipso die quo de
P. Sestio in consilium iri necesse erat. Respondi
nullo modo me facere posse ; quem uellet alium
diem si sumpsisset, me ei non defuturum. Ille autem, qui sciret se nepotem bellum tibicinem habere
et sat bonum cantorem, discessit a me, ut mi uidebatur, iratior. Habes « Sardos uenalis alium alio

DCXCIX. — *M* 113 rº ; *G* 57 rº ; *R* 87 vº.
FABIO ω : FADIO *edd.*
1. 4 Cipius *Festus* (*p. 174 Lindsay*) : citius *M* cicius *G* titius *R* ‖
11 tum ω : dudum *Lambin. ; al. al.*
2. 5 sestio *P²*, *edd.* : sentio *M*, *R* sextio *G* ‖ 6 nullo *M* : id n- *GR* ‖
quem uellet ς : q- -em *M* cum -em *GR* ‖ 9 cantorem *Manutius*,
alii : unct- ω ; *cf. Hor.*, Sat., I, 3, 1 sq. ‖ 10 sardos *M* : sacerdos *GR*.

vente : tous plus vils l'un que l'autre »[1]. Te voilà informé de ma cause et de la malhonnêteté de ce « plas-
tronneur ».

Envoie-moi ton *Caton*, car j'ai envie de le lire ; il
n'est à notre honneur, ni à l'un ni à l'autre, que je ne
l'aie pas encore fait[a].

DCC. — A ATTICUS.
(Att., XIII, 50).
Domaine de Tusculum, 23 août 45.

1. Dans une de tes lettres, tu me suggérais de me
mettre en devoir d'adresser à César une lettre assez
substantielle ; aussi, quand Balbus m'eut signalé, l'autre
jour, chez lui à Lanuvium, qu'Oppius et lui-même avaient
écrit à César que j'avais lu et hautement apprécié son
ouvrage contre Caton, j'ai rédigé, à propos de cet ouvrage même, une lettre pour César, avec l'idée de la
soumettre à Dolabella[b] ; mais j'en ai envoyé une copie
à Oppius et Balbus, et je leur ait écrit de faire passer ma
lettre à Dolabella, à condition qu'eux-mêmes trouvent
le texte à leur goût. Ils m'ont répondu qu'ils n'avaient
jamais rien lu de meilleur et ont fait remettre la lettre
à Dolabella.

2. Vestorius m'a écrit pour me demander de céder
par mancipation ma part du domaine de Brinnius à
l'un de ses esclaves, au profit d'un certain Hétéréius,
afin que lui-même puisse, à Pouzzoles, la céder par mancipation à ce dernier[2] ; tu m'enverras cet esclave, si
tu es d'accord — car je suppose que Vestorius t'a également écrit.

3. Au sujet du retour de César, Oppius et Balbus

a. Voir l'App. II C, p. 328, n. 0.
b. Voir l'App. II C. La rencontre avec Balbus à Lanuvium remonte au 12 août (cf. *DCLXXXIX = Att.*, XIII, 46, 1).

nequiorem ». Cognosti meam causam et istius salaconis iniquitatem.

« Catonem » tuum mihi mitte ; cupio enim legere ;
me adhuc non legisse turpe utrique nostrum est.

DCC. ‑ AD ATTICVM.
(*Att.*, XIII, 50).

Scr. in Tusculano x Kal. Sept. a. 709 /45.

1. Admonitus quibusdam tuis litteris ut ad
Caesarem uberiores litteras mittere instituerem, cum
mihi Balbus nuper in Lanuuino dixisset se et Oppium scripsisse ad Caesarem me legisse libros contra
Catonem et uehementer probasse, conscripsi de iis
ipsis libris epistulam Caesari quae deferretur ad
Dolabellam ; sed eius exemplum misi ad Oppium
et Balbum, scripsique ad eos ut tum deferri ad
Dolabellam iuberent meas litteras si ipsi exemplum
probassent. Ita mihi rescripserunt nihil umquam
se legisse melius epistulamque meam iusserunt dari
Dolabellae.

2. Vestorius ad me scripsit ut iuberem mancipio
dari seruo suo pro mea parte Hetereio cuidam fun-
dum Brinnianum, ut ipse ei Puteolis recte mancipio
dare posset ; eum seruum, si tibi uidebitur, ad me
mittes ; opinor enim ad te etiam scripsisse Vestorium.

3. De aduentu Caesaris idem quod a te mihi

2. 11-12 salaconis ω (ἄπ. λεγ.) : *an* σαλάκωνος?

DCC. — *M* 191 rᵒ ; *R* 113 vᵒ ; *P* 166 rᵒ. *Deest E. Post* 3. 2 Balbo
nouam ep. dist. Cratander.

1. 2 mittere (-rem *M*¹) instituerem *M*¹, *Z*ᵇ, *La.*ᶜ : mitterem (-re *M*²)
-ram *M*ᶜᵒʳʳ*bdms*, *RP*, *uett.* ‖ 3 lanuuino *m* : lanuino *M, R* lanuuio *bds*
lauinno *P* ‖ 7 sed — Dolabellam (*u.* 9) *om. P* ‖ 8 tum Δ : tamen *R.*

m'ont envoyé les mêmes informations que toi. Je m'étonne
que tu n'aies pas encore rencontré Tigellius ; je brûle
de savoir, entre autres, le montant de ce qu'il a reçu[a].
Et, après tout, je m'en fiche !

4. Mes projets pour aller à la rencontre de César?
Que proposes-tu en dehors d'Alsium[1] ? J'ai même écrit
à Muréna pour lui demander l'hospitalité[2] ; mais je le
crois déjà parti avec Matius[3]. C'est donc sur ton cher
Silius que retombera le fardeau[4].

5. La ligne précédente était déjà écrite, quand Éros
m'a dit que Muréna lui avait envoyé la réponse la plus
aimable. Ayons donc recours à lui, puisque Silius n'a
pas de matelas ! Quant à Dida[5], je présume qu'il a cédé
sa maison entière à des invités.

DCCI. — A ATTICUS.
(*Att.*, XIII, 51).
Domaine de Tusculum, 24 août 45.

1. J'ai oublié sur le moment de t'envoyer copie de
la lettre que j'ai adressée à César[b] ; non, ce n'était pas
ce que tu soupçonnes, la honte de te paraître ridicule-
ment *pauvre diable*[c] ; ma parole, je n'ai pas écrit autrement que je l'aurais fait *à un égal.* Car je pense du
bien de son ouvrage, comme je te l'ai dit en tête-à-tête ;
par conséquent, je lui ai écrit à la fois *sans flatterie* et
en des termes tels qu'à mon sens il me lira avec le plaisir le plus vif.

2. Enfin me voici pleinement rassuré pour Attica !

---

a. Sur Tigellius, voir les deux lettres précédentes ; on ignore de
qui et pourquoi il a reçu cet argent.

b. Voir l'App. II C.

c. Sobriquet désignant chez Lucien un pauvre hère (*Gall.*, 1 ;
Tyrann., 14) et probablement emprunté au répertoire de la comé-
die (cf. O. E. Schmidt, in *Rhein. Mus.*, LIII, 1898, p. 220 sq.).

scriptum est ab Oppio et Balbo. Miror te nihildum
cum Tigellio ; uelut hoc ipsum, quantum acceperit,
prorsus aueo scire ; nec tamen flocci facio.

4. Quaeris quid cogitem de obuiam itione ;
quid censes nisi Alsium? Et quidem ad Murenam
de hospitio scripseram, sed opinor cum Matio pro-
fectum. S*i*lius *tuus* igitur urgebitur.

5. Scripto iam superiore uersiculo Eros mihi
dixit sibi Murenam liberalissime respondisse. Eo
igitur utamur ; nam Silius culcitas non habet. Dida
autem, opinor, hospitibus totam uillam concessit.

DCCI. — AD ATTICVM.

(Att., XIII, 51).

Scr. in Tusculano ix Kal. Sept. a. 709 /45.

1. Ad Caesarem quam misi epistulam, eius exemplum fugit me tum tibi mittere ; nec id fuit quod
suspicaris, ut me puderet tui ne ridicule Mic*y*llus,
nec mehercule scripsi aliter ac si πρὸς ἴσον ὅμοιόνque
scriberem. Bene enim existimo de illis libris, ut tibi
coram ; itaque scripsi et ἀκολακεύτως et tamen sic
ut nihil eum existimem lecturum libentius.

2. De Attica nunc demum mihi est exploratum ;

3. 2 miror Δ : et m- *RP* ‖ nihildum Δ : nihil *RP.*
4. 4 Silius tuus *Sh. Bailey (auct. Mureto qui* Silius) : salustius (Δ),
RP sallu *m.*
5. 3 silius Δ, *RP* : Sallustius *Corradus* ‖ dida Δ, *P* : tita *R.*

DCCI. — *M* 191 vº ; *R* 114 rº ; *P* 166 rº. *Deest in E, praeter ult.
uersum,* 2. 6 etsi — aduolet.

1. 2 tum *M*ᶜᵒʳʳ*bs, RP* : cum *M*¹*dm* ‖ 3 Micyllus *ed. Crat., Baiter,
O. E. Schmidt* (Rhein. Mus., 1898, p. 221) : micillus Δ *(uett.)* mili-
tibus *R ; om. P (spat. rel.)* ‖ 4 mehercule scripsi aliter Δ : etiam m- a-
scr- *RP* ‖ 6 ἀκολακεύτως *M*ᶜᵒʳʳ*bdms* : ΚΑΚΟΛΑΚ- (-ΟΛΚ- *RP)
M*¹, *RP* ‖ et *M, RP* : *om. bdms.*
2. 1 mihi Δ : m- totum *RP.*

24

Aussi, adresse-lui des félicitations toutes neuves. Ra-
conte-moi Tigellius en entier ! et le plus vite possible ;
je suis haletant. Que je te dise : Quintus sera là demain*a* ; à ta porte ou à la mienne, je ne sais : il m'a
écrit qu'il arriverait à Rome le 25 ; bref ! j'ai envoyé
quelqu'un pour l'inviter. Pourtant, par Hercule, il faut
que je regagne Rome dès maintenant, si je ne veux pas
que le grand personnage accoure avant moi !

DCCII. — A M. FABIUS GALLUS.
(Fam., VII, 25).
Domaine de Tusculum, vers le 24 août 45.

CICÉRON SALUE M. FABIUS GALLUS.

1. Tu te désoles que ma lettre ait été déchirée*b* ; ne
sois pas en peine : le texte est sain et sauf ; tu n'auras
qu'à le prendre chez moi quand tu voudras. Quant
à tes avertissements, je t'en sais beaucoup de gré et
te demande d'agir toujours de même. Tu me parais
craindre qu'en nous attirant la rancune de cet individu*c*,
nous ne risquions de rire *jaune... à la sarde* !
    Mais attention ! Lâche tes tablettes[1] ! Voici le maître
plus tôt qu'on ne l'avait pensé ; je crains les verges
pour les Catoniens.
2. Mon cher Gallus, rien ne doit avoir plus de valeur, à tes yeux, que la partie de ta lettre qui com-

---

a. Quintus semble bien désigner ici le neveu de Cicéron et non pas
son frère ; pour l'interprétation des trois dernières lignes, voir la
Notice, p. 202 sq., n. 1.
  b. Très probablement *DCXCIX* = *Fam.*, VII, 24. Cicéron conser-
vait un double de ses lettres.
  c. Le Sarde Tigellius (voir les lettres précédentes) ; sur l'origine
de l'expression σαρδάνιος (ou -δόν-), voir P. Kretschmer, in
Glotta, XXXIV, 1955, p. 1 sqq.

itaque ei de integro gratulare. Tigellium totum mihi,
et quidem quam primum ; nam pendeo animi. Narro
tibi : Quintus cras ; sed ad me an ad te nescio :
mi scripsit Romam VIII Kal. ; sed misi qui inuitaret. Etsi hercle iam Romam ueniendum est, ne ille
ante aduolet.

DCCII. — AD M. FABIVM GALLVM.
(*Fam.*, VII, 25).

Scr. in Tusculano circ. ix Kal. Sept. a. 709/45.

CICERO S. D. M. FABIO GALLO.

1. Quod epistulam conscissam doles, noli laborare ; salua est ; domo petes, cum libebit. Quod
autem me mones, ualde gratum est, idque ut semper facias rogo ; uideris enim mihi uereri ne, si istum ⟨iratum⟩ habuerimus, rideamus γέλωτα σαρδάνιον.

Sed heus tu, manum de tabula ! Magister adest
citius quam putaramus ; uereor ne in catomum Caton*ia*nos.

2. Mi Galle, caue putes quicquam melius quam
epistulae tuae partem ab eo loco : « cetera labun-

---

2. 3 narro *O, codd. Malasp.*, *Z*b, *La.*m : uarro *RP* narrabo (nara-
M) Δ, *Moricca* ‖ 6 hercle (er- *R*) *M*, Σ : -cule *bdms*.

DCCII. — *M* 113 v°; *G* 57 r°; *R* 87 v°.

FABIO ω : FADIO *edd.*

1. 2 domo ω : domi *M*3 ‖ 4 ne, si *GR* : nisi *M* ne, nisi *Moricca* ‖
5 iratum *add. Wesenberg* (*uel* inimicum ; Em. alt., p. 18. *Cf.* Fam.,
II, 18, 2, *u.* 12 [= *CCLX*]; *Att.*, XIV, 19, 4, *u.* 3), infensum *Tyrr.-*
Purs. ludibrio *Streicher, Sh. Bailey ; al. al.* ‖ 5-6 σαρδάνιον ω : -δόν- ς ‖
8 putaramus *M* : putabamus *R* putamus *G* ‖ 8-9 Catonianos *Boot* : -oni-
nos (-imos *G*) ω, *Moricca* (*coll. Wölfflin*, Archiv f. lat. Lexic., I,
p. 184).

mence par les mots « le reste glisse... »[1]. Écoute cette
confidence en secret, garde-la pour toi, n'en parle même
pas à ton affranchi Apella : en dehors de nous deux,
personne ne s'exprime à ta manière ; bien ou mal?
je verrai plus tard ; mais, bon ou mauvais, c'est à nous.
Hâte-toi donc et ne quitte pas ton calame d'une largeur
d'ongle, comme on dit ; c'est la clef de l'éloquence[2].
Moi-même, d'ailleurs, je vais maintenant jusqu'à an-
nexer une partie de la nuit.

DCCIII. — A ATTICUS.
(*Att.*, XIII, 34).
Astura, 26 août 45.

Je suis arrivé à Astura le 25, à la douzième heure[a],
car je m'étais reposé pendant trois heures à Lanuvium
pour éviter la chaleur[b]. Pourrais-tu, si cela ne te pèse
pas, faire en sorte que je n'aie pas à venir à Rome avant
le 5 (tu le peux par l'intermédiaire d'Egnatius Maximus)[c], mais surtout que tu en finisses avec Publilius
en mon absence[d]? Tu m'écriras ce qu'on dit de cette
affaire ; « comme si le peuple s'en souciait »[e]! Non, bien
sûr, je m'en doute, car c'est une histoire ressassée ;
mais je voulais remplir la page ! Je m'arrête, puisque je
suis sur le point d'arriver, à moins que tu ne me donnes
un délai. Je t'ai déjà écrit au sujet des « jardins »[3].

---

a. C'est-à-dire au coucher du soleil.

b. Cicéron s'est décidé brusquement à quitter Tusculum le 25 et
en a informé Atticus, le 24 au soir ou le 25 au matin, par une lettre
qui ne nous est pas parvenue (voir la Notice, p. 203).

c. Cf. *DCLXXXVIII = Att.*, XIII, 45, 1.

d. Il s'agit de régler les modalités du remboursement de la dot
de Publilia.

e. Citation de Térence, *Andr.*, 185.

tur ». Secreto hoc audi[i], tecum habeto, ne Apellae
quidem, liberto tuo, dixeris : praeter duo nos loquitur isto modo nemo ; bene malene, uidero ; sed,
quicquid est, nostrum est. Vrge igitur nec trans-
uersum unguem, quod aiunt, a stilo ; is enim est
dicendi opifex. Atque equidem aliquantum iam
etiam noctis adsumo.

DCCIII. — AD ATTICVM.
(*Att.*, XIII, 34).
Scr. Asturae *vii Kal. Sept. a. 709 /45.*

Astura*m* ueni VIII Kal. *H. XII* ; uitandi enim
caloris causa Lanuui tris horas acquieueram. Tu
uelim, si graue non erit, efficias ne ante Nonas mihi
illuc ueniendum sit (id potes per Egnatium Maxi-
mum), illud in primis ut cum Publilio me [apene]
absente conficias. De quo quae fama sit scribes ;
« id populus curat scilicet ! » Non me*h*ercle arbitror ; etenim haec decantata erat fabula ; sed com-
plere paginam uolui. Quid plura ? Ipse enim ad-
sum, nisi quid tu prorogas. Scripsi enim ad te de
hortis.

2. 3 audi ç : -ii *M* -i id *GR* -in *Mendelssohn* ‖ 6 quicquid est *M* :
q- *GR* ‖ nec *M* : ne *GR*.

DCCIII. — *M* 186 vᵒ ; *R* 112 rᵒ ; *P* 163 rᵒ. *Deest E ; accedit R ab*
ante Nonas (*u.* 3). *Nouam ep. dist. Cratander.*

1 Asturam (*uett.*) : -r(a)e Δ, *P, ed. Rom.* ‖ H. XII (*uel* XI) *Sh.*
Bailey : iul. *Mbm* iullii *P* iulias *ds* uesperi *Schmidt* (Briefwechsel,
p. 332 ; *post* ueni *Schütz, ante* ueni *Schiche,* Hermes, 1883, p. 611) ‖
5 ut *Z*ᵇ, *La.*ᶜ : om. Δ, *RP, uett.* ‖ publilio *M* : publio *bdms, RP* ‖
del. apene (p- *b, Z*ᵇ) *Schütz* ‖ 7 mehercle *Victorius* : mercedem Δ,
RP.

DCCIV. — A Q. PACONIUS (?) LEPTA.
(*Fam.*, VI, 19).

Astura, 27 ou 28 août 45.

CICÉRON A LEPTA.

1. Je suis heureux que Macula se soit acquitté de
son devoir[1]. Sa propriété en territoire Falerne m'a toujours paru convenir à un gîte d'étape, pourvu que le
logement suffise à abriter ma suite. Au surplus, l'emplacement ne me déplaît pas. D'ailleurs je ne déserterai
pas pour autant ta villa du Pétrinus[2] ; car aussi bien
la propriété que l'agrément du site sont faits pour un
séjour, non pour un gîte d'étape.

2. Au sujet d'un poste quelconque dans l'organisa-
tion des munificences royales, j'ai eu un entretien avec
Oppius ; car, depuis ton départ, je n'ai pas vu Balbus[3] ;
il a un accès de goutte si douloureux qu'il refuse les
visites. Pour tout dire, d'après ce que je crois savoir
de tes intentions, tu agirais plus sagement en renon-
çant complètement à cette idée. Tu n'atteindras en aucune façon le but que tu veux atteindre par une besogne
de cet ordre. En effet, il y a si grande affluence d'amis
intimes qu'on verra plutôt tel ou tel d'entre eux se vola-
tiliser que la porte s'ouvrir à un nouveau venu, surtout si sa contribution se borne à du travail, où le grand
personnage[a] — à supposer qu'il soit informé — verra
un service rendu et non reçu par lui. Mais, d'ailleurs,
j'aviserai à une solution qui ait du lustre. Même sans
cela, à mon sens, pas de marche d'approche ; mieux encore : la dérobade.

Pour ma part, je crois que je vais prolonger mon séjour à Astura, en attendant de savoir par où et quand
le personnage arrivera. Bonne santé.

a. César.

DCCIV. — AD Q. PACONIVM (?) LEPTAM.
(*Fam.*, VI, 19).

Scr. Asturae vi aut v Kal. Sept. a. 709/45.

CICERO LEPTAE.

1. Maculam officio functum esse gaudeo. Eius
Falernum mihi semper idoneum uisum est deuorsorio, si modo tecti satis est ad comitatum nostrum
recipiendum. Çeteroqui mihi locus non displicet.
Nec ea re Petrinum tuum deseram ; nam et uilla
et amoenitas illa commorationis est, non deuorsorii.

2. De curatione aliqua munerum regiorum cum
Oppio locutus sum ; nam Balbum, postea quam tu
es profectus, non uidi ; tantis pedum doloribus ad-
ficitur ut se conueniri nolit. Omnino de tota re, ut
mihi uideris, sapientius faceres si non curares.
Quod enim eo labore adsequi uis, nullo modo adsequere. Tanta est enim intumorum multitudo ut ex
iis aliquis potius effluat, quam nouo sit aditus,
praesertim qui nihil adferat praeter operam, in qua
ille se dedisse beneficium putabit — si modo ⟨id⟩
ipsum sciet —, non accepisse. Sed tamen aliquid
uidebimus in quo sit species. Aliter quidem non
modo non adpetendum, sed etiam fugiendum puto.

Ego me Asturae diutius arbitror commoraturum,
quoad ille ⟨qua⟩ quandoque ueniat. Vale.

DCCIV. — *M* 98 v° ; *G* 54 r° ; *R* 82 v°.
1. 2-3 deuorsorio *M, R* : diuersorso *G ; id. u.* 6 (-orii *G*).
2. 2 balbum *GR* : -us *M* ‖ 10 id *add. Ernesti* ‖ 14 Asturae ç : adt- ω ‖
15 qua *add. Sh. Bailey* (*auct. Reid, ap. Tyrr.-Purs. ad loc.*).

DCCV. — A ATTICUS.
(*Att.*, XIII, 21).
Astura, 27 ou 28 août 45.

1. J'ai déjà expédié à Hirtius une lettre assez volumineuse, écrite tout récemment chez moi, à Tusculum ; je répondrai un autre jour à celle que tu viens de me transmettre. Aujourd'hui je préfère d'autres sujets.

2. Que puis-je faire pour Torquatus, si rien ne me vient de Dolabella? Dès que j'aurai quelque chose, vous le saurez aussitôt[a]. J'attends de lui des courriers aujourd'hui ou demain au plus tard ; dès leur arrivée, ils te seront envoyés. J'attends des nouvelles de Quintus[b] ; car, en partant de Tusculum le 25, je lui ai, comme tu sais, envoyé des courriers.

3. Et maintenant, pour en revenir aux choses sérieuses, ce mot *inhibere* (= « stopper ») proposé par toi, qui m'avait d'abord beaucoup souri, ne me plaît pas du tout : c'est un terme purement nautique ; je le savais, bien sûr, mais je croyais que, sur l'ordre d'*inhibere*, les rameurs « retenaient » (*sustineri*) les avirons[1]. J'ai appris hier qu'il n'en était pas ainsi, en voyant un navire aborder à ma propriété : ils ne « retiennent » pas les avirons, ils rament de façon différente. Ceci est extrêmement éloigné de l'*époché* (= « suspension [du jugement] »). Aussi voudras-tu bien faire rétablir dans mon livre le texte antérieur — et informer aussi Varron, si jamais il a opéré le changement. On ne peut mieux faire qu'imiter Lucilius :

> « Retiens (*sustineas*) ton char et tes chevaux,
> Comme le fait souvent un bon cocher ! »[c]

---

a. Voir Notice, p. 198, et *Att.*, XIII, 9, 1 = *DCLXV*. Le pluriel englobe Atticus, les fils et les amis de l'exilé.

b. Le frère de Cicéron.

c. Lucil., *Frg.* 1305 Marx.

DCCV. — AD ATTICVM.
(*Att.*, XIII, 21).

Scr. Asturae ѵi aut ѵ Kal. Sept. a. 709/45.

1. Ad Hirtium dederam epistulam sane grandem, quam scripseram proxime in Tusculano ; huic quam tu mihi misisti rescribam alias. Nunc alia malo.

2. Quid possum de Torquato, nisi aliquid a Dolabella? Quod simul ac, continuo scietis. Exspectabam hodie aut summum cras ab eo tabellarios ; qui simul ac uenerint, mittentur ad te. A Quinto exspecto ; proficiscens enim e Tusculano VIII Kal., ut scis, misi ad eum tabellarios.

3. Nunc, ad rem ut redeam, « inhibere » illud tuum, quod ualde mihi adriserat, uehementer displicet ; est enim uerbum totum nauticum ; quamquam id quidem sciebam, sed arbitrabar sustineri remos, cum inhibere essent remiges iussi. Id non esse eius modi didici heri, cum ad uillam nostram nauis appelleretur ; non enim sustinent, sed alio modo remigant. Id ab ἐποχῇ remotissimum est. Quare facies ut ita sit in libro quem ad modum fuit ; dices hoc idem Varroni, si forte mutauit. Nec est melius quicquam quam ut Lucilius :

« sustineas currum, ut bonus saepe agitator,
                                    [equosque. »

DCCV. — *M* 181 r° ; *R* 110 v° ; *P* 158 v°. *Deest E.*

1. 3 tu mihi (*uett.*) : tum m- Δ, *Z*ᵇ m- tu *RP* tu *ed. Asc.*² ‖ alia *RPO*¹, *La.*ᶜ : -as Δ, *O*².

2. 2 *post* simul ac *lac. indic. J. C. Jones* (Arch. f. lat. Lex., XIV, 1906, p. 94) ; *sed cf. Lehmann*, p. 67.

3. 5 inhibere *s, Corradus* : -ri (Δ), *RP, codd. Malasp.* ‖ 8 ἐποχῇ *edd.* : epoche Δ, *RP, La.*ᶜ ‖ 11 lucilius *cod. Faёrni* : lucullus Δ, *RP*, *La.*ᶜ ‖ 12 sustineas *M*¹, *RP* : -at *M*²*bdms.*

Et Carnéade compare toujours l'*époché* à la *garde*
d'un boxeur ou au geste de l'aurige qui retient son attelage. En revanche, l'*inhibitio* (= « manœuvre pour
stopper ») implique un mouvement des rameurs, et un
mouvement énergique, consistant en une poussée des
avirons qui agit sur le navire en sens inverse, vers l'arrière. Tu vois combien plus d'attention j'apporte à
ces questions qu'à la rumeur publique ou à Pollion[1],
ou même à Pansa — à moins que tu n'aies des nouvelles plus sûres (je crois en effet que c'est devenu public) — et plus qu'à Critonius en tout cas, pour ne
rien dire de Métellus et de Balbinus.

DCCVI. — A ATTICUS.
(*Att.*, XIII, 47 a).
Astura, 30 août 45.

1. Lépide m'a envoyé hier soir une lettre d'Antium, où il se trouve ; car il possède la maison que j'ai
moi-même vendue[a]. Il me demande avec insistance
d'être présent au Sénat le 1er : César et lui m'en auraient une vive gratitude. Je pense pour ma part que
c'est du vent : Oppius t'en aurait peut-être dit un mot
— puisque Balbus est souffrant[b] —. Cependant, j'aime
mieux venir pour rien que de faire défaut si l'on a besoin
de moi, puis de le regretter. Aussi je serai aujourd'hui
à Antium, demain avant midi chez moi, à Rome. J'aimerais que tu viennes dîner à la maison, si tu n'as pas
pris d'engagement, le 31 avec Pilia.

---

a. Voir la Notice, p. 204. Cette *domus*, située dans l'aggloméra-
tion (il semble bien que Cicéron n'a jamais eu de « villa » à Antium,
contrairement à ce qu'a écrit J. Carcopino, *Les secrets de la Corr.*, I,
p. 83 et 86, n. 2), a été revendue, directement à Lépide sans doute,
entre 56 et 45.

b. Cf. *DCCIV* = *Fam.*, VI, 19, 2.

Semperque Carneades προβολὴν pugilis et retentionem aurigae similem facit ἐποχῇ. Inhibitio autem
remigum motum habet, et uehementiorem quidem,
remigationis nauem conuertentis ad puppim. Vides
quanto haec diligentius curem quam aut de rumore
aut de Pollione, de Pansa etiam — ⟨nisi⟩ si quid
certius (credo enim palam factum esse) — *et* de Critonio [si quid esset] certe, ne de Metello et Balbino.

DCCVI. — AD ATTICVM.
(*Att.*, XIII, 47 *a*).
Scr. Asturae iii Kal. Sept. a. 709/45.

1. Lepidus ad me heri uesperi litteras misit
Antio; nam ibi erat; habet enim domum quam
nos uendidimus. Rogat magno opere ut sim Kalendis in senatu : me et sibi et Caesari uehementer gratum esse facturum. Puto equidem nihil esse; dixisset enim tibi fortasse aliquid Oppius, quoniam Balbus
est aeger. Sed tamen malui uenire frustra quam
desiderari si opus esset, moleste ferre postea. Itaque
hodie Anti, cras ante meridiem domi. Tu uelim,
nisi te impediuisti, apud nos prid. Kal. cum Pilia.

3. 15 ἐποχῇ *Victorius* : ΕΠΟΛΑΙ *Mm, RP; om. bd* (*uterque spat.
rel.*) *s* ‖ 17 uides Δ : tu u- *RP* ‖ 18 h(a)ec *RPO*[1], *ed. Crat.* : hoc Δ,
O[2] ‖ 19 nisi *addidi; add.* sed *Sh. Bailey* ‖ 20 esse et *Sh. Bailey* : esset Δ, *RP, ed. Rom.* esse (*uett.*), *edd.; an* sed? ‖ 21 si quid esset *seclusi; locus incertus* : *coni.* si quid est, sed certe de (*om.* ne) *Orelli*,
si quid est, et certene de *Tyrr.-Purs.*, si quid est certi, ne de *Sh.
Bailey; cf. comm. ad loc.*

DCCVI. — *M* 190 rᵒ; *R* 113 vᵒ; *P* 165 vᵒ. *Deest E. Nouam ep.
hic inc. Gruber, paulo ante Cratander* (*uide ad* 47 = *DCXC*).

1. 7 malui uenire *Mds, P* : malum *R* malim u- (*om.* tamen) *m*
u- malim *b* ‖ 8 *post* esset *add.* et *Wesenberg, Sh. Bailey* ‖ ferre *codd.* :
-rem *Victorius* ‖ 9 anti(i) *M*ᶜᵒʳʳ*bs* (*uett.*) : anui *M*[1]*m, R, ed. Rom.* an.
VI *P* anni *d.*

2. J'espère que tu en as fini avec Publilius[a]. Je me replierai en hâte, le 1er, dans ma villa de Tusculum, car je préfère que toutes les questions soient réglées avec ces gens en mon absence. Je t'envoie la lettre de mon frère Quintus, qui répond sans grande amabilité à la mienne, mais de quoi te donner satisfaction, à ce qu'il me semble du moins. A toi d'en juger[b].

a. Cf. *DCCIII = Att.*, XIII, 34.
b. C'est la réponse que Cicéron attendait à sa lettre du 25 (cf. *DCCV = Att.*, 21, 2) ; son frère avait probablement fait amende honorable à l'égard d'Atticus (cf. *DCXCV = Att.*, XIII, 41, 1).

2. Te spero cum Publilio confecisse. Equidem
Kalendis in Tusculanum recurram; me enim absente omnia cum illis transigi malo. Quinti fratris
epistulam ad te misi, non satis humane illam quidem respondentem meis litteris, sed tamen quod
tibi satis sit, ut equidem existimo. Tu uidebis.

2. 1 publilio *Md* : publio *bms, RP.*

NOTES COMPLÉMENTAIRES

Page 35 :

1. Fameux médecin du temps, mis en scène par Horace dans une de ses *Satires* (II, 1, 161 ; cf. Pers., III, 65).

2. Lénas — probablement le sénateur *Popilius Laenas* (cf. Plut., *Brut.*, 15 sq. ; App., *B. C.*, II, 115 sq.) —, C. Septimius — préteur en 57? — et Statilius (personnage inconnu) étaient sollicités en qualité de témoins et ne semblent pas avoir fait partie du collège des augures.

3. Ce Coccéius, qu'il serait hasardeux de vouloir identifier, était manifestement un débiteur de Cicéron, qui désirait rassembler des fonds pour l'achat d'une propriété (cf. App. I C).

Page 36 :

1. Ce Junius — personnage inconnu —, ne parvenant pas à obtenir des agents d'affaires de Cornificius le paiement d'une créance garantie par Cicéron, s'est retourné contre Atticus, agent d'affaires de ce dernier ; Cicéron ne se rappelle ni avoir donné sa caution ni *a fortiori* s'il l'a fait pour Q. Cornificius père (son concurrent aux élections consulaires ; cf. *Att.*, I, 1, 1 = *X*) ou Q. Cornificius fils, son ami et correspondant (cf. t. VII, Notice, p. 78 sq. ; *Fam.*, XII, 17 = *DIV* ; 18 = *DVIII* ; 19 = *DCXX*). Junius agit sans doute pour le compte du véritable créancier, un Appuléius dont Cicéron indique la profession pour le distinguer d'Appuléius l'augure : celui-là était *praediator*, c'est-à-dire adjudicataire de biens donnés en garantie à l'État et vendus aux enchères en cas de défaillance du débiteur (cf. Gai., *Inst.*, II, 61). Suite de l'affaire en XII, 17 (= *DXCIII*).

2. Notamment des textes de Crantor, Platon, Diogène (de Babylone?), Clitomaque, Carnéade et Posidonius, cités par saint Jérôme à propos de la *Consolation* de Cicéron (*Epist.*, 60, 5, 2 ; cf. K. KUMANIECKI, in *Ann. Fac. Lettres Aix*, XLVI, 1969, p. 378), mais aussi l'opuscule d'Aristote intitulé *Eudémos ou de l'âme* (*ibid.*, p. 384).

3. La *Consolation* perdue (voir l'App. II A) ; Cicéron lui avait-il donné la forme d'une lettre adressée à lui-même? C'est peu probable (cf. KUMANIECKI, *o. c.*, p. 400 sq.) ; en tout cas, on ne peut tirer argument de l'expression ambiguë *per litteras* (reprise en XII, 28, 2 = *DCVI*), comme le fait SHACKLETON BAILEY (in ed. *Att.*, t. V, p. 311, en rapprochant un passage d'une lettre à Brutus, I, 9, 1 : *te... per litteras consolare*) : si l'auteur avait voulu préciser que sa *Consolation* avait la forme d'une lettre, il aurait employé le mot

epistula, qui ne prêtait pas à équivoque (cf. t. VII de la présente édition, p. 271).

Page 38 :

1. *L. Marcius Philippus*, consul en 56, deuxième mari d'Atia, la mère d'Octave ; cf. *Att.*, IX, 15, 4 et X, 4, 10 (t. VI).
2. L'absence d'Atticus ; le « fils d'Amyntas » désigne, par analogie avec le fameux roi de Macédoine, ce Philippe dont Cicéron avait signalé l'arrivée le jour précédent. Pour la datation de cette lettre, voir la Notice, p. 18 sq.

Page 40 :

1. Ce Libo était apparemment un débiteur de Cicéron — et de bien d'autres, s'il ne fait qu'un avec le personnage du même nom cité dans une lettre de mars 49 (*Att.*, IX, 11, 4 = *CCCLXXXIII*) —, Sulpicius (?) et le chevalier L. Egnatius Rufus ses cautions ; Éros, esclave faisant partie de la maison d'Atticus, était spécialement chargé des problèmes financiers de Cicéron.
2. Le chevalier L. Egnatius Rufus (cf. C. NICOLET, *L'ordre équestre à l'époque républicaine*, II, Paris, 1974, n° 134, p. 866 sq.) était un homme d'affaires, avec lequel Cicéron et Atticus entretenaient des relations suivies (cf. *Fam.*, XIII, 43, in t. VI ; *Att.*, XII, 30, 1-2 = *DCIX* ; etc.).

Page 41 :

1. Cf. *DLXXXVII* (= *Att.*, XII, 13, 2) et Not., p. 25 ; sur Lénas, cf. n. 2 *ad* p. 35. Tullius Marcianus — parent de Cicéron ? — accompagna le jeune Marcus à Athènes (cf. *Att.*, XII, 53 = *DCXXXIX*) ; M. Juventius Latérensis, préteur en 51, est évoqué dans le *Pro Planc.*, 52 sq. (et en *Att.*, II, 18, 2 = *XLV*) ; Torquatus est probablement un des fils de l'exilé A. Manlius Torquatus ; sur Naso et Strabo, on ne peut faire que de vaines hypothèses.
2. Cf. *DLXXXVIII* (= *Att.*, XII, 14, 2). Flavius était peut-être agent d'affaires de Cornificius, le débiteur. Il est clair que la *Lex Furia*, mentionnée par Gaius (*Inst.*, III, 121), qui limitait à deux ans la durée des obligations des garants, n'était pas encore en vigueur ou ne s'appliquait pas à l'affaire en question.

Page 42 :

1. Pour l'achat de la propriété confisquée de Pompée ; Antoine n'ayant pas acquitté sa dette, les biens donnés en gages risquaient d'être mis en vente par le Préfet de la Ville, L. Plancus. Parti pour rejoindre César en Espagne, Antoine avait rebroussé chemin en cours de route. Cicéron a conté cet épisode dans la deuxième *Philippique*, 76-78.
2. L'antéposition de *mei* et la suite de la lettre montrent qu'en lançant des bruits malveillants sur le testament fait par son ancien mari après la naissance du petit Lentulus, Térentia répond à

des médisances analogues de Cicéron sur le testament de sa première femme (contrairement à l'usage, elle n'aurait pas donné connaissance à l'avance du contenu du texte aux *obsignatores* ; cf. E. Costa
Cic. giurisconsulto[2], Bologne, 1927, I, p. 209, n. 1). Cet échange de
mauvais procédés est évidemment lié aux âpres tractations concernant le remboursement de la dot de Térentia et le montant de ce
qui lui revient (cf. Not., p. 26). Térentia soupçonne Cicéron d'avoir
désavantagé son petit-fils (au profit de sa deuxième femme, épousée
peu avant la naissance de Lentulus?), à preuve la présence, parmi
les témoins qui avaient contresigné l'acte, de Publilius, frère ou
proche parent de la jeune Publilia ; pour sa défense, Cicéron fait
valoir que la participation de Publilius n'avait pas été préméditée.
Deux points du texte font difficulté : 1° *aduocaui* (l. 10) sans complément direct, avec le sens de « convoquer », est d'autant plus surprenant qu'en réalité Cicéron avait fait venir des témoins (*iusseram*) ;
d'où l'addition *alios* proposée par Boot, aussi arbitraire que sédui-
sante ; Corradus, suivi par Shackleton Bailey, sous-entend *eam*,
c'est-à-dire *Terentiam* : mais on a peine à croire que Térentia ait
pu se plaindre de n'avoir pas été convoquée à la signature du testament de son ancien mari, à titre de *testis*, et que Cicéron n'ait
pas souligné cette inconvenance par un *ipsam*. Si l'on écarte l'hypothèse d'un mot sauté, tel qu'*alios*, on peut admettre, semble-t-il,
que le verbe *aduocare* est employé ici avec le sens fort de « lancer
des convocations en règle » : selon les juristes de l'époque classique,
les témoins devaient être convoqués spécialement pour la circonstance et non pas pris au hasard (cf. *Dig.*, XXVIII, 1, 21, 2 ; B. Kü-
bler, in *R. E.*, 2. R., V A, s. u. *testamentum*, c. 998). — 2° la présence parmi les *obsignatores* de *domestici* de Cicéron (l. 14) paraît
en contradiction avec la règle excluant de cette capacité les personnes qui étaient dans la *potestas* du testateur (cf. Gai., *Inst.*, II,
105-108 ; A. Watson, *The law of succession in the later Roman Republic*, Oxford, 1971, p. 33) ; mais, sans compter que Cicéron avait
pu les faire venir en qualité de *testes*, en plus des sept signataires
obligatoires (cf. par ex. *Att.*, XVI, 16, 1), le terme *domestici* s'étendait à des familiers de la maison qui n'étaient pas nécessairement
sous la dépendance juridique de leur maître comme l'étaient affranchis et clients.

Page 43 :

1. Atticus avait sans doute obtenu que Cicéron fût exempté de
la participation à un jury dans un procès (cf. *DCLVI = Att.*, XIII,
6, 3). Sur Coccéius et Libo, cf. *DXCII* (= *Att.*, XII, 18, 3).

Page 44 :

1. *Cn. Seruilius Caepio*, consul en 141, censeur en 125.

2. Rutilia, sœur de P. Rutilius Rufus (consul en 105), survécut
à son fils C. Aurélius Cotta (cf. Sen., *Consol. ad Helu.*, 16, 7) ; elle
l'avait accompagné dans son exil en 90 ; C. Cotta, consul en 76,
mourut l'année suivante. Sénèque exalte Rutilia comme un modèle

de courage maternel ; bien que saint Jérôme ne cite pas son nom
dans la liste des *exempla* proposés par Cicéron dans sa *Consolation*
(*Epist.*, 60, 5), elle y figurait certainement, Jérôme ne retenant que
des exemples de courage paternel.

Page 46 :

1. Cicéron a exprimé la même idée, quelques mois auparavant,
dans une lettre de consolation adressée à Titius, après la mort de
ses enfants (*Fam.*, V, 16, 4 = *DLXV*).

2. Ironie quelque peu déplacée, Tullia ayant contracté trois ma-
riages successifs et divorcé deux fois. Avant qu'elle n'épousât Dolabella, le fils de Ser. Sulpicius avait été considéré par Cicéron comme
un parti possible et même souhaitable (*Att.*, V, 4, 1 = *CLXXXVI* ;
mai 51) ; mais il semble que Tullia ne l'ait pas trouvé à son goût :
uereor adduci ut nostra possit.

Page 47 :

1. L'intention rhétorique accentue peut-être la réalité historique,
mais sans la trahir : Égine avait été mise à sac par les pirates vers
69, Mégare détruite par Démétrius Poliorcète en 307 et de nouveau
saccagée par Calénus après la bataille de Pharsale, Le Pirée brûlé
par Sylla au cours de la première guerre contre Mithridate en 86 et,
avant sa restauration entreprise par César, Corinthe, détruite par
les troupes de Mummius en 146, n'était qu'un champ de ruines :
Corinthi uestigium uix relictum est (*De lege agr.*, II, 87 ; a. 63).

Page 49 :

1. Pour permettre à Cicéron de rembourser la dot de Térentia
(cf. *DXCV* = XII, 19, 4 ; Not., p. 26), Balbus est disposé à transférer au nom de Cicéron certains titres de créance (= *delegare*, i. e.
nomina), mais à des conditions que celui-ci juge draconiennes ; Cicéron a déjà appelé *reges* les tout-puissants fondés de pouvoir de
César, dont Balbus (*Fam.*, IX, 19, 1 = *CCCCXCVII* ; août 46).
Le groupement *Balbi... delegandi* fait violence à l'ordre des mots et
soulève des difficultés d'interprétation insurmontables.

2. Les critiques d'Atticus, comme celles que Cicéron va formuler,
visent le *Caton* de Brutus (cf. Not., p. 30, et App. II C).

Page 50 :

1. Il s'agit de la fameuse séance du 5 décembre 63, au cours de
laquelle le Sénat discuta du châtiment à infliger aux complices de
Catilina (cf. J. Carcopino, *Jules César*[5], Paris, 1968, p. 176 sq.).

2. En qualité de *praetor designatus*, il prit la parole après les consulaires et avant les préteurs en exercice.

3. Les consuls désignés parlaient en réalité avant les anciens consuls ; la transposition d'*etiam* opérée par Boot est incontestable.

4. Le discours de Caton, dont l'effet fut décisif, intervint à la fin
du débat, parce qu'il n'était que *tribunus plebis designatus*.

5. *quod cohortatus sim* se réfère manifestement à la quatrième *Catilinaire*, prononcée au cours des débats, *quod denique ante quam consulerem ipse iudicauerim* très probablement à l'exposé initial du consul, par lequel s'ouvrit la séance (la troisième *Catilinaire*, prononcée devant le peuple le soir du 3 décembre, ne traite pas du sort futur des accusés).

6. A en croire Salluste (*Cat.*, 43, 1), les complices de Catilina désignaient Cicéron au moyen de cette expression (rapprochement signalé par P. Jal, que nous en remercions).

Page 51 :

1. Pour acquitter sa dette, Cicéron, à l'instigation d'Éros (cf. *DXCII = Att.*, XII, 18, 3), propose à Ovia un bien qui lui vient d'un de ses propres débiteurs (sens concret d'*aestimatio*, couramment attesté : cf., par ex., *Fam.*, IX, 16, 7 = *CCCLXXXVII* et 18, 4 = *CCCXCII*) ; il lui faut donc accepter et donner ce bien, évalué à un certain prix.

Page 52 :

1. D. Junius Brutus, consul en 77, fils de D. Junius Brutus Callaicus, consul en 138, et de cette Clodia, qui semble bien avoir été la grand-tante de C. Marcellus, consul en 50 ; de fait, ce Marcellus est sûrement celui auquel Cicéron suggère à Atticus de s'adresser, puisque, de ses deux cousins, Marcus se trouve encore en Grèce et Caius, frère de Marcus et consul en 49, est décédé ; cf. *R. E.*, III B, s. u. *Claudius*, stemma col. 2731, Münzer.

2. Postumia, épouse de Ser. Sulpicius Rufus (cf. *Att.*, V, 21, 9 = *CCXLI* ; t. IV, p. 130, n. 4) et tante de D. Junius Brutus Albinus, le fils du consul de 77 (cf. *Fam.*, XI, 7, 1) ; ce dernier avait vraisemblablement épousé une sœur de Postumia (cf. R. SYME, *Sallust*, Berkeley, 1964, p. 134, cité par SHACKLETON BAILEY, in ed. *Fam.*, t. II, p. 494).

3. M. Aurélius Cotta était sans doute le fils de Caius, consul en 76, et le petit-fils de Rutilia (cf. *supra*, n. 2 *ad* p. 44), Syrus et Satyrus des esclaves d'Atticus, qui l'aidaient dans ses recherches généalogiques.

Page 53 :

1. Personnage inconnu, pour lequel Cicéron ne cache pas son antipathie ; cf. t. VII, p. 40, n. *c*. En l'occurrence, Alédius a dû questionner Atticus sur les intentions de Cicéron à l'égard de sa seconde femme, Publilia, dont il est séparé *de facto* depuis la mort de Tullia (cf. Not., p. 33), car Alédius entretenait des relations suivies avec Publilius, proche parent de Publilia (cf. *DCII = Att.*, XII, 24, 1 ; *DCVI =* XII, 28, 3).

Page 54 :

1. Abrégé d'histoire universelle, publié entre 50 et 46, qui contenait en particulier la généalogie des grandes familles romaines (cf.

Corn. Nep., *Att.*, 18, 2 ; Cic., *Or.*, 120 ; Peter, *Hist. Rom. Frg.*,
p. 215 ; H. Bardon, *La litt. lat. inconnue*, I, p. 267 sq.). Le philosophe platonicien Carnéade est venu à Rome en 155, avec le stoïcien Diogène de Babylone et le péripatéticien Critolaos, pour plaider
la cause des Athéniens dans le différend qui les opposait aux habitants d'Oropos, ville située sur la côte nord de l'Attique, aux confins de la Béotie : les Athéniens, ayant attaqué et pillé Oropos en
156, furent condamnés par la cité de Sicyone, que le sénat romain,
saisi par les habitants d'Oropos, avait désignée comme arbitre, à
payer 500 talents à leurs victimes ; les envoyés d'Athènes plaidèrent
si habilement la cause de leur cité que le sénat réduisit l'amende
à 100 talents... que les Athéniens ne payèrent jamais (cf. *R. E.*,
I, s. u. *Achaia*, c. 183, Brandis ; P. V. M. Benecke, in *Cambr. Anc.
Hist.*, VIII, p. 294 sq.). C'est pour son traité des *Académiques* que
Cicéron demandait ces renseignements (cf. *Ac. priora*, II, 137 ; *infra*,
App. II A).

2. Apollodore d'Athènes a publié, vers 120, une *Chronique* en tri-
mètres ïambiques, allant de la Guerre de Troie à son temps (cf. Jacoby, *Frg. Gr. Hist.*, II, n⁰ 244, p. 718 sqq.).

3. Gamala est un surnom masculin, bien attesté dans une famille
de notables d'Ostie, depuis le règne de Tibère (*C. I. L.*, XIV, 244 ;
375-377). Le plus probable est que le père — peut-être P. Aelius
Ligus, consul en 172 — était mort avant son fils et que Cicéron
avait opposé son cas, dans sa *Consolation*, à celui des parents qui
survivent à leurs enfants. Il faut donc supposer que Cicéron avait
déjà envoyé son manuscrit aux copistes d'Atticus et que celui-ci
avait vérifié ce point.

Page 55 :

1. Ce personnage, dont le nom est douteux — *A. Silius*, inten-
tionnellement distingué par son prénom du propriétaire des « jardins » que convoite Cicéron? *Asinius?...* La tradition manuscrite la
plus autorisée donne *asyllius* —, avait certainement demandé à Cicéron de l'assister dans une affaire contentieuse.

2. Publilius est le frère ou parent de sa seconde femme et il voudrait éviter de le rencontrer (cf. Not., p. 33 ; *DCI = Att.*, XII, 23,
1 ; *DCVI =* XII, 28, 3 ; *DCX =* XII, 32, 3).

Page 56 :

1. P. Licinius Crassus, consul en 97, avait épousé une Vénuléia ;
leur fils, dont il est question ici, était le frère aîné du triumvir Crassus, mort à Carrhae en 53.

2. Ce Lépide est sans doute *M. Aemilius Lepidus*, consul en 78.

3. On ignore tout de ces *Cispiana* (une relation quelconque avec
le « *Cuspio* » d'*Att.*, XIII, 33, 2 [= *DCLV*], qu'il faut sans doute
corriger en *crispo*, semble exclue) et il est très douteux que les *Preciana* soient une séquelle de l'*hereditas Preciana* qui remonte à l'année 50 (cf. *Att.*, VI, 9, 2 = *CCLXXIX* ; *Fam.*, XIV, 5, 2 = *CCLXXX*).

Page 59 :

1. La coutume romaine obligeait les parents et amis de celui qui revenait d'une longue absence à aller à sa rencontre ou, du moins, à l'accueillir à son retour. Brutus attendait l'arrivée de son successeur, C. Vibius Pansa, pour quitter la Gaule Cisalpine, dont il était gouverneur, et regagner Rome (cf. Not., p. 30).

Page 60 :

1. C. Valérius Triarius avait combattu dans les rangs pompéiens et trouvé la mort sans doute à Pharsale (cf. *Brut.*, 265 sq.) ; il est un des interlocuteurs du *De finibus* (cf. I, 13).

2. Cette « affaire » avec Castricius n'est pas des plus claires : apparemment Quintus lui avait fait un emprunt gagé sur un lot d'esclaves, dont la valeur était probablement supérieure au montant du prêt, et Castricius cherchait à entrer en possession du gage plutôt que de la somme ; il semble d'autre part que Quintus n'était pas hostile à cette solution, qui lui épargnait une sortie d'argent et des frictions avec Castricius, dont il était déjà le débiteur pour un autre prêt — ... *ut nunc soluitur* —. Cicéron était probablement solidaire des dettes de son frère à l'égard de Castricius, comme on le voit dans une affaire analogue, antérieure de 14 ans (cf. *Att.*, II, 7, 5 = *XXXIV*).

3. Le départ pour l'Afrique de Publilius, proche parent de sa seconde femme dont il s'était éloigné après la mort de Tullia, écarterait pour longtemps la menace d'une explication qu'il préférait éviter (cf. *DCII = Att.*, XII, 24, 1). Mais, quatre jours plus tard, la menace allait se préciser (cf. *DCX* = XII, 32, 1 ; Not., p. 34). Le sujet de *dixerat* semble être *Aledius*, plutôt que *Publilius*. — Pour abréger la durée de la traversée, certains voyageurs préféraient gagner par la voie terrestre un port méridional de Sicile, notamment Syracuse.

4. *Lentulus puer*, fils de P. Cornélius Lentulus Dolabella et de Tullia, était né un mois environ avant la mort de sa mère (cf. Not., p. 32).

Page 63 :

1. Très probablement Clodius Hermogénès, qui doit une forte somme à Cicéron (cf. *DCIII* = XII, 25, 1 ; *DCXI* = XII, 31, 2 ; App. I C, p. 293) ; Silius veut sans doute savoir à quoi s'en tenir sur les disponibilités de son acheteur éventuel.

Page 64 :

1. L. Calpurnius Bibulus, fils du consul de 59 ; M. Valérius Messalla Corvinus, qui réunit autour de lui, sous Auguste, un « cercle » de poètes resté célèbre ; Acidinus est probablement un descendant des Manlii Acidini.

Page 66 :

1. Th. SCHICHE (in *Progr. Berol.*, 1883, p. 22 sq.) a proposé de

transférer ce paragraphe en tête de *DCX* = XII, 32 (*sic*, Tyrrell-Purser et H. Sjögren, in edd.) ; mais la lettre d'Egnatius semble bien répondre à celle que Cicéron lui a envoyée l'avant-veille (cf. *DCIX* = XII, 30, 1) et la formule de politesse *Piliae et Atticae salutem* n'a guère sa place avant un post-scriptum manuscrit (cf. Shackleton Bailey, in ed., t. V, p. 327).

Page 82 :

1. Cette lettre est la réponse à celle que Sulpicius avait adressée un mois plus tôt à Cicéron (*DXCVII* = *Fam.*, IV, 5).

Page 83 :

1. Q. Fabius Maximus Cunctator prononça lui-même l'éloge funèbre de son fils (consul en 213) ; cf. Cic., *Tusc.*, III, 70 ; *De sen.*, 12. Paul-Émile perdit deux de ses fils au moment de son triomphe sur le roi Persée de Macédoine (167) ; cf. Cic., *Tusc.*, *l. c.* ; *De sen.*, 68 ; *De amic.*, 9. On ne sait pas à quelle date est mort le fils de C. Sulpicius Galus (consul en 166) ; cf. Cic., *De amic.*, 9. M. Porcius Cato Licinianus, fils de Caton le Censeur, mourut peu après avoir été élu préteur (en 152) ; cf. Cic., *Tusc.*, *l. c.* ; *De sen.*, 84 ; *De amic.*, 9 ; ces exemples étaient cités dans sa *Consolation*.

Page 85 :

1. Comme Cicéron l'avait déjà rappelé, dans le *De oratore* (I, 26), M. Antonius, le fameux orateur et interlocuteur du *De oratore*, consul en 99, avait prévu les malheurs qui menaçaient la République (lui-même fut égorgé en 87 par les Marianistes) : *quo quidem sermone multa diuinitus a tribus illis consularibus* (= L. Crassus, Q. Mucius Scévola l'Augure et M. Antonius) *Cotta deplorata et commemorata narrabat, ut nihil incidisset postea ciuitati mali, quod non impendere illi tanto ante uidissent* (« dans cet entretien, comme le racontait Cotta, les trois illustres consulaires avaient évoqué et déploré la situation, sur de nombreux points, guidés par une inspiration divine, si bien que, plus tard, il n'était arrivé à la cité aucun malheur dont ils n'eussent prévu la menace si longtemps à l'avance »).

Page 89 :

1. Le texte des manuscrits — *quae litterae mihi redditae sunt tertio decimo die* — est certainement défectueux : si la lettre de Pilia avait mis douze jours pour aller de Cumes, où elle séjournait avec Pilia dans la propriété de Cicéron (cf. Not., p. 74), à Astura, distante de 150 km environ, Cicéron n'aurait pas manqué de relever l'incroyable lenteur de son acheminement. Il faut donc soit transposer cette ligne après *misit* — Brutus se trouvant encore en Cisalpine, un trajet de douze jours était normal, bien qu'un peu lent — (*sic*, Schütz, in ed.), soit plutôt adopter la brillante correction de Schiche (in *Jahresber. d. philol. Vereins*, XXVII, 1901, p. 257) : *tertio de Cum⟨an⟩o die* (cf. *DCXXIII* = *Att.*, XII, 40, 4 : *de hortis Scapul⟨an⟩is*).

Page 92 :

1. Cicéron est décidé à édifier le sanctuaire de Tullia dans une de ses « villas », s'il n'achète pas de « jardins » sur la Rive droite.
2. Lecture faite en vue d'une *Lettre de conseils* destinée à César (cf. App. II B, p. 321).

Page 93 :

1. C'est-à-dire « je t'enverrais chaque jour un courrier » ; Cicéron cache mal un certain dépit (cf. Not., p. 75).

Page 94 :

1. On ne sait à qui Cicéron fait allusion, quand il évoque *is qui optimas Baias habebat* (*Baias = uillam ad Baias*, comme en *Att.*, VI, 6, 6 ; *Pro Cael.*, 38 ; etc.) ; peut-être Hortensius, mort en 50, qui possédait à Bauli, près de Baïes, une superbe propriété où Cicéron a situé son *Lucullus* (cf. *Acad. pr.*, II, 9 ; *sic*, O. E. SCHMIDT, *Ciceros Villen*, in *Neue Jarhbücher f. Phil. u. Pädag.*, III, 1899, p. 476, n. 2).

Page 97 :

1. La correction *VIII*, au lieu de *VI*, s'impose : le *VI Id.* — c'est-à-dire le jour même, comme il ressort de la succession des lettres —, Cicéron a reçu un message d'Atticus (cf. *infra*), tandis que, le 8, il s'était plaint de n'avoir rien reçu (cf. *DCXXII = Att.*, XII, 39, 1 init. et 2 extr. ; Not., p. 75).

Page 102 :

1. *a Pontiano = a Pontiani negotio* (cf. *Att.*, III, 8, 3 [LXIV] : *Tigrane = Tigranis negotio*) ; on ne sait rien de ce Pontianus ni d'ailleurs de Mustéla (voir l'App. I B, p. 290, n. 1).

Page 103 :

1. L'expression *ludus est suggerendus*, dont on ne connaît pas d'autre exemple, a manifestement le sens d' « engager un jeu, une partie » et non pas de « jouer un tour », comme l'a bien vu SHACKLETON BAILEY (in ed. *Att.*, t. V, p. 409).

Page 106 :

1. Mêmes termes qu'en *Att.*, XII, 43, 2 (= *DCXXVII*, 3), appliqués au même personnage (Othon, un des héritiers de Scapula ; cf. App. I B, p. 290 sq.).

Page 126 :

1. Emploi surprenant du mot ἀκηδία, qui signifie « négligence, indifférence » ; petite dépression passagère due au surmenage?

Page 127 :

1. Cet imposteur, nommé en réalité C. Amatius (Liu., *Per.*, CXVI) ou Hérophile (Val. Max., IX, 15, 1), se prétendait petit-fils du grand Marius par son père et du célèbre orateur L. Licinius Crassus par sa mère, et en conséquence apparenté à Cicéron, qui avait pour cousin germain M. Marius Gratidianus, neveu par adoption du grand Marius ! Il se trouvait aussi cousin de César, puisque la tante paternelle de ce dernier, Julia, avait épousé le grand Marius. Après avoir fait de l'agitation au lendemain de l'assassinat de César, ce personnage fut exécuté par Antoine en avril 44 (cf. App., *B. C.*, III, 3). — Il ne reste que cinq menus fragments du poème de Cicéron (in edit. J. Soubiran des *Aratea*, Paris, C. U. F., 1972, p. 249 sq., et Introd., p. 42 sqq.).

Page 128 :

1. Ce *C. Curtius Postumus*, ardent partisan de César (cf. *Att.*, IX, 2 *b*, 3 = *CCCLXV*), ne fait qu'un avec *C. Rabirius Postumus*, défendu par Cicéron en 54, et ne doit pas être confondu avec le M. Curtius que Cicéron recommanda, la même année, à César pour un poste de tribun militaire (*Q. fr.*, II, 13, 3 = *CXXXVIII* ; cf. Shackleton Bailey, in ed. *Fam.*, t. II, p. 450).

2. Peut-être *P. Valerius*, *homo officiosus*, dont il est fait mention en *Fam.*, XIV, 2 (= *LXXIX*) ; *Phil.*, I, 8 ; *Att.*, XVI, 7, 1.

3. Vergilius était un des quatre héritiers de Scapula, dont la propriété va être vendue aux enchères, comme l'a voulu Cicéron (cf. *DCXXX = Att.*, XIII, 26, 1 ; *DCXXXVI*, 3 = *Att.*, XII, 49, 2 ; App. I B).

Page 129 :

1. Cérellia, femme riche et cultivée, entretenait avec Cicéron des relations d'ordre littéraire (cf. *DLII* [*Fam.*, XIII, 72], t. VII, p. 183, n. *a* ; *infra*, *DLXXV* [*Att.*, XIII, 21 *a* 2]). Le sénaire ïambique, cité également en *Att.*, XIV, 21, 3 et *Top.*, 55, provient d'une tragédie inconnue (cf. Ribbeck, *Trag. Rom. Frg.*[3], p. 307) ; « l'autre » danger, dont Atticus fait trop bon marché aux yeux de Cicéron, est de manquer d'argent pour l'achat des « jardins ».

2. Tullius Montanus et Tullius Marcianus, peut-être parents de Cicéron, ont accompagné le fils de Cicéron à Athènes. Montanus s'étant porté caution pour Flaminius Flamma (cf. *Att.*, XIV, 16, 4), qui devait à l'État 20.000 sesterces (25.000, d'après *Att.*, XVI, 15, 5, mais les chiffres sont douteux), L. Munatius Plancus, un des préfets nommés par César à la fin de 46 — au lieu de magistrats élus (cf. t. VII de cette édition, p. 197) —, se retourna contre lui. Il semble que la dette ait été finalement payée par Cicéron (cf. *Att.*, XVI, 15, 5 ; *Fam.*, XVI, 24, 1 ; nov. 44).

Page 130 :

1. P. Cornélius Lentulus Spinther, fils du consul de 57, avait

épousé une Métella, qui pourrait avoir été la fille de Q. Métellus Céler et de Clodia (cf. App. I B, p. 292, n. 1).

Page 131 :

1. Marcianus et Montanus, les chaperons du jeune Marcus (cf. *DCXXXVIII = Att.*, XII, 52, 1, n. 2) ; celui-ci n'ayant quitté Rome pour Athènes qu'au début d'avril, le message d'Atticus ne pouvait être motivé par des nouvelles inquiétantes sur la conduite du jeune homme et devait contenir des conseils de caractère général.

2. Sex. Péducéus père, préteur en 77, avait eu Cicéron pour questeur en 75, lorsqu'il était gouverneur de Sicile ; dans une lettre d'avril 49, Cicéron exprimait déjà le même attachement pour le père, mort récemment, et pour le fils (*Att.*, X, 1, 1 ; t. VI ; cf. SHACKLETON BAILEY, in ed. *Att.*, t. IV, p. 306 ; *De fin.*, II, 58) ; cependant le fils s'était rangé, en 49, dans le camp césarien (cf. GROAG, in *R. E.*, XIX A, c. 50 sq.).

Page 134 :

1. Cicéron se réfère à une lettre de juin 46 où figure cette expression (*Att.*, XII, 4, 2 = *CCCCLXXXV*) : il se demandait alors comment écrire l'*Éloge de Caton* sans déplaire aux Césariens. Selon SHACKLETON BAILEY (in ed. *Att.*, t. V, p. 345), le « malheur » que Cicéron redoutait à ce moment-là était la confiscation d'une partie de ses biens ; encore que sa correspondance de l'époque ne fasse pas mention précise d'une telle crainte, l'hypothèse est vraisemblable : dans ses lettres de 46 à des exilés, il insiste sur la sauvegarde de leurs biens ; inversement, le 10 juillet 45, il affirmera n'avoir plus d'intérêt pour les siens (*DCLXXIX = Att.*, XIII, 23, 3).

Page 135 :

1. Sur le sens du mot *philologus*, qui, à la différence de *doctus*, s'applique exclusivement aux spécialistes de la littérature et de l'érudition, cf. H. KUCH, Φιλόλογος *bei Cicero*, in *Helikon*, IV, 1964, p. 99 sqq.). Ce Talna, fils d'un ami de Cicéron (cf. *Att.*, XIII, 21 *a*, 4 = *DCLXXV*), était probablement un descendant de M'. Juventius T(h)alna, consul en 163, et le *flosculus Iuuentiorum* dont a parlé Catulle (24, 1) ; Atticus s'intéressait à lui, certainement comme à un parti possible pour sa fille (cf. *DCLXXV*, 4). Quant à Cornificia, c'était sans doute une sœur de Q. Cornificius, l'ami de Cicéron (cf. *DLXXXVIII = Att.*, XII, 14, 2) ; « les femmes » — *mulieribus* — désignent apparemment Cornificia et sa mère. Ce *post-scriptum* ayant un caractère strictement confidentiel, Cicéron l'a ajouté de sa main (cf. *DCX = Att.*, XII, 32, 1).

2. Quoi qu'en disent LIDDELL, SCOTT et JONES (in *Greek-Engl. Lex.*), on ne connaît aucun exemple d'ἀφίδρυμα avec l'acception générale de « sanctuaire » ; à moins d'imputer à Cicéron une singulière impropriété de vocabulaire ou de prendre au pied de la lettre un *Glossaire* tardif (*Corp. Gloss. lat.*, ed. Loewe-Goetz-Schoell, II, p. 253, 16 : ἀφίδρυμα, *delubrum, simulacrum*), il

faut s'en tenir à l'un des deux sens précis que le terme présente
dans les textes : soit temple — parfois autel — qui est la réplique
ou résulte du transfert d'un autre temple (cf. J. Brunel, in *Rev.
de Philol.*, XXVII, 1953, p. 21 sqq. ; L. Robert, in *Hellenica*, XIII,
1965, p. 120 sqq.), soit statue ou effigie ; dans les deux cas, le pré-
fixe ἀπο- a sa pleine valeur. Le premier sens (adopté, faute de mieux,
par Shackleton Bailey, in ed., t. V, p. 346) doit être exclu : aucun
indice ne donne à penser que le monument dont Cluatius a dressé
le plan serait la copie d'un modèle existant. En revanche, nous savons qu'il devait contenir une effigie de Tullia divinisée : *dum imaginem filiae eodem se modo consecraturum esse profiteretur quo illi*
(= mortels divinisés et honorés de cultes publics) *a ueteribus sunt
consecrati* (*Consol.*, Frg. 11 Müller = Lact., *Inst. Diu.*, I, 15, 16) ;
cependant, il n'est guère vraisemblable que Cicéron, s'occupant ici
comme dans de nombreuses lettres de l'emplacement du *fanum*,
substitue pour cette seule fois la statue à l'édifice qui l'abritera ;
le plus probable nous paraît être que le mot ἀφίδρυμα s'applique
à l'ensemble monumental destiné à perpétuer le souvenir de la défunte : effigie reproduisant ses traits, pierres gravées de textes com-
mémorant ses vertus et son savoir ; cet élargissement original du
sens courant du terme, conforme d'ailleurs à son étymologie, ne
convenait-il pas à une entreprise sans précédent? (cf. App. I A).

Page 136 :

1. Sur la campagne menée contre Cicéron par son neveu, au quartier général de César, voir la Notice, p. 122. L'interprétation de ces
trois lignes, sans doute gâtées par une lacune, est délicate ; voici,
avec le complément proposé par Müller, la seule façon de les expliquer, selon nous : Quintus a écrit deux lettres à Atticus, conte-
nant l'une des reproches à son égard — *Q. Ciceronis epistulam* —
(A), l'autre un récit de ses exploits dans la guerre d'Espagne — *illam
alteram* — (B) ; il a adressé à Cicéron une troisième lettre — *eam
epistulam* —, où il a rassemblé reproches personnels et récits de ses
hauts faits. Atticus a envoyé à son ami la lettre A, que celui-ci lui
retourne ; Cicéron juge superflu de communiquer à Atticus la lettre
que lui-même a reçue, car il a constaté la similitude des reproches
et il suppose que la narration militaire de la lettre B est identique
à celle qu'il a lue dans la lettre qui lui était adressée. Si, au lieu de
supposer une lacune devant *misissem*, on corrige, avec la plupart
des éditeurs, *misissem* en *misi* — ce qui n'est guère satisfaisant
du point de vue paléographique —, il faut admettre que Cicéron
a reçu, comme Atticus, une deuxième lettre consacrée aux faits de
guerre.

Page 137 :

1. O. E. Schmidt (*Briefwechsel*, p. 287 sq.) a détaché avec raison cette lettre de XIII, 2 (= *DCXLI*) : *uerum tamen Oppio...* s'ar-
ticule mal avec ce qui précède et est incompatible avec *et tamen*
qui suit (inversement, *uerum tamen...* termine de la même façon la

lettre XIV, 8 à Atticus). Il est vrai que, selon SCHMIDT, les messages de Cicéron à Balbus et Oppius ne concerneraient que son *Epistula ad Caesarem* (voir les lettres précédentes), ce qui obligerait à corriger *et tamen Pisonem... de auro*, par exemple en *etiam Pisonem...* ; mais il est beaucoup plus probable que Cicéron, même s'il a fait mention du Συμβουλευτικός — pouvait-il passer l'incident tout récent complètement sous silence? —, a mis à exécution l'idée dont il avait fait part à Atticus dès le mois de mars (*DCVII = Att.*, XII, 29, 2) et demandé aux deux puissants représentants de César d'intervenir pour faciliter le remboursement de sa créance sur Fabérius, c'est-à-dire, selon toute vraisemblance, sur César lui-même (cf. App. I C ; *sic*, SHACKLETON BAILEY, in ed. *Att.*, t. V, p. 347).

2. Cicéron, lorsqu'il était gouverneur de Cilicie et soutenait le roi de Cappadoce Ariobarzane III Eusèbe Philorhoméus contre les agissements des Parthes, avait rencontré aussi son frère Ariarathe (voir le rapport qu'il avait envoyé au Sénat le 22 septembre 51 : *Fam.*, XV, 2, 6 = *CCXX*) ; ils étaient fils d'Ariobarzane II ; on ne leur connaît pas d'autre frère (d'où la correction *fratre*, l. 7). Ariarathe avait peut-être reçu de César, en 47, des pouvoirs éphémères en Petite Arménie (cf. *B. Alex.*, 66, 6) ; il succéda à son frère sur le trône de Cappadoce en 42, mais fut déposé par Antoine l'année suivante.

3. Le *parochus* était un pourvoyeur public, chargé de procurer aux personnes qui voyageaient aux frais de l'État « le bois, le sel, la paille, un toit et des lits » (cf. Porphyr. *ad* Hor., *Sat.*, I, 5, 46) ; Horace également a usé du terme par plaisanterie (*Sat.*, II, 8, 36). P. Sestius avait évidemment fait la connaissance d'Ariarathe en Cilicie, comme Cicéron, à qui il avait succédé en 49.

Page 139 :

1. La graphie archaïsante *Kanus* est attestée par une inscription de Volsinii du Iᵉʳ siècle ap. J.-C. (*C. I. L.*, XI, 2710) ; ce *Kanus* est certainement Q. Gellius Canus, un ami d'Atticus (cf. *Att.*, XV, 21, 2 ; Corn. Nep., *Att.*, 10, 2 sqq.), qu'on identifie parfois au chevalier Gellius Publicola, séide de Clodius, que Cicéron prit plus d'une fois à partie (*sic*, MUENZER, in *R. E.*, VII A, c. 99) ; identification certainement erronée (cf. Cl. NICOLET, *L'ordre équestre à l'époque républicaine*, II, Paris, 1974, nᵒ 170, p. 902).

Page 140 :

1. Cicéron a manifestement pardonné à M. Pomponius Dionysius, ancien précepteur de son fils et de son neveu, la désinvolture avec laquelle il s'était conduit pendant l'hiver 50-49 (cf. J. BAYET, in ed. t. V, p. 149 sq.) et qui avait abouti à une quasi-rupture (cf. *Att.*, X, 16, 1 ; t. VI).

Page 141 :

1. L'expression *eas litteras* désigne très probablement les deux nouveaux *prohoemia* — qui ne sont pas des *libri* —, *quaedam alia*

d'autres additions ou modifications introduites dans le texte du *Catulus* et du *Lucullus*. Les mots *et sunt quaedam alia* pourraient aussi être compris comme s'appliquant à d'autres écrits, dont Cicéron aurait joint le manuscrit à ceux du *Torquatus* et des *Acad. pr.* et dans lesquels on serait tenté de reconnaître les ἀπόγραφα (= *alia quae scribis*) d'*Att.*, XII, 52, 3 (= *DCXXXVIII*) ; mais cette interprétation, mal appropriée au contexte, soulève en outre de graves difficultés, lorsqu'on tente d'identifier ces *alia* (cf. App. II A, p. 317 sq., n.).

Page 142 :

1. L'ingénieuse correction *A. nesciebam*, proposée par Shackleton Bailey (in ed. *Att.*, t. V, p. 351), a le double avantage de rendre compte de la leçon offerte par le manuscrit transalpin Z^b, *annis sciebam* (les manuscrits italiens ont seulement *sciebam*), et de donner un sens entièrement satisfaisant : Cicéron savait qu'un Postumius Albinus avait fait partie de la Commission de 146 (cf. *DCXLVII*, 2 = *Att.*, XIII, 30, 3), mais pouvait penser à Spurius, consul en 148 ; en lui révélant que le consul de 151, Aulus, était un des Commissaires (avec ou sans Spurius), Atticus, qui avait vu sa statue près de Corinthe et lu l'inscription dédicatoire sur le socle, lui rend grand service, car A. Postumius Albinus, philhellène fervent et esprit cultivé (cf. Cic., *Acad. pr.*, II, 137 ; *Brut.*, 81 ; Muenzer, *R. E.*, XXII, c. 906 sq.) ferait un interlocuteur idéal du *Colloque* en projet.

2. Le texte des mss. — *sed uelim scire hodiene statim de auctione et quo die uenias* — renferme une contradiction insurmontable : Cicéron ne peut pas demander à Atticus à la fois s'il viendra le jour même et quel jour il viendra ; la correction facile d'*et* en *aut*, proposée par Manutius, résout cette difficulté, mais en laisse subsister deux autres : si l'auteur s'efforce lui-même et exhorte Atticus à la patience pendant « ces trois jours » — *obduretur hoc triduum* —, c'est la preuve que la lettre a été écrite le premier jour ; il ne peut donc espérer que son ami se rende à Tusculum « aujourd'hui » ; en revanche, on comprend qu'il l'invite à préciser la date de sa venue — *quo die uenias* —, si Atticus lui a écrit qu'il ne pourrait sûrement pas lui faire visite le 30, le 31, ni le 1ᵉʳ, mais qu'il ferait de son mieux pour venir le plus tôt possible ensuite. Les mots *hodiene statim de auctione* soulèvent d'autre part un problème de langue, qui a curieusement échappé aux philologues ; on ne peut les interpréter que d'une façon : « (je voudrais savoir) si tu viendras aujourd'hui aussitôt après la vente » ; or nous n'avons trouvé aucun exemple de *statim de* = « aussitôt après », *statim a* ne se rencontre que dans le latin postclassique et, pour *de* seul = « sitôt après », le *Thesaurus L. L.* ne cite que deux occurrences chez Plaute... et ce passage de Cicéron. La suppression de *ne* après *hodie* élimine les deux apories ; son insertion parasitaire est probablement à mettre en relation avec la leçon fautive *auctore* pour *auctione*, qui figure dans tous les manuscrits du deuxième exemplaire de la lettre (*in* XVI, 5, 3) : un *ne* ajouté par un correcteur dans la marge d'un ancêtre commun de

toute la « famille » italienne a pu être ensuite accolé à *hodie* (surtout si le mot se trouvait en fin de ligne).

Page 143 :

1. Homme d'affaires mentionné plusieurs fois dans la *Correspondance* des années 49 à 44 (et non pas *uir monetalis* : cf. J. R. Jones, in *Amer. Num. Soc. Mus. Notes*, XV, 1969, p. 73 sqq.).

2. Cicéron revient à l'*auctio Peducaei* qui doit avoir lieu le jour même ; le personnage en question, *iste*, qui s'occupe de finances avec Balbus et préside la vente aux enchères, ne peut être qu'un des questeurs urbains ; on l'identifie d'ordinaire, avec raison, à un certain Cornélius, qui avait été *scriba* — « secrétaire d'administration » — sous la dictature de Sylla, pour devenir *qu. urbanus* sous celle de César, et dont Cicéron (*De off.*, II, 29) ne pensait pas plus de bien que Salluste (*Hist.*, *Or. Lep.*, 17 ; cf. T. R. S. Broughton, *Mag. of the Rom. Rep.*, II, p. 475). Il s'agit d'une vente aux enchères publique ; Péducéus avait pu hériter d'un bien dont une partie était confisquée ou obtenir la mise en vente des biens d'un créancier insolvable (cf. P.-F. Girard, *Manuel de droit rom.*[5], Paris, 1911, p. 1031 sqq.). Il semble que Cicéron, si sincère que fût son amitié pour Péducéus, ait eu un intérêt personnel en jeu dans cette vente.

3. Jeu de mots comme les aimait Cicéron : *atypus* avait un sens voisin de *balbus* et désigne ici P. Cornélius Balbus ; ce dernier, s'occupant en particulier des finances (cf. *Att.*, XIII, 52, 1), pouvait avoir besoin de l'assistance du questeur urbain, surtout à l'approche des Calendes, jour d'échéance. La plaisanterie trouve sans doute un prolongement à la fin de la phrase : le verbe passif ἀλογεῖσθαι signifie ici « se tromper », l'adjectif ἄλογος a parfois le sens de « qui ne parle pas ». — Sous prétexte que des questeurs ont occasionnellement organisé des jeux à Préneste (cf. Cic., *Pro Planc.*, 63) et parce que Cicéron évoque en *Att.*, XII, 2, 2 — lettre d'avril 46 censée précéder immédiatement celle-ci — les grands jeux de la Fortune, à Préneste, qui se terminaient le 10 ou le 11 avril (*Fast. Praen.*, in *Inscr. It.*, XIII, 2, p. 128 sq. et 438 : *sacrificium*), tous les éditeurs ont pris au sens propre l'expression *ludis factis* ; il nous paraît certain qu'elle a ici le sens figuré de « jouer un tour, berner », couramment attesté depuis Plaute (cf. *Rud.*, 593 ; 900 ; *Aul.*, 253 ; etc.) ; il est vrai que Cicéron lui préfère ailleurs le verbe *ludificari* (cf. *Pro Rosc. Amer.*, 55 ; *De rep.*, III, 9) ou -*are* (*Pro Quinct.*, 54), mais cela ne prouve pas qu'il l'ait bannie de son vocabulaire ; inversement, en *Att.*, XII, 44, 2 (= *DCXXIX*), il utilise l'expression *ludum suggerere alicui* (= « engager une partie avec quelqu'un »), dont on ne connaît pas d'autre exemple et qui a peut-être été forgée par lui. Notons d'ailleurs que la correction *sed ludis* pour *sedulis*, tout en étant la plus vraisemblable, n'est pas absolument certaine et qu'on pourrait lire *sed dolis factis*, expression de sens voisin, mais sans équivoque.

Page 144 :

1. Tyrannion — sobriquet de Théophraste d'Amisos —, érudit

établi à Rome, était un familier de Cicéron (cf. *Att.*, II, 6, 1 = *XXXIII*
IV, 4 *a*, 1 = *CIX* ; 8, 2 = *CXIV*) ; il eut pour élèves le neveu de
Cicéron (cf. *Q. fr.*, II, 4, 2 = *CIV*) et le géographe Strabon (cf. *Geogr.*,
XII, 3, 16) ; son livre Περὶ Ὁμηρικῆς προσῳδίας, dont il est question ici, traitait notamment de l'accentuation ; Tyrannion en a envoyé un exemplaire à Atticus, qui l'a aussitôt parcouru et a fait
part de l'événement à Cicéron.

2. En conséquence, « je te tiens quitte pour l'instant ». Les mots
nitidus (*niteo*) et *unctus* (*unguentum*) étaient fréquemment associés
pour suggérer une élégance raffinée : cf. Cic., *Catil.*, II, 5 *qui
nitent unguentis* ; Sen., *Epist.*, 66, 25 *magis diliges ex duobus aeque
bonis uiris nitidum et unctum quam puluerulentum et horrentem* ; le
choix est particulièrement heureux ici, pour opposer un bain de
soleil soigneusement préparé par une onction d'huile à une exposi-
tion improvisée qui dessèche et brûle la peau. Mais comment interpréter ce passage? Au sens propre, avec Manutius et SHACKLETON
BAILEY (in ed. *Att.*, t. V, p. 354)? Atticus se serait rendu dans la
maison de Cicéron, au Palatin, — par exemple pour rendre visite
à son petit-fils (dont Cicéron parle pour la dernière fois le 24 mars
et qui n'est probablement plus de ce monde à la fin de mai...) —
et aurait pris un moment de repos au soleil « sur la pelouse, près de
la statue de Platon », comme les trois interlocuteurs du *Brutus* — dont
Atticus lui-même — (*in pratulo propter Platonis statuam consedimus*,
24)? Cicéron, qui en janvier 49 affirmait à Atticus souhaiter plus
que tous les biens de la terre *unam... tecum apricationem in illo lu-
cratiuo tuo sole* (VII, 11, 1 = *CCCI*), réclamerait en compensation
un vrai bain de soleil en compagnie de son ami, lors d'une prochaine
rencontre ; on a quelque peine à accepter cette explication simpliste,
avec la sieste d'un homme si occupé sur la pelouse de la maison
de Cicéron, et l'insertion d'un tel épisode dans le contexte de la
lettre paraît plutôt saugrenue. Aussi les exégètes sont-ils enclins à
chercher une signification métaphorique : le bain de soleil sur la
pelouse du Palatin symboliserait le rôle honorifique que Cicéron
avait attribué à son ami dans le *Brutus* et en échange duquel il attend de lui une marque de sa reconnaissance — rôle analogue dans
un ouvrage d'Atticus (!), efforts pour mener à bien l'achat des « jardins », succès dans le recouvrement de la dette de Fabérius (dans
les *Verrines*, II, 2, 54, *unctior* est employé avec le sens d' « enrichi,
engraissé »), etc. (cf. F. GAFFIOT, *Dict. ill. Latin-franç.*, où deux
autres explications, d'ailleurs contradictoires, sont proposées, s. uu.
assus et *unctus*) —. Ces tentatives, plus ou moins ingénieuses, ont
le même défaut : elles ne s'appuient pas suffisamment sur le contexte ; Cicéron a reproché à son ami, sur un ton mi-plaisant mi-
sérieux, d'avoir lu le livre de Tyrannion, sans attendre d'être avec
lui pour partager le plaisir ; il prétend même avoir résisté à des ten-
tations identiques, lorsqu'Atticus était absent. Ensuite le badinage
se poursuit : Cicéron veut bien pardonner à son ami ce plaisir égoïste
et d'ailleurs imparfait — *isto asso sole quo tu abusus es* —, à condition qu'en échange il procure à Cicéron la joie parfaite d'une savou-
reuse lecture en commun — *nitidum solem unctumque* — ; à l'hu-

mour de coloration très méditerranéenne s'allie la délicatesse de l'amitié. Mais, comme ce plaisir peut se faire attendre et que, de toute façon, Atticus connaît déjà le contenu du livre, Cicéron lui demande de le lui envoyer. Reste à rendre compte de l'expression énigmatique *in nostro pratulo*, avec l'antéposition significative du déterminant ; comme il semble peu probable que la lecture ait eu lieu sur la pelouse du Palatin, nous sommes tenté de donner à *pratulum* le sens de « domaine, spécialité » (cf. « plates bandes » en français familier), Cicéron se posant en face de l'historien Atticus comme spécialiste du langage ; le fait que la lecture solitaire d'Atticus portait sur une question qui était du domaine propre de Cicéron constituait pour sa « faute » une circonstance aggravante. Il est vrai que ni *pratulum* ni même *pratus* ne s'emploie avec ce sens, qui est fréquemment donné à *regnum*, quelquefois à *campus*, exceptionnellement à *arena* ; mais on peut admettre, nous semble-t-il, que l'image de la pelouse est le prolongement direct de la métaphore du bain de soleil.

Page 146 :

1. Les esclaves d'un maître assassiné chez lui risquaient d'être soumis à la torture, même si le meurtrier était identifié, pour la recherche de complicités éventuelles (cf. Th. Mommsen, *Le droit pénal romain*, trad. J. Duquesne, II, Paris, 1907, p. 347, n. 1 ; cf. p. 93 sq. ; 200, n. 1).

Page 148 :

1. Ce qui donne du piquant à la plaisanterie, c'est que — nous le savons par Cornélius Népos (*Att.*, 6, 3) — Atticus ne fut jamais *praes* ni *manceps* ; Cicéron aurait été amené à lui demander d'être caution si, faute de recouvrer la dette de Fabérius, il avait dû solliciter un crédit pour acheter les « jardins » de Scapula. Le choix du terme *praes*, réservé aux garants d'une dette contractée à l'égard de l'État, confirme l'hypothèse de Shackleton Bailey, selon laquelle la part de Vergilius avait été confisquée (in ed. *Att.*, t. V, p. 335 et 355 ; cf. *DCXXX* = XIII, 26, 1 ; *DCLV* = XIII, 33, 2 ; *infra*, App. I B, p. 290).

Page 149 :

1. Ce Philotime ne doit pas être confondu avec l'homme de confiance de Térentia.

2. Atticus a dû signaler à Cicéron l'heure de son rendez-vous avec Balbus (probablement *III* ou *IV*, confondu par un copiste avec *in* qui suit) ; le lieu choisi pour la rencontre suggère que les deux hommes peuvent avoir à se rendre au *Tabularium*, où étaient déposées les archives publiques, pour régler le problème de la déclaration.

3. Cf. *DCXXX* = *Att.*, XIII, 26, 1 ; *DCLIV* = XIII, 3, 1 ; App. I B, p. 290, n. 2 ; comme l'observe justement Shackleton Bailey (in

ed. *Att.*, t. V, p. 356), si ce Vergilius est bien le pompéien C. Vergilius, préteur en 62, son refus d'accueillir, en 58, l'exilé sur le territoire de Malte, lorsqu'il était propréteur de Sicile (cf. *Att.*, III, 4 = *LX*), explique pourquoi Cicéron n'éprouve pas de scrupule à acquérir sa part des *horti Scapulani*, alors qu'il condamne d'ordinaire l'acquisition des biens confisqués aux Pompéiens en exil. — On ignore si ce *Caelius* est celui dont Cicéron a parlé dans les lettres précédentes et ce qu'il avait fait.

4. Les mss. Δ ont *Cuspio* — nom d'un publicain cité en *Fam.*, XIII, 6 (= *CXIX*) et XVI, 17, 2 (= *CCCCXCI*) —, mais il s'agit bien plus probablement de Crispus — la leçon *Crispo* est d'ailleurs offerte par *P*, seul témoin de la famille Σ —, un des héritiers de Scapula (cf. App. I B, p. 290).

5. L. Munatius ou L. Plotius? En tout cas, un rival dangereux pour l'achat des *horti Scapulani*.

6. On se demande sur quoi peut porter cette *aestimatio*, la vente aux enchères décidée ne comportant pas d'évaluation préalable ; sur une partie du domaine, qui serait soustraite à la vente? Ou une vente à l'amiable de l'ensemble serait-elle présentement envisagée?

7. Sur cette enquête historique, cf. Not., p. 117 sq. et App. II B, p. 324, n. 1. La lacune — évidente — s'étend probablement sur une ligne entière ; la restitution proposée par Wesenberg est vraisemblable ; nous lui ajouterions volontiers *liberto*, l'homéotéleute expliquant mieux que le copiste ait sauté d'*exspecto* à *negotium*.

Page 150 :

1. *Vide etiam* a gêné les éditeurs, qui ont vu dans la question ainsi posée une répétition inadmissible de ce qui précède ; d'où la correction *uidelicet* et l'addition *Spurius* (cf. *DCXLVII*, 2 = *Att.*, XIII, 30, 3) ; mais E. BADIAN a bien montré que cette deuxième question est nettement distincte de la demande précédente (*Cicero and the Commission of 146 B. C.*, in *Mél. M. Renard*, I, Bruxelles, 1969, p. 57 sq.) : Atticus est prié d'abord de vérifier son hypothèse suivant laquelle Tuditanus aurait été à Corinthe à cette époque-là (*tum*) en qualité de questeur ou de tribun militaire, en second lieu de découvrir soit l'année exacte où il a exercé cette fonction, soit s'il en avait une autre et laquelle. La réponse viendra le surlendemain : Tuditanus a été questeur à Corinthe, en 145 et non pas en 146 (cf. *DCLVII* = XIII, 4, 1).

2. Sans doute les colonnes destinées au sanctuaire de Tullia (cf. *DXCV* = *Att.*, XII, 19, 1) ; le chef pompéien Q. Cécilius Métellus Scipion avait imposé, durant l'hiver 49-48, une taxe sur les colonnes aux habitants de la province de Syrie (cf. Caes., *B. C.*, III, 32, 2) ; une disposition analogue figurait vraisemblablement dans la loi somptuaire de 46 (cf. t. VII de la présente édition, p. 60).

3. Le jeune M. Porcius Caton auquel Cicéron s'intéresse dans ce passage est le fils de Caton d'Utique et d'Atilia, que celui-ci « fut obligé de répudier pour inconduite » (Plut., *Cat. min.*, 24, 6) ; après le suicide de son père, en avril 46, César lui laissa la vie sauve (*B*.

Afric., 89, 5) et son patrimoine (Val. Max., V, 1, 10). Privé de son entourage (cf. *solitudinem*), le jeune homme est sommé de rembourser une dette de son père aux héritiers d'un certain Hérennius ; parmi ces héritiers se trouvent un Pison, qu'on identifie généralement à *L. Calpurnius Piso Caesoninus*, consul en 58, et un *puer Lucullus*, M. Licinius, fils de l'éphémère vainqueur de Mithridate, qui l'avait recommandé à Cicéron dans son testament (cf. *De fin.*, III, 8). Cicéron, qui a des devoirs envers les deux jeunes gens, souhaite qu'on puisse dégager une solution équitable et propose à Atticus, sans doute tuteur de Caton, un entretien à ce sujet ; il fait valoir, en particulier, que la somme réclamée à Caton a été empruntée par son père « en Achaïe » ; en effet, alors qu'il était tuteur du petit Lucullus, son neveu, en 49, il avait emmené avec lui l'enfant et sa mère en Orient et les avait laissés à Rhodes (cf. Plut., *Cat. min.*, 54, 1-3) ; Cicéron suggère que l'emprunt a été contracté pour leur entretien.

Page 151 :

1. Cette Commission, envoyée pour aider Lucullus, suivant la coutume, à organiser la province du Pont, conquise sur Mithridate en 72, n'arriva qu'après l'évacuation des territoires conquis, en 67 (cf. Plut., *Luc.*, 35, 7-8 ; J. CARCOPINO, *J. César*[5], p. 76). M. Licinius Lucullus était le frère du général ; on ignore quel lien de parenté unissait celui-ci à L. Licinius Muréna, consul en 62, et aux huit autres Commissaires.

Page 153 :

1. *P. Mucius Scaeuola*, grand pontife, fut effectivement tribun de la plèbe en 141, préteur en 136, puis consul en 133 ; il obtint par un « plébiscite » que des poursuites fussent engagées contre L. Hostilius Tubulus qui, préteur en 142, avait acquitté un meurtrier moyennant récompense (cf. *De fin.*, II, 54 ; Not., p. 120 sq.).

2. L. Scribonius Libo fut tribun de la plèbe en 149 et, en cette qualité, attaqua Ser. Sulpicius Galba, qui avait manqué à la parole donnée à des prisonniers de guerre lusitaniens (cf. Not., p. 120 sq.).

Page 154 :

1. Ce passage est doublement embarrassant : 1° le texte est corrompu ; même si l'on corrige, avec Bosius, *in* en *an* devant *Bruti epitoma* et si l'on prête ainsi à Cicéron une hésitation sur le titre exact de l'*Abrégé* — hésitation invraisemblable puisque Cicéron avait le livre entre les mains —, il reste que *conturbat enim me epitome* se rattache manifestement à ce qui précède, tandis que la suite du texte — *quod erat in extremo idque secutus...* — pose un tout autre problème, celui de l'état-civil de Fannius lui-même ; de plus, *scripsi* est incroyablement gauche avant *scripseram*. Tout se passe comme si une glose marginale, censée rectifier le titre de l'*Abrégé*, s'était substituée à une ligne du texte, entre *Fanniana* et *quod erat*, quelque

chose comme *de ipso autem Fannio sane haereo : nam notaueram...* —
2° L'identité de l'historien C. Fannius, contemporain des Gracques,
c'est-à-dire le point de savoir s'il ne fait qu'un avec le gendre de
C. Lélius, consul en 140 et protagoniste du *De amicitia,* — problème
posé ici par Cicéron — et avec un C. Fannius consul en 122, divise
les érudits modernes au moins autant que ceux du temps de Cicéron (les deux principales études restent celles de F. Muenzer, *Die
Fanniusfrage,* in *Hermes,* LV, 1920, p. 427-442 — un seul Fannius —
et de P. Fraccaro, *Ancora sulla questione dei Fannii,* in *Athenaeum,*
1926, p. 153-160 — deux Fannius distincts —; la question a été
reprise plus récemment par H. Bardon, *La litt. lat. inconnue,* I,
Paris, 1952, p. 106 sq.; T. R. S. Broughton, *The magistr. of the
Rom. Rep.,* I, New York, 1951, p. 516 et 519, n. 2; D. R. Shackleton Bailey, in ed. *Att.,* t. V, App. II, p. 400-403. Exposé plus ancien, mais clair et précis, dans le *C. I. L.,* ad n° 568. Nous nous
bornons à dégager les points essentiels). C'est dans le *Brutus,* écrit
dans les premiers mois de 46, que Cicéron avait distingué deux
C. Fannius, l'un fils de Caius, consul en 122 et orateur, l'autre fils
de Marcus, auteur d'*Annales* et gendre de Lélius (§§ 99-101); nous
apprenons par cette lettre qu'il avait été « réfuté mathématiquement » par Atticus, mais qu'il avait pour lui Fannius l'historien lui-
même, son abréviateur Brutus (qui avait aussi fait un abrégé de
Célius Antipater; cf. *Att.,* XIII, 8 = *DCLXI*) et l'orateur Hortensius dans ses *Annales* (cf. H. Bardon, *o. c.,* p. 249 sq.). En réalité,
Cicéron s'était trompé sur le patronyme du consul de 122, par confusion soit avec un consul de 161, soit avec un préteur d'une année
un peu antérieure à 118 (membre *praetorius* d'une commission sénatoriale de 113, en Crète; cf. Broughton, *o. c.,* p. 519), l'un comme
l'autre *C. Fannius, C. f.*; le consul de 122, lui, était fils de Marcus,
comme le confirme une inscription trouvée à Rome en 1851 (*C. I. L.,*
I², 658 = VI, 1, 306); Cicéron a rectifié cette erreur avant le mois
de novembre 44, puisqu'en *Att.,* XVI, 13 a, il demande à son ami
de lui préciser l'année où *C. Fannius M. filius* fut tribun de la plèbe,
alors que dans le *Brutus* (§ 100) il évoquait le tribunat de la plèbe
du futur consul de 122 — qu'il croyait alors fils de Caius —, *arbi-
trio et auctoritate P. Africani gestus* (vers 142, année où P. Scipio
Africanus fut censeur avec L. Mummius) : il est évident qu'il s'agit
du même personnage. Nous savons aussi par Plutarque (*Ti. Grac.,*
4, 6) que C. Fannius l'historien se vantait d'avoir participé avec
Ti. Gracchus à l'assaut contre les murs de Carthage en 146 et par
Appien que C. Fannius le gendre de Lélius servit en Espagne en 142
ou 141 (*B. Hisp.,* 67). Enfin, dans le *De amicitia* (§ 3), écrit en 44,
sans doute en sept.-oct., donc après son enquête de juin 45, Cicéron continue d'appeler le gendre de Lélius « fils de Marcus », comme
il l'avait fait dans le *Brutus.* La conclusion de tout ceci est bien celle
que Muenzer a tirée, après Th. Mommsen (in *C. I. L.,* I¹, ad n° 560) :
le consul de 122 a dû commencer par servir en Afrique en 146, puis
en Espagne en 142 ou 141, juste avant ou après son tribunat de
la plèbe; il ne fait très probablement qu'un avec l'historien (*contra,* Fraccaro et Bardon, *ll. cc.* : selon eux, l'historien aurait été

« fils de Caius », à l'inverse de ce que Cicéron avait écrit dans le *Brutus* ; mais lorsque ce dernier interrogeait Atticus, dans la lettre qui nous occupe, il avait sous les yeux l'explicit de l'*Abrégé* de Brutus, où Fannius avait le même patronyme que le gendre de Lélius, *M. f.* ; à moins qu'il n'y ait eu deux *C. Fannius M. f.*, l'un homme politique, l'autre historien?) ; c'est sûrement lui aussi qui a épousé la fille de Lélius, gendre de Scipion Émilien, puisqu'il devait son succès politique précisément à l'influence de Scipion Émilien. D'où avait pu naître, dans ces conditions, le malentendu entre Cicéron et Atticus? Sans doute du dédoublement opéré par Cicéron : Atticus lui avait démontré que le gendre de Lélius était le consul de 122 ; mais, croyant que celui-ci était « fils de Caius », Cicéron butait sur les textes qui appelaient le gendre « fils de Marcus », comme l'historien. Si, par hasard, le consul et l'historien étaient deux personnages différents, tous deux *M. f.*, l'imbroglio devenait pour ainsi dire inévitable.

2. *hic ille est de illis maxime qui... solitus est* : en latin, comme en français, après « un de ceux qui... », on pouvait mettre le verbe au singulier, pour attirer l'attention sur le sujet particulier dont il était question (cf., par ex., Cic., *De orat.*, III, 16 *is erit ex eis qui aut illos non audierit aut iudicare non possit* ; KUEHNER-STEGMANN, *Ausf. Gramm.*, I, p. 66 sq.).

3. Pendant l'année du consulat de César, en 59, et surtout au début de 58, où Cicéron refusa de devenir son légat (cf. J. CARCOPINO, *J. César*[5], p. 255 sq.).

4. *Od.*, VII, 258 ; IX, 33 (Ulysse résiste aux tentatives de séduction de Calypso et de Circé ; trad. V. Bérard.).

5. *Od.*, I, 302 (exhortation d'Athéna à Télémaque) ; les *proceres* représentent les membres les plus influents de l'aristocratie conservatrice.

6. *Od.*, XXIV, 315 (détresse de Laërte).

Page 155 :

1. *Il.*, XXII, 304 sq. Allusion probable aux efforts tentés récemment par les uns ou les autres pour inciter Cicéron à reprendre la lutte contre César et à la campagne calomnieuse menée par son neveu dans l'entourage de César, en Espagne (cf. Not., p. 124).

Page 156 :

1. On ne sait ni qui était Q. Stabérius ni pourquoi Cicéron s'intéressait à la vente d'une propriété en Campanie ; peut-être pour un ami.

2. Cicéron commençait à se documenter en vue du *De nat. deorum* (cf. App. II A, p. 320). Philoxénus était probablement attaché au service de Quintus (cf. *CXLV = Q. fr.*, III, 1, 1) : Cicéron avait occasionnellement recours à la bibliothèque de son frère (cf. *XXIX = Att.*, II, 3, 4).

3. P. Sestius, l'ami fidèle de Cicéron, qui l'avait défendu en 56 par un plaidoyer célèbre, et Théopompe de Cnide, mythographe

ami de César (cf. Plut., *Caes.*, 48, 1 ; Strab., XIV, 2, 15). Le sujet de *narrabat* semble être plutôt Sestius.

4. Ce qui revient à renoncer à la publication de la *Lettre* ; la fin de la phrase indique cependant que Cicéron pourrait revenir sur son refus, à certaines conditions.

Page 158 :

1. C. Trébatius Testa, jurisconsulte et ami de longue date de Cicéron, qui était de quinze à vingt ans son aîné.

2. Bien que Cicéron fasse état au § 2 d'une rencontre récente avec le grammairien Curtius Nicias, le personnage mentionné ici est certainement C. Curtius Postumus (cf. *DCXXXVI*, 2 = XII, 49, 1), l'autre étant toujours désigné par son *cognomen* dans la *Correspondance* (cf. *infra*, § 2, l. 2).

Page 159 :

1. Très probablement un fils d'Aulus, comme en *DXCIII* (= *Att.*, XII, 17), et non pas l'exilé lui-même : celui-ci avait été autorisé à résider en Italie (cf. *DCXIV* = *Fam.*, VI, 2, 2), mais non à Rome ; il est peu vraisemblable qu'il se soit aventuré si près de la Ville. A la fin d'août, Cicéron attendra encore la mesure de grâce sollicitée par l'intermédiaire de Dolabella (cf. *DCCV* = *Att.*, XIII, 21, 2).

Page 160 :

1. La nouvelle de la mort de M. Claudius Marcellus, qui remonte au 25 ou 26 mai, vient d'arriver à Rome ; Cicéron n'a pas encore reçu la relation que Servius Sulpicius lui a envoyée le 31 (*DCLII* = *Fam.*, IV, 12). Voir la Notice, p. 122 sq.

2. Consuls pompéiens, s'entend ; car un certain nombre d'anciens consuls favorables à César ou restés neutres étaient encore en vie. Ser. Sulpicius Rufus, actuellement gouverneur d'Achaïe, avait été consul en 51, avec M. Claudius Marcellus.

Page 172 :

1. A Rome, l'usage voulait qu'après un deuil on s'abstînt quelque temps de faire des visites ; cf. Plin., *Ep.*, IX, 13, 4 *quia me recens adhuc luctus limine contineret.* — Sur la valeur de cette raison, avancée après coup, et cf. *supra*, p. 121, n. 1 ; sur les questions posées au § 2, voir la Notice, p. 171.

Page 173 :

1. Les vingt-cinq livres du *De lingua latina*, moins les Ll. II-IV (= *De etymologia*) préalablement publiés et dédiés à Septumius (cf. H. DAHLMANN, in *R. E.*, Suppl. VI, 1935, c. 1204 sq.) ; la promesse de Varron remontant à 47, Cicéron attendait qu'elle se fût réalisée avant de lui rendre la pareille, comme il aurait pu le faire avec un de ses ouvrages publiés depuis le début de 46 (*Brutus, Orator*, etc.).

2. Expression empruntée à un proverbe grec : ...⸢ut uulgo iam
per iocum « Callippides » uocaretur [l'empereur Tibère, qui remet-
tait de mois en mois un projet de voyage dans les provinces], quem
cursitare ac ne cubiti quidem mensuram progredi prouerbio Graeco no-
tatum est, « ... si bien que désormais le public lui donnait par ironie
le surnom de Callippide, personnage qui, suivant un proverbe grec,
ne cesse de courir sans avancer même d'une coudée » (Suet., *Tib.*, 38
[trad. Ailloud] ; cf. Leutsch-Schneidewin, *Corpus Paroem. Graec.*,
I, p. 757).

3. Cf. *Op.*, 349 sq. :

εὖ μὲν μετρεῖσθαι παρὰ γείτονος, εὖ δ' ἀποδοῦναι,
αὐτῷ τῷ μέτρῳ, καὶ λώιον, αἴ κε δύνηαι

(« mesure exactement l'emprunt fait au voisin, rends-le exactement,
à mesure égale, et plus large si tu peux » ; trad. Mazon).

4. Sur le remaniement des *Académiques*, voir la Notice, p. 166,
l'App. II A et les lettres suivantes. Cicéron avait noué, à Athènes,
des relations personnelles d'amitié avec Antiochus d'Ascalon, qui
avait ramené l'Académie dans la voie d'un dogmatisme fortement
marqué par l'influence stoïcienne (cf. *Brut.*, 315 ; voir, en dernier
lieu, J. Glucker, *Antiochus and the late Academy*, Hypomnemata,
56, Göttingen, 1978).

5. Ce Brinnius avait légué à plusieurs cohéritiers (cf. *Att.*, XIII,
14, 1 = *DCLXX*, 4), dont Cicéron, une propriété (*fundus* : *Att.*,
XIII, 50, 2 = *DCC*) située en Campanie, où Vestorius était homme
d'affaires (cf. Notice, p. 198, n. 1). La formule *rem ad me esse collatam* semble signifier seulement que les autres héritiers laissent Cicéron « mener le jeu », eu égard à sa dignité, et n'avoir pas un sens
juridique précis ; aucun texte ne mentionne l'expression *magister
auctionis*, mise en avant par Tyrrell-Purser (in ed., *ad loc.* ; comme
l'a constaté Shackleton Bailey, in ed. *Att.*, t. V, p. 366 sq.), ni
celle de *dominus auctionis*, utilisée par G. Thielmann (*Die röm.
Privatauktion*, Berlin, 1961, p. 49). La date du 24 juin avait été
prévue sans doute pour une réunion d'entente préliminaire, non
pour la vente elle-même, comme l'a justement noté Shackleton
Bailey (in ed. *Att.*, t. V, p. 367 ; cf. d'ailleurs *DCLXX*, 4 = *Att.*,
XIII, 14, 1).

Page 179 :

1. Seul exemple connu du mot φιλένδοξος (« qui cultive les cé-
lébrités ») ; en fait, Varron devait sa notoriété à son œuvre considérable d'érudit plus qu'à son rang social : chevalier d'origine, comme
Cicéron, il ne s'était pas élevé au-dessus de la préture dans l'échelle
des honneurs.

2. C. Aurélius Cotta, consul en 75 ; Cicéron lui attribuera le rôle
de porte-parole de la Nouvelle Académie, dans le *De natura deorum*.

3. Sur Héraclide du Pont, disciple de Platon, cf. F. Wehrli,
Die Schule des Aristoteles, VII, *Herakleides Pontikos*, Bâle, 1953 ;
sur les deux types de dialogue postplatoniciens, cf. App. II A, p. 312.

Page 180 :

1. Formulation surprenante : Cicéron, très jeune à l'époque où le dialogue, dans sa première version, était censé se dérouler, ne prononce que quelques mots dans le *Lucullus* et il en allait certainement de même dans le *Catulus* ; l'interprétation avancée par TYR-RELL-PURSER (in ed., *ad loc.*) — « j'avais réparti l'entretien *entre* Catulus, etc. » — est exclue, *sermonem conferre cum aliquo* ne pouvant avoir d'autre sens qu' « échanger une conversation *avec* quelqu'un ». SHACKLETON BAILEY (in ed. *Att.*, t. V, p. 370) est tenté de supprimer *cum* — dont l'insertion pourrait en effet s'expliquer par une anticipation fautive de *con*(*tuleram*) — ; mais il constate que les exemples de *conferre aliquid alicui* sont rarissimes avant l'époque post-augustéenne (*Lex Cincia*, Frg. Vatic., 30, 4 ; Corn. Nep., *Ages.*, 7, 3 ; Vitr., VII, *Praef.*, 12) ; Cicéron ne connaît que la construction *conferre aliquid in aliquem* (cf. par ex. *Att.*, IV, 16, 2 = *CXL*) — d'où la correction *in Catulum, Lucullum, Hortensium*, proposée par C. A. LEHMANN (*ap.* SH. BAILEY, *l. c.*) —. On pourrait faire valoir que le *tour conferre aliquid alicui* était employé couramment, y compris par Cicéron, avec le sens de *praestare* et qu'il a pu l'être ici, exceptionnellement, par analogie avec *transferre*, qui se construisait régulièrement ainsi (cf. *Att.*, XIII, 12, 3 = *DCLXIX* ; etc.). Cependant, il nous paraît possible — et préférable — de garder le texte des mss. : après tout, Cicéron se présentait comme un témoin ayant participé quelque peu à l'entretien et l'ayant ensuite rédigé.

Page 181 :

1. Le proverbe complet, en forme de sénaire ïambique, nous a été transmis par Zénobios, grammairien du IIe siècle ap. J.-C. : λόγοι-σιν Ἑρμόδωρος ἐμπορεύεται ; cet auditeur de Platon emportait en Sicile, pour les vendre, les œuvres du Maître (cf. LEUTSCH-SCHNEI-DEWIN, *Corp. Paroem. Graec.*, I, p. 116), mais avec son assentiment.

Page 182 :

1. Un mois plus tôt, Cicéron avait déjà évoqué la perspective de fiancer la toute jeune Attica (cf. *DCXLIII*, 4 = *Att.*, XIII, 29, 1 ; *supra*, n. 1 *ad* p. 135) ; mais il avait formulé de sérieuses réserves sur le parti auquel songeait Atticus : Talna ; cette fois, il fait un vibrant éloge de l'intéressé ; s'agit-il du même personnage? Il est difficile de se prononcer ; mais on constate que Cicéron révèle ici son affection pour le père du jeune homme en question et que, l'été suivant, il descendra chez le père de Talna — *apud Talnam nostrum* —, à Vélia (*Att.*, XVI, 1, 1).

2. Cn. Trémellius Scrofa, un des interlocuteurs des *Res rusticae* de Varron (cf. J. HEURGON, in ed. *R. r.*, I, Paris, C. U. F., 1978, p. XXXIX).

3. Prise au sens propre, l'épithète εὐγενέστερος signifierait que la mère de Talna est de meilleure naissance que son père ; mais Cicéron l'emploie probablement dans son acception morale, à la place de γενναιότερος.

Page 183 :

1. Sur la récente diffusion du *Pro Ligario* par les soins d'Atticus, cf. *DCLXIX* (= *Att.*, XIII, 12, 2), *DCLXXIV* (= XIII, 19, 2). La femme de *L. Aelius Tubero* — père de l'accusateur de Ligarius — et la fille qu'elle avait conçue d'un premier mariage — *priuigna* — devaient appartenir à la famille de Cicéron, puisque celui-ci appelle Tubéron son *propinquus* (*Pro Lig.*, 1 ; cf. 8), son *adfinis* (*o. c.*, 21) ; mais on ignore la nature de l'addition, offensante pour Tubéron, qui était demandée à Cicéron.

2. *Sic*, Shackleton Bailey (in ed. *Att.*, t. V, p. 372), plutôt que « rien ne vaut mieux que la renommée » (cf. *De orat.*, III, 101 : *illa ipsa exclamatio « non potest melius » sit uelim crebra*). Atticus avait été peiné par les réactions de certains Pompéiens, qui, à la lecture du *Pro Ligario*, avaient accusé Cicéron d'être opportuniste et de tirer parti des circonstances politiques pour sa gloire personnelle d'orateur.

Page 184 :

1. Phrase sans doute extraite par Atticus d'un écrit de Cicéron (cf. *Att.*, VII, 3, 11 [= *CCXCI*] : *mihi certum est ab honestissima sententia digitum nusquam*).

2. Le texte des mss., *quicquamne me putas curare in toto, nisi ut ei ne desim*, est sûrement fautif : *in toto* manque d'un support nominal ou pronominal et, au lieu d'*ei*, désignant évidemment Q. Ligarius, on attendrait *illi* ; la correction, paléographiquement très simple, de Klotz, *Quinto* pour *toto*, résout les deux difficultés et s'impose.

3. I. e. προσέχωμεν τὸν νοῦν ; la formule μὴ γάρ... s'employait fréquemment de façon elliptique pour exprimer un refus ou une défense.

4. En l'occurrence, César ne pouvait qu'être approuvé d'avoir acquitté Ligarius.

Page 185 :

1. Cf. *DCLXXV* = *Att.*, XIII, 21 *a*, 1-2 ; il semble qu'Atticus se soit expliqué sur le cas de Balbus, sans évoquer celui de Cérellia. La correction de Schmidt *habere quae a meis habere* s'appuie sur un passage de XIII, 21 *a*, 2 : *a meis eam non habere* ; les participes *obsoletum* et *incohatum* reprennent, avec chiasme, ἀδιόρθωτα et ἕωλα.

2. La question de l'achat d'un terrain, pour le sanctuaire que Cicéron avait fait vœu d'élever à Tullia.

3. Le 27 mai, Cicéron se déclarait au contraire très satisfait qu'il y eût un *lucus* dans les « jardins » de Scapula, parce qu'un tel emplacement convenait parfaitement au « mémorial » de Tullia (*DCXLIV*, 1 = *Att.*, XIII, 29, 2) : il le croyait en effet très fréquenté — *celebritatem nullam tum habebat, nunc audio maximam* —; sans doute a-t-il découvert depuis que cette partie de la propriété était trop déserte à son gré.

Page 206 :

1. Proverbe bien attesté : Plaut., *Stich.*, 577 ; Ter., *Ad.*, 537 ; Serv., *ad Ecl.*, IX, 54 (*unde etiam prouerbium hoc natum est « lupus in fabula », quotiens superuenit ille de quo loquimur*) ; cf. A. OTTO, *Die Sprichwörter und sprichwörtlichen Redensarten der Römer*, Olms, 1962, p. 199 sq.

2. Cf. Plaut., *Asin.*, 587 (*lacrumantem lacinia tenet lacrumans*), et Cic., *De orat.*, III, 110 (*illud alterum genus... obtinent, atque id ipsum lacinia*), cités par OTTO, *o. c.*, p. 262.

3. C'est manifestement cette formule qui est désignée par le mot *tuum* (cf. *Att.*, XVI, 7, 5 : *ut recordarer illud tuum « nam Brutus noster silet »*; *sic*, SHACKLETON BAILEY, in ed. *Att.*, t. V, p. 375) et non pas l'expression qui précède (*ut non scinderem paenulam* ; *sic*, J. S. REID, in *Hermath.*, X, 1899, p. 252) ; on ne semble pas avoir remarqué que la citation d'Atticus — *et multi erant nosque imparati* — relevée sans doute par Cicéron dans une lettre de son ami ou dans une conversation avec lui, est le premier membre d'un octonaire ïambique à coupe ennéhémimère, sans doute tiré d'une pièce de théâtre inconnue, ce qui exclut la correction *etenim* pour *et*, proposée par Reid au service de son interprétation.

Page 208 :

1. Le centurion *M. Cassius Scaeua* s'était illustré par sa bravoure à Dyrrachium et César l'en avait généreusement récompensé (*B. C.*, III, 53, 4-5 ; cf. Val. Max., III, 2, 23 ; Luc., VI, 144) ; Cicéron le citera encore, parmi les créatures de César, en *Att.*, XIV, 10, 2. — Cette *Polla* est probablement la mère de M. Valérius Messala Corvinus (cf. Cass. D., XLVII, 24), qui avait défrayé la chronique scandaleuse en trompant son premier mari, L. Gellius Poplicola (cf. MUENZER, in *R. E.*, 2. R., VIII A, s. u. *Valerius*, n° 26, c. 132). — Cicéron recommande à son ami de se montrer circonspect dans ses négociations avec Polla, parce qu'elle fait partie du clan césarien.

2. Lettre d'envoi, qui sera remise à Varron avec son exemplaire des *Académiques* ; sa rédaction coûta beaucoup d'effort à Cicéron (cf. *DCLXXXIII* = *Att.*, XIII, 25, 3). Le début fait écho à une des premières phrases du L. I : « *ista quidem* » inquam « *Varro, iam diu exspectans, non audeo tamen flagitare* » (§ 3). Varron avait promis à Cicéron, en 47, de lui dédier son *De lingua latina* (cf. *DCLXIX* = *Att.*, XIII, 12, 3 et n. 1 *ad* p. 173).

Page 209 :

1. Allusion, dans le prolongement de l'image précédente, à la « Nouvelle » Académie, dont Cicéron est un adepte (ainsi que Philon de Larissa, nommé plus loin).

Page 210 :

1. Varron avait probablement quitté la *domus* qu'il occupait jusqu'alors à Rome pour une autre.

2. Même personnage, très probablement, que le débiteur appelé

Hermogenes en *DCIII* (= *Att.*, XII, 25, 1) ; cf. App. I C, p. 294.

3. Affranchi ou esclave d'Atticus? Marcus était en Grèce depuis la fin d'avril ou le début de mai.

4. L'usage du parchemin (διφθέρα = « peau ») n'était pas inconnu de la Rome républicaine (cf. C. H. ROBERTS, in *Proc. Brit. Acad.*, XL, 1954, p. 172 sqq., cité par SHACKLETON BAILEY, in ed. *Att.*, t. V, p. 379) ; mais Cicéron précise dans sa lettre du lendemain (*DCLXXXIII* = *Att.*, XIII, 25, 3) que le texte des *Académiques* destiné à Varron a été reproduit sur du papyrus de premier choix (*in macrocolla*). Le mot διφθέρα paraît donc employé ici de façon plaisante, soit pour imiter les Grecs d'Ionie, qui, habitués au parchemin, employaient ce terme même pour désigner des rouleaux de papyrus (Herod., V, 58 ; cf. en français « peau d'âne »), soit parce que les *uolumina* étaient fréquemment conservés dans un étui de peau (cf. Th. BIRT, *Das antike Buchwesen*, Berlin, 1882, p. 64, n. 2).

5. Les Romains paisibles « dormaient sur leurs deux oreilles » comme les Français : cf. Ter., *Heaut.*, 342 ; A. OTTO, *Sprichwörter...*, Olms, 1962, p. 47.

Page 212 :

1. Un certain Dionysius, qui s'était enfui en Illyricum avec des livres volés à Cicéron et que celui-ci avait signalé au prédécesseur de Vatinius, P. Servilius Rufus, vers la fin de 46 (*DLVII* = *Fam.*, XIII, 77, 3). Les Vardéens (Ἀρδαῖοι) étaient une tribu illyrienne du sud, voisine de Narona (cf. Plin., *N. H.*, III, 143 ; *R. E.*, 2. R., VIII A, c. 365, B. Saria).

2. Le peuple dalmate occupait une région de forêts, au sud de l'Illyricum (cf. Th. MOMMSEN, in *C. I. L.*, III, 1, p. 280 *a* ; P. V. M. BENECKE, in *Cambr. Anc. Hist.*, VIII, p. 278 ; J. SZILÁGYI, in *Kleine Pauly*, I, 7, p. 1364-1368).

Page 213 :

1. Atticus aura alors le temps de lire autre chose que son courrier d'affaires ; Alexio était manifestement le responsable, sur place, des intérêts importants qu'il avait à Buthrote.

2. On appelait *macrocollum* la feuille de papyrus du plus grand format (cf. Plin., *N. H.*, XIII, 80 ; Th. BIRT, *Das antike Buchwesen*, Berlin, 1882, p. 245).

3. Rapprochement piquant entre les changements opérés dans les personnages du dialogue et le probabilisme doctrinal de la Nouvelle Académie (cf. *Acad. pr.*, II, 121 : *modo hoc, modo illud probabilius uidetur*).

4. Dictant cette lettre d'envoi avec peine et lenteur, Cicéron a préféré recourir à un secrétaire moins rapide que Tiron, entraîné à écrire très vite par une longue habitude et par la pratique de la sténographie.

Page 214 :

1. Un architecte grec récemment arrivé à Rome, qui avait reçu

avec le droit de cité un des deux gentilices d'Atticus (*Caecilius* ou *Pomponius* ; cf. Cicéron parlant du roi Servius Tullius : *meo regnante gentili* [*Tusc.*, I, 38]) et à qui César (= *ei*) avait confié le soin de dresser le plan d'agrandissement de la Ville ; cf. SHACKLETON BAILEY, in ed. *Att.*, t. V, p. 381.

Page 215 :

1. C'est-à-dire du Cirque ; Atticus, qui goûtait les jeux du Cirque (cf. la lettre suivante), a écrit à Cicéron le 13, au cours des *ludi circenses* qui clôturaient les Jeux Apolliniens (6-13 juillet). Le billet de Cicéron a probablement été remis sur-le-champ au messager d'Atticus.

2. D'après un passage bien connu de Suétone (*Iul.*, 79, 4), confirmé par une phrase du *De diuinatione* (II, 110 ; cf. aussi Plut., *Caes.*, 60, 1 ; App., *B. C.*, II, 110 ; Cass. D., XLIV, 15, 3), le bruit courut, en mars 44, que L. Aurélius Cotta, en qualité de membre du collège des Quindécemvirs, « allait proposer [au sénat] de donner à César le nom de roi, parce qu'il était écrit dans les Livres sibyllins que seul un roi pouvait vaincre les Parthes » ; ce bruit aurait-il commencé à se répandre dès l'été précédent? L'indignation de Cicéron aurait sans doute été plus vive et il n'aurait pas donné à Cotta un rôle de premier plan dans le *De nat. d.* ; il est probable que Cotta, proche parent — peut-être frère — de la mère de César, Aurélia, avait marqué sa bienveillance pour le dictateur à l'occasion même de cette procession discutée.

Page 216 :

1. Esclaves ou affranchis d'Atticus ; Pharnace est mentionné en *DCXLIV* (= *Att.*, XIII, 29, 3), Salvius en *CCCLXXVI* (= *Att.*, IX, 7, 1).

Page 217 :

1. *L. Aelius Lamia*, d'origine équestre comme Cicéron, lui était attaché par des liens d'amitié très étroits et avait courageusement soutenu sa cause en 58 (cf. *Pro Sest.*, 29 ; *Fam.*, XI, 16, 2) ; il était probablement édile plébéien en 45 (cf. T. R. S. BROUGHTON, *Magistr. Rom. Rep.*, II, p. 307) ; Cicéron avait envisagé, en mars, la possibilité d'acheter ses « jardins » (cf. *DXCIX* = *Att.*, XII, 21, 2 ; App. I B, p. 286).

Page 218 :

1. Cicéron s'emploie à obtenir la grâce d'A. Manlius Torquatus par l'intermédiaire de Dolabella (cf. *DCLXV* = *Att.*, XIII, 9, 1 ; Not., p. 198). Sur l'héritage de M. Cluvius et la personnalité de Vestorius, voir la Notice, p. 198.

Page 219 :

1. Balbus agissait comme fondé de pouvoir de César, un des co-

héritiers."— Les lignes suivantes nous donnent des indications intéressantes sur les formalités d'acceptation des héritages (cf. E. Costa, *Cicerone giurisconsulto*², Bologne, 1927, p. 227 sq. et n. 7) ; les esclaves n'ayant pas le droit de propriété et la *cretio* étant en l'occurrence « sans condition » (*libera*), la formalité pouvait être accomplie par Pollex pour le compte de son maître.

Page 220 :

1. Le chevalier L. Cossinius, ami d'Atticus et comme lui propriétaire terrien en Épire, était un des interlocuteurs des *Res rusticae* de Varron (II, 1, 1, etc.) ; Cicéron lui portait une grande estime (cf. *XXV* = *Att.*, I, 19, 11 ; *DXXXI* = *Fam.*, XIII, 23, 1 et n. *ad loc.*, t. VII, p. 164 sq.). L'insertion de cet hommage au défunt dans le développement consacré à l'héritage de Cluvius donne à penser qu'il y était mêlé de quelque façon.

2. Quintus, le frère de Cicéron, était souvent réduit à emprunter (cf. *Att.*, XII, 5 = *CCCLXXXVIII* ; 28, 3 = *DCVI* ; XV, 20, 4) ; si, comme il est probable, la valeur des *horti* — le futur *Puteolanum* — dépassait le montant de la part revenant à Cicéron, celui-ci, même sans aller jusqu'à contracter de nouvelles dettes — hypothèse formulée en manière de boutade — n'eut aucun reliquat à prêter à Quintus.

3. Sur ce début de lettre, voir l'App. II C. Le verbe *edolare* est probablement emprunté à Ennius, comme la citation qui précède ; Varron le lui attribue expressément dans une de ses *Satires Ménippées* (*Bimarcus*) : *... ego unum libellum non « edolem », ut ait Ennius?* (cité par Nonius, p. 448, 10 sq. L. ; cf. J.-P. Cèbe, *Varron, Sat. Mén.*, II, Coll. Éc. Franç. Rome, 1974, p. 198 et 232 sq.). — Cicéron doit accueillir Dolabella à Tusculum, pour tenter d'obtenir par son intermédiaire la grâce de Torquatus (cf. *DCLXXXVIII* = *Att.*, XIII, 45, 2).

4. Cicéron se souvient sans doute qu'il avait donné ce titre à son gendre en mai 46 (*CCCCLXXIX* = *Fam.*, IX, 7, 2) ; mais il est moins disposé qu'alors à écouter ses conseils sur la conduite à tenir à l'égard de César.

Page 222 :

1. Il n'est pas facile de voir clair dans les péripéties du remue-ménage familial suscité par l'annonce du retour du jeune Quintus, d'après les échos partiels que nous en apportent les quatre lettres des 15, 16, 17 et 18 août (*DCXCII-DCXCV* = *Att.*, XIII, 38-41) ; voici comment on peut reconstituer, semble-t-il, le canevas de la situation et des événements. Le jeune homme est en mauvais termes avec ses proches : à l'égard de sa mère — Pomponia, sœur d'Atticus — une véritable haine (*DCXCII* = 38, 2) et la guerre ouverte (*DCXCV* = 41, 1) ; son oncle Cicéron ne lui pardonne pas la campagne de dénigrement qu'il a menée contre lui au quartier général de César (*supra, passim*) ; son oncle maternel, Atticus, fait cause commune avec sa sœur et son ami ; quant au père — qui n'a pas

les mêmes raisons, d'ordre politique et d'ordre personnel, que son frère d'en vouloir à son fils —, tiraillé entre le sentiment paternel et la solidarité conjugale, il oscille entre l'indulgence et la sévérité. Quintus a envoyé un message à son père et un autre à son oncle Marcus, pour leur annoncer sa prochaine arrivée ; mais il n'a écrit ni à Atticus ni, croit-on d'abord, à sa mère. Le 15, Cicéron reçoit la lettre de son neveu ; d'autre part, son frère, qui se trouve dans la villa de Tusculum et y sera encore le lendemain (cf. *DCXCV*, 1) — sans doute est-il venu passer deux jours chez Marcus avant de partir au-devant de Quintus —, lui lit un passage de la lettre que lui-même a reçue de son fils (*DCXCII*, 1-2) ; Cicéron informe aussitôt Atticus et le consulte sur l'attitude à observer envers leur neveu commun : raideur ou souplesse? (*ibid.*). Le 16 arrive la réponse d'Atticus, avec une nouvelle surprenante : Quintus a fait parvenir à sa mère, restée à Rome, un message rempli de piété filiale (*DCXCIII* = 39, 1) ; malgré son indignation devant une telle duplicité — à son père, Quintus avait écrit, dans le texte lu la veille, qu'il ne voulait pas vivre sous le même toit que sa mère —, Cicéron se déclare disposé à suivre le conseil d'Atticus, qui incline vers la souplesse (*ibid.*). C'est seulement dans sa lettre du 18 (*DCXCV*, 1) que Cicéron révèle à Atticus ce qu'a été la réaction de son frère, en apprenant que Quintus avait envoyé une lettre déférente à sa mère et aussi qu'il s'était abstenu d'écrire à Atticus — information évidemment jointe à la première dans le message reçu d'Atticus le 16 (cf. *DCXCIII*) — ; il est presque certain que Cicéron accusa réception de ce message avant d'avoir fait part de son contenu à son frère : ainsi se résout la contradiction entre le « fléchissement » constaté chez lui par Cicéron entre le 15 et le 16 (*ibid.* : *hic autem iam languescit*) et « l'hostilité » qui l'animait contre son fils au moment de son départ — de Tusculum pour Rome, s'entend, puisque Cicéron était présent et qu'il dut le « sermonner » : *mirum quam inimicus ibat, ut ego obiurgarem* (*DCXCIV* = 40, 4), c'est-à-dire le ramener à une attitude plus conciliante, inspirée de la sienne (cf. *DCXCV*, 1 et n. 2 *ad* p. 225) —. Le père de Quintus serait ainsi passé par quatre phases successives : mécontentement à son arrivée chez son frère, puis adoucissement, poussée de colère à la lecture de la lettre d'Atticus, enfin retour au calme par suite de l'intervention de Cicéron. Selon toute vraisemblance, le père a quitté Tusculum dans l'après-midi du 16 et Rome le 17, pour aller à la rencontre de son fils ; Pomponia s'est sans doute décidée à l'accompagner, puisque Cicéron réexpédie au mari, le 18, une lettre d'Atticus à sa sœur, que celui-ci lui avait donnée à lire pour que désormais ils accordent bien leurs violons et se tiennent à une ligne de conduite définie (*DCXCV*, 1 et 2). Sage précaution, car, dans cette circonstance, Cicéron était conscient d'avoir été une vraie girouette — une « mouette », κέπφος, symbole d'instabilité d'après les lexicographes —, tout comme son frère au caractère impulsif et changeant (cf. *DCXCIV*, 2) ; quant à l'inquiétant neveu, on apprendra, en avril 44, qu'il s'est réconcilié avec sa mère et brouillé avec son père, après leur divorce... (*Att.*, XIV, 10, 4 ; 13, 5).

2. Pindare, Frg. 213 (Schroeder) : πότερον δίκᾳ τεῖχος ὕψιον | ἢ σκολιαῖς ἀπάταις ἀναβαίνει | ἐπιχθόνιον γένος ἀνδρῶν, | δίχα μοι νόος ἀτρέκειαν εἰπεῖν (« Est-ce par la justice, est-ce par les fourberies obliques que la race terrestre des hommes se hausse sur une tour plus sublime? mon esprit hésite à le dire nettement » ; trad. Puech, nº 90) ; ce fragment était bien connu des Anciens : Platon cite le début, jusqu'à ἀναβάς (*sic*), dans la *République* (III, 365 b).

Page 223 :

1. A l'appui du texte offert par les manuscrits italiens, *tibi illum iure iratum*, on peut alléguer un passage de la lettre du 18 juillet (*DCXCV* = XIII, 41, 1) : *de te autem suam culpam quod saepe ad filium scripsisset de tua in illum iniuria* ; mais ce qui est en question ici, comme dans la lettre du 15 (*DCXCII* = XIII, 38, 1), ce sont les relations du jeune homme avec ses parents et il semble bien que ses rapports avec son oncle Atticus n'aient fait l'objet d'une discussion entre Cicéron et son frère qu'une fois celui-ci informé du contenu de la lettre reçue d'Atticus le 16, après l'expédition de la présente réponse de Cicéron (voir la note 1 à la lettre *DCXCII*).

Page 224 :

1. Atticus a fait part à Cicéron d'un message reçu de Brutus (voir les deux lettres précédentes et Notice, p. 199) ; la réaction de Cicéron est féroce : les *boni uiri* ont été tués durant la guerre civile.

2. Il semble que Cicéron se réfère à un proverbe inconnu : *ut fultum est* (« selon que c'est rembourré »), ⟨*sic sedet*⟩ (cf. Plaut., *Stich.*, 94, *Mane, puluinum. — Bene procuras ; mihi sati' sic fultumst*) ; mais le texte n'est pas sûr.

3. Atticus avait dressé un arbre généalogique de Brutus (cf. Corn. Nep., *Att.*, 18, 3), montrant parmi ses ancêtres le fondateur de la République et C. Servilius Ahala, qui tua Sp. Mélius, soupçonné d'aspirer à la royauté (cf. Liu., IV,14) ; Brutus l'avait apparemment exposé dans une partie d'une de ses « villas », qu'il avait appelée « Athènes » (dans celle de Lanuvium, il avait une « Lacédémone », avec un « Eurotas » : cf. *Att.*, XV, 9, 1 ; des deux gymnases aménagés dans la propriété de Cicéron, à Tusculum, l'un se nommait « Académie » [*Att.*, I, 4, 3 = *IX*], l'autre « Lycée » [*De diu.*, I, 8]).

4. Ce « responsable » est sans doute Hirtius, qui, en avril 49, avait présenté le jeune Quintus à César, au vif mécontentement de son oncle (cf. *Att.*, X, 4, 6 ; t. VI).

5. On ne connaît pas de *Saxa *Acronoma*, mais seulement un lieu-dit *ad Saxa Rubra*, situé à une quinzaine de kilomètres au nord de Rome, sur la *Via Flaminia*, qui, à travers l'Étrurie, conduisait vers la Gaule cisalpine, d'où revenait Quintus ; parti à sa rencontre, selon la coutume romaine, son père est resté plusieurs jours absent, ce qui laisse supposer qu'il est allé bien au-delà des « Roches rouges » ;

sous le mot *acronoma*, probablement déformé, se cache sans doute
un toponyme inconnu ou un mot grec (ἀκρο...) le suggérant.

6. Cf. *DXVII* (= *Fam.*, VII, 27, 2) : *posthac igitur erimus cau-
tiores.*

7. Quintus, frère de Cicéron, avait épousé Pomponia, sœur d'Atticus ; cf. n. 1 *ad* p. 222.

Page 225 :

1. Cf. *Att.*, XIII, 38,1-2 *DCXCIV* (= *DCXCII*) ; 39, 1 (= *DCXCIII*).

2. Le présent *dicit* montre que le frère de Cicéron tient ces propos
lénifiants dans les milieux romains, après l'avoir quitté ; Cicéron tient
à préciser qu'après l'accès de colère suscité chez son frère par la
lecture de la lettre reçue le 16 d'Atticus (cf. *DCXCIV*, 2 : *mirum
quam inimicus ibat*), c'est lui (*ego... significaui*) qui s'était employé
à le calmer (cf. *DCXCIV*, 2 : *ut obiurgarem*, et note 1 *ad* p. 223).
La correction *me* pour *se*, après *relanguisse*, paraît donc à écarter. Pour l'expression σκολιαῖς ἀπάταις, cf. *Att.*, XIII, 38, 2 (=
DCXCII) ; 39, 2 (= *DCXCIII*).

3. Projet de mariage entre le jeune Quintus et Cana — ou *Ka-
na?* — qui est sans doute la fille de Gellius Canus, ami d'Atticus
(cf. *DCXLVI* = *Att.*, XIII, 31, 4).

Page 226 :

1. Xénon, un Grec ami d'Atticus (cf. *CXCVII* = *Att.*, V, 10,
5), chargé de procurer au fils de Cicéron les subsides qui lui étaient
alloués durant son séjour à Athènes (cf. *Att.*, XII, 32, 2 = *DCX* ;
XIV, 16, 4 et XVI, 1, 5 ; a. 44) ; il a proposé d'effectuer le premier
versement en s'acquittant d'une dette personnelle envers Atticus
(ou Cicéron?). — La leçon *erat*, moins bien attestée qu'*eras*, asso-
cie Balbus le Jeune à cette tractation, ce qui n'est guère vraisemblable ; Balbus le Jeune (questeur en 44) était le neveu de L. Cornélius Balbus, l'homme de confiance de César, et avait accompagné
celui-ci en Espagne, où il avait été témoin des agissements du jeune
Quintus contre son oncle (cf. Not., p. 8).

Page 228 :

1. Sans doute l'ami de C. Trébatius Testa mentionné dans deux
lettres de 54 (*Fam.*, VII, 9, 3 = *CXLVIII* et 16, 2 = *CLV*), plutôt que le consul de 76, qui ne pouvait guère avoir de jeunes enfants
en 52 et dont on sait qu'aucun descendant ne survivait en 44 (cf.
Phil., IX, 5) ; de surcroît, il est peu vraisemblable que Cicéron eût
accepté de plaider contre les fils d'un consul aussi en vue.

2. La *Lex Pompeia de ambitu*, votée en 52, visait à châtier les
délits de brigue électorale commis depuis 55 et l'on sait que P. Sestius, acquitté en 56 grâce au *Pro Sestio* de Cicéron notamment, fut
poursuivi, parmi d'autres (App., *B. C.*, II, 24).

3. Plusieurs lettres ont certainement disparu entre *de* et *suspicari* ; plutôt que de suppléer *se* et de supposer un *dicere* sous-entendu
(ou de l'ajouter) entre *illum* et *me*, il est plus simple et stylistique-

ment préférable de faire d'*illum* le sujet de *suspicari* (Cicéron n'a pas de « soupçons », d'ailleurs) ; la chute de *spicere* devant *suspicari* est paléographiquement vraisemblable.

4. Cette expression ironique semble bien désigner Tigellius plutôt que le neveu de Cicéron, comme on l'a parfois supposé.

Page 229 :

1. Festus nous informe des circonstances qui étaient à l'origine de ce proverbe (p. 174, L.) : *non omnibus dormio : prouerbium. uidetur natum a Cipio quodam, qui Pararhencon dictus est, quod simularet dormientem quo impunitius uxor eius moecharetur ; eius meminit Lucilius* (= Frg. 1223 Marx) ; la suite nous apparaît à travers Plutarque (*Amat.*, XVI, 22, 759 f-760 a) : Gabba, bouffon d'Auguste, recevant à dîner Mécène, faisait semblant de dormir pendant que son hôte lutinait sa femme ; mais, comme un serviteur essayait de profiter de l'occasion pour dérober du vin, Gabba lui dit : μόνῳ Μαικήνᾳ καθεύδω (« je ne dors que pour Mécène »).

2. Reproche dont on perçoit les échos dans d'autres passages de Cicéron : *Att.*, I, 16, 10 (= *XXII*), *Pro Sulla*, 21 ; 48 ; *In Vat.*, 23.

3. La Sardaigne passait pour être particulièrement insalubre (cf. Liu., XXIII, 34, 11 ; Mela, II, 7, 123 ; Tac., *Ann.*, II, 85, 4 ; etc.).

4. Licinius Calvus, mort vers 54, avait écrit contre Tigellius des « scazons » mordants, dont le premier nous a été conservé (MOREL, *Frg. Poet. Lat.*, p. 84) :
Sardi Tigelli putidum caput uenit (= *uenditur*).
Hipponax d'Éphèse, poète ïambique du vi[e] siècle, avait, dit-on, inventé le scazon.

Page 230 :

1. Ce proverbe, en forme de sénaire ïambique — *Sardi uenales, alius alio nequior* — serait né après la conquête de la Sardaigne par Ti. Sempronius Gracchus (177), lorsqu'apparurent sur les marchés aux esclaves des Sardes généralement difficiles à vendre, en raison de leur médiocre condition physique (cf. A. OTTO, *Sprichwörter...*, Olms, 1962, p. 308 sq.).

2. Sur l'héritage de Brinnius, voir *DCLXIX* (*Att.*, XIII, 12, 4) et Notice, p. 171. Cicéron n'allant pas à Pouzzoles pour régler sur place la vente de sa part d'héritage à un certain Hétéréius, son homme d'affaires Vestorius (cf. Not., p. 198) a imaginé une solution ingénieuse, qui consiste en deux transferts de propriété successifs : le premier de Cicéron à Vestorius par l'intermédiaire d'un esclave de Vestorius ; les esclaves n'ayant pas le droit d'être propriétaires, c'est à Vestorius qu'appartiendra la propriété fictivement transférée à son esclave ; ensuite, il la transférera à l'acquéreur. Le double transfert s'effectuera par mancipation, mode d'acquisition traditionnel pour les biens immobiliers.

Page 231 :

1. En juin 46 déjà, on avait cru que César, revenant d'Afrique,

débarquerait à Alsium, port et station résidentielle d'Étrurie (cf. *CCCCLXXXVI = Fam.*, IX, 6, 1).

2. Peut-être A. Térentius Varro Muréna, mentionné dans deux lettres de 49 (*Fam.*, XVI, 12, 6 = *CCCXIII*) et 46 (*Fam.*, XIII, 22, 1 = *DXXX*).

3. C. Matius, vieil ami de Cicéron et partisan fidèle de César ; cf. notamment *Att.*, IX, 11, 2 = *CCCLXXXIII* ; *Fam.*, XI, 27 sq. (a. 44).

4. Il est à peu près certain que Cicéron parle du même personnage ici et au § 5 et qu'il faut l'identifier à P. Silius, dont il a été souvent question les mois antérieurs.

5. Le nom est bien attesté par des inscriptions, mais le personnage inconnu.

Page 232 :

1. Ordre donné par le maître d'école quand il revient dans la classe, où les élèves avaient un travail écrit à faire en son absence ; la métaphore, d'un usage courant (cf. A. OTTO, *Sprichwörter*, p. 210), est filée au moyen de *magister* (désignant César) et de *in catomum* (« pour être suspendu à l'épaule d'un autre — κατ' ὦμον —, en vue d'être fouetté »). Cicéron et Gallus ont écrit tous deux un éloge de Caton (cf. App. II C, p. 328, n. 0).

Page 233 :

1. Probablement un passage où Gallus marquait son dédain pour l'actualité politique.

2. Règle essentielle pour Cicéron : cf. *De or.*, I, 150 ; III, 190 ; etc.

3. Des « jardins » de Cluvius, apparemment (cf. *DCLXXXIX = Att.*, XIII, 46, 3), dans la lettre perdue de la veille (cf. Not., p. 203).

Page 234 :

1. Certainement en léguant à Lepta (cf. p. 225, n. b) une petite propriété, que celui-ci s'offre à vendre à Cicéron (SHACKLETON BAILEY rapproche judicieusement [in ed. *Fam.*, t. II, p. 430 sq.] un passage d'une lettre de 58 [*Att.*, III, 20, 1 = *LXXVIII*], où Cicéron se félicite que l'oncle d'Atticus lui ait légué sa fortune : *auunculum tuum functum esse officio uehementissime probo ; gaudere me tum dicam, si mihi hoc uerbo licebit uti*) ; le *deuersoriolum Sinuessanum*, dont Cicéron se révèle être propriétaire en avril 44 (cf. *Att.*, XIV, 8, 1 ; *Fam.*, XII, 20) et qui lui sert de gîte d'étape entre Formies et Cumes, ne fait probablement qu'un avec ce pied-à-terre de Macula, l'*ager Falernus* et l'*ager Sinuessanus* étant limitrophes. Macula doit sans doute être identifié au Pompéius Macula, amant de la fille de Sylla, Fausta, dont parle Macrobe (*Sat.*, II, 2, 9).

2. Mont dominant Sinuessa (cf. Comm. Cruq. ad Hor., *Ep.*, I, 5, 5).

3. Les trois hommes se sont rencontrés à Lanuvium le 12 août

(cf. *DCLXXXIX* = *Att.*, XIII, 46, 1-2). Sur ces *munera regia*, voir la note *c*, p. 227.

Page 235 :

1. Tous les commentateurs rapportent ce correctif à *Acad. pr.*, II, 94 (*ego enim ut agitator callidus priusquam ad finem ueniam equos sustinebo*), sans remarquer qu'on a là une métaphore empruntée au langage du cirque, que Cicéron maniait sans erreur, puisqu'il cite huit lignes plus bas un hexamètre de Lucilius avec le verbe *sustineas*. En revanche, ils ont raison de signaler que Cicéron avait déjà commis l'impropriété qu'il dénonce ici dans un passage du *De oratore* (I, 153) : *ut concitato nauigio, cum remiges inhibuerunt, retinet ipsa nauis motum et cursum suum, intermisso impetu pulsuque remorum*. D'ailleurs, en dehors de ces métaphores maritimes ou équestres, Cicéron traduit ordinairement ἐπέχειν par *sustinere* (*Ac. pr.*, II, 48 ; *Ac. post.*, I, 45) ou *retinere* (*Ac. pr.*, II, 57) ou encore *cohibere* (*N. D.*, I, 1). Sur l'emploi d'*inhibere* dans la langue maritime, voir E. DE SAINT-DENIS, *Le vocabulaire des manœuvres nautiques en latin*, Mâcon, 1935, p. 73 sq.

Page 236 :

1. C. Asinius Pollion, préteur en 45. On connaît un Critonius édile plébéien en 44 et un L. Métellus tribun de la plèbe en 49 ; mais il n'est pas sûr que ce soient les personnages visés dans le texte, ni que Balbinus désigne Balbus le Jeune, que Cicéron appellera *Balbillus* en *Att.*, XV, 13, 4. La correction que nous proposons tient compte de l'intérêt et de l'estime que Cicéron portait à C. Vibius Pansa, alors gouverneur de Cisalpine (cf. *DLXXV* = *Fam.*, XV, 17, 3) ; mais on ignore en quoi pouvait consister la nouvelle qui le concernait.

APPENDICE I

Le sanctuaire de Tullia

Du 11 mars au 9 juillet, les *Lettres à Atticus* ont pour thème dominant le projet d'édification d'un sanctuaire en l'honneur de Tullia, décédée vers la mi-février, et les péripéties qui jalonnent la recherche d'un emplacement approprié et des moyens d'en financer l'achat. L'affaire étant complexe et se déroulant sur quatre mois, ses trois aspects requièrent chacun un exposé d'ensemble.

A. *L'apothéose d'une mortelle* [1].

La première mention de cette idée surprenante se trouve dans une lettre du 11 mars (*Att.*, XII, 18, 1 = *DXCII*) ; mais Cicéron en avait déjà parlé plus d'une fois à Atticus, durant le séjour qu'il avait fait chez lui, après la mort de sa fille (*id... quod saepe tecum egi*). Sa décision « est bien arrêtée » — *statutum est enim* — : il veut dédier à la défunte un *fanum* — terme le plus neutre pour désigner un édifice consacré à un être divin ; Cicéron n'emploie jamais, à propos de cette construction, les mots *aedes, delubrum, templum*, qu'il réserve apparemment aux cultes établis —; le plan, conçu par un certain Cluatius, a reçu son approbation (*l. c.*) et au début de mai il demande à Atticus de relancer l'architecte (*uelim cohortere et exacuas Cluatium* : XII, 36, 2 = *DCXVII*), certainement pour la mise au point définitive du projet (cf. XII, 38 *a*, 2 extr. = *DCXXI*) ; le 14 mars, il passe commande des colonnes destinées à l'édifice (*tu tamen cum Apella Chio* — personnage inconnu — *confice de colum-*

---

1. Voir surtout l'étude de P. Boyancé, *L'apothéose de Tullia*, in *Rev. des Ét. anc.*, XLVI, 1944, p. 179-184 ; reprod. in *Études sur l'humanisme cicéronien*, Bruxelles, 1970, p. 335-341 ; les pages que J. Carcopino a consacrées au deuil de Cicéron et à l'apothéose de Tullia (*Les secrets de la Correspondance de Cicéron*, Paris, 1947, I, p. 277-290) ne sont pas exemptes de partialité malveillante.

nis : XII, 19, 1 = *DXCV* ; cf. XIII, 6, 1 = *DCLVI*). Dans
la *Consolation* qu'il rédige dès son arrivée à Astura, il affirme
son intention de « consacrer une statue de sa fille », manifestement à l'intérieur du *fanum* (*dum imaginem filiae eodem se
modo consecraturum esse profiteretur quo illi* [= *homines dei
facti*] *a ueteribus sunt consecrati* ; Lact., *Inst. diu.*, I, 15, 16 =
Cic., *Frg.*, IX, 11 Müller) ; la consécration de Tullia sera
réalisée « grâce à des témoignages de toute sorte empruntés
à tous les grands esprits de Grèce et de Rome » (*illam consecrabo omni genere monimentorum ab omnium ingeniis sumptorum et Graecorum et Latinorum* [1] ; *Att.*, XII, 18, 1 = *DXCII*) ;
malgré sa forme un peu embarrassée, cette phrase est singulièrement éclairante : pour consacrer la divinité de sa fille,
Cicéron n'aura pas recours à des rites religieux — il ne fait,
d'ailleurs, nulle part mention d'autel, ni de prêtre, ni même
d'offrande —, mais à des textes tirés des œuvres de grands
auteurs, affirmant la destinée divine des âmes et appliquables
à Tullia ; ces citations seraient très probablement gravées
sur le piédestal de la statue et sur les murs du sanctuaire [2].

1. La variante *scriptorum*, offerte par les manuscrits de la classe Δ,
a le double avantage de préciser le sens de *monimentorum* et d'éviter
l'enchevêtrement des génitifs ; mais l'absence de participe engendre
une cascade de compléments de noms invraisemblable chez un écrivain tel que Cicéron.

2. Le terme *monumenta* désigne couramment toute espèce de
constructions, œuvres d'art ou objets commémoratifs ; mais le contexte montre qu'ici le mot s'applique surtout ou exclusivement à
des écrits ; pour ce sens de *monumentum* = « témoignage commémo-
ratif », cf. *Q. fr.*, I, 1, 44 (= *XXX*) ; *Fam.*, IX, 16, 6 (=
CCCLXXXVII : *monumenta Graecorum*). Cicéron signale à Atticus qu' « il (lui) vient beaucoup d'idées pour l'apothéose » — *multa
mihi* εἰς ἀποθέωσιν *in mentem ueniunt* (XII, 37 *a* = *DCXIX*) —;
songeait-il à une célébration marquée par la lecture à haute voix
de certains textes ou le chant de certains hymnes appropriés? Un
passage du *De encomiis* de Ménandre le Rhéteur (p. 414, 16 Spengel),
cité par P. BOYANCÉ (*o. c.*, p. 180), suggère que de telles pratiques
n'étaient pas inconnues : le défunt vivant désormais avec les dieux,
ὑμνῶμεν οὖν αὐτὸν ὡς ἥρωα, μᾶλλον δὲ ὡς θεόν, αὐτὸν μακαρίσω-
μεν, εἰκόνας γράψωμεν, ἱλασκώμεθα ὡς δαίμονα (« chantons-le
donc comme héros ou plutôt comme dieu, proclamons-le bienheu-
reux, faisons des portraits de lui, rendons-le nous propice comme
démon ! »). Il faut toutefois noter que ce Ménandre écrivait dans
la seconde moitié du IIIᵉ siècle de notre ère. S'il est vrai que Cicéron
a pensé à une cérémonie de ce genre, l'anniversaire de la naissance
de Tullia pouvait en être l'occasion ; or, il souligne avec insistance
la nécessité que le sanctuaire soit terminé *hac aestate* (XII, 41, 4 =

Il justifie son initiative par une considération préliminaire :
quantum his temporibus tam eruditis fieri potuerit (*illam consecrabo*, etc...) ; *quantum* a manifestement valeur explicative
et non pas restrictive : c'est le progrès de la culture dans
la société de son temps qui a créé, selon lui, les conditions
propices à une telle entreprise.

Culture essentiellement philosophique s'entend : l'idée de
ce *fanum* a été inspirée à Cicéron par les lectures auxquelles
il s'est livré depuis la mort de sa fille — *habeo non nullos
ex iis quos nunc lectito auctores qui dicant fieri id oportere*
(*l. c.*) — ; il s'agit donc, à ses yeux, d'une idée conçue par
des philosophes, qui ont réfléchi et écrit sur l'immortalité
et la divinité de l'âme, non d'une pratique établie, même
en Grèce. Cicéron insiste à plusieurs reprises sur la nature
et la destination de l'édifice : *fanum* et non pas *monimentum*
(= « tombeau »)[1] ; peu lui importe d'avoir à payer la taxe
de luxe qui frappe les dépenses somptuaires faites pour un
monimentum ; mais le mot lui déplaît : ... *nisi nescio quo
modo*, ἀλόγως *fortasse, nollem illud ullo nomine nisi fani appellari* (*Att.*, XII, 35, le 2 mai = *DCXV* ; sans aucun doute
les cendres de Tullia sont déposées quelque part, dans la
sépulture des Tullii) ; le lendemain, il revient à la charge
— *sepulcri similitudinem effugere... studeo* — et, cette fois,
il en donne la raison : *ut maxime adsequar* ἀποθέωσιν (XII,
36, 1 = *DCXVII*) ; car ce qu'il veut pour sa fille, c'est

DCXXVI ; 43, 2 = *DCXXVII*, 3) : n'est-ce pas parce que Tullia
était née le 5 août 79? Cicéron était très attentif à cette date (cf.
Att., IV, 1, 4 = *XC* ; *Pro Sest.*, 131), qui précédait de cinq jours
la fin de l'été pour les Romains.

1. Le risque de confusion entre le « sanctuaire » — *fanum* — que
Cicéron a en tête et un « monument funéraire » — *monimentum* —
entraîne une conséquence imprévue, dont il est informé juste après
avoir quitté la maison de campagne d'Atticus, probablement chez
l'hôte qui lui a offert l'hospitalité (Sicca, à Lanuvium?) au milieu
de son trajet de retour à Astura : une taxe de luxe, égale au montant du dépassement d'un certain plafond, frappe les « monuments
funéraires » (XII, 35 = *DCXVI* ; 2 mai) ; c'est pour Cicéron une
raison supplémentaire d'éviter toute ressemblance entre le *fanum* et
un *monimentum* ; il se demande même s'il pourra y parvenir autrement que *mutato loco*, ce qui paraît bien impliquer que les deux amis
ont déjà fixé leur choix sur un *locus* déterminé (les *horti Scapulani*
— cf. *infra*, B —? un secteur du Transtévère?) et qu'à proximité
de cet endroit se trouvaient des monuments funéraires, comme il y
en avait à la sortie des villes et en particulier au *campus Vaticanus*
(cf. la nécropole enfouie sous la Basilique Saint-Pierre). Ces incon-

« une véritable divinisation », *germanam* ἀποθέωσιν (XII, 12,
1 = *DXCVIII*, du 16 mars ; cf. 37 *a* = *DCXIX*), qui ne
puisse prêter à aucune confusion ni avec le sort commun
réservé par les croyances romaines aux *dis manibus*, ni même
avec l'héroïsation traditionnelle à la grecque, qui compor-
tait des rites particuliers accomplis sur le tombeau du défunt, ni avec les tentatives théocratiques de certains souverains ou chefs d'État ambitieux, tel César (cf. XII, 47, 3 =
DCXXXIII, 1 ; XIII, 44, 1 = *DCLXXXVI*), pour se faire
décerner des honneurs divins de leur vivant.

L'initiative de Cicéron se situe dans le droit fil des spécu-
lations philosophiques sur la nature divine de l'âme, telles
qu'on les trouvait en particulier chez Platon et les Platoni-
ciens, mais également chez les Pythagoriciens et de nombreux
adeptes du Portique ; nous savons qu'avant de rédiger sa
Consolation, Cicéron avait lu celles que d'autres avaient
écrites avant lui, notamment celle de Crantor, philosophe
académicien de la fin du ivᵉ siècle, dont il s'était largement
inspiré[1] ; dans les *Tusculanes* (I, 66), il cite un passage de
sa *Consolation* (= *Frg.* 10 Müller) : *nec inuenietur unquam
unde ad hominem uenire possint (memoria, mens, cogitatio)
nisi a deo... Ita quicquid est illud quod sentit, quod sapit,
quod uiuit, quod uiget, caeleste et diuinum ob eamque rem aeter-
num sit necesse est* (« et l'on ne trouvera pas de quelle origine ces facultés [la mémoire, la pensée, la réflexion] peuvent
venir à l'homme, sinon de Dieu... Ainsi ce principe, quel
qu'il soit, qui perçoit, qui pense, qui vit, qui a de la vigueur,
est nécessairement céleste et divin et, par-là même, éternel » ;
cf. *Tusc.*, I, 24 ; 39 ; 42 ; 72). De cette affirmation de la nature « céleste et divine » de l'âme, il n'y a qu'un pas à la
consécration de cette âme, une fois libérée de la prison du
corps, comme un être divin ; Cicéron le franchissait dans

---

vénients seraient évités si l'édifice était implanté dans l'enceinte de
la *uilla* proprement dite ; mais on s'exposerait alors à ce que le monument ne fût pas respecté par les propriétaires futurs, s'il leur déplaisait de l'avoir constamment devant les yeux (XII, 36, 1 =
DCXVII). En fin de compte, Cicéron préfère le construire « sur les
terres », *in agro* (*ibid.* ; sur cette distinction entre la partie *uilla*
et la partie *ager* d'une grande propriété, cf. *Att.*, XIII, 52, 1 ; Varr.,
R. R., I, 14, 6 ; III, 5, 10), quitte à payer la taxe... qu'il essaiera
néanmoins d'éviter en étudiant de près le texte de la loi (*ibid.*).

1. Cf. Plin., *N. H.*, *Praef.*, 22 : ... *in Consolatione « Crantorem »,
inquit (Cicero), « sequor »* (= *Frg.* 7 Müller) ; Hieronym., *Epist.*,
60, 5 ; *infra*, App. II A.

un autre passage de la *Consolation*, transmis par Lactance
(*Inst. diu.*, I, 15, 20 = *Frg.* 11 Müller) : estimant qu'on a eu
raison de ranger certains êtres humains *in deorum numero*
et de leur élever des temples ; il cite les exemples d'Ino,
d'Hercule et des Dioscures ; puis il en tire argument pour
justifier la divinisation de Tullia : *si Cadmi progenies aut
Amphitryonis aut Tyndari in caelum tollenda fama fuit, huic*
(= *Tulliae*) *idem honos certe dicandus est* (« s'il est vrai que
les enfants de Cadmus, d'Amphitryon ou de Tyndare méri-
tèrent d'être élevés au ciel par la renommée, le même honneur est dû sans aucun doute à celle dont je parle »), et, s'adressant à elle, il lui fait cette promesse solennelle : *quod quidem faciam teque omnium optimam doctissimamque, adprobant-
ibus diis immortalibus ipsis, in eorum coetu locatam, ad opinionem omnium mortalium consecrabo* (« cela, je le ferai certainement, et toi, la plus vertueuse et la plus cultivée entre
tous, avec l'approbation des dieux immortels eux-mêmes
dont tu partages la compagnie, je te consacrerai en me conformant à l'opinion de tous les mortels »).

Les épithètes *omnium optimam doctissimamque* fournissent
une précision intéressante : toutes les âmes n'accèdent pas
à l'immortalité bienheureuse ni, à plus forte raison, à la
condition divine ; déjà, dans le *Songe de Scipion* écrit quelques
années plus tôt, seuls les hommes d'État qui ont pratiqué
la justice ont droit au séjour dans la Voie lactée ; c'est parce
que Tullia s'est signalée par sa vertu et sa culture qu'elle
mérite l'apothéose et non parce qu'elle est morte prématu-
rément[1]. La consécration de Tullia nous offre le plus ancien
exemple, dans le monde romain, de « l'héroïsation par la
culture » : bien attestée dans le monde grec depuis l'insti-

---

1. L'idée est développée sous une forme générale dans un autre
passage de la *Consolation*, que nous a rapporté Lactance (*Inst. diu.*,
III, 19, 6 = *Frg.* 12 Müller) : *nec enim omnibus… iidem illi sapientes
arbitrati sunt eumdem cursum in caelum patere ; nam uitiis et scele-
ribus contaminatos deprimi in tenebras atque in caeno iacere docuerunt,
castos autem, puros, integros, incorruptos, bonis etiam studiis atque
artibus expolitos leni quodam et facili lapsu ad deos, id est ad naturam
sui similem, peruolare* (« en effet, ces mêmes Sages ont estimé que
l'accès au ciel n'était pas ouvert pareillement à tous : ils ont en-
seigné que les âmes souillées de vices et de crimes s'enfonçaient dans
les ténèbres et étaient plongées dans la fange, tandis que les âmes
pieuses, pures, intactes, sans tache, affinées de surcroît par la pratique des études et des arts de bon aloi, volent jusqu'aux dieux,
c'est-à-dire jusqu'à une réalité semblable à la leur, par une sorte
de glissement doux et facile »).

tution d'un culte en l'honneur de Pythagore et souvent associée au culte des Muses, elle s'est répandue largement à l'époque impériale[1].

Héroïsation ou divinisation? Cicéron n'emploie que les termes ἀποθέωσις ou *consecrare* et entend bien que l'édifice à construire soit un *fanum*, non un *sepulcrum*; s'agissant de la destinée des âmes après la mort, on constate, en pays grec, des confusions entre le statut de héros et celui de dieu[2], sans parler de celui de démon, qui prévaudra au IIe siècle de notre ère. En fait, Cicéron ne dit pas et ne pense certainement pas que Tullia est devenue une déesse à part entière, avec une personnalité, des fonctions et des pouvoirs définis, semblables à ceux des divinités publiquement reconnues et honorées par des cultes établis; il ne l'identifie pas non plus à l'une des déesses du panthéon gréco-romain; il ne lui décerne même pas le nom de *dea* et nous avons déjà observé qu'il ne mentionne ni autel ni rite religieux. La consécration de Tullia se distingue donc nettement des cas de divinisation proprement dite qu'on peut relever dans les siècles antérieurs; à l'exception des souverains, comme Romulus et les monarques hellénistiques, ils sont d'ailleurs peu nombreux[3]. Malgré la référence explicite à Hercule et

1. Cf. F. Cumont, *Recherches sur le symbolisme funéraire des Romains*, Paris, 1942, p. 263 sqq.; H.-I. Marrou, Μουσικὸς ἀνήρ, Grenoble, Paris, 1937, *passim*, notamment p. 239; P. Boyancé, *Le culte des Muses chez les philosophes grecs*, Paris, 1937, rééd. 1972, p. 233 sqq.

2. Cf. P. Boyancé, *Le culte des Muses...*, p. 291 sqq.; M. P. Nilsson, *Geschichte der griechischen Religion*, II, Munich, 1950, p. 235.

3. Cf. M. P. Nilsson, *o. c.*, p. 109-111; 128-137. D. R. Shackleton Bailey (in ed. *Att.*, t. V, p. 404) cite le précédent de Pythioniké, maîtresse d'Harpale, fonctionnaire d'Alexandre le Grand, à laquelle son protecteur dédia un temple et un autel, en tant que « Pythioniké-Aphrodite », dans la ville de Babylone, dont il était gouverneur; mais la *Lettre à Alexandre* rédigée par Théopompe et que Cicéron avait entre les mains au début de mai (cf. *Att.*, XII, 40, 2 = *DCXXIII* et App. II B) condamne sévèrement ce scandale, en notant que cette femme était « triplement esclave » — τρίδουλος —, puisqu'avant de rencontrer Harpale, elle avait été l'esclave d'une joueuse de flûte, elle-même esclave d'une prostituée thrace, et « triplement courtisane » — τρίπορνος — (*Frg. d. Gr. Hist.*, II B, 115. F. 253 Jacoby)! Si les yeux de Cicéron se sont arrêtés sur cette page, elle n'a guère dû l'inciter à suivre un tel exemple. A Alexandrie aussi, la maîtresse d'un roi d'Égypte, Bélestiché, femme de condition modeste, fut l'objet d'un culte, après sa mort, sous le nom d'Aphrodite-Bélestiché (Plut., *Amatorius*, 9, 753 F); ce cas est comparable à

APPENDICE I

281

aux Dioscures, traditionnelle dans les développements de ce
genre (cf. *Tusc.*, I, 28 ; *De nat. deor.*, II, 62 ; Menandr. Rhet.,
l. c. ; etc...), Cicéron n'a pu imaginer pour sa fille un rang
égal à celui de ces illustres prototypes. Ce qu'il veut marquer avec éclat, c'est que l'âme de sa fille réalise pour l'éternité la plénitude de sa nature divine. Par la suite, mis à part
le culte impérial, la divinisation des défunts se répandra un
peu plus largement, laissant des traces çà et là dans la littérature et dans les épitaphes de langue latine, mais surtout
dans la symbolique funéraire[1].

Conçu au lendemain de la mort de Tullia, dans une détresse profonde, sous l'influence des lectures où il cherchait
une consolation à son deuil, le projet de Cicéron rencontra
deux sortes d'obstacles : la difficulté de trouver un terrain
propice à l'édification du sanctuaire (cf. *infra*, B) et la répugnance d'Atticus, dont le concours lui était indispensable,
à l'aider dans son entreprise. Cet épicurien de bon sens jugeait l'idée saugrenue et, sans heurter son ami de front,
chercha à gagner du temps, avec l'espoir que, passé la fièvre
des premiers jours, il finirait par renoncer à sa lubie (cf.

celui de Pythioniké : dans une monarchie d'Orient, un homme in-
vesti du pouvoir souverain étend abusivement à sa concubine le
privilège de la divinisation que les traditions du pays reconnais-
saient au roi. La divinisation d'Antinoüs, favori de l'empereur Ha-
drien, s'apparente, malgré de notables différences, à ces deux précédents.

1. Cf. H.-I. Marrou, *o. c.* ; l'inscription la plus parlante est sans
doute ce deuxième vers d'un distique élégiaque (*C. I. L.*, VI, 30. 157,
l. 4 = *Carm. epigr.*, 975 Bücheler ; époque augustéenne) : *corpore
consumpt[o] uiua anima deus sum* ; cf. *C. I. L.*, VI, 7.581 (= Des-
sau 7.804) ; 15.696 ; 18.358 ; 24.551. La même conception se retrouve
dans la tradition orphique : on peut lire sur une lamelle d'or du
IVe siècle av. J.-C. trouvée dans un tombeau, à Thurioi (Italie du
Sud), la formule suivante :

θεὸς ἐγένου ἐξ ἀνθρώπου (« d'homme, tu es devenu dieu » ;
f, 20),

qui a son pendant, cinq siècles plus tard, sur une lamelle orphique
découverte à Rome, dans la tombe d'une certaine *Caecilia Secun-
dina* :

νόμωι ἴθι δῖα γεγῶσα (« va selon la loi, en déesse que tu es
devenue » ; 9, 19 a) ;

cf. M. P. Nilsson, *Gr. Rel.*, II, p. 225. L'apothéose par identification
du défunt à une divinité du panthéon était de pratique assez cou-
rante : cf. Stat., *Silu.*, V, 1, 231 sqq. ; Apul., *Met.*, VIII, 7, 7 ; F. Cumont, *Symbolisme funér.*, p. 242 ; 302 ; 416 ; 420.

XII, 43, 1 = *DCXXVII*, 2). Mais Cicéron ne cesse de le
harceler, allant même jusqu'à le menacer de se fâcher (XII,
37, 2 = *DCXVIII* ; 41, 2 = *DCXXVI*), et obtient enfin
qu'il agisse avec sa diligence et son efficacité habituelles
(cf. XIII, 1, 2 = *DCXL* ; etc.). Comment expliquer un tel
acharnement pour une innovation étrangère et même contraire aux usages romains, fâcheusement voisine de coutumes
orientales condamnables? Un homme de haute culture comme
Cicéron ne pouvait-il se satisfaire de croire à la divinité de
sa fille défunte et de l'honorer en philosophe, dans le secret
de sa conscience, en faisant l'économie d'un geste voyant,
qui choquait même son ami le plus intime? L'explication
est à chercher dans l'exaltation des premiers jours et dans
la rigueur de la conscience romaine : le père désemparé a
trouvé dans les livres de « consolation » qu'il dévorait l'idée
de « consacrer » sa fille par un sanctuaire et, emporté par
un de ces emballements auquel l'exposait son caractère, il a
imprudemment promis à Tullia de mettre cette idée à exécution (cf. *Consol.*, *Frg.* 11, cité *supra*, p. 279) ; de ce jour,
il se sent lié par l'engagement qu'il a pris et qui a pour lui
la force contraignante d'un *uotum* (*Att.*, XII, 18, 1 = *DXCII* ;
religio... *uoti* : XII, 43, 2 = *DCXXVII*, 3 ; 12 mai), d'une
dette (*debitum* : XII, 23, 3 = *DCI* ; *debere* : XII, 38 *a*, 2 =
DCXXI), dont il doit s'acquitter (*soluere* : *ibid.*) ; à ce prix
seulement, sa conscience sera soulagée (*ibid.*), libérée (XII,
40, 4 = *DCXXIII*). D'autre part, il souhaite ardemment
entretenir la mémoire de Tullia parmi ses contemporains
— aussi préfère-t-il que le sanctuaire se dresse en un lieu
fréquenté (cf., *infra*, B) — et dans toutes les générations à
venir — d'où son souci de garantir la pérennité du monument contre les changements de propriétaires (cf. *infra*, B) —,
pour assurer à sa fille l'immortalité par le souvenir des hommes,
pendant terrestre de l'éternité céleste[1]. Pourtant, l'engoue-
ment initial est assez vite retombé ; il reconnaît la vanité
de l'entreprise — *hae meae... ineptiae* (*fateor enim*...; XII,

---

1. Cf. Plut., *Consol. ad Apoll.*, 37, 121 e : περιέχει [ὁ παραμυ-
θητικός σοι λόγος ὃν ἀπειργασάμην] δὲ καὶ τὴν πρὸς τὸν θεοφιλέσ-
τατον υἱόν σου Ἀπολλώνιον πρέπουσαν τιμήν, ποθεινοτάτην οὖσαν
τοῖς ἀφιερωθεῖσι, τὴν διὰ τῆς ἀγαθῆς μνήμης καὶ τῆς ἀδιαλείπτου
πρὸς τὸν ἀεὶ χρόνον εὐφημίας = « (le traité que j'ai rédigé pour
te consoler) renferme aussi, à l'adresse de ton fils bien-aimé des
dieux, l'honneur approprié, le plus désirable pour les êtres consacrés,
l'honneur que procurent le souvenir favorable et la renommée à
jamais indestructible ».

36, 1 = *DCXVII*) —; il parle de sa « bizarrerie » (*meus error* ; XII, 25, 2 = *DCIII* ; 43, 1 = *DCXXVII*, 2), de son « coup de folie » (τὸν τῦφον ; XIII, 29, 2 = *DCXLIV*, 1 ; cf. XII, 25, 2 = *DCIII*), mais n'en persiste pas moins.

Dans la première décade de juillet, Cicéron est obligé de renoncer à l'achat de la propriété suburbaine sur laquelle son choix s'était en définitive arrêté (cf. *infra*, B) ; de ce jour-là, il ne souffle plus mot de son projet ; s'est-il résigné, non sans un certain soulagement, à l'abandonner? Ou bien, suivant une suggestion d'Atticus (cf. *infra*, B), s'est-il décidé à élever le sanctuaire sur son domaine de Tusculum? On ne le saura sans doute jamais avec certitude ; mais, à supposer qu'un monument aussi singulier eût été réalisé, il serait étrange qu'on n'en trouvât mention ni dans la *Correspondance* ni dans aucun texte de l'Antiquité.

B. *La recherche d'un emplacement*[1].

Dès le 11 mars, Cicéron a des idées bien arrêtées sur la nature et le plan de l'édifice ; en revanche, il est hésitant sur le choix de l'emplacement : *dubito... de loco nonnumquam* (*Att.*, XII, 18, 1 = *DXCII*). La suite de la *Correspondance* nous révèle progressivement les conditions auxquelles doit répondre le lieu idéal : il doit être « fréquenté », faute de quoi Cicéron manquerait l'un de ses buts, qui est d'assurer la gloire de sa fille (XII, 19, 1 = *DXCV* ; 12, 1 = *DXCVIII* ; 23, 3 = *DCI* ; 37, 2 = *DCXVIII* ; XIII, 29, 2 = *DCXLIV*, 1) ; il doit échapper aux aléas des « changements de propriétaires » (*commutationes dominorum* : XII, 19, 1 = *DXCV* ; 36, 1 = *DCXVII*), pour que le *fanum* soit préservé dans la suite des siècles (*in infinita posteritate* : XII, 19, 1 = *DXCV*) ; une clairière au milieu d'un bois (*lucus*) conviendrait particulièrement bien à la consécration d'une mortelle, à condition que le site ne soit pas désert (XIII, 29, 2 = *DCXLIV* ; 22, 4 = *DCLXXVII*). A ces divers éléments, liés à la destination de l'édifice, s'en ajoute un dernier, d'un tout autre ordre : à la fin de sa première lettre à Atticus (XII, 13, 2 = *DLXXXVII* ; 7 mars), Cicéron manifeste l'intention d'acheter « un refuge où cacher sa douleur » — *uolo aliquod emere latibulum et perfugium do-*

1. Cette question a été traitée en détail, mais avec quelques inexactitudes, par D. R. Shackleton Bailey, in ed. *Att.*, t. V, App. III, p. 404-413.

loris mei[1] —, sans autre précision ; il n'y fait plus allusion
les jours suivants, même dans la lettre du 11 mars (XII,
18, 1 = *DXCII*), où il expose son projet de sanctuaire (cf.
supra, p. 275), et se dit hésitant sur le choix de l'emplacement ; c'est le 14 qu'il révèle pour la première fois son idée
d' « acquérir des jardins (= propriété avec parc) au Transtévère, et principalement pour ce motif » (= l'érection du
fanum) — *cogito interdum trans Tiberim hortos aliquos parare,
et quidem ob hanc causam maxime* (XII, 19, 1 = *DXCV*) —;
le motif secondaire est le désir de se procurer une résidence
pour lui-même. Désormais, sans écarter complètement la
solution plus simple et moins onéreuse qui consisterait à
implanter le sanctuaire dans une de ses propriétés de campagne, Cicéron donne la priorité absolue à celle qui lui permettrait de faire coup double, en lui procurant à la fois un
terrain pour le monument de Tullia et une « retraite pour
ses vieux jours » ; comme il l'écrira le 25 mars à Atticus :
caput est quod scis (= le *fanum*), *sequitur ut etiam mihi ipsi
quiddam opus sit* (XII, 29, 2 = *DCVII*).

Pourquoi se mettre sur les bras l'achat d'une nouvelle
propriété, au risque de difficultés financières considérables?
C'est d'abord que, jusqu'au mois de juillet, Cicéron écarte
l'idée de retourner vivre dans sa *domus* du Palatin : la société romaine, où les Césariens foisonnent, lui est devenue
insupportable, et puis Rome sans Sénat ni tribunaux dignes
de leurs noms n'a plus d'attrait pour lui (XII, 21, 5 =
DXCIX) ; inversement, ses maisons de campagne, même celle
de Tusculum, sont trop éloignées de la Ville : il veut habiter
à proximité de ses amis, en particulier Atticus (... *ubi et
in foro non sim et tecum esse possim* : XII, 31, 4 = *DCXI* ;
cf. 29, 2 = *DCVII* : *nec... esse in turba possum nec a uobis
abesse*), et n'être pas réduit à passer des journées entières
chez lui (*quid enim? sedere totos dies in uilla?* XII, 44, 2 =
DCXXIX ; cf. 37, 2 = *DCXVIII*). Enfin, il ne faut pas
oublier que Cicéron avait une véritable passion pour la pierre
et les propriétés immobilières, qu'il accumula sa vie durant[2].

Atticus n'est guère plus favorable à ce projet dispendieux
qu'à celui du *fanum* ; il voudrait que Cicéron s'arrache à sa
solitude et reprenne sa vie habituelle dans sa *domus* de Rome
(cf. *Notice*, p. 29) ; le 19 mars, Cicéron lui oppose une fin
de non-recevoir : « je suis anéanti, anéanti... ; c'est pourquoi

---

1. Shackleton Bailey (*l. c.*) a négligé ce texte ; son développement s'en trouve quelque peu faussé.
2. Cf. J. Carcopino, *Les secrets de la Corr. de Cic.*, I, p. 73 sqq.

je recherche les lieux déserts » — *occidimus, occidimus...;*
itaque solitudines sequor (XII, 23, 1 = *DCI*) — ; dans sa
réponse, Atticus a dû protester et lui faire valoir qu'il devait
au contraire penser à la vie et se ménager un « cadre approprié pour bien vivre ses vieux jours », car, le 21, son ami
lui rétorque que « cette question est d'ores et déjà réglée »
— *nam quod scribis* ἐγγήραμα, *actum iam de isto est* (XII, 25,
2 = *DCIII*) — et que « d'autres le préoccupent davantage »
— *alia magis quaero* —. C'est la plus ancienne occurrence
attestée du substantif ἐγγήραμα, bâti sur le radical du verbe
ἐγγηράσκω (aor. infin. -ράσαι), comme ἐνδιαίτημα, « lieu d'habitation », ἐντρύφημα, « objet de délices » sur ceux de διαιτῶμαι
et d'ἐντρυφῶμαι ; Cicéron l'emploie encore à deux reprises par
la suite : le 25 mars, pressant Atticus de l'aider à acquérir
une propriété suburbaine, il lui lance, en manière de boutade, *uel tu illud* ἐγγήραμα, *quemadmodum scripsisti, uel* ἐντάφιον (« linceul ») *putato* (XII, 29, 2 = *DCVII*), c'est-à-dire
qu'à ses yeux cette future demeure lui servira de tombeau
— puisqu'il a cessé de vivre (*occidimus...*) — et non pas
de nouveau cadre de vie, comme le souhaite Atticus. Mais,
un mois et demi plus tard, leurs points de vue se sont rap-
prochés ; Atticus s'est résigné à seconder les desseins de son
ami et Cicéron, qui a retrouvé quelque goût à la vie, accepte
sans réserve le mot qui lui déplaisait : *mihi uero et locum*
quem opto ad id quod uolumus (= le *fanum*) *dederis et prae-*
terea ἐγγήραμα (XII, 44, 2 = *DCXXIX* ; 13 mai)[1].

---

1. Dans les deux derniers textes, ἐγγήραμα désigne sûrement un
lieu, une résidence ; dans le premier, il peut avoir le sens d' « occupation » ou de « situation pour les vieux jours » ; mais, comme l'a
bien vu SHACKLETON BAILEY (*o. c.*, p. 405 sq.), il ne signifie certainement pas « vieillir sous le harnais en s'adonnant aux affaires publiques » (*sic*, TYRRELL-PURSER, in ed. *Corr.*, t. V², p. 36, après
Corradus et Boot) ; la situation politique excluait alors une telle
perspective. Les exégètes ont été fourvoyés par un passage de la
Vie de Caton l'Ancien (24, 11), où Plutarque met en parallèle la
vieillesse de Denys l'Ancien et celle de Caton : ὥσπερ Διονύσιόν
τις ἔπεισε κάλλιστον ἐντάφιον ἡγεῖσθαι τὴν τυραννίδα, κάλλιστον αὐτὸς (= Caton) ἐγγήραμα τὴν πολιτείαν ποιησάμενος
— « de même que l'on persuada Denys de considérer la situation
de tyran comme le plus beau linceul, il tint l'activité politique pour
la plus belle occupation des vieux jours » — ; le rapprochement est
très probablement dû à Plutarque lui-même, qui a pu se souvenir
de la lettre de Cicéron, et non pas à Caton — qui ne pratiquait guère
les bons mots en grec —, contrairement à ce qu'affirment tous les
éditeurs, y compris SHACKLETON BAILEY (*l. c.*).

La liste des emplacements envisagés par Cicéron pour l'érection du sanctuaire atteint la douzaine. Trois d'entre eux lui appartiennent : peu après son installation à Astura, il songe à implanter l'édifice dans cette villa merveilleusement située ; mais il redoute les changements de propriétaires, qui pourraient entraîner la profanation du monument, et préférerait un endroit plus fréquenté (*Att.*, XII, 19, 1 = *DXCV* ; 14 mars). Deux jours après, peut-être sur une suggestion d'Atticus, il évoque l' « île d'Arpinum » — située dans le cours du Fibrénus, à 2 km en amont de la propriété familiale[1] —, pour l'écarter aussitôt : son « isolement » (ἐκτοπισμός) déprécierait l' « honneur » (τιμήν) rendu à Tullia (*Att.*, XII, 12, 1 = *DXCVIII* ; 16 mars). Au début de mai, arguant des difficultés que soulève l'achat de « jardins » au Transtévère, Atticus suggère à Cicéron de se rabattre sur sa villa de Tusculum (cf. XII, 37, 2 = *DCXVIII*) ; Cicéron estime l'endroit trop peu fréquenté — *celebritatem requiro* (*ibid.*) —, mais ne rejette pas cette solution, qu'il garde en réserve comme un pis-aller (cf. XII, 41, 3 = *DCXXVI* ; 43, 2 = *DCXXVII*, 3 ; 44, 2 = *DCXXIX* ; XIII, 26, 1 = *DCXXX* ; 11-14 mai).

Mais ses préférences vont de loin à des *horti* de la Rive droite du Tibre, qui présentent le double avantage d'être fréquentés et de lui procurer une « retraite pour ses vieux jours »[2] ; depuis que cette idée lui est venue (*Att.*, XII, 19, 1 = *DXCV* ; 14 mars), il ne cesse de harceler Atticus pour qu'il l'aide à réaliser son rêve et nous voyons se succéder au fil des *Lettres* neuf propriétés, désignées par le nom de leur possesseur. Ce sont d'abord celles de Drusus — sans doute M. Livius Drusus Claudianus, fils adoptif du tribun de la plèbe de 91 et père de la future impératrice Livie, que Cicéron avait défendu en 54 —, de Lamia — sans doute M. Aelius Lamia, édile en 43 — et de Cassius — sans doute C. Cassius Longinus, le futur meurtrier de César[3] — (*Att.*, XII, 21, 2 = *DXCIX* ; 17 mars). Il ne sera plus question des *horti Cassiani* ; Lamia est absent (XII, 22, 3 = *DC*)

---

1. Cf. Cic., *De leg.*, II, 6 ; O. E. SCHMIDT, *Ciceros Villen*, in *Neue Jahrb. f. das Klass. Altertum*, XII, 1899, p. 334-348 ; R. COTARD, *Un voyage à Arpinum*, in *Les Humanités*, VI, 1933, p. 100-104.

2. Sur ce quartier résidentiel, cf. P. GRIMAL, *Les Jardins de Rome*, 2e éd., Paris, 1969, p. 109 sq. ; G. LUGLI, *La pianta dell'antica casa della Farnesina*, in *Mél. Éc. Franç. Rome*, LV, 1938, p. 5-27 ; F. COARELLI, *Guida archeologica di Roma*, 2e éd., Rome, 1975, p. 310.

3. Identifications proposées par G. LUGLI, *o. c.*

et Cicéron ne tarde pas à exclure toute possibilité de ce côté (XII, 29, 2 = *DCVII* ; 25 mars). En revanche, les *horti Drusiani* retiennent longtemps son attention : Drusus désire vendre (XII, 22, 3 = *DC* ; 37, 2 = *DCXVIII*), mais il est trop gourmand (XII, 23, 3 = *DCI* ; 33, 1 = *DCVIII* ; 31, 2 = *DCXI* ; 41, 3 = *DCXXVI*), ce qui suscite l'opposition d'Atticus (XII, 38 *a*, 2 = *DCXXI* ; 7 mai) ; en outre, la propriété est un peu trop éloignée pour qu'on puisse commodément aller passer une partie de la journée dans la Ville (XII, 44, 2 = *DCXXIX*)[1] ; malgré tout, Cicéron se déclare disposé à acheter, faute de mieux — *quod si neutrum, metuo ne turbem et irruam in Drusum* (XIII, 26, 1 = *DCXXX*, 14 mai ; cf. XII, 37, 2 = *DCXVIII* du 4 mai) — avec l'intention évidente de pousser Atticus à faire aboutir une solution meilleure.

De fait, il ne parlera plus des *horti Drusiani* après le 14 mai. Dans l'intervalle, il a conçu d'autres projets ; certains sont très vite abandonnés : c'est le cas de la propriété de L. Aurélius Cotta (consul en 65), située non pas au Transfévère, comme les autres, mais à proximité d'Ostie, sur la Rive gauche du Tibre (XII, 23, 3 = *DCI* ; 19 mars), « au-delà d'une *uilla* appartenant à Silius » (XII, 27, 1 = *DCV* ; 23 mars)[2] ; l'endroit est très fréquenté, mais les dimensions exiguës ; on lit sans surprise, dans la lettre du 25 mars, qu' « il n'y faut plus penser » (XII, 29, 2 = *DCVII*). L'évocation des *horti* de Damasippe — amateur d'art mentionné dans une lettre de 46 (*Fam.*, VII, 23, 2 et 3 = *DLXII*) — est encore plus fugitive[3] : deux brèves mentions (*Att.*, XII, 29, 2 = *DCVII*, et 33, 1 = *DCVIII* ; 25-26 mars), dont la deuxième précise que le terrain a été divisé en plusieurs parcelles. Au début de mai, Cicéron tourne pendant quelques jours ses regards vers un « terrain à bâtir » — *area* —, appartenant naguère à un Publicius, qu'on doit peut-être identifier à M. Publi-

---

1. P. GRIMAL considère, à juste titre, que les *horti Drusiani* devaient être « les plus septentrionaux » et il les situe « au sommet de la courbe vaticane du Tibre » (*o. c.*, p. 115) ; nous les verrions plus au nord, à hauteur du Monte Mario.
2. *Villa* à ne pas confondre avec les *horti Siliani* du Transtévère — dont il va être question ci-après —, comme le fait SHACKLETON BAILEY (*o. c.*, p. 408) !
3. Probablement un fils de P. Licinius Crassus Damasippus, mort en Afrique après Thapsus, et le même que le Damasippe mis en scène par Horace (*Sat.*, II, 3). P. GRIMAL situe sa propriété au sud du Transtévère, juste en-deçà de la Porta Portuensis (*o. c.*, p. 111 sq.).

cius, légat de Cn. Pompée le Jeune en 46 (cf. T. R. S. Broughton, *Mag. of the Rom. Rep.*, II, p. 302), présentement à trois
co-propriétaires, C. Trébonius, consul en 45, M. Cusinius, préteur en 44, et C. Caninius Rébilus, consul d'un jour à la
fin de 45 (XII, 38 *a*, 2 = *DCXXI* ; 7 mai ; 41, 3 = *DCXXVI* ;
11 mai) ; passé le 12 (cf. XII, 43, 2 = *DCXXVII*, 3), il
n'y fera plus aucune allusion ; à vrai dire, les propriétaires
sont tous absents, vraisemblablement en Espagne avec César
(cf. Shackleton Bailey, in edit., t. V, p. 412).

Les trois propriétés qui ont le plus attiré la convoitise de
Cicéron sont celles de Silius, de Scapula et de Clodia. La
première mention des *horti Siliani* apparaît dans une lettre
du 18 mars (*Att.*, XII, 22, 3 = *DC*) ; ils reviennent presque
tous les jours dans la correspondance de ce mois, fréquemment en mai et deux fois encore en juin (XIII, 5, 2 = *DCLVIII*
le 5 ; 7, 1 = *DCLXII*, le 10). Leur propriétaire doit très
probablement être identifié avec P. Silius, gouverneur *pro
praetore* de Bithynie en 51 /50 et destinataire de *Fam.*, XIII,
61-65 (= *CCXXXVII-VIII* ; *CCL-LI* ; *CCXXXV*)[1] ; en
effet, outre qu'il entretenait de bonnes relations avec Cicéron et Atticus (cf. *Att.*, VII, 1, 8 = *CCLXXI* ; XII, 18 *a*,
2 = *DXCIV*), nous savons par Velléius Paterculus (II, 83,
3) que C. Coponius, préteur en 49, avait pour gendre un Silius, qui était certainement P. Silius Nerva, consul en 20 ;
comme les *horti Siliani* contenaient précisément une *Coponianam uillam et ueterem ⟨et⟩ non satis magnam* (XII, 31,
2 = *DCXI*), on voit comment cette « villa » avait pu gros-
sir, sans doute par une vente familiale, le domaine des Silii :
selon toute apparence, P. Silius Nerva, gendre de C. Coponius, était le fils du propréteur de 50, ce jeune homme « conforme aux vœux de son père » — *qualem uult* — dont Cicéron fait mention dans une lettre du 29 mars (XII, 31, 1 =
DCXI)[2]. Ces *horti*, qui comprenaient une *siluam nobilem*,
sont jugés par Cicéron bien supérieurs à ceux de Drusus

1. Cicéron n'indique jamais son prénom ; en *Att.*, XII, 24, 1 (=
DCII), le premier mot de la lettre, *asyllius* dans les manuscrits, désigne sans aucun doute un autre personnage, dont Cicéron se sentait bien en peine d'assurer la défense ; en *Att.*, XII, 26, 1 (= *DCIV*),
où il s'agit bien de Silius, le texte des manuscrits est corrompu (*cum
agidio*) ; cf. Shackleton Bailey, *o. c.*, p. 407, et déjà P. Grimal,
o. c., p. 111, n. 4.

2. *Sic* Muenzer, in *R. E.*, 2. R., III, c. 92, n° 24 ; Shackleton
Bailey, *o. c.*, p. 408 ; selon P. Grimal (*l. c.*), le *praetorius* de 50
serait la même personne que le consul de 20 et, par conséquent,
le gendre de Coponius, mais ceci apparaît peu vraisemblable.

(XII, 25, 2 = *DCIII*) et, partant, plus coûteux (XIII, 31, 2 = *DCXI*)[1] ; bien qu'ils soient assez éloignés de la Ville, comme ceux de Drusus dont ils semblent voisins (XII, 44, 2 = *DCXXIX* ; cf. *supra*, p. 287, n. 1), il les préfère aux autres (*nihil enim est melius* : XII, 23, 3 = *DCI*) ; il compte obtenir du propriétaire des délais de paiement (cf. XII, 22, 3 = *DC*) et fait intervenir un ami commun, Sicca, pour négocier l'affaire avec Silius (XII, 23, 3 = *DCI*) ; un premier rapport de Sicca le remplit d'espoir : *mihi et res et condicio placet* (XII, 25, 1 = *DCIII* ; 21 mars), et il se livre à des calculs en vue du règlement (*ibid.*) ; mais Atticus se doute que Silius ne veut pas vendre, en tout cas au prix indiqué par Sicca (XII, 30, 1 = *DCIX*). Deux jours après, il a avec Silius un entretien qui confirme ses soupçons (cf. XII, 31, 1 = *DCXI*, du 29 mars) ; cependant Cicéron se dit prêt à monter le prix, sur le conseil même d'Atticus, sans d'ailleurs se faire d'illusion (*ibid.*, 1-3) ; de plus, Silius entend détacher une parcelle du terrain susceptible d'être vendu ; aussi, le lendemain, au moment de quitter Astura, Cicéron demande à Atticus de s'assurer que cette parcelle n'est pas précisément l'endroit où il se proposait d'édifier le sanctuaire de Tullia (XII, 35, 1 = *DCXII*, 3). Après le mois d'avril passé chez Atticus, près de Ficuléa, Cicéron fait encore parfois allusion à la propriété de Silius, mais comme à une affaire classée (XII, 39, 2 = *DCXXII*) ou tout à fait aléatoire (XII, 41, 3 = *DCXXVI* ; 44, 2 = *DCXXIX* ; 52, 2 = *DCXXXVIII* ; XIII, 5, 1 = *DCLVIII* ; 7 = *DCLXII*).

Pendant ce séjour, une nouvelle idée a surgi des conversations entre les deux hommes : un certain Scapula est mort[2],

---

1. Le rapprochement des deux textes prouve qu'en XII, 31, 2 (= *DCXI*) — *quaeris a me quod summum pretium constituam et quantum anteire istos hortos Drusi* — *istos* est un pronom désignant les *horti Siliani* et non pas un déterminant de *hortos Drusi* (cf. XII, 25, 2 : *Drusianis... hortis multo antepono* [scil. *Silianos hortos*], *neque sunt unquam comparati*).

2. Ce ne peut être le chevalier pompéien T. Quinctius Scapula qui avait soulevé les légions de César en Espagne, au début de 46 (Cass. D., XLIII, 29 sq. ; cf. Cic., *Fam.*, IX, 13, 1 = *DLXXXV*), et trouvé la mort peu après Munda (*B. Hisp.*, 33, 3 sq.) : son domaine aurait été confisqué. Le propriétaire des *horti* doit plutôt être identifié au frère cadet du précédent (cf. *Pro Quinctio*, 17) et au P. Quinctius Scapula dont Pline l'Ancien nous apprend qu'il est mort soudainement au cours d'un dîner chez C. Aquilius Gallus, ancien collègue de Cicéron à la préture, lui-même décédé avant 44 (cf. *N. H.*, VII, 183).

laissant ses biens à quatre héritiers, Crispus — peut-être
Q. Marcius Crispus, officier de César, qui participa en 44
aux opérations menées en Syrie contre Cécilius Bassus —,
Mustéla, un homme bien disposé à l'égard de Cicéron (cf. *Att.*,
XII, 44, 2 = *DCXXIX*)[1], Othon — le chevalier L. Roscius Otho, ami de Cicéron? — et Vergilius, qui se trouve
alors en Afrique[2]. Cicéron éprouve un irrésistible attrait pour
les *horti Scapulani*, admirablement situés dans un secteur
fréquenté à souhait du Transtévère et à proximité de la
Ville (*maxima est in Scapulae celebritas, propinquitas praeterea urbis* [*MSS* : *ubi sis*], *ne totum diem in uilla* : *Att.*, XII,
37, 2 = *DCXVIII* ; formule analogue en XII, 44, 2, citée
supra, p. 284), de telle sorte qu'il pourrait vivre à la fois
à l'écart du Forum et non loin d'Atticus (*nihil enim aliud
reperio ubi et in Foro non sim et tecum esse possim* : XIII,
32, 4 = *DCXLIX*) ; comme cette propriété serait directement menacée par la déviation du cours du Tibre, projetée
par César dans l'été 45 et consistant à le déplacer vers l'ouest,
au pied du Monte Mario et de la colline Vaticane (pour réunir
en un vaste ensemble le Champ-de-Mars ; le *campus Vaticanus*, de nos jours le quartier des Prati ; cf. *Att.*, XIII,
33 *a*, 1 = *DCLXXVIII*), on peut la situer, semble-t-il, au
pied du *mons Vaticanus*[3]. La maison d'habitation est banale

1. Ce qui rend tout à fait improbable son identification avec
Séius Mustéla, le séide d'Antoine que Cicéron attaqua violemment
dans les *Philippiques* (*pass.* ; cf. *Att.*, XV, 11, 3).
2. *Att.*, XIII, 33, 2 = *DCLV* ; c'est une raison de reconnaître
en lui C. Vergilius, préteur en 62, pompéien ardent qui prit une
part active à la guerre d'Afrique et finit par se rendre, avec la ville
d'Utique, à Caninius Rébilus (*B. Afr.*, 93, 3 ; *sic*, SHACKLETON BAI-
LEY, *o. c.*, p. 335 sq.) ; elle n'est pas décisive, mais comme, dans
le même passage, Cicéron évoque — pour les écarter — les scru-
pules qui auraient pu le retenir d'acheter la part de la propriété
revenant à Vergilius et que, dans une autre lettre du même jour
(*Att.*, XIII, 3, 1 = *DCLIV*), il se félicite du règlement de certaine
créance, parce que cela épargnera à Atticus d'avoir à se porter caution pour lui devant l'État (*praes*), pour l'achat des *horti Scapulani*, il est très probable que les biens de Vergilius étaient confisqués, comme appartenant à un pompéien.
3. P. GRIMAL (*o. c.*, p. 112) place les *horti Scapulani* beaucoup
plus au nord, dans la région de l'actuel Foro Italico, au pied du
Monte Mario, parce qu'ils seraient, selon lui, plus éloignés de la
Ville que les *horti Drusiani* et les *h. Siliani* ; mais la réalité est inverse : ces derniers ont contre eux l'éloignement (cf. XII, 44, 2 =
DCXXIX), ceux de Scapula ont pour eux la *propinquitas... urbis*
(XII, 37, 2 = *DCXVIII*).

(*insulsitatem bene noram* : XIII, 29, 1 = *DCVII*), mais né-
cessite peu de travaux, comme le confirment à Cicéron l'architecte Vettius Chrysippus (cf. *Fam.*, VII, 14, 1 =
CLXXVII ; *Att.*, XIV, 9, 1 ; Quint., *I. O.*, VI, 3, 61) et Atticus, qui est allé visiter les lieux (XIII, 29,1 = *DCVII*) ;
le terrain, dont la superficie ne nous est pas indiquée — en
XIII, 31, 4 (= *DCXI*), Cicéron fait état d'une propriété
voisine, couvrant 1.000 *iugera* (env. 250 ha) —, contenait
un *lucus*, où le sanctuaire de Tullia trouverait une place appropriée (XIII, 29, 1 = *DCVII*). Après avoir hésité devant
l'énormité de la dépense (cf. XII, 40, 4 = *DCXXIII* ; 47,
1-2 = *DCXXXII*), le 27 mai il résume ainsi son sentiment :
nihil est quod ego malim, et, à condition de recouvrer la dette
de Fabérius, affirme sa résolution d'acheter à n'importe
quel prix : *noli quaerere quanti* (XIII, 29, 2 = *DCXLIV*,
1), *emamus uel magno* (*ibid.*, 3). Mais il y a un obstacle re-
doutable à vaincre : un des quatre héritiers, Othon, semble
bien décidé à mettre la main sur la propriété ; pour que
Cicéron ait droit de se porter acquéreur, il est nécessaire
qu'elle soit mise aux enchères publiques (cf. XII, 38 a, 2 =
DCXXI ; 40, 4 = *DCXXIII* ; etc.) et il faut donc qu'un des
autres héritiers l'exige[1] : heureusement, Mustéla est « très
bien disposé » pour Cicéron (*mei... sane studiosum* : XII,
44, 2 = *DCXXIX* ; 13 mai) ; Atticus recourt à lui (*ibid.*)
et, quelques jours plus tard, informe son ami que la vente
aux enchères aura lieu (XII, 49, 2 = *DCXXXVI*, 3 ; 51,
2 = *DCXXXVII* ; 20 mai) ; il tente même de fléchir Othon
par une négociation directe (XIII, 31, 4 = *DCXLVI*, le
28 mai ; 33, 2 = *DCLV*) et garde le contact avec Mustéla
et avec Crispus, un des deux autres héritiers (XIII, 5, 1 =
DCLVIII) ; le 23 juin, Cicéron constate que « le jour approche » — *dies adest* (XIII, 12, 4 = *DCLXIX*) — : s'agit-il
du jour prévu pour la vente? Finalement il fut fixé au 15 juillet et Cicéron se préparait à aller à Rome pour la circonstance, quand il apprit fortuitement, au cours d'une conversation avec C. Atéius Capito, le plan de réaménagement du
campus Vaticanus, ce qui lui fit abandonner définitivement
son projet d'achat (XIII, 33 a, 1 = *DCLXXVIII*).

Cependant, une dernière propriété a eu, durant un temps
— entre le 7 et le 27 mai —, la faveur de Cicéron, immédiate-

---

1. Sur la licitation des héritages, cf. J. CARCOPINO, *Les secrets
de la Corr. de C.*, I, p. 171 ; 174 sq. ; J. ANDREAU, *Les affaires de
Monsieur Juvencus*, Coll. Éc. Franç. Rome, n° 19, 1974, p. 74.

ment derrière la précédente : *si quaeris quid optem, primum
Scapulae, deinde Clodiae...* (scil. *hortos* : XII, 41, 3 =
DCXXVI ; cf. 43, 2 = *DCXXVII*, 3 ; etc.). Les *horti Clodiani* apparaissent pour la première fois dans une lettre du
7 (XII, 38 *a*, 2 = *DCXXI*) : *Clodiae* — scil. *horti* — *sane
placent, sed non puto esse uenalis* (cf. 42, 1-2 = *DCXXV*) ;
le 16, désespérant de pouvoir acquérir la propriété de Scapula, il « penche vers Clodia » — *delabor ad Clodiam* (XII,
47, 1 = *DCXXXII*) — ; mais Atticus ne cache pas ses doutes :
on ignore quand elle sera de retour à Rome et si elle est
disposée à vendre (XII, 52, 2 = *DCXXXII*, le 21) ; le 27,
Cicéron espère encore pouvoir faire affaire directement avec
elle (*Clodiam igitur ; a qua ipsa... sperare uideor* ; XIII, 29,
3 = *DCXLIV*, 2) ; mais nous n'en entendrons plus jamais
parler. Qui était Clodia et où se trouvait sa propriété? Il
y a une raison très forte de reconnaître dans cette femme
la célèbre Clodia Quadrantaria, sœur du tribun P. Clodius
Pulcher, que Cicéron a attaquée avec tant de vivacité dans
le *Pro Caelio*, la Lesbie de Catulle : nous savons en effet par
un passage du *Pro Caelio* (§ 36) qu'elle possédait des *hortos
ad Tiberim*, où venait se baigner la jeunesse de Rome[1].

---

1. SHACKLETON BAILEY apporte deux arguments supplémentaires
(*o. c.*, p. 412 sq.) ; le premier est tiré de la lettre *DCXXXVIII* (*Att.*,
XII, 52, 2, du 21 mai) : ... *nescio quid uideris dubitare de Clodia :
utrum quando ueniat an sintne uenales? Sed quid est quod audio Spintherem fecisse diuortium?* Le *sed* paraît bien avoir le sens d' « à propos » et impliquer un lien quelconque entre ce P. Cornélius Lentulus Spinther (fils du consul de 57) et Clodia ; ce rapport serait
établi si la Métella mariée à Spinther (cf. *Att.*, XIII, 7 = *DCLXII* :
*Sestius apud me... narrabat... Lentulum cum Metella certe fecisse
diuortium*) était la fille de Q. Métellus Céler et de Clodia Quadrantaria, son épouse, ce qui reste à démontrer. Le deuxième argument
a moins de force : en *Att.*, XII, 40, 4 (= *DCXXIII* ; 9 mai), Cicéron
presse Atticus de faire en sorte que les *horti Scapulani* soient mis en
vente aux enchères publiques, car alors *uincemus facultates Othonis
nostra cupiditate. Nam quod ad me de Lentulo scribis, non est in eo*
(« Quant à ce que tu me dis de Lentulus, la chose ne dépend pas
de lui »). *Faberiana modo res* (= le recouvrement de la dette de
Fabérius) *certa sit tuque enitare, quod facis, quod uolumus consequemur* ; si ce Lentulus est le gendre de Clodia, Atticus a pu, en réponse
à la première mention que Cicéron vient de lui faire des *horti Clodiani* (le 7 mai : XII, 38 *a*, 2 = *DCXXI*), lui suggérer de s'adresser à son ami Lentulus, pour savoir si sa belle-mère est disposée à
vendre ; Cicéron, lui, tient à ce qu'Atticus concentre ses efforts sur
la propriété de Scapula. Mais il semble bien que la phrase intermé-

G. Lugli, qui adopte cette identification, est allé plus loin
et a suggéré que les vestiges d'une très belle maison d'époque
républicaine tardive, retrouvés sur le site de la Villa Farnesina, pouvaient bien être ceux de la résidence de Clodia,
convoitée par Cicéron[1]. Reste que ces deux identifications
sont douteuses et que la propriétaire des *horti* était peut-être
une des deux sœurs de la trop fameuse Clodia.

C. Le financement de l'achat.

A moins de se résigner à implanter le sanctuaire de Tullia
dans une de ses propriétés, Cicéron devait faire face, pour
acheter les « jardins » de ses rêves, à un grave problème de
trésorerie.

On peut se faire une idée approximative du montant de
la dépense par la lettre du 21 mars (*Att.*, XII, 25, 1 = *DCIII*) ;
Cicéron, qui a jeté son dévolu sur les *horti Siliani*, fait ses
comptes : il a 600.000 sesterces en argent liquide ; Atticus
réussira bien à arracher à Hermogène les 600.000 sesterces
qu'il lui doit (*HS $\overline{DC}$ exprimes ab Hermogene*) ; en y ajoutant le montant de la dette de Fabérius et, si possible, de
menues rentrées supplémentaires (*erit etiam aliquid alicunde*), il rassemblera la somme nécessaire ; si l'on admet,
pour la dette de Fabérius, le même ordre de grandeur que
pour celle d'Hermogène[2], le prix d'achat des *horti Siliani*
ne devait pas être loin d'atteindre 2 millions de sesterces.
La propriété de Drusus valait moins cher (*ibid.*, § 2), de
même que celle de Clodia (XIII, 29, 3 = *DCXLIV*, 2).
Une autre lettre permet de se représenter les dimensions de
ces jardins de Silius : en *Att.*, XIII, 31, 4 (= *DCXLVI*),
Cicéron signale qu'une propriété voisine de celle de Scapula
s'est vendue avant la guerre civile 11.500 sesterces le jugère,
soit environ 46.000 sesterces l'hectare ; comme le prix des'
terrains a sensiblement baissé depuis[3], on ne se trompera

diaire — *nam quod... in eo* — se rapporte directement aux *horti
Scapulani.*
1. G. Lugli, *o. c.*, p. 25-27 ; *sic*, P. Grimal, *o. c.*, p. 113 sq. F. Coarelli (*Guida...*, p. 310) est sceptique. En tout cas, « la décoration,
entièrement refaite sous le règne d'Auguste, appartient à la toute
dernière phase du IIe style » (G.-Ch. Picard, *Rome et les villes d'Italie, des Gracques à la mort d'Auguste*, Paris, 1978, p. 206).
2. Comme le fait, avec vraisemblance, J. Carcopino (*Les secrets...*,
I, p. 96).
3. Cf. *Att.*, IX, 9, 4 = *CCCLXXIX* ; *Fam.*, IX, 16, 7 =

guère en estimant entre 50 et 70 ha la surface des *horti Si-liani*. Le domaine de Scapula était au moins aussi important, puisque Cicéron craint que son achat ne dépasse ses moyens (XII, 43, 2 = *DCXXVII*, 3) ou que les héritiers ne se décident à le diviser en quatre lots (XII, 38 *a*, 2 = *DCXXI*). A titre de comparaison, rappelons qu'en 62, il avait payé 3.500.000 sesterces sa maison du Palatin (*Fam.*, V, 6, 2 = *XVI*) et que sa « villa » de Tusculum a pu être appréciée à 750.000 sesterces (minimum)[1].

Pour faire face à une dépense aussi considérable, Cicéron est obligé de mobiliser toutes ses ressources (cf. XII, 5 *a* = *DCLIII* : *omnia nunc undique contrahenda*) ; il envisage, un instant, d'emprunter à des amis et même de vendre certains de ses biens (XII, 22, 3 = *DC*) ; mais finalement, il lui suffit de recouvrer les créances dont il possède les titres[2]. Comme c'est toujours le dévoué Atticus qui est chargé des démarches nécessaires, nous voyons défiler dans la correspondance les noms de ces débiteurs : dès le 7 mars, un Coccéius — peut-être L. Coccéius Nerva ou son frère Marcus, qui joueront un rôle important sous le Triumvirat — (XII, 13, 2 = *DLXXXVII* ; cf. 18, 3 = *DXCII* ; 19, 2 = *DXCV*) ; le 11 mars, L. Scribonius Libo — beau-père de Sextus Pompée, futur beau-frère d'Octave et consul en 34 — (XII, 18, 3 = *DXCII* ; cf. 19, 2 = *DXCV*) ; le 21 mars, Hermogène, dont la dette s'élève à 600.000 sesterces (XII, 25, 1 = *DCIII* ; cf. 31, 2 = *DCXI*) et qui ne fait qu'un, sans doute, avec le *Clodius Hermogenes* mentionné le 11 juillet (XIII, 24, 1 = *DCLXXXI*) et le *Clodius* de XII, 30, 1 (= *DCIX*)[3] ; le 20 mai, un certain *Metio* — ou *Mecio*? — totalement in-

---

CCCCLXXXVII et comm. *ad loc.* (t. VII, p. 277) ; si l'on veut bien se contenter d'un ordre de grandeur, on peut admettre que le sesterce de cette époque avait une valeur comparable à celle de 2 francs français de 1982.

1. Cf. J. CARCOPINO, *Les secrets...*, I, p. 90 sq.

2. Inversement, Cicéron ne rechigne pas à s'acquitter de ses propres dettes, à Junius, Ovia, Cérellia ; il ne se fait tirer l'oreille que pour le remboursement de la dot de Térentia (cf. *Notice*, p. 26). Indépendamment du montant de ses créances, Cicéron recevra aussi sa part des héritages de Brinnius et surtout de M. Cluvius.

3. Il n'y a aucune raison d'identifier ce *Clodius Hermogenes* avec *M. Clodius Aesopus*, fils du grand comédien *Aesopus* et compagnon de débauche de Dolabella (cf. *Att.*, XI, 15, 3, in t. VI ; Hor., *Sat.*, II, 3, 239 ; etc...), comme l'ont fait CORRADUS (in ed., Venise, 1544) et J. CARCOPINO (*Les secrets...*, I, p. 95).

connu (XII, 51, 3 = *DCXXXVII*)[1] ; le 27 mai, Cicéron
espère recevoir très prochainement de son ancien gendre Dolabella une partie de la dot de Tullia (XIII, 29, 3 = *DCXLIV*,
2), sans doute le premier versement dû le 1er janvier 45
(cf. *Att.*, XII, 8 = *DXXI*, d'octobre 46, et *Fam.*, VI, 18,
5 = *DLXXXVI*, de janvier-février 45 ; en mai 44, Cicéron
attendra encore le versement du 1er janvier 44 : cf. *Att.*,
XIV, 18, 1 !). Le même jour, dans une deuxième lettre (XIII,
2 *a*, 1 = *DCXLV*), il demande à Atticus de parler à un certain Pison « de l'or », s'il lui arrive de le rencontrer, et il
revient plusieurs fois sur cette question, jusqu'à la fin de
juin, toujours en termes elliptiques, en sorte qu'il est très
difficile de comprendre au juste de quoi il s'agit (XII, 5 *a* =
DCLIII, 1er juin ; XIII, 33, 2 = *DCLV* ; XIII, 4 = *DCLVII*,
4 juin ; 12, 4 = *DCLXIX*, le 23 ; 16, 2 = *DCLXXII*, le
27) ; le plus probable est que ce Pison — personnage inconnu, à ne pas confondre avec L. Calpurnius Piso Césoni-
nus, consul en 58 — était un débiteur de Cicéron, qu'il se
proposait de rembourser en or, et que cette affaire était
indépendante de la créance de Fabérius[2].

1. Ce Métion n'a aucun rapport avec le Méton d'*Att.*, XII, 3, 2
(= *DCL*), qui est l'astronome athénien du ve siècle (cf. *infra*, p. 298,
n. 1) ; l'hypothèse selon laquelle *Metio*, préalablement corrigé en
Meto, désignerait César, parce que ce dernier avait, comme l'astronome grec, réformé le calendrier (*sic*, J.-V. Le Clerc, *in* J. Carcopino, *Les secrets*..., I, p. 97, n. 4), est à écarter : c'est seulement le
30 mai qu'il sera question d'une garantie venant de César, après
la première entrevue d'Atticus avec Fabérius, le 29 mai, et Cicéron
n'avait aucune raison, dans cette lettre-ci, de désigner César par un
tel sobriquet.

2. D'après XIII, 2 *a*, 1 (= *DCXLV*), l'or de Pison pourrait être
le gage d'une partie de la dette de Fabérius : *Oppio et Balbo epistulas deferri iubebis. Et tamen Pisonem sicubi* (scil. *conueneris*), *de
auro* (scil. *ages*). *Faberius si uenerit, uidebis ut...*, etc. ; les lettres à
Oppius et Balbus devaient, étant donné le contexte, avoir pour objet, en plus — ou à l'exclusion — des critiques formulées par eux
sur la *Lettre à César* que Cicéron leur avait soumise (cf. XII, 51, 2 =
DCXXXVII ; XIII, 2 = *DCXLI* ; XIII, 27, 1 = *DCXLII* ; App.
II B), la fameuse créance de Fabérius, que Cicéron voulait, le 25 mars,
leur demander d'avaliser (XII, 29, 2 = *DCVII* ; cf. XII, 47, 1 =
DCXXXII, du 16 mai) ; comme l'a observé Shackleton Bailey
(in *ed. Att.*, t. V, p. 347), si les lettres en question ne traitaient pas
de questions financières, *et tamen* n'aurait pas de sens et devrait
être corrigé en *etiam*. Mais, dans presque tous les autres passages
où il est fait allusion à l'or de Pison, la dette de Fabérius ne semble
pas être en cause. Seul fait difficulté le début de XII, 6 (= *DCLI*) :
De Caelio uide, quaeso, ne quae lacuna sit in auro ; ego ista non noui,

Un dernier débiteur apparaît dans la lettre XIII, 22, 4
(= *DCLXXVII* ; 4 juillet)[1] : *Tullius scriba* ; contrairement
à ce qu'on a longtemps pensé, ce personnage, bien qu'il eût
pour prénom Marcus, n'était pas un affranchi de Cicéron,
mais un membre de la corporation des *scribae quaestorii*,
« Secrétaires d'administration », mis à la disposition des
gouverneurs de province pour assister les questeurs dans la

*sed certe in collubo est detrimenti satis ; huc aurum si accedit... Sed
quid loquor? Tu uidebis.* Cette lettre, habituellement datée de l'année 46, a été assignée, avec raison, au 31 mai 45 par SHACKLETON
BAILEY (*o. c.*, p. 352) : le Célius inconnu mentionné à la première
ligne est de toute évidence celui-là même dont Fabérius propose
de substituer la dette à la sienne (cf. XII, 5 *a* = *DCLIII* ; XIII,
3, 1 = *DCLIV* ; Notice, p. 115). Mais, si l'or en question est celui
de Pison, il faut ajouter, avec l'éditeur anglais, un *et* devant *ne quae*,
puisque l'enquête demandée à Atticus concerne en ce cas deux affaires tout à fait distinctes ; ou bien la dette de Célius serait-elle,
elle aussi, payable en or? La coïncidence paraît d'autant plus étonnante que, dans les deux lettres suivantes, Cicéron ne fait plus mention d'or à propos de Célius ; cependant, cette hypothèse nous semble
préférable, car, Cicéron nommant Pison chaque fois qu'il parle de
son or, il est difficile de croire que, justement ici, où il sauterait
de Célius à Pison, il omettrait de nommer ce dernier ; en outre,
l'addition d'un *et* n'est pas de très bonne méthode. Dans les deux
hypothèses, la suite du texte manque de clarté : Cicéron évoque
le coût de l'agio (κόλλυβος ; pour la conversion des lingots en espèces?) qui amputerait le montant de sa créance ; les mots *huc aurum si accedit* ne peuvent avoir qu'une signification : *huic detri-
mento si auri lacuna accedit* ; l'ellipse est singulièrement obscure,
puisque c'est toujours l'or qui est en cause. Mais Atticus s'y re-
trouvait plus aisément que le lecteur moderne, réduit à quelques
bribes du dossier.

1. Dans la lettre XIII, 33, 2 (= *DCLV*) du 2 juin, on lit les mots
suivants : *de nomine tu uidebis cum Cuspio*. Le contexte est relatif
à l'achat des *horti Scapulani*. Cette phrase a été mise en relation
avec un passage assez obscur d'une lettre du 20 mars (XII, 24, 3 =
DCII) : *Cispiana explicabis et Preciana*, et le nom *Cuspio* corrigé
en *Cispio*, comme s'il s'agissait d'un débiteur de Cicéron. Mais le
texte du 2 juin n'implique pas que le titre de créance en question
soit une reconnaissance de dette de *Cuspius* lui-même et les *Cispiana... et Preciana* du 20 mars peuvent être des *negotia* d'une autre
nature : en 50, Cicéron avait hérité d'un Précius inconnu (cf. *Att.*,
VI, 9, 2 = *CCLXXIX* ; *Fam.*, XIV, 5, 2 = *CCLXXX*). Comme
il est question de deux des quatre co-héritiers des *horti Scapulani*
juste avant et après la mention de *Cuspio*, il est très tentant de lire
Crispo, nom d'un autre héritier ; le *nomen* pourrait désigner l'un
des deux titres de créance que Cicéron comptait monnayer pour
l'achat des *horti* (cf. *infra*).

gestion des finances ; M. Tullius avait été *scriba* de Cicéron
en Cilicie[1] ; Atticus lui a réclamé sans ménagement le paiement immédiat, comme si la somme déposée entre ses mains
l'avait été « au titre d'un vœu » à acquitter un jour par le
déposant ou le prêteur[2] ; Tullius a protesté, en faisant valoir que cette clause ne figurait pas dans l'acte de dépôt,
ce que Cicéron reconnaît ; mais il a besoin de la somme pour
l'achat des *horti Scapulani* et la construction du sanctuaire
de Tullia.

Pour être en mesure d'acheter l'une des propriétés qu'il
convoite le plus ardemment, celle de Silius en mars, celle de
Scapula en mai-juin, Cicéron est tenu de recouvrer la plus
grosse de ses créances, celle de Fabérius, dont il est question
dans une vingtaine de lettres. Ce Fabérius faisait partie,
comme le M. Tullius dont il vient d'être question, de la
corporation des « Secrétaires d'administration », *scribae* ; à
ce titre, il était au service de César (cf. *Att.*, XIV, 18, 1 ;
Vitr., VII, 9, 2 ; App., *B. C.*, III, 5) ; étant donné l'importance de la créance, la fonction du personnage et aussi le
fait que Cicéron a eu l'idée, pour consolider la dette, de
demander l'aval des deux puissants adjoints de César, Balbus et Oppius (*Att.*, XII, 29, 2 = *DCVII* ; cf. XIII, 2 *a*,
1 = *DCXLV* ; *supra*, p. 295, n. 2), puis de solliciter l'intervention de Balbus (XII, 47, 1 = *DCXXXII*), qui avait
d'ailleurs été mêlé à la déclaration du prêt (cf. *infra*, p. 299),
il y a toute chance que Fabérius n'ait pas agi en son nom
propre, mais pour le compte de César ; Cicéron a dû lui prêter, bon gré mal gré, la forte somme en 47 ou 46, en contre-
partie d'une mesure de bienveillance pour lui-même ou pour
autrui. Cette hypothèse est confirmée par la datation récemment admise pour *Att.*, XII, 3 (= *DCL* ; cf. Notice,
p. 114) : 30 mai 45 ; jusqu'au 25 mai, Cicéron s'est borné
à insister auprès d'Atticus sur la nécessité de régler l'affaire ;
mais, le 26, on apprend que Fabérius, qui avait probablement accompagné César en Espagne, sera bientôt de retour
(XIII, 28, 1 = *DCXLIII*) ; finalement, il revient le matin
du 29 (cf. XIII, 30, 2 = *DCXLVII*, 1) et Atticus, que Ci-

1. Cf. *Fam.*, V, 20, 1-2 (= *CCXCVIII*, où *seruo* doit être éliminé) ;
Att., V, 4, 1 (= *CLXXXVI*) ; Shackleton Bailey, in edd. *ad loc.* ;
A. H. M. Jones, *Studies in Roman Government and law*, Oxford,
1960, p. 154 sqq.

2. L'existence d'une clause spéciale, obligeant apparemment le
dépositaire à verser dès la première demande du déposant ce qui
était *positum nomine uoti*, ressort du texte même de cette lettre.

céron n'avait cessé de talonner (cf. XIII, 29, 3 = *DCXLIV*, 2, et 2 *a* = *DCXLV*, du 27 mai ; XIII, 31, 1 = *DCXLVI*, du 28), s'arrange pour le rencontrer le jour même. Cet entretien, auquel d'autres ont succédé les jours d'après, marque un tournant décisif, que les commentateurs n'ont pas assez souligné, faute d'avoir suivi de près le fil de la négociation : à peine Atticus a-t-il quitté Fabérius qu'il transmet à son ami une première proposition ; c'est celle qu'analyse Cicéron dans sa réponse du 30 (XII, 3, 2 = *DCL*), longtemps assignée au printemps de 46 : Fabérius offre en paiement de la dette un titre de créance établi — comme par hasard ! — au nom de César lui-même, gagé sur les biens confisqués d'un pompéien ; Cicéron soumet à Atticus le résultat de ses réflexions, qui est négatif et équivaut à un refus. Il s'attendait bien à ce que Fabérius, au lieu de payer en espèces, se substituât un de ses propres débiteurs (cf. XIII, 2 *a*, 1 = *DCXLV*) ; mais, en l'occurrence, des trois possibilités qui s'offriraient à Cicéron de négocier ce nouveau titre, aucune n'est satisfaisante : 1. vendre immédiatement aux enchères les biens confisqués? Ce serait déshonorant (cf. *Fam.*, XV, 17, 2 = *DLXXV* et Notice, p. 207, in t. VII) et l'on vendrait à perte ; 2. faire acheter les biens par un tiers, moyennant règlement dans un an? Il faudrait trouver un acheteur sûr et le délai risquerait fort d'être reporté... aux calendes grecques[1] ; 3. faire escompter le titre par un homme d'affaires tel que Vettiénus (cf. *Att.*, X, 5, 3 ; t. VI)? Il n'en donnerait que 50 %[2]. Le 31 mai, nouvelle proposition : il s'agit toujours d'une substitution de dette ; le débiteur s'appelle Célius (XII, 6, 1 = *DCLI* ; cf. *supra*, p. 296, n. 0 ; pour la date, Notice, p. 115) ; on ne sait rien de lui et Cicéron demande à Atticus de faire une enquête non seulement sur ses ressources, mais aussi sur sa personne (*noscenda est natura* : XII, 5 *a* = *DCLIII*) ; par retour du courrier, Atticus donne un avis défavorable (*Caelium non probas* : XIII, 3, 1 =

---

1. L'expression *iste Metonis annus* est tirée du proverbe : ἀναβάλλεσθαι εἰς τὸν Μέτωνος ἐνιαυτόν (cf. LEUTSCH-SCHNEIDEWIN, *Paroemiogr. Graec.*, I, p. 433) et n'a aucun rapport avec l'année 46, de quinze mois ; Méton, astronome athénien du ve siècle, avait voulu substituer au calendrier annuel un cycle de 19 ans. — Les mots *delegatio a mancipe* signifient que l'acquéreur transférerait au nom de Cicéron le titre établi au nom de César.

2. Ce texte difficile a été élucidé par SHACKLETON BAILEY, qui a fait justice des interprétations antérieurement proposées (in ed. *Att.*, t. V, p. 398 sq.).

DCLIV ; 2 juin). Heureusement, dans la journée du 31 mai, une troisième proposition est transmise par Atticus ; cette fois l'offre est sérieuse : deux débiteurs solvables, dont l'un n'est autre que le fils du fameux orateur ami et rival de Cicéron, Hortensius ; nous ne connaissons pas l'autre, nommé Verginius. La réaction de Cicéron est tout de suite positive (XII, 5 *a* = *DCLIII*, le 1er juin) et confirmée le lendemain (XIII, 3, 1 = *DCLIV* ; cf. XIII, 4 = *DCLVII*, le 4 juin) ; le paiement des effets n'aura lieu qu'un peu plus tard, mais Cicéron se fait fort d'obtenir des héritiers de Scapula et du crieur public que la vente aux enchères des *horti* soit retardée d'autant (*ibid.*). Nous apprendrons ultérieurement que l'échéance a été fixée au début de juillet — Cicéron le rappellera à Atticus le 4 et le 10 de ce mois, pour qu'il relance Hortensius et Verginius (XIII, 22, 4 = *DCLXXVII* ; 23, 1 = *DCLXXIX*) —, la vente au 15 (cf. *supra*, p. 291). Ainsi tout est enfin réglé pour le mieux ; le 2 juin, pourtant, a surgi un imprévu : en dépit des assurances données à l'époque par Fabérius et par Balbus lui-même, le prêt de Cicéron à Fabérius n'avait pas été enregistré comme il aurait dû l'être [1] ; mais Atticus a fait aussitôt appel à Balbus et pris rendez-vous avec lui ce jour-là au Capitole, à deux pas du *Tabularium*, où étaient déposées les archives publiques, tandis que Cicéron écrivait de son côté à Fabérius (XIII, 33, 1 = *DCLV*) [2] ; l'omission fut certainement réparée sans difficulté. Ces laborieuses négociations furent rendues vaines par la révélation du projet d'aménagement de la Rive droite du Tibre, le 8 juillet, et leur produit dépensé à d'autres usages, sans que Cicéron en prît, d'ailleurs, nettement conscience (cf. *Att.*, XV, 15, 3 ; juin 44).

1. Cet enregistrement était apparemment obligatoire pour certains prêts, lorsqu'ils concernaient de quelque façon le Trésor public.

2. Dans la phrase *cum Balbo autem puto te aliquid fecisse H* (?) *in Capitolio*, la lettre *H* peut être la trace soit de *hodie*, soit plutôt de *h(ora)*, suivi d'un nombre.

APPENDICE II

L'ACTIVITÉ LITTÉRAIRE DE CICÉRON
DE FÉVRIER A SEPTEMBRE 45

En 45 comme en 46, mais avec des résultats incomparablement plus riches, Cicéron consacra les loisirs forcés que lui valait la dictature de César à l'étude : lectures variées, traduction de textes grecs philosophiques et rédaction de nombreux ouvrages, dont plusieurs de première importance. Loin de briser son élan, la mort de Tullia fournit à sa réflexion un sujet imprévu, qui en infléchit provisoirement le cours ; mais surtout elle l'amena à se retirer du monde et à chercher dans un travail acharné une diversion à sa douleur. La philosophie occupe la place principale dans cette activité prodigieuse ; cependant il ne néglige ni les questions proprement littéraires ni même les problèmes politiques, qu'il avait abordés l'année précédente, les unes dans le *Brutus* et l'*Orator*, les autres dans l'*Éloge de Caton* et les deux discours *Pro Marcello* et *Pro Ligario*.

L'examen suivi des traces laissées dans la *Correspondance* par ces diverses entreprises nous aide à en reconstituer la genèse ; pour certaines tentatives avortées et pour des œuvres disparues, elle constitue notre principale ou même unique source d'information.

A. *Écrits philosophiques.*

Dans le préambule que Cicéron a ajouté, après le meurtre de César, au livre II du *De diuinatione*, il justifie sa décision de traiter en latin les grands problèmes de la philosophie par son désir de continuer à servir l'État, malgré son éviction des affaires publiques, et à travailler pour le bien de ses concitoyens, plus particulièrement de la jeunesse (§§ 1-4 ; 7 ; cf. 248) ; la même idée est exprimée dans presque tous les autres traités écrits en 45 et 44 : *Acad. pr.*, II, 6 ; *Acad. post.*, I, 11 ; *De fin.*, I, 10 ; *Tusc.*, I, 5 ; *De nat. d.*, I, 7 ; *De leg.*, I, 5 ; *De off.*, I, 1 (cf. *Phil.*, II, 20). La consolation per-

sonnelle que lui apportait l'étude est indiquée, mais seulement de façon fugitive : « dépossédé de mes fonctions an-
ciennes, je me remis à ces études, afin de soulager mon âme
de ses ennuis par ce moyen privilégié et de rendre service
à mes concitoyens par un moyen quelconque en mon pouvoir ; en effet, dans mes livres, j'exprimais mon avis, je dis-
courais, dans mon esprit la philosophie remplaçait pour
moi la participation aux affaires »[1]. Dans la *Correspondance*,
c'est l'inverse : le motif patriotique n'apparaît qu'exceptionnellement ; ainsi, en avril 46, à la nouvelle de la défaite
pompéienne de Thapsus, Cicéron, écrivant à Varron, se déclare résolu, si l'on ne fait pas appel à lui pour reconstruire
la République, à « rédiger et lire des *ouvrages politiques* et,
à défaut de la Curie et du Forum, utiliser l'écriture et le
livre, comme l'ont fait les plus grands savants du passé,
pour servir la république et mener des recherches sur les
mœurs et les lois »[2] ; encore n'a-t-il dans l'esprit, à ce moment-là, que des écrits de caractère politique, dans le genre
du *De republica* et du *De legibus* ; dans la *Correspondance*
des mois suivants, l'activité littéraire et philosophique — que
Cicéron appelle *litterae* ou *studia* — est exclusivement présentée comme un divertissement de haute qualité, qui le
console, en 46, de la ruine de la république, en 45, de la
mort de sa fille[3]. Faut-il considérer que l'auteur s'est montré
plus sincère dans ses lettres privées que dans ses traités destinés à un large public? Ce serait sans doute faire preuve
de malveillance ; il n'a pas caché, dans le passage cité précédemment du *De diuinatione*, que ces études avaient aussi
pour but de « soulager son âme » des ennuis qui l'accablaient ;
s'il a passé sous silence, dans ses lettres, le service à rendre

---

1. *De diu.*, II, 7 : *pristinis orbati muneribus, haec studia renouare
coepimus, ut et animus molestiis hac potissimum re leuaretur et pro-
dessemus ciuibus nostris qua re cumque possemus ; in libris enim sententiam dicebamus, contionabamur, philosophiam nobis pro rei publicae procuratione substitutam putabamus.* Cicéron fait aussi une brève
mention de son deuil privé en *Acad. post.*, I, 11 et *De nat. d.*, I, 8.

2. *(modo nobis stet illud)... si nemo utetur opera, tamen et scribere
et legere* πολιτείας *et, si minus in curia atque in foro, at in litteris
et libris, ut doctissimi ueteres fecerunt, gnauare rem p. et de moribus
ac legibus quaerere* (*Fam.*, IX, 2, 5 = *CCCCLXXVIII*) ; cf. IX,
6, 4-5 (= *CCCCLXXXVI*).

3. Cf., par exemple, en 46 : *Fam.*, VII, 28, 2 (= *CCCCXCV*) ;
V, 13, 5 (= *DLXVI*) ; IV, 3, 3 sq. (= *CCCCXCIX*) ; V, 13, 5, etc. ;
— en 45 : *Att.*, XII, 20, 1 (= *DXCVI*) ; 21, 5 (= *DXCIX*) ; 28, 2
(= *DCVI*) ; etc.

à la collectivité, ce n'est pas qu'il ne l'ait eu sincèrement
en vue ; mais il est naturel que les lettres, et surtout les
messages quasi quotidiens à Atticus, fassent plus de place
au vécu de chaque jour qu'à un idéal défini une fois pour
toutes. Cela dit, il n'est guère douteux que ce décalage re-
flète, dans une certaine mesure, un sentiment de frustra-
tion : ce n'est pas de gaîté de cœur que Cicéron a renoncé
à l'action politique (cf. *Fam.*, VII, 28, 2 = *CCCXCV*) ; il
a été contraint par les circonstances de se remettre à l'étude ;
parce qu'elle répondait néanmoins chez lui à une aspiration
réelle, il y a trouvé une consolation véritable dont ses lettres
font état, mais il aurait préféré n'avoir pas à y recourir.

Au début du livre II du *De diuinatione*, l'auteur récapitule
l'ensemble de son œuvre philosophique : « tandis que je cherchais, au prix d'intenses et longues réflexions, le moyen de
rendre service au plus grand nombre de gens possible, pour
ne pas cesser un instant de travailler au bien public, je n'en
trouvais pas de meilleur que d'ouvrir à mes concitoyens l'accès des plus belles disciplines ; et je crois avoir déjà atteint
ce but par la publication de nombreux ouvrages. De fait,
par le livre intitulé *Hortensius*, j'ai encouragé du mieux que
j'ai pu à l'étude de la philosophie et, par mes quatre livres
Académiques, j'ai montré quelle philosophie était, à mon
sens, la moins présomptueuse et la plus conséquente, en
même temps que la plus choisie. Et, comme le fondement
de la philosophie repose sur *Les termes extrêmes des biens et
des maux*, j'ai tiré cette question au clair en cinq livres,
pour faire comprendre les propos avancés par et contre
chaque philosophe. Vinrent ensuite, en autant de livres, les
discussions *Tusculanes*, qui révélèrent les conditions les plus
nécessaires à la vie heureuse ; en effet, le premier traite du
mépris de la mort, le second des moyens de supporter la
douleur, le troisième des moyens d'adoucir le chagrin, le
quatrième des autres agitations de l'âme, le cinquième em-
brasse le sujet qui donne le plus d'éclat à la philosophie
tout entière : il enseigne que, pour procurer le bonheur, la
vertu se suffit à elle-même. Après publication de cet exposé
ont été menés à terme trois livres *Sur la nature des dieux*,
qui renferment une enquête exhaustive sur ce sujet. Mais,
pour la compléter et la couronner parfaitement, j'ai entrepris
de traiter, dans les présents livres, *De la divination*. Si je
réussis, comme j'en ai l'intention, à leur adjoindre un supplément *Sur le destin*, j'aurai amplement satisfait à la totalité de cette enquête. Il faut encore ajouter à ces ouvrages

les six livres *Sur la république*, que j'ai écrits au temps où
je tenais la barre de l'État : un grand sujet, et qui est du
domaine propre de la philosophie, abondamment traité par
Platon, Aristote, Théophraste et toute la famille des Péripatéticiens. Et que dire de la *Consolation*? A moi-même elle
apporte réellement un soulagement notable et je pense qu'elle
sera de même très profitable à autrui. Entre-temps, s'est
ajouté récemment le livre que j'ai dédié à mon ami Atticus
Sur la vieillesse. Et, puisque c'est la philosophie qui rend
l'homme vertueux et vaillant, il faut placer au nombre de
ces ouvrages — et au premier rang — mon *Caton*. En outre,
comme Aristote et Théophraste, hommes éminents par la
pénétration de leur pensée et surtout la richesse de leur
style, ont lié les règles de l'éloquence à la philosophie, mes
livres sur l'art oratoire sont aussi à ranger dans la même
série, semble-t-il ; soit : les trois *Sur l'orateur*, en quatrième
le *Brutus*, en cinquième *L'Orateur*[1]. »

1. *De diu.*, II, 1-4 : *Quaerenti mihi multumque et diu cogitanti
quanam re possem prodesse quam plurimis, ne quando intermitterem
consulere rei p., nulla maior occurrebat, quam si optimarum artium
uias traderem meis ciuibus ; quod conpluribus iam libris me arbitror
consecutum. Nam et cohortati sumus ut maxime potuimus ad philosophiae studium eo libro qui est inscriptus Hortensius, et quod genus
philosophandi minime adrogans maximeque et constans et elegans ar-
bitraremur quattuor Academicis libris ostendimus. Cumque fundamen-
tum esset philosophiae positum in finibus bonorum et malorum, perpur-
gatus est is locus a nobis quinque libris, ut quid a quoque et quid contra quemque philosophum diceretur intellegi posset. Totidem subsecuti
libri Tusculanarum disputationum res ad beate uiuendum maxime ne-
cessarias aperuerunt ; primus enim est de contemnenda morte, secundus
de tolerando dolore, de aegritudine lenienda tertius, quartus de reli-
quis animi perturbationibus, quintus eum locum complexus est qui
totam philosophiam maxime inlustrat : docet enim ad beate uiuendum
uirtutem se ipsa esse contentam. Quibus rebus editis, tres libri perfecti sunt de natura deorum, in quibus omnis eius loci quaestio con-
tinetur. Quae ut plane esset cumulateque perfecta, de diuinatione in-
gressi sumus his libris scribere ; quibus, ut est in animo, de fato si
adiunxerimus, erit abunde satisfactum toti huic quaestioni. Atque his
libris adnumerandi sunt sex de re p., quos tum scripsimus, cum guber-
nacula rei p. tenebamus, magnus locus philosophiaeque proprius a
Platone Aristotele Theophrasto totaque Peripateticorum familia tracta-
tus uberrime. Nam quid ego de Consolatione dicam? Quae mihi quidem ipsi sane aliquantum medetur ; ceteris item multum illam profu-
turam puto. Interiectus est etiam nuper liber is quem ad nostrum Atticum de senectute misimus ; in primisque, quoniam philosophia uir
bonus efficitur et fortis, Cato noster in horum librorum numero ponen-*

Mis à part les trois ouvrages de rhétorique, Cicéron énumère dans cette page célèbre d'abord les six traités de philosophie théorique déjà publiés, rangés dans l'ordre chronologique de leur publication, et le septième qui est encore à l'état de projet, puis trois autres ouvrages de caractère philosophique — le *De republica*, la *Consolatio* et le *De senectute* —, également classés dans l'ordre où ils ont paru, enfin l'*Éloge de Caton*, écrit en 46, dont le rapport avec la philosophie est plus lointain. La *Correspondance* nous fournit des informations précieuses, notamment sur les dates de rédaction et de publication, les lectures préalables, les remaniements ; elle ne permet malheureusement pas de résoudre tous les problèmes que nous pose la genèse des œuvres.

Le premier travail auquel s'attelle Cicéron, dès son installation à Astura, est la rédaction de la *Consolation* qu'il a eu l'idée — sans précédent : *feci quod profecto ante me nemo* (*Att.*, XII, 14, 4 = *DLXXXVIII*) — de s'adresser à lui-même ; il a dévoré toute la littérature existante sur ce thème, en particulier le Περὶ πένθους de Crantor, au cours des trois semaines qu'il a passées chez Atticus, à Rome, après la mort de Tullia[1]. La rédaction de l'ouvrage — un opuscule de 30 à 40 pages, sans doute, à en juger par l'étendue des autres *Consolations* qui nous sont parvenues de l'Antiquité — fut l'affaire de trois ou quatre jours : arrivé le 6, il s'est mis au travail aussitôt (XII, 13, 1 = *DLXXXVII* : *litteris non difficilius utor quam si domi essem*) ; il passe toutes ses journées à écrire (*totos dies scribo* : XII, 14, 3 = *DLXXXVIII*, du 8 ; *omnis sermo est cum litteris* : XII, 15 = *DLXXXIX*, du 9 ; *me scriptio et litterae non leniunt, sed obturbant* : XII, 16 extr. = *DXC*, du 10)[2] ; le 11, il regrette d'en avoir fini

---

dus est. Cumque Aristoteles itemque Theophrastus, excellentes uiri cum subtilitate tum copia, cum philosophia dicendi etiam praecepta coniunxerint, nostri quoque oratorii libri in eundem librorum numerum referendi uidentur ; ita tres erunt de Oratore, quartus Brutus, quintus Orator.

1. Cf. *supra*, App. I A ; R. CASSEL, *Untersuchungen für griech. und röm. Konsolations-Literatur*, Munich, 1958 ; et surtout K. KUMANIECKI, *A propos de la « Consolatio » perdue de Cicéron* (in *Ann. Fac. Lettres... Aix*, XLVI, 1969, p. 369-402) : c'est l'étude la plus solide sur la genèse, les sources et le contenu du livre.

2. Selon KUMIANECKI, *o. c.*, p. 372 sq., la *Consolation* aurait été tout entière écrite les 6 et 7 mars, ce qui est légèrement inexact ; en revanche, aucun indice ne permet de soutenir que la rédaction a commencé avant l'arrivée à Astura (*sic*, C. VITELLI, *La Consolazione ciceroniana*, in *R. C. Acc. d. Lincei*, XXVIII, 1973, p. 673 sq.).

et d'être ainsi privé de l'adoucissement que le labeur apportait à sa peine (XII, 18, 1 = *DXCII*). Les jours suivants,
il demande encore à Atticus des précisions sur plusieurs
exempla historiques de pères et de mères survivant au décès
de leurs enfants, pour éviter de laisser des erreurs dans son
texte (XII, 20, 2 = *DXCVI*, le 15 ; 22, 2 = *DC*, le 18 ; 24,
2 = *DCII*, le 20).

Le 16 mars, il pense déjà à l'exposé de la morale épicurienne qui constituera la première partie du *De finibus*, et
au choix du personnage qui le présentera (XII, 12, 2 =
DXCVIII) ; le 19, il pose à Atticus une question concernant
un point d'histoire qui figurera dans les *Académiques* (XII,
23, 2 = *DCI*). De fait, on ne trouve dans les lettres quotidiennes de cette période aucune allusion à l'*Hortensius*, ni
aucun hiatus entre l'achèvement de la *Consolation* et la mise
en chantier des deux dialogues suivants, ce qui confirme l'hypothèse selon laquelle cette exhortation initiale à l'étude de
la philosophie a été rédigée avant la mort de Tullia, à la fin
de 46 et au début de 45[1] ; c'est probablement durant ces
mois d'hiver que Cicéron a conçu, sinon le programme précis de ses futures publications philosophiques, du moins un
schéma général de répartition et d'orientation de leur contenu[2] ; on ne saura jamais dans quelle mesure il ressemblait
au plan systématique dressé *a posteriori* au début du livre II
du *De diuinatione*.

Les *Académiques* et le *De finibus* ont été rédigés — et les
premières profondément remaniées — entre le milieu de
mars et la fin de juin ; la première mention que nous en
trouvons dans la *Correspondance* concerne ce qui sera les
livres I et II du *De finibus* ; le 16 mars, Cicéron écrit ceci

1. Cf. t. VII de cette édition, p. 69 sq.
2. S. HAEFNER (*Die liter. Pläne Ciceros*, Munich, 1928, p. 100-102)
et R. PHILIPPSON (*R. E.*, 2. R., VII A, s. u. *Tullius*, 1939, col. 1123)
pensent que ce projet a été élaboré en 46, soit avant la rédaction
de l'*Orator*, c'est-à-dire pendant l'été — ce qui est difficile à admettre —, soit après — ce qui nous paraît le plus vraisemblable —;
O. PLASBERG (*Cic. in seinem Werken und Briefen*, Leipzig, 1926,
p. 158-160) reporte toute l'entreprise philosophique après la mort
de Tullia (mi-février 45) ; mais ce « coup accablant et immérité du
sort » nous semble plutôt avoir été pour Cicéron une raison supplémentaire de s'adonner exclusivement à la rédaction de ses traités
(*De nat. d.*, I, 8 : *hortata* etiam *est ut me ad haec conferrem animi aegritudo, fortunae magna et graui commota iniuria*) que le motif initial
de sa décision, à savoir le désir d'occuper intelligemment et utile-
ment ses loisirs forcés.

à Atticus : « pour Épicure, je ferai comme tu voudras ; mais
à l'avenir *je changerai de méthode* pour les personnages de ce
genre ; on ne saurait croire à quel point certaines gens sont
à l'affût de tels rôles. Donc, retour aux Anciens ! Avec eux,
pas de ressentiment[1]. » Il ressort de ce texte que Cicéron
avait entretenu son ami, pendant le séjour qu'il avait fait
chez lui, de son intention de présenter la doctrine d'Épicure
— plus particulièrement sa morale —, pour la réfuter, et
que, soit sur le moment, soit plutôt dans une lettre reçue
le jour même, Atticus lui a suggéré le nom d'une personnalité vivante, épicurienne comme lui-même, pour être le porte-
parole de cette doctrine dans le dialogue projeté. Cicéron
consent, par gentillesse ; mais on sait qu'en fin de compte,
il attribua le rôle à L. Manlius Torquatus, pompéien décédé
peu après la bataille de Thapsus (*B. Afr.*, 96) ; sans doute
reprit-il la question avec Atticus au cours du mois suivant,
qu'il passa auprès de lui dans sa maison de campagne. Cependant, même s'il continua de penser à cette entreprise,
voire de s'y préparer par des lectures, c'est à l'épistémologie
et à la présentation des deux tendances entre lesquelles se
partageait alors l'Académie, le probabilisme sceptique de
Philon de Larissa et le néo-dogmatisme stoïcisant de son
disciple Antiochus d'Ascalon, que Cicéron consacra l'essentiel de son travail jusqu'au début de mai ; dès le 19 mars,
nous le voyons s'informer de l'affaire qui amena Carnéade
en ambassade à Rome, en 155 (*Att.*, XII, 23, 2 = *DCI* :
*quibus consulibus Carneades... uenerit, scriptum est in tuo
Annali ; haec nunc quaero, quae causa fuerit*) ; bien que la
précision demandée — et certainement obtenue — ne figure
pas dans le passage des *Acad. pr.* où est rapportée une anec-
dote relative à cette ambassade (II, 117), on ne peut douter
que Cicéron se proposait alors de l'utiliser. Le mois d'avril
chez Atticus fut certainement moins favorable au travail
— fréquemment interrompu par les entretiens avec son ami
et avec les visiteurs (cf. *Att.*, XII, 40, 2 = *DCXXIII*) —
que la solitude d'Astura. Mais, sitôt regagné son ermitage,
le 2 mai, il écrit du matin au soir (*Att.*, XII, 38, 1 = *DCXX*,
le 6 : *hic scribendo totos dies...*), sans autre relâche que la
lecture (40, 2 = *DCXXIII*, le 9 : *ea ego, ea scribo ut hi
qui mecum sunt difficilius otium ferant quam ego laborem*) ;

1. *Att.*, XII, 12, 2 (= *DXCVIII*) : *De Epicuro, ut uoles ; etsi*
μεθαρμόσομαι *in posterum genus hoc personarum ; incredibile est
quam ea quidam requirant. Ad antiquos igitur ;* ἀνεμέσητον γάρ.

malgré quelques tentatives sans succès pour esquisser une
Lettre à César (*ibid.*; cf. *infra*, B), c'est évidemment la rédaction des *Académiques* qui l'accapare ; le 12, la première
version du texte, en deux livres, est terminée : il l'annonce
à Atticus le 13 (XII, 45, 1 = *DCXXIX*, 4 : *ego hic duo magna* συντάγματα *absolui*)[1]... et, sans désemparer, dans cette
seule journée, vient à bout de la *Lettre à César* (*Att.*, XIII,
26, 2 = *DCXXX*) ! Le 16 au matin, il peut quitter Astura
la conscience en repos pour Tusculum. Nous apprenons le
29 mai (XIII, 32, 3 = *DCXLIX*) qu'il a envoyé récemment
à Rome le texte du *Catulus* et du *Lucullus* — recopiés dans
l'intervalle par ses propres *librarii* —, pour le confier aux
copistes d'Atticus, et qu'il vient de rédiger deux nouveaux
prohoemia faisant l'éloge des deux personnages ; de cette
première « édition », seul le deuxième livre, le *Lucullus*, est
parvenu jusqu'à nous[2].

Depuis son arrivée à Tusculum, le 17 mai, Cicéron s'est remis au *De finibus*, qui ne porte probablement pas encore ce
titre ; le 29, le texte de la première partie est terminé : *Torquatus Romae est; misi ut tibi daretur* (*Att.*, XIII, 32, 2 =
DCXLIX)[3] ; un malentendu ou un scrupule de copiste a dû

1. Cicéron désigne par ce terme chaque section d'un ouvrage,
dont il appelle l'ensemble σύνταξις (cf. J. S. REID, in *ed. Acad.*[2],
Londres, 1885, réimpr. Olms, 1966, p. 31, n. 1).

2. Sans doute par l'effet du hasard : les copies des deux livres
déjà réalisées (cf. *Att.*, XIII, 13, 1 = *DCLXX*) ont dû être distri-
buées, Cicéron n'ayant pas tenté de s'y opposer, mais très vite dé-
valuées par la deuxième version en quatre livres ; Quintilien connaissait l'existence du *Catulus* et du *Lucullus*, mais ce qu'il en dit (III,
6, 64) — il croit que Cicéron a rétracté dans la deuxième version
ce qu'il avait écrit dans la première — prouve qu'il ne les avait
pas lus et suggère qu'ils étaient fort peu répandus. En revanche,
Plutarque connaissait le *Lucullus* (cf. *Luc.*, 42, 4).

3. Le *Torquatus* comprenait-il seulement l'exposé de la morale
épicurienne (L. I) ou l'ensemble formé par cet exposé et la réfutation de Cicéron (Ll. I-II)? Plus probablement l'ensemble (*sic*, A.
B. KRISCHE, *Ueber Cicero's Akademika*, in *Göttingen Studien*, 1845,
p. 127, n. 1 ; J. GLUCKER, *Antiochus and the late Academy*, Hypomnemata, 56, Göttingen, 1978, p. 407 sq., n. 34), sans pourtant qu'il
y ait certitude : les livres I et II forment un tout et il est peu vraisemblable que Cicéron ait interrompu sa rédaction, attribué un nom
au dialogue en cours, envoyé le texte à l'atelier de copie, avant d'avoir
écrit la réfutation qui fait équilibre à l'exposé de Torquatus et donne
à cette première partie du *De finibus* son véritable sens. La précision demandée quelques jours plus tard à Atticus pour un passage
du livre II, 54 (cf. *infra*, p. 309) a très bien pu être ajoutée après

retarder la livraison, car cinq jours plus tard vient une confirmation qui vaut rectification : *misi tibi Torquatum* (XIII, 5, 1 = *DCLVIII*). Aussitôt le *Torquatus* achevé, Cicéron s'est lancé dans une nouvelle entreprise, un *Colloque politique*, dont il s'occupe pendant plusieurs jours (cf. *infra*, B) ; mais dans le même temps, il poursuit la rédaction du *De finibus*, comme si les recherches d'érudition concernant la mise en scène historique de ce *Colloque* avorté étaient plutôt pour lui une sorte de délassement. C'est probablement à l'occasion de ces recherches secondaires qu'il a découvert un exemple de prévarication — le préteur L. Tubulus s'est laissé ouvertement acheter, en 142, pour acquitter un meurtrier — dont il fait état au livre II, 54 du *De finibus*, sans grande raison ; en tout cas, dans une lettre écrite sans doute entre le 1er et le 12 juin (mais peut-être dans la dernière décade de mai ; *Att.*, XII, 5 *b* = *DCLIX* ; cf. Notice, p. 120), il demande à Atticus une précision de date relative à cette affaire — précision dont il fera son profit —, en même temps qu'une autre, qui paraît bien concerner un autre *exemplum* destiné au même livre (cf. comm. *ad loc.*). Le 23, la rédaction de l'ensemble est très avancée : l'ouvrage a reçu son titre, du moins en grec, Περὶ τελῶν σύνταξις, et donne satisfaction à l'auteur, qui l'a promis à Brutus (cf. XIII, 12, 3 = *DCLXIX* ; les deux hommes se sont rencontrés à deux reprises, le 11 et le 20 juin). Le 29, il confirme à Atticus qu'il a « terminé les cinq livres *Sur les termes extrêmes* » (XIII, 19, 4 = *DCLXXIV* : *confeci libros quinque* Περὶ τελῶν) et lui indique la répartition des rôles entre les trois personnages, comme s'il lui avait caché jusqu'alors les noms des porte-parole des Stoïciens — Caton le Jeune — et des Péripatéticiens —, M. Pupius Piso Calpurninus — ; il prend soin de souligner qu'ils étaient morts tous les trois et qu'ainsi il n'y aurait pas de jaloux : ceci pour bien montrer à Atticus qu'il s'en était tenu au principe qui lui avait fait écarter le nom d'un épicurien vivant, après l'avoir d'abord agréé sur sa demande (cf. *supra*, p. 307). En réalité, les cinq livres sont déjà depuis quelques jours entre les mains des copistes de l'atelier d'Atticus — à son insu? —, puisque, le 30 juin, Cicéron est informé que Balbus a fait prendre copie du livre V et Cérellia — « femme savante » amie et admiratrice de Cicéron — des cinq livres ; l'auteur en est d'autant plus

coup, comme ce fut le cas pour plusieurs *exempla* de la *Consolation* (cf. *Att.*, XII, 20, 2 = *DXCVI* ; 22, 2 = *DC* ; 23, 3 = *DCI* ; 24, 2 = *DCII*).

mécontent que, depuis la remise du manuscrit, il a apporté
des retouches au texte du livre V (*Att.*, XIII, 21 *a*, 1-2 =
DCLXXV ; cf. 22, 3 = *DCLXXVII*)[1].

Le 10 juillet, le manuscrit définitif du *De finibus* a été
livré à l'atelier d'Atticus[2] ; la diffusion fut certainement pos-

---

1. Ces lettres nous montrent de façon concrète les étapes successives de la fabrication des *uolumina* : 1. L'auteur écrit ou dicte son
texte, procède à toute sorte de corrections, additions et suppressions ; 2. Il le fait copier, en un ou deux exemplaires, par son ou
ses secrétaires personnels : c'est la copie originale ; l'auteur la relit
avec soin, pour corriger les fautes de reproduction et introduire, le
cas échéant, des modifications de son cru ; 3. Ce manuscrit revu et
corrigé est confié à un atelier de copistes, pour être multiplié en
un certain nombre d'exemplaires, qui constituent l'édition originale ;
jusqu'à leur achèvement, il arrive que l'auteur demande des recti-
fications (cf. *Att.*, XII, 6 *a* = *DXVIII* ; XIII, 21 *a*, 1 = *DCLXXV* ;
parfois, la demande arrive trop tard : cf. *Att.*, XIII, 44, 3 =
DCLXXXVI) ; ce travail durait longtemps : on faisait d'abord un
premier exemplaire, sans doute avec un soin particulier, à l'intention du dédicataire de l'ouvrage ; les autres étaient achevés et diffusés
plus tard ; c'est ainsi que l'exemplaire des *Academica posteriora* destiné à Varron est presque terminé le 10 juillet (*Att.*, XIII, 23, 2 =
DCLXXIX ; pour gagner du temps, Cicéron a autorisé Atticus à
faire recopier directement son manuscrit d'auteur, qui est entre les
mains de ses propres *librarii*, à Rome, depuis le 30 juin ; cf. XIII,
21 *a*, 1 = *DCLXXV* ; Varron eut ainsi une « copie originale » du
texte) ; mais les autres exemplaires n'étaient pas encore sortis de
l'atelier d'Atticus le 28 août, puisque Cicéron lui demanda ce jour-là
une ultime correction (XIII, 21, 3 = *DCCV*). A partir du moment
où les copistes de l'auteur ou ceux de l'atelier de reproduction avaient
le manuscrit entre les mains, des « fuites » devenaient possibles :
il suffisait d'un manque de vigilance de leur chef ou d'une récompense assez alléchante pour que des étrangers puissent faire une copie totale ou partielle ; la lettre XIII, 21 *a*, 1-2 (= *DCLXXV*) en
offre un cas typique ; ainsi pouvaient être mis en circulation des
exemplaires d'un texte auquel l'auteur n'avait pas encore mis la
dernière main. Sur les éditions des livres dans la Rome antique, cf.
Th. BIRT, *Das antike Buchwesen*, Berlin, 1882.

2. XIII, 23, 2 = *DCLXXX* : *item quos (libros) Bruto mittimus
in manibus habent librarii* ; les *librarii* d'Atticus sont mentionnés
deux lignes plus haut ; si l'auteur avait ensuite voulu désigner les
siens, il n'aurait pas manqué de le préciser par un *mei*. Dès que son
manuscrit a été terminé, il en a fait exécuter par ses secrétaires
une première copie originale, qu'il a envoyée à l'atelier d'Atticus
(cf. XIII, 21 *a*, 2 = *DCLXXV*) ; mais, depuis, il a apporté des retouches au livre V (*l. c.*, 1) ; il a donc fait faire une deuxième copie,
au moins de ce dernier livre. Si la première copie lui avait été ren-
voyée pour révision, nous le saurions par ses lettres.

térieure à celle de la deuxième version des *Académiques*,
c'est-à-dire à la fin du mois d'août (cf. *supra*, p. 310, n. 1).
Entre-temps, Cicéron avait remis en chantier la première
version, achevée à la fin de mai ; comme nous l'avons précédemment rappelé (*supra*, p. 308), il avait cru devoir ajouter
au début de chacun des deux livres un éloge de l'interlocuteur principal, Catulus dans le premier, Lucullus dans le
second ; il s'efforçait ainsi de justifier un choix qui, en réalité,
n'était pas satisfaisant, parce qu'il manquait à la vraisemblance (cf. *Att.*, XIII, 12, 3 = *DCLXIX* ; 16, 1 =*DCLXXII* ;
19, 5 = *DCLXXIV*) : s'ils étaient à leur place dans un dialogue protreptique comme l'*Hortensius*, ni l'un ni l'autre
n'avait une culture philosophique suffisante pour soutenir
une discussion aussi savante et aussi délicate[1]. Le 21 juin,
il emporte la première version avec lui à Arpinum et, le lendemain de son arrivée, procède à une nouvelle distribution
des rôles : Catulus et Lucullus disparaissent, Brutus et Caton prennent les deux premières places[2] ; il est certain que
Brutus fut substitué à Lucullus, disciple comme lui d'Antiochus d'Ascalon, probable que Caton présentait, dans le
livre I, l'historique de l'Académie, au lieu d'Hortensius, et
que Cicéron s'était dès lors attribué la défense de Carnéade
et d'Arcésilas contre les écoles dogmatiques, prêtée originel-
lement à Catulus, adepte de la Nouvelle Académie comme
son père. Mais, le soir du même jour, le 23, Cicéron reçoit
une lettre d'Atticus lui suggérant de faire à Varron l'honneur de le mettre en scène dans un de ses dialogues (XIII,
12, 3 = *DCLXIX*) ; comme le *De finibus* est déjà promis
à Brutus, il décide aussitôt de changer pour la deuxième fois
la distribution des *Académiques* et de faire du seul Varron
son interlocuteur principal et le porte-parole d'Antiochus,
dont il le sait un chaud partisan (*ibid.*). Le 24, il se met
à l'ouvrage ; mais au lieu de se borner à substituer le nom

1. Sur l'étendue de cette addition et sur la connexion entre l'achèvement des *Académiques* et celui du *De finibus*, cf. M. Ruch, *A
propos de la chronologie et de la genèse des « Academica » et du « De
finibus »*, in *L'Antiquité classique*, XIX, 1950, p. 13-26.
2. XIII, 16, 1 (= *DCLXXII*) : *simul ac ueni ad uillam, eosdem
illos sermones ad Catonem Brutumque transtuli* ; selon Philippson
(*R. E.*, VII. A, s. u. *Tullius*, c. 1128), la *uilla* en question serait le
Tusculanum, où Cicéron s'est installé le 17 mai ; c'est impossible,
puisque le 29, il vient d'ajouter deux nouveaux préambules au *Catulus* et au *Lucullus, quibus uterque eorum laudatur* (XIII, 32, 3 =
DCXLIX).

de Varron à celui de ses prédécesseurs et à récrire les préambules, il procède à une refonte plus importante, étalant sur quatre journées et quatre livres les deux entretiens de la première version, retranchant ici, ajoutant là (XII, 13, 1 = *DCLXX*) ; le soir du 25, l'essentiel est fait (*ibid.* ; cf. Notice, p. 167 sq.) ; Atticus a hérité de quelques miettes du rôle antérieurement dévolu à Hortensius (XIII, 14, 2 = *DCLXXI*, 1) ; le 28, la deuxième version est bien terminée (*perfeci sane argutulos libros ad Varronem,* XIII, 18 = *DCLXXIII*, 2), celle dont nous possédons seulement le livre I, correspondant sans doute à la deuxième partie du *Catulus* perdu [1]. Atticus a beau suggérer à Cicéron de céder son propre rôle à L. Aurélius Cotta (dans une lettre reçue le 29 : cf. XIII, 19, 3-4 = *DCLXXIV*), il s'y refuse : une telle pratique n'est pas conforme à la tradition des dialogues aristotéliciens, qui lui ont servi de modèle et dans lesquels l'auteur est le personnage principal ; elle serait dans la manière d'Héraclide du Pont, qui est valable seulement quand les personnages appartiennent au passé et que lui-même a suivie dans le *De republica* et le *De oratore* (*ibid.*) [2]. Le 11 ou le 12 juillet, il dicte, au prix d'un grand effort (cf. *Att.*, XIII, 25, 3 = *DCLXXXIII*), la lettre d'envoi adressée à Varron (*Fam.*, IX, 8 = *DCLXXX*) ; mais son exemplaire de l'ouvrage ne lui fut finalement remis que vers le 28 juillet (XIII, 44, 2 = *DCLXXXVI*), non sans que Cicéron ait multiplié les mises en garde à l'adresse d'Atticus — au point de lui proposer de rendre le rôle à Brutus (XIII, 25, 3 = *DCLXXXIII*) ! —, tant il redoutait la susceptibilité de ce caractère ombrageux (cf. notamment XIII, 14, 2 = *DCLXXI*, 1 ; 18 = *DCLXXIII*, 2 ; 24, 1 = *DCLXXXI* ; etc...). Ultérieurement, l'auteur apporta encore de menues corrections à son texte, alors que les copistes étaient au travail sur les exemplaires destinés au public (cf. *supra*, p. 310, n. 1).

Durant le mois de juillet, la *Correspondance* de Cicéron ne contient aucune allusion à des travaux en cours, excepté la demande faite à Atticus le 28 (XIII, 44, 3 = *DCLXXXVI*)

---

1. Sur le contenu et la structure des deux versions successives, cf. J. S. REID, in ed. *Acad.*, p. 40 sqq. ; PHILIPPSON, *R. E.*, VII A, s. u. *Tullius*, c. 1130 sq. — En 54 déjà, Atticus avait suggéré à Cicéron de ménager une place à Varron dans le *De republica* (*Att.*, IV, 16, 2 = *CXL*).

2. Sur les différents types de dialogue philosophique, après Platon, cf. R. HIRZEL, *Der Dialog ; ein literarhist. Versuch*, Leipzig, 1895, réimpr. Olms, 1963, I, p. 272 sqq. ; 321 sqq.

de lui envoyer un ouvrage historique de Cotta[1], dont il
pouvait avoir besoin soit pour des *exempla* à insérer dans
un traité philosophique, soit pour le futur *Eloge de Porcia*,
alors en projet (cf. *infra*, p. 328, n. 2). Il est vrai que les deux
amis eurent de longs entretiens au cours de ce mois et au
début du suivant et que, des lettres écrites entre le 15 juillet et les environs du 11 août, une seule est parvenue jusqu'à nous. Cependant, l'hypothèse d'une interruption ou du
moins d'un ralentissement dans la production de Cicéron
semble confirmée par un passage de la lettre XIII, 45, 2
(= *DCLXXXVIII*), écrite vers le 11 au lendemain d'une
visite d'Atticus : *quod me hortaris ut eos dies consumam in
philosophia explicanda, currentem tu quidem.* En tout cas, les
quinze jours suivants, Cicéron souligne qu'il est en plein
travail (XIII, 47 = *DCXC*, le 13 ; 38, 1 = *DCXCII*, le
15 ; 40, 2 = *DCXCIV*, le 17) ; le message du 15 est le moins
imprécis : *ante lucem cum scriberem contra Epicureos...* ; encore l'est-il beaucoup trop à notre gré, puisqu'il ne nous
donne pas le nom de l'œuvre en cours. On sait qu'entre le
De finibus, terminé à la fin de juin, et le *De diuinatione*,
entrepris sans doute en novembre ou décembre, ont été rédigés les cinq livres des *Tusculanes* et les trois du *De natura
deorum* ; selon certains, les deux ouvrages auraient été ensemble en chantier, l'auteur écrivant des chapitres tantôt
sur l'âme, tantôt sur les dieux[2] ; selon les autres, les *Tusculanes* auraient été rédigées avant les livres de théologie[3].
Comment choisir entre ces deux théories? La seule indication fournie par la *Correspondance* est le début, précédemment cité, d'une lettre du 15 août (*Att.*, XIII, 38, 1 =
DCXCII) : *ante lucem cum scriberem contra Epicureos* ; on le
rapporte généralement aux §§ 57-124 du livre I du *De natura deorum*, dans lesquels Cotta réfute l'exposé que vient
de faire Velléius des idées épicuriennes concernant le divin ;
mais, le lendemain du 15, Cicéron demande à Atticus de
lui envoyer l'ouvrage de Phèdre, prédécesseur de Patron à
la tête de l'école épicurienne d'Athènes, *Sur les dieux* (*Att.*

1. Sans doute L. Arunculéius Cotta, officier de César tué en 54 ;
cf. H. BARDON, *La littérature latine inconnue*, I, Paris, 1952, p. 281.
2. *Sic*, T. W. DOUGAN, in ed. *Tusc.* (Cambridge, 1905), Introd.,
p. XVII ; M. POHLENZ, in ed. *Tusc.*, I-II (Stuttgart, 1957), p. 24 ;
A. S. PEASE, in ed. *De nat. d.*, I (Harv. Univ. Press, 1955), p. 20.
3. SCHANZ-HOSIUS, *Gesch. d. röm. Lit.*, I⁴ (Munich, 1927), p. 506 ;
510 ; R. PHILIPPSON, *o. c.*, c. 1141 sq.

XIII, 39, 2 = *DCXCIII*)[1] ; bien que Cicéron ait pu avoir
besoin d'ajouter des précisions à l'exposé déjà rédigé de
Velléius, le plus probable est que cet exposé n'est pas encore écrit et que Cicéron se livre à des études préalables en
vue de son traité futur. S'il en est ainsi, la réfutation des
Épicuriens, en cours de rédaction le 15, doit plutôt se rapporter aux *Tusculanes*, où ils sont plus d'une fois pris à
partie, et plus particulièrement aux §§ 34-51 du livre III,
où la critique est présentée sous forme d'exposé continu.
D'autre part, on trouve dans le texte même des *Tusculanes*
un indice précis, tendant à montrer qu'elles ont été achevées
probablement en août, au plus tard en septembre ; en effet,
dans quatre des préambules qui ouvrent chacun des cinq
entretiens, supposés s'être déroulés à Tusculum cinq jours
de suite, Cicéron souligne, à l'intention du dédicataire de
l'ouvrage, Brutus, qu'ils ont eu lieu *nuper* et, dans le premier, ajoute : *tuum post discessum* (*Tusc.*, I, 7 ; cf. II, 2 ;
IV, 7 ; V, 11) ; une indication aussi précise et aussi insis-
tante n'a de sens que si elle se réfère à un événement réel ;
de fait, la *Correspondance* nous apprend que Brutus a quitté
deux fois Cicéron à Tusculum, pendant l'été 45 : d'abord le
11 ou le 12 juin (cf. *Att.*, XIII, 7 *a* = *DCLXIII* ; Notice,
p. 120) et une deuxième fois le 27 ou le 28 juillet (cf. *Att.*,
XIII, 44, 1 = *DCLXXXVI* ; Notice, p. 196). Comme elle
nous informe aussi que, vers les 16 et 17 juin, Cicéron reçut
la visite de plusieurs jeunes amis — C. Trébatius Testa,
C. Curtius Postumus, son ex-gendre Dolabella (*Att.*, XIII, 9,
1 = *DCLXV*) —, on en a déduit que le dialogue était censé
avoir eu lieu du 15 au 19 juin[2] ou du 16 au 20[3]. Mais ce
premier *discessus* fut de courte durée, puisque Brutus revint
de Rome à Tusculum le 19 ou le 20 juin ; et, cette fois, c'est
Cicéron qui partit le 21 pour Arpinum (cf. Notice, p. 121).

1. Cicéron avait, dans sa jeunesse, entendu Phèdre à Rome (*Fam.*,
XIII, 1, 2 = *CXCVIII*) et à Athènes (cf. *De fin.*, I, 16). — Le titre de
l'ouvrage de Phèdre, inconnu par ailleurs, est corrompu dans les mss. :
ΠΕΡΙ ΟCΩΝ *et* ΠΛΛΙΔΟC (CIΛΛΙΑΟC, *R*) ; la restitution Θεῶν
et Παλλάδος paraît la plus probable, d'après un passage du *De nat. d.*,
I, 41, où l'épicurien Velléius résume, pour s'en moquer, l'interprétation proposée de l'enfantement de Minerve par le philosophe stoïcien Diogène de Babylone, *in eo libro qui inscribitur De Minerua* :
Phèdre aura critiqué cette exégèse dans un appendice au Π. Θεῶν,
également intitulé Περὶ Παλλάδος (cf. H. DIELS, in *Berlin. Sit-
zungsber.*, 1893, p. 116, n. 2).
2. Th. SCHICHE, in *Zeitschr. f. d. Gymnasialw.*, LII, 1898, p. 237.
3. M. POHLENZ, in ed. *Tusc.*, I-II, Stuttgart, 1957, p. 24.

Au contraire, le 27 ou le 28 juillet, Brutus vint prendre congé de Cicéron avant une absence de longue durée : il allait rejoindre César en Gaule Cisalpine (cf. Notice, p. 196 et 199). Il est donc à peu près certain que Cicéron a situé son dialogue fictif dans les jours suivants et très probable même qu'il en a conçu le « montage » à ce moment-là[1]. La rédaction occupa vraisemblablement tout son mois d'août ; quand le premier exemplaire fut remis à Brutus, sans doute en septembre, la séparation du 27 ou 28 juillet pouvait encore passer pour un événement survenu « récemment ».

Ce point acquis, il ne reste pas de raison sérieuse pour supposer la rédaction du *De natura deorum* contemporaine de celle des *Tusculanes* ; dans le *De diu.*, II, 3, Cicéron déclare formellement le contraire : *quibus rebus* (= sujets traités dans les *Tusc.*) *editis, tres libri perfecti sunt de natura deorum* ; il est vrai qu'*editis* ne doit pas être pris au sens strict de « diffusés après multiplication des exemplaires » et peut avoir le sens plus large d' « exposés pour le public », que *perfecti sunt* n'implique pas que l'auteur n'ait pas commencé à se mettre à ce nouveau travail avant l'achèvement du précédent ; il n'empêche qu'à moins de forcer abusivement le sens des mots, on doit comprendre que l'auteur a « rédigé de bout en bout » (et non pas seulement « mis la dernière main à », ce qui se dirait *absoluere* ou *conficere*) le *De natura deorum* après avoir terminé les *Tusculanes* ; selon toute vraisemblance, cette rédaction commença en septembre pour s'achever en octobre.

C'est aussi durant l'été 45, probablement en juillet, que fut entreprise et partiellement réalisée la traduction du *Timée* de Platon ; Cicéron se proposait de l'intégrer dans un dialogue où lui-même aurait eu pour interlocuteurs son ami P. Nigidius Figulus, adepte du pythagorisme, et le philosophe péripatéticien Cratippe de Pergame, à qui il procura le droit de cité en remerciement des leçons données à son fils à Athènes ; nous le savons par le préambule que Cicéron a rédigé pour ce futur dialogue, postérieurement à l'achèvement des *Académiques* : *multa sunt a nobis et in Academicis conscripta contra physicos et saepe cum P. Nigidio Carneadeo more et modo disputata* (1, 1 Ax) ; comme l'auteur ne men-

1. *Sic*, O. E. Schmidt, *Briefwechsel...*, p. 57 sq. et 430, et T. W. Dougan, in ed. *Tusc.*, p. xvi, mais avec une anticipation de sept jours, la lettre XIII, 44 étant par erreur assignée au 21 juillet au lieu du 27 (cf. *supra*, Notice, p. 195).

tionne pas les autres ouvrages où il s'en est pris également
aux *physici* dogmatiques, notamment le *De nat. d.*, et qu'une
phrase de sa traduction du *Timée* (6, 17) figure textuelle-
ment dans le *De nat. d.* (II, 47), il en ressort que cette traduction et le préambule sont antérieurs à la rédaction du
De nat. d.[1] ; il est probable que le préambule est postérieur
au remaniement des *Académiques*, opéré à la fin de juin, et
contemporain de la traduction elle-même, puisque la mise
en forme dialoguée ne semble pas avoir reçu un début d'exécution ; néanmoins, on ne peut exclure absolument que la
traduction remonte à une date antérieure, par exemple à
la deuxième quinzaine de mai, lorsque Cicéron avait fini la
première version des *Académiques* et se préparait à écrire le
livre I du *De finibus*[2].

1. Cf. SCHANZ-HOSIUS, *Gesch. d. röm. Lit.*, I[4] (Munich, 1927),
p. 508 sq.
2. Il est tentant d'établir une relation entre cette traduction et
un passage bien connu d'une lettre adressée par Cicéron à Atticus
le 21 mai — deux jours après une visite de ce dernier à Tusculum —,
alors que la rédaction de la première version des *Acad.* est terminée,
celle du livre I du *De fin.* en cours (XII, 52, 3 = *DCXXXVIII*) :
De lingua Latina securi es animi dices qui alia qu(a)e scribis; ἀπόγραφα *sunt, minore labore fiunt; uerba tantum adfero quibus abundo.*
Le groupe de mots *qui alia qu(a)e scribis*, qui figurait apparemment
dans l'ancêtre commun des mss. italiens, puisqu'il est donné à la
fois par *M* et *O*, est inintelligible, de même que la variante *talia* pour
alia donnée par *R* ; la leçon *qui talia conscribis*, offerte par les mss.
dérivés de *M* — ainsi que par une correction de *M* —, et adoptée
par la plupart des éditeurs, est compréhensible, mais semble bien
étrangère à la tradition la plus ancienne. Ce *locus desperatus* rend
extrêmement difficile l'interprétation du passage ; jadis, les éditeurs ponctuaient différemment — « *de lingua Latina securi es animi* »,
dices, « *qui talia conscribis* » —, faisant d'*es* un indicatif et incluant
les premiers mots dans le propos prêté à Atticus ; mais on attendrait
conscribas et la rupture avec le passage précédent, où Cicéron parle
du divorce de P. Lentulus Spinther, serait d'une brusquerie extraordinaire. Mais la question essentielle est de savoir à quels écrits
s'applique la réponse de Cicéron : ἀπόγραφα *sunt*; selon l'exégèse
traditionnelle, il s'agit des traités philosophiques auxquels il travaille d'arrache-pied depuis plusieurs mois et plus particulièrement
du *De finibus*, auquel, sitôt achevés le *Catulus* et le *Lucullus*, il s'est
attelé sans désemparer (cf. par ex. J. MARTHA, in ed. *De fin.*, t. I,
Paris, 1928, p. IX sq. ; A. S. PEASE, in ed. *De nat. d.*, I, Harv. Univ.
Press, 1955, p. 19) ; soit que son ami Atticus ait exprimé des doutes
sur la possibilité de rendre en latin le vocabulaire philosophique grec
— la *patrii sermonis egestas* n'avait-elle pas été récemment déplorée
par Lucrèce? —, soit plutôt qu'il se soit inquiété de voir Cicéron

Nous pouvons maintenant nous faire une idée plus précise de la façon dont Cicéron organisait ses activités d'écri-

écrire avec une telle rapidité (correction possible : *dices* : « *qui ⟨tot⟩*
taliaque scribis ? »), au risque de négliger la qualité de sa langue et
de compromettre ainsi sa mission d'éducateur de la jeunesse (cf.
Att., IV, 2, 2 [= *XCI*] : *oratio iuuentuti nostrae deberi non potest* ;
Tyrrell-Purser, in ed. *Corr.*, t. V², p. 89), Cicéron s'emploie à
le rassurer, en minimisant l'originalité et l'importance de son apport
personnel (coquetterie analogue en XII, 40, 2 [= *DCXXIII*] — *le-*
gere... tam multa non possunt quam ego scripsi : quam bene, nihil
ad rem — ; en XIII, 10, 1 [= *DCLXVI*] — *... nisi mihi hoc uenisset*
in mentem, scribere ista nescio quae —), quitte à exagérer pour la
circonstance la part de ce qui était simple adaptation des sources
grecques dans sa tâche de vulgarisateur. Notons d'ailleurs que le
mot neutre ἀπόγραφον, dont on ne connaît, avant Symmaque,
qu'une seule autre occurrence, postérieure de plus d'un siècle, était
un terme rare, emprunté au vocabulaire de la peinture et de la plas-
tique : parlant d'un tableau de Pausias de Sicyone, Pline l'Ancien
signale que Lucullus a acheté « une copie de ce tableau » (*huius ta-*
bulae exemplar), *quod apographon uocant* (XXXV, 125 ; le masc.
s'employait à propos d'un écrivain qui s'inspirait étroitement du
style ou des idées d'un autre : cf. Dion. Hal., *Orat. Ant., Is.*, 11 ;
Diog. Laert., VI, 84) ; ce n'est donc pas un synonyme de *translatum*
ou de *conuersum* : Cicéron peut vouloir dire qu'il travaille d'après
un ou plusieurs modèles grecs. Mais une tout autre interprétation
du texte est possible : le mot *alia*, dans le membre de phrase corrompu, et le comparatif *minore* suggèrent qu'il pouvait être question de deux écrits — ou genres d'écrit — différents ; dans ce cas
le terme ἀπόγραφα ne s'appliquerait pas à l'œuvre majeure en chantier — le traité philosophique *De fin.* —, mais à un autre travail,
auquel Cicéron s'adonnerait dans le même temps ; on pourrait aller
plus loin et avancer que ce travail fut envoyé à Atticus quelques
jours plus tard, si les mots *et sunt alia quaedam*, en *Att.*, XIII, 32,
3 (= *DCXLIX*), du 29 mai, s'appliquaient sûrement à un écrit différent du *Torquatus* et des *Acad. pr.*, dont il est question dans les
lignes précédentes (cf. comm. *ad loc.*). Shackleton Bailey pense
à un livre *De lingua Latina* (— après avoir imaginé que ce titre pouvait désigner... l'ouvrage de Varron ! — in ed. *Att.*, t. V, p. 341 sq.,
où il hasarde la correction *quid ad illa quae scribis* [scil. *haec perti-*
nent]?). Mais on voit mal comment les trois mots *de lingua Latina*,
dans leur contexte, pourraient constituer le titre d'un livre, il n'est
fait mention nulle part d'une entreprise de cette nature dans la
Correspondance de l'année 45 et la tentative faite au siècle dernier
pour reconstruire un prétendu écrit de Cicéron *De arte grammatica*
repose sur des hypothèses sans fondement (cf. Schanz-Hosius, *o. c.*,
p. 549). Plus récemment, une autre hypothèse a été lancée par
J. Glucker (*Antiochus and the late Academy*, Hypomnemata, 56,
Göttingen, 1978, p. 409 sq.) : les *alia*, qui ne sont que des ἀπόγραφα,

vain ; la rédaction proprement dite était précédée par un
long travail de documentation, consistant surtout dans la
lecture d'ouvrages grecs, mais comprenant aussi la rédaction
de notes de lecture et, le cas échéant, la traduction de passages plus ou moins étendus. Depuis l'automne 46, où fut
écrit l'*Orator*, Cicéron a mis ses loisirs à profit pour élargir
et approfondir sa culture philosophique ; mais, avant de se
lancer dans le travail de rédaction, il complète son information sur le sujet qu'il se propose de traiter ; c'est ainsi qu'à
la fin de mai et au début de juin 45, il interroge Atticus sur
certains points d'érudition historique, en vue d'un Σύλλογος
πολιτικός qu'il a en projet (cf. *infra*, B). Il lui arrive — sans

désigneraient les *Academica priora*, par opposition au *De finibus*,
œuvre plus personnelle ; cette hypothèse, qui suppose elle-même que
De lingua Latina se réfère à l'ouvrage de Varron et que Cicéron
ait déjà décidé de lui dédier ses *Académiques* bien avant de lui attribuer un rôle dans le dialogue (?), ne résiste pas à l'examen (malgré
le rapprochement de *uerba tantum adfero, quibus abundo* — XII,
52, 3 — avec XIII, 19, 5 [= *DCLXXIV*] : *quae* — l'exposé de la
thèse d'Antiochus d'Ascalon dans les *Acad. post.* — *diligenter a me
expressa acumen habent Antiochi, nitorem orationis nostrum, si modo
is est aliquis in nobis*) : il est impossible que, le 21 mai, Cicéron emploie le présent *fiunt* à propos des *Académiques* terminées depuis le
12, pour les opposer au *Torquatus* qui est précisément alors en cours
de rédaction. Ne s'agirait-il pas plutôt de la traduction du *Timée*,
qui s'inscrivait dans son programme de vulgarisation de la philosophie grecque et dont nous savons qu'elle date de ces mois-là (correction possible : *qui* ou *quid alia ⟨quo⟩que scribis?*)? Cette hypothèse est plausible et s'accorde avec ce que nous apprend la *Correspondance* sur la méthode de travail de Cicéron (cf. *infra*) ; cependant, elle se heurte à trois objections : du mois de février à
la fin de juin, Cicéron nous apparaît exclusivement adonné à la
philosophia moralis, avec de brèves incursions dans la littérature
politique ; aucun indice ne nous donne à penser qu'il se soit occupé
de la *philosophia naturalis* durant cette période ; d'autre part, si le
travail qui avait suscité l'inquiétude d'Atticus au cours de sa visite
à Tusculum était la traduction du *Timée*, à quoi bon lui répondre
qu'il ne fallait y voir que des ἀπόγραφα, puisque c'était évident?
Enfin, Cicéron déclare dans le *De fin.* (I, 47) que, jusqu'à présent,
il n'a pas traduit — de textes philosophiques, s'entend : *id* (= *transferre) neque feci adhuc* —, mais, dans les *Tusc.* (V, 10), il envisage
d'écrire un jour sur le pythagorisme — *Pythagoras... cuius de dis-
ciplina aliud tempus fuerit fortasse dicendi*. Sans être décisives, ces
objections nous incitent plutôt à nous rallier à l'exégèse traditionnelle, d'autant que les *quaedam alia*, dans la lettre du 29 mai (*Att.*,
XIII, 32, 3 = *DCXLIX*), désignent très probablement des additions ou retouches au texte des *Acad. pr.* (cf. comm. *ad loc.*).

doute est-ce même son habitude — de mener de front la
rédaction d'un ouvrage et les lectures préalables à une œuvre
future[1] ; c'est ce qui s'est passé pour les *Tusculanes* et le
De nat. deor. : le 29 mai, alors que la première version des
Académiques est terminée et le *De finibus* en cours de rédaction — les livres I et II sont achevés et il va écrire les suivants —, il demande à Atticus de lui envoyer plusieurs ouvrages de Dicéarque : certains concernent le projet de *Colloque politique*, mais le plus important d'entre eux, le Περὶ
ψυχῆς, est manifestement destiné à la préparation des *Tusculanes*, où la théorie de l'âme de Dicéarque est évoquée à
maintes reprises[2] ; or, nous l'avons vu, la rédaction des *Tus-*

1. *Sic* PHILIPPSON, *o. c.*, c. 1142.
2. *Att.*, XIII, 32, 2 (= *DCXLIX*) : *Dicaearchi* Περὶ ψυχῆς *utrosque
uelim mittas et* Καταβάσεως; Τριπολιτικὸν *non inuenio et Epistulam eius, quam ad Aristoxenum misit ; tris eos libros maxime nunc
uellem : apti essent ad id quod cogito* (cf. *Tusc.*, I, 21 ; 24 ; 41 ; 51 ;
77 ; IV, 71). L'interprétation de ce texte, en particulier des mots
tris eos libros, est délicate ; notons d'abord que c'est Atticus qui,
le premier, a proposé à Cicéron des livres de Dicéarque, dans une
lettre à laquelle il a répondu le 28 (XIII, 31, 2 = *DCXLVI*) : *quoniam etiamnum abes, Dicaearchi quos scribis libros sane uelim mi
mittas, addas etiam* καταβάσεως (scil. *libros* ; sur le contenu de la
Κατάβασις et du Τριπολιτικός, cf. *infra*, B, p. 323 ; comme Cicéron ne fait état de son intention d'écrire un Πολιτικὸν σύλλογον
more Dicaearchi que dans une deuxième lettre du même jour (XIII,
30, 3 = *DCXLVII*, 2), l'idée de traiter certaines questions de caractère politique dans un ouvrage de ce genre a probablement été lancée
par Atticus, après l'échec de la *Lettre à César* (Cicéron en reparle
précisément dans la suite de son premier message du 28, XIII, 31,
2). Quoi qu'il en soit, le lendemain, Cicéron constate que son ami
ne lui a fait parvenir ni le Τριπολιτικός ni la *Lettre à Aristoxène*
— la formule *non inuenio* laisse supposer que d'autres ouvrages de
Dicéarque, également proposés par Atticus, lui ont été remis, mais
ce n'est pas certain — ni la *Catabase* que lui-même avait demandée
en plus ; il est clair que le Περὶ ψυχῆς ne figurait pas dans la liste
d'Atticus et que Cicéron ajoute ce nouveau titre à sa « commande »
de la veille. Cela étant, lesquels de ces ouvrages Cicéron désigne-t-il
par les mots *tris eos libros*? Selon F. WEHRLI (*Die Schule des Aristoteles*, I. *Dikaiarchos*, Zurich, 1944, p. 65), ce serait l'ensemble formé
par le Π. ψ., la Κατ. et le Τριπ., la *Lettre*, qui n'est mentionnée nulle
part ailleurs, n'étant qu'un appendice du Τριπολιτικός ; mais il
est incroyable que Cicéron, immédiatement après avoir donné im-
plicitement au mot *liber* le sens de « partie d'un ouvrage » (le pluriel *utrosque* a été choisi à dessein, parce que chacun des deux dialogues composant le Π. ψυχῆς comprenait lui-même trois « livres »,
les Κορινθιακοί et les Λεσβιακοί, et non par ignorance, comme

culanes a commencé au plus tôt en juillet, plus probablement
au début d'août. De même le livre de l'épicurien Phèdre *Sur
les dieux* a été demandé à Atticus au milieu du mois d'août
(cf. XIII, 39, 2 = *DCXCIII*), en vue du futur *De natura deorum*, dans le temps même où Cicéron est occupé à rédiger les
Tusculanes ; et l'on voit mal pourquoi celui-ci aurait voulu
se procurer, dès le 9 juin, alors qu'il écrivait le *De finibus*,
le traité de Panétius *Sur la providence* (cf. XIII, 8 = *DCLXI*),
sinon parce qu'il avait en vue un exposé sur la doctrine
stoïcienne de la providence divine, qui occupera effectivement une grande place dans le livre II du *De nat. deor.*[1].
On peut en dire autant de l'abrégé, fait par Brutus, de l'ouvrage historique de Caelius Antipater (*ibid.*), qui sera cité
en II, 8 ; il est vraisemblable qu'à cette date, Cicéron ne

le croit WEHRLI, *o. c.*, p. 44), emploie le même terme pour désigner
un groupe de ces *libri*. SHACKLETON BAILEY (in ed. *Att.*, t. V, p. 304),
considérant que la *Catabase* comprenait plus de deux livres (cf. Athen.,
XIV, 641 e : ἐν πρώτῳ τῆς εἰς Τροφωνίου Καταβάσεως), suppose
qu'ils étaient au nombre de trois et que c'est ce seul ouvrage qui
est désigné par les mots *tris eos libros*, le membre de phrase Τριπολιτικὸν *non inuenio* — *misit* formant une sorte de parenthèse ;
mais, outre que la formulation paraît bien enchevêtrée, la suite du
passage montre que Cicéron a un besoin urgent — *maxime nunc
uellem* — des trois livres en question pour un projet bien précis
— *apti essent ad id quod cogito* —, à savoir le *Colloque politique more
Dicaearchi*, annoncé la veille ; il est évident que le Τριπολιτικός
est l'un des trois. En conséquence, ou bien les *tres libri* sont la *Catabase*, le Τριπ. et la *Lettre* — mais, comme pour le Π. ψ., on hésite
à admettre que les « livres » composant la Κατ. ne comptent ensuite
que pour un, et, inversement, la *Lettre à Aristoxène* serait comptée
comme un livre indépendant —, ou plus probablement la Κατάβασις se composait de deux livres seulement, le numéral πρῶτος s'em-
ployant souvent à la place de πρότερος, surtout pour désigner un
numéro d'ordre (citant le livre I du Περὶ Παροιμιῶν de Cléarque,
Athénée se réfère τῷ πρώτῳ en X, 457 C, τῷ προτέρῳ en XV, 701 C ;
le manuscrit original portait sans doute α') ; on pourrait aussi considérer « Τριπολιτικόν *non inuenio* » comme une parenthèse et
rattacher « *et Epistulam...* » à « et Καταβάσεως », mais la parenthèse
serait étrangement placée. D'une façon comme d'une autre, le Περὶ
ψυχῆς ne fait pas partie du groupe des trois ouvrages dont Cicéron
a un besoin immédiat ; il le demande en plus des autres, pour un but
différent : la préparation de son futur traité sur l'âme.

1. 3e et 4e parties de l'exposé de Balbus : II, 73-153 et 154-167 ;
cf. M. POHLENZ, in *R. E.*, XVIII, 3 (1949), s. u. *Panaitios*, c. 429 sqq.
Il est difficile de croire que Cicéron ait pu avoir besoin du Περὶ προνοίας pour le livre I des *Tusc.* (*sic*, PHILIPPSON, in *R. E.*, 2. R.,
VII A, c. 1142).

savait pas encore s'il rédigerait d'abord son dialogue sur l'âme ou son ouvrage sur les dieux et procédait à des lectures préparatoires en vue de l'un et de l'autre.

B. *Écrits politiques.*

Sitôt connue la défaite des Pompéiens à Thapsus, en avril 46, Cicéron avait affirmé à Varron sa volonté de « ne renoncer ni à rédiger ni à lire des *ouvrages politiques* — πολιτείας — », afin de continuer à servir la république, même si l'on ne faisait pas appel à son concours actif pour sa reconstruction (*Fam.*, IX, 2, 5 = *CCCCLXXVIII*) ; au cours des mois suivants, il s'employa à réaliser partiellement cette intention, en publiant son *Éloge de Caton.* Ensuite, le blocage de la situation intérieure provoqué par la reprise de la guerre en Espagne, puis la mort de Tullia le détournèrent des préoccupations politiques ; il se consacra alors à la philosophie proprement dite. Lorsqu'il fut sorti du marasme où son deuil l'avait plongé, dans les premiers jours de mai 45, il s'attela à une *Lettre de Conseils* — Συμβουλευτικός —, appelée ailleurs *Lettre à César* ; la première mention explicite de cette entreprise date du 9 (*Att.*, XII, 40, 2 = *DCXXIII*) ; mais, dès le 7, Cicéron a lu le *Cyrus* d'Antisthène, dialogue en deux livres, dont le second s'intitulait Περὶ βασιλείας (XII, 38 *a*, 2 = *DCXXI*)[1], et, comme nous savons que, de son côté, Atticus était favorable à ce projet (XIII, 26, 2 = *DCXXX* : *tibi enim placebat*), il est évident que l'idée a germé et mûri au cours des tête-à-tête quotidiens que les deux amis ont eus en avril, dans la maison de campagne d'Atticus. Celui-ci souhaitait voir Cicéron reprendre sa place dans la vie romaine et y jouer de nouveau un rôle actif (cf. XII, 21, 5 = *DXCIX* ; 23, 1 = *DCI* ; 28, 2 = *DCVI* ; 38 *a* = *DCXXI* ; 40, 2-3 = *DCXXIII*) ; à défaut de son retour à Rome, dont Cicéron ne voulait pas entendre parler, la publication d'une

---

1. Le texte des mss. est : ΚΥΡCΑC (κύρβας Z[b]) *mihi sic placuit* etc. ; Diogène Laërce signalant (VI, 1, 16) que, sur les dix volumes qui contenaient l'œuvre d'Antisthène, les deux dialogues composant le *Cyrus* occupaient le quatrième et le cinquième, S. Bosius, suivi par presque tous les éditeurs, a corrigé κύρσας en Κῦρος δ′ ε′ ; SHACKLETON BAILEY (in ed. *Att.*, t. V, p. 331) a préféré β′ à δ′ ε′, parce que le *Cyrus* ne comprenait que deux livres et que le second avait pour sous-titre Περὶ βασιλείας, sujet en rapport direct avec le Συμβουλευτικός ; certainement plus judicieuse que la première, l'addition de β′ apparaît néanmoins superflue.

telle lettre prouverait qu'il s'intéressait à l'actualité et qu'il s'efforçait d'intervenir dans les affaires publiques. Pour le guider dans cette entreprise, la littérature politique des Grecs offrait à Cicéron deux modèles, qui étaient aussi des garants : deux *Lettres* adressées à Alexandre le Grand, l'une par son précepteur Aristote, l'autre par l'historien Théopompe[1] ; il les a d'ailleurs entre les mains. Mais son cas lui paraît très différent du leur : ce qu'ils écrivaient était destiné à donner satisfaction au roi et à leur valoir de la considération (XII, 40, 2 = *DCXXIII* ; cf. XIII, 28, 2 = *DCXLIII*) ; il craint donc à la fois de mécontenter César et de se déconsidérer. Cependant, après plusieurs tentatives infructueuses — *saepe conor* : *nihil reperio* (*ibid.*) —, le 13 mai, à peine terminée la première version des *Académiques* (cf. XII, 45, 1 = *DCXXIX*, 4, du 13), il rédige entièrement sa *Lettre à César* — *heri etiam effeci Epistulam ad Caesarem* (XIII, 26, 2 = *DCXXX*, du 14) — et en envoie une copie à Atticus dans les jours qui suivent, pour avoir son avis. Nous savons peu de chose du contenu de ce Συμβουλευτικός, qui ne fut jamais publié ; un des points essentiels était certainement celui que l'auteur évoque un peu plus tard : le conseil pressant donné à César d'asseoir solidement l'État sur ses bases et d'assurer le bon fonctionnement de la législation nouvelle avant de repartir pour l'Orient, à la tête d'une expédition contre les Parthes (XIII, 31, 3 = *DCXLVI*) ; on retrouve là un leitmotiv de la *Correspondance* de l'année 46 : la nécessité primordiale de restaurer la République ; mais le ton était si empressé, si proche de la flatterie que César risquait d'interpréter l'envoi comme une démarche soigneusement calculée pour effacer, maintenant que la victoire de Munda avait définitivement consolidé son pouvoir, les hardiesses du

---

1. Une version arabe de la *Lettre* d'Aristote a-t-elle été retrouvée récemment? Les éditeurs du texte (J. Bielawski-M. Plezia, *Lettre d'Aristote à Alexandre sur la politique envers les cités*, Wrocław-Varsovie-Cracovie, 1970), suivis par P. Goukowsky (*Essai sur les origines du mythe d'Alexandre*, I, Nancy, 1978, p. 50 sq.), admettent son authenticité, qui est très contestable (cf. notamment A. Momigliano, *Sagesses barbares*, Paris, 1979, p. 150 sq.). Nous devons ces renseignements à R. Weil, qui a étudié, avant la découverte de ce texte, les fragments des écrits politiques d'Aristote dédiés à Alexandre (ed. V. Rose, Leipzig, 1886, p. 408 sq.) et les témoignages qui les concernent (in *Aristote et l'histoire*, Paris, 1960, p. 154 sq. ; 406 sq.). — Pour la *Lettre* de Théopompe, voir F. Jacoby, *Die Fragm. der Gr. Hist.*, n° 115, F 250-254 (textes : II B, Berlin, 1927, 115, n°ˢ 250-254, p. 589 sq. ; comm., p. 390).

Caton (XIII, 27, 1 = *DCXLII*). On sait (cf. Notice de la
Troisième partie, p. 110 sq.) comment Balbus et Oppius, à
qui Cicéron avait prudemment soumis son texte, réclamèrent
des modifications telles qu'il lui aurait fallu reprendre toute
la rédaction ; il s'y refusa, malgré l'insistance d'Atticus et,
le 28 mai, mit un point final à cet épisode : *abiciamus ista
et semiliberi saltem simus* (XIII, 31, 3 = *DCXLVI*).

Par la même lettre, répondant à une proposition d'Atticus, il lui demanda de lui envoyer des livres de Dicéarque
(XIII, 31, 2) et, le même jour, il l'informa de son intention
d'écrire un *Colloque politique* — Πολιτικὸς σύλλογος — « à la
manière de Dicéarque » (XIII, 30, 2 = *DCXLVII*). Tout
se passe comme si, voyant à quel point Cicéron était ulcéré
d'avoir dû renoncer à envoyer son Συμβουλευτικός à César,
Atticus lui avait suggéré d'exprimer sous une autre forme,
en prenant ses distances avec l'actualité brûlante, quelques-
unes des idées qui lui étaient chères et qu'il avait formulées
dans sa *Lettre*. Les livres du péripatéticien Dicéarque qui in-
téressent alors Cicéron se rapportent à des thèmes déjà traités
par lui dans le *De republica* : le Τριπολιτικός — appelé aussi
Σπαρτιατῶν πολιτεία —, avec la *Lettre à Aristoxène* qui n'en
était sans doute qu'un appendice ou la dédicace, préconisait
vraisemblablement, d'après son titre, une combinaison des
régimes monarchique, aristocratique et démocratique, inspirée de la constitution lacédémonienne[1] ; la *Descente dans
l'antre de Trophonios* (divinité oraculaire de Béotie) — Κατάβασις εἰς Τροφωνίου — lui avait servi pour le fameux passage
du livre II, 7-10 du *De rep.*, où il dénonçait la corruption
et l'instabilité des villes maritimes[2] ; bien que Cicéron fasse
plus d'une fois mention, dans son *De diuinatione*, des idées
de Dicéarque sur la divination — comme son maître Aristote, il n'admettait que ses formes subjectives : songes et
délire prophétique —, il est d'autant plus improbable que
Cicéron ait dès le mois de mai commencé à préparer son
traité sur la divination qu'il prend soin de préciser qu'il a
besoin de la *Catabase* comme du *Tripolitique* « tout de suite »
— *maxime nunc* — pour ce qu'il a présentement en tête — *ad
id quod cogito* —, c'est-à-dire ce *Colloque politique* en vue

1. Cf. F. WEHRLI, *Die Schule d. Aristot.* I, *Dikaiarchos*, Zurich
1944, p. 64-66 ; *supra*, p. 319, n. 2 ; comme Aristote, Dicéarque avai
décrit les constitutions de diverses cités grecques (cf. Cic., *Att.*, II
2, 2 = *XXVIII*).

2. Cf. WEHRLI, *o. c.*, p. 47 ; Cic., *Att.*, VI, 2, 3 = *CCLVIII* ; *supra*, p. 320, n. 0.

duquel il pose à Atticus, presque chaque jour, des questions
d'ordre historique. Toutes concernent des membres de la
Commission sénatoriale qui fut envoyée auprès du consul
L. Mummius, en 146, après sa victoire sur Corinthe ; il pense
faire de certains de ces Commissaires les interlocuteurs de
son dialogue, dont le lieu pourrait être Olympie et qui se
déroulerait à un moment critique des rapports entre Rome
et la Grèce, autre sujet d'importance majeure pour Cicéron[1].
Comme on le voit, dans les moments de répit que lui laisse
la rédaction du *De finibus*, il pense activement au « montage »
de son *Colloque*, personnages et mise en scène, avec le souci
de la vraisemblance et de l'éclat appropriés ; mais il est

1. Parmi ces dix Commissaires, dont Polybe ne donnait pas la
liste (L. XXXIV), Cicéron remarquait un Postumius Albinus, Sp. Mummius, frère de Lucius, le consul de 146, et un certain Tuditanus,
dont il avait entendu parler par l'orateur Hortensius ; mais dans le
Liber annalis de Libo — certainement L. Scribonius Libo, pompéien
et beau-père de Sextus Pompée ; son ouvrage devait être un abrégé
chronologique analogue au *Liber annalis* récemment publié par Atticus et aux *Annales* de Varron (cf. H. BARDON, *La litt. lat. inconnue*,
I, p. 267 sq.) —, Cicéron lisait que Tuditanus ne devint préteur qu'en
132 (puis consul en 129) ; or les membres d'une commission sénatoriale de cette importance — il s'agissait de régler les affaires de Grèce
après la victoire de Mummius — étaient toujours des personnages
considérables ; d'où la surprise de Cicéron et l'enquête demandée à
Atticus (XIII, 30, 2 = *DCXLVII* ; Cicéron précise sa question le
lendemain, in 32, 3 = *DCXLIX* ; sur les délicats problèmes posés
par l'établissement du texte de cette deuxième lettre, cf. comm.
ad loc.). Finalement les investigations d'Atticus font la lumière non
seulement sur Tuditanus, mais aussi sur les deux autres : 1° le Postumius Albinus mentionné en XIII, 30, 2 était Aulus, consul en
151 (et non pas Spurius, consul en 148, comme semble l'avoir cru
d'abord Cicéron : cf. XIII, 32, 3 et comm. *ad loc.*) ; Cicéron le connaissait pour un homme cultivé et un philhellène convaincu (cf.
Brut., 81 ; *Acad. pr.*, II, 137) ; il se réjouit de pouvoir mettre en scène
dans son *Colloque* un personnage aussi éclatant, qui avait sa statue
à Corinthe ; 2° Tuditanus, le commissaire de 146, n'était pas le préteur de 132 — ni, par conséquent le grand-père maternel d'Hortensius —, mais son père, qui s'appelait comme lui C. Sempronius Tuditanus (XIII, 6, 4 = *DCLVI* ; cf. 4, 1 = *DCLVII*) ; 3° quant au
frère du consul de 146, Spurius Mummius, il ne faisait pas partie
de la commission sénatoriale, comme l'avait cru Cicéron, mais était
legatus de son frère (XIII, 6, 4 = *DCLVI* ; cf. 5, 1 = *DCLVIII* ;
sur l'établissement du texte de XIII, 33, 3 = *DCLV*, cf. comm.
ad loc.). — Sur l'ordre de succession de toutes ces lettres, voir la
Notice, p. 117 sq.

douteux qu'il en ait écrit fût-ce une ligne. En tout cas, passé
le 5 juin, il n'y fait plus aucune allusion[1].

Cependant, il ne se résigne pas encore à enterrer définitivement son projet de publier un écrit politique ; à la veille
de quitter Tusculum pour Arpinum, il s'empare une fois de
plus de l'idée que lui souffle Atticus et manifeste l'intention
de traiter « un sujet *plutôt général* et *plutôt politique* » — κοινότερα *quaedam et* πολιτικῶτερα — pour Dolabella qui, rentré
d'Espagne, lui a rendu visite la veille (XIII, 10, 2 = *DCLXVI* ;
vers le 16 juin) ; mais le 25, une fois le *De finibus* achevé et
les *Académiques* remaniées, au moment de réaliser son nouveau projet et de répondre ainsi au désir de son ancien gendre,
qui semble en avoir eu vent, il est pris d'embarras : il ne
réussit pas à trouver un thème approprié et surtout redoute
le blâme des Pompéiens, qui pourraient s'indigner de le voir
dédier un de ses écrits à un césarien notoire[2] ; il se trouve
donc prisonnier de l'alternative suivante : ou bien surseoir
à toute publication, au risque de froisser Dolabella, ou bien
imaginer une solution miracle. L'habile Atticus lui en pro-
posa une sans tarder ; nous ignorons en quoi elle consistait,
mais Cicéron l'adopta — *de Dolabella tibi adsentior* (XIII,
21 *a*, 3 = *DCLXXV* ; 30 juin) — et n'eut pas, semble-t-il,
à le regretter. Après cette dernière velléité, il renonça à traiter ouvertement de problèmes politiques ; mais il usa d'un
moyen détourné pour entretenir le dialogue avec le parti

1. Sur la lettre *DCLIX* (= *Att.*, XII, 5 *b*) et les questions d'ordre
historique qui y sont posées, cf. *supra*, p. 120 sq. ; 309.

2. *Att.*, XIII, 13, 2 (= *DCLXX*) ; texte des manuscrits : *uolo
Dolabellae ualde desideranti ; non reperio quid et simul* αἰδέομαι
Τρῶας, *neque, si aliud quid, potero* μέμψιν *effugere*[*t*] ; la citation,
extraite de la réponse d'Hector à Andromaque, qui voulait le dissuader d'aller à la bataille (*Il.*, VI, 442), revient plusieurs fois dans
la *Correspondance*, où elle se réfère toujours aux Romains du « bon
parti » (cf., par ex., *Att.*, II, 5, 1 = *XXXII* ; VII, 1, 4 = *CCLXXXI* ;
XIII, 24, 1 = *DCLXXXI*) ; le texte est obscur et probablement al-
téré ; si on le garde tel quel, il faut supposer que *non reperio quid*
s'applique à un sujet d'ordre politique, évoqué dans la lettre précédente, *si* (= *etiam si*) *aliud quid* à un sujet d'un autre ordre (*qui*,
donné par les meilleurs manuscrits, n'offre aucun sens) ; la correction *aliquid* pour *aliud quid*, généralement admise depuis Manutius,
engendre une répétition pure et simple de l'idée exprimée dans *simul*
αἰδέομαι Τρῶας ; c'est pourquoi nous proposons de corriger également *si* en *nisi* : *nisi aliquid* (*repperero* ou *fecero*) ; dans ce cas, le
« reproche » viendra de Dolabella ; l'ensemble devient ainsi plus
clair et cohérent.

césarien et marquer dans le même temps sa fidélité à son
propre camp par deux autres écrits.

C. *Autres écrits*.

Le 26 ou le 27 juillet, Brutus rend visite à Cicéron, dans
sa « villa » de Tusculum, et le persuade d'écrire « quelque
chose à César » ; mais, en apprenant les honneurs divins
rendus au dictateur dans la procession du 27 (cf. Notice,
p. 196), il y renonce (*Att.*, XIII, 44, 1 = *DCLXXXVI*).
Cependant, comme au mois de mai, l'idée est de nouveau
dans l'air ; on en parle probablement dans le cercle des Césariens amis de Cicéron : Atticus, Dolabella, Balbus et Oppius.
Le 12 août, Cicéron a une entrevue avec Balbus, qui s'em-
presse de lui faire lire une lettre de César, particulièrement
élogieuse pour le style de son *Caton* (*Att.*, XIII, 46, 2 =
DCLXXXIX) et de lui faire valoir qu'ils ont transmis à
César ses compliments sur l'*Anticato* (cf. XIII, 50, 1 = *DCC* ;
cité *infra*). Le lendemain, comme par hasard, il reçoit d'Atticus un message l'invitant « à écrire » certain texte dont la
nature ne nous est pas indiquée : séance tenante, il met de
côté son travail en cours — la rédaction des *Tusculanes*
(cf. *supra*, A) — et il « ébauche » ce qui lui a été prescrit
— *quod iusseras edolaui* — (XIII, 47 = *DCXC*). Comment
douter que cette composition soit celle qui a été achevée
les jours suivants et dont nous sommes informés par la lettre
du 23 (*Att.*, XIII, 50, 1 = *DCC*)? — « dans une de tes lettres,
tu me suggérais de me mettre en devoir d'adresser à César
une lettre assez substantielle ; aussi, quand Balbus m'eut signalé, l'autre jour, chez lui à Lanuvium, qu'Oppius et lui-
même avaient écrit à César que j'avais lu et hautement apprécié son ouvrage contre Caton, j'ai rédigé, à propos de
cet ouvrage même, une lettre pour César, avec l'idée de la
soumettre à Dolabella » —[1]. Comme en mai, Cicéron donne

---

1. *Admonitus quibusdam tuis litteris ut ad Caesarem uberiores litteras mittere instituerem, cum mihi Balbus nuper in Lanuuino dixisset se et Oppium scripsisse ad Caesarem me legisse libros contra Catonem
et uehementer probasse, conscripsi de iis ipsis libris epistulam Caesari,
quae deferretur ad Dolabellam.* — Voir la longue démonstration d'O.
E. Schmidt (*Briefwechsel...*, p. 346 sqq.), qui va dans le même sens ;
il s'appuie en particulier — non sans forcer la note — sur la citation
de l'*Iphigénie* d'Ennius par laquelle Cicéron commence la lettre
DCXC (= *Att.*, XIII, 47 ; Vahlen, *Scaen.*[3], 230-231 = Warmington,
Trag., 237-238) : « *Postquam abs te, Agamemno* », non « *ut uenirem* »...,

d'abord le texte à lire à Balbus et Oppius (cf. *supra*, p. 111) ;
mais, cette fois, ils ne font aucune objection et la lettre est
confiée à Dolabella (*ibid.*), pour qu'il la remette à César
dont le retour est imminent : petite compensation d'amour-
propre imaginée par Cicéron, pour se faire pardonner le
possible froissement du mois de juin (cf. *supra*, p. 325)?
Du contenu de la *Lettre*, nous ne savons que ce qu'a bien
voulu en dire Cicéron à Atticus, après que ce dernier se fut,
non sans raison, étonné de n'avoir pas reçu copie du texte
(XIII, 51, 1 = *DCCI*, du 24 août) : simple oubli — *fugit
me* —? honte de s'être abaissé à la flatterie? Atticus l'en
a soupçonné — ou a fait semblant — et Cicéron s'en défend :
il pense sincèrement du bien de l'*Anticato*, puisqu'il le lui a
dit en tête-à-tête — *ut tibi coram* —, et il l'a écrit à César,
en s'adressant à lui sur un pied d'égalité — πρὸς ἴσον ὅμοιόν-
que —. Il est surprenant, au premier abord, que Cicéron ait
pu porter un jugement favorable sur un livre qui était une
réponse à son propre *Éloge de Caton* et jetait le discrédit
sur son héros[1] ; mais Cicéron appréciait hautement le style
de César (cf. *Brut.*, 252 sq.), et surtout celui-ci louait, dans
son ouvrage, non seulement l'éloquence incomparable de Cicéron, comme il l'avait fait naguère dans son traité *De ana-
logia*, dédié à l'orateur (*ibid.*), et tout récemment dans une
lettre à Balbus à propos de son *Caton*, mais encore sa vie,
qu' « il trouvait tout à fait comparable à celle de Périclès

sed ut scriberem « *tetigit auris nuntius,* / *extemplo* » *instituta omisi* ;
ces paroles sont adressées par Clytemnestre à Agamemnon, qui l'a
convoquée avec Iphigénie pour tenter de les décider à regagner
Argos et de prévenir ainsi le cruel effet de la colère divine. L'allusion à la situation actuelle de Cicéron est précise et exclut absolument que le travail prescrit par Atticus puisse consister dans l'éloge
funèbre de Porcia, sœur de Caton (cf. *infra*). Ce vers a été parodié
par Varron dans une *Lettre à César* (cf. *R. E.*, Suppl. VI [1935],
1226 sq , Dahlmann) — ou par un poète à qui il emprunta deux
vers — :
  quem simul ac Romam uenisse mi adtigit aures nuntius,
  extemplo rus in curriculum contuli propere pedes
(septénaires trochaïques cités par Nonius, p. 402, 3, Lindsay
— exemple de *curriculus = cursus* — ; « la nouvelle qu'à Rome il
était arrivé avait à peine atteint mon oreille, aussitôt vers les champs,
à la course, je me précipitai »).
1. Cf. Plut., *Caes.*, 3, 4 ; 54, 3-6 ; *Cat. min.*, 11, 7 sq. ; 52, 6 sq. ; 54,
2 ; Plin., *Epist.*, III, 12 ; App., *B. C.*, II, 99 ; Gell., *N. A.*, IV, 16,
8 ; H. Bardon, *La litt. lat. inconnue*, I, p. 278 sq. L'*Anticato* se composait de deux livres (Iuuen., VI, 338 ; Suet., *Iul.*, 56, 5), en forme

et de Théramène »[1]. La *Lettre* de Cicéron avait un caractère
privé et ne fut, selon toute apparence, jamais publiée.

Ce n'est probablement pas le fait d'une coïncidence purement fortuite si, dans les jours mêmes où Cicéron se résignait,
après d'amers déboires et bien des hésitations, à donner enfin
à César un gage discret de bonne volonté, dont il n'était
d'ailleurs pas très fier, il a écrit un *Éloge de Porcia*, sœur de
Caton récemment décédée ; en effet, la mort de Porcia remonte déjà à un certain temps lorsque Cicéron corrige la
copie de son texte, le 21 août (*Att.*, XIII, 48, 2 = *DCXCVI*),
puisque Varron et un certain Ollius ont déjà publié chacun
une *laudatio* de la défunte et que Cicéron a lu antérieurement celle de Varron. Il semble donc bien qu'il ait tenu à
manifester publiquement sa fidélité au camp républicain, au
moment précis où il s'acquittait d'une obligation envers César[2].

---

de discours (Tac., *Ann.*, IV, 34, 4) ; Cicéron l'a lu à la fin de juillet
ou au début du mois suivant (cf. *Att.*, XIII, 50, 1 = *DCC*, cité *supra*). Il avait été précédé par un pamphlet médiocre d'Hirtius (cf.
Att., XII, 40, 1 = *DCXXIII* ; 44, 1 = *DCXXIX* ; 47, 3 =
DCXXXIII, 1 ; 45, 3 = *DCXXXIV*, 2). Mais Cicéron fit école avec
sa *Laus Catonis* : son exemple fut suivi par Brutus (*Att.*, XII, 21,
1 = *DCXXXIV* ; XIII, 46, 2 = *DCLXXXIX*) — à qui Auguste
prit la peine de répondre longuement vers la fin de sa vie (cf. Suet.,
Aug., 85, 1) —, M. Fabius Gallus (*Fam.*, VII, 24, 2 = *DCXCIX*),
Munatius Rufus (Val. Max., IV, 3, 2 ; Plut., *Cat. min.*, 25, 2 ; 37, 1) ;
sous l'Empire, P. Thraséa Pétus (Plut., *Cat. min.*, 25, 2 ; 37, 1) et
Curiatius Maternus, auteur d'une tragédie intitulée *Cato* (Tac., *Dial.*,
2, 1) ; presque toutes ces œuvres biographiques étaient d'inspiration
républicaine et stoïcienne ; cependant M. Fabius Gallus adhérait à
l'épicurisme (cf. *Fam.*, VII, 26, 1 = *DXVII* : *Epicurum tuum*).

1. Plut., *Cic.*, 39, 5 ; il est vrai que Théramène était renommé
chez les Athéniens pour sa versatilité...

2. Il a donné le manuscrit de sa *Laudatio* aux copistes d'Atticus
et veille attentivement à ce que les exemplaires destinés au fils de
Porcia, Cn. Domitius Ahénobarbus (cf. *Fam.*, VI, 21, 1 =
DLXXXIV), et à Brutus, devenu récemment son neveu (cf. *supra*,
Notice, p. 171), soient réalisés d'après un original préalablement cor-
rigé par lui. Il n'est pas impossible que les ouvrages d'annalistique
dont Cicéron avait besoin le 28 juillet aient servi à cette biographie,
notamment pour la généalogie et la carrière du mari de la défunte,
L. Domitius Ahénobarbus (*Att.*, XIII, 44, 3 = *DCLXXXVI* ; sur ce
Cotta, cf. *supra*, p. 313, n. 1 ; sur l'annaliste Libo, p. 324, n. 1 ;
Casca, dont on ne sait rien, était peut-être un des deux frères,
contemporains de Cicéron, P. et C. Servilius Casca).

TABLE DE CONCORDANCE

POUR LE TOME VIII

AD FAMILIARES

Fam.	IV,	5	*DXCVII*	*Fam.*	VI, 19	*DCCIV*
»	IV,	6	*DCXIII*	»	VI, 20	*DCLXXXVII*
»	IV,	12	*DCLII*	*Fam.*	VII, 24	*DCXCIX*
Fam.	V,	9	*DCLXXXII*	»	VII, 25	*DCCII*
»	V,	14	*DCXXIV*	*Fam.*	IX, 8	*DCLXXX*
»	V,	15	*DCXXVIII*	»	IX, 11	*DCXV*
Fam.	VI,	2	*DCXIV*	*Fam.*	XIII, 15	*DCLX*
»	VI,	11	*DCLXIV*			

AD ATTICVM

Att.	XII,	3	*DCL*	*Att.*	XII, 31	*DCXI*
»	XII,	5 *a*	*DCLIII*	»	XII, 32	*DCX*
»	XII,	5 *b*	*DCLIX*	»	XII, 33	*DCVIII*
»	XII,	6	*DCLI*	»	XII, 34-35 in.	*DCXII*
»	XII,	9	*DXCI*	»	XII, 35	*DCXVI*
»	XII,	12	*DXCVIII*	»	XII, 36	*DCXVII*
»	XII,	13	*DLXXXVII*	»	XII, 37	*DCXVIII*
»	XII,	14	*DLXXXVIII*	»	XII, 37 *a*	*DCXIX*
»	XII,	15	*DLXXXIX*	»	XII, 38	*DCXX*
»	XII,	16	*DXC*	»	XII, 38 *a*	*DCXXI*
»	XII,	17	*DXCIII*	»	XII, 39	*DCXXII*
»	XII,	18	*DXCII*	»	XII, 40	*DCXXIII*
»	XII,	18 *a*	*DXCIV*	»	XII, 41	*DCXXVI*
»	XII,	19	*DXCV*	»	XII, 42, 1-3 in.	*DCXXV*
»	XII,	20	*DXCVI*	»	XII, 42, 3 extr.	
»	XII,	21	*DXCIX*		-43	*DCXXVII*
»	XII,	22	*DC*	»	XII, 44-45, 1	*DCXXIX*
»	XII,	23	*DCI*	»	XII, 45, 2-3	*DCXXXIV*
»	XII,	24	*DCII*	»	XII, 46-47, 1 in.	*DCXXXI*
»	XII,	25	*DCIII*	»	XII, 47, 1-2	*DCXXXII*
»	XII,	26	*DCIV*	»	XII, 47, 3-48 in.	*DCXXXIII*
»	XII,	27	*DCV*	»	XII, 48 extr.-49	*DCXXXVI*
»	XII,	28	*DCVI*	»	XII, 50	*DCXXXV*
»	XII,	29	*DCVII*	»	XII, 51	*DCXXXVII*
»	XII,	30	*DCIX*	»	XII, 52	*DCXXXVIII*

Att. XII, 53	*DCXXXIX*	
Att. XIII, 1	*DCXL*	
» XIII, 2	*DCXLI*	
» XIII, 2 *a*	*DCXLV*	
» XIII, 2 *b*	*DCXLVIII*	
» XIII, 3	*DCLIV*	
» XIII, 4	*DCLVII*	
» XIII, 5	*DCLVIII*	
» XIII, 6	*DCLVI*	
» XIII, 7	*DCLXII*	
» XIII, 7 *a*	*DCLXIII*	
» XIII, 8	*DCLXI*	
» XIII, 9	*DCLXV*	
» XIII, 10, 1-3 in.	*DCLXVI*	
» XIII, 10, 3	*DCLXVII*	
» XIII, 11	*DCLXVIII*	
» XIII, 12	*DCLXIX*	
» XIII, 13-14, 1-2 in.	*DCLXX*	
» XIII, 14, 2 extr.-15	*DCLXXI*	
» XIII, 16	*DCLXXII*	
» XIII, 17-18	*DCLXXIII*	
» XIII, 19	*DCLXXIV*	
» XIII, 20	*DCLXXVI*	
» XIII, 21	*DCCV*	
» XIII, 21 *a*	*DCLXXV*	
» XIII, 22	*DCLXXVII*	
» XIII, 23	*DCLXXIX*	

Att. XIII, 24-25, 1 in.	*DCLXXXI*	
» XIII, 25	*DCLXXXIII*	
» XIII, 26	*DCXXX*	
» XIII, 27	*DCXLII*	
» XIII, 28-29, 1	*DCXLIII*	
» XIII, 29, 2-30, 1	*DCXLIV*	
» XIII, 30, 2-3	*DCXLVII*	
» XIII, 31	*DCXLVI*	
» XIII, 32	*DCXLIX*	
» XIII, 33	*DCLV*	
» XIII, 33 *a*	*DCLXXVIII*	
» XIII, 34	*DCCIII*	
» XIII, 35-36	*DCLXXXIV*	
» XIII, 37	*DCXCVII*	
» XIII, 37 *a*	*DCXCI*	
» XIII, 38	*DCXCII*	
» XIII, 39	*DCXCIII*	
» XIII, 40	*DCXCIV*	
» XIII, 41	*DCXCV*	
» XIII, 43	*DCLXXXV*	
» XIII, 44	*DCLXXXVI*	
» XIII, 45	*DCLXXXVIII*	
» XIII, 46	*DCLXXXIX*	
» XIII, 47	*DCXC*	
» XIII, 47 *a*	*DCCVI*	
» XIII, 48	*DCXCVI*	
» XIII, 49	*DCXCVIII*	
» XIII, 50	*DCC*	
» XIII, 51	*DCCI*	

INDEX DES LETTRES

TABLEAU DE RÉPARTITION DES LETTRES
DANS LES TOMES I A VIII

TOME I : *I* A *LV* (années 68 à 59).

TOME II : *LI* A *CXXI* (années 58 à 56).

TOME III : *CXXII* A *CCIV* (années 55 à juillet 51).

TOME IV : *CCV* A *CCLXXVIII* (août 51 au 1er octobre 50).

TOME V : *CCLXXIX* A *CCCLXXXIX* (2 octobre 50 — mars 49).

TOME VI (non paru) : *CCCXC* A *CCCCLXXVII* (avril 49 — vers le 15 avril 46).

TOME VII : *CCCCLXXVIII* A *DLXXXVI* (vers le 20 avril 46 — février 45).

TOME VIII : *DLXXXVII* A *DCCVI* (mars 45 — août 45).

INDEX NOMINVM[1]

Academia : DCLII (*F.*, IV, 12, 3), DCLXX (*A.*, XIII, 13, 1), DCLXXX (*F.*, IX, 8, 1), DCLXXXIII (*A.*, XIII, 25, 3).

« ᾽Ακαδημική » *uel* « Academica » (Cic. opus) : DCLXIX (*A.*, XIII, 12, 3), DCLXX (*A.*, XIII, 13, 1), DCLXXII (*A.*, XIII, 16, 1), DCLXXIV (*A.*, XIII, 19, 5).

Academicus (adiect.) : DCLXXIV (*A.*, XIII, 19, 3).

Achaia : DCLVI (*A.*, XIII, 6, 2).

Acidinus (Manlius?) : DCX (*A.*, XII, 32, 2), DCLII (*F.*, IV, 12, 2).

Acilius, M'. (cos. 150) : DCLIX (*A.*, XII, 5 *b*).

Acilius Glabrio, M'. (cos. 67) : DXCIX (*A.*, XII, 21, 1).

Aegina : DXCVII (*F.*, IV, 5, 4).

Aegypta (Cic. libertus) : DCXVIII (*A.*, XII, 37, 1), DCLIV (*A.*, XIII, 3, 2).

Aelius Lamia, L. : DC (*A.*, XII, 22, 3), DCVII (*A.*, XII, 29, 2), DCLXXXVIII (*A.*, XIII, 45, 1 ; 3).

Aelius Tubero, L. : DCLXXVI (*A.*, XIII, 20, 2).

Aemilius Lepidus, M. (cos. 78?) : DCII (*A.*, XII, 24, 2).

Aemilius Lepidus, M'. (cos. 66) : DXCIX (*A.*, XII, 21, 1).

Aemilius Lepidus, M. (mag. equitum) : DCLXXXIX (*A.*, XIII, 46, 2), DCCVI (*A.*, XIII, 47 *a*, 1).

Aemilius Paullus, L. (cos. 182 ; et eius filii) : DCXIII (*F.*, IV, 6, 1).

Aemilius Regillus : DCII (*A.*, XII, 24, 2).

Africa : DCII (*A.*, XII, 24, 1), DCLV (*A.*, XIII, 33, 2).

Agamemno : DCXC (*A.*, XIII, 47).

Ahala : *cf.* Seruilius Ahala.

Albanius, C. : DCXLVI (*A.*, XIII, 31, 4).

Albius Sabinus : DCLXX (*A.*, XIII, 14, 1).

Aledius : DCI (*A.*, XII, 23, 1), DCII (*A.*, XII, 24, 1), DCV (*A.*, XII, 27, 2), DCVI (*A.*, XII, 28, 3).

᾽Αλέξανδρος *uel* Alexander (rex Macedonum) : DCXXIII (*A.*, XII, 40, 2), DCXLIII (*A.*, XIII, 28, 2).

Alexander (Cic. seruus) : DCXLV (*A.*, XIII, 2 *a*, 2).

Alexio (Attici procurator) : DCLXXXIII (*A.*, XIII, 25, 3).

Alsium : DCC (*A.*, XIII, 50, 4).

Amyntas (Philippi, regis Macedonum, pater) : DXCI (*A.*, XII, 9).

Andromenes : DCLXXXI (*A.*, XIII, 24) ; DCLXXXIII (*A.*, XIII, 25, 1).

1. Les références entre crochets droits renvoient aux passages où un nom propre est indiqué sans être cité.

340   *INDEX NOMINVM*

« Annalis » (Attici opus) : DCI (*A.*, XII, 23, 2).
« Annalis » (Libonis opus) : DCXLVII (*A.*, XIII, 30, 3).
Antaeus (Attici librarius) : DCLXXXVI (*A.*, XIII, 44, 3).
Antiochius *uel* Antiochinus : DCLXIX (*A.*, XIII, 12, 3), DCLXXII
   (*A.*, XIII, 16, 1), DCLXXIV (*A.*, XIII, 19, 5), DCLXXX (*F.*,
   IX, 8, 1), DCLXXXIII (*A.*, XIII, 25, 3).
Antiochus (Ascalonensis) : DCLXXIV (*A.*, XIII, 19, 3 ; 5).
Antiochus (Attici librarius) : DCLV (*A.*, XIII, 33, 3).
Antisthenes (philosophus) : DCXXI (*A.*, XII, 38 *a*, 2).
Antium : DXCV (*A.*, XII, 19), DCCVI (*A.*, XIII, 47 *a*, 1).
Antonius, M. (cos. 99) : DCXIV (*F.*, VI, 2, 2), DCLXXIV (*A.*, XIII,
   19, 4).
Antonius, M. (triumuir) : DXCIV (*A.*, XII, 18 *a*, 1), DXCV (*A.*,
   XII, 19, 2), DXCVI (*A.*, XII, 20, 1).
Apella Chius : DXCV (*A.*, XII, 19, 1).
Apella (M. Fabii Galli libertus) : DCCII (*F.*, VII, 25, 2).
Apollodorus (poeta) : DCI (*A.*, XII, 23, 2).
Appuleius (augur) : DLXXXVII (*A.*, XII, 13, 2), DLXXXVIII
   (*A.*, XII, 14, 1), DLXXXIX (*A.*, XII, 15), DXCII (*A.*, XII,
   18, 3).
Appuleius (praediator) : DLXXXVIII (*A.*, XII, 14, 2), DXCIII
   (*A.*, XII, 17).
Ἀρχιμήδειος : DCXLIII (*A.*, XIII, 28, 3).
Argiletum : DCX (*A.*, XII, 32, 2).
Ariarathes : DCXLV (*A.*, XIII, 2 *a*, 2).
Ariobarzanes II : DCXLV (*A.*, XIII, 2 *a*, 2).
Ἀριστοτέλειος (adiect.) : DCLXXIV (*A.*, XIII, 19, 4).
Ἀριστοτέλης *uel* Aristoteles : DCXXIII (*A.*, XII, 40, 2), DCXLIII
   (*A.*, XIII, 28, 3).
Aristoxenus (philosophus) : DCXLIX (*A.*, XIII, 32, 2).
Arpinas (insula) : DXCVIII (*A.*, XII, 12, 1).
Arpinum : DCXXV (*A.*, XII, 42, 3), DCLXV (*A.*, XIII, 9, 2),
   DCLXXXIX (*A.*, XIII, 46, 4).
Asia : DXCVII (*F.*, IV, 5, 4).
Asinius Pollio, C. (praet. 45) : DCXX (*A.*, XII, 38, 2), DCXXII
   (*A.*, XII, 39, 1), DCCV (*A.*, XIII, 21, 3).
Astura : [DXCV (*A.*, XII, 19, 1)], DCXXIII (*A.*, XII, 40, 2), DCXXX
   (*A.*, XIII, 26, 2), DCXXXIV (*A.*, XII, 45, 2), DCXCII (*A.*, XIII,
   38, 2), DCCIII (*A.*, XIII, 34), DCCIV (*F.*, VI, 19, 2).
Ateius Capito, C. : DCLXXVIII (*A.*, XIII, 33 *a*, 1).
Athenae : DCI (*A.*, XII, 23, 2), DCII (*A.*, XII, 24, 1), DCX (*A.*,
   XII, 32, 2), DCLII (*F.*, IV, 12, 1-3).
Athenienses : DCLII (*F.*, IV, 12, 3).
Atilius Serranus, Sex. (cos. 136) : DCLIX (*A.*, XII, 5 *b*).
Attica (Attici filia) : DLXXXVII (*A.*, XII, 13, 1), DLXXXVIII
   (*A.*, XII, 14, 4), DXCIII (*A.*, XII, 17), DCI (*A.*, XII, 23, 3),
   DCII (*A.*, XII, 24, 3), DCIV (*A.*, XII, 26, 2), DCV (*A.*, XII, 27,
   3), DCVI (*A.*, XII, 28, 3), DCVIII (*A.*, XII, 33, 2), DCXI (*A.*,
   XII, 31, 3), DCXVIII (*A.*, XII, 37, 1), DCXXIII (*A.*, XII, 40,
   5), DCXXXIII (*A.*, XII, 47, 3), DCXXXIV (*A.*, XII, 45, 2),

DCXLII (*A.*, XIII, 27, 2), DCL (*A.*, XII, 3, 2), DCLXIX (*A.*, XIII, 12, 1), DCLXX (*A.*, XIII, 13, 3), DCLXXI (*A.*, XIII, 15), DCLXXIII (*A.*, XIII, 17), DCLXXIV (*A.*, XIII, 19, 1), DCLXXV (*A.*, XIII, 21 *a*, 3), DCLXXVII (*A.*, XIII, 22, 5), DCLXXXVI (*A.*, XIII, 44, 2), DCXCVIII (*A.*, XIII, 49, 1), DCCI (*A.*, XIII, 51, 2).

Atticus (Cic. amicus) : *cf.* Pomponius Atticus.
Atypus (L. Cornelii Balbi cognomen) : DCL (*A.*, XII, 3, 2).
Auentinum : DCX (*A.*, XII, 32, 2).
Auius : DCLIII (*A.*, XII, 5 *a*), DCLVII (*A.*, XIII, 4, 2).
Aurelius Cotta, C. (cos. 75) : DXCVI (*A.*, XII, 20, 2), DCLXXIV (*A.*, XIII, 19, 3-4).
Aurelius Cotta, L. (cos. 65) : DXCIX (*A.*, XII, 21, 1), DCI (*A.*, XII, 23, 3), DCV (*A.*, XII, 27, 1), DCLXXXVI (*A.*, XIII, 44, 1).
Aurelius Cotta, M. : DC (*A.*, XII, 22, 2).

Babullius (ignotus) : DCXCVI (*A.*, XIII, 48, 1).
Baebius (ignotus) : DCLXXXVIII (*A.*, XIII, 45, 1).
Baiae : DCXXXIII (*A.*, XII, 40, 3).
Balbinus (incertus) : DCCV (*A.*, XIII, 21, 3).
Balbus : *cf.* Cornelius Balbus.
Bibulus : *cf.* Calpurnius Bibulus.
Boeotia : DCLII (*F.*, IV, 12, 1).
Brinnianus (adiect.) : DCLXIX (*A.*, XIII, 12, 4), DCC (*A.*, XIII, 50, 2).
Brinnius : DCLXX (*A.*, XIII, 14, 1).
Brutus : *cf.* Iunius Brutus.

Caecilia Metella : DCLXII (*A.*, XIII, 7).
Caecilius Metellus, L. (cos. 142) : DCLIX (*A.*, XII, 5 *b*).
Caecilius Metellus, L. (tr. plebis 49?) : DCCV (*A.*, XIII, 21, 3).
« Caeliana » (Caelii Antipatris opus) : DCLXI (*A.*, XIII, 8).
Caelius (argentarius) : DCLI (*A.*, XII, 6, 1), DCLIII (*A.*, XII, 5 *a*), DCLIV (*A.*, XIII, 3, 1).
Caelius (incertus) : DCLV (*A.*, XIII, 33, 2).
Caepio : *cf.* Seruilius Caepio.
Caerellia : DCXXXVII (*A.*, XII, 51, 3), DCLXXV (*A.*, XIII, 21 *a*, 2), DCLXXVII (*A.*, XIII, 22, 3).
Caerellianus (adiect.) : DCXXXVII (*A.*, XII, 51, 1).
Caesar : *cf.* Iulius Caesar.
Καλλιπίδης (cognomen) : DCLXIX (*A.*, XIII, 12, 3).
Calpurnius Bibulus, L. : DCX (*A.*, XII, 32, 2).
Calpurnius Piso, C. (cos. 67) : DXCIX (*A.*, XII, 21, 1).
Calpurnius Piso Caesoninus, L. (cos. 58?) : DCLVI (*A.*, XIII, 6, 2).
Camillus : *cf.* Furius Camillus.
Cana (Gellii Cani filia?) : DCXCV (*A.*, XIII, 41, 1).
Caninianus (adiect.) : DCXXIX (*A.*, XII, 44, 3).

Caninius Rebilus, C. : DCXIX (*A.*, XII, 37 *a*), DCXXVI (*A.*, XII, 41, 3).

Capito : *cf.* Ateius Capito.

Capitolium : DCLV (*A.*, XIII, 33, 2).

Carneades (philosophus) : DCI (*A.*, XII, 23, 2), DCCV (*A.*, XIII, 21, 3).

Carrinas, T. (?) : DCLXXVIII (*A.*, XIII, 33 *a*, 1).

Carteia : DCXXIX (*A.*, XII, 44, 3).

Casca (Seruilius?) : DCLXXXVI (*A.*, XIII, 44, 4).

Cassiani horti : DXCIX (*A.*, XII, 21, 2).

Cassius Longinus, C. : DCLXXVII (*A.*, XIII, 22, 2).

Cassius Scaeua, M. : DCLXXIX (*A.*, XIII, 23, 3).

Castricianus (adiect.) : DCVI (*A.*, XII, 28, 3), DCIX (*A.*, XII, 30, 2).

Castricius : DCVI (*A.*, XII, 28, 3).

« Κατάϐασις » (Dicaearchi opus) : DCXLVI (*A.*, XIII, 31, 2), DCXLIX (*A.*, XIII, 32, 2), DCLV (*A.*, XIII, 33, 2).

Cato : *cf.* Porcius Cato.

« Cato » (Cic. opus) : [DCXXIII (*A.*, XII, 40, 1)], DCXLII (*A.*, XIII, 27, 1), DCLXXXIX (*A.*, XIII, 46, 2).

« Cato » (M. Bruti opus) : DCLXXXIX (*A.*, XIII, 46, 2).

« Cato » (M. Fabii Galli opus) : DCXCIX (*F.*, VII, 24, 2).

Catoniniani : DCCII (*F.*, VII, 25, 1).

Catulus : *cf.* Lutatius Catulus.

« Catulus » (Cic. opus) : DCXLIX (*A.*, XIII, 32, 3), DCLXIX (*A.*, XIII, 12, 3).

Censorinus : *cf.* Marcius Censorinus.

Chrysippus : *cf.* Vettius Chrysippus.

Cicero : *cf.* Tullius Cicero.

Cilo (ignotus) : DCLXXXVII (*F.*, VI, 20, 1).

Cilo (M. Claudii Marcelli interfector) : *cf.* Magius Cilo.

Cipius : DCXCIX (*F.*, VII, 24, 1).

Circei : DXCV (*A.*, XII, 19, 1).

Cispiana (negotia) : DCII (*A.*, XII, 24, 3).

Claudius (Seruiliae maritus) : DXCVI (*A.*, XII, 20, 2).

Claudius Marcellus, C. (cos. 50) : DC (*A.*, XII, 22, 2).

Claudius Marcellus, M. (cos. 51) : DCLII (*F.*, IV, 12, 1-2), DCLXVI (*A.*, XIII, 10, 1), DCLXVII (*A.*, XIII, 10, 3), DCLXXVII (*A.*, XIII, 22, 2).

Clodia (Quadrantaria?) : DCXXI (*A.*, XII, 38 *a*, 2), DCXXV (*A.*, XII, 42, 2), DCXXVI (*A.*, XII, 41, 3), DCXXVII (*A.*, XII, 43, 2), DCXXIX (*A.*, XII, 44, 2), DCXXX (*A.*, XIII, 26, 1), DCXXXII (*A.*, XII, 47, 1-2), DCXXXVIII (*A.*, XII, 52, 2), DCXLIV (*A.*, XIII, 29, 2).

Clodia (D. Bruti Callaici uxor) : DC (*A.*, XII, 22, 2).

Clodiani horti : DCXXXVIII (*A.*, XII, 52, 2).

Clodius Hermogenes : DCIII (*A.*, XII, 25, 1), DCIX (*A.*, XII, 30, 1) [?], DCXI (*A.*, XII, 31, 1), DCLXXXI (*A.*, XIII, 24).

Clodius Patauinus : DCXXIX (*A.*, XII, 44, 3).

Cluatius (architectus) : DXCII (*A.*, XII, 18, 1), DCXVII (*A.*, XII, 36, 2).

Cluuiani horti : DCLXXXIX (*A.*, XIII, 46, 3).
Cluuius, M. : DCLXXXIX (*A.*, XIII, 46, 3).
Cocceius : DLXXXVII (*A.*, XII, 13, 2), DXCII (*A.*, XII, 18, 3), DXCV (*A.*, XII, 19, 2).
Coponiana uilla : DCXI (*A.*, XII, 31, 2).
Corcyra : DCLXXXI (*A.*, XIII, 24).
Corduba : DCXIX (*A.*, XII, 37 *a*).
Corfidius, L. : DCLXXXVI (*A.*, XIII, 44, 3).
Corinthus : DXCVII (*F.*, IV, 5, 4), DCLV (*A.*, XIII, 33, 3), DCLVI (*A.*, XIII, 6, 4), DCLVIII (*A.*, XIII, 5, 1).
Cornelius Balbus, L. : DLXXXVII (*A.*, XII, 13, 2), DXCV (*A.*, XII, 19, 2), DXCVIII (*A.*, XII, 12, 1), DCVII (*A.*, XII, 29, 2), DCXXIX (*A.*, XII, 44, 3), DCXLV (*A.*, XIII, 2 *a*, 1), DCLV (*A.*, XIII, 33, 1-2), DCLXXIV (*A.*, XIII, 19, 2), DCLXXV (*A.*, XIII, 21 *a*, 1 ; 3), DCLXXVII (*A.*, XIII, 22, 3), DCLXXXVIII (*A.*, XIII, 45, 1 ; 3), DCLXXXIX (*A.*, XIII, 46, 2-3), DCC (*A.*, XIII, 50, 1 ; 3), DCCIV (*F.*, VI, 19, 2), DCCVI (*A.*, XIII, 47 *a*, 1).
Cornelius Balbus, L. (minor) : DCXX (*A.*, XII, 38, 2), DCXCVII (*A.*, XIII, 37, 2), DCXCVIII (*A.*, XIII, 49, 2), DCCV (*A.*, XIII, 21, 3) [?].
Cornelius Dolabella, P. : DCXX (*A.*, XII, 38, 2), DCXLIII (*A.*, XIII, 28, 3), DCXLIV (*A.*, XIII, 29, 3), DCLXIV (*F.*, VI, 11, 1), DCLXV (*A.*, XIII, 9, 1-2), DCLXVI (*A.*, XIII, 10, 2), DCLXX (*A.*, XIII, 13, 2), DCLXXV (*A.*, XIII, 21 *a*, 3), DCLXXXVIII (*A.*, XIII, 45, 2), DCXC (*A.*, XIII, 47), DCXCI (*A.*, XIII, 37 *a*), DCC (*A.*, XIII, 50, 1), DCCV (*A.*, XIII, 21, 2) ; *Cic. ad eum ep.* DCXV (IX, 11).
Cornelius Lentulus (Cic. nepos) : DCVI (*A.*, XII, 28, 3), DCIX (*A.*, XII, 30, 1).
Cornelius Lentulus, Cn. (cos. 146) : DCLV (*A.*, XIII, 33, 3).
Cornelius Lentulus Spinther, P. (consulis 57 filius) : DCXXIII (*A.*, XII, 40, 4) [?], DCXXXVIII (*A.*, XII, 52, 2), DCLXII (*A.*, XIII, 7), DCLXVII (*A.*, XIII, 10, 3).
Cornificia (Q. filia) : DCXLIII (*A.*, XIII, 29, 1).
Cornificius, Q. (sequentis pater) : DLXXXVIII (*A.*, XII, 14, 2), DXCIII (*A.*, XII, 17).
Cornificius, Q. : DLXXXVIII (*A.*, XII, 14, 2), DXCV (*A.*, XII, 19, 2).
Cossinius, L. : DCLXXXIX (*A.*, XIII, 46, 4).
Cotta (L. Arunculeius?) : DCLXXXVI (*A.*, XIII, 44, 3).
Cotta : *cf.* Aurelius Cotta.
Crassus : *cf.* Licinius Crassus.
Craterus (medicus) : DLXXXVII (*A.*, XII, 13, 1), DLXXXVIII (*A.*, XII, 14, 4).
Crispus : DCLIII (*A.*, XII, 5 *a*), DCLIV (*A.*, XIII, 3, 1), DCLVIII (*A.*, XIII, 5, 1).
Critonius : DCCV (*A.*, XIII, 21, 3).
Cumanum (Cic. uilla) : DCXVII (*A.*, XII, 36, 2), DCXVIII (*A.*, XII, 37, 1), DCXLII (*A.*, XIII, 27, 2), DCXLIV (*A.*, XIII, 30, 1), DCLXXX (*F.*, IX, 8, 1).

« Κῦρος » (Antisthenis opus) : DCXXI (*A.*, XII, 38 *a*, 2).
Curtius Nicias (grammaticus) : DCIV (*A.*, XII, 26, 2), DCXXXVII
(*A.*, XII, 51, 1), DCXXXIX (*A.*, XII, 53), DCXL (*A.*, XIII, 1,
3), DCXLIII (*A.*, XIII, 28, 3-29, 1), DCLXV (*A.*, XIII, 9, 2).
Curtius Rabirius Postumus, C. : DCXXXVI (*A.*, XII, 49, 1), DCLXV
(*A.*, XIII, 9, 1).
Cusinius, M. : DCXXI (*A.*, XII, 38 *a*, 2), DCXXVI (*A.*, XII, 41, 3).

Damasippus (Licinius Crassus?) : DCVII (*A.*, XII, 29, 2), DCVIII
(*A.*, XII, 33, 1).
Delmatia : DCLXXXI (*F.*, V, 9, 2).
Demea (tabellarius) : DCXLVI (*A.*, XIII, 31, 1), DCXLVII (*A.*,
XIII, 30, 2).
Dicaearchus (philosophus) : DCXLVI (*A.*, XIII, 31, 2), DCXLVII
(*A.*, XIII, 30, 3), DCXLIX (*A.*, XIII, 32, 2), DCLV (*A.*, XIII,
33, 2).
Dida (ignotus) : DCC (*A.*, XIII, 50, 5).
Diocharinus (adiect.) : DCLXXXVIII (*A.*, XIII, 45, 1).
Dionysius : *cf.* Pomponius Dionysius.
Dionysius (Cic. seruus) : [DCLXXXII (*F.*, V, 9, 2)].
Domitius Ahenobarbus, Cn. : DCXCVI (*A.*, XIII, 48, 2), DCXCVIII
(*A.*, XIII, 37, 3).
Drusiani horti : DCIII (*A.*, XII, 25, 2).
Drusus : *cf.* Liuius Drusus.

Egnatius Maximus : DCLXXXVIII (*A.*, XIII, 45, 1), DCCIII (*A.*,
XIII, 34).
Egnatius Rufus, L. : DXCII (*A.*, XII, 18, 3), DCIX (*A.*, XII, 30,
1-2), DCXI (*A.*, XII, 31, 2-3).
Epicureus : DCI (*A.*, XII, 23, 2), DCXCII (*A.*, XIII, 38, 1).
Epicurus (philosophus) : DXCVIII (*A.*, XII, 12, 2).
Epidaurus : DCLII (*F.*, IV, 12, 1).
Epiroticus (adiect.) : DCXXXIX (*A.*, XII, 53), DCXCVII (*A.*,
XIII, 37, 1).
Epirus : DCLXXXIII (*A.*, XIII, 25, 3).
Eros (Attici seruus) : DXCII (*A.*, XII, 18, 3), DXCIX (*A.*, XII,
21, 4), DCXLV (*A.*, XIII, 2 *a*, 1), DCXLVII (*A.*, XIII, 30, 2),
DCLXIX (*A.*, XIII, 12, 4), DCC (*A.*, XIII, 50, 5).
Εὐριπίδης : DCLX (*F.*, XIII, 15, 2).

Faberianus (adiect.) : DCVII (*A.*, XII, 29, 2), DCXI (*A.*, XII, 31,
2), DCXXIII (*A.*, XII, 40, 4), DCXXXII (*A.*, XII, 47, 1), DCXLIV
(*A.*, XIII, 29, 3), DCXLVI (*A.*, XIII, 31, 1), DCXLVII (*A.*,
XIII, 30, 2).
Faberius, Q. : DXCIX (*A.*, XII, 21, 2), DCIII (*A.*, XII, 24, 1),
DCXXXVII (*A.*, XII, 51, 3), DCXLII (*A.*, XIII, 27, 2), DCXLIII
(*A.*, XIII, 28, 1), DCXLIV (*A.*, XIII, 29, 2-3), DCXLV (*A.*, XIII,
2 *a*, 1), DCXLVIII (*A.*, XIII, 2 *b*), DCXLIX (*A.*, XIII, 32, 1),
DCLV (*A.*, XIII, 33, 1-2).

Fabius Gallus, M. : DCXCVIII (*A.*, XIII, 49, 1-2), DCXCIX (*F.*, VII, 24, 1), DCCII (*F.*, VII, 25, 2) ; *Cic. ad eum epp.* DCXCIX (VII, 24), DCCII (VII, 25).

Fabius Maximus Cunctator, Q. : DCXIII (*F.*, IV, 6, 1).

Fabius Maximus, Q. (superioris filius, cos. 213) : [DCXIII (*F.*, IV, 6, 1)].

Fabius Maximus, Q. (cos. 142) : DCLIX (*A.*, XII, 5 *b*).

Falernum (Pompei Maculae praediolum) : DCCIV (*F.*, VI, 19, 1).

Fannianus (adiect.) : DCLIX (*A.*, XII, 5 *b*).

Fannius, C. : DCLIX (*A.*, XII, 5 *b*).

Fauoniaster (= Philotimus, Terentiae libertus) : DCXXIX (*A.*, XII, 44, 3).

Ficulense (Attici fundus) : DCXII (*A.*, XII, 34, 1).

Figulus : *cf.* Marcius Figulus.

Flaminius Flamma : DCXXXVIII (*A.*, XII, 52, 1).

Flauius (ignotus) : DXCIII (*A.*, XII, 17).

Fortuna : DCLXXX (*F.*, IX, 8, 2).

Furius Camillus, C. : DCLVI (*A.*, XIII, 6, 1), DCLXXVIII (*A.*, XIII, 33 *a*, 1).

Furius Philus, L. (cos. 136) : DCLIX (*A.*, XII, 5 *b*).

Galba : *cf.* Sulpicius Galba.

Galus : *cf.* Sulpicius Galus.

Gamala : DCI (*A.*, XII, 23, 3).

Gellius Canus (*uel* Kanus), Q. : DCXLVI (*A.*, XIII, 31, 4).

Gellius Publicola, L. (cos. 72) : DXCIX (*A.*, XII, 21, 1).

Glabrio : *cf.* Acilius Glabrio.

Graeci : DXCII (*A.*, XII, 18, 1), DCLXX (*A.*, XIII, 13, 1).

Hegesias (rhetor) : DCLI (*A.*, XII, 6, 1).

Heraclides (Ponticus) : DCLXXIV (*A.*, XIII, 19, 4).

Herennianus (adiect.) : DCLVI (*A.*, XIII, 6, 2).

Hermodorus *uel* Ἑρμόδωρος : DCLXXV (*A.*, XIII, 21 *a*, 1).

Hermogenes : *cf.* Clodius Hermogenes.

Hesiodus : DCLXIX (*A.*, XIII, 12, 3).

Hetereius : DCC (*A.*, XIII, 50, 2).

Hilarus (Cic. librarius) : DCXVIII (*A.*, XII, 37, 1), DCLXXIV (*A.*, XIII, 19, 1).

Hipponacteus (adiect.) : DCXCIX (*F.*, VII, 24, 1).

Hirtius, A. : DCXII (*A.*, XII, 34, 3), DCXIX (*A.*, XII, 37 *a*), DCXXIII (*A.*, XII, 40. 1), DCXXVI (*A.*, XII, 41, 3), DCXXIX (*A.*, XII, 44, 1), DCXXXIII (*A.*, XII, 47, 3), DCXXXIV (*A.*, XII, 45, 3), DCXCVII (*A.*, XIII, 37, 2), DCCV (*A.*, XIII, 21, 1).

Hispania : DCI (*A.*, XII, 23, 1), DCXIX (*A.*, XII, 37 *a*).

Homerus : DCLX (*F.*, XIII, 15, 2).

Hordeonius, T. : DCLXXXIX (*A.*, XIII, 46, 3).

Hortensius, Q. (orator) : DCXLVII (*A.*, XIII, 30, 3), DCXLIX (*A.*, XIII, 32, 3), DCLV (*A.*, XIII, 33, 3), DCLVI (*A.*, XIII, 6, 4),

DCLIX (*A.*, 5 *b*), DCLXXII (*A.*, XIII, 16, 1), DCXXIII (*A.*, XIII, 18), DCLXXIV (*A.*, XIII, 19, 5).

Hortensius, Q. (superioris filius) : DCLIII (*A.*, XII, 5 *a*).

Hostilius Tubulus, L. (praet. 152) : DCLIX (*A.*, XII, 5 *b*).

Italia : DCLII (*F.*, IV, 12, 1).

Iulius Caesar, C. (dictator) : DXCIX (*A.*, XII, 21, 1), DCXXIII (*A.*, XII, 40, 1), DCXXVI (*A.*, XII, 41, 3), DCXXX (*A.*, XIII, 26, 2), DCXXXIII (*A.*, XII, 47, 3), DCXXXIV (*A.*, XII, 45, 3), DCXXXVI (*A.*, XII, 49, 1), DCXXXVII (*A.*, XII, 51, 1), DCXXXVIII (*A.*, XII, 52, 2), DCXL (*A.*, XIII, 1, 3), DCXLII (*A.*, XIII, 27, 1), DCXLIII (*A.*, XIII, 28, 2 ; [3]), DCXLV (*A.*, XIII, 2 *a*, 2), DCXLVII (*A.*, XIII, 31, 3), DCL (*A.*, XII, 3, 2), DCLXII (*A.*, XIII, 7), DCLXV (*A.*, XIII, 9, 2), DCLXVII (*A.*, XIII, 10, 3), DCLXX (*A.*, XIII, 16, 2), DCLXXIII (*A.*, XIII, 17), DCLXXIV (*A.*, XIII, 19, 2), DCLXXV (*A.*, XIII, 21 *a*, 3), DCLXXVI (*A.*, XIII, 20, 1), DCLXXVII (*A.*, XIII, 22, 5), DCLXXVIII (*A.*, XIII, 33 *a*, 1), DCLXXXVI (*A.*, XIII, 44, 1), DCLXXXVIII (*A.*, XIII, 45, 1), DCLXXXIX (*A.*, XIII, 46, 2-3), DCXC (*A.*, XIII, 47), DCXCI (*A.*, XIII, 37 *a*), DCXCII (*A.*, XIII, 38, 2), DCXCVI (*A.*, XIII, 48, 1), DCXCVII (*A.*, XIII, 37, 2), DCXCIX (*F.*, VII, 24, 1), DCC (*A.*, XIII, 50, 1 ; 3), DCCI (*A.*, XIII, 51, 1), [DCCII (*F.*, VII, 25, 1)], [DCCIV (*F.*, VI, 19, 2)], DCCVI (*A.*, XIII, 47 *a*, 1) ; *Cic. ad eum ep.* DCLX (XIII, 15).

Iulius Caesar, L. (cos. 64) : DXCIX (*A.*, XII, 21, 1).

Iulius Caesar Strabo Vopiscus, C. : DCLXXIV (*A.*, XIII, 19, 4).

Iunius (ignotus) : DLXXVIII (*A.*, XII, 14, 2).

Iunius Brutus, D. (cos. 77) : DC (*A.*, XII, 22, 2).

Iunius Brutus, L. (cos. 245 /509) : DCXCIV (*A.*, XIII, 40, 1).

Iunius Brutus, M. : DLXXXVII (*A.*, XII, 13, 1), DLXXXVIII (*A.*, XII, 14, 4), DLXXXIX (*A.*, XII, 15), DXCII (*A.*, XII, 18, 2), DXCIX (*A.*, XII, 21, 1), DCV (*A.*, XII, 27, 3), DCVII (*A.*, XII, 29, 1), DCXVII (*A.*, XII, 36, 1), DCXVIII (*A.*, XII, 37, 1), DCXXI (*A.*, XII, 38 *a*, 1), DCLIV (*A.*, XIII, 3, 2), DCLVI (*A.*, XIII, 6, 3), DCLVII (*A.*, XIII, 4, 2), DCLVIII (*A.*, XIII, 5, 2), DCLIX (*A.*, XII, 5 *b*), DCLXI (*A.*, XIII, 8), DCLXIII (*A.*, XIII, 7 *a*), DCLXV (*A.*, XIII, 9, 2), DCLXVI (*A.*, XIII, 10, 3), DCLXVII (*A.*, XIII, 10, 3), DCLXVIII (*A.*, XIII, 11, 1-2), DCLXX (*A.*, XIII, 13, 1 ; 14, 2), DCLXXII (*A.*, XIII, 16, 1-2), DCLXXXIII (*A*, XIII, 17), DCLXXV (*A.*, XIII, 21 *a*, 1), DCLXXVII (*A.*, XIII, 22, 3-4), DCLXXVIII (*A.*, XIII, 33 *a*, 2), DCLXXIX (*A.*, XIII, 23, 1-2), DCLXXXIII (*A.*, XIII, 25, 2-3), DCLXXXIV (*A.*, XIII, 36), DCLXXXVI (*A.*, XIII, 44, 1 ; 3), DCXCII (*A.*, XIII, 38, 1), DCXCIII (*A.*, XIII, 39, 2), DCXCIV (*A.*, XIII, 40, 1-2), DCXCV (*A.*, XIII, 41, 2), DCXCVI (*A.*, XIII, 48, 2), DCXCVII (*A.*, XIII, 37, 3).

Iunius Silanus, D. (cos. 62) : DXCIX (*A.*, XII, 21, 1).

Iuuentius Laterensis, M. : DXCIII (*A.*, XII, 17).

Iuuentius (?) Talna : DCXLIII (*A.*, XIII, 29, 1), [DCLXXV (*A.*, XIII, 21 *a*, 4)].
Iuuentius (?) Talna (superioris pater) :[DCLXXV (*A.*, XIII, 21 *a*, 4)].

Kanus : *cf.* Gellius Canus.

Labeo (Pacuuius Antistius?) : DCLXIX (*A.*, XIII, 12, 4).
Laelius, C. : DCLIX (*A.*, XII, 5 *b*).
Laenas : *cf.* Popilius.
Lamia : *cf.* Aelius Lamia.
Lamiani horti : DXCIX (*A.*, XII, 21, 2).
Lanuuinus, -num : DCLXXXIX (*A.*, XIII, 46, 2), DCC (*A.*, XIII, 50, 1).
Lanuuium : DCXXVI (*A.*, XII, 41, 1), DCXXVII (*A.*, XII, 43, 1), DCXXIX (*A.*, XII, 44, 3), DCXXX (*A.*, XIII, 26, 1-2), DCXXXI (*A.*, XII, 46), DCLXXXIX (*A.*, XIII, 46, 1), DCCIII (*A.*, XIII, 34).
Laterensis : *cf.* Iuuentius.
Latini : DXCII (*A.*, XII, 18, 1).
Latinus (adiect.) : DCXXXVIII (*A.*, XII, 52, 3).
Lentulus : *cf.* Cornelius Lentulus.
Lepidus : *cf.* Aemilius Lepidus.
Lepta : *cf.* Paconius Lepta.
Libo : *cf.* Scribonius Libo.
Licinius Caluus, C. : DCXCIX (*F.*, VII, 24, 1).
Licinius Crassus, L. (orator) : DCXXXVI (*A.*, XII, 49, 1), DCLXXIV (*A.*, XIII, 19, 4).
Licinius Crassus, P. (cos. 97) : DCII (*A.*, XII, 24, 2).
Licinius Crassus, P. (superioris filius) : DCII (*A.*, XII, 24, 2).
Licinii Luculli, coss. : DXCIX (*A.*, XII, 21, 1).
Licinius Lucullus, L. (cos. 151) : DCXLIX (*A.*, XIII, 32, 3).
Licinius Lucullus Ponticus, L. (cos. 74) : DCLVI (*A.*, XIII, 6, 4), DCLXXII (*A.*, XIII, 16, 1), DCLXXIV (*A.*, XIII, 19, 5).
Licinius Lucullus, L. (Pontici filius) : DCLVI (*A.*, XIII, 6, 2).
[Licinius] Lucullus, M. (Pontici frater) : *cf.* Terentius Varro Lucullus.
Licinius Murena, L. (cos. 62) : DXCIX (*A.*, XII, 21, 1), DCLVI (*A.*, XIII, 6, 4).
Ligariana (oratio) : DCLXIX (*A.*, XIII, 12, 2), DCLXXIV (*A.*, XIII, 19, 2), DCLXXVI (*A.*, XIII, 20, 2), DCLXXXVI (*A.*, XIII, 44, 3).
Ligarius, Q. : [DCLXXVI (*A.*, XIII, 20, 4)], DCLXXXVI (*A.*, XIII, 44, 3).
Ligarius, T. : DCLXXXVI (*A.*, XIII, 44, 3).
Ligus [P. Aelius, cos. 172?] : DCI (*A.*, XII, 23, 3).
Liuius Drusus Claudianus, M. : DXCIX (*A.*, XII, 21, 2), DC (*A.*, XII, 22, 3), DCI (*A.*, XII, 23, 3), DCVIII (*A.*, XII, 33, 1), DCXI (*A.*, XII, 31, 2), DCXVIII (*A.*, XII, 37, 2), DCXXI (*A.*, XII,

38 *a*, 2), DCXXII (*A.*, XII, 39, 2), DCXXVI (*A.*, XII, 41, 3), DCXXIX (*A.*, XII, 44, 2), DCXXX (*A.*, XIII, 26, 1).

Lollius : DXCIX (*A.*, XII, 21, 4).

Lucceius, L. (pr. 67) : *Cic. ad eum ep.* DCXXVIII (V, 15) ; *eius ad Cic. ep.* DCXXIV (V, 14).

Lucilius, C. (poeta) : DCCV (*A.*, XIII, 21, 3).

Lucullus : cf. Licinius Lucullus *et* Terentius Varro Lucullus.

« Lucullus » (Cic. opus) : DCXLIX (*A.*, XIII, 32, 3), DCLXIX (*A.*, XIII, 12, 3).

Lutatius Catulus, Q. (cos. 102) : DCLXXIV (*A.*, XIII, 19, 4).

Lutatius Catulus, Q. (cos. 78) : DXCIX (*A.*, XII, 21, 1), DCLXXII (*A.*, XIII, 16, 1), DCLXXIV (*A.*, XIII, 19, 5).

Macula : *cf.* Pompeius Macula.

Magius Cilo, P. : DCLII (*F.*, IV, 12, 2), DCLXVII (*A.*, XIII, 10, 3).

Maleae : DCLII (*F.*, IV, 12, 1).

Manilius, M. (cos. 149) : DCLIX (*A.*, XII, 5 *b*).

Manlius Torquatus, A. : DCLXXVI (*A.*, XIII, 20, 1), DCLXXXVIII (*A.*, XIII, 45, 1), DCXC (*A.*, XIII, 47), DCCV (*A.*, XIII, 21, 2) ; *Cic. ad eum ep.* DCXIV (VI, 2).

Manlius Torquatus, L. (cos. 65) : DXCIX (*A.*, XII, 21, 1).

Manlius Torquatus, L. (superioris filius) : DCLXXIV (*A.*, XIII, 19, 4).

Manlius Torquatus, T. [?] (Auli filius) : DXCIII (*A.*, XII, 17), DCLXV (*A.*, XIII, 9, 1).

Marcellus : *cf.* Claudius Marcellus.

Marcianus : *cf.* Tullius Marcianus.

Marcius Censorinus, L. (cos. 149) : DCLIX (*A.*, XII, 5 *b*).

Marcius Figulus, C. (cos. 64) : DXCIX (*A.*, XII, 21, 1).

Marcius Philippus, L. : DXC (*A.*, XII, 16), [DXCI (*A.*, XII, 9)], DXCII (*A.*, XII, 18, 1).

Marius, C. (Pseudo-) : DCXXXVI (*A.*, XII, 49, 1).

« Marius » (Cic. opus) : DCXXXVI (*A.*, XII, 49, 1).

Martius campus : DCLXXVIII (*A.*, XIII, 33 *a*, 1).

Matius, C. : DCC (*A.*, XIII, 50, 4).

Maximus : *cf.* Fabius Maximus.

Megara : DXCVII (*F.*, IV, 5, 4).

Messalla : *cf.* Valerius Messalla.

Metellus : *cf.* Caecilius Metellus.

Metio : DCXXXVII (*A.*, XII, 51, 3).

Meto : DCL (*A.*, XII, 3, 2).

Micyllus (scaenica persona) : DCCI (*A.*, XIII, 51, 1).

Montanus : *cf.* Tullius Montanus.

Mucius Scaeuola, Q. (pont. max.) : DCLIX (*A.*, XII, 5 *b*).

Muluius (pons) : DCLXXVIII (*A.*, XIII, 33 *a*, 1).

Mummius Achaicus, L. : DCXLVII (*A.*, XIII, 30, 3), DCLV (*A.*, XIII, 33, 3), DCLVII (*A.*, XIII, 4, 1), [DCLVIII (*A.*, XIII, 5, 1)].

Mummius, Sp. (superioris frater) : DCXLVII (*A.*, XIII, 30, 3), DCLVI (*A.*, XIII, 6, 4), DCLVIII (*A.*, XIII, 5, 1).

Mummius Sp. (superioris nepos?) : DCLVI (*A.*, XIII, 6, 4).
Munatius Plancus, L. : DCXXXVIII (*A.*, XII, 52, 1), DCLV (*A.*,
XIII, 33, 2).
Murena : *cf.* Licinius Murena.
Murena (A. Terentius Varro?) : DCC (*A.*, XIII, 50, 4-5).
Musca (Attici librarius) : DCXXIII (*A.*, XII, 40, 1).
Mustela : DCXXIX (*A.*, XII, 44, 2), DCXXXII (*A.*, XII, 47, 1),
DCLIII (*A.*, XII, 5 *a*), DCLIV (*A.*, XIII, 3, 1), DCLVIII (*A.*,
XIII, 5, 1), DCLXII (*A.*, XIII, 7).

Narbo : DCXIX (*A.*, XII, 37 *a*).
Narona : DCLXXXI (*F.*, V, 9, 2).
Naso (ignotus) : DXCIII (*A.*, XII, 17).
Nicias : *cf.* Curtius Nicias.
Nolanus (ager) : DCLXI (*A.*, XIII, 8).

Octauii (Cn. filii) : DCXCVIII (*A.*, XIII, 49, 1).
Offilius, A. : DCXCI (*A.*, XIII, 37 *a*).
Ollius : DCXCVI (*A.*, XIII, 48, 2).
Olympia : DCXLVII (*A.*, XIII, 30, 3).
Oppius, C. : DLXXXVII (*A.*, XII, 13, 2), DXCV (*A.*, XII, 19, 2),
DCVII (*A.*, XII, 29, 2), DCXXIX (*A.*, XII, 44, 3), DCXLV (*A.*,
XIII, 2 *a*, 1), DCLXXIV (*A.*, XIII, 19, 2), DCC (*A.*, XIII, 50,
1 ; 3), DCCIV (*F.*, VI, 19, 2), DCCVI (*A.*, XIII, 47 *a*, 1).
Oropus : DCI (*A.*, XII, 23, 2).
Ostiense (praedium) : DCI (*A.*, XII, 23, 3), DCVII (*A.*, XII, 29, 2).
Otho (Roscius?) : DCXVIII (*A.*, XII, 37, 2), DCXIX (*A.*, XII,
37 *a*), DCXXI (*A.*, XII, 38 *a*, 2), DCXXII (*A.*, XII, 39, 2), DCXXIII
(*A.*, XII, 40, 4), DCXXV (*A.*, XII, 42, 1), DCXXVII (*A.*, XII,
43, 2), DCXXIX (*A.*, XII, 44, 2), DCXLIV (*A.*, XIII, 29, 2),
DCXLVI (*A.*, XIII, 31, 4), DCLV (*A.*, XIII, 33, 2).
Ouia : DXCIX (*A.*, XII, 21, 4), DCII (*A.*, XII, 24, 1), DCIX (*A.*,
XII, 30, 2), DCLXXVII (*A.*, XIII, 22, 4).

Paconius (?) Lepta, Q. : DCLXXXIX (*A.*, XIII, 46, 2), DCXCVI
(*A.*, XIII, 48, 1), DCXCVII (*A.*, XIII, 37, 3) ; *Cic. ad eum ep.*
DCCIV (VI, 19).
Παναίτιος (philosophus) : DCLXI (*A.*, XIII, 8).
Pansa : *cf.* Vibius Pansa.
Parthenon (in M. Bruti uilla) : DCXCIV (*A.*, XIII, 40, 1).
Parthi : DCXLVI (*A.*, XIII, 31, 3).
Parthicus (adiect.) : DCXLII (*A.*, XIII, 27, 1).
Paullus : *cf.* Aemilius Paullus.
Peducaeus Sex. : DCXL (*A.*, XIII, 1, 3).
Peducaeus, Sex. (superioris filius) : DCXXXV (*A.*, XII, 50),
DCXXXVII (*A.*, XII, 51, 1), DCXL (*A.*, XIII, 1, 3), DCXLVIII
(*A.*, XIII, 2 *b*).

Pomponius Dionysius, M. : DCXLVIII (*A.*, XIII, 2 *b*), DCLXXXVIII
(*A.*, XIII, 33 *a*, 1).
Pontianus : DCXXIX (*A.*, XII, 44, 2).
Popilius P. (cos. 132) : DCXLIX (*A.*, XIII, 32, 3).
Popilius [?] Laenas : DLXXXVII (*A.*, XII, 13, 2), DLXXXVIII
(*A.*, XII, 14, 1), DXCIII (*A.*, XII, 17).
« Porciae (M. Catonis sororis) Laudatio » (Cic. opus) : DCXCVI
(*A.*, XIII, 48, 2), DCXCVII (*A.*, XIII, 37, 3).
Porcia (M. Catonis filia) : [DCLXXII (*A.*, XIII, 22, 4)].
Porcius Cato, M. : DXCIX (*A.*, XII, 21, 1), DCIII (*F.*, IV, 6, 1),
DCXXIII (*A.*, XII, 40, 1), DCXXVI (*A.*, XII, 41, 3), DCXXIX
(*A.*, XII, 44, 1), DCXXXIV (*A.*, XII, 45, 3), [DCLVI (*A.*, XIII,
6, 2)], DCLXXII (*A.*, XIII, 16, 1), DCLXXIV (*A.*, XIII, 19, 4),
DCC (*A.*, XIII, 50, 1).
Porcius Cato M. (superioris filius) : [DCIII (*F.*, IV, 6, 1)], DCLVI
(*A.*, XIII, 6, 2).
Postumia (Ser. Sulpicii Rufi uxor) : DC (*A.*, XII, 22, 2).
Postumius, P. : DCLII (*F.*, IV, 12, 2).
Postumius Albinus, A. (cos. 151) : DCXLVII (*A.*, XIII, 30, 3),
DCXLIX (*A.*, XIII, 32, 3).
Preciana (negotia) : DCII (*A.*, XII, 24, 3).
Precilius (pater *et* filius) : DCLX (*F.*, XIII, 15, 1-3).
Publicianus (adiect.) : DCXXI (*A.*, XII, 38 *a*, 2).
Publilia (Cic. uxor) : DCX (*A.*, XII, 31, 1).
Publilius (Publiliae cognatus) : DXCIV (*A.*, XII, 18 *a*), DCII (*A.*,
XII, 24, 1), DCVI (*A.*, XII, 28, 3), DCX (*A.*, XII, 32, 1), DCCIII
(*A.*, XIII, 34), DCCVI (*A.*, XIII, 47 *a*, 2).
Pupius Piso Calpurnianus M. (cos. 61) : DCLXXIV (*A.*, XIII, 19,
4).
Puteolanum (Cic. uilla ad Cumas) : DCXXVIII (*F.*, V, 15, 2).
Puteoli : DCLXXXVIII (*A.*, XIII, 45, 2), DCXC (*A.*, XIII, 47),
DCC (*A.*, XIII, 50, 2).

Quinctius [?] Scapula : DCXVIII (*A.*, XII, 37, 2), DCXXI (*A.*,
XII, 38 *a*, 2), DCXXIII (*A.*, XII, 40, 4), DCXXVI (*A.*, XII, 41,
3).
Quintius Flamininus, T. (cos. 150) : DCLIX (*A.*, XII, 5 *b*).
Quirinus : DCXXXIV (*A.*, XII, 45, 3), DCXLIII (*A.*, XIII, 28,
3).

Roma : DXCII (*A.*, XII, 18, 1), DXCIX (*A.*, XII, 21, 5), DCI (*A.*,
XII, 23, 2), DCX (*A.*, XII, 32, 2), DCXXIII (*A.*, XII, 40, 3),
DCXXIV (*F.*, V, 14, 1), DCXXVI (*A.*, XII, 41, 1), DCXXVII
(*A.*, XII, 43, 1), DCXXX (*A.*, XIII, 26, 2), DCXXXII (*A.*, XII,
47, 2), DCXXXV (*A.*, XII, 50), DCXLV (*A.*, XIII, 2 *a*, 2), DCXLIX
(*A.*, XIII, 32, 3), DCLXII (*A.*, XIII, 7), DCLXIX (*A.*, XIII,
12, 4), DCLXXIII (*A.*, XIII, 17), DCLXXV (*A.*, XIII, 21 *a*, 1),
DCLXXIX (*A.*, XIII, 33 *a*, 1), DCLXXXIII (*A.*, XIII, 25, 2),

DCLXXXV (*A.*, XIII, 43), DCXCI (*A.*, XIII, 37 *a*), DCXCIII
(*A.*, XIII, 39, 2), DCXCVIII (*A.*, XIII, 49, 2), DCCI (*A.*, XIII,
51, 2).
Romanus (adiect.) : DXCVII (*F.*, IV, 5, 4), DCLXXXVIII (*A.*,
XIII, 45, 1), DCLXXXIX (*A.*, XIII, 46, 2).
Rupilius, P. (cos. 132) : DCXLIX (*A.*, XIII, 32, 3).
Rutilia : DXCVI (*A.*, XII, 20, 2), DC (*A.*, XII, 22, 2).

Saluius (Attici librarius) : DCLXXXVI (*A.*, XIII, 44, 3).
Salus : DCXXXV (*A.*, XII, 45, 3).
Sardi : DCXCIX (*F.*, VII, 24, 2).
Satyrus (Attici seruus) : DC (*A.*, XII, 22, 2).
Saufeius (?) Trebianus : *Cic. ad eum ep.* DCLXIV (VI, 11).
Scaeua : *cf.* Cassius Scaeua.
Scaeuola : *cf.* Mucius Scaeuola.
Scapula : *cf.* Quinctius Scapula.
Scapulani horti : DCXVIII (*A.*, XII, 37, 2), DCXXXVIII (*A.*,
XII, 52, 2), DCLXIX (*A.*, XIII, 12, 4), DCLXXVIII (*A.*, XIII,
33 *a*, 1).
Scribonius Curio (cos. 76) : DXCIX (*A.*, XII, 21, 1).
Scribonius [?] Libo : DXCII (*A.*, XII, 18, 3), DXCV (*A.*, XII, 19, 2).
Scribonius Libo, L. (Annalium scriptor) : DCXLVII (*A.*, XIII, 30,
3), DCXLIX (*A.*, XIII, 32, 3), DCLXXXVI (*A.*, XIII, 26, 3).
Scribonius Libo, L. (tr. plebis 149) : DCLIX (*A.*, XII, 5 *b*).
Sempronius Tuditanus, C. : DCLVI (*A.*, XIII, 6, 4), DCLVII (*A.*,
XIII, 4, 1).
Sempronius Tuditanus, C. (superioris filius) : DCXLVII (*A.*, XIII,
30, 3), DCXLIX (*A.*, XIII, 32, 3), DCLV (*A.*, XIII, 33, 3), DCLVII
(*A.*, XIII, 4, 1).
Septimius, C. : DLXXXVII (*A.*, XII, 13, 2), DLXXXVIII (*A.*,
XII, 14, 1).
Seruilia (M. Bruti mater) : DCLXVIII (*A.*, XIII, 11, 2), DCLXXII
(*A.*, XIII, 16, 2), [DCLXXVII (*A.*, XIII, 22, 4)].
Seruilia (Cn. Caepionis filia) : DXCVI (*A.*, XII, 20, 2).
Seruilius Ahala, C. (mag. equitum 439) : DCXCIV (*A.*, XIII, 40,
1).
Seruilius Caepio (sequentis pater) : [DXCVI (*A.*, XII, 20, 2)].
Seruilius Caepio, Cn. (cos. 141) : DXCVI (*A.*, XII, 20, 2), DCLIX
(*A.*, XII, 5 *b*).
Seruilius Vatia, P. (cos. 79) : DXCIX (*A.*, XII, 21, 1).
Sestius (P.) : DCXLV (*A.*, XIII, 2 *a*, 2), DCLXII (*A.*, XIII, 7),
DCXCVIII (*A.*, XIII, 49, 1), DCXCIX (*F.*, VII, 24, 2).
Sicca : DCI (*A.*, XII, 23, 3), DCIII (*A.*, XII, 25, 1), DCIV (*A.*, XII,
26, 1-2), DCV (*A.*, XII, 27, 2), DCVI (*A.*, XII, 28, 1), DCIX (*A.*,
XII, 30, 1), DCXI (*A.*, XII, 31, 1), DCXII (*A.*, XII, 34, 1 ; 3).
Sicilia : DCVI (*A.*, XII, 28, 3).
Silanus : *cf.* Iunius Silanus.
Silianus (adiect.) : DCV (*A.*, XII, 27, 1), DCXI (*A.*, XII, 31, 2).
Silius, A. [?] : DCII (*A.*, XII, 24, 1).

Silius (P., propr. Bithyniae 50?) : DXCIV (*A.*, XII, 18 *a*), DC (*A.*,
XII, 22, 3), DCI (*A.*, XII, 23, 3), DCIII (*A.*, XII, 25, 1), DCIV
(*A.*, XII, 26, 1), DCV (*A.*, XII, 27, 1), DCVI (*A.*, XII, 28, 1),
DCVII (*A.*, XII, 29, 1), DCVIII (*A.*, XII, 33, 1), DCIX (*A.*, XII,
30, 1-2), DCXI (*A.*, XII, 31, 1 ; 3), DCXXII (*A.*, XII, 39, 2),
DCXXVI (*A.*, XII, 41, 3), DCXXIX (*A.*, XII, 44, 2), DCXXXVIII
(*A.*, XII, 52, 2), DCLVIII (*A.*, XIII, 5, 1), DCLXII (*A.*, XIII,
7), DCC (*A.*, XIII, 50, 4-5).
Silius (superioris filius ; P. Nerua, cos. 20?) : DCXI (*A.*, XII, 31,
1).
Siro (Epicureus) : DCLXIV (*F.*, VI, 11, 2).
Spintharus (Cic. seruus) : DCLXXXIII (*A.*, XIII, 25, 3).
Spinther : *cf.* Cornelius Lentulus Spinther.
Staberius, Q. : DCLXI (*A.*, XIII, 8).
Statilius, L. : DLXXXVII (*A.*, XII, 13, 2), DLXXXVIII (*A.*, XII,
14, 1).
Strabo (ignotus) : DXCIII (*A.*, XII, 17).
Suettius (?) : DCLXIX (*A.*, XIII, 12, 4).
Sulpicius Galba, Ser. : DCLIX (*A.*, XII, 5 *b*).
Sulpicius Galus, C. (cos. 166, et eius filius) : DCXIII (*F.*, IV, 6,
1).
Sulpicius Rufus, P. (tr. plebis 88) : DCLXXIV (*A.*, XIII, 19, 4).
Sulpicius Rufus, Ser. (cos. 51) : DXCVII (*F.*, IV, 5, 4), DCXIII
(*F.*, IV, 6, 1), DCLXVI (*A.*, XIII, 10, 1), DCLXXVII (*A.*, XIII,
22, 2) ; *Cic. ad eum ep.* DCXIII (IV, 6) ; *eius ad Cic. epp.* DXCVII
(IV, 5), DCLII (IV, 12).
Sulpicius Rufus, Ser. (superioris filius) : DCXIII (*F.*, IV, 6, 1).
« Συμβουλευτικός » (Cic. opus) : DCXXIII (*A.*, XII, 40, 2).
Syrus (Attici seruus) : DC (*A.*, XII, 22, 2).

Talna : *cf.* Iuuentius Talna.
Terentia (Cic. uxor) : DXCIV (*A.*, XII, 18 *a*, 2), DXCV (*A.*, XII,
19, 4), DXCVI (*A.*, XII, 20, 1-2), DXCIX (*A.*, XII, 21, 3), DC
(*A.*, XII, 22, 1), DCI (*A.*, XII, 23, 2), DCXVIII (*A.*, XII, 37,
3), DCLXXXIX (*A.*, XIII, 46, 3).
Terentius Varro, M. : DCLI (*A.*, XII, 6, 1), DCLXIX (*A.*, XIII,
12, 3), DCLXX (*A.*, XIII, 13, 1), DCLXXI (*A.*, XIII, 14, 2),
DCLXXII (*A.*, XIII, 16, 1-2), DCLXXIII (*A.*, XIII, 18), DCLXXIV
(*A.*, XIII, 19, 3 ; 5), DCLXXV (*A.*, XIII, 21 *a*, 1), DCLXXVII
(*A.*, XIII, 22, 1 ; 3), DCLXXVIII (*A.*, XIII, 33 *a*, 1), DCLXXIX
(*A.*, XIII, 23, 2), DCLXXX (*F.*, IX, 8, 2), DCLXXXI (*A.*, XIII,
24), DCLXXXIII (*A.*, XIII, 25, 3), DCLXXXIV (*A.*, XIII, 35,
2), DCLXXXVI (*A.*, XIII, 44, 2), DCXCVI (*A.*, XIII, 48, 2),
DCCV (*A.*, XIII, 21, 3) ; *Cic. ad eum ep.* DCLXXX (IX, 8).
Terentius Varro Lucullus, M. (Luculli Pontici frater ; cos. 73) : DCLVI
(*A.*, XIII, 6, 4).
Θεόπομπος *uel* Theopompus (historicus) : DCXXIII (*A.*, XII, 40, 2).
Theopompus (mythographus) : DCLXII (*A.*, XIII, 7).
Tiberis : DXCV (*A.*, XII, 19, 1), DCLXXVIII (*A.*, XIII, 33 *a*, 1).

Tigellius, M. (Sardus) : DCXCVIII (*A.*, XIII, 49, 1), DCXCIX (*F.*, VII, 24, 1), DCC (*A.*, XIII, 50, 3), DCCI (*A.*, XIII, 51, 2).

Tiro : *cf.* Tullius Tiro.

Toranius, C. (aed. pl. 64) : *Cic. ad eum ep.* DCLXXXVII (VI, 20).

Torquatus : *cf.* Manlius Torquatus.

« Torquatus » (Cic. opus) : DCXLIX (*A.*, XIII, 32, 3), DCLVIII (*A.*, XIII, 5, 1).

Transtiberini horti : DCI (*A.*, XII, 23, 3).

Trebatius Testa, C. : DCLXV (*A.*, XIII, 9, 1), DCLXXIX (*A.*, XIII, 23, 3).

Trebianus : *cf.* Saufeius (?) Trebianus.

Treboniani horti : DCXXVII (*A.*, XII, 43, 2).

Trebonius, C. : DCXXI (*A.*, XII, 38 *a*, 2), DCXXVI (*A.*, XII, 41, 3).

Tremellius Scrofa, Cn. : DCLXV (*A.*, XIII, 21 *a*, 4).

« Τριπολιτικός » (Dicaearchi opus) : DCXLIX (*A.*, XIII, 32, 2).

Τρῶες : DCLXX (*A.*, XIII, 13, 2), DCLXXXI (*A.*, XIII, 24).

Tubero : *cf.* Aelius Tubero.

Tubulus : *cf.* Hostilius Tubulus.

Tuditanus : *cf.* Sempronius Tuditanus.

Tullia (Cic. filia) : [DXCII (*A.*, XII, 18, 1)], DXCVII (*F.*, IV, 5, 1 ; [3-6]), DCL (*A.*, XII, 3, 2) [?].

Tullius Cicero, M. (orator) : DXCVII (*F.*, IV, 5, 5).

Tullius Cicero, M. (oratoris filius) : DXCV (*A.*, XII, 19, 4), DCII (*A.*, XII, 24, 1), DCV (*A.*, XII, 27, 2), DCVI (*A.*, XII, 28, 1), DCX (*A.*, XII, 32, 2), DCXXXVI (*A.*, XII, 49, 2), DCXXXVIII (*A.*, XII, 52, 1), DCXL (*A.*, XIII, 1), DCLXXXI (*A.*, XIII, 24), DCXCVII (*A.*, XIII, 37, 2).

Tullius Cicero, Q. (oratoris frater) : DCVI (*A.*, XII, 28, 3), [DCXLVI (*A.*, XIII, 31, 4)?], [DCLXXVI (*A.*, XIII, 20, 3)], DCLXXXIX (*A.*, XIII, 46, 4), [DCXCII (*A.*, XIII, 38, 1)], [DCXCIII (*A.*, XIII, 39, 1)], DCXCV (*A.*, XIII, 41, 1), DCCV (*A.*, XIII, 21, 2), DCCVI (*A.*, XIII, 47 *a*, 2).

Tullius Cicero, Q. (superioris filius) : [DCXX (*A.*, XII, 38, 2)], DCXLIV (*A.*, XIII, 30, 1), [DCXLVI (*A.*, XIII, 31, 4)?], DCLXV (*A.*, XIII, 9, 1), [DCXCII (*A.*, XIII, 38, 1)], [DCXCIII (*A.*, XIII, 39, 1)], [DCXCV (*A.*, XIII, 41, 1)], DCXCVII (*A.*, XIII, 37, 2), DCCI (*A.*, XIII, 51, 2).

Tullius Marcianus : DXCIII (*A.*, XII, 17), DCXXXIX (*A.*, XII, 53), DCXL (*A.*, XIII, 1).

Tullius Montanus, L. : DCXXXVIII (*A.*, XII, 52, 1), DCXXXIX (*A.*, XII, 53), DCXL (*A.*, XIII, 1).

Tullius Tiro, M. (Cic. libertus) : DXCV (*A.*, XII, 19, 4), DCXII (*A.*, XII, 34, 1), DCXXXIII (*A.*, XII, 48), DCXXXVI (*A.*, XII, 49, 2), DCXXXVII (*A.*, XII, 51, 1), DCLVI (*A.*, XIII, 6, 3), DCLXV (*A.*, XIII, 9, 1), DCLXXXIII (*A.*, XIII, 25, 3).

Tusculanum (M. Bruti uilla) : DCLXIII (*A.*, XIII, 7 *a*), DCLXVIII (*A.*, XIII, 11, 1).

Tusculanum (Cic. uilla) : DCXVIII (*A.*, XII, 37, 2), DCXXV (*A.*, XII, 42, 3), DCXXVI (*A.*, XII, 41, 1), DCXXVII (*A.*, XII,

43, 1-2), DCXXVIII (*F.*, V, 15, 2), DCXXIX (*A.*, XII, 44, 2-3),
DCXXX (*A.*, XIII, 26, 1-2), DCXXXI (*A.*, XII, 46), DCXXXIII
(*A.*, XII, 48), DCXXXIV (*A.*, XII, 45, 2), DCXLIV (*A.*, XIII,
29, 2), DCL (*A.*, XII, 3, 1), DCLXIX (*A.*, XIII, 12, 4), DCLXIX
(*A.*, XIII, 12, 4), DCLXX (*A.*, XIII, 14, 1), DCLXXIII (*A.*,
XIII, 18), DCLXXV (*A.*, XIII, 21 *a*, 3), DCLXXIX (*A.*, XIII,
23, 1), DCLXXXIII (*A.*, XIII, 25, 2), DCXCII (*A.*, XIII, 38, 2),
DCXCVI (*A.*, XIII, 48, 1), DCCV (*A.*, XIII, 21, 1-2), DCCVI
(*A.*, XIII, 47 *a*, 2).
Tyrannio (grammaticus) : DCLI (*A.*, XII, 6, 2).

Valerius, P. (?) : DCXXXVII (*A.*, XII, 51, 1), DCXXXIX (*A.*,
XII, 53), DCLXXI (*A.*, XIII, 15).
Valerius Messalla Coruinus, M. : DCX (*A.*, XII, 32, 2), DCLXV
(*A.*, XIII, 9, 2).
Valerius Triarius, C. : DCVI (*A.*, XII, 28, 3).
Vardaei : DCLXXXI (*F.*, V, 9, 2).
Varro : *cf.* Terentius Varro.
Vaticanus (mons *et* campus) : DCLXXVIII (*A.*, XIII, 33 *a*, 1).
Vatinius, P. (cos. 47) : DCLXXXI (*F.*, V, 9, 1) ; *eius ad Cic. ep.*
DCLXXXII (V, 9).
Vennonius (historicus) : DCL (*A.*, XII, 3, 1).
Venuleia (P. Crassi, cos. 97, uxor) : DCII (*A.*, XII, 24, 2).
Vergilius C. (?) : DCXXX (*A.*, XIII, 26, 1, DCXXXVII (*A.*, XII,
51, 2), DCLV (*A.*, XIII, 33, 2).
Verginius : DCLIII (*A.*, XII, 5 *a*).
Vestorius, C. : DCXLIV (*A.*, XIII, 30, 1), DCLXI (*A.*, XIII, 8),
DCLXIV (*F.*, VI, 11, 2), DCLXIX (*A.*, XIII, 12, 4), DCLXXXVIII
(*A.*, XIII, 45, 3), DCLXXXIX (*A.*, XIII, 46, 3-4), DCXCI (*A.*,
XIII, 37 *a*), DCC (*A.*, XIII, 50, 2).
Vettienus : DCL (*A.*, XII, 3, 2).
Vettius Chrysippus (architectus) : DCXLIV (*A.*, XIII, 29, 2).
Vibius Pansa, C. : DLXXXVIII (*A.*, XII, 14, 4), DXCIII (*A.*, XII,
17), DXCV (*A.*, XII, 19, 3), DCV (*A.*, XII, 27, 3), DCCV (*A.*,
XIII, 21, 3).
Victoria : DCLXXXVI (*A.*, XIII, 44, 1).
Vulcatius Tullus, L. (cos. 66) : DXCIX (*A.*, XII, 21, 1).

Xeno (Atheniensis) : DCXCVII (*A.*, XIII, 37, 1).

TABLE DES MATIÈRES

LE SITE D'ASTURA *(cliché Aeronautica navale)*

La Torre Astura, reliée à l'extrémité méridionale de l'îlot
par une jetée de pierres, est une construction médié-
vale.

ACHEVÉ D'IMPRIMER
EN FÉVRIER 1983
SUR LES PRESSES DE
L'IMPRIMERIE DAUPELEY-GOUVERNEUR
A NOGENT-LE-ROTROU

———

VÉLIN TEINTÉ
DES PAPETERIES DE GUYENNE

4672 — 2 – 1983
Dépôt légal :
éditeur, nº 2351
impr., 1er trim. 1983 — 2006.